Max Duncker

Geschichte des Altertums

Max Duncker

Geschichte des Altertums

ISBN/EAN: 9783741168888

Hergestellt in Europa, USA, Kanada, Australien, Japan

Cover: Foto ©ninafisch / pixelio.de

Manufactured and distributed by brebook publishing software (www.brebook.com)

Max Duncker

Geschichte des Altertums

Geschichte des Alterthums

von

Dr. Max Duncker.

Dritter Band.

Zweite verbesserte Auflage.

Berlin.
Verlag von Duncker und Humblot.
1860.

Inhalt.

Die Griechen von den Anfängen geschichtlicher Kunde bis auf die Erhebung des Volkes gegen den Adel. — 630 v. Chr.

Seite

I. **Die Griechen in der alten Zeit.** . . . . . S. 1—188
  1. Das Land der Griechen. 1
  2. Das Volk der Griechen. 6
  3. Die Religion der Griechen. 14
  4. Die Sagen Thessaliens und Beotiens. . . 34
  5. Die Sagen der Jonier. 56
  6. Die Sagen von Argos. 81
  7. Die Sage vom Kriege gegen Theben. . . . 112
  8. Die Sage vom Kriege gegen Ilion. . . . 122
  9. Die Sagen von der Heimkehr von Ilion. . 141
  10. Zustände und Denkmale der alten Zeit. . 156

II. **Die Zeit der Wanderung, 1000—800 v. Chr.** S. 189—334
  1. Die Wanderung der Thessaler, Arnaeer und Dorer. . 189
  2. Die Rückwanderung nach Asien. 203
  3. Leben und Sitten der Jonier und Achaeer in Asien. 229
  4. Der Heldengesang. 247
  5. Die Aeoler. 275
  6. Die Thessaler und Phoker. 290
  7. Die Bildung der Stammgruppen. 306
  8. Die Fortbildung der Religion. 319

III. **Die Herrschaft der Besten und die Kolonisation, 800—630 v. Chr.** . . . . . S. 335—613
  1. Lykurgos von Sparta. 335
  2. Pheidon von Argos. 380
  3. Die Erhebung Sparta's. 386

4. Die Aristokratie in Korinth und Megara 407
5. Die Aristokratie in Aegina 424
6. Die Jonier auf Euboea und den Kykladen 433
7. Die Jonier in Asien 483
8. Der Aufstand der Messenier 502
9. Die Weissagung von Delphi und die Stämme der Griechen . 518
10. Der Staat der Besten und das olympische Fest 557
11. Die Dichtung der Hellenen 584
12. Der Entwickelungsgang der Hellenen 601
Register . . . . S. 619—627

Geschichte des Alterthums.

Drittes Buch.
Die Griechen von den Anfängen geschichtlicher Kunde bis auf die Erhebung des Volks gegen den Adel.
— 630 v. Chr.

I. Die Griechen in der alten Zeit.

1. Das Land der Griechen.

Das westliche Glied der asiatischen Landmasse — Europa — trägt einen anderen Charakter, als die Gebiete des Ostens. Jene großartigen, aber einförmigen Bildungen des Terrains, jene schroffen Unterschiede der Landesart und des Klima, jene mächtigen Flußthäler und jene endlosen Wüsten, welche die Staatenbildung Asiens bestimmten oder trugen, haben aufgehört. Die Gegensätze des Bodens und der Atmosphäre liegen innerhalb eines beschränkten Kreises; die üppigsten Landschaften bleiben weit zurück hinter der Fruchtfülle der begünstigten Gebiete des Orients; aber auch die ärmsten sind nicht völlig tobt und öde, und das von allen Seiten eindringende Meer bildet Glieder von mäßigerem Umfange. Das Leben der Menschen wird sich hier freier von den Einflüssen, von der Macht einer überwältigenden Natur zu entfalten vermögen. Schon Strabon hat bemerkt, daß Europa am besten geeignet sei, Männertugend und Bürgertugend zu erzeugen[1]).

Von den drei Halbinseln, welche sich vom Kern Europa's in das Mittelmeer strecken, vereinigt die östliche in ihrer südlichen Hälfte auf engem Raume alle Vorzüge und alle Gegensätze europäischer Natur, während ihr nördliches Gebiet eine rauhe, gebirgige und schwer zugängliche Masse ist, die sich in breiter Ausdehnung zwischen dem adriatischen und dem schwarzen Meere lagert. Die südliche Hälfte — Hellas — setzt sich als eine schmale Halbinsel diesem nördlichen Gebiet im Westen an und reicht weit ins Meer hinab. Ihr

---

1) Strabon, p. 126. 127.

südliches Drittheil — der Peloponnesos — ist eine Insel, welche nur durch einen schmalen Landrücken mit dem Festland zusammenhängt.

Die gesammte Halbinsel ist ein Gebiet von mäßiger Ausdehnung. Ihre Länge von den keraunischen Bergen bis zur äußersten Südspitze, dem Vorgebirge Taenaron, beträgt nur sechzig Meilen; die Breite wechselt zwischen fünfundvierzig und zwanzig Meilen. Sie ist überall von Bergen bedeckt, ein Gebirgsland mitten im Meere. Sie besitzt kein größeres Flußthal, welches die einzelnen Berglandschaften verbände oder einheitlich gliederte, keine durchgreifende Formation des Terrains, welche dem gesammten Gebiet ihren Charakter aufdrückte, keine natürlich dominirende Lage. Das Land zerfällt in eine Anzahl kleiner Berglandzone, die meist durch schroffe Höhen von einander getrennt sind und leichter auf dem Meere als zu Lande mit einander verkehren.

Die Ostseite der Halbinsel ist der bevorzugte Theil des Landes. Während die Westseite von neben einander gestellten Bergzügen erfüllt ist, die von Nord nach Süd bis zum korinthischen Busen hinablaufen und nur schmalen Thälern Raum geben, sendet der Pindos, die östlichste und höchste dieser Ketten in der Mitte des Landes, Querzüge an das aegeische Meer. Zwischen dem Olympos im Norden — sein Gipfel steigt zu 10000 Fuß empor —, dem Othrys im Süden, dem Pindos im Westen, dem Ossa und Pelion, welche vom Ostende des Olympos längs des Meeres hinabziehen, liegt Thessalien, das größte und fruchtbarste Thalbecken des ganzen Landes. Der Peneios durchströmt dasselbe in einem großen Bogen; an der Nordostecke des Landes öffnet er sich mühsam durch das Thal von Tempe einen Ausweg zum Meer, während in der Südostecke, da wo der Othrys und der Pelion zusammentreffen müßten, das Meer in der Bucht von Pagasae tief in das Binnenland dringt. Südwärts folgt zwischen dem Othrys und dem Oeta das schöne, zum Meere geöffnete Thal des Spercheios, der vom Pindos herab fast genau von Westen nach Osten fließt; dann umgeben die Höhen des Parnassos im Westen, der Helikon und Kithäron im Süden, der Knemis am Meere, die wasserreichen, fruchtbaren Niederungen Boeotiens, während sich noch weiter abwärts die attische Halbinsel, nur von mittleren Berggruppen besetzt, weit in das Meer hinaus streckt. Der Peloponnesos zeigt diesen Gegensatz von Ost und West nicht in demselben Maaße. Er ist von einem wellenförmigen Hochlande erfüllt, welches seine Randgebirge hier bis an die See schiebt, dort nur hohe Grate bis an die Küste vorstreckt. Doch liegt auch hier, da das Plateau im Westen nur einen schmalen Küstensaum am Meere frei läßt, die größte Ebene, die von Argos, im Osten; die größeren Flußthäler, die des Eurotas und des Pamisos, sind nach Süden geöffnet, während im Norden das Hochland in gedrungener Masse mit schroffen Felswänden bis ans Meer tritt.

Die Küsten der hellenischen Halbinsel sind in außergewöhnlicher Weise entfaltet. In den verschiedenartigsten Spitzen streckt sich das Land in das Meer hinaus, welches hier und dort den Fuß des Hochgebirges bespült. Auch in dieser Gliederung der Küste ist die Ostseite bevorzugt. Der Bucht von Pagasae, dem Sunde von Euboea, dem saronischen Busen, dem Busen von Argos gegenüber besitzt die Westseite nur den korinthischen und den ambrakischen Golf. Diese freilich sind geschützte Wasserbecken von beträchtlichem Umfange; aber neben ihnen streckt sich weithin eine einförmige, hafenarme, geradlinige, durch Felsen oder Lagunen gesperrte Küste. Eine Reihe von Inseln liegt ihr gegenüber; doch von ungleich größerer Zahl und Bedeutung sind diejenigen, welche die Ostküste umgeben und das Meer bis nach Asien hin übersäen. Je schärfer die Halbinsel im Norden durch rauhe und unzugängliche Gebirge begrenzt und vom Verkehr mit dem Festlande abgeschnitten war, desto bestimmter war sie durch die Gestaltung ihrer Osthälfte und ihrer Ostküste auf das aegaeische Meer angewiesen, welches sie zugleich dem Orient und den Einflüssen der alten Kultur desselben öffnete.

Die Westhälfte des Landes bis zum korinthischen Busen hinab besitzt im Ganzen weniger hohe, aber besser bewaldete Berge, als die Osthälfte. Die Flüsse sind wasserreicher und haben einen längeren Lauf. Es ist ein grünes, von Hochwald und Wiesen erfülltes Land. Die Osthälfte sammt dem Peloponnes zeigt dagegen vorwiegend die kahlen, weißgrauen Gipfel der Kalkfelsen, welche sich wie Meereswellen hinter einander erheben. Hier steigen Alpenlandschaften in der Nähe des Meeres empor, — der Parnaß und der Taygetos bleiben nur 2000 Fuß hinter der Höhe des Olympos zurück — dort werden hohe und steile Zacken von Schneelagern unterbrochen, dort erheben sich schroffe Felsrücken in ruhiger Pracht über Oliven- und Lorbeerhainen; dort wieder ist weder Busch noch Quell, nichts als die kahle Starrheit einer armen, wilden und zerklüfteten Berglandschaft;

dort endlich rauschen die Waſſer den Abhang hinab durch den Hochwald, der eine grüne Berghalde einſchließt. Von einem klaren Himmel überſpannt, von durchſichtiger Luft und dem durchſichtigen Blau des Meeres umgeben und wiedergeſpiegelt, zeigen ſich die Umriſſe der Berge, die Formen der Landſchaften faſt immer in ſcharfen und kecken Umriſſen, glänzen ſie faſt immer in lebhaften und vollen, wenn auch zuweilen harten Farben.

Das Klima wechſelt mit den Landſchaften. Durch die mannichfache Erhebung des Bodens und die Richtung der Gebirgszüge modificirt, durchläuft es eine lange Stufenleiter von rauher und kühler Luft auf der Hochfläche bis zu erdrückender Schwüle in eingeſchloſſenen Senkungen. Hier gedeiht die Platane, dort am Pindos und Oeta die Buche und die Eiche, am Kephiſſos der Oelbaum, an der Mündung des Pamiſos die Dattelpalme. An der Oſt- und Südküſte iſt die Hitze des Sommers ſtark, aber ſie wird doch durch die Nähe des Meeres und die Winde deſſelben gemildert. Der Regen fehlt im Sommer, mit Ausnahme weniger, ſehr raſch und heftig auftretender Gewitter, faſt ganz; dagegen bringen Frühling und Herbſt häufige und ziemlich anhaltende Regengüſſe.

Der helleniſche Boden giebt weder ſehr reichliche, noch ſehr willige Spenden. Waren die Höhen mit ſtattlichen Waldungen beſtanden, reichten die ſchönen Triften auf den Abhängen der Berge für die Viehzucht, gab es für den Weinbau eine Menge wohlgelegener Bergterraſſen — für den Ackerbau waren wenige Ebenen, war noch weniger geeigneter Boden zu finden. Auch da, wo Felſen und Abhänge dem Acker Raum ließen, war dem ſteinigen Grund doch nur Gerſte abzugewinnen, dort waren der Kalk und der Thon gar nicht zu überwältigen. Am meiſten entbehrte der Acker des Waſſers. In der Weſthälfte, wo daſſelbe reichlicher floß, waren die Thäler eng gefurcht; in der Oſthälfte gab es, mit Ausnahme des Peneios, faſt nur Gebirgsbäche, welche ſich im hohen Sommer bis auf dürftige Rinnen verloren, ſo wild ſie auch im Frühjahr und Herbſt daherbrauſten. Dann verſiegten auch die Quellen, die Wieſen und Anger verdorrten, und der kalkige Boden riß in der Hitze. Der Hirt trieb dann ſein Vieh auf die kühlen Höhen und an die Quellen des Hochgebirges. Nur hier und da halfen Seen, durch die herabrinnenden Waſſer in Thalkeſſeln gebildet, dieſem Mangel ab. So beſaß Theſſalien am Weſtgehänge des Pelion um die Seen Neſſonis und Boebeis sehr fruchtbare Gebiete, und die gepriesene Fruchtbarkeit der weizentragenden Niederung Boeotiens war ein Werk der beiden Seen von Kopae und Hyle. Der Peloponnesos verdankte seine besten Gebiete dem Alpheios und dem Pamisos, welche in ihrem Mündungslande Fruchterde ablagerten. Lebten die Hirten bequem und ausreichend, — die Bevölkerung der Küsten mußte bald gezwungen sein, ihren Unterhalt durch Fischfang zu suchen oder zu ergänzen.

So bildet die griechische Halbinsel mit ihrem zerklüfteten Terrain, ihrer reichen Küstenentfaltung, ihrem kargeren Fruchtboden, ihrer zusammengedrängten landschaftlichen Plastik einen sehr bestimmten Gegensatz zu den Kulturgebieten des Orients. An die Stelle der großartigen, aber gleichmäßigen Formen ist eine individuelle Gestaltung getreten. Mit den mächtigen Strömen fehlt der Segen und die Fruchtfülle des Nillandes, des Euphratlandes und des Gangeslandes; es fehlen aber auch die Wüsten, welche diese Gebiete im Orient einschließen oder begrenzen. Das Leben war weder mühelos, noch zum Umherziehen verurtheilt. Schon in Asien fanden wir da, wo Meer und Gebirge am nächsten zusammentreten, die reichste und tiefste Entwickelung, an jener Küste der Phoenizier, hinter welcher sich die Berge Israels erhoben. Aber wenn in Syrien Küste und Binnenland auseinander fallen, so sind diese Formen in Hellas überall von einander durchdrungen. In Hellas haben wir wiederum die syrische Küste, aber mitten in das Meer gestellt. Es sind dieselben günstigen Lebensbedingungen, Gebirge und Meer, Bergluft und Seewind, aber in gesteigertem Maaße. Der Himmel ist hier milder; er nöthigt weder zur Trägheit, noch reizt er zur Sinnlichkeit. Die verhältnißmäßige Armuth des griechischen Bodens war kein Nachtheil, sie war ein Vorzug. Man war nicht in Gefahr, der Macht und den Gaben der Natur zu erliegen, man war auf ein nüchternes, thätiges, abhärtendes Leben angewiesen. Was der Natur an Ergiebigkeit fehlte, vergütete sie durch Mannichfaltigkeit der Lebensbedingungen. Gewähren die Gebirge mit ihren Triften dem Hirtenleben eine gute Stätte, vermochten die Thäler die unabhängige und stätige Art des Bergbewohners, die Anhänglichkeit an die forterbende Sitte, die Beharrlichkeit und Abgeschlossenheit des Sinnes auszubilden, welche sich um den Nachbarn jenseit der Berge wenig kümmert, so lag doch das Element der Bewegung dicht neben dem des Beharrens. Das Meer, welches alle diese Gebirgskantone, mit Ausnahme des peloponnesischen Hochlandes, bespült, mußte der Abgeschlossenheit ein starkes Gegengewicht geben. Sobald die Bevölkerung dichter wurde, mußte man entweder dem Boden durch harte Arbeit Nahrung abzugewinnen suchen, oder man mußte auf das Meer hinaus. Je eifriger Ackerbau und Seefahrt betrieben wurden, um so rascher befreite man sich von der Vormundschaft der Natur, um so selbständiger und mannichfaltiger gestaltete sich das Leben. Das Hirtenleben und die Jagd auf den Bergen, der Ackerbau in den Ebenen, der Fischfang und die Seefahrt an den Küsten, — es giebt keine gesunderen Lebensbedingungen für eine jugendliche Bevölkerung, vor Allem, wenn dieselben so nahe an einander gerückt sind, als hier der Fall war. Zu so vielseitiger Entfaltung der Kräfte aufgefordert, unter so mannichfachen Anregungen konnte ein Volk von lebhaftem Sinn, von Spannkraft und Produktivität zu einer sehr glücklichen Entwickelung gelangen. Unter einem südlichen Himmel, in mäßigen, übersehbaren Landschaften von festen, in die Sinne fallenden Formen, von lebhaften und klaren Farben, konnten hier die Menschen, ihr Verkehr und ihre Werke einen besonders ausgeprägten plastischen Charakter annehmen.

2. Das Volk der Griechen.

Im fernen Osten jenseit der Länder der Semiten sind wir einer Völkerfamilie, den Stämmen der Arja, begegnet, welche das Hochland von Iran inne hatte, von welcher ein Glied vom oberen Lauf des Oxus aus in die Thäler des Indus und Ganges hinabstieg. Ein anderer Zweig dieser Familie hat sich nach Westen gewendet; ein Theil dieser Wanderer nach Westen hat die Halbinsel besetzt, welche von ihm den Namen Hellas empfangen hat. Es liegt jenseit aller historischen Kunde, wo die Völkerfamilien der Arja hausten, als sich die Stämme, welche nach Westen zogen, abtrennten; es liegt jenseit unserer Kenntniß, wann dies geschah. Es ist eben so wenig zu ermitteln, ob der Zweig der Arja, welcher nach Europa kam, in einer Masse gezogen ist, oder in verschiedenen Abtheilungen und zu verschiedenen Zeiten. Die Sprachverwandtschaft beweist, daß der keltische Stamm, wie der germanische und der griechisch-italische der Familie der Arja angehören. Hierauf gründet sich der Schluß, daß deren Stammväter vom Osten her in Europa eingewandert sein müssen.

Unter den Stämmen der Arja, welche nach Westen hin zogen, stehen die beiden, welche die griechische und italische Halbinsel besetzten, ihrer Sprache nach einander am nächsten; man wird demnach annehmen können, daß diese beiden Völker die getheilten Sprossen desselben Zweiges sind. Von der Straße, welche sie gegangen sind, kann man nur sagen, daß sie nicht durch die Länder der Semiten führte, daß die Väter der Griechen nicht über das aegaelsche Meer nach Hellas kamen. Wäre dies geschehen, so würden die Inseln des aegaischen Meeres zuerst von ihnen besetzt worden sein. Wir wissen aber, daß diese von Karern, von der Westküste Kleinasiens, bevölkert waren, daß die Inseln zwischen Hellas und Asien erst nach den Karern von Griechen aus Hellas kolonisirt wurden. Die Väter der Hellenen und der Osker müssen demnach vom Norden her gekommen sein, sie müssen über das schwarze Meer hin fortschreitend das Thal der Donau erreicht und dieses aufwärts durchzogen haben. Von der Spitze des adriatischen Meeres aus sind wohl die einen nach Italien, die anderen längs der Küste der Adria nach Hellas hinabgegangen.

Die obere breite Hälfte der griechischen Halbinsel südwärts der Donau war vom adriatischen bis zum schwarzen Meere von den Stämmen der Illyrier und Thraker besetzt, welche so roh dahinlebten, wie ihre Gebirge rauh und unzugänglich waren; sie waren wilde, beutelustige Hirten, Räuber und Kriegsleute. Ob die Griechen diese Bevölkerung schon vorfanden und längs des adriatischen Meeres vordringend diese Stämme durchbrachen, ob diese Stämme erst das obere Land besetzten, nachdem die Griechen schon die schmale Südhälfte in Besitz hatten, wird sich nicht entscheiden lassen. Wir müssen uns begnügen, zu wissen, daß es Völker eines Stammes und einer Sprache waren, welche die ganze Breite der oberen Halbinsel einnahmen; sie selbst wie ihre Sprache leben noch heute in den Albanesen, in den Rumänen der Moldau, der Wallachei und des Südbalkanlandes fort. Trotz der Romanisirung, welche die Sprache der Thraker im Laufe der Jahrhunderte erfahren hat, trotz zahlloser Völkerstürme und Verheerungen, welche über die Ostgebiete des Balkanlandes dahingegangen sind, zeigt die Sprache der Rumänen sowohl in ihrem Wörterschatze, als in manchen Formen die unverkennbarste Verwandtschaft mit dem Albanesischen, dem unzerstörten Rest der illyrischen Dialekte¹).

Ob die Väter der Griechen auf der südlichen Halbinsel in den Bergen von Epeiros, in den Ebenen Thessaliens, auf dem Hochlande des Peloponnesos bereits eine ältere Bevölkerung vorfanden, ist nicht mit absoluter Sicherheit zu verneinen. Aber weder ist eine Sage bei den Griechen, noch eine sichere Spur von ungriechischen Bewohnern in die historische Zeit hinübergekommen — mit Ausnahme vielleicht einiger Ortsnamen von wenig griechischem Charakter —, noch hat die griechische Sprache nachweisbare Elemente fremder Art in sich aufgenommen. Das Land wurde von den keraunischen Bergen, vom Olympos bis zum Vorgebirge Taenaron von den Verwandten der Arja besetzt. Auch die Inseln an der Küste von Akarnanien müssen frühzeitig von diesen Einwanderern bevölkert worden sein. Der Name Epeiros, d. h. das Festland, kann nur von der griechischen Bevölkerung dieser Inseln herrühren; die Geltung desselben erstreckte sich in alter Zeit südwärts bis zu dem Golfe von Korinth.

Als die Väter der Hellenen aus der Gemeinschaft der Arja im Osten ausschieden, waren sie nicht mehr im rohesten Zustande; sie brachten gewisse Anfänge der Bildung in ihre neue Heimath mit. Die Bezeichnungen für den Acker, das Haus, die Hausthiere, für gewisse Geräthe sind im Sanskrit und im Griechischen dieselben; die Kenntniß und der Gebrauch dieser Dinge waren mithin vorhanden, ehe man sich trennte. Der Deva (Gott) der Inder, der Deo der Iranier ist der Theos der Griechen; die Wurzel dieses Wortes bezeichnet den Glanz, den Tag und die Helle. Der Gott des höchsten Himmels, bei den Indern Varuna, heißt bei den Griechen Uranos; von den Thieren heißt das Schaf bei den Indern Avis, bei den Griechen Ois; das Rind bei den Indern Gaus, bei den Griechen Bous; der Stier Sthura bei den Indern, bei den Griechen Tauros; die Gans dort Hansa, hier Chen; der Hund dort Çwan, hier Kyon; das Pferd dort Açva, hier Hippos. Die Ansiedlung, die Behausung heißt bei den Indern Veça, Vastu und Damas, bei den Griechen Oikos, Asty und Domos; die Thür im Sanskrit Dvara, bei den Griechen Thyra; das Joch heißt in Indien Juga, bei den Griechen Zygon; die Achse und der Karren dort Akṣa, griechisch Axon; das

---

¹) Pott, Indogermanischer Sprachstamm p. 85.

Schiff heißt Naus und Plava bei den Indern, bei den Griechen Neus und Ploion; Aritra, das Ruder, lautet bei den Griechen Eretmos u. a. m.[1]).

Bei den Griechen hat sich keine Erinnerung erhalten, daß ihre Vorfahren einst in einem anderen Lande, als südwärts vom Olympos, gewohnt. Sie hielten ihre Ahnen für Söhne dieses Landes, welches sie inne hatten, für Geburten ihrer heimischen Erde. An der Spitze ihrer historischen Tradition steht der Name Pelasger. Der Dichter Asios von Samos (in der zweiten Hälfte des achten Jahrhunderts v. Chr.) sagt: „die schwarze Erde habe auf hochgipfligem Gebirge den göttergleichen Pelasgos geboren, damit ein Geschlecht der Sterblichen sei"[2]). Auch in den Hesiodischen Gedichten heißt Pelasgos ein Sohn der Erde[3]). Homer nennt den Namen der Pelasger in Verbindung mit dem Heiligthum von Dodona[4]), welches die Hesiodischen Gesänge ebenfalls als „den Sitz der Pelasger" bezeichnen[5]). Jedoch besaß der Stamm, in dessen Gebiet Dodona lag, noch einen besonderen Namen. Schon Homer bezeichnet ihn mit dem Namen der Thesproter[6]). Ueber diese Thesproter soll nach Einigen Pelasgos selbst, nach Anderen ein Genosse des Pelasgos geherrscht haben; das Heiligthum galt für eine Gründung des Deukalion[7]). Auch in Thessalien hatte Pelasgos einst geherrscht, und seine Nachkommen sollten ihre Herrschaft hier bis in das vierte Geschlecht behauptet haben[8]). Nach Pelasgos soll Thessalien Pelasgia, nach des Pelasgos Sohn Haemon sollte es Haemonia, nach des Pelasgos Enkel Thessalos Thessalia genannt worden sein[9]). Der Pelion heißt das große Gebirg der Pelasger[10]). Am unteren Peneios lag die „Ebene der Pelasger"[11]) und Larissa, die Stadt der Pelasger, welche ihren Namen der Tochter des Pelasgos verdanken sollte; weiter südwärts an den Quellen des Amphros lag ein zweites und am Othrys auf hohen Felsen ein drittes Larissa. Das Gebiet Thessaliens von jenem Larissa am Peneios bis hinab nach Skotussa

---

1) Kuhn in Webers indischen Studien p. 339 ff. — 2) Pausan. 8, 1. — 3) Hesiod. fragm. 135 ed. Goettling. — 4) Il. 16, 234. Die beiden anderen Stellen, in welchen Pelasger in Kleinasien und Kreta genannt werden, scheinen eingeschoben. — 5) Hesiod. fragm. 182. — 6) Odyss. 14, 315. Aesch. Prom. 830. Strabon. p. 325. Pausan. 1, 17. — 7) Plut. Pyrrh. 1. Etymolog. magn. Δωδωναῖος. Steph. Byzant. Ἔφυρα — 8) Hellanikos bei Dionys. Halic. 1, 11, 17. Schol. Apoll. Rhod. 4, 266. — 9) Stephan. Byzant. Αἱμονία. Auch Dotos (die botische Ebene) heißt ein Sohn des Pelasgos. — 10) Apollon. Rhod. 2, 1240. — 11) Eustath. ad Il. 2, 681.

führte auch in historischer Zeit den Namen des Pelasgerlandes (Pelasgiotis), und im Süden dieser Landschaft zu Iolkos an der Bucht von Pagasae blühte noch in später Zeit der Dienst der „pelasgischen Hera"¹). In Boeotien galt Pelasgos für einen Sohn des Asopos, des Flusses, welcher die Ebene von Theben bewässerte²). Die alte Burg von Argos auf der Höhe über der Stadt hieß Larissa, wie die Orte der Pelasger in Thessalien. Pelasgos soll der Urbewohner von Argos gewesen sein; die Pelasger sollen zuerst in Argos gewohnt haben und von hier aus in die übrigen Landschaften gekommen sein³). Das Grab des Pelasgos wurde in Argos neben dem Tempel der „pelasgischen Demeter" gezeigt, und der Sohn des Pelasgos sollte der Hera drei Tempel erbaut haben⁴). Andere suchten den Ursprung, den ältesten Sitz des Pelasgos in Arkadien und geben diesem Lande den Namen Pelasgia. Asios meinte, daß die Erde den Pelasgos auf dem Kyllene, dem Berge im Norden Arkadiens, geboren habe. Des Pelasgos Sohn Lykaon sollte hier den Berg Lykaeos über dem Thale von Phigalia dem Zeus Lykaeos geweiht und am Abhange dieser Höhe die älteste Stadt Lykosura gegründet haben⁵); er hinterließ fünfzig Söhne, welche die Gaue Arkadiens beherrschten⁶).

Alle diese lokalen Traditionen zusammenfassend, läßt Aeschylos in seinen Schutzflehenden den König von Argos, den Pelasgos, sagen: „Ich bin Pelasgos, Altlands (Palaechthons) Sohn. Nach mir, dem Könige ruhmvoll geheißen, baut das Geschlecht der Pelasger dieses Landes Früchte, und alles Gebiet, durch welches der Axios und Strymon fließen, beherrsche ich. Mein Reich begränzet der Perrhaeber Land (am Olympos), des Pindos jenseitiger Abhang, der Paeonen Höhe (an der Mündung des Strymon) und die Berge Dodona's; es schneidet ab erst an dem feuchten Meere — bis dahin herrsche ich"⁷). Die Geschichtschreiber schließen sich dieser Auffassung an. Nach Herodot hieß Hellas einst Pelasgia. Die Thesproter in Epeiros, die Bewohner Thessaliens, seien Pelasger gewesen wie die Attiker, wie die Argiver; Pelasger seien die Aeoler

---

1) Apollon. Rhod. 1, 14. 3, 69. Dionys. perieg. 534. Strabon nennt auch die Perrhaeber am Abhange des Olympos Pelasger. — 2) Diod. Sic. 4, 72. — 3) Aesch. suppl. 250. Apollodor 2, 1, 6, 1. Schol. Apoll. Rhod.' 1, 580. — 4) Pausan. 2, 22, 8, 22. — 5) Hesiodi fragm. 136 ed. Goettling. Pausan. 8, 2, 8, 38. Apollodor 3, 8, 1. — 6) Pausan. 8, 3. — 7) Suppl. v. 250.

und die Arkadier vor Alters genannt worden¹); ebenso seien die Jonier, welche damals auf der Nordküste des Peloponnesos gewohnt, Pelasger gewesen²). Ephoros berichtet, daß die Pelasger der älteste Stamm seien, welcher in Hellas geherrscht habe, daß Thessalien, daß der Peloponnesos einst Pelasgia geheißen, daß Arkadien der Hauptsitz der Pelasger gewesen, und Strabon nennt die Pelasger einen durch ganz Hellas verbreiteten Stamm, der seine Sitze vorzugsweise in Thessalien und Arkadien gehabt habe³).

Diese verschiedenen Ueberlieferungen und Anschauungen lassen erkennen, daß der Name Pelasger im Sinne der griechischen Tradition ein allgemeiner war, welcher alle griechischen Stämme umfaßte, wie später der der Achaeer, noch später der der Hellenen. Es geht sowohl aus den Sagen der Landschaften hervor, als Herodot es ausdrücklich und wiederholt anmerkt, daß dieser Gesammtname Pelasger die Namen der Stämme nicht ausschließt, sondern in sich befaßt: die Thesproter, die Attiker, die Argiver, die Arkadier, die Jonier und Aeoler — alle sollen einst Pelasger geheißen haben. Der Name soll offenbar die älteste Zeit, die ältesten Menschen, die ältesten Vorfahren der Griechen bezeichnen. Darum ist Pelasgos von der Erde geboren, der Sohn des „alten Landes", oder, in einer anderen Wendung derselben Vorstellung, der Sohn der fruchtbringenden Flüsse des Asopos oder des Inachos. Der erste Bewohner, der erste Herrscher Griechenlands ist der Sohn seiner Erde oder seines Wassers⁴). So scheint denn auch das Wort Pelasger nichts Anderes als die Leute der alten Zeit, die Altgeboren zu bezeichnen⁵). Wenn spätere Schriftsteller die Pelasger als ein armseliges Geschlecht schildern, so ist das ein Ergebniß ihrer Reflexion; die ältere Tradition verband andere Vorstellungen mit diesem Namen. Dem Aeschylos sind die Pelasger Ackerbauer, und die Argiver erzählten, daß Pelasgos die Demeter (die eigentliche Ackergöttin der Griechen)

---

1) 1, 57. 146. 2, 56. 171. 7, 95. — 2) 8, 44. — 3) Strabon, p. 220. 221. 321. 345. — 4) Diese Vorstellung muß auch bei den Oskern gegolten haben, wenigstens ist sie sprachlich erhalten: χαμος ist humus, homo. — 5) Pott, etymol. Forschungen 1, 40. 131. Wenn gegen die oben entwickelte Ansicht von den Pelasgern eingewandt ist, daß sie sich mit den so bedeutend von einander verschiedenen Stämmen des griechischen Volkes nicht vertrage, so bedingt eben die Verschiedenheit der Stämme den Gesammtnamen; so hat auch der Name Cöhrenten verschiedene Stämme umfaßt, so umfaßt auch der Name Deutsche bedeutend von einander verschiedene Stämme. Der Unterschied der Jonier und Dorer war doch kaum größer, als z. B. der von Friesen und Schwaben ist.

in seinem Hause zu Argos aufgenommen habe¹). Herodot berichtet, daß bereits die Weiber der Pelasger der Demeter die Thesmophorien gefeiert hätten²); Andere geben an, daß die Pelasger den Stachel erfunden hätten, die Pflugstiere anzutreiben³). Die Erbauung von Burgen wird den Pelasgern zugeschrieben; die Larissa (wohl von Las, Steinbau, Steinburg) am Peneios, die Larissa von Argos gehört ihnen, und die Tradition der Arkadier schreibt dem Sohne des Pelasgos die Erbauung der Stadt Lykosura zu. Der Name Pelasger haftet am festesten auf den Gebieten, welche den Ackerbau am frühesten zuließen, auf dem fruchtbaren Thale von Dodona⁴), auf dem Gebiete des unteren Peneios und dem der thessalischen Seen unter dem Pelion, auf der Ebene des Inachos. Als die von neuen Einwanderern aus Thessalien verdrängten Pelasger nach Attika kamen, waren es diese Vertriebenen, welche hier das steinige Feld am Hymettos in Ackerland umzuwandeln verstanden und den Athenern eine starke Mauer um den Eingang ihrer Burg bauten. Als diese Ausgewanderten auch aus Attika weichen mußten, gingen sie über das Meer, ließen sich auf der challidischen Halbinsel nieder und bauten auf Kreta, wie an der Küste von Troas, Mysien und Lydien ihre Larissen. Von diesen festen Thürmen (τύρσος, τύρσις) wurde ein Theil dieser Ansiedler Tyrsener oder Tyrrhener genannt. Wenn aber andere Traditionen den Pelasgos in Arkadien geboren werden lassen und den Namen Pelasger in enge Verbindung mit Arkadien setzen, so liegt der Grund davon darin, daß man von Arkadien wußte, daß diese Landschaft niemals ihre Bewohner gewechselt oder Einwanderungen erfahren hatte, wie die fruchtbaren Fluren Thessaliens, Boeotiens und aller übrigen Landschaften des Peloponnesos — die Arkadier waren deshalb kühn genug, sich zu rühmen: sie seien älter, als der Mond⁵) —, daß Arkadien der Natur seines Hochlandes gemäß das Hirtenleben am längsten und am unveränderten festhielt, eine alte und einfache Lebensweise, welche man folgerichtig der alten Zeit und den alten Menschen zuschrieb.

Der Name Pelasger tritt naturgemäß in der Tradition für die Punkte besonders hervor, an welchen sich die Reste, die Erinnerung alter Götterdienste, erhalten hatten, wie zu Dodona;

---

1) Pausan. 1, 14. — 2) 2, 171. — 3) Etymol. magn. ἄροτρα. — 4) Der Name scheint eine gesegnete Flur zu bedeuten; Preller, Mytholog. I. 80. — 5) Apoll. Rhod. 4, 264.

für die, wo das Leben am frühesten zum Ackerbau und Bürgerbau gekommen war, am Peneios, zu Argos; für die, wo die spätere Zeit die älteste Lebensweise erhalten sah, wie in Arkadien; endlich für die, wo wenigstens niemals eine Einwanderung oder Eroberung des Landes stattgefunden hatte, wie in Attika. Für ein Gebiet Thessaliens ist er als Landschaftsname, für einen aus diesen Gebieten ausgewanderten Stamm, dem sich ein Theil der alten Bevölkerung Boeotiens angeschlossen hatte, als Stammesname auch in historischer Zeit üblich geblieben. Er haftet auf diesen Auswanderern aus Thessalien und Boeotien, welche sich am Athos, auf Lemnos und auf Imbros, am Hellespont niedergelassen hatten. Diese Auswanderer folgten dem Gange des hellenischen Lebens nicht. Die lange festgehaltene Uebung des Seeraubes stellte sie in einen scharfen Gegensatz zu den übrigen Stämmen, so daß sie der Opfergemeinschaft derselben fern blieben. Dem Leben der späteren Zeit zeigten ihre Larissen und Thürme eine eigenthümliche Art, sie hatten auf ihren Inseln besondere Kulte entwickelt und mochten Alterthümliches und darum Unverständliches in ihrer Sprache bewahren[1]).

---

[1]) Herodot's Theorie von den Pelasgern ist die: alle Griechen sind Pelasger, bis auf die Thessalier und Dorer. Der Grund dieser Unterscheidung ist leicht zu finden: von den Thessaliern und Dorern geben die Namen Hellas und Hellenen (s. unten) für das ganze Volk aus; darum setzt er sie den Pelasgern entgegen. Wie wenig diese Unterscheidung wirklichen Grund hat, erhellt daraus, daß die Thessalier aus Epeiros kamen und ein Theil der Thesproten sind, die gerade auch Herodot als Pelasger bezeichnet. Herodot meint nun, daß die übrigen, d. h. weitaus die größte Gesammtmasse des griechischen Volkes, aus Pelasgern Hellenen geworden wären, indem die Söhne des Hellen zu ihnen gekommen wären, d. h. die angeblichen Stammväter Aeolos, Doros und Xuthos. Er sagt dann weiter, daß die Pelasger zu seiner Zeit „die von Kreston, Plakia und Skylake" sich unter einander verständen, aber mit den Hellenen nicht gleichsprachig wären (1, 57). Wenn man hieraus schließen dürfe, führt er fort, hätten die Pelasger barbarisch gesprochen, und die Ionier, Aeolier, Arkadier u. s. w. hätten die Sprache umgelernt. Nun vertauschen die Völker ihre Sprache nicht leicht und am wenigsten, wenn sie eine so geringe Anzahl von Sprachmeistern haben, wie etwa die Dorer gewesen wären; denn die Thessalier müssen nach der eben gemachten Bemerkung wegbleiben, und zu den Arkadiern kamen weder Einwanderer, noch ließ selbst die Sage einen Hellens Sohn zu ihnen gelangen. Wenigstens müßten sich dann zwei verschiedene Grundelemente im Griechischen nachweisen lassen, was durchaus nicht der Fall ist, und endlich schreibt Herodot selbst den Pelasgern sehr bedeutende und eigenthümliche griechische Kulte, den Dienst der Hera (2, 50.), die Thesmophorien, den Hermesdienst und den Dionysosdienst zu, und die Gebiete, wohin die Tradition die Pelasger am bestimmtesten setzt, Thessalien und Argos, erscheinen bereits vor der Einwanderung der Thessalier und Dorer als die Hauptsitze des achaeischen Heldenlebens. Plakia und Skylake waren zwei kleine, unbedeutende Orte an der Propontis zwischen der Mündung des Aesepos und Kaestos. Diese kleinen Orte

3. Die Religion der Griechen.

Mitten im Berglande von Epeiros, in dem Quellgebiete des Aoos, des Arachthos und des Acheloos, erstreckt sich am Fuße des Gebirges Tomaros ein umfangreicher See, Pamboti̇s (heute der See von Janina). Am südlichen Rande dieses Sees lag das Heiligthum von Dodona. „Das Land Hellopia, heißt es in dem alten Gedicht, die Soeen, ist voll schöner Wiesen und Saaten, voll von Ziegen und Schafen und schwerfüßigen Rindern. Dort wohnen Männer in unzählbarer Menge, Geschlechter der sterblichen Menschen, reich an Schafheerden und Hornvieh. Dort am äußersten Ende ist Dodona erbaut, welches Zeus geliebt und zu seiner Weissagung im Grunde der Eiche sich erkoren, hochgeehrt von den Menschen. Von dorther kommen den Erdbewohnenden Menschen alle Göttersprüche. Wer dorthin geht, den Gott zu befragen, der komme Geschenke darbringend mit günstigem Vögelflug"[1]. Nach Anderen heißt die Landschaft, in welcher Dodona lag, nicht Hellopia, sondern Hellas[2]. Die homerischen Gedichte berichten, daß die „Sellen", welche Andere (in Uebereinstimmung mit den Namen Hellopia und Hellas) „Hellen" nennen, den Willen des Gottes verkündigt hätten[3]. Eine alte heilige Eiche, an deren Fuß eine Quelle sprang, war der Mittelpunkt des Heiligthums. In dem Rauschen der Luft, des Windes in den

---

mögen in ihrer Isolirung einen archaistischen Dialekt beibehalten haben; auch wir verstehen z. B. den Dialekt der Friesen durchaus nicht, wenn wir ihn nicht gelernt haben; dennoch würde nichts verkehrter sein, als den Friesen germanischen Ursprung oder die deutsche Sprache abzusprechen. Es ist auch möglich, daß die Plakiner und Skolotner bedeutenisstt waren. Das Kreston anbetrifft, so unterscheidet Thukydides, der in jener Gegend sehr gut Bescheid mußte, die Krestonaeer ausdrücklich von den auf Chalkidike angesiedelten Pelasgern und nennt den krestonischen Stamm einen barbarischen Stamm, der dort neben den Pelasgern wohne. Eine Ansiedlung von Griechen, so weit im inneren Lande wie Kreston, hat auch an sich schon Bedenken. Daß die Pelasger von Lemnos z. B. zur Zeit der Ankunft des Miltiades Griechen waren und griechisch sprachen, beweisen die Namen ihrer Städte wie die Bauwerke, welche Theodoros und Smilis bei ihnen aufführten. Noch viel lustiger, als Herodot's Theorie von den Hellenen und Pelasgern, sind die Wanderungsgeschichten des Pelasgos. Sie beruhen ganz allein und ganz ersichtlich darauf, daß Pelasgos in der Tradition verschiedener Landschaften an die Spitze gestellt ist. Demnach mußte er gewandert sein, und diese Vorstellung wurde dann weiter durch die Ansiedlung der Pelasgioten auf Chalkidike und in Kleinasien begründet.

1) Hesiodi fragm. 80. ed. Goettling. — 2) Aristotel. Meteor. 1, 14. — 3) Wenn Homer Dodona ein Land schweren Winters nennt, so gehört diese Bezeichnung wohl dem Südländer von der ionischen Küste.

Zweigen der Eiche vernahm man die Gunst oder die Ungunst, den Willen des Gottes, dem dieser Baum geheiligt war, des Zeus.

Es war der Gott der Luft und des Himmels, welchen die Thesproter zu Dodona anriefen. Die Namen Hellas und Hellopia bedeuten, wie es scheint, das hellblickende Land, das Land des lichten Himmelsgottes, und die Namen der Priester des Gottes „Hellen" oder „Sellen"¹) bezeichnen wohl die Diener des lichten Gottes ebenfalls als lichte Männer, als „die Lichten"¹). Wenn des Pelasgos Sohn in Arkadien den Berg Lykaeos dem Zeus Lykaeos geweiht hatte, wenn die Arkadier erzählten, daß es auf dem Gipfel dieses Berges keinen Schatten gäbe, so bezeichnet auch der Name Lykaeos und diese Sage den Zeus als einen Gott des Lichtes und der Helle²). Aber der Zeus von Dodona war nicht blos des Lichtglanzes Gott, er sammelte auch die dunklen Wolken auf den Berggipfeln, welche das Thal von Dodona umgaben, um ihren Schooß zu öffnen und das befruchtende Wasser hinabzugießen. Der Gott des hellen Himmels war auch der Wasserspender. Zeus führte zu Dodona den Beinamen „des Regners"; auch die Nymphen des Regens, die Hyaden, wurden zu Dodona verehrt, und die Nymphen der Quellen waren den Griechen Töchter des Zeus⁴). Das Wasser genoß einer großen Ver-

---

¹) Wenn Homer die Sellen Männer „mit ungewaschenen Füßen" nennt, sie „als Lagerer auf der Erde" bezeichnet (auch Sophokles, Trach. v. 1167, spricht von dem erblagernden Bergvolk der Sellen), so hängt dies mit der Verehrung der mütterlichen Erde zu Dodona zusammen (Paus. 10, 12). Das Lagern auf der Erde läßt die Kraft, welche in dieser ruht, auf den Lagernden übergehen; zu Olympia wurde eine erdlagernde Demeter verehrt (Pausan. 6, 20, 21.). In späterer Zeit verkündeten drei Priesterinnen, Peleiaden genannt, den Willen des Zeus zu Dodona, sie weißagten aus dem Verhalten heiliger Tauben, welche in der Eiche des Zeus nisteten (Herod. 2, 55, Paulas. 10, 12.). Doch wurde auch noch aus dem Klange von Kesseln, welche der Wind gegen einen ehernen Kessel trieb, geweißagt. Die Bildsäule des Zeus trug einen Eichenkranz auf dem Haupt, und die alte heilige Eiche war mit Tempellampen, Weihgeschenken und Dreifüßen umgeben. Die Ruinen sind unbedeutend. — 2) Die Namen Hellas und Hellopia sollen freilich nach späten griechischen Angaben von den Gewässern und Sümpfen dieses Gebiets, τὰ ἕλη, abzuleiten. Richtiger scheinen sie abgeleitet werden zu müssen von σέλη, d. h. Sonnenlicht und Helle. Neben σέλη kommt σέλα und εἴλη vor (Hesych. ἥλα). Es ist damit σέλας, Glanz, und ἥλιος zu vergleichen, wie neben σελήνη auch εἰλένα vorkommt. Wie Sellen und Hellen wechselt σελήνη und ἕλενα; ἕλενα ist die ältere Form, so daß darnach auch Hellen älter sein muß, als Sellen. Hellopia ist die „hellängige" Gegend, Hellas des Lichtland; Sellen, Hellen, Hellenen die Lichten, Zeus Hellanios der lichte Zeus. Vgl. Preller, Mythol. I. S. 79. — 3) λυκαῖος oder λύκειος ist lucetius, von lux = lux abzuleiten. Erst nach der Verdunkelung und dem Verlust der alten Wurzel konnten die Griechen an Wolf denken, der reißend schnell in die Heerden bricht und der nun ein Symbol des rächenden Apollon wurde, da dieser Beiname dem Zeus wie dem Apollon gehört. — 4) Pherecyd. fragm. 46 ed. Kessler.

ehrung zu Dodona. Den Orakeln, welche hier ertheilt wurden, war immer die Weisung hinzugefügt, „dem Acheloos zu opfern". Der Acheloos ist der bedeutendste Strom, welcher in Epeiros entspringt; er gilt noch bei Homer für den Fluß der Flüsse, für den mächtigsten aller Ströme¹). Bei Hesiod ist er der älteste Sohn des Okeanos, des erdumströmenden Wassers. Es scheint, daß der Name Acheloos in alter Zeit eine weitere Bedeutung gehabt und alles Wasser der Seen und Flüsse bezeichnet habe²). Dodona war eine wasserreiche, fruchtbare Landschaft; eben darum war sie dem Zeus und den Geistern des Wassers frühzeitig geweiht worden.

Diese Dienste von Dodona, welche den Griechen für die ältesten galten, zeigen eine nahe Verwandtschaft mit den Diensten der Arja am Indus und auf dem Hochlande von Iran. Es ist dieselbe Verehrung der Geister der hellen Höhe, des Himmels, und es ist dasselbe Gewicht, welches auf die Befruchtung des Landes durch die Wasser des Himmels, auf die Wohlthaten der regenspendenden Geister, auf die ernährende Kraft der Flüsse und Quellen gelegt wird. Wie im Westen der fruchtbare Thalkessel von Dodona frühzeitig eine besondere Stätte dieses Kultus wird, so werden in Nordosten die mächtigen Höhen des Olympos, im Süden die hohen Spitzen des Oytaeos und des Ithome dem Himmelsgotte und den Geistern des Lichts geweiht, wie die Inder die Geister des Lichts und der Luft im Norden ihres Landes auf dem Himalaya, auf dem Götterberge Meru versammelten, wie die Iranier die Bergspitzen den reinen Geistern der Höhe heiligten und ihre segenspendenden Götter auf dem Haraberezaiti, dem hohen Gebirge des Ostens, vereinigten. Hiernach wird man die Anschauungen der Griechen, welche mit denen der Arier in Iran und am Indus am nächsten zusammentreffen, als ihren ältesten religiösen Besitz ansehen dürfen, ohne ein zu großes Gewicht darauf legen zu müssen, daß die Tradition der Griechen nur den Zeus und die Dione, die Hera und die Demeter sammt dem Hermes und der Hestia als Götter der Pelasger, d. h. als die Götter der alten Zeit, ausdrücklich namhaft macht. Versuchen wir

---

1) Ilias 21, 194. Theogon. 342 sq. — 2) Auch der Fluß Arachthos soll einst Acheloos geheißen haben (Paus. 8, 38. Aristot. Meteorol. 1, 14.). Acheloos ist sicherlich von αχα, aqua, abzuleiten. Auch die Namen des Sees Acherusia und des Flusses Acheron, an dessen Mündung Pelasgos Ephyra erbaut haben sollte (Stephan. B. Ἔφυρα), gehören Epeiros und diesem Wortstamme an, der sich auch in dem Flußnamen Inachos wiederholt.

es, von diesem Gesichtspunkt aus das ursprüngliche, noch durch keinen fremden Einfluß getrübte oder bereicherte religiöse Eigenthum der Hellenen, die Grundlagen der Entwicklung der hellenischen Religion zu übersehen.

Es sind bei den Griechen wie am Indus die großen Erscheinungen des Himmels, welche das Auge und das Gemüth des Volks getroffen haben; die Geister der Höhe, der reinen Luft, des blauen Himmels, des Lichts, der Winde, der Wolken nehmen den ersten Platz ein. Die freundlichen Geister des Lichts, die wohlthätige, die Menschen zusammenführende Macht des Feuers treten, wie in Iran und Indien, mit großer Bestimmtheit hervor und werden hier wie dort in einer Reihe von Geistern verkörpert angeschaut. Aber die Himmelserscheinungen waren in Griechenland weniger gewaltsam, die Gegensätze von Hitze und kühler Luft, von Fruchtland und Wüste, von Höhe und Tiefe waren nicht so gewaltig, so massenhaft und so imponirend wie dort; die Natur war weder zum Schaden noch zum Heil der Menschen in Griechenland von solcher Macht, wie in Iran, am Indus und Ganges. So konnten bei den Hellenen die Kämpfe des Himmelsgottes, der Gegensatz zwischen den guten und den bösen Geistern, zwischen den Göttern des Lichts und den Dämonen der Finsterniß, zwischen den Schutzgeistern des Gedeihens und den Unholden des Schadens auch nicht so scharf ausgebildet werden als in Iran; die Furcht vor den Gespenstern der Nacht, vor den unheimlichen, Verderben bringenden Dämonen konnte nicht so groß sein, als im Lande der fünf Ströme.

Es war die Aufgabe des Himmelsgottes der Inder, des Indra, des ersten der Deva, die Dämonen der Dürre und des Dunkels, den Ahi und den Britra, zu bekämpfen, welche den hellen Himmel in Dunkelheit hüllten und die Wasser desselben in den dunklen Wolken entführen wollten, welche die Quellen in den Bergen einschlossen und die Flüsse versiegen ließen. Mit dem Blitze spaltete Indra die Wolken, melkte er nach dem Ausdrucke des Rigveda die milchgebenden Kühe, die Wolken; er ließ den Regen strömen und beseelte die Flüsse. So wurde auch der erste der Theoi (Deva) der Griechen, Zeus (aeol. Deus), der hoch über den Wolken im reinen Aether waltende Geist des lichten Himmels, als regenbringender Gott, als Vater der Quellen und Brunnen angerufen¹). Wie Indra mit den pfauenschwänzigen Falben, fährt Zeus mit dem Roßgespann; wie Indra als ein gewaltiger Stier angerufen wird, sind Stiere dem Zeus die liebsten Opferthiere. Auch Zeus schleudert den Donner und den Blitz, auch er hat mit den Dämonen des Dunkels und der Dürre zu kämpfen; aber diese Bestimmung tritt bei weitem nicht so entschieden hervor, als bei dem Indra, bei dem Beretraghna der Iranier. Der Kampf ist nach unserer ältesten Quelle, den homerischen Gedichten, schon lange ausgekämpft; die widerstrebenden Dämonen sind überwunden und wohnen nun an der äußersten Grenze der Erde und des Meeres, oder sie sind tief unter der Erde im Tartaros, wohin die Geister des Dunkels und der Nacht gehören, eingeschlossen. Die ausgeführte Darstellung dieses Kampfes in der Theogonie (welche gegen das Jahr 600 v. Chr. zum Abschluß gekommen sein wird) läßt indeß immer noch die ursprüngliche Auffassung erkennen. Der Kampf war hart gewesen und hatte lange gedauert, da die Geister des Lichts auf dem Olympos, die Geister der Nacht vom Othrys her sich über Thessalien hinüber bekämpften²). Im Gewittersturm hat Zeus die Dämonen überwunden; mit unaufhörlichen Blitzstrahlen hat er sie zerschmettert, wie Indra den Ahi mit dem Blitz durchzuckt hat. Auch andere Züge in der Beschreibung dieses Kampfes erinnern an die Kämpfe, welche Indra gegen die Danava, die Söhne des Danu, zu bestehen hat (Bd. II. S. 155). Wie die Titanen, sind die Giganten, die Riesen des Westens d. h. der dunklen Region, wo die Sonne sinkt, schon in den homerischen Gedichten ein von den hellen Göttern ihrer Frevel willen vertilgtes Geschlecht³).

Doch gehört der Kampf, welchen Indra mit den dunklen Geistern zu führen hat, auch in der griechischen Religion nicht bloß der Vergangenheit an. Er dauert am Himmel noch immer fort, nur daß er hier nicht sowol dem Zeus, als einer andern Gottheit übertragen ist. Es ist die Göttin des reinen, blauen Himmels, es ist die mit diesem hellen Auge des Himmels niederblickende Pallas, welche bei den Griechen den Kampf gegen die schwarzen Geister zu

---

1) Dies war keineswegs allein in Dodona der Fall; in Attika wurde ihm zur Zeit der größten Hitze ein hellfarbiger Stier dargebracht, damit er Regen sende, und die Athener beteten in dieser Jahreszeit noch in späten Jahrhunderten: "Regne, regne, lieber Zeus, auf die Aecker der Athener und auf die Felder"; Preller Mythol. I, 78. — 2) II. 14, 274. 278. 8, 478. 15, 224. — 3) Od. 7, 65, 10, 113. 120.

führen hat. Die bösen Dämonen wollen den Glanz des Himmels verhüllen, sein Wasser entführen; aber die Göttin des glänzenden Himmels weiß sie abzuwehren. Die Kämpfe, welche sie mit diesen Unholden besteht, sind die Gewitter. Wie Indra, der Gott des hellen Himmels bei den Arja, ist die Göttin des blauen Himmels bei den Griechen ebenfalls zugleich die Göttin der Gewitter. Wohl schleudert auch Zeus den Blitz und bewegt die Aegis, d. h. den Stoßwind, den Gewittersturm[1]); aber die eigentliche Schwingerin des Blitzes ist die Göttin Pallas (d. h. die Schwingende); sie ist es, welche die Aegis, das Bild des Gewittersturmes, auf der Brust trägt[2]). Die Unholdin des Dunkels, die Gorgo, verhüllt den Himmel. Der Anblick der Gorgo, d. h. eben dieses dunklen Gewitterhimmels, ist schreckhaft, so schreckhaft, daß er versteinert. Aber Pallas schwingt den Blitz gegen diese dunklen Wolken; sie öffnet ihren Schooß mit dem blendenden Strahl, sie läßt die fruchtbaren Gewitterregen herabströmen und das Blau des Himmels wieder in hellem Glanze schimmern. Die lichte Pallas hat die dunkle Gorgo überwunden. Die Pallas war die Vorkämpferin der lichten Geister vom Olympos, als diese gegen die dunklen Giganten kämpften; in diesem Kampfe gewann sie die Aegis und das schlangenumwundene Haupt der Gorgo, d. h. das von züngelnden Blitzen umgebene Bild der schreckenden Gewitterwolke, welches sie in ihren Schild setzte[3]); die eine wie das andere das ständige Attribut der Göttin, das Zeichen ihrer Kämpfe und ihrer Siege. So ist die Göttin Pallas die Abwehrerin der Unholde des Dunkels (ἀλαλκομένη), und die Bekämpferin der Dämonen des Himmels wird zur Vorkämpferin (Promachos) der Menschen, wie Indra den Menschen ein solcher Vorkämpfer war. So wurde sie in ihren alten Bildern, den Palladien, mit zum Wurfe erhobener Lanze gebildet[4]), so blickt sie furchtbar im Kampfe, so war sie eine Göttin des Sieges, wie Indra ein unbezwinglicher Siegesheld war. Sie wird zusammen mit dem Zeus angerufen vor der Schlacht[5]). Wenn Zeus die Regengüsse des Winters niedersendet, so gewährt Pallas die erquickenden Ge-

---

1) Ἀιγίς ist von ἀΐσσω abzuleiten, welches Wort eine schwingende, stürmische Bewegung bedeutet. Denselben Sinn hat Aigeus, womit die Gewalt des wogenbewegenden Poseidon bezeichnet wird. Aus dem Gleichklange mit αἴξ Ziege, ist das Ziegenfell geworden. Vgl. Welcker Götterlehre I, 107. — 2) Euripid. Ion. 209. 1001. — 3) Theogon. 270 seqq. Scutum Herc. 126 seqq. — 4) Müller Handbuch d. G. §. 368. — 5) Il. 11, 736.

witterregen in der Dürre des Sommers. Auch in dem Thau, welcher nach dem Dunkel der Nacht auf Wiesen und Feldern lag, sahen die Griechen ein Werk der Feuchte vom Himmel spendenden Pallas.

Diese Göttin des blauen Himmels und des Gewitters blieb dem Himmelsgotte, aus welchem sie entsprungen, von welchem sie abgetrennt war, sehr nahe. Sie wohnt wie Zeus im hellen Himmel, im reinen Aether. Ihre Beinamen, die Blauäugige, die Helle¹), zeigen ihre lichte Natur. So konnte sie dem Zeus als seine liebe Tochter zur Seite gestellt werden, an der er Wohlgefallen hatte, die mit ihm, über den Wolken thronend, die Götter und die Menschen beherrschte. Sie ist nächst Zeus die größte Gottheit²); die Schwingerin des Blitzstrahls, die Besiegerin der Dämonen mußte, auch weiblich angeschaut, eine starke Gottheit bleiben; sie mußte ein männliches Weib und eine unbezwungene Jungfrau sein.

In den Hymnen des Rigveda wird der Sonnengott angerufen, mit seinem Lichte, seinem strahlenden Haupthaar die bösen Geister und die feindlichen Männer abzuwehren³). Der Sonnengott ist den Indern „der Wehrer des Uebels", der „Schützer und Rächer, der Alles wissende Gott, der Reiniger", welcher, von Ferne leuchtend,

---

1) Der Beiname Ἑλλωτίς geht auf ἕλη und σέλας Glanz zurück; Welcker Götterlehre 1, 307. Welcker leitet auch den Namen Athene von αἴθειν, αἴθρα ab; a. a. C. 299. Auf die lichte Natur der Göttin geht auch der Beiname Alea, unter welchem sie zu Tegea verehrt wurde, und ihre Verbindung mit Prometheus und Hephästos im attischen Kultus; wogegen der Beiname Tritogeneia sich auf die wasserspendende Seite ihres Wesens bezieht. Welcker a. a. C. 311 leitet Triton von τρύω her; der Name würde dann die zitternde Bewegung des Wassers bedeuten. In Böotien und Arkadien gab es ein paar kleine Flüsse dieses Namens; natürlich sollte die Göttin dann hier geboren sein, und als man nach der Gründung von Kyrene den Tritonsee in Libyen kennen lernte, wurde der Geburtsort der Göttin dorthin verlegt; Aeschl. Eum. 290. Pallas ist die Tochter des Himmelsgottes, aber als das reine Abbild desselben; sie ist darum ohne Mutter geboren, sie ist einfach aus ihm hervorgetreten, aus seinem Haupte hervorgesprungen. Der ausgeführte Mythus in der Theogonie identificirt das Wesen der Göttin mit dem Gewitter. Die Mutter der Göttin ist eine Tochter des Oceanos, des erdumströmenden Wassers, welche Zeus verschlingt. Das heißt: der Himmelsgott, welcher die Gewitterwolken versammelt, nimmt die rings am Horizont aus dem Meere, welches Griechenland überall umgab, aufsteigenden Nebelwolken im Himmel auf. Nachdem dies geschehen, spaltet ihm Hephästos, der Feuergott, das Haupt mit einem Beil, d. h. mit dem Blitzstrahl, und nach einem gewaltigen Aufruhr in den Lüften, d. h. nach dem Gewitter, ist Athene in dem siegreichen Glanz ihrer Schönheit, in voller Rüstung aus dem Haupt des Vaters geboren; Theogon. 886. hymn. hom. 28. Pindar Olymp. 7, 70—72. — 2) Ilias 5, 875 seq. Od. 16, 260. — 3) Br. II. S. 23. Rigveda 1, 50. 3, letzte Hymne.

das Verbrechen entfernt. In Iran wird der „Alles sehende, weit gebietende, siegreiche Sonnengott" (Mithra) angerufen, welcher Reinheit wirkt mit seinem Glanze, welcher dem Acker Gedeihen, den Heerden Nahrung und Fruchtbarkeit giebt, der der Gott der Wahrheit ist¹). Auch den Griechen ist der Sonnengott ein hülfreicher, die bösen Geister des Dunkels bekämpfender und überwindender Gott. Sein Name Apollon (Apellon) bezeichnet den Abwehrer, während der andere, Phoebos, die lichte Natur des Gottes hervorhebt²). Seine Waffe ist der silberne Bogen, von welchem er seine Pfeile, die Strahlen der Sonne, versendet. Mit diesen durchbricht er, vertreibt er das Dunkel der Nacht, mit diesen tödtet der „Ferntreffer" die schwarzen Unholde, die Drachen, wie die Frevler, die Verbrecher unter den Menschen. Er ist der „stärkste der Götter". Er verleiht dem Schützen, das Ziel zu treffen; das Schlachtgeschrei des Angriffs ruft den Apollon zu Hülfe, und der Siegsgesang gilt Apollon, dem Ueberwinder der Nacht und der Dämonen, dem siegreichen Gotte³). Auch das stürmische, das finstere Meer muß dem mächtigen Gott des Lichts gehorchen. Wenn die Sonne durch die dunklen Sturmwellen dringt, wenn die Lichtstrahlen auf das Meer fallen und die grauen Wogen erhellen, dann sind die Geister des Dunkels verjagt, die Gefahr ist vorüber, der Schiffer athmet wieder auf und baut dem lichten Gotte, der ihn mit seinen Pfeilen gerettet. So konnten dem Apollon der Delphin und der Schwan, die Thiere, welche auf den lichtbeglänzten, beruhigten Wogen spielen, geheiligt werden. Der Gott der Sonne giebt aber auch den Heerden Gedeihen, den Schaafen Milch und wehrt den räuberischen Wolf ab, der in die Heerde bricht; er selbst der höchste Hirt, der Hirt des Himmels, der dessen Rinder, die hellen, lichtdurchschienenen Wolken, weidet. Er liebt die Stätten der Heerden und der Hirten, die Weideplätze, die Triften, die Berghalden⁴). Noch in höherem Grade hängt der Segen des Ackers von der Sonne ab. Apollon reift die Saaten; ihm gehören die Erstlinge der Ernten, und der Erntekranz wurde in die Heiligthümer des Apollon getragen⁵). Der starke, wohlthätige Geist des Lichtes, der Dunkel und Unheil

---

1) Bd. II. S. 345. — 2) Welcker Götterlehre 460. Auch die Beinamen Phöbos und Lykphöbos bezeichnen die „lichte", „fernhinleuchtende" Natur des Gottes, Orlaërget der Fernabwehrer. — 3) Welcker a. a. O. S. 634. — 4) Welcker a. a. O. S. 485. — 5) Preller Mythologie 1, 166.

fernher abwehrt (Hekaërgos), war auch ein rächender und strafender Gott. Kein Sünder und kein Frevler entging seinem Alles sehenden Auge, und wenn er die guten Menschen, die am Ziel der Tage das Licht nicht mehr sehen sollten, mit linden Pfeilen abrief, so traf er die Frevler mit scharfen Geschossen, so sendete er Fieber, Pest und Hunger und verbrannte die Saaten mit glühendem Pfeil. Dann mußte der Gott versöhnt und die Unreinheit, welche dem Wesen des reinen Gottes widersprach, abgethan werden.

Wie der Gott des höchsten Himmels, ist auch der Sonnengott in der Anschauung der Griechen in zwei Gestalten auseinandergegangen. Die Sonne selbst, die Führung des Sonnenwagens wird einem besonderen Gott, dem Helios, übertragen, dem „Späher der Götter"; der Sonnengott der Griechen fährt mit dem Roßgespann, wie der Surja der Inder mit den sieben Falben, der Mithra mit seinen vier schnellen Rossen; dem Apollon bleibt das Licht. Indeß ist diese Scheidung niemals in voller Schärfe durchgeführt worden[1]). Die Opfer, welche dem Apollon bei der Sonnenwende, die Feste, welche ihm im Frühjahr und Herbst gefeiert wurden, die Monate, welche nach ihm benannt waren, wie die Sitte, ihm am Beginne jedes Monats zu opfern, zeigen deutlich genug, daß die Beziehung des Apollon auf die Sonne, auch als seine symbolische Natur schon in den Vordergrund getreten war, stets festgehalten wurde.

Zeus, Pallas und Apollon sind die hervortretendsten, die mächtigsten Gestalten des alten Götterhimmels der Griechen[2]). Doch ist der Kreis der Lichtwesen mit diesen Gestalten nicht erschöpft. Das Licht der Nacht mußte einer Gottheit gehören, wie das Licht des Tages. Der Geist des Mondlichts ist den Griechen eine weibliche Gottheit, Artemis. Sie heißt die Lichte, die Strahlende, das Auge der Nacht. Sie fährt auf goldenem Wagen, sie führt die goldenen Zügel[3]). Sie trägt den Bogen wie Apollon, auch sie ist eine „pfeilausschüttende" Göttin. Wie Apollon mit seinen lichten Pfeilen

---

[1] Auch den Pan, welchen Herodot neben dem Dionysos den jüngsten Gott der Hellenen, Pausanias den ältesten der Arkadier nennt, erklärt Welcker für eine und zwar sehr alte Form des Sonnengottes. Er leitet den Namen nicht von πάω her, sondern stellt ihn mit φαίνω gleich und beruft sich auf die Fackel und die Fackelläufe im Kultus des Gottes. Die Gestalt des Gottes ist verkümmert unter den arkadischen Hirten und demgemäß von der späteren Zeit ins Bäurische und komische gezogen worden. — [2] Es folgt dies aus der alten Gebetsformel bei Homer: „Höre mich, Vater Zeus und Athene und Apollon. — [3] Il. 6, 205.

das Meer beruhigt, so bezwingt auch Artemis, die Mondesstrahlen durch das dunkle Gewölk niedersendend, die erregten Wogen. Der Mond ist ein rastlos wanderndes Gestirn, die Artemis darum eine wandernde, rasche Göttin; als schweifende, bogenbewehrte Göttin wird sie zur Jägerin, deren Geschoß den stolzen Hirsch fällt. Wenn Apollon den Heerden und den Aeckern Gedeihen giebt, so giebt Artemis den Fluren und den Wäldern, welche das Wild ernähren, ihren Segen. In der hellen Mondnacht sinkt der Thau am reichlichsten nieder, weilt das Wild am behaglichsten an den Bächen und an den Waldseen. Gehören die Triften der Hirten dem Apollon, so ist Artemis die Herrin der feuchten Niederungen, welche auch in der Sommerhitze nicht austrocknen. Gehört dem Apollon die reifende Saat, so ist Artemis die Göttin des freien Feldes (Agrotera), die Göttin des Waldes, die Herrin der Thiere. Wenn Apollon den Jünglingen Wachsthum und Gedeihen gewährt, so giebt Artemis den Jungfrauen Wuchs und Schönheit; wie Apollons Pfeilen die Männer, so erliegen die Weiber dem Geschoß der Artemis. Die Göttin des klaren, schönen Mondlichts mußte ein hohes, schönes Weib sein, und da Apollon als der Gott des immer neuen, immer frischen, immer jugendlichen Lichts, als ein jugendlicher Gott angeschaut wurde, mußte auch die Göttin des reinen Mondlichts, deren Feste im Frühjahr gefeiert wurden, eine jugendliche Gottheit, eine Jungfrau sein; von dieser Jungfräulichkeit trägt sie den Namen Artemis, d. h. die Unverletzte[1]). Von Apollon wurde der Sonnengott Helios als eine besondere Gestalt abgetrennt; auch neben die Artemis wurde noch eine besondere Mondgöttin, Selene, gestellt, die eine weißarmige Göttin auf dem Wagen mit schönen Rossen, in leuchtenden Gewändern mit goldenem Strahlenkranze aus dem Okeanos aufsteigt[2]). Es lag sehr nahe, den Apollon und die Artemis, die Gottheiten des Sonnen- und des Mondlichts, als Geschwister, als Zwillinge aufzufassen. Die Geister der großen Lichter des Himmels konnten nur dem Himmelsgotte, dem Zeus, entsprossen sein. Das Licht brach aus dem Dunkel, aus der Dämmerung hervor; die Mutter des Apollon und der Artemis mußte diese Dämmerung, diese Dunkelheit selbst, die Leto, sein: eine Wendung der Anschauung, welche indeß erst dann eintreten konnte, als bei den Griechen die Furcht vor den Geistern der Nacht in den Hintergrund getreten war.

---

1) Welker a. a. O. 603. — 2) Hymn. in Sol. 5 seqq.

Bei den Indern ist die Morgenröthe eine weibliche Göttin Uschas, welche mit rothen Kühen am Himmel emporfährt; bei den Griechen eilt die „frühgeborene", „rosenfingrige" Eos der Sonne mit ihrem Roßgespann voran. Die ersten Strahlen des Morgenlichts werden in den Hymnen des Rigveda als ein Zwillingspaar, als zwei Reiter, die Açvinen, angerufen. Sie, die Gefährten der Morgenröthe, sollen auf dem schönen Wagen, der schneller als der Falke, schneller als der Wind ist, herabkommen zur Erde, die sie jeden Tag von der Dunkelheit befreien; sie werden als die Schenker des weißen Rosses, als die hülfreichen Geister gepriesen, welche den Seemann über das unermeßliche, unbeständige Meer in das Haus des Vaters zurückführen. Diese Açvinen sind die Dioskuren der Griechen. Auch den Griechen sind die Dioskuren ein jugendliches Zwillingspaar, die besten Reiter und Reisige, welche in weißen Gewändern auf weißen Rossen durch die Luft reiten oder auf goldenem Wagen daher fahren¹). Sie waren auch den Griechen rasche, freundliche Geister, welche den Bedrängten zum Beistande vom Himmel herabkommen; sie werden auch von den Griechen als Retter und Uebelabwender (ἀλεξίκακοι) gepriesen. Sie nahten in heiß entbrannter Schlacht, dem Angriff Sieg gebend oder die Verfolgung abwehrend. Wenn der Seemann im Sturm verzweifelte, rief er zu den Dioskuren, welche dann schnell durch die Luft herabkamen und Wind und Wogen beruhigten²). Die Lichtstrahlen, welche den dunkeln Himmel in der Frühe zuerst durchbrechen und den Tag verkünden, vertreiben mit der Finsterniß die bösen Geister der Nacht; im Meeressturm verkünden die ersten, durch das Gewölk dringenden Lichtstrahlen das nahe Ende des Unwetters; so sind die Dioskuren hülfreiche und siegreiche, so sind sie auch die rettenden Geister der Seefahrt. Die verschiedenen Namen, unter welchen die Dioskuren bei den Griechen angerufen wurden, bezeichnen die lichte Natur dieser Götter³). Wie Apollon und Artemis, konnten auch die ersten Lichtstrahlen des Morgens als Söhne des Himmelsgottes aufgefaßt werden. Die Dioskuren sind in dieser Anschauung die Zwillinge,

---

1) Pindar Pyth. 1, 66. Olymp. 3, 41. — 2) Hymn. hom. 33. — 3) Welcker a. a. O. 609. 610. Polydeukes ist nach Welcker πολυλεύσσων. Auch die messenischen Namen der Dioskuren Idas und Lynkeus gehen auf das Licht zurück. Daß die Dioskuren auch mit dem Morgen- und Abendstern in Verbindung gebracht werden, hat Welcker gewiß richtig ausgeführt.

die jungen Burschen des Zeus, und wenn man nach einer Mutter
suchte, so konnte auch ihnen keine andere gegeben werden, als die
Dämmerung, aus welcher sie hervorbrechen, — die Nacht, die Leda,
welche von der Leto nicht verschieden ist.

In der Anschauung der Inder nahm der Geist des Feuers,
Agni, eine sehr hervorragende Stelle ein. Die Götter hatten „ver-
sorgend" den Agni den Menschen auf der Erde zurückgelassen[1]. Er
war im Holze versteckt gewesen und im Blitze herabgestiegen zur
Erde. Der Gott des Feuers war den Indern der Opferer, weil
das Feuer die Opfergaben zum Himmel emporträgt, der Mittler
zwischen Himmel und Erde; sie priesen ihn als den „Versammler
der Menschen" um die Flamme des Herdes, als den „weitschauen-
den Hausherrn." Der Agni der Inder ist der „Prometheus Pyrphoros", d. h. der vorsorgende Feuerbringer der Griechen. Wenn
Agni bei den Indern „der im Wasserbett gezeugte Stier" heißt, d. i.
der unter den Regengüssen des Gewitters vorbrechende Blitz, so ist
auch Prometheus den Griechen ein Tochtersohn des Oceanos. Wenn
das Feuer bei den Indern im Doppelholze versteckt war, so hat
Prometheus das Feuer, welches er dem Zeus oder der Sonne ent-
wendete, in der „hohlen Staude", im „markgefüllten Stengel" verborgen[2]. Prometheus ist es, welcher bei den Griechen den Göttern
das erste Opfer bringt, welcher mit der Gabe des Feuers den Herd
gegründet und den Menschen den Anfang jeder Kunst gelehrt hat.
Der Feuergott ist bei den Griechen in mehrere Gestalten zerlegt
worden; Hephaestos und Hestia sind dem Prometheus zur Seite
getreten[3]. Wenn Hephaestos beim Homer zur Strafe vom Himmel auf die Erde herabgeworfen wird, so ist dies nichts als eine
poetische Wendung für den vom Himmel niederfallenden Blitz und
das durch den Blitz der Erde geschenkte Feuer, und wenn dann die
Geister des Wassers, die Töchter des Oceanos, den herabgestürzten
Hephaestos bei sich aufnehmen, so zeigt auch dies seine nahe Verwandtschaft mit dem Prometheus und dem Agni. Wie Prometheus,
führt auch Hephaestos die Menschen in die Häuser[4]; auch er wurde
als der Geber des Feuers gepriesen, er war der Vorsteher des

---

[1] Rigveda ed. Rosen 27. 36. — 2) Preller Mythologie 1, 63.
3) Der Name Hephaestos ist entweder vom Glanze des Feuers, von φάω, oder
von ἑστιος abzuleiten. — 4) Hymn. in Vulc. 4.

Herdes¹), und die neugeborenen Knaben wurden durch das Tragen um den Herd im Scheine des Herdfeuers als Mitglieder der Familie aufgenommen²). Der Feuergott ist bei den Indern der „Opferer" der „Vorsteher aller Opfer"; bei den Griechen ist dies die Hestia, die Herdgöttin. Wie dem Agni stets zuerst geopfert wurde, auch wenn das Opfer anderen Gottheiten galt, so sollte auch die Hestia bei allen Opfern zuerst angerufen werden, so sollten auch ihr Erstlinge von allen Opfern gereicht werden³). Es ist nicht das Feuer überhaupt, es ist das Feuer des Herdes, es ist der Schutzgeist des Herdfeuers, welchem bei den Griechen diese Ehre zu Theil wird. In diesem Sinne heißt die Hestia, welche Herodot als eine Göttin der „Pelasger bezeichnet, die „älteste Göttin", die „älteste Tochter des Zeus", welche Antheil an allen Opfern habe⁴). Da der Herd das Haus gründet, sollte Hestia den Bau der Häuser erfunden haben⁵). Der Herd ist der älteste und einfachste Opferaltar der Familie. Für die zum Stamm verbundenen Familien gewinnt der Herd des Stammhauptes eine besondere Bedeutung dadurch, daß das Stammhaupt auf diesem für alle Genossen des Stammes opfert, wie jedes Familienhaupt für die Seinen an seinem Herde. An diesen Herden der Stammhäupter, an denen die gemeinsamen Opfer gebracht wurden, an denen sich die Stammgenossen zur Berathung um das Stammhaupt sammelten, wurde der Hestia ein ewiges Feuer unterhalten⁶). Der Schutzgeist des Herdfeuers ist den Griechen eine wohlthätige, segnende und schützende Macht, als das Abbild des reinen und reinigenden Feuers eine reine Jungfrau von unverletzter Keuschheit⁷). Auf die Reinheit und Reinhaltung des heiligen Feuers, des Opferfeuers wurde bei den Griechen stets großes Gewicht gelegt, wenn auch nicht in der Ausdehnung und Aengstlichkeit wie bei den Iraniern.

Die Wasser des Himmels, die Wasser der Ströme und der Quellen nehmen in der Religion des Arja am Indus, wie in Iran

---

1) Aristoph. aves 436. — 2) Meier de genitl. Attica 17 seqq. — 3) Preller Mythologie 1, 227. — 4) Herod. 2, 50. Hymn. in Vener. 4. — 5) Diodor 5, 68. — 6) Pausan. 1, 18. Poll. Onomast. 1, 7. Böckh corp. inscr. II. p. 1060. Auch die Spartaner hatten eine Hestia der Stadt. Böckh l. c. I. p. 610. — 7) Wenn Herodot (2, 50) die Hestia als eine den Griechen allein angehörende Göttin bezeichnet, so wußte er nicht, daß dieselbe bei den verwandten italischen Stämmen einen noch höhern Platz behauptet hatte; die Vesta ist nicht in dem Maaße, wie es der Hestia durch die Poesie der Griechen geschah, in den Hintergrund gedrängt worden.

eine bedeutende Stelle ein. Auch das Gedeihen der Landschaften der Griechen hing wesentlich von ihrer Bewässerung, von ihren Flüssen ab, wenn auch in geringerem Maße wie in Iran und im Lande der Fünfströme. Wenn Zeus und Pallas von Zeit zu Zeit die Wasser des Himmels spendeten, so brachten die frisch sprudelnden Quellen, die Flüsse, welche nicht versiegten, den Menschen, den Thieren, den Landschaften die erquickende, nährende Gabe alle Zeit dar. Den Indern sind die Ströme des Pendschab milchgebende Kühe, den Griechen sind sie befruchtende Stiere. Es ist wol der reißende Lauf der Gebirgsströme, es sind wol ihre wilden Anschwellungen im Frühjahr und Herbst, welche die energischere Anschauung der Griechen motivirt haben. Die Flüsse sind nach der Angabe der homerischen Gedichte von Zeus entsprungen, sie sind von den Wassern des Himmels, von den Regengüssen erzeugt und genährt; sie sind Söhne des Zeus. Der Verehrung des Acheloos zu Dodona ist schon Erwähnung geschehen. Dem Alpheios, dem Sperchelos wurden Stiere als Opfer dargebracht[1]). Die Flüsse wurden als schützende, erhaltende Geister angerufen; sie galten als die Ernährer, als die Pfleger der Landschaften, welche sie durchströmten, als die Stammväter der Herrscher, der Bewohner derselben, als deren erste Könige. Der Grieche sollte keinen Fluß verunreinigen, er sollte sein fließendes Wasser überschreiten, ohne die Hände zu waschen und zu beten[2]). Nicht anders als jeder Fluß hatte jede Quelle ihren Schutzgeist, war jeder Brunnen von einer Nymphe, einer Wasserjungfrau gehütet, welche in dem kühlen, erquickenden Naß, in der feuchten Grotte hauste. Nicht blos der Wiese und dem Wald, auch der Ehe gewährten die Nymphen der Quellen, nach dem Glauben der Griechen, die Frucht. Die Vorstellung der Arja von der Leben weckenden, Leben gebenden und Leben erhaltenden Macht des Wassers ist bei den Griechen in voller Schärfe erhalten. Die homerischen Gedichte nennen den Oleanos, den großen Strom, welcher Erde und Meer umfließt, den Ursprung aller Götter und alles Daseins[3]); ihre älteste Philosophie erklärt das Wasser für den Urstoff und das Prinzip aller Dinge, und Pindar preist das Wasser als das Beste von Allem.

---

1) Welcker Götterlehre 1, 652 figk. — 2) Opp. et dies 735—739. — 3) Ilias 14, 201. 246. 302.

Poseidon.

Alle Wasser der Erde, die süßen wie die salzigen Fluthen, waren bei den Griechen unter den Schutz eines mächtigen Geistes gestellt. Aus den verschiedenen Namen, unter welchen dieser Gott angerufen wurde, sind unterschiedene Göttergestalten geworden. Nereus und Phorkys sind durch den Poseidon in den Hintergrund geschoben worden, der beim Homer „der älteste und der beste der Götter" heißt[1]). Er war den Griechen ein fruchtbringender Gott, der in dürren Ebenen unlabige Quellen hervorspringen ließ[2]), während sein Zorn die Ströme im Sommer versiegen machte[3]). Den Indern war das Meer fern und fremd, bis sie die Küsten des Delkan kolonisirt hatten; das Land, welches die Griechen eingenommen, war rings vom Meer umgeben. So war es der mächtige Eindruck des Meeres, welcher der Gestalt des Poseidon die bestimmtesten Züge lieh und alle übrigen erbleichen ließ. In dem gewaltigen Spiel der unermeßlichen Wogen trat den Griechen die Kraft und Art des Wassergottes am lebendigsten vor Augen. Die Tiefe des Meeres ist die Wohnstätte des weitherrschenden Gottes. Die erzhufigen Rosse, die er vor seinen Wagen spannt, sind die unermüdlichen Wogen selbst; seine Brust ist breit, wie die Fläche des Meeres, und sein Haar dunkel, wie die finsteren Wellen. Rosse und schwarze Stiere, dunkel wie der Grund des Meeres, sind die dem Poseidon gebührenden Opfer[4]). Wie Zeus die Aegis, die Wetterwolken bewegt, so ist Poseidon der Beweger der stürmischen Wogen, darum heißt er Aegeus d. h. der Erschütterer; das aegaeische Meer hat von diesem Namen des Poseidon seine Bezeichnung empfangen. Der poetischen Anschauung der Griechen schien es, als ob ihr Land, von allen Seiten vom Meer umflossen, von diesem emporgetragen und gehalten würde. So meinten sie, daß der Gott des Meeres ihnen das Land gefestigt und die Inseln gegründet habe. Wenn der gewaltige Gott zürnte, dann erbebte die Erde unter den Wogenschlägen des Meeres. So war ihnen Poseidon der Erdträger und der Erderschütterer. Die Erdbeben kamen von ihm[5]).

---

1) Od. 13, 143. Preller, Mythol. I, 862. u. Welcker Götterlehre I, 620, leiten Poseidon von πότιμος; und πότος dem trinkbarem Wasser ab. — 2) Der Dienst des Poseidon Phytalmios und das Priesterthum der Amphoren zu Troezene; Pausan. II, 32. Aeschyl. Sept. c. Th. 305. und die Sage von der Quelle Amymone bei Argos. — 3) So die Sage von Argos. — 4) Ilias 21, 132. 20, 430. Od 3, 6. Pausan. 2, 7, 4. — 5) Aristoph. Lysist. 1138. Xenoph. Hellen. 4, 7. Pausan. 3, 11.

Der Herrscher des hohen Himmels und der des weiten Meeres konnten als Brüder aufgefaßt werden. Man gesellte ihnen beiden den Herrscher der Unterwelt, in welche die Seelen der Menschen nach dem Tode hinabsteigen, den Hades, als dritten bei, wie die Inder drei Welten, das dreifache Rad der Welten unterscheiden.

Wir kennen die Ehrfurcht, welche die Arja in Indien vor der heiligen unterwürfigen Erde hegten, welche alles geduldig ertrug und nicht müde wurde, die Nahrung der Menschen und Thiere emporsprießen zu lassen; wir sahen, wie eifrig die Arja in den Thalgebieten von Iran die Çpenta armaiti, die heilige unterwürfige Erde, verehrten. Auch den Griechen war die Erde eine heilige Göttin, welche sie unter mehreren Namen anriefen. Die Gaea ist ihnen eine weite, große, nährende, schöne Früchte bringende Gottheit, die Allgebärin, die Mutter Aller[1]). Die Priesterinnen zu Dodona, welche nach den Sellen dem Heiligthum vorstanden, sangen: Die Erde sendet die Früchte empor, preiset darum die Mutter Erde! Die Dione, welche neben dem Zeus zu Dodona verehrt wurde (oben S. 16), scheint von der Gaea im Wesen kaum verschieden gewesen zu sein[2]). Eine bestimmtere Ausprägung erhielt die Göttin der Erde durch die Beziehung auf den Acker. Die Göttin der Erde war die Schützerin des Ackers. Als Schutzgeist der gefurchten Erde, der Saat und der Ernte, des Ackerbaues und des geordneten Lebens, welches sich an den Ackerbau knüpft, wurde die Gaea unter dem Namen Demeter d. h. Erdmutter angerufen. Diese Gestalt der Erdgöttin hat die Gaea frühzeitig überragt und in derselben Weise in den Hintergrund geschoben, wie Helios durch den Apollon überwachsen und überragt wurde. Schon Pelasgos hatte nach der Sage der Griechen die Demeter geehrt (ob. S. 10, 12). Die Demeter hat die Menschen den Ackerbau gelehrt, sie hat ihnen den Pflug gezeigt und das Anjochen der Ackerstiere, den Wagen zum Einfahren, die Tenne und die Getreideschwinge. Sie ist die „schollige Göttin", zur Zeit der Saat die „gelbe Göttin", die Weizenbringerin zur Zeit der Ernte, die Mäherin und Garbenbinderin, die Göttin der Tenne, der das erste Brot nach der Ernte dargebracht wird[3]). Wie der Dione wurden der Demeter Kühe,

---

1) Opp. et dies 661. — 2) Welcker Götterlehre 1, 351. — 3) Preller Mythologie I, 475.

nährende und fruchtbare Thiere, geopfert¹), denen für die Demeter noch die Sau hinzugesellt wurde. Aber nicht blos der Dank für die regelmäßige Spende der Nahrung, für die nicht erlöschende Kraft des Ackers gebührt der Demeter. Mit dem Ackerbau ist den Menschen das gesonderte Eigenthum, das feste Haus, das sichere Leben der Familie, das Recht und die Gemeinde gekommen. Diese schöne Ordnung des Lebens hatte die gute Mutter, die Demeter, den Menschen gebracht; das waren die Satzungen (die Thesmoi) der Demeter, welche die Menschen zu ehren und heilig zu halten hatten. Nach der Ernte, im Oktober, in dem Monat, welcher bei einigen Stämmen den Namen der Göttin selbst (Demetrios) trug, wurde der „Satzungbringenden Demeter" der Dank für diese neue Ordnung des Lebens dargebracht. Wurde sie angerufen, wie sie dem Acker Frucht gegeben, so auch die Ehen zu segnen und den Weibern Kinder zu schenken. Es war ein altes Fest; wenigstens in der historischen Zeit gehörte es ausschließlich den verheiratheten Frauen, mit Ausschluß der Männer. Auch die Aegypter, auch die semitischen Völker verehrten die fruchtbringende, die gebärende Kraft der Erde. Aber bei den Griechen wird die Erdgöttin eine Göttin des Ackers, welche nichts von der üppigen, wilden Geburtskraft der syrischen Aschera, der kleinasiatischen Ma und der Kybele, nichts von der stillen, ununterbrochenen Empfängniß der Isiskuh an sich trägt. Die Demeter ist vielmehr die Göttin der mühevollen Arbeit und des an diese geknüpften Gedeihens, das auf andere Weise als durch Prostitution verdient werden muß. Die Demeter ist den Griechen eine ehrbare und strenge Göttin, eine keusche Matrone, und der Segen, welchen sie der Ehe verleiht, ist an die eheliche Treue geknüpft²).

Auch die Hera, welche nachmals dem Zeus zur Seite gestellt wurde, scheint ursprünglich nur eine Form der Erdgöttin gewesen zu sein³). Sie wird als eine Göttin der Pelasger in Thessalien und Argos bezeichnet. Wie der Dione und der Demeter, werden ihr Kühe geopfert; bei Berg, auf welchem das alte Heiligthum

---

1) Welcker a. a. C. 354. Pausan. II, 35, 4. — 2) Die Ehen wurden in Athen in Gegenwart der Priesterin der Demeter geschlossen, welche den Vermählten gewisse Lehren ertheilte, und die eheliche Verbindung wird in alten attischen Formeln „zur Ackerbestellung edler Kinder", ἐπ' ἀρότῳ παίδων γνησίων, bezeichnet; Plat. Cratyl. 406. Conj. praec. init. — 3) Welcker erklärt den Namen aus Ἱρα Erde; Götterlehre I, 363.

dieser Göttin bei Argos stand, hieß Euboea, d. h. die schöne Rindertrift, und die Insel Euboea selbst verehrte die Hera¹). Im homerischen Epos führt die Hera ein ständiges Beiwort, welches von dem heiligen Thier der Erdgöttin hergenommen ist, sie heißt die „Kuhäugige"²). Die Hebe und die Chariten sind Töchter der Hera. Die Hebe ist der Ausdruck der stets wieder jugendlichen Blüthe der Erde; die Chariten personificiren den Frühling, die freundlichen Gaben der Auen, die Blumen des Frühlings³), wie denn auch Hera selbst die „Schönbekränzte"⁴) heißt. Aber die Beziehung der Hera auf die Erde ist frühzeitig zurückgetreten, sie ist schon vor Homer dem Zeus zur Seite gestellt worden. So waltet sie in den homerischen Gedichten neben dem Zeus am Himmel; sie sendet Regen und Sturm, wie dieser; die Geister, welche die Wolken bewegen und damit die wechselnden Jahreszeiten heraufführen, die Horen, sind ihre Dienerinnen, neben ihnen die Iris mit den goldenen Flügeln⁵), und wenn dem Zeus der Tag und die Helle zu eigen waren, so sollte nun der Gattin des Zeus, der alten Göttin der dunklen Erde, der Sternenglanz und das Licht der Nacht gehören⁶).

Neben der Göttin der mütterlichen Erde verehrten die Griechen einen Gott der keimenden und sprossenden Natur, der das Grün und die Blumen des Frühlings, die Obstfrucht des Herbstes gewährte, den Schutzgeist der Fruchtbäume, den Schutzgeist der Reben und des Weines. Es war ein Gott der feuchten Niederungen, der wohlbewässerten Auen, wo sich die üppigste und wuchernste Fruchtbarkeit zeigte, wo das Grün das ganze Jahr hindurch nicht abstarb, wo die Bäume die dichtesten Laubkronen trugen. Von diesen Sümpfen und Auen, in denen seine Kraft wirksam war, hatte der

---

1) Curtius Peloponnesos II, 308. Steph. Byz. Εὔβοια. — 2) Welker a. a. O. 376. — 3) Welker a. a. O. 369—71. Preller Mythologie I, 276. 592—594. 696. Ju Orchomenos wurden drei Chariten, in Athen und Sparta nur zwei verehrt; das Epos kennt im Gegensatz zu diesen lokalen Diensten schon eine ganze Schaar von Chariten; da sie die Geister der feuchten und fruchtbaren Natur waren, standen sie dem Dionysos und wegen der Schönheit ihrer Gaben der Aphrodite nahe; sie heißen deshalb Töchter des Dionysos und der Aphrodite. Aus Geistern der Fruchtbarkeit und der Gaben des Frühlings wurden sie den Griechen zu Bildern strahlender Anmuth. — 4) Welker a. a. O. S. 874. — 5) Preller Mythol. I, 111. — 6) Auf den gestirnten Himmel deutet die Sage vom Argos und von der Io und das Symbol des Pfau, welches der Göttin in Samos beigelegt wurde.

Gott den Namen Dionysos¹). Der fruchtbare Widder ist sein Thier, das Thier, welches ihm zum Opfer gebracht wird. Der Gott der blühenden, fruchtbar quellenden Natur konnte als ein voll und üppig blühender Jüngling angeschaut werden; die Blüthen und Früchte, welche er sprießen ließ, mußten ihn als den Sohn der Erde erscheinen lassen. Dionysos wurde in der That in der Anschauung der Griechen ein Sohn der Erdgöttin²); aber das befruchtende Wasser gehörte ebenso wesentlich zu seiner Natur wie die Erde, und so gab ihm eine andere Auffassung den Regen des Himmels zur Mutter und dichtete, daß er seine Jugend bei dem Regen bringenden Zeus zu Dodona verlebt, daß die Hyaden, die Regennymphen von Dodona, ihn aufgezogen hätten, daß diese ihn stets umgäben. Dionysos wurde selbst als Gott des Regens, als „Regner" angerufen³). Die Zeit des erwachenden Frühlings und die der Sammlung der Obstfrüchte, die der Weinlese im Herbste waren die gebotenen Zeiten der Dionysosfeste.

Der Dienst des Hermes wird bereits den Pelasgern zugeschrieben. Hermes soll den vieläugigen Argos, den Wächter des Nacht-

---

1) Welcker Götterlehre I, 439. — 2) Semele ist entweder mit Welcker (a. a. O. I, 438.) von σέμνη herzuleiten oder von σέμα die Ehrwürdige. — 3) Pherecyd. fragm. 46, ed. Müller. Wenn Herodot den Dionysos für einen jungen Gott der Hellenen hält, so beruht dies auf der genealogischen Stellung, welche Dionysos als Sohn der Kadmostochter erhalten hat. Da Herodot den Kadmos 1600 Jahre vor seine Zeit setzt, kann ihm Dionysos nicht früher existirt haben. Es beruht aber auch darauf, daß Dionysos eine größere Bedeutung im Religionssystem und Kultus der Hellenen erst spät erhalten hat und zwar durch seine Combination mit dem Weingott der Thraker, durch das Eindringen des wilden Kultus dieses thrakischen Weingottes, durch Verschmelzung der orgiastischen Dienste des Naturgottes der Kleinasiaten mit dem Kultus des Dionysos, durch Vergleichung des Dionysos mit dem Osiris der Aegypter. Die ursprüngliche Gestalt des Gottes der Griechen für spät zu halten oder den Griechen abzusprechen, sehe ich keinen Grund. Der Weinbau ist alt, das Wort für den Wein bei den Indern und Griechen desselben Stammes. Aber der Wein ist nicht einmal die ursprüngliche Bezeichnung des Gottes, sondern die fruchtbare Niederung. Daß Thrakien alten Weinbau hatte und die Thraker den Weingott verehrten, sieht man durch die homerischen Gedichte und Herodot, wie aus späteren Nachrichten ist. Daß aber thrakische Kolonieen den Dionysos nach Theben und Attika gebracht hätten, halte ich für unrichtig, weil mir die thrakischen Kolonieen vielmehr aus dem Kultus des thrakischen Gottes erwachsen zu sein scheinen. Den Dionysos als Gott der Aurn halte ich darum für ursprünglich griechisch, weil dieser in genauem Parallelismus mit den Charitea steht, welche niemand den Griechen absprechen wird, und eine Analogie in der Kore, der Saat, der blühenden Tochter der Demeter, hat; weil in dem Dionysos eine sehr starke Beziehung auf den Regen ist, und diese Auffassung für die Griechen wie für die Inder und Iranier bezeichnend ist. Die Vergleichung des Lebens der Götter mit dem Kreislauf des Jahres gehört den Semiten in Kleinasien und Syrien

himmels getödtet, er soll die Rinder des Apollon listig weggetrieben und im Westen in dunkler Höhle am Meeresstrande verborgen haben. Er trägt den Helm des Hades d. h. den Hut der Dunkelheit, die verhüllende Nebelkappe[1]). Er bezwingt die Augen der Menschen mit seinem Zauberstabe und sendet ihnen die Träume. Er führt die Seelen der Menschen in das Reich des Dunkels, zu den Pforten des Hades, in die Unterwelt. Er ist der rasche Bote des Himmels, er liebt und mehrt die Heerden, und sein goldener Stab ist ein Zeichen des Segens und des Ueberflusses[2]). Der vieläugige Argos ist der Sternenhimmel; die Tödtung desselben bezeichnet das Verhüllen der Sterne durch Wolkenschatten; die Rinder des Apollon sind die lichtdurchschienenen Wolken des Tages, und ihre Wegtreibung in die dunklen Grotten im Westen bezeichnet das Verschwinden des Tages, den Anbruch der Nacht. Danach ist Hermes ein rascher Geist des Windes, der die Wolken des Himmels vor sich her treibt, ein Wolkentreiber. Mit dem grauen Gewölk der Morgendämmerung verhüllt er den Glanz der Sterne, tödtet er den Argos; die lichten Wolken der Abenddämmerung treibt er nach Westen und führt so die Nacht herauf. Aber er sammelt diese Wolken, welche er dem Apollon entführt hat, in der dunklen Grotte im Westen, um sie, wenn das Land dürr und öde geworden, in Regenschauern wieder auszugießen und neues Grün auf den Triften emporsprießen zu lassen. Apollon hat ihm diese Rinder, d. h. die Wolken, nach dem Mythos überlassen. Durch diese Befruchtung der Triften ist Hermes ein Pfleger der Heerden, ein guter Hirt, ein Gott von Leben gebender, zeugender Macht, ein im Wolkenhut verhüllter, aus dem Wolkendunkel, in der Regennacht wohlthätig wirkender Geist des Himmels. Der Gott, der aus dem Wolkendunkel wirkt, der die Nacht heraufführt, bringt folgerichtig den Schlaf und die Träume, — er führt die in das Reich der Finsterniß, welche den Tag nicht mehr schauen sollen; der Gott, welcher die Wolken trieb,

---

wie den Aegyptern; in Iran und Indien findet sich in älterer Zeit keine Spur solcher Anschauungen. Es wird deshalb auch, abgesehen von allen anderen Gewissen, wol richtig sein, diese Vorstellungen ebenso wie die der Zeugung und des Phallos für nicht ursprüngliche, sondern entlehnte zu halten.

1) Apollodor 1, 6, 2. — 2) Il. 2, 101 seqq. 14, 491. Theogon. 444. Welcker leitet Hermes von ὁρμάν und erklärt ihn für den Umtreiber des Himmels. sarama im Sanskrit entspricht dem griechischen ὁρμή. Die ursprüngliche Function des Hermes wird wol auf das Umtreiben der Wolken beschränkt werden müssen.

welcher Morgen und Abend heraufführte, mußte ein rascher Diener des Himmelsgottes sein. Diesem Boten des Himmels konnten dann die Wege der Erde, namentlich die Kreuzwege, und die Pforten der Häuser geheiligt werden, und dem Geiste, der die Wege hütete, dem verschlagenen Gotte, der den alles sehenden Apollon überlistet hatte, wurden nachmals auch Handel und Verkehr zur Obhut übergeben¹).

4. Die Sagen Thessaliens und Boeotiens.

Die Griechen waren ein Volk von sehr lebhafter Phantasie. Der Himmel wie die Natur, welche sie umgab, waren ihnen von einer Menge von Geistern erfüllt und belebt. Sie gelangten frühzeitig in Besitz einer religiösen, danach einer epischen Poesie, aber sie hatten wenig Sinn für die nüchterne Wahrnehmung der Ereignisse ihres eignen Lebens. Sie sind sehr spät, verhältnißmäßig weit später als andere Kulturvölker, zu den dürftigsten Aufzeichnungen der Folgen ihrer Herrscher und Priester gekommen, noch weit später zur Geschichtschreibung. Aehnlich wie bei den Indern hat die Spannung der Phantasie, das rege Interesse an der Götterwelt, an wunderbaren und außerordentlichen Dingen, den Sinn für das

---

¹) Dem Mythos vom Hermes verwandte Vorstellungen finden sich bei den Indern. Die Geister der Winde halfen dem Indra im Kampfe gegen die Dämonen. In den Hymnen des Rigveda wird erzählt, daß die Dämonen dem Indra die Kühe d. h. die Wolken des Himmels weggetrieben hätten, da habe Indra die Sarama, d. i. die Wandelnde, Eilende, die Hündin der Götter, abgesendet; diese habe das Versteck der Kühe ausgespürt, Indra habe sie wieder befreit und habe zum Danke die Milch der Kühe d. h. den Regen der Sarama für ihren Sohn, den rothbraunen Hund Saramepas gegeben. Saramepas wird im Rigveda angerufen, die Menschen in Schlaf zu bringen, das Haus in der Nacht zu bewachen und den Räuber anzubellen, den Reichthum an Kühen und Pferden zu mehren. Der Bruder des Saramepas ist in der Unterwelt bei Jama, dem Herrscher des Todtenreichs, und holt ihm die Seelen der Menschen hinab, so daß von den Söhnen der Götterhündin dem einen das Dunkel der Erde, dem anderen das Dunkel der Unterwelt gehört, der eine den Schlaf des Menschen bewacht, der andere die Todten hinabholt; A. Kuhn in Haupt's Zeitschrift f. d. Alterthum. Kuhn erklärt die Namen Hermeias und Saramepas für identisch. Wenn gegen diese Analogie des Mythos eingewendet wird, daß Hermes gerade den Hund des Himmels, den Argos, tödtet, so beruht die Auffassung des Argos als Hund doch nur auf einem Scherz des Hipponax', und jedenfalls bleiben Wind und Wolken der Sarama und dem Hermes gemeinsam.

Leben und die Schicksale der Menschen überwuchert und zurückgedrängt; die nüchterne und prosaische Auffassung hat einer sehr langen Zeit bedurft, um sich gegen eine übermächtige Erfindung, gegen die Reize einer unübertroffenen Poesie durchzukämpfen und Geltung zu verschaffen. So ist es geschehen, daß die Tradition der Griechen von den Zeiten, welche vor der Wanderung der Dorer liegen, nichts als wunderbare Sagen zu erzählen weiß, die in einer staunenswerthen Fülle und Mannichfaltigkeit vorhanden sind, daß auch die Ereignisse der Jahrhunderte, welche jener Wanderung folgten, nur in den allgemeinsten Umrissen überliefert sind, daß eine bestimmtere Kenntniß der Schicksale des griechischen Volkes kaum von der Mitte des achten Jahrhunderts abwärts datirt werden kann.

Die Sagen Thessaliens (das Land soll in alter Zeit Haemonien geheißen haben) verkünden den Ruhm der heiligen Sänger, welche zuerst den Göttern Loblieder gesungen hätten. Die Heimath dieser Sänger wird an den „vielgipfligen Olympos" gesetzt. Es ist begreiflich, daß die Sänger der ältesten Hymnen, d. h. der ältesten Gebete, Anrufungen und Loblieder an die Götter, die wir uns wol in der Weise der Lieder des Rigveda denken dürfen, an den Fuß des Götterberges, des Olymp, gesetzt werden, daß sie einem Gebiete dieser Lage entsprossen sein sollen. Es waren die Nymphen heiliger Quellen, die Musen, welche diese Sänger zu ihren Anrufungen und Lobgesängen begeistert hatten. Wir sahen, welches Gewicht die älteste Anschauung der Griechen auf die wohlthätige, Leben spendende Kraft des Wassers legte. In heißer Luft, in der Dürre des Sommers, in der Einsamkeit des Gebirges weckt der klar und kalt aus geheimnißvollem Ursprung hervorbrechende Quell zu frischer Kraft, zu gehobener Empfindung. Es waren die jungfräulichen Geister dieser Quellen, die Töchter des „aegishaltenden Zeus", welche solche Gaben und solche Begeisterung gewährten. Am Nordabhang des Olympos, zu Leibethron, hatte der Dienst der Musen eine heilige Stätte[1]). Die Landschaft vom Nordabhang des Olymp bis zum Haliakmon hieß Pierien; die Musen von Leibethron waren pierische Jungfrauen. Am Abhange des Helikon in Boeotien

---

[1]) Daß die Musen bereits in Homer von den Quellen abgetrennt erscheinen, erklärt sich leicht. Doch blieb gewissen Quellen stets nicht blos eine begeisternde Kraft, sondern auch die Anregung zur Weissagung. Die Pythia trank aus dem Kastalischen Quell.

sprangen die Aganippe und die Hippokrene, die Roßquelle (das Wolkenpferd sollte sie mit einem Hufschlage geöffnet haben¹); auch diese begeisterten zum Gesang, auch an ihnen wurden die Musen verehrt. Es lag nahe, zu dichten, daß Pieros (das personificirte Pierien) den Dienst der Musen vom Olymp nach dem Helikon verpflanzt habe. Auf dem Südabhang des Parnassos gehörte die Quelle Kastalia, welche in einer einsamen schroffen Schlucht springt, den Musen; in Attika war den Musen ein Hügel, der nachmals das Museion, das Heiligthum der Musen, trug, geweiht, und der Name des ältesten attischen Sängers, des Musaeos, bedeutet nur den Angehörigen der Musen.

Aus den Quellen des Götterberges, des Helikon und des Parnassos, schöpften die alten Sänger die Begeisterung, die Götter zu preisen. Orpheus, „der Vater der Gesänge"²), sollte der Sohn einer Muse, der Kalliope, und des Lichtgottes, des Apollon, sein. Auch der Lichtgott sollte die Laute rühren, wenn er friedlich die lichten Rinder des Himmels weidete; nur der Lichtgott konnte den Sängern die wahre Gestalt und das Wesen der Dinge zeigen. Des Orpheus Weib ist die Eurydike, eine Nymphe des Peneiosthales. Am Olympos wurde des Orpheus Grab gezeigt³). Die Griechen

---

1) Pausan. 9, 29. 30. 31 figde. — 2) Pind. Pyth. 4, 174. Aesch. Agamemn. 1629. — 3) Pausan. 9, 30, 3—5. Auch zu Lesbos, einem nachmals berühmten Mittelpunkt des Gesanges, wurde das Grab des Orpheus gezeigt. Wenn Orpheus durch die rasenden Mänaden des Hebros zerrissen worden sein soll, so beruht dies auf dem Zusammenhang, in welchen Orpheus mit dem späteren Dionysosdienst und den Mysterien des Dionysos gesetzt wurde. Der orgiastische Dienst des Dionysos war aus Thrakien und Kleinasien entlehnt; aus Thrakien stammte das Zerreißen und Verzehren der Hirschkälber, welches dann in anderer Form als das Zerreißen des Dionysos selbst in die Mysterien aufgenommen wurde. Den Orpheus mit diesen Dingen zusammenzubringen, lag um so näher, als Dionysos in den Weinbergen bei Leibethron eine heilige Städte besaß, und Orpheus dem Norden angehörte. War aber einmal Orpheus mit der thrakischen Form des Kultus des Dionysos in Verbindung gesetzt, so konnte man den Diener des thrakischen Weingottes selbst einen Thraker nennen. Auch der alte Sänger Thamyris, den die Musen blenden, weil er sich rühmt, sie im Gesange zu überwinden, heißt ein Thraker; Ilias 2, 594. Der thrakische Mythos von Dionysos wird bereits in der Ilias, in der Episode vom Glaukos und Tydeus angedeutet (G. 130); die Kolonisation der thrakischen Küste durch die Griechen begann im letzten Drittel des achten Jahrhunderts. Der thrakisch-kleinasiatische Kultus des Dionysos ist vor dem Jahre 600 in Griechenland vorhanden; auf den Masken des Appeles war Dionysos im langen asiatischen Gewande zu sehen, vgl. Bd. 4, Abschn. 2, Kap. 5. Weit vor dem Jahre 600 ist auch der Schiffskatalog schwerlich gedichtet. Die Vermischung der pierischen mit thrakischen Sängern wurde durch die Eroberung Pieriens durch die makedonischen Könige, welche vor dem Jahre 500 erfolgte, begünstigt. Die

Die Lapithen.   37

überboten sich, die Macht der Töne, des Saitenspiels in den Händen des Orpheus und die Kraft seines Gesanges zu schildern. Seine Musik hat die Gewalt des Zaubers, sie wirkt Wunder. Er zwingt durch seine Töne die Thiere des Waldes, ihm zu folgen, er hemmt die Wasserströme in ihrem Lauf, Bäume und Felsen rückt er aus ihrer Stelle¹), ja er vermag es, den unerbittlichen Hades mit seinem Saitenspiel zu rühren²). Auch den Liedern der alten Sänger vom Indus wird eine zauberhafte Gewalt, eine Gewalt über die Götter beigelegt.

Sagen anderer Art wußte man auf der hohen gebirgigen Küste Thessaliens, dem Gebiete der Magneten, und im Fruchtlande am unteren Lauf des Peneios zu erzählen. Hier, wo wir bereits pelasgischen Ackerbau und pelasgische Burgen angetroffen haben, in der Gegend des alten Larissa am Peneios, zwischen dieser Stadt, dem See Nessonis und der Thalenge von Tempe, saßen die Lapithen, deren Burgen Gyrton und Elateia waren. Der Name Lapithen scheint Steinmänner d. h. Burgenbauer oder Burgenbewohner zu bedeuten³). Diese Bewohner der Ebene hatten mit den Bergbewohnern zu kämpfen, welche die Saaten und Heerden der Ackerbauer im Thale zu Raubzügen anlockten; mit den Gebirgsleuten vom Südabhange des Olympos, dem Bergrosse der Dorer, mit den Männern vom Ossa und Pelion, den Kentauren, „den zottigen bergbewohnenden Thieren", wie Homer sagt. Das Gebiet des Ossa und Pelion gehörte dem Stamme der Magneten; die Kentauren werden als Halbmenschen und Halbrosse geschildert⁴). Mit magnesischen Stuten sollte Kentauros diese Hippokentores d. h. Roß-

---

Pierier wurden damals vertrieben. Die ausgewanderten Pierier ließen sich in Thrakien am Fuße des Pangäos zu Phagnes und an andern Küstenpunkten nieder, und gründeten hier ein zweites Pierien, zwischen dem Pangäos und der „pierischen Bucht"; Herod. 7, 112. Thukyd. II, 99. Orpheus wird nun zum Sohn eines thrakischen Fürsten, des Leagros, gemacht (Apollodor 1, 3, 2). Sophokles macht den Thamyris zu einem thrakischen König am Athos (Welcker Griech. Tragöd. S. 419 fgde.), und Euripides (Rhes. 921 sqq.) läßt ihn am Pangäos blenden von den Musen. Warum die Athener ihren Eumolpos nach Thrakien und weiter hinauf an die sarpedonische Küste versetzen (Sophokl. Fragm. 194. ed. Wagen.), wird unten gezeigt werden. Daß die Griechen die Anfänge ihres Gesanges, Gottlieder und Gebete an ihre Götter, von einem Volke, welches andern Göttern diente, und noch dazu von einem äußerst barbarischen Volke, also die Anfänge der Kultur von einer feststehenden Unkultur empfangen haben sollten, ist ebenfalls unglaublich als unmöglich.

1) Eurip. Bacchae v. 56 sqq. — 2) Athen. 13. p. 596. — 3) Lapithen wird abgeleitet von λᾶς und πείθω, was dem Steinbeweger, Steinüberwältiger heißen soll. Wahrscheinlicher ist λαπίθαι = lapidus. — 4) Th

stachler erzeugt haben. Thessalien nährte unter allen griechischen Gauen die besten und zahlreichsten Rosse und hatte zu allen Zeiten die beste Reiterei. Es scheint, daß auf den Bergweiden des Pelion die ersten Reitkünste geübt worden sind, daß die Magneten vom Pelion auf ihren Rossen rasche Einfälle in die Ebenen unternahmen, daß den Bewohnern des Thales wie der Sage diese ersten Reiter als mit den Rossen verwachsene Menschen erschienen.

Es wird erzählt, daß über die Lapithen zu Elatela zuerst Elatos (der Name ist von der Stadt hergenommen) geherrscht habe; des Elatos Sohn war Kaeneus (Würger); sein Enkel Koronos sei im Kampfe gegen die Dorer gefallen¹). Zu Gyrton habe Ixion über die Lapithen geboten. Als dieser um die Tochter des Deïoneus warb und Deïoneus die üblichen Brautgeschenke verlangte, habe Ixion den Deïoneus in eine mit Feuer gefüllte Grube hinabgestoßen. Das war, wie Pindar sagt, der erste Mord, welcher auf Erden begangen wurde. Zeus selbst sühnte gnädig den Mörder von seiner Blutschuld und ließ ihn am Mahle der Götter Theil nehmen. Da vermaß sich der Frevler, die Himmelskönigin, die Hera, zu umarmen; er umfaßte aber statt ihrer eine Wolke, die den Kentauros gebar, der dann die Hippokentauren erzeugte²). Zeus strafte so ungeheuren Frevel; an ein „geflügeltes vierspeichiges" Rad mit Händen und Füßen gefesselt, wurde Ixion in der Unterwelt rastlos umhergetrieben³). Des Ixion Tochter gebar vom Zeus den Peirithoos⁴). Zu diesem kam einst, wie die homerischen Gedichte erzählen, der Kentaur Eurytion, berauschte sich im Saale und verübte Frevelthaten, wofür die Lapithen ihm Nase und Ohren abschnitten. Darüber entbrannte nun ein gewaltiger Krieg zwischen den Lapithen und den Kentauren, in welchem Nestor von Pylos und Theseus von Athen den Lapithen beistanden und zusammen mit dem Kaeneus von Elatela, den Lapithen Dryas (Eichmann) und Polyphemos gegen die Kentauren, die „stärksten Männer gegen die stärksten", kämpften⁵).

Ältere Plastik bildet sie in voller menschlicher Gestalt und fügt ihnen im Rücken des Hintertheil eines Rosses hinzu, die spätere als Rosse mit dem Oberleib des Menschen; Roß archäolog. Aufsätze S. 104.

1) Diodor 4, 37. Pausan. 4, 34. — 2) Pindar. Pyth. 2, 41—57. Kentauros ist eine Abkürzung von ἱπποκένταυρ Roßstachler, z. B. Ilias 4, 391. Tamil fällt die Ableitung von κεντεῖν ταύρους. — 3) Pindar. Pyth. 2, 22—40. Soph. Phil. 676. — 4) Ilias 2, 741. 14, 317. Bei andern ist Peirithoos ein Sohn des Ixion; Apollod. 1, 8. — 5) Od. 21, 295, 304. Ilias 1, 262—268.

Die hesiodischen Gedichte schildern die Schlacht, wie die Kentauren entwurzelte Tannen in den Händen auf die lanzenbewaffneten und wohlgerüsteten Lapithen einstürmen¹). Die Lapithen blieben Sieger; Peirithoos vertrieb die Kentauren vom Pelion und jagte sie in das Land der Aethiker²); die Aethiker wohnten am oberen Lauf des Peneios, auf dem Ostgehänge des Pindos. Die Späteren erzählen, was schon der Schiffskatalog andeutet, daß der Streit beim Hochzeitmahle des Peirithoos, als dieser die Hippodameia heimführte, ausgebrochen sei, bei welchem die lüsternen Kentauren sich an der Braut des Königs und den Weibern der Lapithen vergriffen hätten³). Nach der Besiegung der Kentauren verrichtete Peirithoos noch viele tapfere Thaten, bis er, übermüthig geworden, es unternahm, die Persephone, die Göttin der Unterwelt, aus dem Hades zu entführen, wie Ixion die Göttin des Himmels hatte umarmen wollen; wofür ihn dann der Herrscher der Unterwelt mit Banden fesseln ließ, welche selbst Herakles nicht zu lösen vermochte. Homer weiß von dieser Sage so wenig, wie von den Freveln des Ixion und von dessen Strafe in der Unterwelt⁴). Im troischen Kriege führten des Peirithoos Sohn Polypoetes und Leonteus, der Sohn des Koronos von Elateia, das Kriegsvolk der Lapithen⁵). Als die alten Bewohner des Peneiosthales von den aus Epeiros einwandernden Thessaliern unterworfen oder verdrängt wurden, fanden zwei edle Geschlechter der Lapithen, die sich von Peirithoos und Koronos ableiteten, die Peirithoiden und Koroniden, zu Attika Schutz und Aufnahme in die Reihen des attischen Adels⁶).

---

1) Hesiod. scut. Herc. 174—186. — 2) Ilias 2, 742—744. Theognis fragm. 541 bemerkt, daß Hybris die Kentauren in's Verderben gebracht habe. — 3) Schol. Iliad. 1, 263. Diod. IV. 72. Ovid. Metamorph. 12, 210. — 4) Nach Odyss. 11, 631. leidet Peirithoos keine Strafe in der Unterwelt; von des Ixion Strafe neben Tityos, Tantalos und Sisyphos zu sprechen, lag die Veranlassung sehr nahe. Apollod. II, 5. Pausan. 10, 29. Horat. Od. 3, 4, 80. Plut. Theseus 35. rationalisirt diese Sage. — 5) Ilias 12, 130. 2, 745. — 6) Ephor. bei Suidas Περιθοίδαι Harpokrat. Κορωνίδαι. Steph. Byz. Φιλαίδαι. Mit der Wildheit und Rohheit, welche den Kentauren zugeschrieben werden, scheint es im Widerspruch zu stehen, wenn das Epos wie die spätere Dichtung Kentauren, namentlich den Cheiron, zu Lehrmeistern der Heroen, des Iason und Achilleus, macht. Nach dem Homer unterrichtet Cheiron den Achilleus in der Heilkunst. Die Kentauren verstanden die Bändigung der Rosse, eine den griechischen Helden unentbehrliche Kunst. Sie waren Gebirgsbewohner und Waldmenschen, denen man die Kenntniß der heilenden Kräuter der Bergabhänge sehr wohl beimessen konnte. Die Höhle, in welcher der Kentaur Cheiron gehaust haben sollte (sie wurde den Reisenden noch in späten Tagen gezeigt), lag nahe unter dem Gipfel des Pelion in hoher, frischer und

Am Strande der Bucht von Pagasae zu Halos und Jolkos wohnte der Stamm der Minyer. Pindar nennt sie die „altgeborenen"[1]). Ihr Gebiet erstreckte sich weit nach Süden über den maliſchen Buſen hinweg bis an die Geſtade des kopaïſchen See's in Böotien, an welchem Orchomenos lag, die Stadt der Minyer. Athamas, der erſte Herrſcher von Jolkos, war der Sohn des Aeolos. Des Athamas Gattin, die Nephele, gebar ihm zwei Kinder, den Phrixos und die Helle. Als das Land von Dürre geplagt war, wollte Athamas den Phrixos dem Zeus Laphyſtios, d. h. dem verſchlingenden Zeus, welcher zu Jolkos und auf dem Berge Laphyſtion bei Orchomenos verehrt wurde, opfern. Aber die Nephele ſendete ihren Kindern einen Widder mit goldenem Vließe, der ſie durch die Luft entführte. Der Widder trug ſie in das Land der Sonne, nach Kea. Die Helle ſank vom Rücken des Widders in den Sund bei Abydos hinab, der nun von ihr den Namen Hellespont empfing; Phrixos aber opferte den Widder im Sonnenlande und hing deſſen Vließ im heiligen Hain auf. Danach gebar Ino, die Tochter des Kadmos von Theben, dem Athamas zwei Söhne, den Learchos und Melikertes. Als Athamas den Learchos tödtete und dem Melikertes nach dem Leben trachtete, floh die Ino mit dieſem nach dem Iſthmos von Korinth und ſtürzte ſich hier von der Klippe Moluris mit ihrem Sohn in's Meer hinab[2]).

Die Kinder des Athamas waren durch ihren Vater umgekommen; Phrixos war in ferne Länder entrückt. Aber Kretheus, des Athamas Bruder, hinterließ fünf Söhne, den Pelias, den Aeſon, den Pheres, den Neleus und den Amythaon[3]). Pelias, ein gewaltthätiger und frevelhafter Mann, ſo berichtet die Theogonie, führte die Herrſchaft über Jolkos. Seines Bruders, des Aeſon, Sohn Jaſon ſendete er über die See zum Aeetes, dem Sohne des Sonnengottes, um dort ſchwerlaſtende Kämpfe zu beſtehen. Nachdem Jaſon vieles erduldet, kam er nach Jolkos heim; er führte im ſchnellen Schiffe des Aeetes Tochter, die Medea, welche die goldene Aphrodite überwältigt hatte, zurück und machte ſie zu ſeiner Lager-

---

geſunder Luſt. Achilleus war ein Sohn des Peleus, des perſoniſicirten Gebirges Pelion ſelbſt (ſ. unten): es lag ſehr nahe, ihm einen berühmten roſſebändigenden Gebirgsbewohner der alten Zeit zum Lehrmeiſter zu geben. —
1) Olymp. 14, 4. — 2) Die heſiodiſchen Gedichte (Fragm. 183. ed. Göttling) erzählen die Sage vom Phrixos und der Helle; Homer ſagt nichts davon. Pauſan. I, 44. — 3) Od. 11, 254 seq.

genossin. Sie gebar ihm den Medeios, welchen der Kentaur Cheiron in den Bergen erzog; so ward der Rathschluß des Zeus vollendet" ¹). Die Helden der Minyer haben den Jason auf seinem Zuge zum Aeetes geleitet: Admetos von Pherae, Euphemos, Erginos, der König von Orchomenos, Askalaphos und Jalmenos von Orchomenos, und Argos, welcher das Schiff zur Fahrt erbaut hatte; es trug seinen Namen Argo ²). Der Dichter Eumelos von Korinth (750—700 ³) und die hesiodischen Gedichte setzen das Land des Aeetes an den Phasis ⁴). Beim Homer wird nur im Vorbeigehen erzählt, daß Jason auf Lemnos mit der Tochter des Thoas, des Königs dieser Insel, den Euneos erzeugt habe, daß die von allen besungene Argo auf der Rückkehr vom Aeetes durch die Hülfe der Hera, welche den Jason schützend geleitet, glücklich durch die beweglichen Felsen, die Plankten, gelangt sei, denen selbst die durchfliegenden Tauben nicht, geschweige denn Schiffe entgingen ⁵).

Ausführlicher liegt uns diese Sage bei Pindar vor. Ein Götterspruch gebietet dem Pelias, den „Einschuhigen" in sicherem Gewahrsam zu halten. Als nun Jason in der Tracht der Magneten und mit lang herabwallendem Haar, das niemals beschoren war, ein Parderfell um die Schultern, vom Pelion nach Jolkos herabkommt, zwei Lanzen in der Hand, gewahrt Pelias, daß er nur am rechten Fuße beschuht ist, und fragt ihn nach seinem Geschlecht. Jason antwortete, seine Eltern hätten ihn aus Furcht vor den Nachstellungen des Pelias, als er kaum geboren, auf das Gebirge zum Kentauren Cheiron gesendet ⁶). Hier auf dem Pelion in der Höhle des Cheiron, von diesem gepflegt und erzogen, habe er die zwanzig Jahre seines Lebens zugebracht; er kommt, seines Vaters Erbe wieder zu gewinnen. Pelias erklärt sich bereit, das Erbe herauszugeben, aber Phryxos sei ihm im Traum erschienen und habe ihn gebeten, seine Seele aus den Gemächern des Aeetes heimzuführen und das zottige Vließ des Widders. Wenn Jason willig diese Fahrt auf sich nähme, schwöre er beim Zeus, daß er ihm die Herrschaft abtreten wolle. Jason sendete Herolde aus, überall die Fahrt zu verkünden. Es

---

1) Theogon. 955—962. 991—1003. Hes. Fragm. 111. 114. 115. ed. Göttling — 2) Pherecyd. Fragm. 61. ed. Müller. Ilias 2, 511. Apollod 1, 9, 16. - 3) Paus an. 2, 3, 10. Athen. p. 227. Schol. Pind. Ol. 13. 75. — 4) Hesiod. Fragm. 85. 86. ed. Göttl. — 5) Ilias 7, 467. 14, 230. Odyss. 12, 69—72. — 6) Auch Mimnermos Fragm. 11. ed. Bergk läßt den Jason von Cheiron aufziehen.

kam Herakles, von den Gipfeln des Tainaron die beiden langgelockten Söhne der Leda (die Dioskuren), aus Pylos der Sohn des Neleus Periklymenos[1]), dann Echion und Eurytos, der Minyer Euphemos, endlich des Liedes Vater, der vielgepriesene Orpheus. Von den Fäusten kräftig gerudert und vom Wehen des West getrieben, läuft das fünfzigrudrige Schiff zur Mündung des unwirthlichen Pontos. Nachdem die Helden, schweren Gefahren entgegengehend, den Herrn der Schiffe (den Poseidon) angerufen, eilt das Fahrzeug durch die anstürmenden Zwillingsfelsen und kommt zum Phasis, zu dem Volk der Kolcher mit schwarzem Antlitz, zur Herrschaft des Aeetes. Und die Herrin der raschesten Pfeile, die Kyprogeneia, lehrte den Jason, der Medeia die Scheu vor den Eltern zu nehmen und die Sehnsucht nach Hellas in ihrem Herzen zu entzünden. Medeia salbte Jason's Leib mit zauberischem Oel, und sie gelobten einander die süße Vermählung. Aeetes ließ die Stiere heraus, welche mit ehernen Hufen über den Grund schritten und Feuer aus dem gelben Maule bliesen, zeigte den ehernen Pflug und sprach: „wer diese Stiere jocht und mit diesem Pflug das Land klaftertief aufreißt, der mag das goldene Vließ ungefährdet heimführen." Jason warf das Krokosgewand ab und schritt zum Werke; das Feuer verzehrte ihn, den der Zauber der Freundin schützte, nicht; er zwang den Nacken der Stiere gewaltig unter das Joch, trieb sie mit dem Stachel und durchfurchte das vorgeschriebene Maaß[2]). Aeetes stutzte, staunend ob solcher Kraft; aber er hoffte, Jason werde dennoch nicht glücklich vollenden. Der Sohn des Sonnengottes wies nach dem Vließ, welches im Waldgrunde war, wo Phrixos' Messer den Widder geopfert; hart an aber lag der Drache mit dem bunten Rücken, länger und dicker als ein Schiff von funfzig Rudern. Jason tödtete die furchtbare Schlange mit List und führte heimlich die Medeia mit sich fort. Sie gelangten dahin, wo das rothe Meer sich mit des Okeanos Fluthen mischt; von hier trugen sie zwölf

---

1) Wenn Neleus mit den Minyern verknüpft wird, wenn er ein Brudersohn des Athamas, ein Enkel des Aeolos sein soll (vergl. Il. 11, 721. Pherecydis Fragm. 56 ed. Müller), so beruht dies darauf, daß ein Theil der vertriebenen Minyer sich auf der Küste von Pylos, in Triphylien niedergelassen hatte; Herod. 4, 145. Strabon p. 347. Auf diese Ansiedlung der Minyer in Pylos hin läßt auch wol Homer den Nestor mit den thessalischen Lapithen gegen die Kentauren vom Pelion kämpfen (ob. S. 38.). 2) Nach Pherekydes 25 Ruthen; Pherecydis Fragm. 71. ed. Müller.

Tage hindurch das Schiff über Libya hinweg, und als die Argo nun wieder vom Gestade abstoßen sollte, verkündete Medeia, daß im siebzehnten Geschlecht des Euphemos Nachkommen hier an der Küste Libya's Delphine für Rosse eintauschen würden. Die Helden kamen nach Lemnos und hielten dort Wettkämpfe, und nachdem sie in Jolkos gelandet, vollbrachte Medeia den Tod des Pelias¹).

Die Grundlage dieser Sage ist offenbar symbolischer Natur. Der goldene Widder, welchen die Nephele, d. h. die Wolke, sendet, ist ein oft gebrauchtes Bild der befruchtenden Kraft der Regenwolken. Der befruchtende Wolkenwidder macht der Dürre des Landes ein Ende. Die Heimath des Wolkenwidders ist das Gebiet des Sonnengottes, der die Heerden des Himmels, die Wolken, hütet, und der Name der Tochter der Wolke, Helle, welche über das östliche Meer in das Sonnenland entweicht, bedeutet selbst nichts anders als die Lichte, die Helle. Die Beziehung auf den Kreis der Lichtwesen, in welchem sich der Mythos bewegt, schimmert auch in dem Namen des Erbauers des Schiffes, Argos, in dem Namen des Schiffes, Argo, d. h. die weiße, leuchtende, noch hindurch, und die Hauptaufgabe des Jason besteht in der Bestellung des Ackers mit den Feuerstieren. Die Befruchtung des Ackers durch Wärme und Regen ist die Grundbedeutung des Mythos²).

Dieser Mythos ist lokalisirt und zu einer Sage umgebildet worden. Der goldene Widder, welcher das Land des Athamas einmal von der Dürre erlöst hat, ist wieder entwichen. Sein Vließ ist im Sonnenlande Aea aufgehängt; aus dem Sonnengotte ist ein Sohn desselben, Aeetes, geworden, aus den dunklen Geistern, welche die Regenwolken entführen, ein finsterer Drache, welcher das Vließ bewacht. Das Geschlecht des Athamas will das Vließ als ein Pfand des Segens und des Reichthums für alle Zeiten besitzen, und so muß ein Held aus dem Stamm des Athamas ausziehen, zu Schiffe dasselbe aus dem Sonnenlande heimzuholen. Für diesen Dienst will Pelias dem Jason das Erbe seines Vaters zurückgeben. Die Medeia, die Tochter des Herrschers im Sonnenlande, des Sonnensohnes, ist ein zauberkundiges Weib, wie die Kirke, die

---

1) Pindar Pyth. 4. — 2) Es ist hiermit zu vergleichen, daß Jason bei Homer (Od. 5, 125.) der Buhle der Demeter ist, mit der sie im dreimal gepflügten Brachfelde ruht. Die Theogonie (967—975) nennt den Plutos, der alle mit Gaben überschüttet, die Frucht dieser Verbindung.

Schwester des Aeetes. Die Töchter des alles wissenden Sonnengottes kannten die verborgenen Dinge und sahen die geheimen Kräfte der Kräuter. Die Tochter des Sonnengottes ist es, welche dem Jason hilft, das Pfand des Segens aus dem Lichtlande heimzubringen, den Drachen im finstern Waldgrunde zu tödten, der das lichte Bließ zurückhält[1]).

Mit Bestimmtheit tritt ein anderer Zug in der Sage hervor. Es soll ein Menschenopfer gebracht werden aus dem Stamm des Athamas. Athamas will seinen Sohn Phrixos, d. h. den Entsetzten, opfern, weil das Land von Dürre geplagt ist. Dieser Zug der Sage ist aus dem Kultus des Zeus Laphystios zu Jolkos und Orchomenos hervorgegangen, welcher einst mit Menschenopfern verehrt wurde, und hat dem alten Mythos von der Wolkentochter, dem Wolkenwidder, welcher aus dem Osten zurückgeholt werden muß, von der Sonnentochter, welche das Bließ löst, und von der Argo, welche das Bließ zurückbringt, zu einer bestimmten Anknüpfung und Einleitung verholfen. Noch im fünften Jahrhundert vor Christus lebte zu Halos bei Jolkos ein Geschlecht, welches sich der Abstammung vom Athamas, von den alten Königen von Jolkos rühmte, und Herodot erzählt als einen stehenden Gebrauch, daß der Aelteste dieses Geschlechts, wenn er das Prytaneion betrat, ergriffen, mit Kränzen geschmückt und dem Zeus Laphystios in dessen Heiligthum bei Jolkos geopfert wurde[2]). Man wird hieraus schließen dürfen, daß die Athamantiden in alter Zeit, da sie als Könige über die Minyer geboten, Mitglieder ihres Geschlechts für das Heil des Landes geopfert hatten. Diese alte Pflicht sollte gegen den Athamantiden wieder aufleben, welcher das Prytaneion, d. h. den Sitz der Regierung, betrat und damit Miene zu machen schien, die längst verschwundene Würde zu erneuen.

Noch ein anderes Moment scheint sich mit dem Mythos vom Wolkenwidder verschmolzen und dazu beigetragen zu haben, ihn aus dem Kreise des Himmels auf die Erde, aus der Form des Mythos zur Gestalt der Sage hinüberzuführen, — der Ruf alter Seefahrten, alten Seeverkehrs in der Bucht von Pagasae. Dieses wohlgeschützte Hafenbecken war bei der Nähe von Euboea, Skiathos und Skyros

---

1) Die Hülfe der Medeia ist ein alter Zug der Sage; sie war auf dem Kasten des Kypselos angebracht; Pausan. 5, 17. — 2) Herod. 7, 197. Plat. Minos p. 815.

sowol geeignet, die ersten Versuche der Seefahrt zu begünstigen, als fremden Schiffen den schönsten Ankerplatz zu gewähren. Athamas heißt ein Sohn des Aeolos, des Herrn der Winde und damit der Schiffahrt. Der gepriesene Reichthum der Minyer, der Reichthum von Orchomenos, welchen die homerischen Gedichte rühmen, weisen auf einen alten Seeverkehr dieser Gebiete hin.

Die stufenweisen Erweiterungen der Argofahrt selbst sind leicht zu erkennen. Nach der älteren Auffassung waren es nur die Helden der Minyer, welche den Jason geleiteten; die spätere Dichtung ließ die großen Helden aller Stämme daran Theil nehmen. Lemnos erscheint als ein feststehender Punkt der Fahrt. Auf Lemnos landet Jason schon beim Homer. Aus ihren alten Sitzen vertrieben, hatten sich Minyer auf Lemnos niedergelassen; so durfte die älteste Fahrt der Minyer Lemnos nicht vorübergehen. Dann sollte die Argo glücklich durch die beweglichen Felsen, welche sich zusammenschiebend alle Schiffe erdrückten, gerudert sein. Diese Plankten liegen bei Homer in den westlichen Gewässern in der Nähe der Insel Thrinakria; nach andern lagen sie im Osten. Nachdem die Seefahrten der Milesier seit dem Jahre 800 den Griechen das schwarze Meer aufgeschlossen, wurden sie an der gefährlichen Einfahrt aus dem Bosporus in das schwarze Meer fixirt. Sie sollen feststehen, nachdem es der Argo geglückt war, hindurchzukommen. Bei Homer liegt das Sonnenland Aea, auf welchem die Kirke, die Schwester des Sonnensohnes, des Aeetes, haust, im äußersten Westen mitten im Meer; auf den Eilanden des Westens weiden bei ihm die Heerden des Sonnengottes. Dagegen nannte der Dichter Eumelos von Korinth Kolchis an der Mündung des Phasis als das Land des Aeetes. Auch die hesiodischen Gedichte bringen das Land des Aeetes in den Osten, und dies war ohne Zweifel die ursprüngliche Auffassung. Man konnte freilich je nach dem Auf- und Niedergehen der Sonne das Gebiet des Sonnengottes im Osten oder im Westen suchen; aber der Hellespont beweist, daß der Osten auch den Griechen die alte Heimath des Sonnengottes war. Der Hellespontos, welchem die Helle den Namen gegeben, bedeutet das Meer der Helle, den hellen Sund, welcher nach dem Ostmeer hinüberführt; vielleicht umfaßte der Name Hellespont ursprünglich die Propontis und das schwarze Meer. Wenn Eumelos dann bestimmter Kolchis als das Land des Aeetes bezeichnete, so lag dies Gebiet nicht nur an der Ostküste des schwarzen Meeres, es stand auch im Rufe des Reichthums; das goldene Vließ konnte nur in einem reichen Lande geborgen sein. Wir haben früherhin gesehen, daß ein alter Handelsverkehr das Gebiet des Phasis mit dem kaspischen Meere, mit den Ländern am Oxus verknüpfte, welcher edles Metall in Menge nach Kolchis brachte (Bd. I. S. 472.). Die hesiodischen Gesänge lassen die Argo nach Libyen gelangen; aus keinem andern Grunde, als weil auf der Nordküste von Libyen eine Pflanzung der Minyer lag. Von der Insel Thera aus, wohin sie nach den Wanderungen geflüchtet, hatten Minyer gegen das Jahr 630 Kyrene erbaut; die Herrscher von Kyrene, die Battos und Arkesilaos, leiteten sich von dem Minyerhelden Euphemos, dem Begleiter des Jason, ab. Die Argofahrt sollte nun auch diese Stätte geweiht haben, und Kyrene wurde neben Lemnos ein feststehender Punkt für die Reise des Jason. Es war schwer, das Schiff aus dem schwarzen Meer in das Mittelmeer gelangen zu lassen, wenn dasselbe den Hellespont nicht wieder passiren sollte. Aber man hatte den erdumströmenden Fluß, den Okeanos, im Hintergrund, welchem die großen Flüsse, nach der ältern Weltanschauung der Griechen, entströmten; die Flüsse waren ja die Söhne des mächtigen Weltstromes (oben S. 16.) So ließ man die Argonauten aus dem Phasis in den Okeanos, auf diesem nach Libyen gelangen und das Schiff zwölf Tage hindurch über Libyen hinwegtragen, bis zur Nordküste, nach Kyrene. Hekataeos von Milet, der um das Jahr 500 vor Chr. schrieb, fand es dagegen wahrscheinlicher, daß die Argonauten vom Okeanos in den Nil und durch diesen in das Mittelmeer gelangt seien [1].

Aber es waren nicht blos die Pflanzungen der Minyer, welche von den Vorfahren ihres Stammes besucht sein wollten; die griechischen Städte, welche seit dem Beginn des achten Jahrhunderts an den Küsten des schwarzen Meeres erbaut worden waren, beanspruchten ebenfalls einen Antheil am Ruhm der Argofahrt. Die Stadt Kyzikos behauptete, daß Jason ihren Tempel der großen Mutter gegründet, Chalkedon, daß auf ihrem Gebiet Polydeukes den König der Bebryker im Faustkampfe besiegt habe; an der Ostspitze des Bosporus, auf der Küste Asiens, sollte Jason dem günstig wehenden Zeus einen Tempel erbaut haben [2]. In Herakleia am Pontus

---

[1] Hesiod. Fragm. 35. 86. ed. Göttling. Schol. Apoll. Rhod. 4, 254. — [2] Straben p. 45. 526.—531. Vgl. Bd. II. S. 572.

Ausschmückungen der Argofahrt.

wurde Idmon, der Wahrsager des Jason, als stadtschirmender Heros verehrt¹), das Uferland zwischen Herakleia und Sinope hieß die jasonische Küste, und man zeigte hier im fünften Jahrhundert die Ankerplätze der Argo²). Sinope selbst widmete dem Autolykos, einem Begleiter des Jason, als dem Gründer der Stadt, heroische Ehren; bei Trapezunt wurde das Grab des Absyrtos oder Apsaros, des zerstückelten Bruders der Medeia, gezeigt³). Auch Tomi an der thrakischen Küste wollte die Stätte dieser That sein⁴), wol aus keinem andern Grunde, als weil ihr Name die „Schnitte" bedeutet. Endlich wollte die Stadt Dioskurias, nordwärts vom Phasis an der tscherkessischen Küste, von den Dioskuren bei Gelegenheit der Argofahrt gegründet sein⁵).

Die Reiseroute der Argonauten kam niemals zu einer ganz festen Anerkennung. Mimnermos, welcher in der ersten Hälfte des sechsten Jahrhunderts lebte, blieb bei der alten Vorstellung, daß Aea, das Land des Aeetes, an den Strömungen des Okeanos liege⁶); Herodot läßt den Jason nicht auf der Rückfahrt von Kolchis, sondern gleich auf der Ausfahrt von einem heftigen Sturm nach dem tritonischen See in Libyen verschlagen werden⁷), und Sophokles begnügt sich, die Argonauten auf demselben Wege zurückfahren zu lassen, auf welchem sie gekommen waren, nur daß sie dabei von einem Sturm an die Küste der Skythen verschlagen wurden⁸). Noch spätere Schriftsteller ließen den Jason von Kolchis aus Armenien und Medien erobern⁹), wofür der Gleichklang der Namen Medeia und Medien hinreichende Gewähr zu bieten schien, während zugleich im dritten Jahrhundert vor Christus die Fahrt der Argo zu einer Encyclopädie sämmtlicher Meeresfahrten und Seeabenteuer, welche die Griechen kannten, umgearbeitet wurde. Apollonios der Rhodier, welcher zu dieser Zeit die Fahrt der Argonauten besang, läßt diese den Kabeiren auf Samothrake, welche den Griechen als besonders hülfreiche Gottheiten gegen die Gefahren des Meeres

---

1) Strabon p. 45. Pherecyd. Fragm. 70. ed. Müller. — 2) Xenoph. Anabas. 6, 2, 1. — 3) Arrian. peripl. Eux. c. 7. — 4) Apollod. I, 9, 24. — 5) Appian. bell. Mith. c. 101. Auch die thessalische Küste besaß natürlich ihre Erinnerungen an die Argofahrt; Pherecyd. Fragm. 67. ed. Müller. Herod. 7, 193. — 6) Fragm. 11. bei Bergk. — 7) Herod. 4, 179. — 8) Schol. Apollon. Rhod. 4, 284. Diod. 4, 49. — 9) Eratosthenes bei Strabon p 45 48. Cf. p 495. Justin 13, 3.

galten, opfern¹), und die Rückkehr in der Weise geschehen, daß das Schiff, den Istros hinauffahrend, durch diesen Strom in's adriatische Meer gelangt. Auch Aristoteles glaubte, daß der Istros mit einem Arme in die Adria, mit dem andern in den Pontus münde²). Hier an der illyrischen Küste lagen die „absyrtischen Inseln"³); hier läßt demnach Apollonios den Mord des Absyrtos vollziehen. Von hier gelangen die Argonauten durch den Eridanos, den Po, in die Rhone. Das Land der Kelten auf diesem Strome durchschiffend, laufen sie endlich aus der Mündung der Rhone in das tyrrhenische Meer, gelangen so zur Insel der Kirke und machen nun alle Fährnisse des Odysseus, die Skylla und Charybdis, die Seirenen u. s. w., durch, bis sie wie dieser die Insel der Phaeaken erreichen, wo Jason und Medeia das Beilager halten. Bei Apollonios ist die Insel der Phaeaken Kerkyra, wie denn schon ein altes Gedicht, die Naupaktien, den Jason auch nach Kerkyra gelangen ließ, offenbar aus keinem andern Grunde, als weil Kerkyra von den Korinthern kolonisirt war, und Jason in Korinth eine Zuflucht gefunden haben sollte⁴). Auf Kerkyra wurde die Höhle des Beilagers, das Brautgemach des Jason und der Medeia gezeigt⁵). Vom Lande der Phaeaken abgefahren, erblicken die Argonauten die Küsten des Peloponnesos, als sie ein Sturm an die libyschen Syrten wirft, von wo sie nun ihr Schiff zu den Hesperiden und dem Tritonsee hintragen. Von hier aus durchschiffen sie von neuem das Mittelmeer nach Westen; sie müssen aber erst auf Kreta mit dem ehernen Riesen Talos kämpfen (Bd. I. S. 303.), ehe sie endlich in die Bucht von Pagasae einlaufen. — In dem orphischen Gedichte von den Argonauten nimmt die Argo den Rückweg, welchen ihr Timaeos zuerst vorgezeichnet hatte⁶); die Fahrt geht aus dem schwarzen in das asowsche Meer, den Tanais hinauf in den nördlichen Oceanos. Auf diesem Wege passiren die Argonauten dann die Skythen und Sauromaten, die Gelonen und Arimaspen, die Hyperboreer, Makrobier und Kimmerier, worauf sie bei der Insel Jerne vorüber zum Eiland der Kirke, der Schwester des Aeetes, kommen. Von hier fährt das Schiff durch die Säulen des Herakles in das tyrrhenische Meer zurück und

---

1) Schol. Apollon. Rhod. 1, 915. Schol. Diodor. IV, 48. — 2) histor. anim. 8, 15. — 3) Strabon p. 124. 215. — 4) Pausan. 2, 3, 9. — 5) Timaei Fragm. 7. 8. ed. Müller. — 6) Timaei Fragm. 6. ed. Müller.

vollendet die Fahrt durch die sizilische Meerenge, durch die Sylla und Charybdis zu den Phaeaken, wie in dem Gedicht des Apollonios. —

Die Theogonie ließ die Medeia und den Jason glücklich nach Jolkos zurückkehren und hier in Ruhe herrschen. Nach der Auffassung der späteren Zeit ist aus der zauberkundigen, dem Jason hülfreichen Tochter des Sonnengottes eine wilde und grausame Hexe geworden. Auf der Rückfahrt von Kolchis hat sie ihren kleinen Bruder Absyrtos, den sie mitgeführt, getödtet und ihn zerstückt in's Meer geworfen, um die Verfolger aufzuhalten. Als Tochter der Sonne, die sich täglich erneut, besitzt sie die Kunst der Verjüngung. So kocht sie den Aeson in einem goldenen Kessel wieder zum Jünglinge auf. Das Unrecht, welches Pelias an Aeson und Jason begangen, zu rächen, verführt sie die Töchter des Pelias, ihren Vater zu zerschneiden; sie thaten es in der Hoffnung, daß Medeia diese Stücke im Zauberkessel wieder zu einem Jünglinge zusammenkochen werde¹). Hieran schließen sich neue Sagen. Wegen der Ermordung des Pelias aus Jolkos vertrieben, fliehen Jason und Medeia nach Korinth; Simonides sang von der Herrschaft des Jason in Korinth. Nach den Dichtungen des Euripides, in welchem uns dieser Sagenkreis zuerst ausgeführt vorliegt, entbrennt Jason zu Korinth in Liebe zur Glauke, der Tochter des Königs Kreon von Korinth. Dieser ihrer Nebenbuhlerin sendet die Medeia als Brautgeschenke ein vergiftetes Gewand und einen vergifteten Kranz, welche die Glauke auf der Stelle tödten, so wie ihren Vater, als er das tödtliche Gewand berührt, um es der Tochter abzureißen. Dann ermordet Medeia die Kinder, welche sie dem Jason geboren hat, und begiebt sich durch die Luft auf einem Wagen, welcher von geflügelten Drachen gezogen wird (der Sonnengott hatte ihr denselben gesendet), von Korinth nach Athen zum König Aegeus (des Theseus Vater), welcher sich mit ihr vermählt. Als Theseus von Troezen nach Athen kommt, will sie diesen, den Sohn der Aethra, ver-

---

1) In den Rossen war vom Auskochen des Aeson die Rede; Schol. Arist. equit. 1318. Auf dem Kypseloskasten nehmen die Töchter des Pelias an den Leichenspielen für ihren Vater Theil; Pausan. 5, 17; sie galten deswegen damals wol schwerlich schon für dessen Mörderinnen; bei Pherekydes (Fragm. 72. 73. 74.,) erregt Hera den ganzen Zug nach Kolchis: „um dem Pelias Verderben zu bereiten." Die Ermordung des Absyrtos, das Auskochen des Jason hat Pherekydes zuerst, so viel ich sehe. Vgl. Apollodor I, 9, 27.

giften. Aber Aegeus erkennt im letzten Moment seinen Sohn, stößt den Giftbecher um, und Medeia verschwindet oder kehrt, wie andere erzählen, nach Kolchis zurück¹).

Die Sage zeigt einen gewissen Zusammenhang zwischen Jolkos und Korinth. Sisyphos, der erste Herrscher von Korinth, ist ein Bruder des Athamas von Jolkos. Das zweite Weib des Athamas, die Ino, flüchtet mit ihrem Sohne Melikertes zum Sisyphos. Auch dem Jason und der Medeia gewährt Sisyphos Schutz. Die Medeia wurde zu Korinth im Tempel der Hera Akraea als ein göttliches Wesen verehrt. Der Vater des Sisyphos und des Athamas ist Aeolos, der göttliche Herr der Winde. Wie die Bucht von Pagasae ist der Isthmos von Korinth ein geeigneter Punkt für die Seefahrt und den Verkehr mit fremden Schiffen. Es lag nahe, den beiden Gebieten, welche zuerst Seefahrt betrieben, zwei Brüder zu Fürsten und diesen den Gott des Windes, welcher die Seefahrt beherrscht, zum Vater zu geben. Zu Jolkos wurden dem Zeus Laphystios, zu Korinth wurden der Hera Akraea Menschenopfer gebracht. Es waren Kinder, welche dieser Göttin in alter Zeit geopfert wurden, je sieben Knaben und Mädchen; man zeigte Denkmale dieser Opfer bei dem Tempel der Hera selbst. Wenigstens bestand in historischer Zeit ein Gebrauch, der ersichtlich ein stellvertretender ist; Kinder aus gewissen Familien mußten ein Jahr mit geschorenem Haupt und in schwarzen Trauerkleidern im Tempel der Hera Akraea zubringen²). Da die Medeia im Tempel der Hera Akraea, der Stätte dieser Kinderopfer, verehrt wurde, so sollte sie nicht blos den Absyrtos getödtet, sondern auch hier zuerst Kinder, ihre Kinder getödtet haben, und man führte wol nicht ungern einen Gebrauch, den die spätere Zeit mißbilligte, auf ein fremdes Weib, auf eine Zauberin zurück, deren Charakter demgemäß Züge von Wildheit und Grausamkeit erhielt. —

---

1) Apollodor I, 9, 27. Welcker Griech. Tragöd. S. 729 figd. Pausanias 2, 3. — 2) Paus. 2, 3. Müller Orchomenos S. 269. Eurip. Med. 20. 1379. Vgl. Diogen. Laert. II, 134. Nach der Tradition der Korinther bei Pausanias waren ihre Vorfahren es gewesen, die die Kinder der Medeia, sieben Knaben und Mädchen, getödtet, wofür die Hera zur Strafe ein Kindersterben in der Stadt verhängt habe. Um dies abzuwenden, seien die regelmäßigen Kinderopfer eingeführt worden. Nach andern hatte Medeia ihre Kinder im Tempel der Hera getödtet, um sie unsterblich zu machen. Diese Tradition nahm wol Euripides als die nächste Vermittelung zu seinem Kindermord der Medeia, den er indeß auf zwei Kinder reducirte.

Orchomenos, die südliche Stadt der Minyer, lag auf dem Abhange des Berges Hyphantelon, an der Mündung des Kephissos in den See Kopais; ihr Gebiet war die feuchte Niederung dieser Gewässer. Es versteht sich, daß Minyas der erste König von Orchomenos war. Diesem sollen Chryses, d. h. der Goldmann, und Orchomenos selbst in der Herrschaft gefolgt sein¹). Danach soll König Eteokles den Dienst der Chariten gegründet haben; ihr Heiligthum zu Orchomenos galt für das älteste in Griechenland. Der Kultus dieser freundlichen Geister des Frühlings, des schönen Gedeihens (ob. S. 31.) eignete sich wohl für die üppige Vegetation des Gebiets von Orchomenos. Nach dem Eteokles herrschte König Erginos über Orchomenos. Er zog mit dem Jason aus, das goldene Vließ zu holen, und besiegte danach Theben, die Stadt der Kadmeer; er zwang diese, ihm einen jährlichen Tribut von hundert Stieren zu zahlen.

Die homerischen Gedichte stellen den Reichthum von Orchomenos gleich hinter den des aegyptischen Thebens²); die spätere Zeit bewunderte die alten Bauwerke dieser Stadt. Von dem alten Schatzhause zu Orchomenos — es sollte das des Königs Minyas sein — sagt Pausanias: „es ist ein Wunderwerk und steht keinem hellenischen Bauwerk späterer Zeiten nach³)." Von diesem Bauwerke sind uns freilich nur geringe Trümmer geblieben; aber es sind noch heute andere Ueberreste vorhanden, welche den Umfang der Kunstfertigkeit und der Mittel des alten Orchomenos in unverächtlichem Lichte erscheinen lassen, großartige Vorkehrungen zur Entwässerung der Niederung und zum Schutz der tiefer liegenden Ebene vor Ueberschwemmungen. Im Lande einer so alten Baukunst mußte man natürlich von alten Baukünstlern zu erzählen. Trophonios und Agamedes waren es, welche dem Könige Minyas jenes Schatzhaus erbaut hatten. Nachmals war dem Trophonios zu Lebadeia (Livadia) in der Nähe von Orchomenos eine Höhle geweiht, in welcher sein Schatten weissagte. Die Fragenden mußten zur Nachtzeit nach langen Vorbereitungen in leinenem Gewande, Honigkuchen in den Händen, hinabsteigen. Durch verschiedene aufregende Gebräuche, die

---

1) Die Genealogie bei Pausanias (9, 34 seq.) beginnt mit Andreus (dem Menschen), dem Sohn des Peneios, und setzt sich nur durch Orisnamen fort: Koronos, Haliartos, Halmos u. s. f. Vgl. Pind. Olymp. 14, 5. Isthm. I, 79. Schol. Apoll. Rhod. I, 230. — 2) Il. 9, 381. — 3) Pausan. 9, 36. 88.

Schnelligkeit der Hinabfahrt wurden sie in schwere Betäubung versetzt, in welcher sie dann die Stimme des Trophonios vernahmen. Bestürzt und niedergeschlagen kamen die meisten herauf, so daß man bei den Griechen von einem Traurigen sagte: „er ist in der Höhle des Trophonios gewesen" ¹). —

Südwärts von den Niederungen der Seen von Kopae und Hyle saß der Stamm der Kadmeer. Kadmos war der Sohn des Agenor, der Bruder des Phönix und der Europe. Als die Europe verschwunden war, zog er aus, sie zu suchen. Er gelangte nach Thasos und zum Gebirge Pangaeon auf der thrakischen Küste. Ein Götterspruch wies ihn an, einer Kuh zu folgen, welche das Zeichen des Vollmonds auf dem Rücken trüge, und da eine Stadt zu bauen, wo die Kuh sich niederlegen werde. In Boeotien an der Quelle des Ares legte sich die Kuh. Aber der Drache des Ares ließ niemand zur Quelle, bis Kadmos ihn tödtete. Die Zähne dieses Drachen säete Kadmos auf des Ares Geheiß in den Acker; aus den Zähnen wuchsen geharnischte Männer empor, die sich gegenseitig erschlugen, bis auf fünf. Diese fünf — sie heißen die Sparten, d. i. Gesäete — waren die Ahnherrn der Geschlechter der Kadmeer. Kadmos erfand die eherne Waffenrüstung, unterwarf die alten Einwohner des Landes, die Hyanten, und erbaute die Kadmeia, die Burg von Theben. Zeus selbst führte ihm die Harmonia zu, die Tochter des Ares und der Aphrodite, und zur Hochzeit auf der Kadmeia kamen die Götter und brachten reiche Geschenke. Kadmos leitete Wasser hinauf auf den Hügel der Kadmeia und erdachte die Buchstaben, welche nach ihm Kadmeische Zeichen hießen. Des Kadmos göttliche Weisheit und seinen Reichthum an Gold und Silbergeräth preist die Thebais (s. Abschn. 7). Seine Töchter waren Ino und Semele, sein Sohn war Polydoros, d. i. der Gabenreiche; sie wohnten, wie Kadmos, im Heiligthum der Demeter Thesmophoros ²).

Nach dem Kadmos herrschten Zwillinge, Amphion und Zethos, über die Kadmeer. Wie stark sie auch waren, heißt es in den homerischen Gedichten, sie vermochten nicht, die weite Stadt unbefestigt zu schützen. So erbauten sie die Mauern um die untere Stadt, die starken Mauern mit den sieben Thoren um Theben. Zethos

---

1) Hymn. in Apoll. 296. Schol. Aristoph. nub. 508. Pausan. 9, 37. 39. Plut. de genio Socratis c. 21. 22. — 2) Bd. I, S. 307. Preller Mythologie II, 17 fgdt.

war von gewaltiger Stärke, er trug die großen Felsblöcke zur Mauer auf seinen Schultern herbei; dem Saitenspiele des sanften Amphion folgten die Steine freiwillig.

Beim Homer ist Europe die Tochter des Phönix, welche dem Zeus den Minos und Rhadamanthys gebiert. Von der Entführung der Europe hatte Eumelos der Korinther bald nach der Mitte des achten Jahrhunderts gesungen; die Saat der Drachenzähne erwähnt Stesichoros (630—560) in seinen Gesängen. Der Name Kadmos bedeutet griechisch den Waffenschmuck oder die Ordnung. Wir haben in Kadmos bereits früher einen Gott der Phöniker, den Sonnengott dieses Volkes, erkannt, welcher den Löwen bezwingt, wie Kadmos den Drachen, welcher die wandernde Mondgöttin sucht, deren Symbol die Kuh ist. Der Mythos bezeichnet sie deutlich genug durch das Zeichen des Mondes. Endlich erreicht Baal-Melkart die irrende Göttin, und diese ergiebt sich ihm. Das ist die Hochzeit des Kadmos und der Harmonia. Europe ist nur ein anderer Name für dieselbe Göttin. Zu Tenmessos bei Theben wurde die Grotte gezeigt, in welcher Zeus, der in der Sage von der Europe an die Stelle des Baal-Melkart tritt und die Gestalt des Stiers annimmt, sich die Europe vermählt hatte. In dem Wesen der syrischen Göttin wechselt die streitbare und strenge Seite mit der der Hingebung und der Geburt; darum ist die Harmonia bei den Griechen die Tochter des Ares und der Aphrodite. Die Verehrung der kriegerischen Aphrodite und des Ares nahm in Theben eine hervorragende Stellung ein[1]). Neben diesem fremden Mythus und Kultus tritt die griechische nationale Anschauung in dem so oft wiederholten Hervorwachsen der Stammväter der alten Geschlechter aus der Erde ein. Daß diese Sparten hier den Zähnen des Drachen entspringen, mag ein poetisches Bild der wilden und blutigen Geschicke sein, welche die Sage dem alten Theben zutheilt. Wenn die Semele dem Kadmos als Tochter beigesellt wird, so geschieht dies nur, weil sein Name einmal an der Spitze der Tradition von Theben stand. Die Semele ist die ehrwürdige Göttin, die Göttin der Erde, unter dem besonderen und lokalen Namen, unter welchem

---

1) Bd. 1, S. 307. Es wird richtig sein, das aus Phönikien abzuleiten, was dort seine Heimath hat, so wenig ich geläugnet, vielmehr sehr bestimmt hervorgehoben habe, daß der Weg, den die Phöniker genommen haben, über Kreta ging.

sie in Theben verehrt wurde. Die Dichtung der Griechen hatte sie zu einer Sterblichen gemacht. Weshalb eine zweite Göttin, die Ino, die „weiße Göttin", ein lichter, den Seefahrern hülfreicher Geist, des Kadmos Tochter wurde, wird unten erhellen.

Jene fremden Kulte in Theben, die alte Pflege des Ackerbaues — Kadmos hat seine Wohnung im Heiligthum der Demeter — die Bauten und Künste des Kadmos sind die geschichtliche Seite der Kadmossage. Dem Amphion und Zethos, welche in eine höchst schwankende Beziehung zu Kadmos und seinem Geschlecht gebracht werden, fehlt diese Bedeutung vollständig. Sie heißen Söhne des Zeus und der Antiope. Diese Antiope wurde in Sikyon neben dem Helios verehrt[1]). Ihr Vater heißt Nykteus, d. h. der Nächtliche, und dessen Bruder Lykos, d. h. der Lichte. Amphion und Zethos, die Söhne einer lichten Mutter, die Söhne des Zeus, welche auch in Theben auf weißen Rossen reiten, sind göttliche Wesen, sie sind die beiden Dioskuren unter einem lokalen Namen. Wenn Apollon und Artemis Kinder des Dunkels sind, wenn die Dioskuren im Thale des Eurotas Kinder der Finsterniß waren (S. 25), so konnten sie auch in Theben Enkel der Nacht sein[2]). Die schirmende und schützende Kraft dieser Lichtgeister ließ die Sage sie zu Erbauern der berühmten Mauern von Theben machen. Und wie die Sage des Peloponnes den Kastor zum Reisigen, den Polydeukes zum Faustkämpfer machte, so wies auch die Sage von Theben jedem der göttlichen Zwillinge einen besonderen Beruf zu; dem einen gab sie die Stärke, welche die Steinmassen zu dem Bau der großen Mauern herbeischafft, dem andern die Kunst, diese Lasten harmonisch an einander zu fügen.

Den Burgenbewohnern und Ackerbauern am Peneios in Thessalien, den Lapithen, standen die wilden und räuberischen Kentauren vom Pelion, die Gebirgsbewohner, feindlich gegenüber. In dasselbe Verhältniß stellt die Sage die Phlegyer vom Parnassos zu den Ackerbauern und Städtebewohnern von Orchomenos und Theben. Die thessalische Sage nahm den Stammvater der Kentauren in die Genealogie der Lapithenkönige auf, die böotische nennt den Minyas von Orchomenos und den Phlegyas Brüder. Andere nennen den Ares selbst als Stammvater der Phlegyer[3]). Die Phlegyer haben

---

1) Pausan. 2, 10, 4. — 2) Im homerischen Epos sind Amphion und Zethos Enkel des Asopos geworden, des Flusses, welcher die Ebene von Theben durchfließt. Theben sollte dann auch seinen Namen von einer Tochter des Asopos

ihren Wohnsitz um Panopeus auf dem östlichen Abhang des Parnassos. Sie sind ein wildes und frevelhaftes, aber kriegsmuthiges Volk[1]). Gegen ihre Anfälle soll Theben ummauert worden sein[2]); aber trotz dem heißt es, daß der Fürst der Phlegyer, Eurymachos, d. h. der Weitkämpfer, Theben eingenommen habe. Die Phlegyer sperrten aber auch den Zugang zum Heiligthume von Delphi und verwüsteten dasselbe, bis Apollon den Phlegyer Phorbas niederwarf und den Stamm der Frevler mit seinen Pfeilen vernichtete[3]).

5. Die Sagen der Jonier.

Der Stamm der Jonier hatte in alter Zeit die Insel Euboea inne; er saß südwärts vom Kithaeron auf der attischen Halbinsel; seine Sitze erstreckten sich über den Isthmos hinüber nach dem Peloponnes. Die gesammte Nordküste des Peloponnes, das Land von Troezen im Osten bis nach Dyme im Westen gehörte diesem Stamm, und der Name des ionischen Meeres beweist, daß dies Meer zuerst von Joniern befahren wurde, daß die Bevölkerung der westlichen Inseln diesem Stamme angehörte[4]) Von den Bewohnern der

---

haben; Od. 11, 580. Also bei Pausan. 2, 4. Herodot 5, 80. — 3) Apollodor III, 5, 5.

1) Ilias 13, 302. — 2) Pherecyd. Fragm. 102. a b. c. ed. Müller. Odyss. 11, 264 und die Scholien. 3) Odyssee 11, 580. Hymn. in Apoll. 278 sqq. Pherecyd. ll. cc. Ephoros bei Strabon p. 422. Pausan. 9, 36. 10, 4. — 4) Die Ansicht, daß die Jonier ursprünglich, d. h vor der ionischen Wanderung, die anatolische Küste inne gehabt, daß sie von hier aus Kolonien in Hellas gegründet, aus denen dann edle Geschlechter zurückgewandert seien nach Kleinasien, würde nur dadurch sicher zu begründen sein, daß altorientalische Quellen, im Gegensatz zu der griechischen Ueberlieferung, die Ansäßigkeit der Jonier vor dem Jahre 1000 v. Chr. auf dieser Küste erhärteten. Die Beweise, welche aus ägyptischen Denkmälern geschöpft worden sind, hat Knnlen entkräftet (Aegyptens Stellung in der Weltgeschichte 5, Abth. 4. S. 441 figde.). Wenn in Manu's Gesetzen und dem Epos der Inder der Name Javana vorkommt, so kann dies wol beruht weiten, das Alter der betreffenden indischen Bücher, aber nicht das der ionischen Ansiedlungen festzustellen. Die Erwähnung des Javan in der Stammtafel der Genesis beweist nichts gegen die griechische Ueberlieferung, da die Abfassung derselben erst in das zehnte Jahrhundert, in die Zeiten nach Salomo fällt (Bd. 1. S. 410.). Es widerspricht jener Ansicht ferner, daß übereinstimmend die griechische Tradition, Herodot und Thukydides an der Spitze, die Bevölkerung der Inseln des aegaeischen Meeres als karisch und phönikisch bezeichnet, ehe die Griechen sie einnahmen. Kamen die Jonier von Anatolien nach Hellas, so mußten sie zuerst diese Inseln besetzen. Für alles Uebrige verweise ich auf die Ausführung von Gutschmid (Beiträge zur Geschichte des alten Orients S. 124 figde.), durch welche mir diese Frage erledigt zu sein scheint.

attischen Halbinsel sagt Herodot: „Die Athener waren zur pelasgischen Zeit Pelasger und hießen Kranaer, unter Kekrops Herrschaft wurden sie Kekropiden genannt; als aber Erechtheus dem Kekrops in der Herrschaft folgte, erhielten sie den Namen Athenaeer¹)." Kekrops galt den Athenern als ihr Stammvater, als der erste Mensch und der erste König ihres Landes. Pausanias versichert, daß Kekrops zu der Zeit gelebt habe, als Lykaon, des Pelasgos Sohn, in Arkadien herrschte (ob. S. 10). Er soll die Burg von Athen, die Kekropia, erbaut, die ältesten Gottesdienste gestiftet haben und der erste Gesetzgeber des Landes gewesen sein. Als Erstgeborner Attika's war Kekrops den Athenern ein Sproß der Mutter Erde. Als den Sohn der Erde macht die attische Sage den Kekrops zu einem „zweigestaltigen Wesen", das oben Mensch, von den Hüften abwärts Schlange war. Die Schlange, das an die Erde gebannte Thier, erschien den Griechen als ein Symbol der Erdgeburt und der Erdgöttin. In dieser Gestalt zeigten nachmals den Athenern bildliche Darstellungen ihren Ahnherrn; so zeigen ihn einige auch noch unserer Zeit. Die aufgeklärten Athener des vierten Jahrhunderts vor Christus meinten, daß Kekrops den Schlangenfuß nicht wirklich gehabt habe, daß dieser Schlangenfuß vielmehr das Symbol der gewaltigen Stärke sei, welche Kekrops besessen²). Die

---

1) Herodot 8, 44. Die Späteren stellen dem Kekrops und Erechtheus noch einige andere Namen voran. Nach diesem Stammbaum beginnt die attische Königsreihe mit dem „Ureinwohner Aktaeos" (Marmor. par. ep. 3. Strabon p. 397), dann folgt König Kranaos, der mit der Pedias einen Sohn und eine Tochter erzeugt, den Karos und die Atthis (Straben a. a. O. Pausan. 1, 2), worauf denn Kekrops und Erechtheus folgen. Diese Genealogie ist sichtlich loser Natur. Aktaeos b. h. der Küstenmann (von ἀκτή) ist das personificirte attische Land selbst, welches ursprünglich Aktaea geheißen haben soll. Kranaos ist von dem Stammnamen der Attiker, welchen diese in der pelasgischen, d. h. in der alten Zeit geführt haben sollen, hergenommen. Der Name Kranaer (von κραναή Fels) bezeichnet die Attiker als Bewohner einer steinigen Landschaft, wie dies Attika in der That war, und wenn Pedias d. h. die Ebene des Kranaos Weib genannt wird, so ist Karos der karische Äcker bei Eleusis und die Atthis der Name Attika's in einer andern sprachlichen Wendung. Fels und Ebene erzeugen den fruchtbaren Acker des attischen Landes. Eben so wenig historische Bedeutung hat der König Amphiktyon. Unterrichts am wenigsten wird die Bedeutung der Forschung verkannt, welche den Sinn der Tradition bei Aufstellung dieser Namen zu ergründen sucht, und die am schärfsten unterscheidende kann unserer Anerkennung am gewissesten sein; aber man wird dagegen gestatten müssen, daß wir bei der Untersuchung des historischen Gehalts der Sagen, die auf den ersten Blick als besonnen sich darstellenden Namen hinter dreu zurückirten lassen, welche einer concreteren und älteren Sagenbildung angehören (vgl Abschn. 10) — 2) Demosth. p. 1398 ed. Raiske. Die Einwanderung des Kekrops steht im directesten Widerspruch

Erichthonios.

Töchter des Kekrops, die Pandrosos, die Herse und die Aglauros wurden von den Göttern der Gemeinschaft gewürdigt. Die Pandrosos gebar vom Hermes den Keryx (den Herold), den Stammvater des attischen Geschlechts der Keryken; die Aglauros gebar vom Ares eine Tochter Alkippe[1].

Den Nachfolger des Kekrops, den Erichthonios hatte der fruchttragende Acker geboren. Die Göttin Pallas trug das Knäblein, wie der Schiffskatalog sagt, in ihren fetten Tempel zu Athen und zog ihn hier auf[2]. Sie übergab das Kind in einem Kasten den Töchtern des Kekrops, mit dem Gebot, diese Lade niemals zu öffnen. Aber nur die Pandrosos gehorchte diesem Gebot; die Aglauros und Herse erblickten in dem geöffneten Kasten eine Schlange und stürzten sich vom Wahnsinn ergriffen von dem Felsen der Burg hinab. Erichthonios wurde König, und sein Bruder Butes wurde Priester der Pallas. Erichthonios stellte das Bild der Pallas, welches vom Himmel gefallen war, auf der Akropolis auf, und feierte der Athene ein grosses Fest, die Athenaeen.

Der Name Kekrops entspricht dem alten Namen der Burg von Athen, der Kekropia; der Name des Erichthonios bedeutet Gutland. Wenn Kekrops der Sohn der Erde, so ist Erichthonios der Sohn der fruchtbaren Erde, des Ackers. Des Erichthonios Bruder ist Butes, d. h. der Ochsenmann. Die Ochsen waren dem Ackerbau unentbehrlich. Das Geschlecht der Butaden zu Athen nannte diesen Butes seinen Stammvater; dem Geschlechte der Butaden gehörte

---

mit der Auffassung des Kekrops in der Sage selbst als eines erdgeborenen Schlangenfüsslers und mit dem Ruhm der Autochthonie, auf welche die Athener alle Zeit stolz waren. Sie beruht wie die des Danaos (s. unten), nach deren Analogie sie gebildet ist, auf der Identifikation griechischer und ägyptischer Kulte. Als die Io mit der Astarte und Isis zusammengeworfen wurde, so verglich man die Reize von Sais mit der Athene, wie dies bei Herodot vorliegt; II, 59. 62. 175. Die Momente, auf denen diese sehr unpassende Vergleichung der zuletzt fastigen Geburtsgöttin von Sais und der Gewittergöttin beruhen, sind Bd. I. S. 61. angedeutet. Platon spricht zuerst im Timaeos p. 21 sqq. von einer Verwandschaft der Saiten und Athener, aber so, dass Athen's Blüthe älter ist als Aegyptern; vgl. Menexenos p. 245. Kallisthenes und Phanodemos erzählen im Zeitalter Alexander's von Makedonien in demselben Sinne, dass Sais von Athen gegründet sei, bis endlich Anaximenes von Lampsakos in einer Schmähschrift gegen die Athener die Sache umkehrt und die Athener nicht für Griechen, sondern für Aegypter erklärte. Kekrops aber als Einwanderer aus Sais (Lucian erklärt ihn noch bestimmt für einen Eingeborenen Attika's; Pseudolog. c. 11.) findet sich, so viel ich sehe, erst bei Eusebios und zwar auch hier nicht ohne Widerspruch; Chron. p. 52. 101.

1) Apollodor I, 14, 1. — 2) II, 2, 546.

das Priesterthum an jenem Tempel der Athene; nur aus diesem Geschlecht durfte die Jungfrau gewählt werden, welche der Stadthüterin Athene als Priesterin diente. Dem Erichthonios kam als einem Erbensohne ebenfalls die Gestalt der Schlange zu. Nach dem Glauben des attischen Volkes weilte eine große Schlange in dem vornehmsten Heiligthum, in jenem „festen Tempel" der Pallas auf der Burg; sie war der Wächter der Burg. In jedem Monat wurde dieser Schlange ein Honigkuchen vorgesetzt, und es war ein übles Zeichen für die Stadt, wenn derselbe einmal nicht verschwunden war[1]). Die Athene ist es, welche den Knaben Erichthonios, das Kind des Ackers, das Pfand des bleibenden fortwirkenden Segens des Ackers, in Schlangengestalt nach Athen bringt, welche ihn auferzieht[2]). Die drei Töchter des Kekrops, welchen Erichthonios anvertraut wird, sind göttliche Wesen; sie sind die Göttin Athene selbst. Der Name der ersten, Pandrosos, bedeutet die Alles Bethauende, der der zweiten, Herse, den Thau, der dritten, Aglauros, die hellere Luft. Diese drei Namen sind Beinamen der Athene selbst, welche sowohl der heitere Himmel ist, als sie in Gewitterregen und im Thau befruchtende Feuchte niedersendet. Athene pflegt den Segen des Ackers, den Erichthonios, nicht blos durch die Gewittergüsse, sondern auch durch den Thau (der trockene Boden Attika's verdankt den Gewitterregen des Sommers und dem Thau seine Frucht) und den heitern Glanz des Himmels. Die Sage von der Hinabstürzung der Herse und Aglauros hat ihren Grund in den Ceremonien eines Festes, welches der Athene in den heißen Monaten des Sommers gefeiert wurde, in den Gebräuchen der Hersephorien, d. h. der Thaubringung. Neben der Priesterin aus dem Geschlechte des Butes dienten alljährlich wechselnd zwei attische Jungfrauen in jenem Heiligthum und wohnten in der Nähe desselben von einem Hersephorienfest bis zum andern. An diesem Feste selbst hatten sie nächtlicher Weile auf ihren Köpfen verhüllte Gegenstände

---

1) Herodot 8, 41. — 2) Nach anderen (Platon. Critias p. 110. Timaeos p. 123., Apollodor 3, 14, 6.) war Erichthonios (Erechtheus) ein Sohn der Athene und des Hephaestos, was man dadurch mit der Jungfräulichkeit der Athene zusammenbrachte, daß Hephaestos die Athene brünstig verfolgt und mit seinem Samen besprüht habe. Die'en habe Athene dann auf die Erde fallen lassen, und Erichthonios sei die Frucht desselben geworden. Der Sinn ist immer, daß Gewitter, Thau und Wärme die Fruchtbarkeit erzeugen, mag Athene die Pflegerin oder Erzeugerin des Erichthonios sein.

von der Burg hinabzutragen an das Wasser des Ilissos, zu welchem sie durch einen verborgenen Gang von dem Burgfelsen herab gelangten. Unten am Ilissos setzten sie ihre Last ab, wofür ihre Nachfolgerinnen für das nächste Jahr andere verhüllte Gegenstände vom Ilissos zur Burg hinauftrugen[1]). Es waren Gebräuche, welche den Sinn hatten, das Wasser und den Thau aus der Niederung des Ilissos in der heißen Jahreszeit über das ganze durstige Land hinzuzaubern. Aus dem Hinabsteigen der beiden dienenden Priesterinnen, welche nicht wieder auf die Burg zurückkehren, hat die Sage das Hinabstürzen der Herse und Aglauros gemacht; die Pandrosos hat in der Sage ihre Stellung nach der der ständigen Priesterin an jenem Heiligthum, welche ihr Leben lang auf der Burg bleibt, erhalten. Ueberdies war diesem Tempel eine der Pandrosos geheiligte Zelle unmittelbar angebaut[2]), während die Aglauros ein Heiligthum am nordöstlichen Abhange des Burgfelsens hatte.

Für die Wohlthaten, welche Erichthonios von der Athene empfangen, hatte er sich dankbar zu zeigen. Er mußte deshalb das größte Fest der Athene, die Athenaeen, gegründet haben. Der Schiffskatalog der Ilias gedenkt dieses Festes, indem er von dem „festen Tempel der Athene spricht, wo die Jünglinge Athens die Göttin mit Stieren und Lämmern erfreuen im Kreise der umrollenden Jahre." Es wurde im Hekatombaeon, im Julius gefeiert; es war das Dankfest für die Erndte. Der Erndtekranz wurde auf die Burg in das Heiligthum getragen, in welchem Athene den Erichthonios aufgezogen hatte, und der Göttin ein großes Opfer, eine Hekatombe, geschlachtet.

Nach dem Erichthonios soll Erechtheus über die Kekropiden geherrscht haben. Er soll das Erechtheion, das Heiligthum der Athene auf der Burg erbaut haben. Einen Krieg mit den Euboeern, mit dem Chalkodon, d. h. Erzzahn, von Chalkis, bestand Erechtheus glücklich. Man zeigte nachmals ein Monument des Chalkodon zu Athen. Aber im Kriege mit den Eleusiniern, welche dem König Eumolpos gehorchten, wurde Erechtheus schwer bedrängt, und ein Götterspruch sagte ihm, daß keine Rettung zu finden sei, es sei denn durch das Opfer seiner drei älteren Töchter, der Chthonia, Protogeneia und Pandora. Sie empfingen willigen Herzens und

---

1) Pausan. I, 27. — 2) Pausan. a. a. O.

ohne Widerstreben den Tod, und erkauften damit ihrem Vater den Sieg; mit eigener Hand erlegte Erechtheus nun im Kampfe den Eumolpos. Die Töchter des Erechtheus galten den Athenern als leuchtende Vorbilder der Aufopferung für das Vaterland, und nachmals verherrlichten zwei eherne Bildsäulen auf der Burg den Zweikampf des Eumolpos und Erechtheus[1]).

Erechtheus ist frühzeitig mit dem Erichthonios zusammengeflossen[2]). So wenig wie Kekrops und Erichthonios hat Erechtheus auf eine historische Existenz Anspruch. Erechtheus ist ein Beiname des Poseidon, es ist der Gott Poseidon selbst[3]). Der Tempel, welchen er der Athene auf der Akropolis gebaut haben soll, das Erechtheion, welches bereits in den homerischen Gedichten das „festgefügte Haus des Erechtheus" heißt, war, wie der Name beweist, ursprünglich ein Heiligthum des Poseidon Erechtheus. Dem Stamme der Jonier, welcher ein weitgestrecktes Küstenland inne hatte, war der Kultus des Poseidon frühzeitig und vorzugsweise eigen. Auf der Nordküste des Peloponnes verehrten ihn die Jonier zu Aegae und Helike, hier in den Tiefen der See bei Aegae ist, nach den homerischen Gedichten, die Wohnung des Gottes[4]); auf dem Isthmos, am Strande des aegei-

---

1) Thukyd. 2, 15. Apollod. 3, 15. Nach andern Personen wurde nur die Chthonia geopfert, die andern wollten aber die Schwester nicht überleben. Eumolpos heißt bei Apollodor und andern ein Thraker. Dies beruht auf der Geschichte der Oreithyia, einer andern Tochter des Erechtheus, welche der Nordweststurm, der Boreas, vom Ilissos nach dem rauhen Thrakien entführt hatte; Herod. 7, 189. Der Oreithyia und des Boreas Tochter ist Chione (d. h. die Schneejungfrau), diese empfängt den Eumolpos vom Poseidon, welcher also ein Athener ist, wie Danaos ein Argiver, und aus Thrakien zurückkehrt nach Eleusis. Thukydides sagt nichts vom thrakischen Ursprunge des Eumolpos. Isokrates (Panathen. 193. ed. Bonn.) giebt an, daß Eumolpos Athen angegriffen habe, um die seinem Vater entzogene Verehrung hier wieder herzustellen. Aber Erechtheus war ursprünglich selbst Poseidon. Dieses Motiv kann also erst erfunden sein, als die alte Natur des Erechtheus vergessen und nur die Zurückdrängung des Dienstes des Poseidon auf der Burg von Athen im Gedächtniß geblieben war. Der Preis der Töchter des Erechtheus findet sich bei Xenoph. Memor. 3, 5, 9. Lycurg. c. Leocr. p. 301 seqq. Demosthen. 1397 ed. Reiske. — 2) So schon im Schiffskatalog und bei Herodot 8, 55, während Homer in der Genealogie der troischen Könige dem Dardanos einen Erichthonios zum Nachfolger giebt, „welcher der reichste war von allen damals lebenden Sterblichen". Im Sinne der alten attischen Auffassung müssen alle Züge, die sich auf den Acker und die Athene beziehen, dem Erichthonios gehören. Die Leitung der Rosse gehört dem Erechtheus. Wenn Apollodor (3, 15, 5) erzählt, Poseidon habe das Haus des Erechtheus überflutet, so kann dies erst gedichtet sein, als die ursprüngliche Bedeutung des Erechtheus völlig vergessen war. — 3) Ueber den Kult des Poseidon Erechtheus, Welcker Götterlehre 1, 637. Erechtheus von ἐρέχθειν oder ῥήσσειν. — 4) Odyss. 5, 360.

schen Meeres, hatte er ein altes und angesehenes Heiligthum; der
Stadt Troezen sollte er ihren ersten Namen (Poseidonia) gegeben
haben; auf Euboea wurde er in einem zweiten Aegae und zu Geraestos verehrt. So gehörte ihm auch ein altes Heiligthum auf
dem Burgfelsen von Athen, das Erechtheion; es lag an einem
Brunnen, welchen Poseidon in dem Felsboden geöffnet hatte. Aber
mit dem steigenden Ackerbau um die Kekropia in der Niederung
des Ilissos gewann die Verehrung der Athene größeres Ansehen.
Diese Göttin war den Bewohnern des Ilissosthales der Schutzgeist
des Ackers; von ihr hing die Befruchtung des wasserarmen Landes
ab. Nicht bloß, daß der Athene das Erntefest gefeiert, der Erntekranz gebracht wurde; schon im Frühjahr, wenn die Feldfrüchte
zuerst keimten, feierte man ihr am Ilissos die Procharisterien, das
Dankfest für die Ernte im Voraus. Beim Herannahen der heißen
Zeit, in den letzten Tagen des Thargelion (Ende Mai) wurden die
Plynterien abgehalten; es war, wie es scheint, ein Fest der abwen-
denden Sühnung, daß die heißen Tage die Ernte nicht versengten.
An den Skirophorien im Juni, wenn der kalkige Boden Attika's in
der Hitze klar und staubig geworden war, wurde Gipserde in das
Heiligthum der Athene getragen, und das Bild der Göttin damit
eingerieben. Die Dürre des Landes wurde der Göttin in naiver
Weise dargelegt, damit sie Wasser vom Himmel herabgieße und den
Boden von Neuem tränke Dann folgten die Hersephorien, endlich
das Erntefest, die Athenaeen¹). Die Priesterin der Athene mußte
aus dem Geschlecht des Ochsenmannes genommen werden; dem
Buzyges, d. h. dem Ochsenjocher sollte die Athene gelehrt haben,
die Ochsen an den Pflug zu spannen; auf der Burg wurde ein heiliger Pflug aufbewahrt, welchen die Nachkommen des Buzyges, das
Geschlecht der Buzygen, zu hüten hatten. Das heilige Feld unter
der Burg wurde alljährlich mit diesem Pfluge umgerissen²). So
stand der gesammte Ackerbau des Landes unter der Obhut der
Athene. Aber nicht bloß die Früchte des Ackers auch die Baum-
frucht ließ die Athene gedeihen. Ihr gehörte der Oelbaum, dessen
Blätter hell schimmerten, dessen Frucht den Leuchten Nahrung gab³),
der der lichten Natur der Göttin zu entsprechen schien. Die Jonier

---

1) Hermann gottesd. Alterth. §. 61. Preller Mythologie 1, 160. —
2) Plut. conjug. praec. §. 42. — 3) Welcker Götterlehre 1, 18.

vom Ilissos waren stolz auf den Besitz des Oelbaums; sie hielten ihn für das edelste Erzeugniß ihres Bodens, für ein Geschenk der Athene¹). Nordwärts von der Kekropia in der Niederung des Kephissos lag der heilige Oelwald, welcher noch heute einen dichten Kranz schattiger Laubkronen in der kahlen Ebene zeigt. Nun stand bei jenem Brunnen, bei jenem alten Heiligthum des Poseidon Erechtheus, bei dem Erechtheion, ein Oelbaum, unter welchem Athene verehrt wurde²); und die Verehrung der Athene an diesem Baume stellte allmählig den Kultus des Poseidon in den Schatten. Die Athene drängte die Verehrung des Poseidon in seinem eigenen Heiligthume in den Hintergrund. Das Erechtheion wurde ein Heiligthum der Athene, und zwar das heiligste und angesehenste dieser Göttin, in welchem sie als Hüterin der Stadt, als Pollas angerufen wurde, welchem ihre Priesterin, die Jungfrau aus dem Geschlecht des Butes, vorstand. Poseidon Erechtheus wurde zu einem Heros, zu einem König von Athen, zu dem Erbauer des Erechtheion. Nun konnte die Athene den Erichthonios im Erechtheion — der alte Name blieb dem Heiligthum — pflegen und aufziehen, nun konnte das Symbol des Erichthonios, die Schlange, dies Heiligthum hüten, nun konnte das Erndtefest, die Athenäen, ausführlich im Erechtheion gefeiert werden. Das alte Holzbild der Göttin, welches vom Himmel gefallen, welches Erichthonios aufgerichtet haben sollte, zeigte die Göttin in sitzender Stellung, mit der Aegis, dem Bilde des Gewittersturmes, und einem langen Gewande, dem Peplos, bekleidet, die runde Mütze, den Polos, das Sinnbild des gewölbten Himmels, auf dem Haupte³). Pallas Athene war die Besitzerin, die erste Göttin des Erechtheion geworden, aber sie hatte den Poseidon nicht ganz aus demselben vertrieben. Der Brunnen neben dem Oelbaum gab Zeugniß von dem Walten des Poseidon. Dieselben Tempelmauern umschlossen nachmals den heiligen Oelbaum der Athene und den Brunnen des Poseidon. Auf dem Altar des Poseidon, vor dem Erechtheion, wurde dem Poseidon und dem Erechtheus geopfert, und als die Epidaurier einst, um ein Götterbild zu fertigen, einen Oelbaum von den Athenern verlangten, forderten diese als Gegenleistung, daß sie jährlich auf der Burg von Athen dem Erechtheus und der

---

1) Oedip. Col. 694 seqq. — 2) Vgl. Aristoph. aves. 615. — 3) Gerhard, Minervenidole Athens.

Pallas ein Opfer brächten¹). So konnten die Athener erzählen, daß Poseidon und Athene einst um den Besitz Attika's gestritten hätten, daß Poseidon den Brunnen auf dem Burgfelsen mit seinem Dreizack geöffnet, Athene dagegen den Oelbaum habe emporsprießen lassen, worauf dann die Götter das Land der Athene zuerkannt hätten²).

Wenn den Namen des Kekrops, des Erichthonios, des Erechtheus keine historische Bedeutung beiwohnt, so erhellt dennoch aus diesen Traditionen, daß an der Westküste Attika's, in der Ebene, welche vom Kephissos und Ilissos bewässert wird, ein Zweig des ionischen Stammes vom Hirtenleben zum Ackerbau überging, daß diese Gemeinschaft Schutz vor feindlichen Ueberfällen auf einer isolirten Felsplatte von mäßigem Umfange, fand, welche sich zwischen dem Ilissos und Kephissos steil aus der Ebene erhebt. Es war die Kekropia, in deren Umkreis die Götter dieser Gemeinschaft ihre angesehensten Kultusstätten fanden. Der von Altersher auf dem Burgfelsen verehrte Poseidon wurde mit der steigenden Bedeutung und Ausdehnung des Ackerbaues von dem Kultus der Athene verdrängt; Athene wurde die Schutzgöttin dieses Gemeinwesens. Es ist eine Geschichte des Kultus, die in den attischen Traditionen versteckt liegt.

Der Burgfelsen am Ilissos war nicht der einzige Mittelpunkt alten Lebens und alter Gemeinschaft auf der östlichen Landspitze des mittleren Griechenlands. Nordwärts von der Kekropia, hart am Strande des Meeres, an der Bucht von Eleusis erwuchs in einer fruchtbaren Ebene ein zweites Gemeinwesen, welches seine Ordnung ebenfalls auf den Bau des Ackers gründete. Die Schutzgöttin dieses Gemeinwesens war die Göttin des Fruchtfeldes selbst, die mütterliche Erde, die Demeter. Hier in dem Gebiet von Eleusis sollte einst Keleos geherrscht haben. Es war zu der Zeit da Kekrops oder Erichthonios über die Kekropia gebot. Zu diesem kam die Demeter und lehrte den Triptolemos, d. h. den Dreimalpflüger die Kunst des Ackerbaues. Sie gab ihm den Samen des Getreides und zeigte ihm den Pflug; auf dem Felde von Raros bei Eleusis war die erste Gerste emporgesproßt. Hier war die Tenne des Triptolemos, an dieser stand der Altar, auf welchem dem Triptole-

---

1) Herodot 5, 82. — 2) Apollodor 3, 14, 1.

mos, dem ersten Pflüger und dem ersten Priester[1]) der Demeter Heroenopfer gebracht wurden[2]). Auch die anderen Menschen den Bau des Ackers, das neue auf den Ackerbau gegründete Leben und die Feier der Feste der Demeter, der Thesmophorien (oben S. 30), zu lehren, sendete die Demeter den Triptolemos auf ihrem mit geflügelten Schlangen bespannten Wagen aus[2]). Nach dem Triptolemos herrschte Eumolpos, d. h. der Schönsingende zu Eleusis[4]); er ist der Ahnherr des Geschlechts der Eumolpiden, welches den heiligen Diensten zu Eleusis mit erblicher Berechtigung vorstand und den höchsten Priester der Demeter stets aus seiner Mitte stellte. Dieser Eumolpos war es, welcher mit den Eleusiniern den Erechtheus und die Kekropiden angriff, aber in diesem Kampfe den Tod fand. Die Sage von Eleusis ist wie die von Athen aus dem Kultus gebildet, und hat keine andere Bedeutung außer dieser; nur daß aus der selbständigen Tradition von Eleusis, daß aus dem Kampf der Eleusinier und der Kekropiden eine historische Thatsache, die einstige Selbständigkeit des Gemeinwesens von Eleusis und der Kekropia gefolgert werden darf. Im Hinblick auf die alten agrarischen Dienste von Eleusis, im Hinblick auf die agrarischen Dienste der Akropolis rühmte sich nachmals Athen, die Mutterstadt aller Feldfrucht und der an diese geknüpften Civilisation zu sein.

Auch auf der Ostküste Attika's bestand einst ein abgesondertes Gemeinwesen; es waren die Flecken Oenoë, Trikorythos, Probalinthos und Marathon, welche nachmals unter dem Namen der Vierstadt zusammengefaßt wurden. Besondere Kulte dieser Landschaft, die attische Tradition selbst, und andere Anzeichen, gewähren für die einstige Selbständigkeit dieses Gebiets Beweise. In Oenoë herrschte einst Oeneus. Dieser nahm den Gott Dionysos freundlich in seinem Hause auf. Der Gott schenkte dem Ikarios eine Rebe und lehrte ihn die Pflanzung und Pflege derselben. Froh der Gabe des Gottes tanzte Ikarios auf dem ersten gefüllten Weinschlauche den Schlauchtanz. Der Name Oenoë (Weinland) beweist, daß frühzeitig Weinbau im Gebiete von Marathon gepflegt wurde. Oeneus ist der Weinmann selbst, der Vertreter dieses Gebiets. Ikarios ist der Vertreter, der Namensmann der Gemarkung Ikaria bei

---

1) Xenoph. Hellenica 6, 3, 6. — 2) Hymn. in Cerer. v. 153. 473 seqq. Pausan. I, 38. — 3) So Sophokles in seinem Triptolemos; Preller Mythologie I, 478. — 4) Hymn. in Cerer. l. c.

Marathon; der Schlauchtanz war eine Belustigung der attischen Bauern bei der Weinlese, beim Dankfeste des Dionysos im Herbst. Wenn die Ackerbauer am Ilissos die Athene, die von Eleusis die Demeter in ihren Sagen feierten, so rühmten sich die Weingärtner von Marathon der Anwesenheit und der Gunst des Dionysos.

Die Tradition brachte den Theseus dadurch in die Sage von Athen, und bezeichnete zugleich diese Einschiebung, daß sie ihn zu einem unächten Sohn des Königs Pandion machte, der nach dem Erechtheus über das gesammte attische Gebiet und darüber hinaus bis nach Korinth geherrscht haben sollte. Pandion hinterließ vier Söhne, von welchen Aegeus, der älteste, die Kekropia erhielt, Nisos den Isthmos und Megara, Lykos die Ostküste, das Gebiet von Marathon, Pallas das Gebiet von Pallene auf dem Pentelikon, sammt dem felsigen Süden des Landes[1]). Aegeus war ohne Söhne; aber da er einst beim Pittheus war, der die Stadt Troezene erbaut hatte, ruhte er bei des Pittheus Tochter Aethra. Als Aegeus nach Athen heimkehrte, ließ er sein Schwert und seine Sohlen zurück und wälzte einen Felsblock darüber, mit der Weisung an die Aethra, wenn sie einen Sohn gebäre, solle sie ihn, sobald er erwachsen, an diesen Stein führen; könne er ihn heben, so wolle er an jenen Wahrzeichen seinen Sohn erkennen. Aethra gebar den Theseus; am Wege von der Stadt nach dem Hafen zeigten die Troezener den Platz, wo Theseus das Licht erblickt hatte. Theseus war erst sechszehn Jahr alt, als er den Block — man zeigte denselben dem Pausanias über der Akropolis von Troezene auf dem hochansteigenden Bergwege, der von Troezene nach Hermione führt[2]) — mit leichter Mühe zurückwälzte, Schwert und Sohlen seines Vaters anlegte und sich auf den Weg nach Athen machte. Als der Jüngling das unwegsame Gebirge überschritt, welches das Gebiet Troezene's von Epidauros trennt, traf er auf den Periphetes, welcher die Wanderer mit einer eisernen Keule niederschlug; Theseus tödtete den Räuber. Auf dem Isthmos sperrte ihm der Fichtenbeuger Sinis die Straße. Dieser

---

1) **Sophokles** bei **Strabon** p. 392. Schol. Aristoph. Lysistr. 58. Ueber Kranaos, Amphiktyon, Kekrops II., Pandion II. f. unten Kap. 10. Herodot kennt vor Aegeus nur die drei Herrscher Kekrops, Erechtheus, Pandion 8, 44, 1, 173. — 2) Pausan. 2, 32.

zwang die Wanderer, mit ihm Fichten niederzubeugen, die er dann plötzlich losließ. Der zurückschnellende Baum riß die Getäuschten empor, welche dann durch den tiefen Fall zerschmettert wurden. Theseus that ihm, wie Sinis andern gethan. Weiter nordwärts auf dem Isthmos bei Krommyon erlegte Theseus eine wilde Sau. Auf der schmalsten Stelle des Weges zwischen Korinth und Megara, wo der enge Pfad auf steilen Felswänden hart am aegaeischen Meere entlang läuft, stürzte Skeiron die Wanderer ins Meer. Durch Theseus ereilte ihn nun dasselbe Schicksal. Nachdem Theseus den Isthmos gereinigt, erneuerte er das Opfer, welches Sisyphos von Korinth dem Gotte des Meeres alljährlich in seinem Heiligthum auf dem Isthmos in der Mitte des Sommers dargebracht hatte. Jenseit des Berges Kerata, da wo man von Megara längs der Küste fortgehend in die Ebene von Eleusis hinabsteigt, hauste Damastes (d. h. der Bändiger), welcher die Wanderer auf ein Lager niederwarf; waren sie länger als das Lagergestell, so hieb er ihnen die Füße ab; waren sie kürzer von Wuchs, so hämmerte und zog er sie in die Länge, bis sie die Lagerstatt ausfüllten. Theseus übte Vergeltung an ihm. Nachdem er dann noch zu Eleusis den Kerkyon, welcher die Fremden im Ringkampf bezwang und tödtete, in dieser Kampfart überwunden (man zeigte bei Eleusis noch lange den Ringplatz des Kerkyon), und statt des Kerkyon den Hippothoon, den Sohn des Poseidon und der Tochter des Kerkyon, zum König in Eleusis eingesetzt hatte[1]), gelangte er nach Athen, wo der Vater Aegeus den Sohn an seinem Schwerte erkannte.

Neue Kämpfe warteten in Attika auf den Theseus. Ein Stier verwüstete die Gegend von Marathon; Theseus fing denselben lebendig ein und opferte ihn auf dem Felsen der Burg, wo nachmals eine eherne Gruppe diese That verherrlichte[2]). König Minos von Kreta hatte mit seiner mächtigen Flotte Megara angegriffen und den König Nisos bezwungen; auch Aegeus hatte sich dem Herrscher des Meeres unterwerfen und sich dem Gebot des Minos fügen müssen, jedes große Jahr d. h. in jedem neunten Jahr sieben attische Knaben und ebensoviele Mädchen nach Kreta zu senden zum Fraße für

---

1) Plut. Thes. c. 8—11. Pausan. I, 39. Hygin. 187. — 2) Pausan. I, 27. Nach Plutarch Thes. 14. wurde der Stier dem Apollon Delphinios geopfert, nach andern der Athene.

den Minotauros, den Stier des Minos. Schon zweimal war der Tribut nach der fernen Insel abgegangen, die Zeit der dritten Sendung war gekommen, als sich Theseus erbot, in die Reihe der Opfer zu treten. Nachdem er mit dem Oelzweig der Flehenden in den Tempel des Apollon, in das Delphinion gegangen war, um sich der Hülfe des Gottes zu versichern, segelte er ab. Auf Kreta gewann er die Liebe der Tochter des Minos, der schönen Ariadne, erlegte den Minotauros, und bestieg mit den attischen Jünglingen und Jungfrauen das Schiff zur Heimkehr. Die Geretteten landeten auf Delos und tanzten hier den ersten Chortanz, den Geranos, in künstlich verschlungenen Reihen um den Altar des Apollon, dem Gotte für ihre Befreiung zu danken, und Theseus reichte dem besten Tänzer einen Zweig der heiligen Palme als Siegeszeichen[1]. Treulos hatte er die Ariadne auf Naxos zurückgelassen; und als er sich der Küste von Attika nähert, vergißt er das verabredete Zeichen glücklicher Rückkehr, ein weißes Segel statt des schwarzen, unter welchem das Schiff traurig ausgefahren, aufzuziehen. König Aegeus stürzte sich verzweifelnd von dem Felsen der Burg, oder wie andere sagen, vom Vorgebirge Sunion hinab in das Meer. Theseus aber feierte dem Apollon und dem Dionysos Dankfeste für seine glückliche Heimkehr.

Danach entführte Theseus mit dem ihm engverbundenen Freunde, dem Lapithen Peirithoos (ob. S. 38), die Helena aus Sparta und brachte sie nach Aphidnae. Ihre Brüder, die Dioskuren, eilten, die Schwester zu befreien, und die Bewohner eines Aphidnae benachbarten Ortes, Deleleia's, meldeten ihnen, wo Theseus die Helena geborgen; die Dioskuren führten ihre Schwester zurück. Gefeierter als der Raub der Helena war die Entführung der Amazone Antiope durch den Theseus und den Peirithoos[2], von welcher Pherekydes und Hellanikos erzählten. Theseus hatte die Antiope aus Themiskyra nach Athen geführt. Aber die Amazonen brachen, diesen Raub zu rächen, von Anatolien auf und drangen durch Thrakien, Thessalien und Boeotien nach Attika vor[3]. Sie kamen bis in die Stadt

---

1) Plut. Thes. 20. Schol. Iliad. 18, 590. Odyss. 11, 321. — 2) Paus. I, 2. Es gab bezüglich der Antiope eine Menge hievon abweichender Versionen; Plut. Thes. 28. 3) Hellanikos läßt sie über den gefrorenen kimmerischen Bosporos um den Pontos herum nach Thrakien gelangen; Plut. Thes. 27. Vgl. Bd. I. S. 232.

Athen selbst; sie schlugen ihre Zelte, wie Aeschylos sagt, auf dem Hügel des Ares, auf dem Areopagos, der Aktropolis gegenüber, auf[1]). Es war im Boëdromion (September), daß die Amazonen mit ihrem rechten Flügel gegen die Pnyx, mit ihrem linken gegen den Marktplatz vordrangen und die Athener zurückwarfen, bis es diesen nach heißer Schlacht gelang, den linken Flügel der Amazonen gegen das Heiligthum der Eumeniden auf dem Areopag, den rechten gegen das Thor des Peiraeeus und das Denkmal des Chalkodon zurückzuwerfen und viele Amazonen zu erschlagen. Danach schloß Theseus mit den Amazonen einen Vertrag, nach welchem diese die Stadt und Attika und die Länder der Griechen wieder verließen. Auf dem Platze vor dem nachmaligen Theseustempel, nordwestlich von der Akropolis, sollte dieser Vertrag von den Athenern und Amazonen beschworen worden sein; er führte deshalb den Namen Horkomosion (Eidschwörung[2]).

Theseus hatte nicht bloß mit Feinden aus der Fremde zu kämpfen. Von den Brüdern seines Vaters hatte Aegeus den Lykos, welchem die Ostküste zugefallen war, vertrieben[3]). Nisos von Megara war dem Minos erlegen; nur Pallas, der Pallene und das steinige Bergland der Südspitze Attika's beherrschte, war übrig. Pallas hatte funfzig Söhne, sämmtlich streitlustige und wilde Riesen, welche gegen Theseus heranzogen, aber dieser besiegte und schlug die Pallantiden bei Gargettos am Fuße des Hymettos und weiter südlich in den Bergen von Sphettos[4]). Danach konnte nun Theseus das gesammte Gebiet von Attika unter seiner Herrschaft vereinigen. Er hob die getrennten Rathsversammlungen der bisherigen Landestheile auf[5]), vereinigte dieselben in dem Prytaneion von Athen, stiftete zum Andenken dieser Vereinigung das Fest der Synoekien und das Fest der Panathenaeen, und nannte den Staat nach der neuen Hauptstadt Athenae. Hierauf theilte er das gesammte Volk in drei Stände, die Eupatriden, Geomoren und Demiurgen und ließ, um deren Zahl zu verstärken, auch Fremde nach Attika einladen. Zum Gedächtniß ihrer Aufnahme stiftete er das Fest der Metoekien und begründete die Demokratie in Athen, indem er die Königswürde niederlegte; nur die Anführung im Kriege behielt er für sich zurück. Aber Menestheus, ein Enkel des Erechtheus, regte

---

1) Aeschyl. Eumenid. v. 685. — 2) Plut. Thes. 27. — 3) Herodot I, 173. — 4) Plut. Thes. 13. — 5) Thukyd. II, 15.

Kritik der Sagen von Theseus.

tle Vornehmen gegen den Theseus auf, weil er ihnen die Herrschaft über die Gemeinden entrissen. Menestheus wurde Herrscher von Athen, und Theseus mußte dem Unwillen des Adels weichen. Er brachte seine Söhne Demophon und Akamas nach Euboea in Sicherheit und begab sich selbst auf die Insel Skyros. Verrätherisch stürzte König Lykomedes von Skyros den Helden von einer Klippe der Insel ins Meer. Erst nachdem Menestheus vor Ilion sein Ende gefunden, gelangte Demophon zur Königswürde in Attika[1]).

Die Sagen von Theseus sind aus mannichfachen Elementen zusammengeflossen. Theseus ist deutlich nicht blos ein Heros Attika's, sondern des gesammten jonischen Stammes. Er gehört so gut den Joniern auf der Nordküste des Peloponnes, als den Joniern von Athen; die Thaten des Helden kommen diesen wie jenen zu Gute. Troezene ist die Geburtsstätte des Theseus, wo Poseidon einer alten Verehrung genoß wie auf der Akropola, wo ebenso wie in Athen die Pallas als Stadthüterin verehrt wurde; alte Münzen Troezene's zeigen das Pallashaupt zusammen mit dem Dreizack[2]). Als die Dorer in den Peloponnes einbrachen, flüchtete ein Theil der Troezener nach Attika; von Xerxes bedrängt, rettete dagegen die Bevölkerung von Attika den größten Theil ihrer Weiber und Kinder nach Troezene[3]). Theseus reinigt den Weg von Troezene nach Athen, insbesondere die dem Poseidon geweihte Landenge zwischen Korinth und Megara, den Isthmos, von Räubern und wilden Thieren. So konnten sich die Stämme der Jonier von Nord und Süd ungehindert auf dem Isthmos im Sommer zum Opfer des Poseidon versammeln. Aus diesem Grunde schreibt die Sage dem Theseus die Erneuerung dieses Opfers zu, bei welchem den Athenern gewisse Ehrenrechte auch dann noch blieben, als Korinth und Megara nicht mehr den Joniern, sondern den Dorern gehörten. Theseus steht jedoch in einem noch näheren Verhältniß zum Poseidon. Nicht König Aegeus war nach Einigen sein Vater, sondern Poseidon selbst. Aber auch Aegeus, welcher sich vom Vorgebirge Sunion hinabstürzt, und dem aegaeischen Meer seinen Namen giebt, ist kein anderer, als der Gott des Meeres, unter einem Namen, der von der stürmischen Bewegung der Wogen hergenommen ist (ob. S. 28).

---

1) Plut. Thes. 24. 25. 26. — 2) Pausan. 2, 30. — 3) Bis in den peloponnesischen Krieg hinein währt dieser nahe Verkehr zwischen Athen und Troezene; Paul. a. a. O. Corp. inscript. Nr. 106.

Und wenn Theseus am Ende seiner Tage von dem höchsten Felsen der Insel Skyros in's Meer gestürzt wird, wie Aegeus sich selbst in's Meer wirst, so ist er hinabgestiegen zu seinem Vater in die Tiefen des Meeres.

Andere Züge in der Sage von Theseus sind noch leichter erkennbar. Die Waffenbrüderschaft des Theseus und des Helden der Lapithen von Gyrton, des Peirithoos, hat darin ihren Grund, daß vertriebene Geschlechter der Lapithen, von denen eines den Peirithoos seinen Ahnherrn nannte, etwa im zehnten Jahrhundert in Athen Schutz und Aufnahme unter dem Adel fanden. So mußte denn schon Theseus dem Peirithoos in jenem Kentaurenkampf beigestanden haben, und diese That wurde eine der am meisten gefeierten des Theseus, während Peirithoos seiner Seits den Theseus auf seinen Zügen begleitete. Der Raub der Helena beruht darauf, daß die Dioskuren im Thale des Eurotas eines hervorragenden Dienstes genossen; als sie aus Göttern Heroen geworden, galt dieses Gebiet für ihre Heimath. Da sie nun auch in Attika, insbesondere zu Dekeleia verehrt wurden, sollten sie einst von Sparta nach Attika gezogen sein. Um diesen Zug zu motiviren, wurde der Raub der Helena durch den Helden Athen's erfunden[1]).

Bedeutsamer tritt das Verhältniß des Theseus zu Kreta und zu den Amazonen hervor. Wenn Theseus vor der Abfahrt nach Kreta einen Bittgang in das Heiligthum des Apollon thut; wenn er nach der Rückkehr dem Apollon und dem Dionysos seinen Dank darbringt; wenn ihm die Stiftung des Frühlingsfestes des Apollon, der Delphinien, bei welchem junge Mädchen mit Oelzweigen in das Heiligthum des Apollon zogen, um eine günstige Ernte zu erflehen; wenn ihm die Stiftung der Pyanepsien (es war ein Dankfest für den Apollon, nachdem die Hülsenfrucht eingebracht war, und Theseus sollte im Pyanepsion aus Kreta zurückgekehrt sein); wenn ihm die Stiftung der Oschophorien, eines Festes, an welchem Jünglinge die mit reifen Trauben behangenen Reben in das Heiligthum des Dionysos trugen, zugeschrieben wird[2]); wenn es heißt, daß er die Delphinien bei der Abfahrt, die beiden anderen Feste nach der glücklichen Rückkehr eingesetzt habe — so will das nichts weiter sagen, als

---

1) Daß diese Sage bereits vor dem Jahre 600 bestand, beweist ihre Darstellung auf dem Kasten des Kypselos. Vgl. unten Kap. 8. — 2) Plut. Thes. 18. 22. 23.

daß man in Athen für alle agrarische Gebräuche und Feste eine historische Anknüpfung suchte. Die Ariadne, deren Liebe Theseus gewinnt, wie Jason die der Medeia; welche dem Theseus behülflich ist, wie die Medeia dem Jason, ist eine auf Kreta verehrte Göttin. Die homerischen Gedichte deuten diese Natur der Ariadne sehr bestimmt an, wenn sie angeben, daß Daedalos der Ariadne zu Knosos einen Tanzplatz erbaut, auf welchem Jünglinge und Jungfrauen den Reigen gehalten[1]). Es gehörte danach der Ariadne zu Knosos ein Heiligthum mit einem Platze, auf welchem Tänze zu ihrer Ehre gehalten wurden. Theseus sollte sie entführt haben, wie Jason die Medeia. Es gab ein altes Bild der Aphrodite in Delos, welches aus Kreta dorthin gekommen war; Theseus sollte dies Bild aus Kreta nach Delos gebracht haben[2]). Als Theseus die Ariadne auf Naxos verlassen hatte, nahm sich ein Gott, Dionysos, ihrer an. Die Theogonie nennt die Ariadne die Gemahlin des goldhaarigen Dionysos; Zeus habe sie dem Dionysos unsterblich und unalternd gemacht. Die Sage nahm keinen Anstoß, dem Gotte zuzuwenden, was der Held verschmäht hatte[3]). Wir wissen, daß Ariadne oder Ariagne, d. h. die sehr Gefallende oder die Hochheilige, als eine weibliche Göttin des Weins und der Baumfrüchte auf Naxos verehrt, daß die Hochzeit des Dionysos und der Ariadne auf Naxos gefeiert wurde. Plutarch sagt, daß die Naxier zwei Ariadnen verehrten, die eine unter Tänzen und Lustbarkeiten, die andere mit Klagen und Traurigkeit. Es sind die beiden Momente, deren Wechsel wir in dem Kultus der trügerischen Aphrodite, der Aschera-Astarte der Phoenikier, kennen gelernt haben, und wir wissen, wie weltverbreitet einst der Einfluß der Phoenikier im aegaeischen Meere war (Bd. I. 306.). Als freundliche Göttin der Liebe leiht die Ariadne dem Theseus auf Kreta ihren Schutz, nachdem derselbe vor seiner Abfahrt in Athen der Aphrodite einen Bock (das Opferthier der Aschera) geopfert hat[4]); die traurige Seite ihres Kultus scheint der Wendung zu Grunde zu liegen, welche Homer der Geschichte der Ariadne giebt. Theseus habe die Ariadne mit sich genommen, aber die keusche und strenge Göttin, die Artemis, habe die Ariadne getödtet, ehe sie nach Athen gekommen[5]).

---

1) Ilias 18, 592. — 2) Pausan. 9, 40. Plut. Thes. 29. — 3) Theogon. 947. — 4) Plutarch Thes. 18. — 5) Od. 11, 321.

Die Landung des Theseus auf Delos hat näherliegende Motive. Nachdem die cykladischen Inseln und die Westküste Kleinasiens von den Joniern besetzt waren, wurde der kleine Felsen von Delos der Mittelpunkt des nunmehr diesseit und jenseit des aegaeischen Meeres angesessenen Stammes; das gemeinsame Opfer des Apollon auf jenem Eilande, welches diesem Gotte geweiht worden war, erhielt den Verkehr zwischen beiden Ufern und die Verbindung des Stammes, und in den Wettkämpfen, welche sich seit dem achten Jahrhundert an diese Feier des Frühlingsopfers anschlossen, wurde dem Sieger als Preis ein Zweig der heiligen Palme, unter welcher die Leto den Apollon geboren haben sollte, gereicht. Es war natürlich, daß die Stiftung dieses Opfers, des Festes, und des Preises dem Stammheros zugeschrieben wurde; sie knüpften sich auf eine natürliche Weise an die glückliche Rückkehr von Kreta.

König Minos von Kreta hat den Bruder des Aegeus, den Nisos von Megara, überwältigt und getödtet, er hat den Aegeus überwunden, und ihn gezwungen, die Kinder der Athener nach Kreta zu schicken, um hier dem Minotauros geopfert zu werden. Wir fanden, daß am Strande von Jolkos dem Zeus Laphystios Menschenopfer gebracht wurden, daß zu Korinth der Hera Akraea je sieben Knaben und sieben Mädchen geopfert wurden. Auch die Athener mußten je sieben Knaben und sieben Mädchen als Opfer darbringen. Menschenopfer sind den Stammverwandten der Griechen, den Arja in Indien und Iran fremd. Die Gottheiten, welchen sie gebracht werden, der verschlingende Zeus, der Minosstier, d. h. der Mensch mit dem Stierhaupte, der Moloch, wie die Zahl der Opfer, zeigen, daß diese Dienste den Phöniziern angehören und durch deren Einfluß oder deren Herrschaft auf der griechischen Küste üblich geworden sein müssen. Nur die attische Sage hat eine Erinnerung an den Ursprung dieser Opfer aufbewahrt; aber die attische Tradition ist die ungetrübteste aller griechischen Landschaften, weil Attika niemals seine Herren und seine Bewohner wechselte. Minos ist den Griechen der Vertreter, der Ausdruck der Seeherrschaft, welche die Phoenizier einst im dreizehnten und zwölften Jahrhundert im aegaeischen Meere übten; auf Kreta standen ihre zahlreichsten und mächtigsten Städte. Die Sage läßt den Minos Megara zuerst angreifen, und das Eiland vor dem Hafen von Megara führt auch in historischer Zeit den Namen Minoa. Die Phoenizier liebten es, auf kleinen Eilanden nahe den Küsten ihre Stationen zu gründen. Da Minos den Griechen nicht blos die Personifikation der Phönikierherrschaft, sondern auch der Vertreter des vornehmsten Gottes der Phoeniker, des Baal-Melkart, war, nannten sie alle Orte wo sie den Kultus dieses Gottes trafen Minoas, d. h. Minoische, Städten des Minos. So Rus-Mellart auf Sizilien, so das kleine Eiland an der Küste Megara's. Von diesem sehr günstig gelegenen Eilande aus übten die Phöniker ihren Druck auf Megara und die attische Halbinsel; hier auf Minoa wurden die Kinder Athens dem Baal geopfert. Theseus hatte nicht nöthig, den Stier des Minos, d. h. den Stiergott, welchem diese Opfer fielen, auf Kreta aufzusuchen, wie denn auch berichtet wird, daß jener Stier, welchen Theseus bei Marathon überwältigte, aus Kreta gekommen sei[1]).

Auch die Sage von den Amazonenkämpfen des Theseus hat ihren Grund in einem fremden, in Attika eingedrungenen Kultus. Es wird erzählt, daß noch vor der Zeit des Aegeus Porphyrion im Demos Athmonon in Attika der Göttin von Kythera ein Heiligthum errichtet; von Aegeus selbst wird erzählt, daß er den Dienst dieser Göttin eingeführt habe, um Kinder zu erlangen[2]). Porphyrion bedeutet Purpurmann und ist eine öfter in den Sagen vorkommende Bezeichnung der Phoeniker. Kythera war von den Phönikiern besetzt, und Herodot leitet den Dienst der Göttin von Kythera unmittelbar von der syrischen Küste, von Askalon ab (Band I. S. 306. 308). Die Göttin von Kythera war eine Aphrodite Areia, eine bewaffnete Aphrodite, und zugleich Aphrodite Urania, d. h. Göttin der Liebestriebe. Wir haben dieselbe Göttin in Theben an der Seite des Kadmos gefunden; es ist die große Astarte von Sidon, die Astarte-Aschera der Phoeniker, zugleich kriegerische Jungfrau und Göttin der Prostitution, welche sowol mit den Waffentänzen der Jungfrauen, als mit der Hingebung des Leibes verehrt wurde. In derselben Weise wurde die Göttin Ma von den semitischen Stämmen Kleinasiens verehrt. In den Tänzen bewaffneter Dienerinnen dieser Göttin, in der kriegerischen Tracht der Hierodulen der Ma, haben wir oben (Bd. I. S. 232) die Amazonen der Griechen erkannt. Auch dieser Kultus drang auf der griechischen Ostküste ein; er fand seine Anknüpfungspunkte in

---

1) Pausan. 8, 18. Ovid. Metamorph. 7, 434. — 2) Pausan. 1, 14.

dem Kultus der jungfräulichen Mondgöttin, der Artemis. Die Amazonengräber, welche in Hellas gezeigt wurden, bei Skotussa und Kynoskephalae in Thessalien, zu Chalkis auf Euboea, in Megara und Troezene, auf dem Vorgebirge Taenaron in der Nähe Kythera's, sind verlassene Kultusstätten der syrischen Göttin¹). Die Artemis wurde eifrig zu Attila verehrt, und das weit vorspringende Küstenland war stärkeren Einflüssen der Phoenicier ausgesetzt als andere Gebiete von Hellas. Die Denkmale der Amazonen, welche in Athen gezeigt wurden, bezeichnen die Stätten, an welchen einst in der zukünftigen Hauptstadt von Hellas die Altäre der kriegerischen Jungfrau Syriens standen, an welchen einst attische Jungfrauen Waffentänze zu Ehren dieser Gottheit gehalten hatten. Am itonischen Thor, im Süden der Stadt, auf dem linken Ufer des Ilissos, gegen die Stadtmauer hin, stand „die Säule der Amazone"; das Amazoneion lag im nordwestlichen Theile der Stadt; am peiraeischen Thor, im Westen, zeigte man die Gräber der Amazonen; am Wege nach Phaleron das Denkmal der Antiope²). Die Amazonengräber in Thessalien bezeichneten der Sage den Weg, welchen die Amazonen auf ihrem Zuge von Kleinasien nach Hellas genommen. Diesen zu motiviren, war der Raub der Antiope durch den Theseus erfunden. Die Monumente der Amazonen in Athen setzten spätere Schriftsteller in den Stand, den Schauplatz des Kampfes und die Schlachtordnung des Amazonenheeres zu construiren. Im Monat Boëdromion sollte die Schlacht geschlagen worden sein, weil das Fest der Boëdromien, welches in diesem Monate dem Apollon gefeiert wurde, zum Gedächtniß dieses Sieges gestiftet sein sollte³), und der Vertrag, welchen Theseus mit den Amazonen schließt, beruht sowol auf den Denkmalen der Amazonen in Athen, als auf dem Umstande, daß den Amazonen am Tage vor dem Feste des Theseus ein Opfer gebracht wurde; ein Ueberbleibsel des verdrängten Kultus der Artemis-Astarte.

Wenn die Sagen von der Kekropia, von Eleusis und Marathon eine Geschichte des Kultus gewährten, so enthält auch die Sage

---

1) Daß der Kultus der Artemis die Anknüpfung bot, wird durch die Auffassung der Ma zu Ephesos und Smyrna als Artemis Eeluna der jonischen Kolonisten bewiesen. Ueber die Amazonengräber Plut. Thes. 27. 28. Paus an. 2, 32. 3, 25. Steph. Byz. Ἀμαζόνειον. — 2) Platon Axioch. p. 365. Plut. Thes. 27. Paus. I, 2. Anderes im Etym. m. p. 202. — 3) Plut. Thes. 27. Anderes im Etym. m. p. 202.

von Theseus im Wesentlichen nur eine historische Andeutung für den attischen Kultus — es ist die Zurückdrängung fremder, durch die Phoeniker von Minoa her eingedrungener Dienste. Indeß war diese Zurückdrängung nicht wol möglich ohne eine Erstarkung der Jonier. Die Gründe dieser Erhebung des griechischen Wesens deutet die Sage an. Wir sahen die Kekropia, Eleusis, Marathon waren selbstständige Gemeinwesen, und wenn der südliche Theil von Attika, das Gebiet des Pallas von streitlustigen Riesen bewohnt, dem Theseus heftigen Widerstand leistet, so wird man aus diesen und anderen Anzeichen schließen dürfen, daß auch dieses Gebiet einst ein Gemeinwesen für sich gebildet habe. Die Wildheit seiner Bewohner hat ihren Grund darin, daß dieser gebirgige, kahle und rauhe Theil des attischen Landes sich nur für Viehzucht und Ziegenheerden eignete, und diese Hirten mögen die Ackerbauer am Ilissos und zu Eleusis, die Weinbauer von Marathon wol mit räuberischen Einfällen heimgesucht haben. Aber Theseus hat nicht blos diese wilden Riesen besiegt, er hat auch den Herrscher von Eleusis überwunden und den Marathoniern Wohlthaten erwiesen. Theseus hat also die bis dahin getrennten Gebiete der attischen Halbinsel vereinigt; denn, daß Pandion, eine äußerst blasse Gestalt der Sage, Attika und Megara, das bereits vereinigte Land, unter seine vier Söhne vertheilt habe, ist offenbar die Umkehrung des richtigen Verhältnisses, die Voraussnahme des späteren Zustandes. Ueberall sind die getrennten Gemeinwesen das Ursprüngliche, die Zusammenfassung der weiter vorgeschrittene Zustand. Der historische Gehalt der Theseussage wird mithin etwa folgender sein. Ein kriegerisches Fürstengeschlecht der Kekropia, welches sich von dem altverehrten Gott des Burgfelsens, vom Poseidon abzustammen rühmte, unterwirft die Hirtenstämme im Süden des Landes, es vereinigt die Gebiete von Marathon und Eleusis mit der Kekropia, und bringt auf diese Weise die attische Halbinsel unter seine Herrschaft. Diese neu errungene Macht setzt es in den Stand, den Einfluß der Phoeniker zurückzubrängen, ihre Kulte aus dem Lande zu weisen, seine eigene Herrschaft über den Isthmos hin auszudehnen. Die neu begründete Einheit des Staats von Attika wurde dauernd behauptet. Als Herren des bedeutendsten und mächtigsten Gemeinwesen der Jonier, konnten diese Fürsten von Athen dann auf dem Isthmos ein gemeinsames Opfer aller Jonier für den Poseidon darbringen. Die Dynastie des Theseus Demophon, Oxyntas, Apheidas, Thymoetas behauptete die Herrschaft über Attika bis in das Zeitalter der Wanderungen¹).

Daß die Sage der Athener einem Herrschergeschlecht, welchem sie die Gründung ihres Staats aus kleinen Gemeinwesen dankten, oder vielmehr dessen der Sage übrig gebliebenem Vertreter, dem Theseus, einen bedeutenden Antheil an dem Kultus des Staats, die Stiftung einer Menge von Festen zuschreibt, kann nicht Wunder nehmen. Wenn man, abgesehen von der Einkleidung in spätere Formen, zugeben kann, daß dieses Königsgeschlecht die getrennten Rathsversammlungen aufhob, sofern nun die Edlen aller Theile des Landes zur Berathung mit den neuen Herrschern auf die Akropolis zogen, so wird ihm die Gründung der Panathenaeen kaum zugeschrieben werden können. Die Panathenaeen waren den Attikern das Symbol ihrer Vereinigung. Das Erntefest, welches die Kekropiden ehedem allein gefeiert hatten, wurde von allen Gebieten beschickt; aus den Athenaeen waren Gesammtathenaeen geworden. Aber ein Königsgeschlecht, welches sich vom Poseidon ableitete, welches das gemeinsame Opfer der Ionier dem Poseidon auf dem Isthmos ordnete, dürfte schwerlich ein Fest der Athene zum Mittelpunkt und Hauptfest des Staats gemacht haben. Dies kann wenigstens erst dann geschehen sein, als Athene den Poseidon aus dem Erechtheion verdrängt hatte. Genug die Tradition legt dem Theseus alles bei, auf welches der Staat der Athener nachmals stolz war; in einem Athem erzählt sie, daß Theseus die Seemacht Athens geschaffen, daß er das Fest der Metoekien gestiftet, daß er das Volk in Adel, Bauern und Handwerker geschieden und daß er die Demokratie gegründet habe²). Attika gab schon im Zeitalter der Wanderungen auch fremden Einwanderern Schutz, und gewährte danach auch nichteingeborenen Athenern das Recht der Niederlassung, der Metoekie, zu einer Zeit, als die übrigen Gebiete sich noch starr und feindselig gegenüber standen und den Fremden rechtlos ließen. Eher als die Metoekien mag man der Zeit dieses Herrscherhauses das Fest der Synoekien, d. h. des Zusammenwohnens zuschreiben.

---

1) Die Einheit Attika's vor den Zeiten der Wanderung beweist nicht blos die Tradition, daß die Auswanderer nach Asien heiliges Feuer aus dem Prytaneion mitnahmen, sondern auch die Sage Attika's in der Zeit der Wanderungen selbst. — 2) Dies war selbst die Meinung des Aristoteles; Plut. Thes. 25.

Die attische Sage hatte ein Interesse, den Heros der Jonier, den Theseus, dem großen Helden von Argos, dem Herakles, möglichst gleich zu stellen. Es verstand sich von selbst, daß Theseus wie Herakles an allen den angeblich gemeinsamen Unternehmungen der Helden, an dem Argonautenzuge, an der kalydonischen Jagd Theil genommen hatte. Der Amazonenkrieg gab einen ausreichenden Grund, Theseus mit dem Herakles, der dem Eurystheus den Gürtel der Hippolyte holen sollte, gegen diese Weiber nach Themiskyra ziehen zu lassen; und wenn die Attiker den Theseus auch in die Unterwelt hinabsteigen ließen, um die Persephone zu rauben, so war dies als Gegenstück zu den Thaten des Herakles in der Unterwelt nothwendig. Ebenso durchsichtig ist der Zug der Sage, daß Theseus die ihm in Athen gehörigen Heiligthümer, es sind die Gymnasien gemeint, bis auf einige dem Herakles geschenkt habe[1]).

Die Athener behaupteten, das Schiff noch zu besitzen[2]), welches den Theseus nach Kreta getragen, und in der That gab es ein altes, durch beständige Erneuerung erhaltenes Fahrzeug — die Theoris — welches die Festgesandtschaft der Athener regelmäßig zum Altar des Apollon nach Delos führte, an welchem Theseus zuerst geopfert haben sollte. Lebhafter kamen den Athenern die Thaten des Theseus in's Gedächtniß, als die Streiter von Marathon seinen Schatten auf dem Gefilde, auf welchem der Held einst den Stier überwunden, in der heißen Schlacht hatten aus der Erde steigen und ihren Reihen in voller Rüstung vorankämpfen sehen. Vierzehn Jahre danach (476 v. Chr.) gebot das Orakel von Delphi den Athenern, den Leichnam des Theseus heimzuführen. Als nun Kimon, des Miltiades Sohn, im Jahre 470 die Insel Skyros erobert hatte, suchte er lange vergebens nach dem Grabe, da niemand auf der Insel dasselbe kannte. Da sah er endlich einen Adler auf einem Hügel die Erde mit seinen Krallen aufscharren. Sogleich ließ er nachgraben und fand den Sarg eines großen Körpers, neben welchem ein Spieß und ein Schwert lag. Die Athener empfingen die Reliquien ihres großen Helden im Jahre 469 mit Opfern und Freudenbezeigungen[3]). In der Gegend der

---

1) Philochoros bei Plut. Thes. c. 35. — 2) Plut Thes. 23. 25. 35. Platon Phaedr. p. 58. — 3) Pausan. I, 17. Plut. Thes. 36. Diodor 11, 48. 60. Thukyd. I, 98. Aus der Vergleichung der Stellen des Plutarch und Diodor folgen die angegebenen Jahreszahlen mit großer Genauigkeit.

Stadt, wo Theseus den Vertrag mit den Amazonen geschlossen haben sollte, in der Nähe des thriasischen Thores wurden die Reliquien bestattet. Ueber diesem Grabe erhob sich ein prachtvoller, dem Theseus geweihter Tempel. Die Giebelfelder und Metopen dieses Baues zeigten die Thaten des Helden, und Milon schmückte das Innere mit Gemälden, welche die Kämpfe des Theseus, namentlich die Schlachten mit den Kentauren und Amazonen darstellten. Fortan bot dieses Heiligthum allen Sklaven und Bedrängten, welche sich in seine Mauern flüchteten, eine unverletzliche Freistatt. In jedem Jahre, am achten Pyanepsion (an dem Tage, an welchem Theseus aus Kreta zurückgekehrt sein sollte; das Datum war nach den Pyanepsien bestimmt) wurde das Fest des Theseus feierlich begangen [1]). —

Nahe am Strande des korinthischen Meerbusens auf einer Höhe, welche durch eine fruchtbare Ebene vom Meere getrennt war, lag Sikyon. Der ältere Name der Stadt soll Mekone gewesen sein; von dem Mohn, welcher die Ebene bedeckte. Hier sollte der Gott des Feuers, sollte Prometheus den Göttern das erste Opfer gebracht haben, hier sollte der Opfergebrauch der Griechen festgestellt worden sein, hier sollte der „erdgeborne Aegialeus" als erster König und nach ihm Pelasgos geherrscht haben [2]). Aegialeus ist der Vertreter der Aegialeer, des Stammes der Ionier, welcher die Nordküste des Peloponnes inne hatte. In Korinth, welches in alter Zeit Ephyra, d. h. die Ueberschauende, geheißen haben soll, war Sisyphos der erste Herrscher. Er sollte die Burg von Korinth, Akrokorinth erbaut haben. Sie lag auf dem schroffen Gipfel eines gegen zweitausend Fuß hohen Berges, dessen Basis die Wellen des korinthischen Golfes bespülten. Auf dem nördlichen Abhange desselben, auf einer Terrasse, etwa zweihundert Fuß über dem Meere, lag die Stadt. Oben auf der Burg zeigte man den Palast des Sisyphos, das Sisypheion [3]). Sisyphos gründete das Opfer des Poseidon im Kiefernhain am Strande des aegaeischen Meeres an der Bucht von Kenchreae, dem östlichen Hafen Korinths; er gewährte der Ino und ihrem Sohne Melikertes, dem Jason und der Medeia Schutz. Die homerischen Gedichte nennen den Sisyphos den listigsten aller Sterblichen. Er überlistete sogar die Herrscherin im Reiche der Todten. Als er sein Ende gekommen fühlte, befahl er seinem

---

1) Plut. Thes. 27. 36. — 2) Pausan. 2, 5. — 3) Strabon p. 379.

Weibe, ihn nicht zu bestatten, und bewog dann unten im Hades die Persephone mit bestrickenden Reden, ihn wieder ans Licht zu lassen, um diesen Frevel seines Weibes zu bestrafen. Hades selbst mußte an das Licht hinauf, den Sisyphos wieder in die Unterwelt zu bringen. Dafür wurde Sisyphos dann hier verdammt, mit furchtbarer Anstrengung einen Steinblock eine Höhe hinauf zu wälzen, der immer vom Rande des Gipfels wieder hinabrollte. Nach dem Sisyphos herrschte sein Sohn, König Glaukos, über Korinth; dem Glaukos folgten Bellerophontes, Thoas, Demophon, Propodas und Phantibas aus dem Geschlechte des Sisyphos [1]).

Kein anderes Gebiet war in dem Maße zu Seefahrt und Handel bestimmt, als Korinth durch seine Lage an zwei Meeren; auf dem Lande besaßen die Korinther nichts als eine schmale und dürre Sandebene, welche zwischen den Felsreihen, welche den Isthmos ausfüllen, und den Bergen des Nordrandes des Peloponnes eingesenkt liegt. Und keine Station konnte einladender für ein seefahrendes Volk sein, dessen Schiffe von Osten kamen, als der zwischen Attika und der Küste des Peloponnes tief einschneidende saronische Busen. Darum war Sisyphos der Sohn des Herrn der Winde, des Aeolos, d. h. des Vielbewegten, wie Athamas von Jolkos, darum hatte Sisyphos das Opfer des Poseidon gegründet, darum wurde sein Grab im Heiligthum des Poseidon im Kiefernhain gezeigt, darum hatte er die Ino und den Melikertes und den Seefahrer Jason bei sich aufgenommen, darum heißt Sisyphos der Vater des Porphyrion d. h. des Purpurmannes, des Phöniklers [2]), darum wurde seine Gestalt den Griechen zu einem Typus des unternehmenden und listigen Kaufmanns. Die List des Sisyphos ist ein aller Ausdruck der Gewandtheit und Keckheit, der Verschlagenheit und des betrügerischen Wesens, welche der Handelsverkehr erzeugt, und der Strafe, welche ihm in der Unterwelt diktirt ist, liegt eine poetische Anschauung des Meeres zu Grunde, welches seine Wogen unablässig von West und Ost die Klippen des Isthmos hinantreibt, ohne die Höhen des Ufers erreichen zu können. Der Sohn des Sisyphos König Glaukos ist ein Meergott und ursprünglich vom Poseidon schwerlich verschieden; der Name Glaukos be-

---

[1]) Pausan. 2, 4, 3. II. 6, 154. — [2]) Schol. Apoll. Rhod. 3, 1094. vgl. Paus. 1, 14. Ephoros bei Steph. Byz. nennt auch ein ὄρος Φοινίκαιον bei Korinth.

zeichnet das Meer in seiner Ruhe, in seinem blauen Glanz. Jener Melikertes, welchen Sisyphos aufnahm, zeigt schon in seinem Namen den Melkart, den Gott der Phönikier. Er kam als der Gott eines seefahrenden Volkes zu den Griechen, so konnten sie ihn von den Klippen des Isthmos ins Meer springen lassen, so konnten sie ihn in ihren Götterkreis einreihen, indem sie ihn zum Sohne einer ihrer Meergöttinnen, der Ino-Leukothea machten, wie der Baal-Melkart von Kreta, Minos, bei ihnen zu einem Sohne des Zeus wurde. Aber sie machten dann wegen des phönikischen Ursprungs des Melikertes diese Göttin wieder selbst zu einer Tochter des Phönikiers Kadmos. Doch nicht blos der Baal-Melkart beweist die frühzeitige Anwesenheit der Phönikier in der Bucht von Kenchreae. Die Schutzgöttin von Korinth, deren Heiligthum auf der höchsten Spitze des Burgfelsens stand, war die bewaffnete Aphrodite, dieselbe, welche zu Kythera und auf der Kadmeia verehrt wurde, und die Hierodulen, welche dieser Göttin zu Korinth mit ihrem Leibe dienten, beweisen, daß die Göttin von Korinth keine andere als die Astarte von Sidon, als die Aschera-Astarte der Syrer ist, welche auch in ihrer Heimath auf den Höhen angerufen wurde (Bd. I. S. 163.). Etwa auf der halben Höhe des korinthischen Berges, zwischen Akrokorinth und der unteren Stadt, stand der Tempel der Hera Akraea d. h. der Hera der Höhe, welcher, wie wir schon sahen, in alter Zeit Kinderopfer, sieben Knaben und sieben Mädchen, dargebracht wurden. Und wenn der Kultus des Melikertes aus Jolkos wieder verdrängt wurde, wenn die Amazonen aus Athen weichen mußten, in Korinth behaupteten sich alle diese Kulte, weil sie hier tiefer eingedrungen waren. Die Aufnahme des von Jolkos vertriebenen Melikertes bedeutet nichts weiter als den Fortbestand seines Dienstes in Korinth; sein Heiligthum lag hier unmittelbar neben dem Kiefernhain des Poseidon; in der Zelle dieses Heiligthums legten die Korinther die feierlichsten Eide ab, beschworen sie die Staatsverträge[1]). Für die Kinderopfer, welche der Hera Akraea gebracht wurden (sie bildeten die Grundlage für die Sage vom Kindermorde der Medeia), traten zwar stellvertretende Gebräuche ein (ob. S. 50),

---

[1]) Diese bewaffnete Aphrodite wird auch als phönikische Athene bezeichnet; Tzetzes zum Lycophr. v. 658. Pausan. 2, 2. Curtius Peloponn. II. S. 542. Die Urkunde über den Wiederaufbau des Palaemonions Corp. inscript. I, 1104. Plut. Thes. 25. Schol. Lycophr. V. 229.

aber die Hierodulen der Aphrodite fuhren fort, der Göttin auf ihrem heiligen Berge, wie Euripides sagt[1]), mit der Lust ihres Leibes zu dienen.

6. Die Sagen von Argos.

An dem östlichen Ufer des Peloponnes, da wo das Meer in einem tiefen Busen ins Land dringt, erstreckt sich den Inachos aufwärts das Gebiet von Argos. Es war eine zum Anbau nicht ungeeignete Ebene. Die alte Burg auf einer langgedehnten Höhe unweit des Meeres, welche die Niederung bis zur Mündung des Inachos hin überragt, war die Zuflucht der Bevölkerung bei feindlichem Ueberfall. Wir kennen Argos bereits als den Sitz des Pelasgos, welcher diese Burg, die Larissa, erbaute und der Demeter diente, und die Pelasger von Argos als Ackerbauer (S. 10. 12.). Die Tradition von Argos stellt indeß die lokalen Namen dem Vertreter der gesammten alten Zeit voran. Sie macht den Inachos, den Fluß von Argos, zum ersten König des Landes, sie läßt diesem, dem unsterblichen Sohn des Okeanos (alle Flüsse sind Söhne des Okeanos; ob. S. 16.), den Phoroneus „den ersten der sterblichen Menschen"[2]), dann den Apis (von dem der Peloponnes seinen angeblichen ältern Namen Apia erhalten haben soll) und den Argos, den Namensmann des Landes, folgen. Erst nach dem Argos herrscht Pelasgos, der dem Argos als Bruder an die Seite gestellt wird, da man ihn nicht füglich zum Sohne des Argos machen konnte. Dem Pelasgos folgte Danaos in der Herrschaft über Argos, der den Dienst des Apollon in Argos einführte, und von ihm erhielten die Pelasger von Argos den Namen Danaer[3]). Des Pelasgos Grab wurde zu Argos im Tempel der pelasgischen Demeter gezeigt, das des Danaos am Markte in der Nähe des Heiligthums des Apollon, in welchem die Argiver nachmals die Staatsverträge niederlegten[4]).

---

1) Bei Strabon p. 379. — 2) Dänizer Fragm. op. p. 57. Acusil. fragm. 14. ed. Müller. — 3) Pausan. 2, 15. 16. 19. 20. Apollod. 2, 1. Dionys. Hall. I, 17. Ueber Apia Aeschyl. Suppl. 110. 127. 263. Strabon p. 23. 370. — 4) Pausan. 2, 22. Strabon p. 871. Thukyd. 5, 47. Soph. Elect. 6.

Die Sage von der Jo.

Eine Sage von Argos, welche dem Homer unbekannt ist, welche die hesiodischen Gedichte in einer anderen Weise erzählt zu haben scheinen[1]), berichtet, daß der Nachfolger des Pelasgos, daß Danaos von einer Tochter des Inachos abstammte. Diese Tochter des Inachos, die Jo, sei von Zeus geliebt worden, aber der Zorn der Hera habe an der Stirne der Jo Hörner wachsen lassen, habe sie in eine Kuh verwandelt und sie rasend fortgetrieben. So sei sie „zu den Gefilden der Molosser, nach Dodona am steilen Bergesrücken gekommen, wo des thesprotischen Zeus Sitz und Weissagung ist; hier vernahm sie von der redenden Eiche, daß sie des Zeus Lagergenossin sein werde"[2]). Jo eilte weiter nach Thrakien und schwamm von der äußersten Spitze Thrakiens nach Asien hinüber; die Meerenge von Byzanz erhielt von ihr den Namen Bosporos, d. h. Ochsenfurt. Von Phönikien irrte sie endlich nach Aegypten, wo ihr Zeus den Sinn zurückgab und sie umarmte[3]). Sie gebar ihm den schwarzen Epaphos; des Epaphos Tochter war Libye, der Libye Sohn Belos, welcher den Aegyptos und Danaos zeugte[4]). Aegyptos hatte fünfzig Söhne, Danaos fünfzig Töchter. Da die Aegyptossöhne den Danaostöchtern nachstellten, entwich Danaos mit seinen Mädchen nach Argos. Pelasgos nahm den Danaos freundlich auf. Aber die Söhne des Aegyptos folgten den Danaostöchtern auch nach Argos. Da gab Danaos seinen Töchtern Dolche, die unwillkommenen, ungestümen Freier in der Brautnacht zu ermorden, und alle vollführten den Mord bis auf eine der Töchter, die Hypermnestra. In dieser Form liegt die Sage bei Aeschylos vor. Herodot hat dieselbe rationalisirt, indem er die Jo von einem phönikischen Handelsfahrzeug rauben und nach Aegypten entführen läßt[5]).

Der Name Danaos ist von dem Stammnamen der Bevölkerung des Inachosthales, von den Danaern hergenommen, deren Vertreter Danaos ist. Er deutet, wie es scheint, auf alte Zeit oder auf Reichthum.[6]) Die Jo d. h. die Wandernde ist die Mondgöttin von Argos. Die Hera, welche die Jo verfolgt, ist die Schutzgöttin von Argos. Als die Göttin des Himmels, insbesondere des nächt-

---

1) Apollodor 2, 1. — 2) Aeschyl. Prometh. 837 seqq. — 3) Aeschyl. Prometh. 847. — 4) Aeschyl. Prometh. 850 seqq. Suppl. 310 seqq. — 5) Herod. I, 1. — 6) Preller leitet Danaos von δήν und δήναιος; Curtian von δάνος und danere. Die letztere Ableitung erscheint für den Vater der Quellen von Argos, für den Mann, welcher das Land mit solchen Gaben beschenkt, wie für einen Stamm dieser Art sehr passend.

Die Töchter des Danaos.

lichen Himmels, gebietet die Hera über den Mond und die Mondgöttin und läßt sie nach ihrem Belieben wandeln. Da die Jo eine lokale Form der Mondgöttin war, konnte sie dem ersten Herrscher von Argos, dem Inachos als Tochter zugesellt; als dem Gebot der Hera unterworfen, konnte sie als Dienerin, als Priesterin der Hera aufgefaßt werden. Es liegt sehr nahe und ist eine bei vielen Völkern wiederkehrende Anschauung, die Gestalt des Mondes mit den Hörnern der Kuh zu vergleichen. Hierauf scheint sich bei Aeschylos die Kuhgestalt der Jo zu beschränken¹); und so als gehörnte Jungfrau finden wir die Jo auch auf Bildwerken von Mykene²). Als die Griechen Phönikien und Aegypten kennen lernten, als sie dort die gehörnte Astarte, hier die Isis mit den Kuhhörnern, die Isiskuh verehrt fanden, sollte natürlich ihre wandelnde Mondgöttin nach Asien und Aegypten gekommen sein. „Die Aegypter, sagt Herodot, bilden die Isis wie die Hellenen die Jo"³). Da die Tradition von Argos den Phoroneus, den Apis, den Argos und den Pelasgos zwischen die Herrschaft des Inachos und die des Danaos stellt, so mußten diesen Nachkommen des Inachos in Argos eben so viele Nachkommen der Jo in Aegypten gegenübergestellt werden⁴). Der schwarze Epaphos ist der schwarze Apisstier von Memphis; der Stier mußte der Sohn der Kuhgöttin sein. Des Apis Tochter ist Libyen selbst, des Apis Enkel Belos ist der Baal der Ebrer; vom Baal stammen Aegyptos und Danaos, die Herrscher von Aegypten und Argos, der beiden Länder, welche die gehörnte Mondgöttin verehren.

Die Töchter des Danaos, die Danaiden, sind die Quellen von Argos; sie werden stets als wasserschöpfende Jungfrauen auf den Bildwerken dargestellt⁵), und es war angemessen, dem Enkel des Flußgottes Inachos die Nymphen der Quellen von Argos zu Töchtern zu geben. Schon ein hesiodischer Vers sagt, daß die Danaiden Argos bewässert, welches vordem wasserlos war⁶). Im hohen Sommer versiegten die Quellen von Argos, welches dann ein „vieldurstiges Land" genannt werden konnte. Die funfzig heißen Tage des Jahres, die funfzig Hundstage, welche die Griechen zählten,

---

1) Aeschyl. Prometh. 675. — 2) Gerhard Mykenische Alterthümer. — 3) Herod. 2, 41. „Die Tochter des Inachos Jo wurde, nach Aegypten kommend, dort Isis genannt„; sagt der Synkellos p. 237. — 4) Aeschyl. Prometh. 852. — 5) Müller Handbuch §. 414. — 6) Strabon p. 370. 371.

welche in anderen Sagen als lose Hunde auftreten¹), sind in der Sage von Argos ungestüme Freier aus dem Süden, aus dem Lande der Hitze, nachdem Jo einmal nach Aegypten gebracht war, aus Aegypten; welche den Danaostöchtern nachstellen und die Quellen Schritt vor Schritt bis an ihren Ursprung verfliegen lassen. Wenn aber die Feinde am Ziele zu sein glauben, springen die Quellen mit frischer Kraft aus der Erde und entledigen sich ihrer heißen Bewerber. Daß man die Quellen und die heißen Tage in Argos unter den Bildern der Bewerbung und Brautnacht zusammenbrachte, liegt nicht blos in freier poetischer Anschauung etwa von der Gluth der Liebe, oder dem Verlangen der heißen Tage nach kühlendem Wasser, sondern wol vornämlich darin, daß die Jungfrauen der Quellen, die Nymphen, bei den Griechen Schutzgeister des bräutlichen Lagers waren, daß sie als Fruchtbarkeit spendende Geister bei den Hochzeiten angerufen wurden, daß das Wasser schönsprudelnder Quellen zu gewissen Hochzeitsgebräuchen verwendet wurde²). In Argos galt diese Auffassung der Brunnenjungfrauen; dies beweist die Erzählung Herodot's, daß die Danaiden den Weibern von Argos die Thesmophorien der Demeter gelehrt hätten; ein Fest, dessen Gebräuche, wie wir schon wissen, wesentlich auf das eheliche Leben Bezug hatten³). In der heißen Zeit bemühten sich die Quellen von Argos vergebens, das Land zu tränken, ihr Wasser versiegte im Sande; die Quelljungfrauen schöpften dann in zerlöcherten Gefäßen. Als der Sinn dieser Anschauung nicht mehr verstanden wurde, meinte man bei den Griechen, die Danaiden übten dieses Geschäft in der Unterwelt, weil sie ihre Freier getödtet; obwol diese Art der Strafe doch in keinem Zusammenhange mit dem zu sühnenden Vergehen stand.

Die Sage leitet das zweite Herrschergeschlecht von Argos, das der Danaiden, welches eben so mythisch ist, als das erste der Inachiden, von der Mondgöttin dieser Stadt, von der Jo ab; wie die Arkadier behaupteten, daß die Mondgöttin Artemis ihren Stammvater den Arkas geboren habe, wie wir bei den Arja Königsgeschlechter gefunden, die sich vom Sonnengott, andere, die sich der Herkunft vom Mondgotte rühmten (Bd. II. S. 34.). Diese Ab-

---

1) Im Uebrigen ist die Zahl fünfzig als eine runde auch sonst bei den Griechen in Gebrauch; so giebt es fünfzig Pallantiden (oben S. 68.), fünfzig Nereiden u. s. w. — 2) Thukyd. 2, 15. — 3) Herod. 2, 171.

kömmlinge der Jo, den Danaos und die Danaiden, sonnte man jedoch erst aus Aegypten zurückkommen lassen, man konnte erst dann ägyptisch-phönikische Zwischenglieder zwischen Jo und Danaos stellen, nachdem man die Jo dorthin hatte wandern lassen; und dies war wieder erst möglich, nachdem die Griechen die Isis in Aegypten kennen gelernt hatten, was nicht vor der Zeit Psammetichs, nicht vor der Mitte des siebenten Jahrhunderts geschehen sein kann[1]). In dem alten Verzeichniß der Priesterinnen, welche der Hera an ihrem alten Tempel, der zwei Stunden nordwärts von Argos am Südabhange des Berges Euboea stand, gedient hatten, nahm der Name der Jo den ersten, der der Hypermnestra, der Tochter des Danaos, den zweiten Platz ein. Die Priesterin der Ehegöttin Hera konnte sich unmöglich in der Brautnacht an ihrem Gatten vergriffen haben; so war die Hypermnestra diejenige von den Töchtern des Danaos, welche allein ihres Freiers, des Lynkeus, geschont hatte; in ihr lebte der Stamm des Danaos fort. Sie gebar dem Lynkeus den Abas; des Abas Söhne waren Akrisios und Proetos. Des Akrisios Tochter war Danae. Durch ein Orakel vor dem Sohn seiner Tochter gewarnt, schloß Akrisios die Danae in ein dunkles Burgverließ, damit sie niemals Gattin werde. Aber Zeus drang in goldenem Regen in das finstere Gemach und Danae gebar den Perseus. Da setzt Akrisios die Mutter und das Kind, beide in einen Kasten eingeschlossen, in das Meer aus. Die Wellen werfen diesen an das Eiland Seriphos, wo Diktys d. h. der Netzmann den Kasten heraussischt und König Polydektes d. h. der Vielaufnehmer die Hülflosen freundlich aufnimmt. Da Danae aber des Polydektes Bewerbungen standhaft zurückweist, beschließt er, ihren Sohn zu verderben und gebietet ihm, das Haupt der Gorgo Medusa zu holen. Hermes leiht dem Perseus den verhüllenden Wolkenhut und Athene

---

[1]) Die Motive analoger Sulte, welche die Einwanderung des Danaos in der Sage veranlassen, sind so durchsichtig, daß von einer geschichtlichen Einwanderung von Aegyptern nach Argos nicht die Rede sein kann. Die Aegypter waren zudem nicht, wie die Phönikier, ein wanderndes und seefahrendes Volk; sie waren ausschließlicher mit ihrem Boden verwachsen als irgend ein anderes. Außerdem ist Danaos im Sinne der Sage von der Jo ein zurückkehrender Sproß des Königshauses von Argos, ein Argiver und kein Aegypter, vielmehr sogar Aegyptos der Abkomme einer Königstochter von Argos. Wenn man sich für des Danaos ägyptischen Ursprung auf die Bewässerung von Argos bezogen hat, so beweisen die Brunnenjungfrauen, welche dem Danaos zu Töchtern gegeben werden, vielmehr den lokalen Ursprung des Danaos.

ihren Schild; auf geflügelten Sohlen schwingt sich Perseus in die Luft, die er „schnell wie der Gedanke durcheilt"¹). Er sieht das Spiegelbild der Gorgo im Schild der Athene. So gelingt es ihm, der Gorgo das Haupt abzuhauen. Durch dieses, welches er in einer Hirtentasche geborgen, versteinert er dann, nach Seriphos zurückgekehrt, den Polydektes mit allen seinen Genossen und geht mit seiner Mutter nach Argos zurück, wo er den Akrisios durch einen Wurf mit dem Diskos unversehens tödtet. Danach erbaute er die Stadt Mykene und schlug hier seinen Herrschersitz auf.

Danaos ist der Abkomme der Mondgöttin. Er gründet den Dienst des Lichtgottes zu Argos. Die Danae bringt den Perseus auf der Larissa von Argos, einem angesehenen Sitze des Apollodienstes, zur Welt. Wie die Leto d. i. die Dunkle den Apollon dem Zeus gebiert, so gebiert ihm die Danae im dunklen Burgverließ den Perseus, nachdem Zeus in goldenem Regen d. h. in hellen Lichtstrahlen zu ihr eingedrungen ist. Perseus ist in der That Apollon unter einem Namen, unter welchem er zu Argos verehrt wurde, in einer Beziehung, welche den Griechen im Wesen dieses Gottes sonst zurückgetreten ist, in dem Kampfe, der dem Geiste des Lichts gegen die Dämonen des Dunkels obliegt. Perseus bedeutet „der Vernichter", der Lichtgott ist der Vernichter der Unholde des Dunkels. Wie Athene, die Göttin des hellglänzenden Himmels, hat auch der Lichtgott die Gorgo zu überwinden. „Schnell wie der Gedanke" macht sich der Gott auf, die Dämonen des Dunkels, die Graeen und die Gorgo Medusa, welche im ewigen Dunkel, im äußersten Westen, im Lande des Sonnenuntergangs hausen, zu schlagen. Selbst der Lichtgott darf die schwarzen Gespenster nicht sehen, er setzt den Wolkenhut auf und erblickt das scheußliche Antlitz der Gorgo nur im Schilde der Athene, d. h. auf dem hellen Grunde des blauen Himmels. Wenn Perseus-Apollon nach Seriphos versetzt wurde, so geschah das, weil Apollon auch hier unter dem Namen Perseus verehrt wurde²). Und wenn er den Polydektes versteinert, so hat dies darin seinen Grund, daß diese Insel so steinig war, daß man bei den Griechen spottend sagte, das Eiland habe dies durch das Haupt der Medusa erlitten³). Der

---

1) Hesiod. scut. Herc. 222. — 2) Paulas. 2, 18. — 3) Strabon p. 487.

Diskos, mit welchem Perseus den Akrisios tödtet, ist auch sonst bei den Griechen ein nahe liegendes und öfter wiederkehrendes Bild der Sonnenscheibe. In Mykene trug eine Quelle den Namen des Perseus; unweit derselben, am Wege von Mykene nach Argos, wurde das Grab des Perseus gezeigt. —

Die beiden Brüder Akrisios und Proetos waren von frühester Jugend in bitterster Feindschaft gewesen. Akrisios hatte den Proetos endlich aus Argos vertrieben. Dem Proetos thürmten dann die Kyklopen zwei Stunden östlich von Argos auf einer Felshöhe nahe am Strande des Meeres die gewaltige Burg von Tiryns auf [1]). Proetos herrschte mächtig von dieser Burg herab; er war, wie eine Episode der Ilias erzählt, „weit stärker als die Argiver [2]);" er beraubte den Bellerophontes, den Sohn des König Glaukos von Korinth, seiner Herrschaft und dachte ihn, wie Akrisios den Perseus, zu verderben. Er gab ihm „eine gefaltete Tafel voll verderblicher Zeichen" und gebot ihm, diese dem Jobates, dem Könige von Lykien, zu zeigen. Auf das Geheiß dieses Fürsten muß Bellerophontes die Chimaera, die Solymer, die Nachbarn der Lykier (Gr. I. S. 239.), und die Amazonen bekämpfen. Aber Bellerophontes vollendete alles, so daß Jobates einen Liebling der Götter in ihm erkannte und ihm seine Tochter zum Weibe gab. So wurde Bellerophontes Ahnherr eines neuen Herrschergeschlechts in Lykien.

Wir sahen bereits, daß Glaukos von Korinth ein Meergott war (S. 79.), wie denn einige auch den Vater des Bellerophontes geradezu Poseidon nennen [3]). Glaukos d. h. der Glänzende bezeichnet das Meer in seiner Ruhe, die leuchtende Meeresfläche, welche den hellen Glanz der Sonne wiederspiegelt. Bellerophontes hatte ein Heiligthum zu Korinth; auf einigen Darstellungen seiner Kämpfe erscheint er das Haupt mit der Strahlenkrone des Sonnengottes umgeben [4]). Er reitet das Wolkenroß, den geflügelten Pegasos, welches er an der Peirene, der Quelle von Korinth, eingefangen und gezügelt hat [5]). Da Bellerophontes auf den Wolken reitet, muß er ein Geist der Luft sein; da die Strahlen der Sonne sein Haupt umgeben, muß er ein Geist des Lichts sein [6]). Sein Name

---

1) Pausan. 2, 25. — 2) Ilias 6, 168 seqq. — 3) Ilias 6, 191. Pind. Olymp. 13, 98. — 4) Otto Jahn archäolog. Beiträge 5, 119. — 5) Pind. Olymp. 13, 55 seq. — 6) Korinth ist die Stadt des Helios; Steph. Byz. s. v.

bezeichnet ihn ferner als den Tödter des Belleros; Belleros soll nach griechischen Erklärern das Feindselige und Schlimme bedeuten¹). Der Bellerostödter steht demnach der Bekämpferin der Gorgo, der Göttin des blauen Himmels, der Athene, dem Gorgotödter Perseus-Apollon zur Seite; ja er ist der die unheimlichen Dämonen des Dunkels bekämpfende Lichtgott wiederum selbst; Apollon ist nicht blos der Gorgotödter, sondern auch der Bellerostödter. Wie Indra, der Gott des hellen Himmels, den finstern Vereira d. i. den Einhüller, welcher den Himmel in dunkle Wolken hüllt, bekämpft, so tödtet der Lichtgott bei den Griechen den Belleros. Belleros ist Vereira, der Name jenes Unholds der Arja, selbst; nach dem Lautgesetz der griechischen Sprache muß das zendische Vereira griechisch Belleros lauten²). Der Bellerophontes ist der Britratödter der Inder, der Vereiraghna der Iranier. Als der Name und die Bedeutung des Belleros den Griechen halb vergessen und unklar geworden war, substituirte diesem schon jene Episode des homerischen Epos das Ungethüm Chimaera, dessen Name ein nebeliges, dunkles, winterliches Wesen bedeutet. Der Sonnengott hatte jetzt das Dunkel und die Nebel des Winters zu überwinden, wie in der älteren Auffassung die dunklen Wolken, welche den lichten Himmel verhüllen.

Daß der Bellerophontes von Korinth nach Lykien versetzt wurde, hat folgenden Grund. In einigen Pflanzstädten der Ionier kamen Fürsten zur Herrschaft, welche aus Lykien stammten³); es kam darauf an, diesen fremden Ursprung zu verwischen. Korinth war vor dem Einbruch der Dorer eine Stadt der Ionier gewesen; man ließ daher den Lichtgott dieser Stadt, der bereits zu einem alten Herrscher Korinths geworden war, nach Lykien hinüberziehen. Es war um so leichter, den Lichtgott nach Lykien zu bringen, als die Griechen hier eine eifrige Verehrung des Sonnengottes fanden, da sie dieses im Osten gegen Sonnenaufgang gelegene Land das Lichtland d. h. Lykien nannten, da sie der Meinung waren, Apollon weile den Winter über, der in Griechenland stürmisch und regne-

---

1) Eustath. ad Il. 6, 155. — 2) Pott in Kuhn's Zeitschrift 4, 416 figde. Selbst wenn Max Müller a. a. O. 6, 140 gegen Pott Recht haben sollte, daß βέλλερος nicht vereira sondern varvara wäre, so würde daraus nicht das Mindeste gegen Apollon-Bellerophontes folgen, da vereira wie varvara die dunkle Wolke bezeichnet. — 3) Herodot I, 147.

risch war, in dem hellern, freundlicheren Lykien. Dazu kam, daß auch der Sonnengott der Kleinasiaten, der Syrer, wie wir gesehen, seine Arbeiten hatte, daß er ein kämpfender Gott war, der den Löwen oder den wüthenden Eber (die Symbole der Gluthitze), der die Kälte des Winters, die feindlichen Gewalten der Natur überwinden muß¹). Daß die weiteren Thaten des Bellerophon nun nach dem lykischen Lokal, in welches er versetzt war, ausgesponnen wurden, daß er gegen die Nachbarn der Lykier, gegen die Heldenweiber Kleinasiens kämpfte, bedarf keiner Erörterung, und wenn die Chimaera schon beim Homer und Hesiod Flammen speit²), so mögen Strabon und Plinius Recht haben, daß dabei die Anschauung lykischer Vullane der Solymakette zu Grunde liegt³). —

Des Akrisios Enkel, Perseus, hatte drei Söhne hinterlassen, den Elektryon, den Alkaeos (den Starken) und Sthenelos (den Ge-

---

1) Bd. I. S. 158. 257. Plut. de virtut. mulierum nr. 9. Vgl. Forbes travels in Lykia I. p. 33. — 2) Ilias 16, 327 Hesiod. Theog. 319. läßt sie vom Typhon, dem Symbol alles vulkanischen Wesens und der Gluthitze, abstammen. — 3) Bd. I. S. 261. Anm. 6. Wenn man die lykischen Schaaren, mit welchen nach Apollodor Jobates den Proetos nach Argos zurückgeführt haben soll, für historisch und für eine lykische Einwanderung nehmen will, wenn man die „kyklopischen Thore", die sieben Kyklopen, die Erbauer der Mauern von Tiryns, welche nach Strabon und den Scholien des Curipides aus Lykien kamen, zur Unterstützung dieser Annahme anführt und sie daneben auf die Töchter des Proetos bezieht, welche die Dienste der Hera verachteten oder die Weihen des Dionysos verschmähten, so steht diese Ansicht doch auf wenig zuverlässigem Boden. Die Griechen müßten ein eigenthümliches Volk geworden sein, wenn alle diese Einwanderungen von Thrakern, Karern, Lydern, Mysern, Lykiern, Aegyptern u. s. w. thatsächlich stattgefunden hätten und ihre Sprache müßte uns einiges davon verrathen. Es handelt sich um Zeiten, die viele Jahrhunderte vor der Geschichte liegen und um Anschauungen eines nicht bloß poetischen, sondern phantastischen Volks, welches Kombinationen in hohem Maaß liebte. Wo also irgend ein Anlaß zu solchen Kombinationen, wie im vorliegenden Fall, gegeben war, werden wir Ursache haben, sehr vorsichtig zu sein, und nicht ohne zwingende Gründe weder von dem durchgreifenden Grundsatz aller Mythenforschung abgehen, daß es die Natur des Mythos und der Poesie ist, aus der Wirksamkeit der Götter Novellen und aus den Göttern Heroen und Helden zu machen, noch von dem ebenso feststehenden Prinzipe, alle Einwanderungen aus solchen Gebieten für verdächtig zu halten, deren Kultus Analogie mit dem der Griechen besitzt. Die Phantasie der Griechen hatte in diesen Dingen nicht die mindeste Empfindung für bestimmte Originalität, vielmehr das seusame Bestreben, griechische Kulte in der Fremde wiederzufinden. Es war ihnen dies Wiederfinden eine Bestätigung ihrer Göttergestalten und je mehr und aus je weiterer Ferne man einen solchen Kultus herbeibringen lassen konnte, um so erwünschter, weil um so wunderbaren und dunkler. Daß die Mauern von Tiryns mit lykischen Monumenten Uebereinstimmung zeigen, wird niemand behaupten wollen.

wältigen). Elektryon herrschte zu Mykene, Alkaeos zu Tiryns und Elektryon vermählte seine Tochter Alkmene, d. h. die Starke, mit dem Sohne seines Bruders Alkaeos, dem Amphitryon[1]); aber Zeus stieg zur Alkmene nieder, und sie empfing von ihm den Herakles. Da die Söhne des Elektryon von Taphiern und Teleboern, die räuberisch in der Bucht von Argos landeten, erschlagen worden waren[2]), mußte dem Herakles nach Elektryons Tode die Herrschaft über Mykene zufallen, aber die List der Hera brachte ihn um sein Erbrecht. Die homerischen Gedichte erzählen: Zeus habe einst geschworen, daß der Held, welcher am heutigen Tage geboren werden würde, vieler Menschen Herrscher sein werde. Da habe die Hera aus Eifersucht die Wehen der Alkmene gehemmt und das Weib des Sthenelos im siebenten Monde den Eurystheus gebären lassen. Herakles wurde der beste Bogenschütze, ein löwenmuthiger Held[3]), aber er mußte nun doch seinem Vetter, dem Eurystheus, dienen. Oft seufzte Vater Zeus, wenn er seinen lieben Sohn sah, wie dieser, vom Gebot des Eurystheus gezwungen, schwere Werke verrichtete[4]). Wenn Herakles dann bedrängt zum Himmel empor weinte, schickte Zeus die Athene, welche ihn oftmals rettete[5]). Eurystheus sandte den Herakles sogar hinab in die Unterwelt, den Hund des Hades herauszuholen und nach Mykene zu bringen. Herakles verwundete den Hades an der Pforte der Unterwelt mit seinem Pfeile[6]) und von Hermes und Athene geleitet, gelang es ihm den Hund herauszutragen[7]). Der Sohn des Eurytos, des Königs von Oechalia (eines arkadischen Ortes nahe an den Grenzen Messeniens[8]), Iphitos, ging einst aus, um verlorene Rosse zu suchen, zwölf Stuten und Maulthiere, und kam zu dem gewaltigen Manne, dem Herakles, der die gepriesenen Thaten verrichtet hatte. Herakles hatte die Rosse, welche Iphitos suchte; er lud den Iphitos gastfreundlich in seinem Hause zum Mahle ein, aber erwürgte ihn dann, „am Gastrecht frevelnd und den Göttern" und behielt die Rosse[9]). Neleus und Amythaon, die

---

1) Hesiod. sc. Hercul. 26. — 2) Hesiod. a. a. O. — 3) Od. VIII. 224. Ilias V, 639. — 4) Ilias XIX. 97—134. — 5) Ilias VIII, 362. — 6) Ilias V, 395. Nach Hekataeos bei Pausan. III, 25. stieg Herakles beim Vergebirge Toenaron in die Unterwelt. — 7) Od. XI, 622. — 8) Daß dieses Oechalia gemeint ist, folgt aus Od. XXI, 1—40. und Ilias II, 594. Vgl. Curtius Peloponnes II, S. 189. — 9) Od. XXI, 22—80. Nach Sophokles Darstellung geschah dies in der Burg des Herakles zu Tiryns. Herakles stürzte den Iphitos vom Thurm herab; Trach. 266 seqq.

jüngeren Söhne des Kretheus (S. 40), waren von Jolkos nach Pylos gezogen. Neleus welcher in Pylos herrschte, wurde vom Herakles schwer bedrängt; von seinen zwölf Söhnen blieb nur einer, Nestor, am Leben, der danach große Noth von den Epeern zu dulden hatte, welche die Pylier nun mit leichter Mühe zu bezwingen gedachten¹). Dem Könige der Troer, Laomedon, hatte Poseidon eine Mauer um seine Burg gethürmt; als dann aber Laomedon dem Gotte den Lohn dafür verweigerte, sendete Poseidon ein Meerungeheuer aus der Tiefe herauf. Herakles tödtete dasselbe²), nachdem ihm Laomedon die schnellen Rosse versprochen, welche Zeus einst dem Tros, dem Ahnherrn des Laomedon, geschenkt. Als Laomedon auch dem Herakles das Versprechen nicht hielt, kehrte dieser mit sechs Schiffen nach Ilion zurück und zerstörte die Stadt³). Aber „auch die Kraft des Herakles entging der Todesgöttin nicht, obwohl er der liebste Sohn des Zeus war; die Moera bändigte ihn und der schlimme Zorn der Hera"⁴). Des Herakles Schatten klagt noch in der Unterwelt, daß ihn schlimmes Geschick bedrängt habe, so lange er im Strahl der Sonne gewandelt; obwol der Sohn des Zeus, habe er endlose Noth gehabt, dem viel schlechteren Manne unterthan, der ihm schwere Kämpfe auferlegt habe. „Aber um des Herakles Schatten herum war das Geräusch von Todten wie von Vögeln, die nach allen Seiten hin entfliehen; er aber, der dunklen Nacht gleich, hatte den Bogen entblößt und auf der Sehne den Pfeil und schaute umher, stets gleichend dem Schützen. Furchtbar umgab seine Brust der Gürtel, der Riemen von Gold, mit wunderbarer Arbeit geschmückt, mit Bären, wilden Ebern, grimmig blickenden Löwen, mit gewaltigen Schlachten und Mord und Männertödtung⁵)."

So liegt die Sage in den homerischen Gedichten. In den großen Eoeen und in der Theogonie ist dieselbe ansehnlich erweitert, aber nur fragmentarisch behandelt. Wenn Herakles bereits bei

---

1) Ilias XI, 690. Vgl. Steph. Byz. v. Γερηνια. — 2) Ilias XX, 144. XXI, 441. — 3) Il. V, 640. XIV, 251. — 4) Ilias XVIII, 115. — 5) Odyssea XI, 600 sq. Die beiden Verse, daß nur das Schattenbild des Herakles in der Unterwelt verweile, daß er selbst mit den Unsterblichen sich freue und mit der Hebe mit den schönen Knöcheln vermählt sei, erscheinen neben der sehr ernsthaften Schilderung des Schattenbildes selbst und dessen Rede deutlich als eine spätere Einschiebung.

Homer, obwol er dem Geschlechte des Perseus von Mykene entspricht, in Theben geboren wird, wenn des Königs Kreon von Theben Tochter, Megara, dem Herakles vermählt wird¹), so erzählen die Eoeen, daß Amphitryon dem König von Mykene, Elektryon, den Vater seiner Frau, seinen eigenen Oheim in einem Streite um Rinder erschlagen habe²); deßhalb sei er aus Tiryns zu den Kadmeern nach Theben entflohen, wo er von König Kreon freundlich aufgenommen worden sei. Aber Herakles habe das Haus seines Vaters in Theben verlassen und sei zu Eurystheus gezogen, in thörichter Verblendung, dem schlimmen Eurystheus Ehre zu erweisen. Auf Eurystheus Befehl mußte er einen ungeheuren Löwen, den die Hera in den Bergschluchten von Nemea aufgezogen hatte, bezwingen³). Von Iolaos, dem Sohne seines Bruders Iphikles, den Amphitryon selbst mit der Alkmene gezeugt, unterstützt, bändigte Herakles die Wasserschlange von Lerna mit unerbittlichem Erze⁴); er holte danach die breitstirnigen Rinder von dem Eilande Erytheia jenseit des Okeanos, die der dreiköpfige Riese Geryones bewachte, und trieb sie nach dem heiligen Tiryns⁵), und tödtete endlich den Adler, welcher dem Prometheus, den Zeus an den Felsen gefesselt, die Leber wegfraß, „damit des Thebengeborenen Helden Ruhm noch herrlicher würde auf der Nahrung sprossenden Erde"⁶).

Man zeigte in Theben am Thore Elektra das Haus des Amphitryon, welches natürlich Trophonios und Agamedes gebaut haben sollten und das Gemach der Alkmene; und die Tradition von Theben erzählte von den Thaten, welche Herakles gegen die Minyer von Orchomenos verrichtet habe. König Erginos von Orchomenos hatte den Thebanern einen jährlichen Tribut von hundert Stieren auferlegt (ob. S. 51). Herakles überwand mit den Thebanern den Erginos in einer großen Schlacht und nöthigte Orchomenos jährlich zweihundert Stiere nach Theben zu senden. Dazu verstopfte er den Orchomeniern die Kanäle, welche die Wasser des kopaïschen See's abführten, so daß die Niederung von Orchomenos wieder mit Sumpf bedeckt wurde⁷). Sowol dem Herakles als dem Iolaos

---

1) Ilias XIX, 97 sqq. Odyss. XI, 269. — 2) Scut. Herc. v. 11. sq. — 3) Sq. Heracl. 90. 91. — 4) Theog. 314—318. — 5) Theog. 287 sqq. — 6) Theogon. 530. — 7) Pausan. 9, 10, 11. 26, 37, 38. Diodor 4, 10. Apollodor 2, 4, 11.

wurden in Theben regelmäßige Feste gefeiert. Jolaos galt hier als der berühmteste Wagenlenker der Vorzeit[1]), und seine treue Waffenbrüderschaft mit dem Herakles war eben so gefeiert als die Freundschaft des Kastor und Polydeukes, des Theseus und Peirithoos, des Orestes und Pylades, des Achilleus und Patroklos.

Die Sagen, welche man in Aetolien und im Thale des Sperchelos von Herakles erzählte, besitzen wir mit Ausnahme weniger Züge nur in der Form, welche Sophokles ihnen gegeben hat. In Aetolien zwischen dem Acheloos und Euenos herrschte Oeneus d. h. der Weinmann über die Gauen von Kalydon. Er hatte die ersten Reben gepflanzt (Aetoliens Weinberge waren nachmals berühmt); seine Söhne waren die Helden Meleagros und Tydeus, seine Tochter Deïaneira. Sie wurde vom Flußgott Acheloos begehrt, aber auch Herakles kam von Theben, die Deïaneira zum Weibe zu gewinnen. Die beiden Freier kämpften einen furchtbaren Kampf, bis es dem Herakles gelang, dem Acheloos sein Horn abzubrechen (das Symbol der wasserströmenden Kraft des Flusses[2]) und ihn dadurch zu besiegen. Nachdem des Herakles Hochzeit mit der Deïaneira mit lustigem Zechgelage gefeiert war, brach der Held mit seinem jungen Weibe nach Trachis auf. Der Kentaur Nessos pflegte die Wanderer durch die Fluthen des Euenos zu tragen; er trug auch die Deïaneira auf seinem Rücken hinüber. Lüstern berührte er sie mitten in der Furt mit den Händen. Auf den hellen Schrei seines Weibes wandte sich Herakles vom jenseitigen Ufer und schoß dem Ungethüm den vergifteten Pfeil in die Brust. Nachgierig sprach der Kentaur sterbend zur Deïaneira, wenn sie sein Blut auffinge, so würde es ihr ein Zaubermittel sein, daß Herakles nie ein anderes Weib mit größerer Liebe als sie umfangen werde[3]). Als Herakles danach gegen den Eurytos auszog, dessen Sohn er vordem getödtet, nahm er des Eurytos Sitz Oechalia ein (Sophokles wie die spätere Sage verlegen Oechalia von den Grenzen Arkadiens nach der Insel Euboea), verbrannte die Burg, tödtete den Eurytos und alle Söhne desselben, und führte die Jole, die Tochter des Eurytos, gefangen mit sich fort. Da wurde Herakles von heftiger

---

1) Pind. Isthm. I, 15. — 2) Sophocl. Trach. v. 507 seqq. Obra S. 27. — 4) Sophocl. Trach. 555 seqq.

Liebe zur Jole entzündet, und Deïaneira sendete ihm nun von Trachis aus, wo sie zurückgeblieben war, ein Gewand, welches sie mit dem aufbewahrten Blute des Nessos getränkt hatte. Herakles, im Begriff, dem Zeus auf dem Vorgebirge Kenaeon auf Euboea ein feierliches Opfer zu bringen, legt es an; von der Gewalt des Giftes durchzuckt, schmettert er seinen Herold Lichas, der ihm das Gewand gebracht, gegen die Felsen, welche seitdem die lichadischen hießen. Deïaneira stößt sich selbst ein Schwert in die Brust, der Held läßt sich auf dem Gipfel des Oeta einen Scheiterhaufen errichten, auf welchem er sich lebend verbrennt. Der Fluß Dyras, der auf dem Oeta entspringt, versucht das Feuer zu löschen [1]; aber Zeus führt seinen Sohn, während der Körper verbrennt, in einer Wetterwolke zum Himmel empor und läßt ihn hier, der Hebe, der ewigen Jugend, vermählt, mit den Olympiern endlose Freuden genießen.

Die Gestalt des Herakles ist schwer zu erkennen. Die Dienstbarkeit beim Eurystheus stellt ihn in eine Linie mit dem Perseus und dem Bellerophontes. Herakles hat den Namen von der Hera, der Hauptgöttin von Argos; die Hera verfolgt ihn, wie sie die Jo verfolgt; bei Herakles wie bei der Jo soll die Eifersucht der Hera das Motiv dieses Hasses sein. Hera ist es, welche dem Herakles die Herrschaft raubt; sie ist es, welche beim Hesiod den nemaeischen Löwen und die lernaeische Schlange zum Verderben des Herakles groß zieht; sie ist es, welche beim Homer des Herakles Schiffe auf der Rückfahrt von Ilion mit einem gewaltigen Sturm überfällt. Nach dem Namen Herakles und nach der Analogie der Jo kann man annehmen, daß der Gegensatz der Hera und des Herakles jüngern Datums ist und späterm Pragmatismus angehört, daß Herakles ursprünglich wie Jo ein göttliches Wesen gewesen sein müsse. Auf diese Natur des Herakles deutet die zögernde Art, mit welcher Homer von dem Tode des Herakles spricht, deutet der Zug des Mythos, daß Herakles unverletzt aus dem Hades zurückkehren kann. Herakles ist aus dem Stamme des Perseus, des Lichtgottes von Mykene, entsprungen; nach Pindar stieg Zeus zur Alkmene um Mitternacht in einem goldenen Regen herab, wie zur Danae [2]. Wie

---

1) Herod. 7, 198. — 2) Pindar. Isthm. VII, 5. Nem. X, 15.

Perseus die Andromeda, befreit Herakles die Hesione am troischen Strande von dem Ungeheuer des Meeres; wie Apollon den Drachen Python, tödtet Herakles die lernaeische Schlange; auch sonst wird Herakles mit dem Apollon in nähere Verbindung gebracht¹). Der Bogen und die Pfeile des Herakles, welche die Götter selbst verwunden, den Ares, den Hades, ja die Hera, werden sehr entschieden betont; bei Homer trägt die Gestalt des Herakles wesentlich den Charakter des gewaltigen Bogenschützen. Danach darf man vielleicht annehmen, daß Herakles wie die Io ein der Hera untergebener Geist des Himmels war, der sein Treiben in den Wolken hatte; auch die Horen, welche die Wolken bewegen, sind Dienerinnen der Hera. Er war ein Geist, der den Mond und die Sterne zu treiben d. h. zu jagen hatte, ein Jäger, welcher die Wolken, die Mond und Sterne verhüllten, zu scheuchen, mit seinen Pfeilen zu verfolgen hatte, welche als wilde Thiere und Ungethüme, als Eber, Hirsche, Löwen, Schlangen und gewaltige Vögel angeschaut wurden. Es ist die Jagd, die unbezwingliche Stärke, die nie rastende Arbeit, welche in dem Bilde des Herakles am bestimmtesten hervortreten. Aber dieser Bogenschütze des Nachthimmels, dieser Jäger ist selbst ein nächtliches, stürmisches Wesen, ein wilder Jäger, der, zum Heros geworden, eben dieser seiner Natur wegen auch gottlose Thaten verrichten mag.

Wenn Herakles die Hirschkuh, ein heiliges Thier der Artemis mit ehernen Hufen und goldenen Hörnern, von Arkadien aus bis zu den Hyperboreern oder ein ganzes Jahr hindurch verfolgt, bis es ihm gelingt, das Thier in den arkadischen Wäldern, in welche es ermüdet zurückkehrt, wieder anzugreifen²), so ist diese Hirschkuh der Mond, welcher nach Verlauf eines Jahres auf seinen ursprünglichen Standort zurückkehrt. In der Sage von der Io giebt Hera der Mondkuh einen Wächter, der sie nicht ruhen läßt, in der Sage vom Herakles giebt sie der Hirschkuh des Mondes einen Jäger, der sie unablässig verfolgt. Der Fürst der Epeer, Augeias, dessen Ställe Herakles reinigen muß, wird als ein Sohn des Helios bezeichnet. Augeias bedeutet den strahlenden Glanz; sein Gebiet liegt im Westen im Lande des Sonnenuntergangs, wohin auch die homerischen Ge-

---

1) Preller Mythologie 2, 108, vgl. Herod. 6, 59. — 2) Preller a. a. O. 2, 136.

dichte das Gebiet des Sonnengottes versetzen. Wie Helios und Apollon besitzt Augeias zahlreiche Heerden von Rindern und Lämmern, unter diesen zwölf weiße dem Sonnengott geweihte Stiere. Augeias ist kein anderer als der Sonnengott selbst, für dessen Wolkenheerden Herakles zu sorgen hat. Auch die Rinder des Helios muß Herakles aus dem fernen Westen herbeitreiben. Sie weideten auf der Insel Erytheia. Auch diese sollte im Westen, an der Küste von Epeiros, dem Gebiet von Ambrakia oder Apollonia gegenüber liegen, wo noch im fünften Jahrhundert v. Chr. der Sonne geheiligte Heerden unterhalten warden [1]. Weil die untergehende Sonne röthliche Strahlen wirft, hieß die Insel Erytheia, d. h. die Rothe, und auch die Heerden des Helios sollten von rother Farbe sein. Diese Heerden wurden von einem dreiköpfigen Riesen, dem Geryones d. h. dem Brüller, bewacht; Herakles tödtet ihn mit seinen Pfeilen und treibt die Rinder nach Mykene, wo Eurystheus dieselben der Hera opfert. Hermes hatte dem Apollon die Heerden nach Westen hin weggetrieben; Herakles mußte sie wieder zurückbringen.

Als das adriatische Meer an den Küsten von Epeiros den Griechen nicht mehr das Ende der Erde war, wurde der Weideplatz der Sonnenheerden immer weiter nach Westen gerückt; von Homer nach der Insel Thrinakria, die hesiodischen Gedichte legen Erytheia jenseit des Okeanos.

Die Thaten des Jägers der Wolken, welcher zu Mykene und Tiryns verehrt ward, wurden auf die Erde versetzt und lokalisirt. Aber mit diesen ursprünglichen Elementen wurde eine Menge von Vorstellungen anderer Art verschmolzen. Sobald der gewaltige Jäger zum Heros geworden war, wußte jeder Gau von seinen Thaten zu erzählen. Ein solcher Held konnte bei der Argofahrt, bei der kalydonischen Jagd nicht gefehlt haben; die größte That der hellenischen Helden, die Eroberung Ilions wurde ihm schon im Voraus beigelegt und da er einmal auf asiatischem Boden war, mußte er auch nach dem Vorbilde des Theseus mit den Amazonen kämpfen. Ueber die Dorer, welche im zehnten Jahrhundert vor Christus die Herrschaft in Argos, in den Thälern des Eurotas und Pa-

---

[1] Hekataei fragm. 349. Wenn Hekataeos den Geryones auch zum König von Erytheia macht, so ist die Lokalbestimmung doch gewiß nicht aus der Rationalisirung des Mythos entstanden; Herod. 9, 93. Scyl. peripl. 26.

misos gewonnen hatten, herrschten Geschlechter, welche ihren Stamm bis zu diesen gewaltigen Helden hinaufführten. Diese behaupteten, daß die Gebiete, welche sie mit den Waffen erkämpft hatten, ihnen als Nachkommen des Heros von Argos von Rechts wegen zuständen. So ließ denn schon Homer dem Herakles die Herrschaft über Mykene durch die List der Hera entzogen sein, und die spätere Zeit machte aus des Herakles Thaten, welche auf dem Peloponnes lokalisirt waren, Eroberungen aller der Länder, welche die einwandernden Dorer und Aetoler nachmals gewonnen hatten. Die Fehde des Herakles gegen Pylos, welche Homer erzählt, wurde zu einer Eroberung dieses Landes durch den Herakles erweitert. Da Augeias auf der Westküste des Peloponnes seinen Sitz hatte, sollte Herakles auch Elis erobert haben; Augeias hatte ihm den Lohn für die Reinigung der Ställe verweigert. Und den vertriebenen König Thyrareos von Sparta sollte Herakles wieder in seine Rechte eingesetzt haben, mit dem Vorbehalt, die Herrschaft danach auf seine, des Herakles, Söhne übergehen zu lassen. Da Theben nachmals die Macht von Orchomenos verdunkelte, endlich niederwarf, so sollte Herakles auch diese That schon im Voraus vollbracht haben. Dann wurden auch große Werke der alten Zeit dem Heros von der gewaltigsten Kraft zugeschrieben. Die schmutzigen Ställe der Heerden des Helios wurden auf ein versumpftes Thal in Elis gedeutet, welches Herakles vom Sumpfe befreit habe, indem er den Alpheios oder den Menios hindurchleitete[1]); er sollte dem Acheloos sein Horn abgebrochen, d. h. seinen Ueberschwemmungen durch Ableitungen ein Ende gemacht haben, aber er sollte auch andererseits den Minyern ihre Kanäle verstopft und ihre Niederung dadurch wieder versumpft haben.

Bei weitem die größte und bunteste Masse von Zügen ist dadurch in die Sage von dem Herakles gekommen, daß dieser frühzeitig mit einer in Theben verehrten Gottheit verschmolzen wurde. Wir haben gesehen, daß Dienste der Phöniker in Theben Wurzel gefaßt hatten, daß die Hochzeit des Kadmos, des Baal-Melkart und der Harmonia zu Theben gefeiert wurde. Baal-Melkart war der Sonnengott, der Sonnenheld, welcher am Himmel zu arbeiten hatte, wie Herakles, welcher die feindlichen Zeichen des Thierkreises, das

---

[1] Aristotel. meteorol 1, 14. Schol. Iliad. 21, 194.

Feuer, die Gluthhitze des Sommers, wie die Kälte des Winters überwindet. So konnte der Wolkenjäger von Argos mit dem Sonnenhelden, der Herakles von Argos mit dem Herakles von Tyros verschmolzen werden. Schon Homer läßt den Herakles in Theben geboren werden, und die hesiodischen Gedichte wenden ein häufig wiederkehrendes Motiv, die Blutschuld des Amphitryon an, den Herakles nach Theben zu versetzen; freilich wissen sie dann den Herakles nicht recht wieder in den Dienst des Eurystheus zu bringen — eine Verlegenheit, welche die Verschmelzung des thebanisch-phönikischen und argivischen Herakles deutlich erkennen läßt. Wenn die thebanische Sage erzählt, daß Herakles die sieben oder acht Kinder, welche ihm sein thebanisches Weib, die Megara, geboren, in's Feuer geworfen, oder sie mit seinen Pfeilen getödtet habe, so ist damit der Kultus des phönikischen Sonnengottes, der mit Kinderopfern versöhnt wird, bezeichnet¹). Die Hauptthat des phönikischen Sonnenhelden ist die Bezwingung des heißen Löwen. So bestimmt bei dem Kampfe des Herakles mit dem nemaeischen Löwen die Umgegend von Argos als Lokal desselben bezeichnet wird — am Wege von Kleonae nach Nemea wurde dem Pausanias die Höhle gezeigt, wo der Löwe gehaust hatte²) — so wohnte doch diesem Abenteuer eine symbolische Bedeutung entweder von Anfang bei oder wurde demselben frühzeitig beigelegt. Schon bei Homer ist Herakles der löwenmuthige Held; nach der Theogonie ist der Löwe von Nemea ein Geschöpf des Typhon und der Echidna. Die Echidna haust im Lande Arima (in Aram³); Typhon ist ein Ausdruck der übermächtigen Hitze und des vulkanischen Feuers; Zeus hat ihn gebändigt und in die tiefe Erde gebettet⁴), aber er bleibt der Vater aller verderblichen Gluthwinde. Die Bewohner von Kleonae warten dreißig Tage auf den Herakles, um sie von dem Löwen zu befreien; es sind offenbar die dreißig Tage der großen Hitze, welche in die Zeit fallen, wo die Sonne im Zeichen des Löwen steht. Es ist ferner der phönikische Herakles, es ist Baal-Melkart, welcher der Amazonen-Königin d. h. der jungfräulichen Astarte den Gürtel löst, es ist der Herakles der Semiten, welcher bei der Omphale weilt und Weiberkleider trägt, es ist der phönikische Herakles, wel-

---

1) Pherecyd. Fragm. 30. ed. Müller. Apollod. II, 5, 12. Pind. Isthm. 3, 82. — 2) Pausan. 2, 15, 1. 2. — 3) Theog. v. 295 seqq. — 4) Il. II, 782. Aeschyl. Prometheus 351. Pind. Pyth. 9.

Verschmelzung des griechischen und tyrischen Herakles.   99

cher die Säulen am westlichen Ende der Welt errichtet. Die
Sage der Phoeniker von dem Zuge des Melkart nach Westen
wurde nun mit dem Zuge des Herakles zur Zurückführung der
Sonnenheerden zusammengeworfen; Erytheia lag nun jenseit der
Säulen, in Tartessos, im äußersten Oceanus. Einige ließen den
Herakles nun nach dem Vorgange der Phoeniker auf einem
Floße oder im Sonnenbecher nach den Säulen schwimmen, andere lassen ihn, einer anderen Seite der phoenikischen Sage folgend, städtegründend durch Libyen ziehen, dann die Berge an der
westlichen Meerenge als Denksäulen seines Zuges aufrichten, und
von hier rückwärts durch Iberien, Ligurien, Thyrrhenien nach Sizilien gelangen. Für die Wanderung und die Stationen des Herakles auf Sizilien waren die zahlreichen Stätten, an welchen auf
dieser Insel der phoenikische Melkart verehrt wurde, die Griechenstädte in Sizilien und Unteritalien, welche ihr Gebiet durch Thaten
des Herakles verherrlicht sehen wollten, maßgebend. Danach mußte
Herakles seine Heerde an den Gestaden der Adria wieder hinauf-
treiben und durch Illyrien über Apollonia nach Mykene zurück-
kehren¹).

Nach der Sage der Phoeniker zog Baal-Melkart dem Laufe
der Sonne folgend von Osten nach Westen; jenseit der ihm geweihten beiden Berge, welche das Thor zu seinem Reiche, zu dem
Abendmeer und den glücklichen Eilanden, wo alle Frucht freiwillig
emporsprießt, bilden, ruhte er aus von seinen Wanderungen und
Kämpfen, ging er zur Ruhe. Aber er hielt auch dort seine Auferstehung (Bd. I. S. 169); er feierte dort mit der endlich wiedergefundenen Astarte die heilige Hochzeit. Das Zeichen und Unterpfand
dieses neu erwachten, dieses ewigen Lebens und Gedeihens waren
die Granatäpfel der Aschera, die schönen goldenen Aepfel des Lebens,
welche auf jenen Eilanden wuchsen. Sie wurden nach der Meinung
der Griechen von den Töchtern des Hesperos, von den Töchtern des
Abends, den hellstimmigen Hesperiden, wie die Theogonie sagt, „am
äußersten Ende gegen die Nacht hin" gehütet²). Auf diesem Zuge
zu den Hesperiden war es, daß Herakles den Prometheus von sei-

---

1) Peisander, Stesichoros, Pherekydes; Athen. p. 469. 470. —
2) Theogon. 215. 275. Euripides (Herc. furens 394.) nennt die Hesperiden
„Hymensingende Jungfrauen". Aeschylos und Pherekydes verlegen die Hesperiden jenseit der Rhipaeen zu den Hyperboreern; Preller Mytholog. II, 149.

7*

ner Qual befreite (Herakles mußte bei ihm den Weg zu den Hesperiden erkunden) wie die Theogonie angiebt, und mit dem Riesen Antaeos zu ringen hatte¹). Auch nach Aegypten gelangte Herakles auf diesem Zuge, wo er den Busiris tödtete, der die Fremden den Göttern zu opfern pflegte (Bd. I. S. 69.). Die Bezwingung des Drachen, welcher die goldenen Aepfel bewacht und die Heimbringung derselben ist dann bei einigen die letzte Arbeit des Herakles²) — im Sinne jener phoenikischen Auffassung sind eben jene Aepfel des Lebens das Pfand, daß Noth und Tod überwunden sind; während bei andern z. B. beim Euripides die Heraufholung des Kerberos die letzte und schwerste Arbeit bleibt, als welche schon Homer dies Abenteuer bezeichnet hatte³).

Der Mythos der Phoeniker ließ den Sonnengott in den von seinen Strahlen erwärmten Fluthen des Abendmeeres zur Ruhe gehen⁴); darauf hin heiligten die Griechen dem Herakles die warmen Quellen und wie der Sonnengott der Semiten sich selbst verbrennen sollte, um das Verderben und den Tod an sich selbst zu überwinden und verjüngt aus der reinigenden Kraft des Feuers zu erstehen, so ließ dann auch der spätere Mythos der Griechen den Herakles sich selbst verbrennen, wenn er auch diese Verbrennung in griechischer Weise, durch lokalen Sagen entnommene menschliche Motive begründete. Den homerischen Gedichten ist diese Vorstellung vom Tode des Herakles noch vollkommen fremd, die hesiodischen Gedichte zeigen die weiter vorgeschrittene Verschmelzung des tyrischen und griechischen Herakles, welche in der „Herakleia" des Peisander (um 630) vollendet wurde. Peisander war in seinem Vaterlande Rhodos von phoenikischen Kulten umgeben; er sang zuerst von den zwölf Arbeiten des Herakles nach den zwölf Kämpfen des Melkart, welche den zwölf Monaten entsprechen, die er einerseits aus dem griechischen Mythos von den Jagden des Herakles und von den Sonnenrindern, andererseits aus dem phoenikischen Mythos componirte; er ließ den Herakles im Sonnenbecher nach den Säulen schwimmen, er gab ihm das Löwenfell um die Schultern. Beim Homer trägt Herakles das Wehrgehenk und den Bogen, in den Sagen erscheint der Held auf

---

1) Plutarch. Sertorius c. 9. Schol. Pind. Pyth. 9, 109. Vgl. unten. — 2) Pherecydes in Schol. Apoll. Rhod. 4, 1396. Soph. Trach. 1102. — 3) Odyss. 11, 624. Euripides Heracl. (nr. 347—426. — 4) Appian. de reb. hisp. c. 2. Bd. 1. S. 512.

dem Streitwagen in der Waffenrüstung der griechischen Helden, und Strabon versichert: die alten Holzbilder des Herakles seien nicht mit dem Löwenfell bekleidet; diese Bekleidung sei jung, Peisander habe sie erfunden oder ein anderer[1]). Dem Homer ist Herakles der löwenmuthige Held; die Umhüllung mit dem Löwenfell bezeichnet den in strahlende Gluth gekleideten Sonnengott[2]).

Die Gestalt des Herakles hat an sich keine historische Bedeutung, sie gewinnt dieselbe durch das Recht und die Pflicht, welche an die Abstammung vom Herakles geknüpft wird, durch die sittliche Bedeutung, welche die Griechen in sie hineingelegt haben. Es ist gewiß bezeichnend für die Kraft und die Gesundheit des hellenischen Geistes, daß es die Griechen vermochten, einem aus so verschiedenen und fremdartigen Elementen zusammengeflossenen Wesen einen ethischen Charakter aufzudrücken, welcher von großem Einfluß für ihre moralische Anschauung und Haltung geworden ist. Es war nicht bloß, daß die griechische Poesie in dem Herakles zuerst ein Vorbild unerschütterlichen Muthes und unverwüstlicher Körperkraft, dann den ersten Ringer und Wettkämpfer gezeichnet hatte (fast alle Gymnasien und Ringschulen wurden dem Herakles geweiht), daß sie in ihm ein Muster alles Heldenthumes aufgestellt, welches der Anblick des Todes nicht zu erschüttern vermochte, welches die Schrecknisse der Unterwelt siegreich bestanden hatte. Es war daneben durch den Dienst beim Eurystheus auch ein Zug von beständiger Anstrengung, von Unterwerfung und Gehorsam in der Gestalt dieses Heros, der nicht minder hervortritt als das Heldenthum; schon bei Homer wird diese Seite angedeutet in dem duldenden Muth, mit welchem der Held „ein Leben voll harter Arbeit besteht, so lange er im Licht der Sonne wandelt." Zu dieser Mühsal tritt dann ebenfalls schon bei Homer der willige Dienst unter dem viel schlechteren Manne hinzu; der willige Gehorsam, welcher den starken Helden alle Launen des feigen Eurystheus unermüdlich vollziehen läßt — ein Gegensatz, der späterhin noch weiter dahin verschärft wurde, daß Eurystheus sich verkriecht, als Herakles mit dem Eber vom Erymanthos zurückkehrt, daß er es endlich gar nicht mehr wagt, mit dem Helden persönlich zu verkehren und ihm nur noch durch einen

---

[1] Strabon p. 688. Pausan. 3, 17. 19. Athen. p. 512. — [2] Preller Mytholog. II, 132.

Herold seine Befehle ertheilt. Aber wenn Homer es durch die Arglist der Hera erklärt, daß Herakles nicht Herrscher von Mykene geworden, wenn Hesiod den Herakles noch „in thörichter Verblendung" in den Dienst des Eurystheus gehen läßt, so wurde dies Verhältniß bald anders und tiefer gewendet. Um in der wilden kriegerischen Zeit nach der Wanderung der Stämme die Blutrache zu mildern, verlangte die delphische Priesterschaft, daß die Verwandten des Erschlagenen dem Mörder nicht das Leben nehmen, sondern sich begnügen sollten, ihn außer Landes zu verlaufen; verlangte sie, daß der Mörder auch ungezwungen von den Verwandten des Erschlagenen freiwillig für seinen Frevel Buße thun und zu diesem Zweck, um seine Schuld zu sühnen, ein großes Jahr lang (d. h. acht Jahre) einem anderen Manne als Knecht diene. In dieser Weise, durch pythische Sprüche und die freiwillige Vollziehung derselben durch den Herakles, wurde nun sowol die erste Knechtschaft des Herakles beim Eurystheus, als die zweite bei der Omphale motivirt; die erste war die Sühne für den Mord seiner Kinder in Theben; die zweite für die Ermordung des Iphitos[1]). Indem man den Herakles nun so als Büßenden zum Eurystheus ziehen ließ, war der größte Held zugleich ein Vorbild der Unterwerfung unter die göttlichen Gebote, ein Muster sittlicher Entsagung, die um so größer erschien, je weniger ein solcher Held zu solcher Knechtschaft durch äußere Gewalt gezwungen sein konnte, je feiger und schwächlicher die Figur des Eurystheus ausgemalt wurde. Der Gedanke war nun der, daß der alles überwindende Held, durch seine unbändige Stärke zu Gewaltthaten fortgerissen, auch sich selbst zu überwinden vermag; seine Selbstüberwindung zeigt sich in der Dienstbarkeit, in der Reinigung und Läuterung seines Wesens, welche er durch diese Buße vollzieht. Einem solchen Leben voll Heldenkraft und Heldenmuth, voll unablässiger Arbeit und Entsagung, voll vom Kühnsten Wagen und geduldigsten Ertragen, voll Selbstüberwindung und Sühne folgte dann der schönste Tod nach den heftigsten Schmerzen, nach dem gewaltigsten Ringen des Heldenkörpers mit

---

[1]) Nach Apollodor 2, 5, 11. soll Herakles ein großes Jahr, acht Jahre und einen Monat dienen, nach 2, 4, 12. zwölf Jahre. Die letztere Zahl ist offenbar nach der Zahl der zwölf Arbeiten gewählt. Nach Sophokles Trachin. 267., gab Zeus selbst den Herakles wegen des Mordes des Iphitos aus dem Lande, um als Sklave verkauft zu werden, vgl. Bd. I. S. 256.

der Gewalt des Giftes. Die Selbstverbrennung des Sandon, des Mellart, wurde den Hellenen unbewußt und wie von selbst zur Erhöhung des geläuterten und entsündigten Heldenthums zu den Göttern. So ist Herakles den Griechen das Bild der durch Mühsal und Arbeit, durch Kampf und Entsagung zum Himmel aufsteigenden Heldenkraft, einer Heldenkraft, die sich selbst bezwungen, wie sie die Ungeheuer des Waldes überwältigt hat; ein Vorbild für die Ausdauer in der Beschwerde und das Ertragen von jeder Mühsal, für strenge Buße und freiwillige Unterordnung, für unerschütterlichen Todesmuth. Von diesem Standpunkt der Auffassung des Herakles als eines sittlichen Ideals ging man bei den Griechen dann noch einmal in verschiedenen Richtungen weiter. Während Herakles etwa seit dem Jahre 450 v. Chr. einerseits auch in die Mysterien hineingezogen wurde als der Held, welcher die Schrecken des Todes an sich selbst überwunden [1]), während andere den Herakles zu einem civilisirenden Heros erweiterten und abschwächten, welcher die ganze Welt durchzogen habe, um sie von allen Räubern und Unholden zu befreien, vertiefte der Sophist Prodikos von Keos die sittliche Bedeutung des Herakles, indem er ihn selbst frei sein müh- und trangsalvolles Loos wählen ließ, indem er den Jüngling Herakles am Beginn seiner Laufbahn entscheiden ließ zwischen einem Leben voll des üppigsten Genusses und einem Leben voll harter Mühsal und Kämpfe. Herakles entschied für die Athene gegen die Aphrodite [1]); Paris für die Aphrodite gegen Athene. Aber so fest war die Gesundheit des hellenischen Sinnes, daß trotz des großen Eindruckes, den der „Herakles am Scheidewege" machte, Herakles doch niemals zu einem Tugendhelden sublimirt wurde, daß neben allem anderen der Anschauung der Hellenen immer gegenwärtig blieb, wie der große Held auch ein großer Esser gewesen, der sich in den Pausen seiner Arbeiten an Speise und Trank in fröhlichen Gelagen weidlich erquickt und ergötzt habe. —

Eurystheus ist der Sage der letzte Nachkomme des Danaos in der Herrschaft über Argos, deren Sitz Perseus von Argos nach Mykene verlegt haben sollte. Er fand seinen Tod im Kampfe gegen die Söhne des Herakles. Herakles hatte den Moliern im Thale des Sperchelos

---

1) Gerhard Mysterienbilder. Eurip. Alcest. 846 seqq. — 2) Xenoph. Memor. II, 1, 21.

gegen die räuberischen Dryoper, welche auf den Höhen des Pindos und Tymphrestos saßen, beigestanden; er solle die Stadt Trachis gegründet und diese dem Fürsten der Malier, dem Kehr übergeben haben. Hier in Trachis hatte er die Deianeira zurückgelassen, als er gegen den Eurytos ausgezogen war, auf dem Gipfel des Oeta über Trachis hatte er sich selbst verbrannt, dem Kehr hatte er seine Söhne befohlen. Kehr wagte nicht, sie vor dem Eurystheus zu schützen, der ihnen nachstellte, weil ihr Recht auf den Thron von Mykene besser war, als das seine. Sie fanden in Attika Aufnahme, wo ihnen an der Ostküste Trikorythos bei Marathon zum Wohnsitz angewiesen wurde. Eurystheus zog mit einem Heer von Mykene nach Attika, die Herakliden zu verderben, aber er wurde hier von den Athenern überwunden und blieb selbst in der Schlacht. Nach einigen hatte ihn Hyllos, des Herakles Sohn von der Deianeira, nach anderen Iolaos, des Herakles Neffe und Waffengefährte, erschlagen. Bei Marathon, aber auch bei Gargettos in Attika und auf dem Isthmos wurde des Eurystheus Grab gezeigt[1]). Diese Sage von der Aufnahme der Herakliden in Attika hat ihren Grund in dem Kultus des Herakles zu Marathon, im Gebiete der alten Vierstadt auf der Ostküste von Attika.

Die historische Ausbeute, welche die Untersuchung der Sagen von den Inachiden und Danaiden gewährt, reicht nicht über den Ertrag hinaus, daß die Niederung des Inachos, daß Argos d. h. das Weiße, das Leuchtende, mit seiner Steinburg ein alter Mittelpunkt des Ackerbaues war, daß Argos die Hera als seine Schutzgöttin verehrte, daß neben diesem Dienst die der Demeter und des Apollon, des Gorgoltödters, in alter Zeit in Argos bestanden. Dann erhob sich Tiryns gegen Argos. Nahe an der See rings von Sumpfland umgeben, war Tiryns auf den Raub im Thale des Inachos angewiesen. Dieser Gegensatz von Argos und Tiryns ist der Sage jene bittere Feindschaft der beiden Brüder, des Akrisios und Proetos. Endlich trat zu Tiryns und Argos ein dritter Ort, Mykene. Er lag auf dem Gebirge, welches die Ebene des Inachos nordwärts begrenzt, nur wenige Stunden von Argos, so daß sich hier drei Burgen auf engem Raume einander gegenüber standen.

---

1) Herodot 9, 27. Thukyd. 1, 9. Pausan. I, 32. 1, 44. Diodor 4, 57. Strabon p. 377. Apollodor 2, 8.

Es war ein kriegerisches Herrschergeschlecht, welches von dieser am spätesten gegründeten Burg aus Argos und Tiryns in den Schatten stellte. Die Tradition läßt dieses Herrschergeschlecht, die Pelopiden, als die dritte Dynastie von Argos den Inachiden und Danaiden folgen. Nach dem Tode des Eurystheus wurde Atreus, der Sohn des Pelops, Herrscher von Mykene. Das Geschlecht des Pelops erscheint bei Homer als ein hochbegnadigtes Haus, dem die Götter vor andern königliches Ansehen, die Gabe und die Gewalt zu herrschen, besonders aber großen Reichthum verliehen haben[1]). Es ist ein Symbol dieser Fülle des Reichthums, wenn Hermes beim Homer dem rossebändigenden Pelops einen herrlichen Stab verehrt, den dieser dann dem Hirten der Völker, Atreus, übergiebt. Atreus hinterließ denselben sterbend dem lämmerreichen Thyestes und Thyestes ließ ihn wieder dem Agamemnon zu tragen[2]). Wir haben schon oben im Stabe des Wolkengottes Hermes die Wünschelruthe des Segens und des Reichthums kennen gelernt; dieser Stab des Hermes ist dann für die Pelopiden zugleich ein Zeichen ihrer weltgebietenden Herrschaft. Auch die hesiodischen Gedichte preisen den Reichthum der Nachkommen des Atreus[3]). Von Fabeln und Sagen umgeben, ja erdrückt, ist diese Dynastie der Atriden dennoch die erste im Thale des Inachos, welche, wie entschieden auch immer die einzelnen Herrscher und die einzelnen Züge der Poesie und der Sage überlassen werden müssen, auf eine historische Bedeutung Anspruch hat. Es ist ein kriegerisches Königthum, welches von Mykene aus Argos und Tiryns unterwirft, und eine weiter reichende Herrschaft gründet, von dessen Macht der Name Danaer, welchen die homerischen Gedichte für die Gesammtheit der Griechen gebrauchen, von dessen Bedeutung und Reichthum die Ueberreste der Bauwerke Mykene's Zeugniß geben.

Der Ahnherr dieses Geschlechts ist eine in den homerischen Gedichten wenig hervortretende Figur. Es waren besondere Umstände, welche die Gestalt des Pelops aus diesem Dunkel hervortreten ließen. Herakles war der Held von dessen Thaten die eingewanderten Aetoler und Dorer ihr Recht auf den Besitz der Landschaften, welche sie im Peloponnes erobert hatten, herleiteten. Er

---

1) z. B. Ilias 8, 37. 69 — 2) Ilias 2, 101 seqq. Thyestes heißt hier lämmerreich; auf dem Grabe des Thyestes zu Argos lag ein Widder; Pausan. 2, 18, 2. — 3) Hesiod. fragm. 288. ed. Göttling.

sollte auch die olympischen Spiele gestiftet, er sollte sie bei dem Dankopfer für seinen Sieg über den Augeias zuerst abgehalten haben.¹) Als nun dem Wettlauf, den athletischen Kämpfen zu Olympia im Jahre 680 das Wagenrennen hinzugefügt wurde, sollte auch dieser neue Kampf nicht ohne einen heroischen Urheber bleiben. Da nun Pelops beim Homer als ein Rossebändiger gefeiert war (der Ahnherr eines mächtigen kriegerischen Herrscherhauses mußte ein reicher und ritterlicher Mann gewesen sein), führte man das Wagenrennen auf ihn zurück. Er sollte nun bereits den Oenomaos, den ältesten Fürsten, welchen die Sage von Pisa kannte, im Wagenrennen besiegt haben. Die eingewanderten Aetoler hatten die Pisaten unterworfen, auf deren Boden die Spiele abgehalten wurden; der Sieg des Pelops über den Fürsten von Pisa war ein den gegenwärtigen Herren des Landes genehmer Vorgang, die Vorausnahme ihres eigenen Sieges. Es war um das Jahr 670, daß das delphische Orakel den Eleern, welche von einer Seuche geplagt waren, gebot die Knochen des Pelops aufzubewahren. Es erklärte dann selbst irgend ein Schulterblatt von besonderer Größe, welches ein Fischer bei Eretria gefunden, für den Knochen des Pelops. Dieser Knochen wurde nun in der Nähe der Stadt Pisa am Alpheios sechs Stadien von Olympia in einem ehernen Kasten unter einem Grabmal geborgen; außerdem wurde dem Pelops ein Heiligthum in dem heiligen Bezirk von Olympia, in der Altis selbst links vom westlichen Eingangsthor von den Eleern geweiht¹). Hier umschloß eine Mauer einen dichten Hain, in welchem die Prytanen der Eleer den Pelops jährlich durch ein Todtenopfer ehrten, indem sie das Blut eines schwarzen Widders in die Grube fließen ließen. Pelops empfing nun „an der Strömung des Alpheios, wie Pindar sagt, nahe dem vielbesuchtesten Altare die Todtenspende hehren

---

1) Pind. Olymp. 11, 30. — 2) Curtius, Peloponnes II, 50. 51. 62. Pausan. 5, 13. Die Auffindung der Knochen und die Uebertragung und Ausbildung der Pelopsage auf und in Elis fällt wol zwischen 680, den Beginn des Wettfahrens, und das Jahr 600, da auf dem Kasten des Kypselos der Sieg des Pelops über den Oenomaos bereits dargestellt ist. Eine genauere Bestimmung läßt sich dadurch gewinnen, daß Pisa sich 660 von Elis loereißt, die Anlegung der Grabstätte des Pelops durch die Eleer auf pisatischem Gebiet vor dieser Loosreißung geschehen sein muß, also zwischen 680 und 660; wenn man diese nicht erst nach der vollständigen Unterwerfung der Pisaten d. h. nach dem Jahr 576 verlegen will. Jenes Schulterblatt ist wohl der Grund des Zuges in der Sage, daß sich dieses bei der Wiederbelebung des Pelops nicht gefunden habe und durch Elfenbein ersetzt worden sei.

Opferbluts"; und Pausanias versichert, daß Pelops in Elis so weit vor allen anderen Heroen verehrt werde, wie Zeus vor den übrigen Göttern.

Man erzählte nun in Elis, daß König Oenomaos seine Tochter, die Hippodameia d. h. die Rossebändigerin keinem Freier habe vermählen wollen, der ihn nicht im Wagenrennen überwände. Die Bewerbung war gefährlich, denn König Oenomaos besaß windschnelle Rosse, und jeden Freier, den er vorbeijagte, durchbohrte er mit seiner Lanze. Schon waren ihm dreizehn Freier erlegen, als dem Pelops durch die Hülfe des Poseidon der Sieg über ihn gelang. Da Pelops schon beim Homer der Rossebändiger hieß, so war Poseidon als Pelops Schutzherr angezeigt; der Herr der flüchtigen unermüdlich bewegten Wellen, der Rosse des Meeres war der Schutzgott aller Rossebändiger, aller ritterlichen Kämpfe. Poseidon hatte also dem Pelops einen goldenen Wagen mit einem Gespann geflügelter Rosse für diesen Wettlauf geschenkt!. So wurde Pelops an Oenomaos Statt König von Pisa. Die Eleer waren zufrieden, nun an dem Pelops einen Landesheros zu besitzen und Thyrtaeos konnte den Pelops als den königlichsten Herrscher preisen¹). Auch der Hippodameia wurde ein heiliger Raum in der Altis abgegrenzt, in welchem die Frauen von Elis ihr jährlich eine Gedächtnißfeier abhielten; und man zeigte neben dem Grabmal des Pelops das gemeinsame Grab aller verunglückten Freier; die Eleer mußten sämmtliche Namen derselben aufzuzählen. Auf dem Kasten des Kypselos, den Periander um das Jahr 600 in Olympia aufstellen ließ, war Pelops auf einem Wagen von geflügelten Rossen gezogen dargestellt, und eine neue die Stiftung der Olympien durch den Herakles und Pelops vereinigende Relation ließ den Herakles das Heiligthum des Pelops zu Olympia und das olympische Fest zum Andenken des Pelops gründen²).

Schon früher war der Ruhm und die Sage vom Pelops von einer andern Seite her erweitert worden. Vertriebene aus dem Peloponnes waren im zehnten Jahrhundert v. Chr. nach der Westküste Anatoliens ausgewandert. Sie hatten sich der Insel Lesbos bemächtigt und eine Reihe von Städten auf der gegenüberliegenden Küste My-

---

1) Tyrtael fragm. 12, 7. — 2) Pindar. Olymp. I, 75 sqq. Paus. V, 10, 1 V, 21. 22, 1. V, 13.

siens gegründet, deren bedeutendste, Kyme, nordwärts vom Sipylos, war. Die zu Kyme wie zu Mytilene, der Hauptstadt von Lesbos herrschenden Geschlechter rühmten sich, Nachkommen des Pelops zu sein. Die Könige von Mytilene wollten in grader Linie von Orestes, dem Sohne Agamemnons, abstammen, die Herrscher von Kyme, die ihren Stamm durch Kleuas und Malaos auf den Agamemnon zurückführten, erneuerten den gepriesenen Namen Agamemnons in ihrer Königsreihe (s. unten). Da die Dorer, welche diese Nachkommen des Agamemnon aus dem Peloponnes vertrieben hatten, ihr Recht auf ihren Ahnherrn, den Herakles, zurückführten[1]), so wollten die Könige von Kyme den Besitz ihrer neuen Gebiete in Asien ebenfalls auf ein altes Recht stützen und auf ihren Ahnherrn zurückführen. Pelops sollte nun schon in grauer Vorzeit auf der Küste Asiens gewaltet haben, er sollte das Gebiet, welches man hier erworben, bereits besessen und dadurch geweiht haben. Nun war des Pelops Reichthum, seine Rossebändigung seit alter Zeit gepriesen; nach den Sagen des Küstenlandes, welches man besetzt hatte, sollten die alten Fürsten des Landes unermeßlich reich gewesen sein; ihre Nachkommen waren es noch, und die Kunst des Rosselenkens und Reitens war hier namentlich bei den Lydern früher und besser geübt worden, als bei den Griechen. Daß die griechischen Ansiedler von dieser Anschauung voll waren, beweist der Ruhm der lydischen (maeonischen) Reisigen bei Homer. So knüpfte sich der reiche rossebändigende Pelops leicht an die alten reichen und rossebändigenden Könige der Küste. Pelops war offenbar ein Sproß derselben gewesen, er war von hier aus nach Hellas gewandert.

Nach der Sage der Myser war Tantalos ein alter oder der älteste König des Landes. Auf dem Sipylos sollte sein Thron oder seine Königsburg gestanden haben, auf dem Sipylos wurde sein Grab, ein sehenswerthes Denkmal, wie Pausanias sagt, gezeigt[2]). Sein Reichthum war gepriesen, wie der des Midas von Phrygien, wie der des Gyges. von Lydien. Die Aecker des Tantalos erstreckten sich zwölf Tagereisen weit vom Sipylos bis zum Ida und „die Talente des Tantalos" wurden ein gangbares Wort bei den Griechen[3]).

---

1) Daß dies frühzeitig geschah, folgt aus dem Rechte, welches Homer dem Herakles beilegt. Auch Phidon von Argos begründete sein Recht auf den Vorsitz bei den olympischen Spielen auf seine Abkunft vom Herakles. — 2) Pausan. II, 22, 2 4. V, 13 4. — 3) Strabon p. 580. 680. Pind. Olymp. I, 46 seqq.

Die Sage von Pelops.

So machten ihn die Griechen zu einem Sohn des Zeus und der Pluto, d. h. des Reichthums, und zum Vater des Pelops und der Niobe, deren Stein auf dem Sipylos stand. Die Kulte Mysiens gewährten die Elemente zu weiterer Ausführung der Sage. Die Götter würdigten den Tantalos ihres Umgangs, er aber raubte ihnen Nektar und Ambrosia, um die Götterkost mit seinen Zechgenossen zu verprassen, und als er einst die Götter zum Mahle geladen, schnitt er seinen Sohn Pelops in Stücke und setzte ihn den Göttern vor. Diese belebten den Pelops wieder, aber Zeus stürzte den Tantalos in die Unterwelt und hing einen Stein über seinem Haupte auf, und ließ ihn in einem See stehen, der versiegte, sobald sich Tantalos durstig bückte. Neben ihm hingen Baumzweige voll der schönsten Früchte, aber sobald Tantalos die Hand ausstreckte, sie zu ergreifen, schleuderte ein heftiger Wind die Zweige in unerreichbare Ferne. Den Sturz des Tantalos erklären Strabon und Plinius aus einem großen Erdbeben, welches den Sipylos und die umliegende Gegend verwüstet habe, so daß man sagen konnte, Zeus habe einen Berg auf den Tantalos gewälzt, einen Stein über ihm aufgehängt[1]). Die Strafen des Hungers und Durstes, welche Tantalos in der Unterwelt erleidet, sind die Vergeltung für den Mißbrauch, den er mit den Speisen der Götter getrieben. Die Kinder seiner Tochter Niobe, welche sich gerühmt hatte, sechs Söhne und sechs Töchter geboren zu haben[2]), während die Leto nur den Apollon und die Artemis geboren, sanken unter den Pfeilen des Apollon und der Artemis, sie selbst wurde in einen Stein verwandelt; Pelops aber zog über das aegäische Meer. Spätere Schriftsteller wußten diese Auswanderung zu motiviren. König Ilos von Troas, einer der Vorfahren des Priamos, hat den Pelops mit gewaffneter Hand aus Mysien vertrieben[3]), so war denn der Zug Agamemnons gegen Ilion die erste, die Ansiedelung der Pelopiden in Mysien die zweite Vergeltung der Uebelthaten des Ilos. Die Kinderschlachtung des Tantalos, die Zerstückelung des Pelops beruht auf dem Kultus der Myser und die versteinerte Niobe in der Nähe von Smyrna war ein alter Stein, ein Idol der großen Mutter, welche die Myser auf dem Sipylos anriefen (Bd. I. S. 251. 252).

---

1) Strabon p. 58. Plin. hist. n. 5, 29. — 2) So viel waren es nach der Ilias, Hesiod hat 10 Söhne und 10 Töchter, Apollodor je 7. Ilias 24, 603 sqq. Apollodor III, 5, 6. — 3) Apollodor a. a. C. Pausan. II, 22, 4.

Das homerische Epos weiß von allen diesen Dingen nichts; hier findet sich, so viel Veranlassung war, davon zu sprechen, keine Andeutung eines anatolischen Ursprungs des Pelops, keine Spur einer Einwanderung in den Peloponnes. Wol kennen die homerischen Gedichte den Stein der Niobe, aber die Niobe ist ihnen weder die Tochter des Tantalos, noch ist sie mit dem Pelops nach Hellas gezogen, um die Gattin des Amphion von Theben zu werden[1]). Der Pelops des Homer gehört den griechischen Gauen, und seine Anknüpfung an den Tantalos ist wol erst ein Jahrhundert nach Homer d. h. um die Mitte des achten Jahrhunderts von Kyme aus gedichtet worden[2]), wozu dann im siebenten Jahrhundert die Erhebung des Pelops zum Besieger des Oenomaos, zum Landesheros von Elis, kam. Auch der Name Peloponnes, d. h. die Bezeichnung der Halbinsel nach dem Pelops scheint nicht früher als im siebenten Jahrhundert üblich geworden zu sein und mit dem in dieser Zeit hervortretenden Ruhm des Pelops zusammenzuhängen[3]). So bildete sich die Relation, daß Pelops aus Asien in den Peloponnes eingewandert sei, „daß er Macht erworben habe durch die reichen Schätze, welche er zu armen Leuten gebracht habe. So sagen wenigstens, bemerkt Thukydides, diejenigen Peloponnesier, welche die zuverlässigste Ueberlieferung von ihren Vorfahren haben."

Nachdem Pelops die Hippodameia errungen und König von Pisa geworden, gebar ihm diese den Atreus und die Nikippe. Nikippe (d. h. Wagensieg) wurde die Gattin des Sthenelos, des Bruders des Königs Elektryon von Mykene, und ihr Sohn Eurystheus dessen Nachfolger auf dem Thron. Als nun Eurystheus gegen Attika auszog, übertrug er seinem Oheim, dem Atreus, die Regierung in seiner Abwesenheit, und da Eurystheus in Attika fiel, übergaben die

---

1) Daß Niobe nach Theben gebracht wurde, lag wol darin, daß unter den Ansiedlern von Lesbos und Kyme auch Böoter waren und thebanische Kulte Anknüpfung gewährten. Andere brachten sie nach Argos und machten sie zur Gattin des Phoroneus, des ältesten Menschen; Akusil. fragm. 14 ed. Müller. — 2) So viel ich sehe, spricht Archilochos (in der zweiten Hälfte des achten Jahrhunderts) zuerst von dem Stein, der über dem Haupte des Tantalos aufgehängt sei; Archilochos bei Pausan. X, 31. Die Anknüpfung des Pelops an den Tantalos kann nicht nach dem Sturz des Königthums in Kyme und Mytilene erfolgt sein. — 3) Die homerischen Gedichte kennen den Namen nicht. Tyrtaeos spricht von Pelops weiter Insel (fragm. 2. bei Bergk), und die Kyprien von der Insel des Tantaliden Pelops; fragm. ep. Cypria 8. ed. Didot. Im Hymnus auf den Apollon, der vor 600 gedichtet wurde, kehrt der Name öfter wieder; v. 250. 419. 430.

Argiver, besorgt von den Herakliden überzogen zu werden, dem Atreus die Herrschaft über Mykene und das gesammte Gebiet des Eurystheus¹). So waren die Kinder des Pelops in die Geschlechtsfolge des Danaos aufgenommen und ihr Recht auf den Thron von Mykene durch die Verwandtschaft nachgewiesen²).

In den homerischen Gedichten folgt dem Pelops dessen Sohn Atreus, dem Atreus dessen Bruder Thyestes, dem Thyestes des Atreus Sohn Agamemnon; ruhig und friedlich übergab einer dem anderen das Szepter. In schroffem Gegensatz zur Anschauung des Epos haben die attischen Tragiker diesem Geschlecht eine Menge Gräuelthaten von ihrer Erfindung beigelegt. Sie änderten die Sage von den Pelopiden, um den forterbenden Fluch einer ersten Frevelthat, die Sünde aus Sünde gebiert, vor Augen zu stellen. Sie gingen dabei von der Schlachtung des Pelops aus und hatten den Mord des Agamemnon und den Muttermord des Orestes als Schluß der Sage vor Augen, den sie durch eine lange Reihe von Freveln zu motiviren strebten. Die homerischen Gedichte preisen den Muttermord des Orestes ganz unbefangen als eine ruhmreiche That, als die gebotene Rache für die Ermordung des Vaters, und dem Pindar war die Schlachtung des Pelops so zuwider, daß er sagt, „ich singe entgegen dem, was die Vorgänger gesungen." Er erklärt dann diese Schlachtung für ein Gerücht neidischer Nachbarn, und läßt den Pelops durch den Poseidon zum Olymp entrückt wer-

---

1) Thukyd. I, 9. — 2) Die Fäden, welche den Pelops nach Mysien und nach Pisa gebracht haben, sind sehr durchsichtig. Für Pisa hat die Sage aber keine anderen Elemente als das Wagenrennen zu verfügen, dem sogar die Namen Hippodameia und Killippe entnommen sind, für Mysien hat sie nichts als die Schätze des Tantalos, als den Stein der Niobe und ein Kinderopfer zur Verfügung, und ist in sichtbarer Verlegenheit, die Auswanderung zu motiviren. Um diese Auswanderung festzuhalten, hat man eingewendet, daß wenn die Sage der Auswanderung in Asien gemacht sei, Homer Notiz davon hätte nehmen müssen, und daß es unerklärlich sei, wie sie grade in Elis hätte Eingang finden können, wo sie gar keinen Sinn habe. Wenn Homer von der Sage der Auswanderung keine Notiz nimmt, so liegt dies einfach darin, daß sie zu seiner Zeit noch nicht bestand, und wenn sie in Elis heimisch geworden ist, so liegt dies zuerst an dem Wagenrennen und dann darin, daß, wie oben ausgeführt ist, den herrschenden Einwanderern ein einwandernder Heros, der den alten Herrscher von Pisa besiegte, erwünscht und von vielem Sinn war. In Argos und Sparta, wo Herakliden herrschten, welche die Pelopiden verdrängt hatten, konnte Pelops nicht wol ohne besondere Veranlassung heroische Verehrung genießen. Indeß gebot das delphische Orakel, hundert Jahre nach jenem Gebot an die Eleer, die Gebeine des Pelops aufzubewahren, auch den Spartanern die Gebeine des Orestes nach Sparta zu bringen.

ben¹). Andere die Tragiker, welche den Atreus die Kinderschlachtung des Tantalos wiederholen lassen. Nach Aeschylos streitet Thyestes, der jüngere Bruder, mit Atreus um die Herrschaft über das Reich Mykene. Atreus verbannt den Thyestes, und als dieser, nachdem er viel Uebel erduldet, zurückkehrt und sich schutzflehend an den Heerd des Atreus niederläßt und um das Loos der Sicherheit bittet, setzt ihm der Bruder ein Mahl vor. Thyestes wußte nicht, daß er vom Fleisch seiner beiden ältesten Knaben aß, welche Atreus geschlachtet hatte. Als Thyestes vernahm, was geschehen war, sprach er einen furchtbaren Fluch über das Geschlecht der Pelopiden aus²). Sophokles und Euripides führen dann diese Vorstellungen noch weiter aus. Den ersten Grund für die Gräuel im Hause des Pelops findet Sophokles darin, daß Pelops den Myrtilos, einen Liebling des Hermes, ermordet hat³). Euripides und Hellanikos lassen danach den Atreus und Thyestes ihren jüngeren Bruder Chrysippos, den ein anderes Weib als die Hippodameia dem Pelops geboren hat, erschlagen⁴), und so folgt dann Verbrechen auf Verbrechen; der Mord der beiden Söhne des Thyestes durch Atreus, das Opfer der Iphigeneia, welches auch Aeschylos als ein weiteres Motiv benutzt, die Verführung der Klytaemnestra, der Gattin des Agamemnon (welcher bei Stesichoros und den Tragikern nicht der Sohn des Atreus, sondern dessen Enkel ist), durch den Aegisthos, den dritten Sohn des Thyestes, der Mord des Agamemnon durch Aegisthos und Klytaemnestra, worauf dann endlich der Mord der Klytaemnestra und des Aegisthos durch den Sohn des Agamemnon, den Orestes, den Schluß dieser langen Reihe von Entsetzen und Frevel bildet.

7. Die Sage vom Kriege gegen Theben.

Neben den lokalen Sagen, mit welchen jede Landschaft das Dunkel ihrer Vorzeit ausfüllt, besaßen die Griechen Ueberlieferungen, welche gemeinsame Kriegs- und Raubzüge der alten Zeit er-

---

1) Pindar Olymp. 1, 36 seqq. — 2) Aesch. Agamemn. 1583 seqq. — 3) Sophocl. Electra 504 seqq. — 4) Hellanici Fragm. 42. ed. Müller. Euripid. Orestes 995. Welker griechische Tragödie S. 533. Auch ein goldenes Lamm, welches Hermes dem Pelopiden schenkte, gilt bei einigen als Motiv des Unheils; Euripid. l. c. vergl. oben S. 100; Stesichori Fragm. 42. bei Bergk. Aeschyl Agamemn. 1602.

zählten. Die Untersuchung der lokalen Sagen gewährte bereits das Ergebniß, daß in einigen Kantonen Herrschergeschlechter von kriegerischer Kraft und Bedeutung, die Thesiden in Attika, die Pelopiden im Gebiet von Argos emporgekommen waren. War das kriegerische Leben einmal erwacht, so konnte, so mußte es auch über die Grenzen der einzelnen Kantone hinausgreifen.

Der erste große Kriegszug, von welchem die Ueberlieferung berichtet, ist ein Angriff peloponnesischer, insbesondere argivischer Fürsten und Helden gegen die Kadmeer von Theben. König Proetos von Tiryns, der mit seinem Bruder Akrisios d. h. mit Argos in so bitterer Feindschaft lebte (ob. S. 87) hatte zwei Töchter. Sie erregten den Zorn der Götter und wurden mit schwerer Krankheit, mit Aussatz heimgesucht. Sie zu heilen ließ Proetos den weisen Melampus (d. h. Schwarzfuß) aus Pylos herbeiholen. Melampus stammte von Kretheus, dem Bruder des Königs Athamas von Jolkos. Von den fünf Söhnen des Kretheus (ob. S. 40) waren Amythaon und Neleus nach Pylos gezogen. Des Amythaon Söhne waren Melampus und Bias. Melampus verstand sich dazu, des Proetos Töchter zu heilen, wenn Proetos ihm und seinem Bruder die Hand derselben und zwei Drittheile seines Reichs gewähre. Als er erhalten, was er forderte, vollbrachte er die Heilung[1]). Des Melampus Urenkel, Amphiaraos, war wie sein Ahn ein trefflicher Seher, aber verstand es auch mit der Lanze zu kämpfen[2]). Des Bias Enkel waren Adrastos, Mekisteus und Parthenopaeos. Adrastos herrschte zu Sikyon; aber auch Argos gehorchte seiner Herrschaft[3]). Ein Götterspruch gebot ihm, seine beiden Töchter einem Löwen und einem Eber zu vermählen. Da traf es sich, daß Tydeus, der Sohn des Königs Oeneus von Kalydon (S. 93), aus der Heimath vertrieben, eine Eberhaut um die Schultern und Polyneikes, von Theben flüchtend, ein Löwenfell um sich geschlagen, in sein Haus zu Argos kamen. Adrastos nahm sie auf und vermählte seine Tochter Deïphyle dem Tydeus und ihre Schwester Argeia dem Polyneikes[4]).

---

1) Hesiod. fragm. 41. 42. ed. Göttling. Herod. 2, 49. 9, 34. Apollodor V, 9. Diodor 4, 68. Pausan. II, 18 — 2) Odyss. 14, 241 seqq. Aesch. Sept. 549. Pindar. Olymp. 6, 18. — 3) Il. 2, 572. Pindar. Nem. 9, 11. Herod. 5, 67. Pausan 2, 23. Bei einigen ist Adrastos Nachfolger des Königs Polybos von Sikyon, der den Oedipus aufsieht. — 4) Il. 14, 115. Apoll. III, 6, 1. L, 8, 5. Eurip. Phoenies. 419. und die Scholien.

Polyneikes war der Sohn des Oedipus von Theben. Der Sohn des Kadmos König Polydoros (S. 52), hatte mit der Nykteïs, d. h. der Nächtlichen, den Labdakos erzeugt[1]). Des Labdakos Sohn war Laïos, des Laïos Sohn Oedipus. Die homerischen Gedichte erzählen, daß „Oedipus unwissend seinen Vater erschlagen und sich unwissend seiner Mutter, der schönen Epikaste, vermählt habe. Als die Götter diesen Frevel den Menschen kund machten, knüpfte Epikaste, dem Kummer weichend, die schlimme Schlinge an den hohen Balken und stieg in das Haus des gewaltigen Hades hinab; dem Oedipus aber ließ sie viele heftige Qualen zurück, wie sie die Erinnyen der Mutter verhängen. So herrschte er nach dem verderblichen Rathschlusse der Götter schmerzduldend in dem gesegneten Theben über die Kadmeer. Als er in das Grab gestiegen war, wurden ihm Leichenspiele gehalten"[2]). Die Thebaïs und die Oedipodeia, epische Gedichte des achten Jahrhunderts (s. unten) lassen den Oedipus nach dem Tode der Epikaste die Euryganeia heimführen, welche ihm den Polyneikes (Vielstreit) und danach den Eteokles (Rechtruhm), so wie die Antigone und die Ismene gebar[3]). Die Thebaïs erzählt, „daß der blonde Polyneikes seinem Vater einst den schönen silbernen Tisch des Kadmos göttlicher Weisheit vorgesetzt, und danach den schönen goldenen Becher mit süßem Weine gefüllt habe. Als Oedipus des prächtigen Ehrensitzes seines Ahnherrn inne ward, überfiel seinen Geist großes Unheil. Er fluchte seinen beiden Söhnen mit furchtbaren Verwünschungen — welche die Göttin Erinnys vernahm — daß sie ihr väterliches Erbe nicht in Frieden theilen, daß ihnen gegen einander stets Streit und Kampf sein solle." Ein anderes Mal sandten ihm seine Söhne vom Opfer statt des Schulterstücks, welches ihm zukam, die Hüfte. Als Oedipus die Hüfte gewahrte, warf er sie zur Erde und sprach: „Weh mir, dies sandten mir meine Kinder, um mich zu verspotten! Und er flehte zum König Zeus und den übrigen Unsterblichen, daß seine Söhne, gegenseitig von ihrer Hand getödtet, in das Haus des

---

1) Herod. 5, 59. 60. — 2) Odyss. 11, 271—280. [Ilias 23, 680. — 3) Pausan. IX. 5, 5. nach der Oedipodeia; Schol. Eurip. Phoeniss. 1760. 1773. Nach Pherekydes (Fragm. 48. ed. Müller) hatte Oedipus zwei Söhne von der Jokaste, welche den König Erginos von Orchomenos und den Minyern erschlagen wurden. Dann gebar ihm die Euryganeia drei Töchter: Jokaste, Antigone, Ismene und den Eteokles und Polyneikes. Nach dem Tode der Euryganeia habe Oedipus die Astymedusa in dritter Ehe geheirathet.

Hades hinabsteigen sollten"¹). Pindar sagt, daß „Oedipus den uralten Ausspruch des pythischen Gottes vollendet, als er dem Vater begegnend, ihn tödtete, wie es bestimmt war. Das habe die schnelle Erinnys gesehen und das Geschlecht des Kadmos sich im Wechselmord erwürgen lassen"²).

Diese alte Sage, deren Grundzüge im homerischen Epos vorliegen, welche in dem späteren Epos weiter ausgeführt und mit der Gestalt des Kadmos, mit den blutigen Anfängen der Geschicke Thebens in Verbindung gebracht wurde, geht von der Anschauung aus, daß es die aus dem Blute des Laios, aus dem befleckten Schooß der Mutter aufgestiegene strafende Gottheit, daß es die Erinnys ist, welche den Oedipus schmerzvoll ins Grab bringt, welche seinen Sinn verdüstert, daß er in arglosen Handlungen oder unbedeutenden Versehen der Söhne schlimme Verletzungen sieht, und schwere Verwünschungen auf ihr Haupt legt, welche dann von der Erinnys des Fluches vollstreckt werden. Den Aegiden in Sparta, welche ihr Geschlecht aus Theben und ihren Stammbaum von Kadmos ableiteten, gebot das Orakel von Delphi, als ihnen einst ihre Kinder wegstarben: „den Erinnyen des Laios und Oedipus ein Heiligthum zu gründen"³). Die attischen Tragiker arbeiteten diese Sage nach ihrem Bedürfniß um. Um den Untergang der Söhne des Oedipus aus ihrem Ursprung zu erklären, machen sie den Eteokles und Polyneikes zu Söhnen des Oedipus und seiner Mutter, welche bei ihnen Jokaste heißt. Sie müssen demgemäß auch die Entdeckung der unheilvollen Ehe, welche nach dem Epos bald erfolgte, in eine viel spätere Zeit verlegen. Auch die Blindheit des Oedipus scheint dem Epos fremd gewesen zu sein. Das Epos läßt den Oedipus von seinen Söhnen geehrt in Theben sterben. Um den Untergang der Söhne auch durch deren eigene Schuld zu motiviren, läßt Sophokles den blinden Oedipus aus Theben verbannen, ohne daß die Söhne sich seiner annehmen⁴). Er läßt den Oedipus den Zwist der Söhne erleben, Euripides sogar den Tod der Söhne⁵).

Die Darstellung des Aeschylos hielt sich, so viel wir sehen können, dem Epos am nächsten. Dreimal hat der Spruch des pythischen Gottes dem Laios verkündet, „daß er Theben retten werde,

---

1) Athen. 12. p. 466. Schol. Soph. Oed. Col. 1375. — 2) Olymp. 2, 43—45. — 3) Herodot 4, 149. — 4) Oed. in Col. 425 seqq. — 5) Eurip. Phoen. 1562 seqq.

wenn er ohne Söhne sterbe. In thörichtem Rathschluß erzeugt er sich dennoch den Vatermörder Oedipus, welcher das männerraubende Unheil der Stadt entfernt, dann in Verblendung sinnverwirrendes Brautbett hält, und den heiligen Acker, der ihn selbst getragen, mit blutvoller Saat bestellt. Als er der grauenvollen Hochzeit inne wird, trägt er den Jammer nicht, er schlägt mit der vatermörderischen Hand seine Augen und hinterläßt seinen Kindern die zornige Speise, die bitteren Worte des Fluchs, daß sie mit dem Schwerte ihr Erbe theilen sollen"[1]). Das männerraubende Unheil, welches Oedipus den Thebanern entfernte, war ein Ungeheuer dessen Name Sphinx von dem Berge Phikion, einem Gipfel des phoenikischen Gebirges bei Theben, abgeleitet ist, und nichts weiter als ein Raubthier, als einen Lindwurm des phikischen Berges bezeichnet haben wird[2]). Den Späteren wurde das Raubthier des phikischen Berges zur Sphinx, welche nun nach der Art der aegyptischen Sphingen vorgestellt und dargestellt wurde. In der Theogonie heißt die Phix das Verderben der Kadmeer; Aeschylos läßt sie einen Kadmeer nach dem andern in ihren Pranken forttragen und auffressen[3]).

Beim Sophokles erhält Laios das Orakel, daß sein Sohn den Eltern den Tod bringen werde. Des Laios Gattin, Jokaste, übergiebt deshalb den Knaben, welchen sie geboren, mit zusammengeschnürten Füßen einem Hirten, das Kind auf dem Kithaeron auszusetzen. Der Hirt des Laios aber giebt den Knaben aus Mitleid einem Hirten des Polybos d. h. des Rinderreichen[4]), welcher bei Sophokles König von Korinth, nach einer anderen Version König von Sikyon ist. Polybos zieht den Oedipus als seinen Sohn auf. Als Oedipus herangewachsen ist, verkündet ihm das Orakel zu Delphi, daß er seinen Vater mit eigener Hand tödten und seine Mutter freien werde. Da Oedipus den Polybos und dessen Gattin Merope (bei anderen Periboea) für seine Eltern hält, beschließt er, Korinth für immer zu meiden und wendet sich von Delphi nach Theben. In dem Hohlwege in der Nähe von Daulis (nach Aeschylos war es auf einem Kreuzwege bei Potniae), trifft er auf einen Wagen, welcher einen Greis trägt und von einigen Dienern geleitet

---

1) Aeschyl. Septem 744—790. — 2) Theogon. 326. Sent. Here. 33. Apollodor III, 5, 8. — 3) Sept. 539. — 4) Oedip. rex 1016 seqq. 1132 seqq.

wird. Der Lenker will den Oedipus mit Gewalt aus dem Wege treiben, dieser widersetzt sich, der Alte schlägt ihn mit seinem Stabe, Oedipus tödtet den Wagenlenker, den Greis und die Diener. Es war sein Vater Laios, der sich von Theben aufgemacht hatte, beim Apollon Hülfe gegen die Sphinx zu suchen. Sophokles läßt die Sphinx „die Jungfrau mit den krummen Klauen" als ein Sinnbild der verborgenen aegyptischen Weisheit, den Kadmeern Räthsel aufgeben, durch deren Lösung sie allein überwunden werden konnte. Da Laios nicht heimkehrte, bot Kreon, der Bruder der Jokaste, dem, der das Räthsel lösen würde, die Hand seiner Schwester, sammt der Krone von Theben[1]). Das Räthsel, welches die Sphinx von den Musen gelernt hatte, lautete nach Apollodor's Bericht: was ist das, was zweifüßig, dreifüßig und vierfüßig ist? Oedipus antwortete der Sphinx: es ist der Mensch, welcher im Beginn seines Lebens auf Händen und Füßen kriecht, in der Mitte desselben auf seinen beiden Füßen einherschreitet, am Abend seines Lebens sich auf den Stab stützt. Die Sphinx stürzte sich von der Höhe des Phikion herab, und Oedipus ward Herrscher von Theben[2]). Jahre waren verstrichen, als wegen der Frevel des Oedipus, welche das Land verunreinigt hatten, eine Pest über Theben kam. Kreon bringt den Spruch von Delphi zurück, daß des Laios Mörder aus dem Lande weichen müsse. Nun erst erkennt Oedipus Schritt vor Schritt sein grauenvolles Schicksal; Jokaste erhängt sich, wie beim Homer, Oedipus sticht sich die Augen aus. Die Thebaner verbannen den blinden König aus dem Lande. Von seiner Tochter Antigone geleitet, irrt er lange umher, während seine Söhne in Krieg gegen einander gerathen, bis er endlich in Attika in dem Hain der Erinnyen bei Kolonos eine Zuflucht findet. Theseus schützt ihn hier vor dem Kreon von Theben, wie vor dem aus Theben vertriebenen Polyneikes, welche sich des armen alten Mannes bemächtigen wollen, da ein Spruch von Delphi die Herrschaft über Theben an den Besitz des Grabes des Oedipus knüpfte[3]). Die Erinnyen sind endlich durch die Zelten des Greises versöhnt. Sie verwandeln sich aus den unerbittlichen Rachegeistern in die wohlwollenden Geister (die Eumeniden) und führen den Oedipus sanft

---

1) Pherecyd. Fragm. 49. ed. Müller. — 2) Apollodor III, 5, 8. — 3) Oedip. in Col. 395.

in die Unterwelt hinab. Diesen Tod des Oedipus zu Kolonos dichtete Sophokles auf Grund der lokalen Sagen dieser attischen Gemarkung. Es gab hier ein Heiligthum der Eumeniden, in welchem eine eherne Schwelle d. h. ein Eingang in die Unterwelt gezeigt wurde; hier war nach der Tradition der Koloneer das Grab des Oedipus[1]). Sophokles nahm diese Sagen auf, weil sie zu seiner milderen und menschlicheren Ethik stimmten, nach welcher jedes auch noch so schwere Verbrechen durch Unglück, Leiden und Reue gesühnt werden konnte.

Eteokles und Polyneikes haderten um das Erbe des Vaters, „um die Schafe des Oedipus", wie es in den Werken und Tagen heißt[2]). Pherekydes erzählt, daß Polyneikes mit Gewalt aus Theben vertrieben worden sei; bei Sophokles treibt Eteokles, der jüngere, die Thebaner durch seine Reden verführend, den älteren Polyneikes aus dem Lande, um ihn den Thron nicht besteigen zu lassen[3]). Hellanikos behauptet, daß Polyneikes dem Eteokles die Herrschaft überlassen, indem er die Wahl gestellt, ob er die königliche Gewalt, oder die Habe des Vaters erben, dann aber außer Landes gehen wolle. Eteokles habe die Königswürde gewählt, und Polyneikes sei mit den Schätzen des Kadmos und Oedipus nach Argos gezogen[4]). Nach einer anderen Auffassung hatten die Brüder den Vertrag geschlossen, ein Jahr um das andere zu herrschen; aber Eteokles weigerte sich, nachdem sein Jahr vorüber war, dem Bruder Platz zu machen[5]).

Von Adrastos in Argos aufgenommen und im Besitz der Hand seiner Tochter Argeia drang Polyneikes in seinen Schwiegervater, ihn in seine Herrschaft zu Theben wieder einzusetzen[6]). Aber Amphiaraos, der des Adrastos Schwester Eriphyle zur Frau hatte, rieth, der Zukunft kundig, ab; der Zug sei gegen den Willen der Götter. Da gab Polyneikes das Halsband, welches die Aphrodite einst der Harmonia geschenkt, als diese das Weib des Kadmos ward (S. 52.) der Eriphyle; sie bewog ihren widerstrebenden Gatten zum Kriege, und die Odyssee beklagt, daß das böse Weib den Gatten um Gold verrathen[7]). So zogen denn, trotzdem daß „Kronion wehrte und

---

1) Müller Aeschylos' Eumeniden S. 171. — 2) Opp. 164. — 3) Oed. in Col. 375. 1290. — 4) Hellanic. Fragm. 19. ed. Müller. — 5) Eurip. Phoen. 88. Apollodor III, 6, 1. — 6) Eurip. suppl. 146 sqq. — 7) Odyssee 11, 327. Vgl. die Darstellung auf dem Kasten des Kypselos und die „männerbändigende Eriphyle" bei Pindar Nem. 9, 16.

ungünstige Zeichen sendete", wie die Ilias sagt¹), die Helden aus: Adrastos mit seinen Brüdern Mekisteus und Parthenopaeos, Amphiaraos, Polyneikes, Tydeus, die Nachkommen des Proetos von Tiryns, Kapaneus und Eteoklos und mit ihnen Hippomedon²). „Sie führten das Heer den Weg, welchen ihnen die Vögel nicht gewiesen"³). Als der Zug in das Thal von Nemea gelangte, wo König Lykurgos herrschte, suchten die Helden durstig nach Wasser; sie trafen auf die Wärterin des kleinen Knaben des Lykurgos, welche das Kind in das Gras legte, den Argivern die Quelle zu zeigen. Als sie zurückkehrte, war das Kind von einer Schlange getödtet. Zu Ehren des Knaben, welcher um ihretwillen den Tod gefunden (Amphiaraos nannte ihn Archemoros d. h. Anfang des Todes), feierten die Helden Leichenspiele, in welchen Amphiaraos mit dem Viergespann, Adrastos im Wettreiten mit seinem Roß Areion (d. h. das Schlachtroß) siegte⁴). Am Asopos gelagert, schickten sie den Tydeus mit einer Botschaft an den Eteokles in die Stadt. Er fand die Kadmeer zahlreich im Hause des Königs beim Schmause und ließ sich kaum Zeit, ruhig mit ihnen das Mahl zu verzehren, um sie alle zum Wettkampfe herauszufordern. Es erzürnte die Kadmeer heftig, daß alle ihre Kämpfer von Tydeus besiegt wurden. Als er in das Lager der Argiver zurückkehrte, legten ihm zweiundfünfzig Jünglinge einen Hinterhalt, aber Tydeus erschlug alle, bis auf einen einzigen⁵). Teiresias, der Seher der Thebaner, hatte diesen Rettung und Sieg verkündet, wenn sich der Sohn des Kreon, Menoeceus, dem Ares selbst zum Opfer bringe. Menoeceus eilte hinaus und tödtete sich mit eigener Hand vor den Thoren. So zogen die Thebaner voll Vertrauen aus der Stadt, aber sie wurden am Heiligthum des ismenischen Apollon geschlagen. Doch widerstanden sie dem Angriff auf die Stadt, und die Belagerung währte schon eine lange Zeit⁶), als die Helden von Argos Stiere über einem schwarzen Schild opferten, die Hände in das Opferblut tauchten und beim Ares und der Enyo des Kadmos Stadt auszutilgen oder selbst zu fallen schwuren⁷). Danach verloosten sie die sieben Thore von Theben;

---

1) Ilias 4, 381. — 2) So zählt Aeschylos die Helden auf; über andere Aufzählungen wie es scheint älterer Auffassung Apollodor III, 6, 3. Schol. Aeschyl. Sept. 532. Vgl. Ilias 2, 566. 23, 678. — 3) Pindar. Nem. IX, 18. — 4) Il. 23, 346. Apollod. III, 6, 3. Schol. ju Pindari Nem. I. — 5) Ilias 4, 382 seqq. 5, 802. 10, 285. — 6) Septem. v. 22. — 7) Septem 43 seqq.

jedes sollte, von einem der Helden angegriffen werden. Das Loos bestimmte dem Tydeus das Thor des Proetos auf der Oſtſeite der Stadt, in der Nähe des Baches Ismenos, dem Kapaneus das Thor der Elektra, dem Eteokles das neiſtiſche Thor, dem Hippomedon das Thor der Athene Onka, das borrhaeiſche Thor beim Grabe des Amphion (oben S. 52.) dem Parthenopaeos; das homoloiſche Thor dem Amphiaraos[1]). Kapaneus rühmte ſich, die Stadt mit oder gegen den Willen der Götter zu zerſtören und legte, begierig Feuer in die Stadt zu werfen[2]), die Sturmleiter an das elektriſche Thor; ſchon iſt er oben, ſchon ruft er Sieg, als ihn Zeus durch einen ſchmetternden Blitzſtrahl hinabſtürzt[3]). Parthenopaeos wird am borrhaeiſchen Thor durch einen Steinwurf von den Zinnen getödtet[4]), das Heer der Argiver weicht von den Mauern, Eteokles und Po- lyneikes begegnen ſich im Kampfe und „erſchlagen ſich gegenſeitig mit Bruderhänden"[5]). So iſt der Fluch des Vaters erfüllt, ſo haben ſie „mit dem Eiſen des Vaters Erbe getheilt, und die Erde trinkt das Blut, welches die Bruderkönige im Wechſelmord ver- goſſen"[6]). Der Kampf wüthete weiter, Hippomedon und Eteoklos von Tiryns fallen; der Thebaner Melanippos, des Aſtakos Sohn, erſchlägt des Adraſtos Bruder Meliſteus und verwundet den Tydeus zum Tode, fällt aber dann ſelbſt von Amphiaraos Hand. Amphi- araos reicht dem ſterbenden Tydeus das Haupt ſeines Gegners; Tydeus zerreißt daſſelbe und ſchlürft das Gehirn[7]). Endlich wen- den ſich Adraſtos und Amphiaraos, die allein von den Helden noch übrig ſind, zur Flucht. Aber der Thebaner Periklymenos ereilt den Amphiaraos, der auf ſeinem Viergespann zum Ismenos hinab- jagt; ſchon erreicht des Periklymenos Lanze die Schulter des Am- phiaraos, als Zeus, den frommen Seher zu retten, mit dem Blitz die Erde ſpaltet, welche ſich öffnet und den Amphiaraos mit ſeinem Geſpann in ihrem Schoße birgt[8]). Adraſtos entkommt durch ſein

---

1) Septem 375—625. Vgl. Euripid. Phoenis. 5. 1111. Apollodor III, 6, 8. Pausanias IX, 8, 3. — 2) Septem 423 seqq. — 3) Soph. Antig. 127. Eurip. Phoeniss. 1190. — 4) Eurip. Phoeniss. 1173; eine andere Verſion bei Pausanias IX, 18, 4. — 5) So in Aeſchylos' Sieben. Bei Späteren iſt der Zweikampf der Brüder die Folge einer förmlichen Ankunft zur Entſcheidung des Krieges nach dem abgeſchlagenen Sturm der Argiver. — 6) Aeschyl. Sept. 810. — 7) Pherecyd. Fragm. 51. Des Melanippos Grab wurde dem Pauſanias am Thore des Proetos gezeigt; er wurde als Heros verehrt; Pindar. Nem. 11. 37. Pauſ. IX, 18, 1. u. untn. — 8) Pindar. Olymp. 6, 21. Nem. 9, 25.

Die Epigonen.

Roß Areion, dessen Schnelligkeit die homerischen Gedichte preisen. „In Trauerkleidern entfloh er mit dem schwarzmähnigen Areion," sagt die Thebais[1]). Es gelang dann seinen „sanft überredenden Worten"[2]), die Thebaner zu bewegen, den gefallenen Helden die Ehre der Bestattung zu erweisen; auf sieben Holzstößen wurden deren Leichen verbrannt[3]). Auch die Ilias erwähnt den Grabhügel des Tydeus auf der Erde von Theben. Nach der attischen Sage wendete sich Adrastos dagegen, von den Thebanern abgewiesen, mit den Müttern, Weibern und Kindern der Getödteten schutzflehend an den Theseus von Athen. Theseus erlangte die Todten durch einen gütlichen Vergleich von den Thebanern und ließ dieselben bei Eleusis, wo ihr Grab gezeigt wurde[4]), bestatten. So stellte Aeschylos diese Ereignisse dar[5]). Aber schon bei Herodot rühmen sich die Athener, den Kadmeern die Leichen durch einen Kriegszug abgewonnen zu haben[6]), eine That, welche Euripides in seinen „Schutzflehenden" (sie wurden um das Jahr 420 aufgeführt) verherrlichte, und welche dann einen stehenden Gegenstand im Munde der attischen Redner zum Lobe Athens bildet[7]).

Der Fall der Helden von Argos vor den sieben Thoren von Theben ward von ihren Söhnen, den Epigonen, gerächt. Aegialeus, der Sohn des Adrastos, Diomedes, der Sohn des Tydeus und der Deiphyle (ob. S. 113.), der noch ein kleiner Knabe gewesen war, als sein Vater vor Theben blieb[8]), Sthenelos, der Sohn des Kapaneus von Tiryns, Promachos, der Sohn des Parthenopaeos, und Thersandros, des Polyneikes Sohn, ziehen von Alkmaeon, dem Sohne des Amphiaraos, oder, wie andere erzählen, von Adrast selbst geführt, unter „besserer Vögel Botschaft", wie Pindar sagt, gegen die Kadmeer aus. Der Geist des Amphiaraos weissagte, als er „die Söhne im Glanze der Lanzen erblickte, schon sehe er deutlich den bunten Drachen auf des Alkmaeon Schild in Kadmos Thore einziehen"[9]). Bei Glisas, in der Nähe der Stadt, wurden die Thebaner, welche Laodamas, der Sohn des Eteokles, führt, geschlagen. Von den argivischen Helden war nur Aegialeus,

---

1) Pausan. VIII, 25, 5. — 2) Tyrtaei Fragm. 12. ed. Bergk. Plato Phaedr. p. 269. — 3) Pindar. Ol. 6, 15. — 4) Pausan. I, 39, 2. — 5) Plut. Thes. 29. — 6) 9, 27. — 7) Plato Menexenus p. 239. Isocrat. Panegyr. 54—60. Panath. 173. Platäic. 53. ed. Bonn. — 8) Ilias 6, 223; Apollodor sagt nur zehn Jahre zwischen den ersten und den zweiten Krieg. — 9) Pindar. Nem. VIII, 41 seqq.

des Adrastos Sohn, von Laodamas Hand gefallen. Da Teiresias nun den Fall der Stadt verkündet, flieht Laodamas mit anderen aus der Stadt nach Thessalien oder nach Illyrien, und die Argiver ersteigen die Mauern. Die Sieger weihten einen Theil der Beute und der Gefangenen nach Delphi¹); unter ihnen die Tochter des Teiresias Manto d. h. die Seherin, und setzten den Sohn des Polyneikes, den Thersandros als König über den Rest der Bevölkerung von Theben ein²). Beim Homer sagt Sthenelos, des Kapaneus Sohn: „Wir rühmen uns, viel stärker zu sein als unsere Väter, denn wir nahmen den Sitz des siebenthorigen Theben, obwol wir weniger Volk unter die Mauern des Ares führten, den Zeichen der Götter und dem Anruf des Zeus vertrauend; jene aber gingen durch ihre Frevel zu Grunde³)!" An der Stelle, wo Amphiaraos von der Erde verschlungen sein sollte, stand nachmals ein Heiligthum dieses Sehers. Zeus hatte ihm Unsterblichkeit verliehen; so konnte sein Geist auch nach dem Tode die kommenden Dinge enthüllen. Der Ruf der Weissagungen, welche aus diesem Heiligthum hervorgingen, war so groß, daß nur die Sprüche des delphischen Gottes eines höheren Ansehens genossen⁴). Das Grab des Eteokles und Polyneikes wurde am proetitischen Thor in Theben gezeigt.⁵).

8. Die Sage vom Kriege gegen Ilion.

Viel höher und in ganz anderem Umfange gefeiert, als die Züge der Helden von Sikyon, Argos und Tiryns gegen Theben, war die große Kriegsfahrt, welche die Pelopiden, die Söhne des Atreus, Agamemnon und Menelaos, die Könige von Mykene und Lakedaemon von einer großen Zahl von Fürsten und Helden geleitet über das aegaeische Meer gegen Ilion, die Stadt der Troer und Dardaner, geführt haben sollen. Die homerischen Gedichte erzählen, daß Dardanos, der Gründer Dardania's, der Sohn des Zeus gewesen⁶), daß des Dardanos Sohn Erichthonios der reichste aller

---

1) Cycl. Fragm. Theb. ed. Didot. — 2) Herodot 5, 61. Pausan. IX, 5, 7. IX, 8, 3. Apollodor III, 7. — 3) Ilias 4, 406. — 4) Herodot 1, 46. 49. 52. 8, 134. — 5) Pausan. IX, 18, 3. — 6) Ilias 20, 215 sqq.

Menschen war; dreitausend schöne Stuten hätten ihm auf den Wiesen des Ida geweidet. Des Erichthonios Sohn war Tros, des Tros Söhne Ilos, Assaralos und Ganymedes. Den Ganymedes, den schönsten aller Menschen[1]), führten die Götter empor, den Becher des Zeus zu füllen. Ilos gründete Ilion „in der Ebene"; Assaralos aber zeugte den Kapys, Kapys den Anchises, zu welchem in den Schluchten des Ida die Aphrodite, die Göttin zu dem sterblichen Manne, hinsank. Sie gebar den Aeneas, der wie ein Gott geehrt ward im Volke der Troer. Dem Sohne des Ilos, dem Laomedon baute Poseidon eine Mauer um die Stadt (oben S. 91); des Laomedon Herrschaft erbte dessen Sohn Priamos. Priamos war ein gottgesegneter König, seine Schatzkammern waren voll von Gold und Erz und kostbaren Gewändern, er hatte fünfzig blühende Söhne im Hause, von denen ihm Hekabe, des Phrygiers Dymas Tochter, neunzehn geboren. Des Priamos und der Hekabe ältester Sohn war Hektor, der zweite Paris. Diesen schmückte Aphrodite mit schönem Antlitz und Haar; er aber ehrte die Göttin und liebte die Frauen und das Saitenspiel[1]). Einst fuhr er über das Meer und gelangte nach Sparta zum blonden Menelaos, dem Sohne des Atreus. Paris wurde gastlich empfangen, aber während Menelaos nicht daheim war, entführte Paris sein Weib, die schöne Helena, die Schwester der Dioskuren, welche Aphrodite bethörte, ihm zu folgen. Aphrodite führte sie, die nur eine alte treue Magd begleitete[2]), fort aus dem lieben Lande der Väter und entfernte sie von dem Kinde, dem Ehegemach und dem Gatten[4]); Paris nahm auch reiche Schätze aus dem Hause des Menelaos. Auf der Insel Kranaë umfing er die Helena in Liebe und führte sie in dem schnellen Schiff über das Meer zuerst nach Sidon, dann in das Land der Troer[5]).

Helena und die Schätze zurückzuholen, erhoben sich Agamemnon, der mächtige Herrscher von Mykene und Menelaos von Sparta; mit ihnen die edelsten Fürsten, die ersten Helden aller griechischen Gauen. Von Argos kam, schon im Kampfe gegen Theben versucht, des Tydeus Sohn Diomedes, von Tiryns Sthenelos, der Sohn des Kapaneus, von Pylos Nestor, der einzige von den zwölf Söhnen

---

1) Vgl. Hymn. in Vener. 202 seqq. — 2) Ilias 3, 39. — 3) Ilias 3, 386. — 4) Odyss. 4, 261. — 5) Ilias 3, 415. 6, 291.

des Neleus (ob. S. 91.), welcher der Gewalt des Herakles entgangen war, ein Greis, der drei Menschenalter gesehen hatte, mit seinem raschen Sohne Antilochos. Die Speer von der Mündung des Alpheios führte Meges, ein Enkel des Augeias¹). Von den Inseln im westlichen Meer kam, von Agamemnon selbst herbeigeholt²), Odysseus, des Laërtes Sohn, der Enkel des Arkeisios, eines Sohnes des Zeus, der Herrscher von Ithaka. Von der Insel Salamis kam Ajas, Telamon's Sohn, ein gewaltiger Held, höher als alles Volk an Haupt und Schultern, der Thurm der Achaeer, mit seinem Stiefbruder Teukros, einem trefflichen Bogenschützen; der Lokrer Schaaren führte Ajas, des Oïleus Sohn, die Athener Menestheus, des Peteos Sohn. Aus Thessalien führte Admetos, der Sohn des Pheres (oben S. 40.), das Volk von Pherae am boebeïschen See, Protesilaos die Kämpfer von Phylake am Othrys; Polypoetes, des Peirithoos Sohn, und Leonteus, des Koronos Sohn (ob. S. 39.), kamen mit den Lapithen. Von der Insel Kreta kam ein Enkel des Minos, Idomeneus, vieler Männer Beherrscher auf diesem weiten Eiland.

Ueber das heerdenreiche Phthia (in Thessalien) herrschte Peleus. Die Götter liebten ihn und Hera hatte ihm die Nereïde Thetis, welche sie selbst aufgezogen, zum Weibe gegeben. Alle Götter kamen, die Hochzeit des Peleus und der Thetis zu feiern, auch Apollon war mit dem Saitenspiel beim Hochzeitsmahle³), und die Götter schenkten dem Peleus eine schöne Rüstung und zwei unsterbliche Rosse, den Xanthos und Balios; der Kentaur Cheiron aber gab ihm eine gewaltige Lanze, deren Schaft er aus einer Esche auf dem Pelion gehauen. Der Ehe des Peleus und der Thetis entsprang Achilleus; Cheiron unterwies ihn in den Künsten des Krieges und der Rede und in der Kunde Wunden zu heilen (S. 39.). Nestor und Odysseus kamen nach Phthia, den Achilleus zum Zuge gegen Ilion aufzurufen; und obwol dem Achilleus seine göttliche Mutter verkündete, er werde nach seiner Wahl entweder daheim in Phthia in hohem Alter sterben, oder großen Ruhm erwerbend ein Jüngling vor Ilion fallen, war dieser zum Kampfe bereit. Peleus ermahnte seinen Sohn immer der Erste zu sein und den An-

---

1) Oben S. 95., 97. Ilias 13, 692. 15, 519. Im Schiffskatalog ist Meges König von Dulichion. — 3) Odyssee 11, 447. 24, 115. — 3) Ilias 24, 59 seqq.

deren vorzustreben, und gelobte dem Flusse Spercheios, wenn Achilleus glücklich heimkehre, ihm das Haar des Achilleus sammt einer Hekatombe zu weihen. Achilleus führte funfzig Schiffe nach Ilion, jedes mit funfzig Streitern bemannt[1]).

Wie stark und zahlreich die griechischen Helden waren, welche in Aulis die schwarzen Schiffe bestiegen[2]), auch den Troern fehlte es an eigenen Kämpfern und Bundesgenossen nicht. Sarpedon, ein Sohn des Zeus und der Laodameia, der Tochter des Bellerophontes (ob. S. 87.), führte mit dem Helden Glaukos die Lykier herbei, dazu kamen Myser, Maeoner (Lyder), Paphlagonier und Phrygier; auch Thraker vom andern Ufer der Meerenge zogen den Troern zu Hülfe, sogar Paeoner aus den fernen thrakischen Gauen am Axios kamen unter Asteropaeos, dem Enkel des Flußgottes Axios. Protesilaos von Phylake, der erste welcher von den griechischen Helden an's Land sprang, ward von einem Dardaner erschlagen. Nachdem die Schiffe an der Küste von Ilion auf den Strand gezogen waren, wurden Menelaos und Odysseus in die Stadt gesendet, die Zurückgabe der Helena und der Schätze zu fordern. Die Troer wiesen beide Forderungen ab. Dreimal versuchten es die Achaeer die Stadt am Feigengebüsch, wo die Mauer am leichtesten zu erklimmen war, zu erstürmen — aber vergeblich[3]). Nun verwüsteten sie die Umgegend von Ilion, trieben die Heerden vom Ida weg und zerstörten die Orte der Umgegend, da die Troer von Hektor geführt, den schnellen Achilleus fürchtend, sich nicht weiter aus dem skaeischen Thore wagten, als bis zur Eiche. Darüber vergingen neun Jahre. Schon moderte das Holz an den Schiffen, schon stockten die Seile, und noch war die Stadt unbezwungen. Achilleus hatte unterdeß zwölf Städte an der Küste und elf im Binnenlande verbrannt, die Bewohner niedergemacht oder als Sklaven behalten und in die Ferne verkauft; die Inseln Tenedos und Lesbos, die Städte Pedasos, Lyrnessos und Theben unter dem Berge Plakos, unweit von der Bucht von Adramyttion, waren seiner gewaltigen Lanze erlegen. Als Theben gefallen war, erhielt Agamemnon bei der Theilung der Beute die Tochter des Priesters des Apollon zu Chryse, die Chryseïs, als Ehrenantheil[4]). Der

---

1) Il. 16, 168. — 2) Il. 2, 303. — 3) Il. 6, 435. — 4) Il. 1, 366.

Vater kam zu den Schiffen und bot dem Agamemnon reiche Gaben zur Lösung der Tochter. Agamemnon's trotzige Weigerung erregte den Zorn des Gottes, er sandte Todesgeschosse in das Lager der Achaeer. Den Gott zu versöhnen, mußte Agamemnon die Jungfrau dem Vater heimsenden; aber sich selbst schadlos zu halten, entriß er dafür dem Achilleus die Tochter des Brises, die Briseïs, die dieser aus der Beute des zerstörten Lyrnessos als seinen Antheil gewählt. Achilleus fügte sich dem Willen des Mannes, der ihm an Würde und Macht voranstand, aber ergrimmt im Herzen, blieb er am Strande bei seinen Schiffen und ging nicht mehr in die Schlacht. Wohl zogen die Haufen der Achaeer, wie Woge an Woge sich drängt, wenn der West das Meer gegen die Küste treibt, ohne den Achilleus zum Kampfe gegen die Troer, und der Boden hallte dumpf unter den Tritten der Rosse und Männer; aber die Troer begegneten ihnen nun im offenen Gefilde am Hügel Batiëla mit lärmendem Ruf, wie Geschrei von Kranichen unter dem Himmel tönt. Wenn nun auch Diomedes von Argos die Troer so hart bedrängte, daß des Priamos Gattin Hekabe und die Weiber in den Tempel der Athene eilten und ihr ein schönes Gewand darbrachten und zwölf Kühe gelobten, wenn sie den Sohn des Thdeus von der Mauer abwehre; so gewährte doch schon am nächsten Tage Zeus den Troern Sieg und donnerte vom Ida herab, warf den zudenten Blitz in die Reihen der Achaeer, daß der Strahl blendend vor Diomedes Gespann in den Boden fuhr und die Rosse angstvoll zurückbebten.

Seit Achilleus nicht mehr kämpfte, hatten die Achaeer auf Nestor's Rath ihr Lager und die Schiffe mit Wall und Graben umzogen. Sie wurden in die Verschanzung getrieben, die Troer kehrten nicht in die Stadt zurück, sondern lagerten draußen am Grabhügel des König Ilos am Skamandros um helle Feuer. Am folgenden Tag treibt Agamemnon die Troer bis zur Stadt zurück, aber er selbst, Diomedes und Odysseus werden verwundet und die Achaeer werden von Neuem hinter den Wall gedrängt. Am Graben lassen die Helden der Troer ihre Gespanne dahinten und ordnen sich unter Hektor, Paris, Aeneias, Sarpedon und Helenos in fünf Schaaren zum Sturm. Die Achaeer schleudern Steine auf die Stürmenden wie Schneegestöber zur Erde fällt; aber der Wind vom Ida wehte ihnen den Staub der Ebene in's Gesicht, und es gelang dem Fürsten der Lykier, Sarpedon, den Wall an der Stelle zu ersteigen, wo dem Menestheus mit den Athenern die Vertheidigung oblag und die Brustwehr mit gewaltiger Hand herabzureißen. Innerhalb des Walles schwankte die Schlacht rückwärts und vorwärts, aber die Troer kamen den Schiffen näher und näher; die Griechen stiegen auf die Hinterdecke und versuchten den Sturm mit Bogen und Ruderstangen abzuwehren. Ajas, Telamon's Sohn, vertheidigte das vorderste Schiff — es war das, welches den Protesilaos nach Ilien getragen — rings prallten die Geschosse an seine Rüstung, der Schweiß rann ihm von den Gliedern, er ermattete in der Arbeit des Kampfes, der ihn nicht aufathmen ließ, aber er stand unerschüttert und rief den Seinen zu: Schämt euch Argiver! Nun gilts Verderben oder Errettung, fern vom Lande der Väter stehen wir im troischen Feld an das Meer gedrängt. Hofft ihr, wenn Hektor die Schiffe verbrannt hat, zu Fuß heimzukehren in's Land der Väter? Hektor aber rief den Troern zu: Bringet Feuer; diesen Tag gab uns Zeus, die Schiffe zu nehmen!

Dem Flehen und den hellen Thränen des Patroklos, des Freundes mit dem er aufgewachsen war, wich Achilleus endlich. Er gewährte ihm, die Phthioten in seiner eigenen Rüstung den schwer bedrängten Achäern zu Hülfe zu führen, aber er legte ihm an's Herz sogleich zurückzukehren, wenn er die Troer von den Schiffen getrieben und die anderen dann im Gefilde sich morden zu lassen. Als Patroklos die Rüstung des Achilleus anlegte, loderte schon die Flamme am Schiffe des Protesilaos empor. Mit hallendem Schlachtruf fielen die frischen Streiter die ermüdeten Troer an, von den Schiffen drangen die Achäer mit neuem Muthe vorwärts. Patroklos jagte die Feinde über den Graben hinaus und trieb sie, fortgerissen von seinem Muthe, bis an das skaeische Thor. Da zerbrach Apollon dem Patroklos die Lanze und riß ihm den Schild von der Schulter, daß Hektor ihm seine Lanze in die Weiche stoßen konnte. Kaum daß Menelaos und Meriones, als die Nacht hereinbrach, von den beiden Ajas gedeckt, den Leichnam über den Graben zurückbringen konnten, so rasch wendete sich mit Patroklos Fall die Schlacht, so heftig verfolgte Hektor mit den Troern bis an den Graben.

Grimmiger Schmerz zerriß den Achilleus um den Patroklos. Durch Hektors Tod wollte er den Fall des Freundes rächen, wenn ihm auch seine göttliche Mutter verkündete, daß gleich nach Hektor's Fall sein Ende bestimmt sei. Wie Schneegestöber herabfliegt unter dem Wehen des Nordwinds, so kamen hellschimmernde Helme, genabelte Schilde, gewölbte Panzer, eschene Lanzen am Morgen aus den Schiffen hervor, daß die Erde vom blinkenden Erze lachte. Mit furchtbarem Ruf drang Achilleus in die Reihen der Troer. Seine Rosse stampften auf Todte und Schilde; Blut bedeckte die Achse und die Wände des Wagens, welches die Hufe der Rosse hinaufspritzten und die Beschläge der Räder. Priamos stieg von der Mauer herab und gebot den Wächtern, den staubbedeckten und durstigen Schaaren der Fliehenden das Thor zu öffnen, aber die Flügel in der Hand zu halten, daß Achilleus nicht mit in die Stadt bringe. Drinnen trockneten die erschöpften Kämpfer den Schweiß, tranken und legten sich an den Brustwehren der Mauer nieder; Hektor allein blieb vor dem Thor, den Schild an den Thurm gelehnt. Er schämte sich vor Ilion's Männern und Weibern, daß er das Heer nicht in der Nacht in die Stadt zurückgeführt und seiner Stärke vertrauend viel Volk in's Verderben gebracht habe. Doch entsank ihm der Muth, als Achilleus nahte, er floh längs der Mauer; ein Starker voran, ein Stärkerer folgte. So oft Hektor versuchte sich zu den Thürmen und Thoren zu wenden, daß ihn die Seinen von oben mit Geschossen vertheidigten oder die Flügel öffneten, so oft kam ihm Achilleus zuvor und drängte ihn abwärts; aber er wehrte auch, das Haupt schüttelnd, den Achäern auf Hektor zu werfen. So rannten die Beiden dreimal um Priamos Stadt. Endlich stand Hektor, er vermied den Lanzenwurf des Achilleus, indem er sich bückte, daß die Esche über ihn weg lief in die Erde fuhr. Aber seine eigne Lanze prallte vom Schilde des Achilleus zurück. Hektor zog das Schwert und sprang auf Achilleus ein; doch diesem hatte Athene selbst seine Lanze zurückgereicht, er stieß sie dem Hektor in die Kehle, daß sie am Nacken herausbrang. Die Achäer kamen heran und bewunderten des Todten Wuchs und edle Bildung, aber keiner trat zurück, ohne den Leichnam verwundet zu haben. Achilleus durchbohrte ihm die Füße zwischen Ferse und Knöchel, zog einen Riemen hindurch, band diesen an den Sessel des Wagens, daß das Haupt im Staube nachschleppte und sich das dunkle Haar zerrüttet im Sande zog. So kehrten die Achäer, das Siegeslied singend, zu den Schiffen zurück, während Priamos und Hekabe laut jammernd auf der Mauer klagten. Andromache, Hektor's Weib, ließ eben im Hause den Dreifuß ans Feuer stellen, dem Gatten ein warmes Bad zu bereiten, wenn er heimkehre aus der Schlacht. Auf das Wehgeschrei von der Mauer eilte sie hinauf, und dunkle Nacht verhüllte ihre Augen. Aber auch Helena beweinte den gefallenen Helden, weil er ihr der liebste gewesen von den Brüdern des Paris und sie niemals ein böses Wort von ihm gehört, weil er auch die anderen freundlich zurückgehalten von kränkenden Worten und Thaten; nun habe sie keinen Freund und Tröster in Ilion mehr, da alle sie haßten¹).

Nachdem Achilleus zwei Hunde, welche Patroklos am Tische gefüttert, vier Rosse und zwölf gefangene Troer auf dem Scheiterhaufen des Patroklos geschlachtet, den Freund bestattet und ihm Leichenspiele gehalten, wagte sich Priamos, nur von einem alten Herold begleitet, der die Maulthiere lenkte, in der Nacht, reiche Lösung für den Leichnam des Sohnes auf dem Wagen, in das Lager der Achäer, in das Zelt des Achilleus, und küßte die Hand, die seinen Sohn erschlagen. Achilleus lud ihn zum Mahle und versagte ihm die Leiche nicht, wie sehr er auch zürnte, — er selbst legte ihm den Todten gereinigt auf den Wagen und gewährte den Troern elf Tage Waffenruhe zur Bestattung des Helden.

Danach kam Memnon, der Sohn der Göttin Eos (Bd. I. S. 280.), den Troern zu Hülfe²); aber er erlag der Kraft des Achilleus. Doch nun war auch des Achilleus Stunde gekommen. Am skaeischen Thor traf ihn ein Pfeil, welchen Paris, von Apollon geleitet, entsendete, zum Tode³). Groß, weithin gestreckt lag der Held, des rasigen Kampfes vergessend, in den Wirbeln des Staubes. Um den Leichnam wurde den ganzen Tag hindurch gekämpft, Odysseus empfing an jenem Tage die meisten Geschosse der Troer; endlich trugen die Achäer den Todten glücklich zu den Schiffen und vergossen viele Thränen um den Helden und schoren das Haupthaar. Seine Mutter Thetis aber stieg mit den Meerjungfrauen empor mit furchtbarem Wehruf. Siebzehn Tage beklagten die

---

1) Ilias 24, 762. — 2) Od. 11, 522. 4, 187. — 3) Od. 11, 545. 5, 309

Achaeer den Helden, am achtzehnten verbrannten sie ihn auf dem Scheiterhaufen und sammelten sein welkes Gebein und bargen dasselbe in einer goldenen Urne neben der Asche des Patroklos unter dessen Grabhügel und häuften diesen am Ufer hoch empor, daß er vom Meer schon fernher sichtbar sei.

Um die herrlichen Waffen des Achilleus stritten Ajas, Telamon's Sohn, und Odysseus. Gefangene Troer entschieden den Streit zu Gunsten des Odysseus[1]); sie erklärten, daß Odysseus ihrer Stadt größeres Leid zugefügt als Ajas. Zeus verhängte den Tod des Ajas; er fiel in Wahnsinn und stürzte sich selbst in sein Schwert, und das Volk der Achaeer trauerte um den Helden, welcher an Thaten und schöner Gestalt nach dem Achilleus der erste gewesen. Odysseus aber holte den Neoptolemos, den Sohn des Achilleus, welchen dieser auf der Insel Skyros zurückgelassen, im schnellen Schiffe zu dem Heere der Achaeer. Schöner als irgend einer im Heere, war der Jüngling auch verständig im Rathe; er wich nur dem Nestor oder dem Odysseus an Klugheit, und blieb im Kampfe niemals in der Menge zurück. Danach kundschaftete Odysseus die Stadt aus. Er hüllte sich in Lumpen, zerfleischte sich selbst mit der Geißel und schlich als Bettler in die Mauern. Niemand erkannte ihn, als Helena; aber ihr Herz war nun wieder zur Heimath gewendet, und sie schwur ihm einen feierlichen Eid, den Troern nichts zu verrathen, bis er zurückgekehrt sei zu den Schiffen. So konnte Odysseus auf dem Rückwege noch viele Troer erschlagen. Endlich zimmerte Epeios ein gewaltig großes Roß von Holz; die Achaeer warfen Feuer in ihre Zelte und steuerten heimwärts. Das Roß, in welchem die besten Helden Diomedes, Menelaos, Odysseus, Neoptolemos, Antiklos mit vielen andern verborgen waren, blieb am Ufer zurück, Tod und Verderben nach Ilion zu bringen. Die Troer zogen das Roß hinauf in ihre Stadt. Dreimal umschritt Helena, von Deiphobos, dem Sohne des Priamos, gefolgt, das Gebäu und befühlte es mit den Händen, dann rief sie die Helden der Danaer alle beim Namen und ahmte die Stimmen ihrer Gattinnen nach. Diomedes und Menelaos wollten hinaus, aber Odysseus hielt sie zurück, und als Antiklos der Helena Ruf erwidern wollte, hielt er ihm mit kräftiger Hand den Mund zu. Lange rath-

---

[1] Ilias min. in Cycl. Fragm. p. 583. ed. Didot.

schlugten die Troer. Die Einen meinten, das hölzerne Gebäude zu zerhauen, die Anderen, es auf die Burg zu bringen und dann den Felsen hinunter zu stürzen; endlich siegte der Rath, das mächtige Werk als ein Weihgeschenk für die Götter in der Stadt zu bewahren. Die Helden der Achaeer im Bauche des Pferdes waren indeß voll Angst gewesen, sie weinten; nur Neoptolemos, des Achilleus Sohn, zagte nicht, sondern hielt eifrig die Hand an der Lanze oder am Schwerte, den Odysseus, dem es oblag das Versteck nach seinem Willen verschlossen zu halten oder zu öffnen, ihn hinaus zu lassen. Als die Nacht herangekommen war, stürmten die Helden dann aus dem hohlen Pferde und verheerten die Stadt hierhin und dorthin. Odysseus und Menelaos eilten zum Hause des Deiphobos, wo Odysseus den schrecklichsten Kampf zu bestehen hatte, in welchem Athene ihn beschirmte[1]).

So liegt die Sage vom Kriege gegen Ilion in den homerischen Gedichten. Hatte Homer bereits bekannte Elemente der Sage fortgelassen, weil sie nicht in seinen Plan gehörten, andre nur angedeutet, so wurden diese nach ihm wieder aufgenommen, während zugleich neue Stoffe hinzukamen, durch welche die Ilias über ihren Schluß fortgeführt und in einigen Partieen weiter ausgesponnen wurde. Der älteste epische Dichter nach Homer, der Milesier Arktinos, welcher um das Jahr 750 lebte[2]), setzte die Sage vom troischen Kriege da fort, wo Homer abbricht. Als Hektor bestattet ist, kommt die Amazone Penthesileia, „die Tochter des hehren männermordenden Ares" den Troern zu Hülfe. Achilleus trifft sie zum Tode; da gewahrt er ihre Schönheit und gestattet den Troern ihren Leichnam fortzubringen und zu bestatten. Als Thersites von Argos den Helden wegen dieser Liebe zur Penthesilea verhöhnt, tödtet ihn Achilleus mit einem Faustschlag, wodurch neuer Zwist unter den Achaeern ausbricht, bis Achilleus auf der Insel Lesbos dem Apollon ein Opfer bringt und Odysseus ihn von dem Blute des Landsmannes, mit welchem er sich befleckt hat, reinigt. Danach kommt Memnon, der Sohn der Eos, mit den Aethiopen den Troern zu Hülfe. Thetis hält ihren Sohn vom Kampfe mit dem Memnon zurück, weil dem Achilleus gleich nach dem Memnon zu fallen be-

---

1) Odyss. 4, 270. 8, 490. 11, 523. — 2) Euseb. Chron. setzt ihn in das Jahr 776. Suidas Ἀρκτῖνος 740.

stimmt ist. Aber Memnon erschlägt den Antilochos, Nestor's Sohn; nun kann Achilleus nicht länger an sich halten, er tödtet den Memnon und treibt die Troer in die Thore, wo er dann von Paris und Apollon gefällt wird[1]). Auf dem Kasten des Kypselos waren Eos und Thetis dargestellt, wie jede ihrem Sohn in jenem Zweikampfe Hülfe bringt[2]), und Aeschylos ließ den Zeus vor dem Kampf des Achilleus und Memnon die Loose des Schicksals wiegen[3]), wie dies beim Homer vor dem Kampfe des Achilleus und Hektor geschieht. Die Schlacht um Achilleus Leichnam wüthete heftig, Ajas trug ihn hinweg, Odysseus wehrte die andringenden Troer ab. Danach folgte bei Arktinos die Todtenklage und die Leichenfeier des Achilleus, dann der Streit um seine Waffen zwischen Ajas und Odysseus nach den Andeutungen der homerischen Gedichte. Des Arktinos Abweichung war, daß Thetis ihren Sohn aus den Flammen des Scheiterhaufens entführte und ihn auf die Insel Leuke in den Pontos versetzte, wo er nun mit den Seefrauen fortlebt, während der Held beim Homer unwillig im düstern Hades weilt und dem Odysseus versichert, er wolle lieber oben der geringste Ackerknecht sein, als im Hades sämmtlichen Todten gebieten. Nach dem Tode des Achilleus ließ Arktinos den Diomedes das Palladion aus der Burg entführen[4]) und danach das hölzerne Pferd in die Stadt ziehen. Die Troer überlassen sich der Freude, von dem langen Kriege endlich befreit zu sein; aber es geschieht ein unglückverkündendes Zeichen. Der Troer Laokoon wird sammt einem seiner Söhne von zwei plötzlich erscheinenden Schlangen mitten unter dem Volke erwürgt. Dadurch erschreckt, verläßt Aeneas mit den Seinen die Stadt und flüchtet auf den Ida. Während die Flotte der Achaeer nach Tenedos steuert, ist der Grieche Sinon zurückgeblieben; er giebt sich für einen Ueberläufer aus, aber sobald das Pferd in der Stadt war und die Nacht herankam, zündet er das verabredete Feuerzeichen an, worauf die Flotte von Tenedos zurückkehrt. Mitten in der Nacht dringen die Griechen in die Stadt, während die Helden, dem Bauche des Pferdes entstiegen, schon innerhalb der Mauern die Troer tödten. Neoptolemos erschlägt den Priamos auf dem Hofe seines Hauses, am Altar des herdschützen-

---

1) Argument. Aethiop. in Cycl. Fragm. p. 583. — 2) Pausan. V, 19, 1. 3) Welck Sagenpoesie S. 407 figde. — 4) Dionys. Hal. I, 69.

ten Zeus. Mit den Worten: „Thöricht wer den Vater erschlagen
und den Sohn verschont", treibt Odysseus den Neoptolemos, den
Astyanax, Hektor's Sohn, zu tödten. Neoptolemos zerschmettert den
Knaben, indem er ihn von der Mauer hinabwirft. Menelaos führt
die Helena, nachdem er den Deïphobos erschlagen, zu den Schiffen
hinab. Die schönste der Töchter des Priamos, Kassandra¹),
wird von Ajas, des Oïleus Sohn, von dem Holzbilde der Athene,
zu welchem sie sich geflüchtet, mit solcher Gewalt hinweggerissen, daß
die Bildsäule der Göttin mit umstürzt. Empört über diesen Frevel,
wollten ihn die Achaeer im ersten Augenblick steinigen²). Endlich
geht die Stadt mit allen ihren Heiligthümern in Feuer auf; Po-
lyxena wird auf dem Grabe des Achilleus geopfert und die Beute
vertheilt. Andromache, Hektor's Weib, fällt dem Neoptolemos als
Ehrengeschenk zu³).

Lesches von der Insel Lesbos (er war von Mytilene oder von
Pyrrha), welcher in der ersten Hälfte des siebenten Jahrhundert's
(zwischen 700—660) lebte, fügte in seinem Gedicht von der Zerstörung Ilios einige neue Züge hinzu. Odysseus machte aus einem
Hinterhalt den Sohn des Priamos, den Helenos, welcher die Gabe
der Weissagung besaß, zum Gefangenen. Auf dessen Spruch, daß
Ilion ohne die Pfeile des Philoktetes, welcher den Bogen des Herakles besaß, nicht erobert werden könne, holt Diomedes diesen von
der Insel Lemnos herbei, wo ihn die Griechen bei der Hinfahrt
nach Ilion zurückgelassen, da er von einem Schlangenbiß erkrankt
war. Beim Homer gesteht Odysseus, vom Philoktetes beim Bogen-
schießen vor Ilion übertroffen worden zu sein; der Schiffskatalog
bezeichnet ihn als Führer des Volks von Meliboea, an der Küste
der Magneten⁴). Machaon, der Arzt der Achaeer, dessen auch
Homer gedenkt, heilt die Wunde des Philoktetes, und dieser
rächt den Fall des Achilleus durch den Tod des Paris. Menelaos
beschimpft den Leichnam des Paris, aber es gelingt den Troern,
denselben fortzutragen und zu bestatten. Helena wird nach Paris
Tode die Gattin des Deïphobos. Odysseus schleicht sich in die

---

1) Ilias 13, 365. — 2) Den Frevel ihres Stammhelden zu sühnen,
sandten die Lokrer jährlich zwei Jungfrauen an den Altar der Athene nach
Ilion; Strabon p. 601. Plut. de sera num. vindicta c. 12. — 3) Cycl.
Fragm. p. 584. ed. Didot. — 4) Odyss. 8, 219. 3, 190. Ilias 2,
716 sqq.

Stadt und verabredet mit ihr den Plan zur Einnahme derselben, worauf dann die Achäer bei hellem Vollmond in die Mauern bringen¹). Nach der Darstellung des Lesches führte Neoptolemos mit der Andromache auch den Aeneias als Gefangenen nach Thessalien mit sich fort²). Auf dem Kasten des Kypselos war Menelaos dargestellt, wie er in das Haus des Deiphobos eingedrungen, das Schwert gegen sein treuloses Weib, die Helena, zückt, um sie zu ermorden; aber ihre Schönheit entwaffnete seinen Arm³). Da Lesches Ilion um Mitternacht beim Scheine des Vollmondes hatte einnehmen lassen, berechneten Spätere aus dieser Angabe den Tag, an welchem Ilion gefallen sei. Nach Hellanikos hatte man nur am zwölften Thargelion des Jahres, in welches er den Fall Ilions setzte, Vollmond um Mitternacht, also war der zwölfte Thargelion der Tag der Einnahme; nach Anderen traf diese Constellation auf den achten Thargelion, nach Kallisthenes auf den zwei und zwanzigsten Thargelion⁴).

Später als Lesches ist das grosse epische Gedicht die Kyprien. Es verdankt seinen Namen wol dem Umstande, dass es die Aphrodite, die Göttin von Kypros, in viel entschiedenerer Weise als die homerischen Gedichte zum Mittelpunkt der Ereignisse macht. Nicht der Fall Ilions und das Ende des Krieges, sondern die Ausmalung der Ursachen und des Beginns desselben ist der Gegenstand der elf Bücher dieses Epos. Zeus sieht, dass die Erde zu stark bevölkert ist und will die Menschenlast, welche sie zu tragen hat, durch einen langen und verderblichen Krieg vermindern. Er rathschlagt mit der Göttin des Rechts, der Themis, und erzeugt darauf mit der Göttin der gerechten Austheilung, der Vergeltung, mit der Nemesis, die Helena⁵). Als die Hochzeit des Peleus und der Thetis gefeiert wird, wirft Eris, die Göttin der Zwietracht, einen goldenen Apfel unter die versammelten Götter (ob. S. 124.); er sollte der schönsten unter den Göttinnen gehören. Athene, Hera und Aphrodite nehmen den Preis der Schönheit in Anspruch. Von Hermes geführt, lassen die Göttinnen den Paris, den Schönsten der Sterblichen, den Streit entscheiden. Aphrodite verspricht ihm den Besitz

---

1) Cycl. Fragm. p. 583. ed Didot. — 2) Leschis Fragm. 16. ed. Didot. — 3) Pausan. V, 18. 3. Aristoph. Lysistrata 155. Schol. — 4) Hellan. Fragm. 143. 144. ed. Müller. Scalig. de emendat. temp. V. p. 328. — 5) Fragm. Cypr. 1—3. ed. Didot.

des schönsten Weibes; dafür erkennt er ihr den Apfel und den Preis der Schönheit unter den Göttinnen zu¹). Auf den Antrieb der Aphrodite werden nun dem Paris Schiffe gebaut, obwol Helenos, der Sohn des Priamos, und Kassandra das kommende Unheil verkünden. Aeneas begleitet den Paris auf das Gebot der Aphrodite. Menelaos nimmt die Fremden wohl auf und befiehlt der Helena deren Bewirthung, während er nach Kreta schifft, worauf Aphrodite die Helena und den Paris zusammenführt. In der Nacht segeln sie davon, Hera sendet ihnen einen Sturm, der die Schiffe an die Küste Phoeniziens wirft. Paris erobert die Stadt Sidon und feiert dann in Ilion seine Vermählung mit der Helena. Die Helden der Achaeer sammeln sich in Aulis, landen in Mysien und verwüsten die Küste; ein Sturm treibt sie wieder nach Griechenland zurück. Achilleus freit, nach Skyros verschlagen, die Tochter des Königs dieser Insel, des in die Theseussage verflochtenen Lykomedes. Dann sammelt sich die Flotte zum zweiten Mal in Aulis, aber die Göttin Artemis hält zürnend die Winde zurück; Kalchas, der Seher, verlangt, daß, um den Zorn der Göttin zu sühnen, Agamemnon's Tochter, die Iphigeneia, der Göttin geopfert werden müsse. Agamemnon läßt die Jungfrau unter dem Vorwande sie mit dem Achilleus zu vermählen, in's Lager kommen; aber als das Opfer vollzogen wird, stellt die Artemis eine Hirschkuh an den Altar, entrückt die Iphigeneia nach Taurien und verleiht ihr die Gabe der Unsterblichkeit²). Nachdem die Achaeer dann zum zweiten Mal auf der Küste Asiens und diesmal wirklich vor Ilion gelandet sind, wünscht Achilleus die Helena zu sehen. Aphrodite und Thetis erfüllen den Wunsch des jungen Helden, der danach in Liebe für Helena entbrennt und die Achaeer zurückhält, welche nach der Heimath verlangen. Zeus findet, daß der Krieg, wie ihn die Achaeer führen, durch Wegtreibung der troischen Heerden und durch Verwüstung der kleinen Ortschaften, nicht Menschen genug hinweggrafft; er erregt deshalb den großen Zwist zwischen Achilleus und Agamemnon, und die Kyprien schließen mit dieser Einleitung in die homerischen Gedichte und einer Aufzählung der beiderseitigen Streitkräfte.

---

1) Vgl. Ilias 24, 28. 29. — 2) Argum. Cypr. p. 582. ed. Didot. vgl. Hesiod bei Pausanias I, 43, 1.

Die geschichtliche Existenz der Troer und Dardaner, die geschichtliche Existenz Ilions steht nicht in Zweifel. Die Stämme, welche Homer Troer und Dardaner nennt, werden von den Späteren und zwar schon von Kallinos von Ephesos (zwischen 750—700) unter dem Namen Teukrer zusammengefaßt, ihre Landschaft heißt nachmals Troas. Das Gebiet der Teukrer erstreckte sich auf der nordwestlichen Ecke Kleinasiens vom Hellespont im Norden bis gegen das Vorgebirge Lekton und die Bucht von Adramyttion hinab und über den waldigen hohen Ida in das innere Land etwa bis zum Granikos und Aesepos, welche in die Propontis münden. Nach dem Namen gaben die Griechen den Teukrern einen Stammvater Teukros und machten diesen in gewohnter Weise zu einem Sohne des Skamandros, des bedeutendsten Flusses im Gebiet der Teukrer, und einer Nymphe des Ida[1]), während der ältere Stammbaum der Teukrer in den homerischen Gedichten mit dem Dardanos beginnt.

Wenn das Motiv des Zuges nach Ilion ersichtlich eine Erfindung der Poesie ist, wenn sich weiter unten ergeben wird, aus welchen Elementen die Gestalten und Charaktere der Helden desselben, eine Menge von Zügen, welche dem homerischen Epos Leben und Farbe geben, hervorgegangen sind — ist daraus der Schluß gerechtfertigt, daß überhaupt kein Zug von Griechen gegen Ilion stattgefunden habe, daß das gesammte Ereigniß dem Reiche der Dichtung angehöre? Dieser Schluß dürfte schwer zu rechtfertigen sein. Das Hervortreten eines kriegerisch bewegten Lebens, das Emporkommen von Fürstengeschlechtern von kriegerischer Macht und Bedeutung in den östlichen Gauen der Halbinsel kann nicht geleugnet werden. Es ist Thatsache, daß die phoenikische Herrschaft auf den Küsten von Hellas von den Griechen zurückgedrängt und überwältigt wurde. Wenn diese stark genug waren, im zwölften oder elften Jahrhundert vor Chr. die Phoeniker von ihren Küsten zu vertrei-

---

1) Kallinos bei Strabon p. 604. Daß die Teukrer aus Kreta eingewandert sein sollen, beruht wol nur darauf, daß es auch auf Kreta ein Idagebirge gab. Andere lassen die Teukrer, wie die Myser, aus Thrakien nach Troas kommen; Herod. 7, 20. Die attischen Tragiker nennen die Teukrer Phrygier und schließen sie auf diese Weise einem größeren Volksstamme an. Nach den homerischen Gedichten sind die Phrygier nur Bundesgenossen der Troer; die Phrygier haben ihre selbständigen Häuptlinge, und nach dem Hymnus auf die Aphrodite war die Sprache der Troer und Phrygier verschieden; Hymn. in Venerem 116. Il. 13, 792. 3, 718.

ben, im zehnten Jahrhundert die Inseln des aegaelschen Meeres in Besitz zu nehmen, die Karer und Phoenikler von denselben zu verdrängen, und fast die gesammte Westküste Kleinasiens zu kolonisiren, so waren sie gewiß auch schon funfzig, achtzig oder hundert Jahre früher im Stande, eine Raubfahrt nach der Küste Kleinasiens zu unternehmen, eine Stadt auf dieser Küste anzufallen und zu überwältigen, in deren Mauern eine ältere Kultur, der natürliche Reichthum des Landes Schätze erwarten ließen, deren Umfang der Ruf ohne Zweifel noch übertrieb. Die Schiffe der Normannen durchschnitten, von einzelnen oder vereinigten Horden bemannt, bald in kleinerer, bald in größerer Zahl, von kecken Jarlen geführt, im neunten Jahrhundert unserer Zeitrechnung ganz andre Meere, als das aegaelsche. Wenn diese Normannenschiffe die Hauptstadt der Westfranken, wenn sie Paris, Köln, Bordeaux, Toulouse und Valence, viel weiter von der Küste entfernte, wohlummauerte und bevölkerte Städte auf dem Rheine, der Seine, der Garonne und der Rhone aufwärtsschiffend erreichten und niederbrannten, — warum will man eine ähnliche, viel unbedeutendere That den griechischen Raubschiffen abstreiten? Wohl mögen Fürsten von Mykene, welche in ihrer Burg das bedeutsamste Autenken der ältesten Herrlichkeit griechischer Könige hinterlassen haben, an der Spitze dieser Raubfahrt gewesen sein, und das hölzerne Roß, vermittelst dessen die Stadt genommen worden sein soll, ist nichts weiter, als ein alter poetischer Ausdruck, daß es die Rosse des Meeres d. h. die Schiffe waren, welchen Ilion erlag[1]).

Die Erweiterungen, welche die Sage vom troischen Kriege nach Homer erfuhr, zeigen deutlich, daß die Fortsetzer Homers mit den in Kleinasien einheimischen Sagen und Diensten vertrauter geworden sind, daß sie ihnen einen weit größeren Einfluß verstatten als Homer selbst, daß der geographische Horizont sich inzwischen bedeutend erweitert hat; aber auch griechische Sitten, welche der homerischen Zeit fremd geworden oder gewesen waren, haben Eingang gefunden. Doch bleiben die homerischen Gedichte der bestimmte Kern und das

---

[1] Wenn man die Sage vom Kriege gegen Ilion lediglich als eine Wiederspiegelung der Kämpfe der griechischen Kolonisten gegen die Teukrer ansehen will, so muß man diesen Kolonisten die Zerstörung Ilions beilegen. Wie diese aber dazu kommen sollen, eine That, welche sie selbst vollbracht, ihren Vorfahren beizumessen, um auf ihren eigenen Ruhm zu verzichten, das dürfte schwer zu beweisen sein; vgl. unten Abschn. II. Kap. 2 und 4.

entschiedene Vorbild. Die hinzugesetzten Hergänge werden nach den Andeutungen derselben ausgeführt und die meisten Situationen der Fortsetzer sind nichts als Repien homerischer Vorbilder.

Die Amazonen, von deren Kampfe Arktinos sang, sind dem Homer nicht fremd. Aber er ließ dieselben den Troern nicht zu Hülfe kommen. Desto näher lag es einem Fortsetzer, die Mannweiber vom Thermodon (Bd. I. S. 231.) in das Bild des großen Kampfes zu verflechten. Auch Memnon ist schon beim Homer angedeutet. Nach den homerischen Gesängen wohnen die Aethiopen im fernen Osten, und der „erzgerüstete Memnon", wie die Theogonie sagt[1]), ist demgemäß ein Sohn des Ostens, ein Sohn der Morgenröthe. Wir wissen bereits, daß in dem Namen Memnon die dunkle Erinnerung eines aegyptischen und eines assyrischen Kriegszuges, an Thaten des großen Amenophis und des Ninos, liegt (Bd. I. S. 29. 275.). In der Genealogie der troischen Könige beim Homer finden wir den Namen Assaralos als Sohn des Tros, der auf Assyrien hindeuten könnte (Bd. I. S. 280). In den Büchern über die Gesetze wird das Reich des Priamos als ein Theil des assyrischen Reiches bezeichnet. Wir haben früher gesehen, daß allerdings ein Zug der Assyrer im dreizehnten Jahrhundert bis an die Westküste Kleinasiens angenommen werden muß; aber dessen Wirkungen waren, wenn sie auch die Mündung des Hermos erreichten, in dem Zeitraum, in welchen man die Raubfahrt nach Ilion setzen darf, noch viel mehr aber im zehnten Jahrhundert als die griechischen Auswanderer die Küste der Teukrer betraten und im neunten, in welchem die homerischen Gedichte entstanden, längst vorüber. Dem Aeschylos ist Memnon nach dem Vorbilde seiner Zeit ein Perser, der den Troern von Susa aus zu Hülfe kommt[2]). Spätere Schriftsteller lassen den Memnon dann aus Assyrien oder aus Aegypten kommen, oder man vereinigte beide Auffassungen, indem man ihn aus Aegypten über Susa nach Ilion ziehen ließ. Ktesias (um 400) wußte dann auch den assyrischen König zu benennen, auf dessen Gebot Memnon den Troern zu Hülfe gezogen, dessen Feldherr Memnon gewesen. Diese Angabe beruht darauf, daß Ktesias seine assyrische Königsliste mit der spartanischen Aera[3])

---

1) v. 984. — 2) Aeschyl. bei Strabon p. 728. — 3) J. Brandis de temp. rat. p. 24.

vom troischen Kriege verglich und den der letzteren gleichzeitigen affyrischen Herrscher den Memnon absenden ließ. Dem persischen Königspalaste in Susa blieb bei den Griechen der Name Memnonien, Memnonsburg.

Die Freundschaft des Antilochos und Achilleus beim Arktinos ist die genaue Kopie des Verhältnisses zwischen Achilleus und Patroklos beim Homer, wie Neoptolemos beim Lesches nichts als die Wiederholung des homerischen Achilleus ist. Die Reinigung des Achilleus vom Blute des Thersites beim Arktinos gehört der griechischen Ethik und dem griechischen Recht an, welches an alle priesterliche Gebräuche anknüpfend etwa seit der Mitte des achten Jahrhunderts stärker hervorgetreten sein mochte. Es lag nahe, den Helden, welcher unsterblichen Ruhm erworben, auch ein unsterbliches Leben fortführen zu lassen, in ähnlicher Weise, wie Herakles, in der nachhomerischen Dichtung, aus den Flammen des Scheiterhaufens zu den Göttern entrückt wurde. Das Schattenleben im Hades war eines Helden wie Achilleus unwürdig. Konnte die unsterbliche Mutter des Achilleus mit ihren Seefrauen nicht den Sohn an ein fernes Gestade entrückt haben, um sich dort ihres herrlichen Sprosses noch ferner zu freuen? Als die Schiffe der Milesier um die Zeit des Arktinos das schwarze Meer entdeckten, erschienen die entferntesten Nordküsten desselben, diese nebelerfüllten Gestade als der geeignetste Ort. Die Insel Leuke, wohin Arktinos den Achilleus versetzte, ist Ilan Adassi, die Schlangeninsel vor den Mündungen der Donau. Es fand sich dann auch an der nordwärts der genannten Insel gegenüberliegenden Küste eine Laufbahn für den schnellen Achilleus[1]), und man dachte sich den Helden nun hier von den Nereiden umgeben in ewig blühender Jugend mit ritterlichen Spielen beschäftigt. Bei Alkaeos heißt Achilleus bereits der „Herrscher der skythischen Erde"[2]). Ibykos und Simonides ließen ihn, da man den Helden nun einmal nach Skythien gebracht hatte, die Medea heimführen, während Andere ihn mit der Iphigeneia von Taurien, noch später mit der Helena zusammenbrachten[3]).

Der Prolog im Himmel, welchen die Kyprien den homerischen Gedichten voranstellten, liegt in den Grundgedanken wie in der

---

1) Arriani peripl. Eux. c. 32. Boeckh Corp. inscr. 2076. —
2) Fragm. 48. ed. Bergk. — 3) Ibyc. Fragm. 37. ed. Bergk. Schol. Apoll. Rhodii 4, 815. Pausan. III, 19, 11.

Ausführung sehr weit ab von der homerischen Dichtung. Der Apfel, welchen Paris der Aphrodite zuerkennt, ist deutlich der Granatapfel der Aschera von Kypros (Bd. I. S. 164.). Die Sage von der Iphigeneia ist den homerischen Gesängen völlig fremd, nach welchen die drei Töchter des Agamemnon, von denen eine zwar Iphianassa, doch nicht Iphigeneia heißt, während des Krieges ruhig mit der Mutter und dem jungen Orestes in Mykene weilen. Die Sage einer Entrückung der Iphigeneia nach Taurien konnte selbstverständlich nicht eher entstehen, als die Griechen das Land der Taurier entdeckt hatten. Wir erfahren aus anderen Quellen, daß Iphigeneia ein Beiname der Artemis selbst war, daß Artemis unter diesem Namen zu Aulis und zu Lemnos verehrt wurde[1]). Es ist möglich, daß die Sage von der Opferung der Iphigeneia darin ihren Grund hat, daß dieser Artemis Menschenopfer gebracht wurden, da die Artemis Iphigeneia auch als Tauropolos d. h. als die Astarte der Phoeniker bezeichnet wird (Bd. I. S. 234. 236.). Lemnos war von Phoeniker besetzt, und daß es einst phoenikische Niederlassungen in Boeotien gab, haben wir oben gesehen. Die Sage verknüpfte die Erinnerung an diesen alten Dienst der Artemis von Aulis mit dem Kultus der Jungfrau, welche die skythischen Taurier verehrten, von deren Heiligthum sie die Fremden in's Meer hinabstürzten (Bd. I. S. 464.); diese Uebereinstimmung des Kultus ließ sie Aulis und Tauris verbinden, wobei es nicht weiter auffallen darf, daß die Dichtung aus der Göttin selbst zuerst die ihr zum Opfer bestimmte Jungfrau, dann deren Priesterin macht. Die ursprüngliche Form der Erzählung wird wol die gewesen sein, daß die Artemis von Aulis nach Taurien entwichen sei. Artemis und Astarte sind Göttinnen des wandernden Mondes. Die Mondgöttin von Argos, die Io, war ein umherirrendes Weib oder eine gejagte Kuh, und die Mondgöttin von Sparta sollte bald nach Aphidnae, bald nach Ilion, bald nach Aegypten entrückt sein.

---

1) Hesychius *Iphigeneia*. Pausan. l. c. Der König der skythischen Taurier heißt bei Euripides (Iph. in Aul.) Thoas, ein Name, welcher der Sage von Lemnos angehört, s. oben S. 41.

9. Die Sagen von der Heimkehr von Ilion.

Die Helden des troischen Krieges verdankten der Poesie so feste Gestalten und so ausgeprägte Charaktere, daß das Interesse an ihnen mit dem Vollbringen ihres großen Werkes, mit der Einnahme Ilions nicht abbrechen konnte. Der Heldengesang begleitete sie in die Heimath zurück; er wußte von ihren Schicksalen nach dem Kriege zu erzählen. Als dann im achten und siebenten Jahrhundert griechische Städte wie an den Küsten der Propontis und des schwarzen Meeres so auch an denen Unteritaliens und Sizilliens standen, da wollten die Ansiedler im Westen durch die Anwesenheit der Helden des troischen Krieges auf der Rückfahrt von Ilion ihre Gebiete bereits betreten und geweiht sehen, wie die Städte im Osten die Argonauten in ihren Häfen vor Anker gehen und auf ihren Gestaden Heldenthaten vollbringen ließen. So erwuchs allmählig aus den Sagen von der Heimkehr von Ilion ein so wüstes Konvolut der mannichfachsten Geschichten, daß Strabon sagen konnte, die umherschweifenden Helden des troischen Krieges seien auf der ganzen Erde umhergekommen und hätten an allen Küsten und hier und da auch im inneren Lande außerhalb Hellas Städte gegründet[1]).

Wenn die Heimfahrten der Helden ein poetisches Interesse darbieten sollten, so mußten diese von großen Unfällen getroffen, so mußten ihre Schiffe in entfernte Meere und Länder verschlagen werden, so mußten sie die Zustände in der Heimath nach so langer Abwesenheit verändert antreffen. Die homerischen Gedichte motivirten die Unfälle, welche die Helden auf der Heimfahrt treffen, durch den Zorn der Göttin, welche die Achaeer so eifrig beschützt und ihnen zur Einnahme von Ilion geholfen hatte. Ajas, der Lokrer, hatte die Tochter des Priamos, die Kassandra, aus dem Heiligthum der Athene auf der Burg mit wilder Gewalt weggerissen. Am Abend nach jener Nacht, in welcher Ilion gefallen war, beriefen Agamemnon und Menelaos — so erzählen die homerischen Gedichte —

---
1) Strabon p. 46.

die Griechen zur Versammlung. Es war wider die Ordnung, denn die Sonne sank bereits und die Achaeer kamen schwer vom Wein. Menelaos verlangte, daß alle sich alsbald rüsteten, die Schiffe zu besteigen; Agamemnon aber wollte das Volk zurückhalten, um den Zorn der Athene durch Hekatomben zu sühnen. Beide standen heftige Worte wechselnd in der Versammlung; in wildem Getümmel erhoben sich die Achaeer, auch sie waren getheilten Sinnes. So ging die Nacht in schlimmen Gedanken der einen gegen die anderen hin. Am Morgen zogen die, welche des Menelaos Rath billigten — es war etwa die Hälfte der Schaaren — die Schiffe in das Meer, brachten die Beute hinein und die Weiber der Troer und segelten schnell von dannen, da ein Gott das Meer ebnete. In Tenedos landeten sie, den Göttern um glückliche Heimkehr zu opfern. Hier entstand aufs Neue verderblicher Zwiespalt; Odysseus kehrte mit seinen Schiffen zurück, um dem Agamemnon Ehre zu erweisen. Nestor aber, Menelaos und Diomedes steuerten nach Lesbos und von hier mitten durch das Meer nach Euboea. Ein scharfer Wind trieb die Schiffe schnell durch die fischreichen Pfade. In dunkler Nacht landeten sie bei Geraestos (auf der Südspitze von Euboea) und brachten dort dem Poseidon zum Danke, daß sie das große Meer durchmessen, viele Schenkel von Stieren dar. Am vierten Tage zogen die Gefährten des Diomedes ihre Schiffe bei Argos aufs Land. Auch dem Nestor, welcher nach Pylos steuerte, versagte der Wind nicht. Ebenso kamen Philoktetes und Neoptolemos mit den Myrmidonen glücklich in die Heimath und Idomeneus führte seine Genossen nach Kreta, ohne daß ihm das Meer einen Mann geraubt hatte[1]).

Menelaos, der mit dem Nestor und Diomedes von Geraestos abgesegelt war, konnte die Fahrt nicht mit ihnen vollenden. Am Vorgebirge der Athener, beim heiligen Sunion traf Apollon den Steuermann seines Schiffes mit sanftem Pfeile. Wie sehr es den Menelaos trieb die Fahrt zu vollenden, er mußte den Genossen bestatten. Wieder zu Schiffe sah er bereits das steile Berghaupt Malea, als Zeus schreckliche Fahrt verhängte und scharfwehende Winde ausgoß und gewaltige Wogen, den Bergen gleich, sandte.

---

1) Od. 3, 130 seq.

Die Heimfahrt des Menelaos.

Der Sturm trennte die Schiffe und trieb die einen nach Kreta, wo sie zwischen Gortyn und Phaestos an einem glatten Felsen zerschellten und nur die Männer mit Mühe dem Verderben entrannen. Den Menelaos warfen Wind und Wogen mit fünf Schiffen nach Aegyptos. Polybos, welcher das hundertthorige Theben bewohnte, wo die meisten Schätze in den Häusern gehäuft sind, schenkte ihm silberne Schaalen und dreifüßige Kessel und zehn Talente Goldes; und Alkandra, des Polybos Gemahlin, gab der Helena eine goldene Spindel und einen silbernen Korb. Bei der Abfahrt von Aegyptos versäumte Menelaos die Hekatomben zu opfern, die er dem Zeus und den übrigen Göttern für die Heimkehr darzubringen schuldig war; deshalb ward er nach Kypros, nach Phoenikien verschlagen, wo Phaedimos, der König von Sidon, ihm einen silbernen Mischkrug schenkte: danach zu den Aethiopen, zu den Erembern und nach Libyen, wo die Lämmer gleich mit Hörnern aufwachsen und die Schafe dreimal im Jahre werfen, so daß dort kein König und kein Hirt Mangel leidet an Fleisch und Käse und süßer Milch, da die Schafe das ganze Jahr hindurch Milch haben. Auf dem Eilande Pharos, welches eine Tagesfahrt günstigen Windes vor dem Strome Aegyptos im Meere liegt, in einem schützenden Hafen, wo die Schiffe Wasser zu schöpfen pflegten, hielten die Götter den Menelaos dann noch zwanzig Tage zurück, und ließen keinen günstigen Wind wehen. Der Muth schwand den Genossen, und die Speise, obwol sie vom hungernden Magen gequält, mit dem Hamen fischten. So mußte Menelaos zum Strome Aegyptos zurückkehren, um hier den Zorn der Götter durch untadlige Hekatomben zu enden. Nun gaben die Götter günstigen Fahrwind und brachten die mit edlem Gute gefüllten Schiffe rasch in das liebe Vaterland. Es war im achten Jahre, nachdem Ilion gefallen war[1]).

Von denen, welche mit dem Agamemnon am Strande von Troas zurückgeblieben waren, um den Zorn der Athene zu sühnen, war Ajas, der Lokrer, der Athene am meisten verhaßt. Poseidon trieb sein Schiff auf die gyraeischen Klippen, rettete ihn aber aus dem Meere. So wäre er wol dem Tode entgangen, wenn er nicht das übermüthige Wort gesprochen: „auch wider den Willen der Götter werde er dem Meere entgehen." Da spaltete Poseidon mit

---
1) Odyss. 3, 312. 4, 81.

dem Dreizack den gyräischen Felsen, daß ein Theil stehen blieb, der andere, auf welchem Ajas saß, in's Meer sank¹).

Agamemnon selbst, obwol zuerst vom Sturme von der Küste von Argos zurückgeworfen, gelangte, von der Hera beschützt, doch glücklich nach Mykene. Er meinte den Kindern und den Hausgenossen herzlich ersehnt heimzukommen²). Als er nach Ilion auszog, hatte er sein Weib Klytaemnestra mit seinen drei Töchtern Chrysothemis, Laodike und Iphianassa und seinem spätgeborenen Sohn, dem kleinen Orestes, zurückgelassen, und einem Sänger viel befohlen, ihm die Gattin zu bewahren. Während die Helden vor Ilion große Kämpfe vollendeten, saß des Thyestes Sohn Aegisthos still im Winkel von Argos und bethörte die Gattin Agamemnons mit schmeichelnden Reden. Zuerst wies Klytaemnestra ungeziemende Thaten zurück, aber Aegisthos brachte den Sänger auf eine wüste Insel, wo er ihn zum Fraß der Vögel ließ und führte die Klytaemnestra, obwol ihn die Götter warnten, mit ihrem Willen in sein Haus. Sie wurde sein Weib, und er verbrannte den Göttern viele Schenkel und weihte ihnen schöne Gewande und Gold, weil er ein großes Werk vollbracht³). Listig bestellte er einen Wächter, dem er zwei Talente Lohn gab, daß Agamemnon nicht ohne sein Wissen zurückkehre, und der Wächter spähte fast schon ein Jahr lang, als Agamemnon die väterliche Erde betrat. Umfangend küßte er den Boden seines Landes und viele warme Thränen entflossen ihm, da er die ersehnte Heimath erblickte. Der Wächter hatte ihn von der Warte gesehen, und Aegisthos wählte zwanzig der tapfersten Männer aus, stellte sie in den Hinterhalt und eilte mit Rossen und Wagen dem Hirten der Völker entgegen, ihn zum Mahle in sein Haus zu laden. So tödtete er den nichts ahnenden Agamemnon, während er beim Mahle saß, wie einer das Rind über der Krippe erschlägt. Keiner von den Gefährten des Agamemnon blieb übrig, sie wurden alle im Saale des Aegisthos um den König erschlagen wie starkzahnige Schweine, welche im Hause eines reichen Mannes zur Hochzeit oder zu festlicher Bewirthung geschlachtet werden. Um den Mischkrug und die gefüllten Tische lagen sie im Saale und es dampfte der Boden vom Blut. Agamemnon vernahm noch den Weheruf der

---

1) Odyss. 4, 499 seqq. — 2) Odyss. 11, 431. — 3) Odyss. 3, 262 seqq.

Kassandra, der Tochter des Priamos, welche die tückische Klytämnestra neben ihm erschlug. Sterbend erhob er die Hand von der Erde und griff ihr in's Schwert. Aber die „Hundsäugige" wandte sich ab und wagte es nicht, dem Agamemnon die Augen oder den Mund zu schließen, obwol er in des Hades Haus hinabging[1]). Aegisthos hielt das Volk in Gehorsam und herrschte sieben Jahre über das goldreiche Mykene, aber im achten kehrte der herrliche Orestes, nachdem er die Kraft der Jugend erlangt, von Athen zurück und erschlug, nach seinem Lande verlangend, den Aegisthos, der ihm den Vater getödtet, und gab den Achaeern zugleich das Mahl der Bestattung seiner entsetzlichen Mutter und das des feigen Aegisthos. An demselben Tage kam Menelaos mit seinen schwerbeladenen Schiffen in die Heimath, und Orestes erwarb für seine That hohen Ruhm unter allen Menschen[2]).

Am spätesten von den Helden der Achaeer kehrte Odysseus nach Ithaka zurück. Schon waren Jahre dahingegangen, seit der Ruf die Kunde von Ilion's Fall nach Ithaka gebracht. Niemand berief statt des Odysseus die Achaeer zur Versammlung. Zwar lebte Laertes der greise Vater des Odysseus, aber er war alt und schwach, und des Odysseus Sohn, Telemachos, welchen er als Säugling verlassen, als er nach Ilion auszog, war zu jung des Vaters Stelle zu vertreten. Das treue Weib des Odysseus, Penelope, des Ikarios Tochter war in schlimmer Bedrängniß. Die Söhne der Edlen von Ithaka und den nahen Inseln drängten sie, einen von ihnen zum Manne zu wählen; aber der Gedanke der Vermählung war ihr verhaßt, und sie sah mit Abscheu dem Tag entgegen, da sie dem geringeren Manne als Gattin folgen müßte. Sie verlangte Zeit dem alten Laertes ein Leichengewand zu weben; was am Tage vollendet war, trennte sie in der Nacht wieder auf. So täuschte sie ihre Freier drei Jahre lang, bis im vierten eine der Mägde die List verrieth[3]). Seitdem — es waren siebzehn Jahre seit der Abfahrt des Odysseus vergangen[4]) — kamen die Söhne der Edlen Tag für Tag in das Haus des Odysseus. Zwölf waren von Ithaka, zweiundfünfzig von Dulichion, vierundzwanzig von Same (Kephallenia), zwanzig von Zakynthos. Statt Gaben

---

1) Odyss. 11, 406 seqq. 24, 20 seqq. — 2) Odyss. 3, 304—310. 1, 298. — 3) Odyss. 2, 89. 19, 151. 24, 141. — 4) Od. 13, 377.

darzubringen, wie es dem Freier eines edlen Weibes oblag, und Thiere der eigenen Heerde den Verwandten des Weibes zum Schmause zu spenden¹), zwangen sie die Hirten des Odysseus, ihnen die besten Thiere herbeizuführen; die Diener mußten den Wein des Odysseus bringen, die Mägde Korn mahlen und backen. So schmausten sie täglich von fremdem Gut und verpraßten die Habe des Odysseus. Nach dem Mahle hielten sie Reihentanz nach den Tönen der Laute auf dem Vorhofe, warfen die Lanze und den Diskos, oder lagen auf Stierhäuten ausgestreckt umher, und buhlten, wenn die Nacht kam, mit den Mägden des Odysseus; doch hielten nur zwölf von den funfzig Sklavinnen des Odysseus zu den Freiern.

Odysseus war mit seinen zwölf Schiffen von Ilion an die thrakische Küste zu den Kikonen verschlagen worden; dann am Vorgebirge Malea warf ihn der Nordsturm in's weite Meer hinaus an die Küste der Lotophagen. Danach war er zu den Kyklopen, zu der Insel des Windgottes Aeolos gekommen, zu den Laestrygonen, den menschenfressenden Riesen. Nur noch mit seinem Schiffe allein gelangte er zu dem Eilande Aeaea, wo Kirke, die Schwester des Aeetes hauste. Den Okeanos durchschiffend, war er dann am äußersten westlichen Ende der Welt zum Hause des Hades gelangt. Von hier zurückkehrend, war er bei den Seirenen vorbeigefahren, war der Skylla und Charybdis entronnen und auf der Insel Thrinakia gelandet, wo die Sonnenheerden weideten. Auf der Fahrt von Thrinakia bricht auch das letzte Schiff, welches den Odysseus bisher getragen. An den Mastbaum geklammert, allein von allen Genossen, trieb Odysseus auf die Insel Ogygia „den Nabel des Meeres" zur Nymphe Kalypso, die ihn neun Jahre zurückhielt. Auf einem Floße, das er sich selbst gezimmert, segelt er von hier siebzehn Tage, bis er die Berge von Scheria sieht, aber Poseidon, der ihm zürnt, weil er sich an dem Kyklopen vergriffen, zertrümmert ihm auch das Floß. Zwei Tage und zwei Nächte kämpft Odysseus schwimmend mit den Wellen, bis er das Eiland der Phaeaken erreicht. Schlafend führt ihn von hier ein rasches Schiff der Phaeaken im zehnten Jahr in die Heimath. Von Keinem erkannt, als seinem treuen Jagdhund Argos, der alt und schlecht gepflegt, ster-

---

1) Odyss. 19, 276

bend auf einem Düngerhaufen an der Hofmauer lag, von den
trotzigen Freiern mißhandelt, betrat Odysseus in den Lumpen eines
Bettlers sein Königshaus. Am Feste des Apollon trat Penelope,
den Bogen des Odysseus in der Hand in die Thüre des Saales
und sprach zu den schmausenden Freiern: Wer das große Geschoß
des Odysseus am leichtesten spannen und den Pfeil durch die Oehre
der zwölf Aexteisen schießen wird, dem werde ich folgen und dieses
schöne und reiche Haus meines Jugendgemahles verlassen, dessen ich
auch wol künftig und wär's nur im Traume, gedenke. Keiner der
Freier vermochte den Bogen zu spannen, aber Odysseus spannte
ihn wie ein Lautenspieler leicht eine neue Seite austnüpft und an
die Wirbel befestigt und schoß von seinem Sitze aus durch die
Oehre der Aexte. Der Wettkampf wäre vollendet, sprach er, ein
anderes Ziel wähle ich mir jetzt, das noch kein Schütze getroffen
hat, ob Apollon mir Ruhm gewähre! So traf er den ersten der
Freier, den Antinoos, mit dem Pfeil in die Kehle, als er eben den
Becher zum Munde hob, und ruhte nicht, bis er von Telemachos
und seinen treuen Hirten Eumaeos und Philoetios unterstützt, alle
Freier im Saale getödtet. Penelope schlief indeß in ihrem Gemache
so fest, wie noch nie, seitdem Odysseus nach Ilion gezogen. Als
die Schaffnerin Eurykleia sie mit Jubelruf weckte, meinte das Weib
des Odysseus, daß die alte Dienerin ihres Grames spotte, dann
glaubte sie, ein Gott habe die Freier für ihren Frevel vernichtet,
aber Odysseus sei fern von der Heimath gestorben. Auch als Eurykleia erzählte, wie sie den Herrn an der Narbe im Schenkel erkannt,
von jener Wunde, die ihm einst der Zahn eines Ebers auf dem
Parnaß geschlagen, schwankte sie noch im Herzen, ob sie den Fremden erst von ferne befrage oder ihm gleich umarmend Haupt und
Füße küsse. So schwieg sie zögernd im Saale und setzte sich entfernt von Odysseus still nieder. Als Odysseus gebot ihm sein Lager
zu bereiten, hieß sie die Eurykleia das Bettgestell aus dem festen
Gemach bringen. Wer rückte mein Lager von der Stelle, fragte
Odysseus; habe ich mir doch einst den festgewurzelten Stamm des
Oelbaums im Ehegemach zum Lagergestell gezimmert. Da lösten
sich seiner Gattin Herz und Knie; denn nur ihnen beiden war dieses Zeichen bekannt. So ersehnt wie schiffbrüchigen Männern im
Meere das Land erscheint, so war ihr der Anblick des Gatten; sie
ließ die weißen Arme nicht von seinem Halse, und Odysseus weinte,

die treue Gattin umfangend. Den Weinenden wäre die Morgenröthe erschienen, wenn Penelope nicht nach seinem Geschick und seinen Drangsalen gefragt. Die Wärterin des Schlafgemachs, Eurynome leuchtete ihnen mit der Fackel, und sie pflegten der alten Gemeinschaft.

So lauten die Sagen von der Rückkehr der Helden in den homerischen Gedichten. Agias von Troezene versuchte im siebenten Jahrhundert in einem neuen Epos, „die Nosten", die Odyssee zu ergänzen und dem inzwischen ausgesponnenen Kreis der Sagen von den Rückfahrten zu erschöpfen. Zum Theil begnügte er sich den Weisungen der Odyssee zu folgen. So führte er den Zorn der Athene, den Streit der Atriden vor dem Antritt der Rückfahrt, die Irrfahrten des Menelaos, den Untergang des Ajas, welchen er indeß an die kaphareischen Felsen (an der Südspitze Euboea's) verlegte, nur weiter aus; zum Theil änderte er aber auch die Odyssee, indem er den Neoptolemos zu Laare nach Thessalien zurückkehren ließ, und nahm neue Sagen auf, indem er den Seher Kalchas und die Lapithen nach Kolophon ziehen und diese Stadt gründen ließ[1]). Auf der Küste von Kolophon zu Klaros hatten die griechischen Ansiedler eine Weissagung vorgefunden; diese sollte, wie schon Kallinos von Ephesos behauptet hatte[2]), der Wahrsager des Agamemnon gegründet haben. Des Kalchas Grab wurde im Heiligthum des klarischen Apollon gezeigt, und da hier Weiber weissagten, so wurde auch die Manto, des Teiresias Tochter, welche zuerst von Theben nach Delphi versetzt worden war (ob. S. 122.), von hier wieder nach Kolophon geschafft[3]).

Die Weissagung, welche Odysseus vom Teiresias beim Homer im Hades empfängt, „Odysseus solle nach seiner Heimkehr nach Ithaka die Gebiete der Menschen durchwandern, bis er zu solchen käme, die das Ruder für eine Wurfschaufel hielten, von da solle er dann heimkehren und den Göttern Opfer bringen, um im glücklichen Alter außer dem Meere zu sterben", reichte hin, um dem Odysseus eine neue Reihe von Schicksalen beizulegen. Ein Dichter von Kyrene, Eugammon, der um das Jahr 550 lebte, besang diese lustigen Gebilde in einem besondern Epos, die Telegonie. Odysseus

---

1) Cycl. Fragm. p. 584. ed. Didot. — 2) Strabon p. 570. 668. — 3) Silehle im Philolog. 1853. p. 60.

geht nach Elis, danach zu den Thesprotern, führt diese gegen die nordwärts wohnenden Illyrier, die Bryger, und kämpft mit Athene's Hülfe gegen den Ares selbst. Nachdem er hier von neuem gefreit und dem Sohn dieser Ehe die Herrschaft über die Thesproter gegeben, kehrt er nach Ithaka zurück. Es gab einige Orte in Epeiros, welche von Odysseus gegründet sein wollten[1]). Aber Odysseus hat auch schon auf der Rückfahrt von Ilion mit der Kalypso einen Sohn, Telegonos, erzeugt, welcher seinen Vater sucht. Dieser landet auf Ithaka, plündert die Insel und tödtet den Odysseus, der ihn abwehren will, den der Sohn nicht kennt. Betrübt führt er den Leichnam des Vaters, wie die Penelope und den Telemachos mit sich auf die Insel der Kirke zurück, welche inzwischen an die italische Küste, an das Vorgebirge Kirkaeon verlegt worden war.

Wenn die griechischen Städte am schwarzen Meere ihre Heiligthümer an die Argofahrt knüpften, so gewährten die Heimfahrten von Ilion den Städten der thrakischen und der italischen Küste einen viel größeren Spielraum zu solchen Beziehungen, da die Argo nur ein Fahrzeug, der Helden von Ilion aber viele gewesen waren. Den Neoptolemos ließ man trotz Homer und der Nosten (oben S. 142. 148.) auf der Rückfahrt von der Insel Skyros aus nach der Küste der Thesproter verschlagen werden und hier die Königsherrschaft über die Molosser erlangen, weil die Könige der Molosser sich rühmten, von dem Sohne des Achilleus abzustammen[2]). Die Stadt Argos am ambrakischen Busen wollte von Amphilochos, einem Sohn des Amphiaraos von Argos, auf der Rückkehr von Ilion gegründet sein[3]). Die Griechen von Skione auf der thrakischen Halbinsel Pallene wußten von den Pellenern im Peloponnes abstammen, welche auf der Rückfahrt von Ilion hierher verschlagen worden seien[4]). Da des Odysseus Fahrten beim Homer in das unbekannte westliche Meer gingen, so war der Sohn des Laertes hierdurch genugsam bei den Völkern des Westens eingeführt, als diese den Griechen bekannt wurden. So erzeugt denn Odysseus schon nach der Theogonie mit der Kirke „den Agrios, den starken untadligen Latinos und den Telegonos, welche sehr ferne im Winkel der heiligen Inseln sämmtlichen hochberühmten Thrsenern geboten"[5]). Auch die

---

1) Plut. quaest. Graec. s. 14. Steph. Byz. Βούνειμα. Etym. magn. Ἀψευίσιος. — 2) Pindar. Nem. 7, 35 seq. — 3) Thukyd. 2, 68. Strab. 7, 91. — 4) Thukyd. 4, 120. — 5) Theogon. 1011.

älteste Griechenstadt in Italien, Kyme, wußte von des Odysseus Anwesenheit zu erzählen¹), dessen Fahrten dann successiv nach Spanien ausgedehnt wurden²). Den Diomedes, welchen die Odyssee ruhig nach Argos gelangen läßt, scheuchte man aus dieser Ruhe wieder auf; sein Grab wurde auf einer Inselgruppe des adriatischen Meeres gezeigt; er sollte verschiedene Städte an den Küsten der Adria gegründet haben. Da der lokrische Ajas von der Stadt Lokri in Unteritalien als Heros verehrt wurde, so verstand es sich von selbst, daß Ajas Lokri erbaut hatte³); daß ihre Gründung um mehrere Jahrhunderte vom troischen Kriege ablag, war kein Hinderniß. Wie Lokri den Ajas, so verehrte Tarent den Diomedes und den Odysseus, Metapont den Nestor⁴), welcher deßhalb diese Stadt gegründet haben mußte⁵). Als die Griechen um das Jahr 600, als die Macht der phönikischen Städte durch die Angriffe Necho's und Nebucadnezar's zusammenbrach, mit ihren Pflanzungen im Mittelmeer weiter nach Osten vordringen und auf der Insel Kypros Fuß fassen konnten, als sie hier die Stadt Salama (d. h. Friedensstadt) vorfanden, konnte kein anderer als Teukros, des Telamon Sohn von der Insel Salamis, der Gründer dieser Stadt sein⁶).

Da man die Sieger von Ilion so viel Unheil erfahren, da man sie so weite Fahrten machen ließ, so lag es nahe, Leiden und Abenteuer dieser Art den Besiegten in noch höherem Maße beizulegen. Die Fürsten der Teukrer zu Skepsis leiteten ihr Geschlecht vom Aeneias ab. Demgemäß hatte die Ilias diesem Helden der Troer die Stellung gegeben, daß er aus dem Untergang Ilion's gerettet werden solle, „daß seine Kraft den Troern gebieten werde und seiner Kinder Kinder"⁷). In diesem Sinne ließ denn auch Arktinos den Aeneias, noch bevor das hölzerne Pferd in die Stadt gezogen wird, auf den Ida flüchten, wo er dann über den Rest der Teukrer herrschte, eine Relation, welcher Sophokles in seinem Laokoon folgte⁸). Lesches behauptete dagegen ohne Rücksicht auf Homer und Arktinos, daß Neoptolemos den Aeneias gefangen mit sich fortgeführt (S. 134).

---

1) Dionys. Halic. 4, 55. — 2) Strabon p. 22. 149. 157. — 3) Conon narrat. 18. — 4) Aristot. de mirab. ausc. 79. 106. 1114. — 5) Strabon p. 264. — 6) Strabon p. 682. Pindar. Nem. 4, 46. Steph. Byz. Σαλαμίς. Movers Phönik II, 2. S. 239. — 7) Ilias 20, 300. — 8) Sophokles bei Dionys. Halic. 1, 48.

Stesichoros von Himera, in der ersten Hälfte des sechsten Jahrhunderts (630 bis 550), war der erste, welcher in einem Gedichte vom troischen Kriege davon sprach, daß Aeneias sich in das Abendland geflüchtet¹). Hellanikos, ein Zeitgenosse Herodot's, versuchte beide Erzählungen, den Rückzug des Aeneias auf den Ida und den Abzug aus Troas zu vereinigen; er ließ deshalb den Aeneias zwar auf den Ida fliehen, aber hier nur kurze Zeit verweilen, um dann nach Thrakien zu gehen²). Hier lagen nämlich die Städte Aenos an der Mündung des Hebros und Aeneia am thermaeischen Busen; diese Städte, welche natürlich des Gleichklangs der Namen wegen dem Aeneias ihren Ursprung verdankten, waren es allem Anschein nach, welche die erste Veranlassung und zwar schon vor Stesichoros dazu gegeben hatten, den Aeneias überhaupt vom Ida herabzuziehen und in Bewegung zu setzen. Stesichoros ging dann einen guten Schritt weiter und ließ den Aeneias nicht nach Thrakien, welches Stesichoros gar nicht interessirte, sondern nach „Hesperien" auswandern. Des Odysseus Irrfahrten waren bereits in Unteritalien lokalisirt, Kumae, die älteste Griechenstadt an der Küste Italiens, war von dem kleinasiatischen Kyme gegründet; die Weissagungen, welche die Kumaeer besaßen, die Bücher der Sibylle — es waren die Sprüche weissagender teukrischer Weiber vom Ida — stammten von der anatolischen Küste³); so konnten ja auch wol andere Städte

---

1) Tab. Iliac. — 2) Dionys. Halic. I, 46—54. — 3) Die Weissagung von Weibern in Grotten und Höhlen war auf der Küste Kleinasiens nicht selten (Bd. I. S. 236.); sie gebührt dem Dienste des Sonnengottes an; Serv. ad Aen. 3, 332. Die Ausleger der sibyllinischen Bücher in Rom waren zugleich Vorsteher des Tempels des Apollon; Liv. 10, 8. Es werden mehrere Sibyllen der asiatischen Städte aufgeführt; die Gergidische von der teukrischen Stadt Gergis im Ida, die auch als Sibylle von Kyme bezeichnet wird (auch im Gebiet von Kyme lag ein Flecken Gergis oder Gergithion, auch hier wohnten also Gergithen); eine Sibylle von Erythrai, eine von Ephesos u. s. w. Die Sibyllen von Gergis im Ida, wo die Teukrer am längsten ihre Unabhängigkeit behaupteten (Her. 5, 122. 7, 43), waren die berühmtesten; s. unten. Die Stadt Gergis führte nach dem Zeugnisse des Phlegon von Tralles die Sphinx und die Sibylle auf ihren Münzen (Fragm. 3. ed. Müller). Die Sprüche dieser Sibyllen wurden um die Zeit des Solon und Kroesos, als die Griechen sich für derartige Dinge zu interessiren begannen, in Kyme oder Erythrae gesammelt und in's Griechische redigirt; Nikolaos von Damaskos läßt die Sibylle auch am Scheiterhaufen des Kroesos eine Rolle spielen (Fragm. 68. bei Müller). Diese Sprüche kamen von Kyme in Asien nach Kyme in Kampanien, aus der Mutterstadt in die Pflanzstadt, und von da nach Rom. Daß dieselben den Kultus der idaeischen Mutter, der Geburtsgöttin des Ida, der Kybele vorschrieben, kann daher nicht Wunder nehmen; es ist bekannt, daß die Römer auf dieses Gebot hin den Stein von Pessinus nach Rom holten (Klausen Aeneas I. p. 236 figg.), und als im Bundesge-

und Heiligthümer in Italien von derselben Gegend her ihren Ursprung haben. Hekataeos von Milet leitete bereits um das Jahr 500 die Stadt Kapua von dem Troer Kaphs, dem Vater des Anchises her[1], und da Latinos ein Sohn des Odysseus geworden war, konnte man ja auch andere Helden des troischen Krieges mit Italien in Verbindung setzen. Es war das um so leichter, als die Insel Ischia, welche vor Kumae im Meere lag, Aenaria hieß[2], ein Name, der offenbar von Aenelas herrühren mußte. Die Römer griffen dann nachmals diese Fabeln begierig auf, um den Ruhm des Alterthums und altheroischer Gründung nicht den Griechenstädten allein zu belassen. Aenelas war beim Homer der Sohn und der Günstling der Aphrodite, der Geburtsgöttin vom Ida; so sind es denn die berühmtesten Kultusstätten der syrischen Aphrodite, der Aschera, nach welchen die Fahrten des Aenelas gerichtet werden; er kommt nach Kythera, einer der ältesten Niederlassungen der Phoeniker an den Küsten von Hellas, wo die Aschera-Astarte verehrt wurde (oben S. 73.), er kommt nach Karthago, obwol diese Stadt erst um das Jahr 850 gegründet wurde, wo der Dienst der Diro-Anna blühte (Bd. I. S. 101.), nach dem Eryx in Sizilien, wo die Phoeniker der Geburtsgöttin das angesehenste Heiligthum auf dieser Insel gegründet hatten, er landet endlich an der Küste von Latium in der Nähe von Lavinium, wo sich ein alter, von allen Latinern besuchter Tempel der Aphrodite (Flora) befand[3]. Neben alle dem gab es eine griechische Relation, welche die Wanderungen des Aeneias mit den Homerischen Gedichten, mit der Fortdauer der Herrschaft des Aenelas über die Troer nach dem Falle Ilion's, in Uebereinstimmung setzte, indem sie behauptete, daß Aenelas zwar flüchtige Troer nach Italien geführt, aber dann für seine Person zurückgekehrt sei, als König im Ida geherrscht und seine Herrschaft seinem Sohne Askanios (dies ist ein in Kleinasien, namentlich in Phrygien oft vorkommender Lokalname) hinterlassen habe[4].

Andere Gründe, als Kolonialsagen, als die Heroendienste griechischer Städte, als der Gleichklang von Namen waren es, welche

---

nossentkriege die sibyllinischen Bücher verbrannt waren, ließen die Römer in Ilion, Erythrae und Samos nach den Gedichten der Sibyllen suchen, um sie wiederherzustellen; Tac. Ann. 6, 12.

1) Hecat. Fragm. 27. ed. Müller. — 2) Plut. Marius 37. 40. — 3) Strabon p. 232. — 4) Dionys. Halic 1, 53.

die attischen Tragiker bewegten, nicht bei der Sage von der Rückkehr des Agamemnon stehen zu bleiben, wie diese in den homerischen Gedichten erzählt war. Dem schlichten und einfachen Sinne der alten epischen Dichtung war die Rache, welche der aus der Fremde, aus Athen heimkehrende Orestes an Aegisthos und Klytaemnestra übte, eine preiswürdige That, welche ihm hohen Ruhm bei allen Menschen eintrug (oben S. 145.). Dem feineren sittlichen Gefühl der Tragiker entging der Konflikt nicht, in welchem Orestes gehandelt haben mußte, der einerseits den Mord des Vaters zu rächen, andrerseits die Brust, die ihn gesäugt, zu ehren hatte. Außerdem zeigten sich ihnen diese Ereignisse nothwendig in einem anderen Lichte. Sobald man Pelops und seinen Nachkommen jene furchtbare Kette von Freveln aufgebürdet hatte (oben S. 112.), welche dem Homer vollkommen fremd sind, mußte aus dem Frevel neuer Frevel erwachsen. Als man den Vater des Agamemnon, den Atreus, des Thyestes Kinder hatte schlachten lassen, war es die Pflicht des Aegisthos, des dritten Sohnes des Thyestes, den Mord seiner beiden Brüder an dem Sohne des Atreus zu rächen. Da die Kyprien dann die Opferung der Iphigeneia gedichtet hatten, so hatte auch Agamemnon der Klytaemnestra gegenüber eine Schuld; er hatte nicht angestanden, für die Zwecke des Krieges seine Tochter hinzugeben[1]); ihre Rettung durch die Artemis war natürlich Klytaemnestra und Agamemnon unbekannt[2]). Diesen Anschauungen gemäß änderte Aeschylos die Sage. Agamemnon, dessen Ankunft Feuerzeichen verkünden, tritt aus dem Sturme gerettet an's Land und wird von der Klytaemnestra prunkend empfangen; sie bereitet ihm ein Bad, wirft ihm, als er demselben entsteigt, ein weites Gewand über, tödtet ihn dann mit eigener Hand mit einem Beil, freut sich der That und rühmt sich mit Aegisthos ihres Sieges. Auch des Priamos Tochter, Kassandra, welche Agamemnon von Ilion herübergebracht (sie war inzwischen nach dem Vorbilde der weissagenden Frauen des Ida eine große Seherin geworden), fällt ihrer Rache. Von der Mutter verstoßen, wächst Orestes indeß beim Strophios in Phokis auf. Apollon treibt ihn seinen Vater zu rächen. Von Pylades, dem Sohne des Strophios begleitet, findet er seine

---

1) Pindar. Pyth. 11, 22 Aeschyl. Agam. 1417. Soph. El. 530. Eurip. Orest. 650. — 2) Aeschyl. Agam. 215 seq. 1545.

Schwester Elektra (die dem Homer unbekannt ist) beschäftigt, den Schatten des Agamemnon zur Rache aufzurufen, statt dessen Zorn, wie Klytaemnestra ihr geboten, durch Todtenspenden zu versöhnen. Als ein Bote von Pholis tritt der Sohn des Agamemnon vor seine Mutter mit der Kunde von Strophios, Orestes sei gestorben. Er überwältigt den überraschten Aegisthos und erschlägt dann seine Mutter; aber indem er vor den beiden Leichen an derselben Stelle steht, wo sein Vater erschlagen ward, erheben sich die Rachegeister, die Erinnyen, aus dem Blute der Mutter, verwirren seinen Sinn und treiben ihn entsetzt nach Delphi zu fliehen, um dort Sühnung zu finden. Der Gott von Delphi reinigt den Muttermörder, allein diese Reinigung versenkt die Erinnyen nur in kurzen Schlummer, und Apollon selbst weist den Orestes an, nach Athen in den Tempel der Pallas zu flüchten. Die Erinnyen folgen ihm auch hierhin, aber Athene befiehlt ihnen, ihr Recht auf den Orestes vor dem Areiopag zu verfechten — es war der Gerichtshof, welcher in Athen über Blutschuld richtete. So treten denn die Erinnyen als Kläger vor die zwölf Areiopagiten; Apollon ist der Vertheidiger des Orestes. Die Stimmen der Richter für und gegen Orestes sind gleich; da wirft Athene den letzten Stein für ihn in die Urne, „denn keine Mutter wurde ihr, die sie gebar", und besänftigt die Erinnyen, daß sie als „Eumeniden" in ihr Heiligthum (welches in Athen auf dem Areshügel stand) einziehen. Orestes ist frei von ihren Qualen, und die finstern Mächte, welche so lange im Hause der Pelopiden gewaltet, sind endlich versöhnt.

Sophokles formt die Sage dahin um, daß Elektra den jungen Orestes gerettet und dem Strophios, einem alten Getreuen des Agamemnon, übergeben hat[1]). Er kommt selbst nach Mykene mit der Botschaft, daß Orestes beim Wagenrennen zu Delphi umgekommen sei, einem Wettkampf, welcher freilich erst zu Anfang des sechsten Jahrhunderts eingeführt worden war. Der Anblick des ehernen Aschenkruges des Orestes raubt der Elektra ihre letzte Hoffnung und steigert ihre Trauer auf den höchsten Gipfel. Da kann der Bruder nicht länger an sich halten, er giebt sich zu erkennen und eilt, seine Mutter zu tödten, welche allein im Gemach ist.

---

1) Bei Pindar ist die Retterin des Orestes aus den Händen der Klytaemnestra keine Pflegerin Arsinoë; Pyth. 11, 17. Hellanikos verlegt die Freisprechung des Orestes unter die Herrschaft des Demophon; J. Brandis de temp. rat. p. 9.

Dem heimkehrenden Aegisthos zeigt er der Klytaemnestra Leichnam
statt der Asche des Orestes, welche dieser zu sehen erwartet, und
streckt ihn nieder. Beim Euripides hat Aegisthos die Elektra an
einen armen Landmann verheirathet; er macht die dürftige Lage der
Tochter des großen Königs zu einem Hauptmotiv seiner Dichtung
und die Ermordung des Aegisthos und der Klytaemnestra wird bei
ihm zu einer That übermäßiger und übereilter Rachsucht, welche
dann auch von Orestes und Elektra alsbald bitter bereut wird.
Andererseits brachte Euripides die Fabel von den Pelopiden dadurch
zum Abschluß, daß er die Iphigeneia, deren Opferung und Entrückung die Kyprien hinzugefügt hatten, wieder hereinzog. Er läßt
den Apollon den Orestes nach Tauris senden; um die Erinnyen der
Mutter zu versöhnen, soll er das Bild der jungfräulichen Artemis
von dort nach Mykene holen. Iphigeneia dient an der taurischen
Küste der Göttin und hat das Amt, die landenden Fremden zum
Tode zu weihen. Das soll sie nun auch an dem Bruder vollziehen;
er giebt sich zu erkennen, und die gemeinsame Flucht mit dem Bilde
der Artemis gelingt. Sowohl die Athener als die Spartaner behaupteten, das Bild der Artemis zu besitzen, welches Orestes zu-
rückgebracht. Die ersteren meinten, es sei in ihrem Heiligthum der
Artemis bei Brauron aufgestellt; nach der Meinung der Spartaner
war das Holzbild der Artemis Orthia, welches zu Sparta im Lim-
naeon stand, das von Orestes aus Tauris entführte[1]).

Agamemnon und Orestes blieben gepriesene Heroen des Peloponnes, auch nachdem die dorische Wanderung die alten Verhältnisse hier vollkommen umgewandelt hatte. Wenn Argos und Mykene in alter Zeit den ersten Rang im Peloponnes eingenommen
hatten, so suchte das dorische Sparta, welches späterhin die Vormacht errang, sich die Helden dieser alten Zeit so viel als möglich
anzueignen. Nicht bloß Menelaos, den der Kultus der Helena nach
Sparta gebracht hatte, wurde von den Spartanern als Heros verehrt, Agamemnon wurde in Sparta als der erste unter allen Heroen
angerufen[2]); Stesichoros verlegte sogar den Herrschersitz des Agamemnon von Mykene nach Lakedaemon[3]). Um das Jahr 560 gebot
das delphische Orakel, welches den Inspirationen, die ihm von

---

1) Eurip. Iph. T. 1450. 1462. Pausan. 1, 33, 1. 8, 10, 6. 7. —
2) Staphylos bei Clem. Alex. admon. ad gent. p. 24. — 3) Fragm. 39.
bei Bergk.

Sparta aus zusamen, zu folgen pflegte, den Lakedaemoniern, die Gebeine des Orestes nach Sparta zu holen. Sie wurden nach langem Suchen auf dem Hofe eines Schmieds im Gebiete von Tegea gefunden. Der Sarg und die Knochen maßen sieben Ellen, und sobald diese Gebeine am Markte zu Sparta bestattet waren, wurden die Spartaner im Felde den Tegeaten überlegen[1]. Danach war dann auch Simonides[2] der Meinung, daß Agamemnon in Sparta regiert habe, und Pindar läßt den Agamemnon „im gepriesenen Amyklae" den Tod finden und bezeichnet den Orestes schlechtweg als einen Lakonen[3].

10. Zustände und Denkmale der alten Zeit.

„Das Leben der Vorfahren, sagt Thukydides, war armselig; sie beraubten sich gegenseitig und noch heute leben die ozolischen Lokrer, die Aetolier und Akarnanen in dieser Weise. Nirgend war man ohne befestigte Orte vor Plünderung sicher. Nur der nöthigste Bedarf an Feldfrüchten wurde gebaut, aus Furcht, daß ein anderer einbräche. Auch der Seeraub war häufig und die Schiffe waren als Raubschiffe gebaut. Die Führer trieben ihn der Beute, die Unbegüterten, welche diesen folgten, um des Unterhaltes willen. Weder Handel noch gefahrloser Verkehr fand zur See oder auf dem Festlande statt. Die ältesten Städte wurden der Seeräuber wegen entfernter von der See angelegt; als aber die Anwohner des Meeres größeren Reichthum erwarben, bauten sie des Handels wegen ihre Städte an die Ufer des Meeres selbst und umgaben sie mit Mauern, und die stärkeren Städte machten sich die geringeren unterwürfig"[4].

Es ist schwer zu bestimmteren Vorstellungen über die ersten Stadien des Lebens, über die alten Zeiten des griechischen Volkes zu gelangen. Es ist nicht blos die verwirrende Fülle der Mythen und Sagen, welche wir eben an uns haben vorübergehen lassen,

---

1) Herod. 1, 67. 68. Pausan. III, 3, 5. 11, 8 — 2) Simonid. Fragm. 107. ed. Bergk. — 3) Pindar. Pyth. 10, 16 31. Vgl. Pausan. 2, 16, 3, 19. — 4) Thukyd. 1, 2—10.

welche dieser Forschung im Wege steht; es ist nicht blos, daß die
ersten schriftlichen Aufzeichnungen der Könige, der Priester an gewissen
Heiligthümern nicht vor dem Jahre 800 v. Chr. begonnen
worden sind. Die Schwierigkeit, das ursprüngliche Besitzthum und
die eigenartige Entwicklung der Hellenen in jenen alten Zeiten zu
erkennen, beruht vor allem darin, daß auch unsere älteste Quelle,
die homerischen Gedichte, der Poesie angehört und erst aus einer
Zeit stammt, in welcher die Griechen bereits längst mit dem seefahrenden
Volk des Mittelmeeres in Berührung gekommen waren,
in welcher sie bereits seit mehr als einem Jahrhundert auf einer
fremden Küste Fuß gefaßt hatten und mit der älteren Kultur Kleinasiens
in Berührung gekommen waren.

Uebersehen wir die Ergebnisse, welche die Untersuchung des
ursprünglichen religiösen Eigenthums, die Untersuchung der lokalen
und gemeinsamen Sagen der Griechen gewährt haben. Die Stämme
der Griechen durchzogen mit ihren Heerden die Thäler und Berge
der Halbinsel. Im Sommer werden sie ihre Thiere auf die lustigen
Höhen getrieben, im Winter werden sie die wärmeren Küstensäume
aufgesucht haben. Auf den bald hellstrahlenden, bald wolkenverhüllten
Höhen des Olympos im Nordosten des Landes erkannten
sie den Sitz der ihr Leben und ihre Heerden schützenden Geister des
Lichts; in dem grünen Thal von Dodona verehrten sie den regenbringenden
Gott des Himmels, vernahmen sie seinen Willen
im Rauschen seiner Eiche; die lichtesten Gipfel der peloponnesischen
Berge heiligten sie diesem Gotte. In den Ebenen der Ostküste
wich das Hirtenleben dem Ackerbau. Am unteren Peneios, an den
boeotischen Seen, in der Ebene am Ilissos, im Flachland von
Eleusis, in der Ebene des Inachos bildeten sich seßhafte Gemeinwesen.
Die Mythen von Jolkos in ihrer ursprünglichen Gestalt,
die Mythen von Argos, die Sagen vom Pelasgos und Danaos
heben die agrarischen Elemente des Kultus, den Dienst der Satzungbringenden
Demeter, die Wohlthaten der Bewässerung des Landes
hervor. Noch stärker betont wird der Kultus der Ackergöttin in
den Mythen von Eleusis; auf der Akropolis verdrängt der Dienst
einer dem Acker und dem Oelbaum vorzugsweise gnädigen Gottheit
den älteren Dienst des Wassergottes und das Land am Ilissos erkennt
in dem Daemon des fruchtbaren Ackers, in dem Erichthonios
seinen Schutzgeist. Die Glieder dieser ackerbauenden Gemeinwesen

waren durch die Bande des Bluts verbunden, es waren zu Stämmen erweiterte Familien. Das Haupt der Familie, von welcher die andern abstammten oder abzustammen meinten, stand an der Spitze und schlichtete den Streit der Stammgenossen. Er brachte den Göttern die Opfer für alle, wie jedes Familienhaupt diese für die Seinen darbrachte. Mit dieser neuen Ordnung des Lebens mehrten sich in den Ebenen Habe und Besitz. Diese reizten die Bewohner der Gebirge und Höhen über den Ebenen, in die Heerden und Saaten der Ackerbauer zu fallen. So stehen die Stämme der Dorer und Magneten den Lapithen am unteren Peneios, die Phlegyer von den Abhängen des Parnassos den Orchomeniern und Kadmeern, die Pallantiden, die Ziegenhirten aus den südlichen Bergen Attika's den Bauern vom Ilissos gegenüber. Gegen solche Beraubungen und Ueberfälle müssen die Ackerbauer, welche sich dem Angriff nicht mehr durch Wanderung entziehen können, Schutzmittel suchen. Sie sind genöthigt günstig gelegene Höhen, isolirte Felsplatten, zur Bergung ihrer Habe zu suchen und der Unzugänglichkeit derselben durch Mauern nachzuhelfen. Sie schützten zunächst die zugänglichsten Stellen durch aufgehäufte Steinblöcke, die sich später rings um den Felsen ziehen; ihre Altäre, ihre heiligsten Opferstätten schließen sie in den schützenden Mauerring ein. So erhoben sich die Larissen, die Steinburgen der Lapithen am Peneios gegen die Hirtenstämme vom Pelion und Olympos; gegen die Phlegyer sollen die Mauern von Orchomenos, die des siebenthorigen Thebens, entstanden sein; so erhob sich zum Schutze der Bauern am Ilissos die Kekropia, zum Schutze der Bauern am Inachos die Larissa auf der Höhe über Argos, und die Strandbewohner am Isthmos fanden Schutz auf dem hohen Akrokorinth. Aber auch der Angriff konnte diesem Beispiele folgen; auch er konnte zum sicheren Rückzug, zur Bergung des Raubes Burgen erbauen. Diese Bedeutung scheint die Burg von Tiryns der Burg von Argos gegenüber besessen zu haben; darauf deuten die Sagen von der Feindschaft des Akrisios und Proetos. Und gewiß hatten die ackerbauenden Gemeinwesen selbst, wo sie näher beisammen lagen, Zwist und Kampf untereinander. Auf ein solches Verhältniß können die Sagen von der Feindschaft und den Kriegen zwischen Orchomenos und Theben hinweisen; ein solches Verhältniß liegt wol den Sagen von dem Kriege zwischen Eleusis und der Kekropia zu Grunde.

So gewann das Leben der Hellenen allmählig einen kriegerischen Charakter. Die räuberischen Hirtenstämme folgten dem kühnsten und listigsten Kämpfer in ihrer Mitte und wenn die alten Stammhäupter der Ackerbauer der neuen Aufgabe, den Stamm zu schützen, ihn im Kampfe zu führen nicht gewachsen waren, so mußten sie besseren Kriegern den Platz räumen. Ein kriegerisches Königthum tritt an die Stelle des patriarchalen Fürstenthums der Stammhäupter. Um diese Kriegshäupter sammeln sich dann alle, denen die Waffen lieber sind, als die Pflege der Heerden und der Pflug, denen ihr Besitzthum erlaubt, ein Leben in Waffen zu führen, die Fehden des Fürsten mit durchzufechten, an seinen Raubzügen Theil zu nehmen. Die homerischen Gedichte schildern die Ueberfälle eines Stammes durch den anderen, die Verwüstungen der Saaten, das Wegtreiben der Heerden als gewöhnliche Ereignisse, und der beschädigte Gau benutzt dann die erste Gelegenheit, Vergeltung zu üben. Sobald Fehde und Krieg die Aufgaben eines ackerbauenden Gemeinwesens werden, scheiden sich die Familien, welche eine besondere Lust an den Waffen haben, welche größerer Landbesitz in den Stand setzt, dieser Neigung zu folgen, von den übrigen Bauern. Da sie die Gefahren des Kampfes mit dem Fürsten theilen, bilden sie auch im Frieden seine Gefährten, seine Genossen beim Mahle, im Rathe und im Gericht. Die Beute des Krieges vermehrt ihren Besitz; den Ruhm ihrer Kriegsthaten und den Reiz der Nacheiferung vererben sie auf ihre Söhne. So hebt sich allmählig ein Stand von höherer Ehre und Ansehen über die Menge der minder begüterten, minder kriegslustigen Bauern empor, welche auch ihrerseits Achtung vor der Heldenthat, dem Kriegsleben empfinden und dem Uebergewicht des Besitzes sich nicht entziehen können. Je besser diese kriegerischen Familien das Gemeinwesen gegen Raub und Ueberfall zu schützen wissen, um so williger wird ihre bevorzugte Stellung anerkannt sein.

Diese alte Zeit der Griechen hat Monumente hinterlassen, von denen einige Reste und Trümmer auf unsere Tage gekommen sind. Ein Bild der ältesten Weise des Burgenbaues der Hellenen gewähren die stattlichen Ueberreste der Mauern von Tiryns. An der Nordostecke der Ebene von Argos erhebt sich nahe am Meere eine flache Felshöhe etwa 900 Schritt lang und 300 Schritt breit. Diese trug die „wohlgebaute Feste", wie die Poeten sagen, „die kyklopischen Thore", wie Pindar sagt, von Tiryns[1]). Die Felsplatte war rings an ihrem Rande von aufgeschichteten Steinblöcken umgeben, es waren die Mauern der Feste. Sie sind unbehauen neben und auf einander gewälzt und werden nur durch ihre Schwere zusammengehalten; die größten haben sieben bis zehn Fuß Länge, die Zwischenräume sind mit kleineren Stücken gefüllt. Die Stärke der Mauer beträgt an einigen Stellen fünfundzwanzig Fuß[2]). Daß ihre Höhe nicht unbedeutend war, kann man aus den herabgestürzten Felsblöcken schließen. In dieser starken Umfassungsmauer des engen Burgraums befinden sich an mehreren Stellen lange und schmale Gänge; sie sind im Kern der Mauer ausgespart und werden dadurch gebildet, daß in den vier Schichten von übereinander gelegten Steinblöcken, welche sie zu beiden Seiten einfassen die beiden oberen Schichten über die beiden unteren hervor und allmählig so weit gegeneinander treten, daß sie den Gang bedecken. Wenn das Aufthürmen der Felsblöcke als die erste, roheste Art griechischen Mauerbaues anzusehen ist, wenn die Larissen in Thessalien, die ältesten Mauern der Larissa von Argos, die ältesten Mauern der Netropla nach diesem Muster zu denken sind, so zeigt das Zusammenschieben der Felsblöcke zu bedeckten Gängen schon einen Fortschritt, und da in diesen Mauergallerien von Tiryns die den Gängen zugekehrten Seiten der Steinblöcke glatt gehauen sind, zeigt uns diese alte Burg in der Anwendung des Meißels bereits eine dritte Stufe der Arbeit, so daß sich wol verschiedene Zeitalter an diesen Mauern versucht haben.

Wenn die Mauern von Tiryns unläugbar einen Charakter des Anfangs und der Ursprünglichkeit an sich tragen, so zeigen die Ueberreste der Bauten von Orchomenos und Mykene eine technische Kunde und Fertigkeit, welche von den Trümmern von Tiryns durch viele Zwischenstufen getrennt sind, die sich mit den Zuständen eines eben beginnenden Kulturlebens schwer vereinigen lassen. Und je weiter die Kunstfertigkeit der Griechen in den Jahrhunderten nach der Wanderung hinter dem Emissarius von Orchomenos, hinter den Schatzhäusern und dem Löwenthor von Mykene zurückbleibt, um so sicherer wird der Schluß, daß den Griechen hierbei eine fremde

---

[1] Scutum Herc. 81. Pind. Fragm. ed. Böckh. 621. — [2] Curtius Peloponnes 2, 385.

Hülfe zur Seite gestanden hat¹). Die Seefahrt und die Kolonisation der Phoeniker bewegte sich, wie wir früherhin sahen, vom Jahre 1300 v. Chr. abwärts stetig und unaufhaltsam nach Westen; um das Jahr 1100 v. Chr. hatte sie bereits die Straße von Gibraltar überschritten (Bd. I. S. 312.), und die Sagen der Griechen lassen die Herrschaft der Phoeniker auf dem aegaeischen Meer, die Ansiedelung und den Einfluß derselben auf die Küsten von Hellas in den mannichfachsten Andeutungen und Spuren erkennen. Kadmos, der Bruder des Phoenix, d. h. des Phoenikers, wandert aus seiner Heimath nach Rhodos, Thera, Samothrake, Thasos, und gründet endlich in Boeotien die Kadmeia, während Minos, phoenikischer Abkunft wie Kadmos, auf Kreta herrscht, von hier aus alle Inseln des aegaeischen Meeres unterwirft und ihnen seine Söhne zu Herrschern giebt, die Insel Minoa bei Megara besetzt und Attika zum Tribut zwingt. Wenn Kadmos den Bergbau, die Waffenrüstung, die Buchstaben erfindet, so ist Minos ein weiser Herrscher, ein großer Gesetzgeber und ein gerechter Richter.

Diese Gestalten des Kadmos und Minos sind nicht blos sagenhaft, sie sind mythisch; und dennoch ist die Seeherrschaft des Minos, die Ansiedlung des Kadmos, nach der Einwanderung der Arier, nach

---

1) Weder die Bauwerke von Orchomenos noch die von Mykene können in die Zeit nach der Wanderung herabgerückt werden. Die Bedeutung von Orchomenos war mit der Vertreibung der Minyer verschwunden, die Kanäle verfielen, und erst Alexander von Makedonien gab zur Anlaß, dieselbe wieder herzustellen; Strabon p. 406. 407. Theben besaß seit der Vertreibung der alten Bevölkerung unbestritten die Vormacht in Boeotien, und die Sage von Theben ließ, wie wir sahen, bereits durch den Herakles die Kanäle von Orchomenos verstopfen (ob. S. 92). Ein ähnliches Schicksal erlitt Mykene durch die Vertreibung und Unterwerfung der Danaer; die Zeiten der Wanderung gaben das Principat über die Ebene des Inachos dem älteren Argos zurück. Wenn man in neuerer Zeit die Bauwerke Mykene's zu groß und kunstfertig für jenes Alterthum fand, so hegt man über die Trümmer von Mykene bei den Griechen selbst entgegengesetzte Besorgnisse, die freilich von dem specifischen Verhältnisse, in welchem sich Hellas und Libra im fünften Jahrhundert befanden, eingegeben waren. Thukydides besorgt, daß die Ueberreste der Stadt Mykene der Macht und Größe der atridischen Herrschaft nicht genügend erscheinen könnten. „Wofern Homer ein genügender Gewährsmann ist," sagt Thukydides (I, 10), „war Agamemnon schon des ganzen Argos und vieler Inseln Gebieter. Daß Mykene nur eine kleine Stadt war, ist kein Beweis dagegen und gegen die Größe des troischen Zuges, wie ihn die Dichter erzählen und die Sage behauptet. Sollte einmal die Stadt Lakedaemon veröde werden und nur die Tempel und die Grundmauern übrig bleiben, so würden die folgenden Geschlechter zweifeln, ob ihre Macht dem Ruhme entsprochen hätte, und doch beherrscht diese Stadt zwei Fünftheile des Peloponnes, leitet den gesammten Peloponnes und hat viele Bundesgenossen außerhalb desselben."

den Anfängen des Ackerbaues und des kriegerischen Lebens bei den Griechen, das älteste Faktum, die älteste Thatsache der griechischen Geschichte. Der griechischen Sage sind Minos und Kadmos die Vertreter des phoenikischen Volkes. Die besonderen Züge, welche ihnen beigelegt werden, sind dem Gotte entnommen, welchem die Phoeniker am eifrigsten dienten, dem Baal-Melkart. Baal-Melkart war den Phoenikern ein wandernder Gott, welcher die entschwundene Mondgöttin suchte, um endlich mit der Wiedergefundenen die heilige Hochzeit zu feiern. So zieht Kadmos nach Westen, die verlorene Schwester zu suchen, so wird die heilige Hochzeit des Kadmos und der Harmonia auf Samothrake, auf der Kadmeia zu Theben gefeiert, und Minos, der sich von Kreta nach Sizilien begiebt, geht wie der Baal-Melkart in den warmen Fluthen des Abendmeeres zur Ruhe. Kadmos ist vorzugsweise der Ausdruck der Wanderungen des Melkart, Minos der des wechselnden Lebens und Sterbens dieses Gottes. Er verschwindet nach der Auffassung der Griechen periodisch in der Grotte von Knossos und konnte so schon beim Homer zum Richter des Streits unter den Schatten werden. Als Vertreter des wohlgeordneten, civilisirten Lebens der phoenikischen Städte auf Kreta war er den Griechen ein weiser Gesetzgeber und ein gerechter Richter, und wenn Kadmos den Griechen der Erfinder des Bergbaues, der Waffenrüstung, der Wasserleitung und der Buchstaben war, so waren es wesentlich diese Dinge, welche die Griechen von den Phoenikern gelernt haben.

Die Ansiedlungen und Kulte der Phoeniker auf Rhodos und Kreta sind hinlänglich historisch bezeugt (Bd. I, 301 flgde.). Auf Samothrake hatten ihre Pflanzungen so feste Wurzeln geschlagen, daß die griechischen Ankömmlinge, welche nachmals hier landeten, den Gottheiten der Phoeniker dienten und ihnen sogar den phoenikischen Namen der Kabirim ließen. Auf Thasos konnte noch Herodot die Spuren des Bergbaues der Phoeniker bewundern, durch welchen sie die reichen Golderze dieser Insel zu Tage gefördert hatten; er hatte sich auch auf die gegenüberliegende Küste, auf das Gold im Pangaeon erstreckt. Herodot bezeugt, daß auch die Inseln Melos und Thera von den Phoenikern besetzt wurden, daß sie die Insel Kythera an der Südspitze des Peloponnes in Besitz nahmen. Er leitet den Dienst der Aphrodite auf Kythera unmittelbar von der syrischen Küste her (Bd. I, 306.), und der Heros Malar, welchen die Thasier verehrten, ist wie der Makareus von Kreta und Rhodos kein anderer, als der Gott Melkart. Daß die Phoeniker nicht blos die Inseln des aegaeischen Meeres, die Inseln an der Küste von Hellas besetzten, daß sie mit den Hellenen auf dem Festlande selbst verkehrten und hier auf einigen Punkten Stationen errichteten, beweist eine Gruppe von Kulten der Ostküste von Hellas, welche der Religion der Phoeniker ebenso bestimmt angehören, wie sie den ursprünglichen Anschauungen der Arier fremd sind. Zu Jolkos und Orchomenos wurde der Zeus Laphystios, der verschlingende Zeus, verehrt. Es wurden ihm in Zeiten der Dürre Menschenopfer aus dem Herrscherstamme der Athamantiden gebracht. Platon vergleicht diese Opfer mit denen, welche dem Kronos (Moloch) gebracht würden. Zeus Laphystios war der Baal-Moloch, den die Phoeniker mit Menschenopfern verehrten. In Zeiten der Gefahr und in Zeiten der Dürre wurden diese aus den Geschlechtern ihrer Herrscher genommen. Für Theben beweist das Gebirge Phoenix, die Grotte der Europe, der Schwester des Kadmos, zu Teumessos, die Hochzeit des Kadmos und der Harmonia, welche die Kadmela gesehen haben sollte; das Heiligthum einer den Griechen ganz fremden Göttin, der bewaffneten Aphrodite d. h. der Astarte, auf der Kadmeia, das Heiligthum der Kabeiren bei Theben[1]), endlich die Verpflanzung des Herakles nach Theben (ob. S. 97), die Anwesenheit und den Einfluß der Phoeniker. In Attika hatte der Purpurmann, d. h. der Phoeniker, der Göttin von Kythera ein Heiligthum gegründet[2]), hatte der Dienst, hatten die Hierodulen der Astarte Eingang gefunden, und die historische Zeit kannte noch die verlassenen Kultusstätten dieser Göttin. Auf dem Eilande Minoa an der Küste von Megara wurden dem Baal-Moloch Kinder der Ionier, der Athener geopfert; der Minotauros, der Mensch mit dem Stierhaupte, verschlang dieselben. Die Hera Akraea, welche auf dem Berge von Korinth verehrt wurde, ist die „Astarte der Höhen"; auch sie erhielt Kinder der Ionier zum Opfer. Hier wie auf Minoa war die Zahl derselben gerade die bei den Semiten heilige Siebenzahl. Und wenn dieser Dienst der grimmigen und verderblichen Göttin nachmals auf einen stellvertretenden Gebrauch beschränkt wurde, so erhärtet gerade dieser das einstige Bestehen

---

1) Pausan. 9, 25. — 2) Auch der Ortsname Makaria in Attika erinnert an den Melkar-Melkart.

der Opferung. Auch die Aphrodite, welche auf der Spitze von Akrokorinth ihr Heiligthum hatte, welcher Jungfrauen mit ihrem Leibe dienten, welcher die Prostituirten geheiligt waren, war keine Gottheit der Griechen, es war die Aschera, deren Dienst die Phoeniker von der syrischen Küste nach der Bucht von Kenchreae gebracht hatten wie nach der Insel Kythera. Unten am Fuße des Berges auf dem Isthmos am westlichen Strande fanden wir den Gott der Phoeniker, den Gott von Tyros, Melkart sogar unter seinem syrischen Namen Melikertes verehrt und die Sage der Griechen verknüpfte seinen Dienst auf dem Isthmos mit jenen Diensten der Athamantiden von Jolkos — Melikertes war von Jolkos nach dem Isthmos entwichen — mit dem Geschlecht des Kadmos (ob. S. 78.). Auch auf dem Peloponnes finden sich Spuren von Kulten, welche fremdländischen Ursprung zu verrathen scheinen. Die blutige Verehrung der Artemis Orthia im Thale des Eurotas, die Hyakinthien, welche zu Amyklae bereits vor der dorischen Wanderung gefeiert wurden, und ihren Mittelpunkt in der Tödtung des schönen Jünglings, des Frühlings, durch die Sonnengluth des Sommers haben, können von den phoenikischen Stationen auf Kythera und Kranae (einem kleinen Eiland an der lakonischen Küste) in das Thal des Eurotas eingedrungen sein.

So zieht sich eine Kette von fremden Diensten von Thessalien bis zur Südspitze des Peloponnes herab. Schon der Umstand, daß dieselben sich wesentlich auf die Ostseite Griechenlands beschränken, würde für ihre östliche Abkunft sprechen, wenn uns das Wesen derselben nicht bestimmter das Land ihres Ursprungs zeigte. So wenig als die Ansiedlung der Phoeniker auf den Inseln des aegaeischen Meeres ist ihr Verkehr mit dem Festlande von Hellas, sind ihre Stationen auf diesem Festlande zu bezweifeln. Die Phoeniker suchten Metalle, Gold und Kupfererz, sie suchten Wolle für ihre Webereien und vor allem Purpurschnecken für ihre Färbereien. Diese Purpurschnecken fanden sich in sehr ansehnlicher Menge an der Mündung des Eurotas, an der Mündung des Inachos, auf beiden Küsten des Sundes von Euboea. Wie überall setzten sich die Phoeniker auch hier zuerst auf den Eilanden fest, welche dem Festlande am nächsten lagen, auf Minoa, auf Kranae und Kythera; sie fanden dann gute Häfen in der geschützten Bucht von Pagasae im Sunde von Euboea, in der Bucht von Kenchreae, im lakonischen

Golf. Die Völkertafel der Genesis, welche im zehnten Jahrhundert v. Chr. geschrieben ist (Br. I. S. 400.), zählt unter den Nachkommen Japhets, unter den Söhnen Javan's (den Joniern) Elisa (Elis) und Dodanim (Dodona) auf[1].

Auf dem griechischen Festlande scheinen die Phoeniker nur eine feste Ansiedlung gegründet zu haben, die Kadmeia. Es war ohne Zweifel der Umstand, daß die boeotische Küste die reichste Ausbeute an Purpurschnecken gewährte, es war der Reichthum Boeotiens und Euboea's an Rindern, das Kupfererz in den Bergen Euboea's[2] sammt der geschützten Lage des Sundes, welche die Phoeniker gerade nach diesem Punkte führten. Am Strande selbst fehlte es an Acker- und Weideland, aber jenseit der Uferhöhen am See von Hyle lag eine von Quellen durchrieselte, wasserreiche und fruchtbare Ebene. Der Verkehr mit halbwilden Stämmen mußte mit dem Schwerte in der Hand geschehen, und man bedurfte schützender Stätten in der Nähe der Häfen. Die Burg, welche die Phoeniker hier zum Schutze ihrer Ansiedlung erbauten, lag auf einer niedrigen Anhöhe mitten in der Ebene; dieser Umstand machte besonders starke Mauern nothwendig. Um diese Burg erwuchs dann ein griechischer Ort, und während die übrigen Gaue der Hellenen sich begnügten, sichere Zufluchtsstätten in ihren Burgen zu haben, wurden auch die Wohnstätten unter der Kadmeia mit einem schützenden Mauerring umgeben. Es war ohne Zweifel phoenikische Baukunst, welche diese errichtete, welche die Zahl der Thore nach der den Semiten heiligen Siebenzahl bestimmte. Das Werk schien so gewaltig, daß die Sage von Theben dasselbe den schützenden Gottheiten der Stadt, den Dioskuren von Theben beilegte.

Der gepriesene Reichthum von Orchomenos, welchen die homerischen Gedichte gleich hinter den des aegyptischen Theben stellen, wird aus dem Verkehr dieser Stadt mit den Phoenikern der Karmeia, aus dem Verkehr mit der Bucht von Jolkos entsprungen sein. Aber Orchomenos mußte, um reich zu werden, Tauschmittel besitzen. Diese gewährte die ungemeine Fruchtbarkeit des Gebiets von Orchomenos, welches die Göttinnen der sprossenden Frühlingsblüthe, die Chariten, vor allen anderen Gauen verehrte. Diese Ergiebigkeit

---

1) Es wird auch Rodanim gelesen, indeß war Rhodos schwerlich vor dem achten Jahrhundert von Griechen besetzt, und neben Elis wird die Kenntniß Dodonas nicht auffallen können. — 2) Kruse Hellas 2, 1, 502.

war indeß nicht einfach ein Geschenk der Natur. Orchomenos lag an der Mündung des Kephissos in den See von Kopae, auf dem Abhang eines Berges, der die Akropolis der Stadt trug. Der große See von Kopae nimmt nicht blos den Kephissos, sondern auch eine Menge anderer Flüsse und Bäche, welche vom Parnaß und dem Helikon in sein geschlossenes Becken herabströmen, auf. Man sorgte für Wiesen und Saaten, wenn man versuchte, dieselben vor den gewaltigen Ueberschwemmungen zu sichern, welche das Einströmen der geschwollenen Gebirgswasser im Frühjahr und Herbst in den See verursachte; man war sicher, aus großen Strecken versumpften Landes fruchtbaren Marschboden zu gewinnen, wenn dem Kephissos ein Ausgang zum Meere eröffnet und der Spiegel des See's niedriger gelegt werden konnte. Mit der Hülfe phoenikischer Baukunst konnte der Versuch gemacht werden, dem See durch die rings einschließenden Berge nach dem Meere hin einen Ausweg vermittelst eines Tunnels zu verschaffen. Man wählte die Richtung nach Nordosten, nach der Küstenebene bei Larymna. Die Reste dieses Tunnels sind noch heute in einer Länge von mehr als 3000 Schritt erkennbar; sechszehn quadratische Brunnen, welche den Tunnel mit Oeffnungen nach oben versehen, zeigen die Richtung dieses großartigen Bauwerks an und lassen einzelne Strecken des Kanals erkennen, welcher sie verband. Als dann in unseren Tagen die Entwässerung der Niederung von Neuem versucht wurde, zeigten sich die Reste des alten Orts Kopae am Nordrande des See's, von welchem dieser seinen Namen empfangen hat. Ein kleiner Umfang, wie zu Tiryns, ist von aneinander gelegten Steinblöcken, aber viel kleinerer Art als die Blöcke von Tiryns, umgeben, von denen noch sieben Schichten übereinander ruhen; zwei Thore gewährten Eingang[1]).

Eine Stadt, welche sich an so schwierigen Kanalbauten versuchen konnte, wie Orchomenos, mußte über unverächtliche Kräfte und Mittel gebieten. Pausanias berichtet von einem anderen merkwürdigen Bauwerke zu Orchomenos, von dem Schatzhause des alten Königs Minyas (dem Namens-Heros der Minyer), welches Trophonios und Agamedes erbaut haben sollten (ob. S. 51.). „Es ist ein

---

[1]) Fiedler Reise durch Griechenland 1, 115. Bittalis Bericht über die Entwässerung der Kopais.

rundes Gebäude von Stein", sagt Pausanias, „welches nicht allzu spitz zuläuft und hier mit einem Steine geschlossen ist, welcher, wie man sagt, den Bau im Gleichgewicht hält¹)." Von diesem Gebäude ist heute nichts mehr übrig, als der Eingang, welcher durch zwei stehende Marmorblöcke und durch einen dritten über dieselben gelegten Marmorstein von reichlich zwanzig Fuß Länge gebildet wird.

Der Verkehr der Phoenicier an den Küsten von Hellas mußte den Hellenen bedeutsame Anregungen gewähren. Man empfing von ihnen neue Güter, Rüstung und Waffen, Geräthe und schöne Gewänder. Nach dem Ausweis der homerischen Gedichte sind die besten Waffen, die werthvollsten Besitzthümer der griechischen Fürsten, Werke der kunstreichen Männer und Frauen von Sidon. Wie viel mehr muß dies in älterer Zeit der Fall gewesen sein. Man hatte phoenikischen Bergbau, phoenikische Baukunst in Mauern, Thoren und Burgen vor Augen und phoenikische Baukunst erschuf den Griechen Wasserleitungen — ihre Erfindung wird dem Kadmos zugeschrieben — welche das Gebiet von Orchomenos zum fruchtbarsten von Hellas machten. Wenn Korinth berühmt ist wegen seiner alten Fertigkeit im Weben, Färben und in der Thonbereitung, so werden wir auch diese Künste auf phoenikische Anregungen zurückführen dürfen, und wenn Korinth und Jolkos für die Stätten alter Seefahrt gelten, so ist es wol das Vorbild phoenikischer Seefahrt gewesen, welches griechische Schiffe aus den Buchten von Pagasae und Kenchreae endlich auf das hohe Meer hinauslockte. Man empfing endlich von den Phoeniciern neue Götter. Ohne einen lebhaften und langdauernden Verkehr wäre es unmöglich gewesen, daß ihre Kulte an so vielen Orten Eingang fanden, daß sie so feste Wurzeln fassen konnten, daß nicht blos Erinnerungen, sondern auch einzelne Gottheiten und Kulten dieses Ursprungs sich bis in die historische Zeit in lokalen Diensten erhalten konnten²). Wie die Hafenorte, wie Theben und Orchomenos, so hat sich auch gewiß das Leben der benachbarten ackerbauenden Distrikte der Hellenen durch diesen Verkehr mit dem meerbeherrschenden, in allen Künsten erfahrenen Volke, gehoben.

1) Pausan. 9, 36, 34. 2) Dieser Umstand macht auch die Annahme unmöglich, den Verkehr mit den Phoeniciern in die Zeiten nach den Wanderungen zu setzen. Die Wanderung der Griechen nach Asien erdrückte die Ansiedlungen der Phoenicier auf den Inseln, und die Phoenicier betrieben im neunten Jahrhundert nach dem Ausweis der homerischen Gedichte den Verkehr nur noch durch einzelne Schiffe.

Wäre es den Phöniker gelungen, sich dauernd auf den Küsten von Hellas einzurichten, so würde die nationale Entwicklung der Griechen, obwol die Phöniker kein eroberndes Volk waren, dennoch schweren Schaden gelitten haben, vielleicht gebrochen worden sein. Den östlichen Landschaften, grade den besten von Hellas, würde ein ähnliches Loos zu Theil geworden sein, wie den Eiseloten. Die ackerbauende Bevölkerung dieser Gebiete wäre in die Abhängigkeit der von fremden Herrn besetzten Hafenplätze und Küsten gekommen. Indeß waren die Griechen bereits stark genug, die Bildung eines solchen Uebergewichts rechtzeitig zu hindern. Die Seeherrschaft des Minos wurde gebrochen, die Phöniker wurden von dem Festlande von Hellas, von den Küsteneilanden wieder vertrieben. Die Sage der Hellenen knüpft diesen Umschwung an den Namen und die Thaten des Theseus. Er bezwang den Minotauros und schlug die Amazonen, d. h. die Macht der Phöniker von Minoa wurde gebrochen, der fremde Dienst der kriegerischen Jungfrau, welcher in Attika eingedrungen war, wurde zurückgedrängt, und das hellenische Theben trug den Sieg über die phönikische Kadmeia davon.

Es war jedenfalls eine Erstarkung des kriegerischen Lebens der Griechen, des kriegerischen Königthums, welches dem Treiben der Phöniker auf der Ostküste von Hellas ein Ende machte. Wir sahen oben, wie die räuberischen Anfälle der Hirten aus dem Süden die Bauern am Ilissos gezwungen hatten, auch ihrerseits zu einem kriegerischen Leben überzugehen. Von tapferen Fürsten geführt, überwältigten diese Bauern die Hirten, wurden die Gemeinwesen von Marathon und Eleusis den Fürsten der Kekropia unterthan. Die Aufrichtung eines kriegerischen Fürstenthums von diesem Umfang, welches seine Herrschaft über den Isthmos ausdehnte, welches seinem Stammvater, dem Poseidon, auf dem Isthmos bei Korinth Opfer zu bringen vermochte, konnte in der That schwerlich ohne Folgen für die Stellung der Phöniker bleiben. Während alle übrigen Landschaften der Griechen in kleine Gemeinwesen zerfielen, hatte das Geschlecht des Theseus die Einheit des Landes von den Keratabergen bis zum Sunde von Euboea hergestellt. Der Fürst der Kekropia gebot als Kriegsherr über die Stämme des Landes vom Kithaeron bis nach Sunion. Der kriegerische Adel d. h. die Kriegsleute, mit denen er seine Fehden ausfocht, kam aus allen bis dahin getrennten Gebieten nach der Burg von Athen, um Rath und Gericht mit seinem Fürsten zu halten, um mit ihm in das Feld zu ziehen. Die Versammlungen des gesammten Adels wurden am Sitze des gemeinsamen Oberhauptes, im Hause, am Heerde des Königs, an welchem dieser für sich und sein Land opferte, gehalten. Während die Stadt Athen sich südlich an die Kekropia anbaute[1]), lag das Königshaus, nachmals das Haus der Prytanen, das Prytaneion, nordwestlich von der Burg, nicht allzu weit von derselben entfernt. Es war die Auszeichnung des Adels, sich des gemeinsamen Mahles mit dem Könige zu freuen, vom Heerde des Königs, am Tische des Königs zu essen. Als das Königthum längst gefallen war, war es in Athen die höchste Ehre, am Heerde des Staats, welcher den des Königs ersetzt hatte, mit den Prytanen, welche die Stelle des Königs eingenommen hatten, zu speisen. Auf diesem Heerde wurde das heilige Feuer fortdauernd unterhalten (ob. S. 26.), und die nach Anatolien übergesiedelten Ionier rühmten sich, dieses heilige Feuer aus dem attischen Königshause unter der Burg mit nach Asien hinüber genommen zu haben.

Die Adelsgeschlechter von Marathon, von Eleusis, von dem südlichen Berglande, fuhren auch nach der Vereinigung des Landes fort, in ihren Landschaften die Opfer zu bringen, welche sie vor ihrer Vereinigung zu der Zeit gebracht hatten, da selbständige Fürsten an ihrer Spitze standen. Diese religiösen Verbände erhielten die vormalige Trennung des Landes neben der Gemeinschaft und ließen, da auch die Adelsgeschlechter des herrschenden Landestheiles, stolz auf ihre bevorzugte Stellung, zusammenhielten, vier getrennte Adelscorporationen, vier Stämme des Adels in Attika entstehen. Ein Verhältniß, welches wenigstens so viel erkennen läßt, daß die Sieger die Unterworfenen nicht schlechthin als Besiegte und Rechtlose behandelten, daß wenn das Stammland, von welchem aus die Einheit gegründet worden war, einen Vorzug besaß, die übrigen Landestheile nicht im Verhältniß der Knechtschaft standen. Den ersten Rang nahm natürlich der Adel des Landestheiles, welcher die übrigen unterworfen hatte, der Adel der Kekropia, ein, er bildete den ersten Stamm. Es waren die alten Adelsgeschlechter aus dem Thale des Kephissos, die Butaden, Pamphiden, Lykomiten u. s. w.; sie gaben sich den Namen Geleonten d. h. die Glänzenden[2]). Der

---

1) Thukyd. 2, 15. — 2) γελεῖν = γελᾶν = λάμπειν; Zeus Geleon (Roß Demen von Attika S. 7 figdt.) ist der strahlende Zeus.

Adel von Marathon nannte sich oder wurde mit dem Namen „Hopliten" bezeichnet. Es war eine Anerkennung seiner Waffentüchtigkeit, seiner kriegerischen Uebung, auf welche im Gebiete von Marathon viel Gewicht gelegt worden zu sein scheint, wenn aus dem Dienst des Herakles, der auf der Höhe von Marathon blühte, aus dem Dienste der Dioskuren, welche in dem benachbarten Deleleia verehrt wurden, ein Schluß gezogen werden darf. Der dritte Stamm führte den Namen Argadeis d. h. Arbeiter. Unter Arbeitern sind offenbar Feldarbeiter zu verstehen; es waren die alten Geschlechter des ackerbauenden Eleusis, die von den Gründern des Ackerbaues, dem Triptolemos und Keleos stammten. Den vierten Stamm, den der Aegikoreis d. h. der Ziegenhirten, bildeten die Adelsgeschlechter, welche den Berglandschaften angehörten, die sich vom Parnes bis nach dem Vorgebirge Sunion erstreckten, deren rauher und steiniger Boden nur Weide gewährte. Der Reichthum konnte hier nur in Ziegenheerden bestehen, und die Zahl der begüterten Geschlechter wird in diesem letzten Stamme gewiß die geringste gewesen sein[1]). Jeder Stamm zerfiel wieder in Verwandtschaften, in Phratrien d. h. Brüderschaften, nachmals in drei. Die Zwölfzahl war den Joniern von Alters her heilig. Die nach Asien ausgewanderten Jonier wollten nicht mehr als zwölf jonische Städte an ihrem gemeinsamen Opfer zu Mykale Theil nehmen lassen, und Homer giebt dem Neleus, dem Stammvater des Geschlechts, welches zu seiner Zeit über Attika herrschte, zwölf Söhne. Die Zahl zwölf entsprach den Monaten des Jahres.

Die Sage ist demnach in ihrem Rechte, wenn sie dem Theseus (d. h. den Fürsten Attika's vor der Wanderung, welche die Vereinigung Attika's begründeten) zuschrieb, daß er das Volk in Adel und Bauern geschieden habe. Die schärfere Scheidung der adeligen

---

[1] Daß die vier Phylen bereits vor der Zeit der Wanderung bestanden, beweist nicht bloß die Erwähnung von Phylen und Phratrien bei Homer; diese vier attischen Phylen finden sich in Teos (Boeckh corp. inscript. II. p. 670.), und da sie in Myilos bestanden (Boeckh. l. c. II. p. 928.), müssen sie auch in Milet, der Mutterstadt von Myilos, bestanden haben. Es folgt hieraus, daß Adelsfamilien aus allen vier attischen Stämmen in die Kolonien hinübergingen, oder daß man in Milet und Teos die Verhältnisse genau nach dem attischen Vorbild ordnete. Auf die vier Gemeinwesen, aus denen Attika erwachsen war, auf diese vier Stämme gehen die Notizen und Namen der vier Landestheile zurück, welche in der mannichfachsten Weise überliefert sind, wie die zwölf alten Orte, aus welchen Attika bestanden haben soll, in der den Joniern heiligen Zwölfzahl, in der nachmaligen Unterabtheilung der vier Stämme, in zwölf Phratrien, ihren Grund haben.

und bäuerischen Lebensweise war die natürliche und nothwendige Folge des lebhafter gewordenen kriegerischen Treibens, der durch die Vereinigung des Landes verstärkten Zahl der Adelsgeschlechter. Die Sage ist im Recht, wenn sie dem Theseus die Ordnung des Landes zuschrieb, wie viele Jahrhunderte auch darüber hingingen, bis jene vier Gruppen des attischen Adels zur Grundlage der politischen Organisation des Landes gemacht wurden; und die Athener waren nicht ganz im Unrecht, wenn sie sich die Besiegung der Amazonen d. h. die Verdrängung der phoenikischen Kulte, „eines Feindes, der ganz Hellas bedroht habe", zum großen Verdienst anrechneten¹). Es war die Befreiung des hellenischen Bodens von einem bedrohlichen Uebergewicht der Phoeniker.

Die Verdrängung der Phoeniker war ein so bedeutsamer Erfolg, daß er der Unternehmungslust, der Thatkraft der Griechen einen neuen Aufschwung geben mußte. Ihre Kriegszüge beschränken sich nicht mehr auf das Festland. Nach dem Beispiel, dem Vorbild der Phoeniker wagt man sich auf das aegaeische Meer hinaus. Zu den Ueberfällen und Fehden auf dem Festlande kamen nun noch die Raubzüge zur See, welche die Küstenbewohner zu ähnlichen Befestigungen zwangen, wie früherhin die Ackerbauer. Sie bauten ihre Burgen, um vor den Raubschiffen sicherer zu sein, gewöhnlich etwas landeinwärts²). Dagegen werden dann in entlegenen Buchten die Schiffe still zur Raubfahrt gerüstet; eine heerdenreiche fruchtbare Ebene, wie die von Argos, wird plötzlich von der See her überfallen (ob. S. 90.), man versucht sich in der Wegnahme einer Burg, einer Stadt, welche große Schätze bergen soll. Kriegslustige Fürsten verbinden sich zu gemeinsamer Heerfahrt, und wenn der Name der Thesiden mit der Verdrängung der Phoeniker verknüpft ist, so bezeichnet der Name der Pelopiden, welche von ihrer Burg zu Mykene herab eine größere Herrschaft gründen, bereits das selbständige Auftreten der Hellenen auf dem aegaeischen Meere,

---

1) Herodot V, 27. Wenigstens war diese Meinung des attischen Volks viel besser begründet, als der Ausspruch eines attischen Philosophen, daß es den Athenern viel besser gewesen wäre, noch oft sieben Jünglinge nach Kreta zu schicken, als durch Theseus davon befreit zu werden; Platon. legg. p. 699. Die Philosophen der platonischen Schule suchten den Ursprung der Demokratie in der Seemacht Athens, den Ursprung der Seemacht in dem Zuge des Theseus nach Kreta; es war ihr thörichter Haß gegen die Volksherrschaft in Athen, der sie zu so widersinnigen Behauptungen verleitete. — 2) Thukyd. I, 7.

welches bis dahin ein phoenikischer See gewesen war. Die Pelopiden führen die große Raubfahrt an die anatolische Küste, welche sich der Tradition der Griechen schwerlich abstreiten läßt.

In dem langen und lebhaften Verkehr mit den Phoenikern hatten die Griechen mannichfache Anregungen gewonnen; bisher unbekannte technische Fertigkeiten waren ihnen zugekommen, welche auch nach der Vertreibung der Phoeniker noch fortwirkten. Wenigstens hat die Herrschaft der Atriden zu Mykene Monumente hinterlassen, welche die Griechen ohne Hülfe oder Einwirkung fremder Kunst wohl ebensowenig zu vollenden vermocht hätten, als die Bauten und Kanäle von Orchomenos. Eine starke Meile nordwärts von Argos steigt das Gebirge, welches die Ebene des Inachos einschließt, in drei Felsterrassen übereinander empor. Von der höchsten übersieht der Blick fürwärts das Flachland bis nach Lerna hin, bis zu den schroffen Gipfeln der Berge von Kynuria, welche sich dahinter erheben; südostwärts bringt er über die Mauern von Tiryns hinaus bis nach Nauplia und überschaut den blauen Spiegel des argolischen Golfes. Auf einer Felsplatte der zweiten Terrasse von etwa tausend Fuß Länge lag die Burg, unter ihr auf der ersten das „breitstraßige, goldreiche Mykene", wie Homer sagt[1]). Die Burgmauer von ansehnlicher Höhe folgt der dreieckigen Gestalt der Felsplatte in allen ihren Ecken und Vorsprüngen. Nur hier und da sind fast unbehauene Blöcke von achtzehn Fuß Länge aufeinander gewälzt, wie in dem Mauerwerk von Tiryns, und die Zwischenräume mit kleinen Steinen gefüllt; der größere Theil der Mauer besteht aus behauenen Steinen, die nach dem natürlichen Bruche derselben vieleckig, die meisten fünfeckig, behauen, geglättet und vollkommen genau in einander gefügt sind. An der Westseite liegen die Steine rechtwinklig behauen in horizontalen Lagen übereinander; hier ist zwischen zwei Mauerarmen, welche eine schmale Gasse von funfzig Fuß Länge und etwa zwanzig Fuß Breite bilden, der Eingang in die Burg. Die Quadermauer am Ende dieses Ganges läßt unten ein Thor offen, welches durch drei gewaltige Steine gebildet ist. Die beiden Seitenpfosten, vierzehn bis sechszehn Fuß hoch und nach oben gegen einander geneigt, tragen einen dritten Stein, den Sturz des Thores, welcher funfzehn Fuß lang und gegen fünf Fuß breit ist. Ueber

---

1) Ilias 4, 52. 7, 180.

dem Sturz sind die Quadern in der vordern Mauerschicht ausgespart, um einer dreiedigen Nische Platz zu lassen. In dieser Nische steht eine Reliefplatte; es ist ein Säulenschaft auf einem hohen Sockel. Die Säule wird nach oben breiter, und trägt ein Kapital, welches mit Kugeln verziert ist. Zu beiden Seiten dieser Säule stehen aufgerichtet zwei Löwinnen, die Hintertatzen auf dem Thürsturz, die Vordertatzen erhöht auf dem Sockel, die Köpfe neben dem Kapital der Säule. Diese Köpfe, frei von der Mauer ab nach Außen gewendet, sind abgebrochen. Die Höhe der Thiere bis zu den Köpfen beträgt acht Fuß; die Formen sind frei und lebendig, im Wesentlichen richtig und mit Schärfe ausgeführt. In einer Ecke der nördlichen Mauer findet sich ein zweites kleineres Burgthor von derselben Konstruktion; statt des Reliefs liegt auf dem Decksteine desselben ein dreikantiger Steinblock[1]).

Die Hauptstraße der Stadt unter der Burg folgte dem Kamme der untersten Terrasse, auf welcher die Stadt lag. Zu beiden Seiten dieser Straße finden sich vier unterirdische Bauwerke. Das größte derselben hat seinen Eingang in dem bewachsenen östlichen Abhang der Terrasse. Ein Vorplatz von zwanzig Fuß Breite führt in eine schmale Gallerie, welche mit mächtigen Werkstücken ausgemauert ist. Aus dieser Gallerie tritt man in ein kreisförmiges Gemach; der Durchmesser desselben beträgt etwa vierzig, die Höhe fünfzig Fuß. Die Wände dieses Gemachs bestehen aus regelmäßig behauenen Quadern. Es sind horizontale Steinlagen, welche successiv nach der Axe des Gemachs hin dichter zusammentreten, bis endlich oben ein einziger Stein die aneinander gerückten Steinringe des kegelförmigen Baues abschließt. An dem Eingange in dieses Gemach, von der Gallerie her, sind die Steine ausgespart; über dieser Oeffnung von etwa zwanzig Fuß Höhe tragen zwei gewaltige Steinbalken nebeneinander das obere Mauerwerk. Um den Druck desselben auf diese beiden Steinbalken, welche den Thürsturz bilden, zu mindern, ist über denselben eine dreieckige Oeffnung in den Steinringen offen gelassen, wodurch das Gemach zugleich von dem Vorplatz und der Gallerie her Luft erhielt. Eine zweite kleinere Thür von derselben Art führt aus dem Hauptgemach in eine dunkle Seitenkammer, welche in den Felsen gehauen ist. An den Thürsteinen

---

1) Curtius Peloponnes II. S. 403.

des Einganges sind noch die Löcher wahrzunehmen, welche die Angeln der Thüre hielten; die Steinwände waren, wie die zahlreichen eingebohrten Löcher und am Boden liegende Nägel mit breiten Köpfen und Stücke von Erztafeln zeigen, mit Metallplatten bedeckt¹). Nur dreißig Schritt von diesem Bauwerk entfernt liegt ein ähnliches Gewölbe, in sich zusammengestürzt, unter einem Erdhügel; am westlichen Abhange der Terrasse, welche die Stadt Mylene trug, sieht man die verschütteten Eingänge zu zwei anderen unterirdischen Bauten wahrscheinlich von derselben Art²).

„Von Mylene, welches die Argiver zerstört haben (es geschah im Jahre 468 v. Chr.³), ist die Ummauerung übrig," so bemerkt Pausanias, „und das Thor, auf welchem die Löwen stehen. Unter den Ruinen der Stadt sind die unterirdischen Bauten des Atreus und seiner Söhne, wo sie ihre Schätze aufbewahrten, das Grab des Atreus und derer, welche Aegisthos tödtete. Klytaemnestra und Aegisthos sind etwas außerhalb der Mauern begraben; man hielt sie nicht würdig, da zu ruhen, wo Agamemnon bestattet war und die, welche mit ihm erschlagen waren"⁴). In der That scheint es die Bestimmung dieser Bauten gewesen zu sein, zur Aufbewahrung der kostbaren Besitzthümer zu dienen, und die Metallplatten der Wände mochten den Schein der Fackeln hell zurückwerfen, wenn der Fürst Ehrengeschenke für seine Gastfreunde, Preise für den Wettkampf, Waffen zum Kriegszuge in seiner Schatzkammer auswählte. Nach der Schilderung Homer's war der Palast des Alkinoos mit ehernen Platten ausgeschlagen; im Schatzhause des Myron zu Olympia wurden beide Kammern mit Erzplatten belegt, und der Tempel der Athene auf der Burg von Sparta wurde mit Erz bekleidet. Pherekydes erzählt, daß die Danae in ein ehernes Gemach eingeschlossen worden sei, und bei Sophokles singt der Chor, daß „Danae einst das Licht des Himmels mit dem Dunkel im erzbeschlagenen Haus vertauschen mußte und im grabähnlichen Gemach verborgen wurde⁵)". Daß das Schatzhaus zu Orchomenos (ob. S. 166) genau derselben Art war, beweist die Beschreibung des Pausanias.

Uebersehen wir, so weit das Dunkel der Zeiten gestattet, den

---

1) Curtius a. a. O. 2, 409. — 2) Curtius 2, 411. — 3) Diodor 11, 65. Strabon p. 372. 377., wo die Mitwirkung der Tegeaten und Kleonaeer erwähnt ist. — 4) 2, 16, 5 seqq. — 5) Pherecyd. Fragm. ed. Müller. 26. Apollodor II, 4, 1. Soph. Antig. 946 seqq.

Entwicklungsgang der Hellenen in dieser ältesten Periode ihrer Geschichte, so waren es die Stämme im Fruchtlande am unteren Peneios, auf welchen nachmals der Name der Pelasger haften blieb, die Minyer von Jolkos und Orchomenos, die Kadmeer von Theben, die Ionier und die Danaer von Argos, welche das hellenische Leben und seine Ausbildung in diesem Zeitalter trugen. Wie kriegerisch und räuberisch die Zustände von Hellas nach der Verdrängung der Phoeniker sich gestaltet haben mochten, es gab neben den Fehden auch friedlichen Verkehr zwischen den einzelnen Landschaften, dessen Band die gemeinsame Verehrung einer und derselben Gottheit war. Die Ackergöttin Demeter hatte eine heilige Stätte am Sunde von Euboea zu Anthela in der Nähe der Thermopylen. Im Herbste nach der Ernte führten hier fromme Männer von allen nördlichen Stämmen Opferthiere herbei, um der nährenden Göttin das Dankopfer für den Segen des Jahres darzubringen. Es waren die Malier, in deren Gebiet das Heiligthum lag, die Magneten, die Perrhaeber, die Phthioten, die Oetaeer, die Doloper, die Lokrer und die Phokier, es waren die Ionier von Euboea, welche zu diesem Opfer zusammen kamen. Alle Nachbarn dieser heiligen Stätte brachten ein gemeinsames Opfer dar[1]). Die Minyer, insbesondere die von Orchomenos, hatten ihr Land und ihr Leben wesentlich durch den Verkehr mit den Phoenikern gehoben, wenn sie auch niemals in einem so nahen Verhältniß zu diesen gestanden hatten wie die Kadmeer. Nicht blos die Minyer von Jolkos lagen der Seefahrt ob, auch die von Orchomenos scheinen nach der Verdrängung der Phoeniker einen selbstständigen Verkehr zur See geführt zu haben. Die ausgedehntesten Sitze behauptete der ionische Stamm. Er hatte die westlichen Inseln vor der Einfahrt des korinthischen Busens bevölkert. Die Ionier von der Nordküste des Peloponnes brachten dem Poseidon zu Helike am Strande des Meeres gemeinsame Stieropfer dar[2]). Die östlichen Stämme der Ionier, welche zu Troezene, zu Korinth, zu Megara und zu Athen gleichmäßig unter dem Uebergewicht der Phoeniker gelitten, hatten diese Uebermacht gebrochen,

---

1) Die Theilnahme der nachmals den Thessalern unterworfenen Stämme an diesem Opfer beweist, daß dasselbe aus den Zeiten vor der Wanderung herrührt, sonst würden die Besiegten niemals mit den Siegern geopfert haben. — 2) Strabon p. 639. vgl. II. 20, 404. Das Opfer der Ionischen Städte zu Mykale gilt für eine Erneuerung der Opfer zu Helike; Diodor. 15, 49.

nachdem im Norden des saronischen Busens ein größeres Gemeinwesen gegründet worden war. Alljährlich in der Mitte des Sommers brachten die östlichen und westlichen Stämme der Ionier auf dem Isthmos, dem natürlichen Mittelpunkt ihrer weitgedehnten Wohnsitze, unter der Leitung der Fürsten von Attika, der Theseiden, dem Poseidon ein großes Opfer dar¹). Die Ionier besaßen in Attika nicht blos einen mächtigen Staat, in Sikyon nicht blos einen alten Mittelpunkt des Kultus, sie besaßen in Korinth die Stätte einer von den Phöniziern überkommenen Kunstfertigkeit und Seefahrt, an welcher die östlichen Küstenorte Epidauros und Troezene Theil nahmen. Auf der Küste von Troezene, welches die Sagen und der Kultus in so engem Verband mit Athen zeigen, lag ein kleines Eiland Kalauria, auf welchem nicht nur die Troezener und Athener, die Ionier von Epidauros und Hermione und von der Insel Aegina, sondern auch die Minyer von Orchomenos und die Küstenstädte am Busen von Argos, Nauplia und Prasiae, dem Gotte des Meeres gemeinsame Opfer brachten²). Auf dem Peloponnes waren die Danaer der vorherrschende Stamm, und das Reich der Atriden von Mykene, welches Argos und Tiryns in den Hintergrund gedrängt hatte, der vorherrschende Staat; die Küstenorte von Argos, Nauplia und Prasiae fanden wir eben in der Opfergemeinschaft von Kalauria. Im Thale des Eurotas waren Therapne mit dem Kultus der Dioskuren und Amyklae von einiger Bedeutung. Die Westküste des Peloponnes, insbesondere der weit nach Westen vorspringende nördliche Theil derselben, das Land des Sonnenuntergangs, war dem Helios geweiht. Hier hatte des Augeias, des Strahlenden, Herrschersitz gestanden, und der Name des Landes Elis hängt mit dem Namen Helios nahe zusammen³). Im Norden des Küstenlandes, an der Mündung des Peneios, saßen die Epeer, an der Mündung des Alpheios die Pisaten, im Süden die Pylier.

Das ursprüngliche religiöse Eigenthum der Hellenen hatte durch die Anwesenheit der Phönizier auf der Ostküste von Hellas einige Bereicherung erfahren. Die Hellenen verhielten sich nicht feindselig

---

1) Daß dies Opfer fortbestand, auch nachdem die Dorer Korinth genommen, beweist wie die Proedrie, welche die Athener besaßen, auch als die Korinther das Fest leiteten, das über die Zeit der Wanderung hinaufreichende Alter dieses Festes. — 2) Strabon p. 374. — 3) Schoemann griech. Alterthumskunde 2, 152. Das Alter des Namens Elis beweist Elisa in der Völkertafel der Genesis und die Inseln Elisa bei Ezechiel.

gegen fremde Kulte, wie die Syrer; sie standen nicht wie die
Aegypter in einem ausschließlichen Verhältniß zu den Göttern,
welche ihrem bevorzugten Lande Leben und Gedeihen erhielten.
Die überaus lebendige Phantasie der Griechen ging bereitwillig auf
neue religiöse Vorstellungen ein; die rege Frömmigkeit, von welcher
sie durchdrungen waren, war gern bereit jedem göttlichen Wesen
Verehrung zu zollen. Aber die Anschauung der Griechen war zugleich
kräftig und originell genug, um diese fremden Götter unbewußt in
die nationale Weise umzuprägen und dadurch in eigenes Besitzthum
zu verwandeln. Was von den phoenikischen Kulten nach der Verdrängung der Phoeniker haften blieb, war indeß wesentlich auf lokale Dienste beschränkt, und bei weitem nicht mächtig genug, den
Gang der nationalen religiösen Entwicklung zu stören. Diese fand
ihre Träger wesentlich in den Sängern, welche die Götter beim
Opfer anriefen. Wir erinnern uns, welchen Werth die Aria am
Indus darauf legten, die Götter in rechter Weise zu rufen, wie die
Arier in Iran die bösen Geister durch die Kraft gewisser Sprüche
und Gebote verscheuchten. Die Anschauung der Griechen schrieb die
Begeisterung der Sänger der Kraft heiliger Quellen und ihrer
Nymphen zu, und ihre Sage ließ folgerichtig den heiligen Gesang
am Fuße des Götterberges erblühen; sie suchte die Musen und den
ältesten Sänger, den Orpheus, am Olympos. Die Kunst dieses
Gesanges erbte vom Vater auf den Sohn. In diesen Sängerge-
schlechtern wurden die alten Anrufungen erhalten und fortgebildet.
Wie bei den Indern gehörte bei den Hellenen das Herabrufen der
Götter zum Opfermahle, der Preis der Götter bestimmten Familien
an. Wir fanden in Attika die alten Sängergeschlechter der Eumolpiden, Pamphyliden und Chlomiden. Diese Geschlechter, welche sich
auf den heiligen Dienst und die heiligen Gebräuche an gewissen Altären
und bei gewissen Opfern verstehen, welche von den Musen begeistert
werden, welche die heiligen Lieder kennen und diese in ihrem Gedächtniß aufbewahren, welche ihrem Lande die Gunst und Gnade
der Götter sichern, haben es dieser bevorzugten Stellung zu danken,
daß sie sich mit dem die Fürsten umgebenden Kriegsadel auf gleicher
Stufe des Ansehns erhalten können. Die Kenntniß der heiligen
Gebräuche, die Gabe des heiligen Gesanges galten bei den Griechen
nicht für unverträglich mit der Führung der Lanze. Das Opfer
wurde am Heerde des Hauses, am Heerde des Königs, auf beson-

ders geheiligten Berggipfeln und Vorgebirgen, an Quellen und Brunnen und unter heiligen Bäumen gebracht. So ward dem Zeus unter der Eiche von Dodona, so wurde der Athene unter ihrem Oelbaum auf der Burg geopfert. Die Götter in Bildern zu verehren, war den Ariern fremd. In Iran wurde diese Sitte niemals, in Indien erst spät verlassen. Den Griechen wurde der Anblick der ersten Idole durch die Phoeniker zu Theil. Die Schiffe von Sidon sollen niemals ohne ein Bild der Astarte in See gegangen sein, und die Galionen ihrer Kriegsschiffe trugen kleine in Holz geschnitzte Götterbilder (Bd. I. S. 162). Die heiligsten Götterbilder der Phoeniker waren Säulen und kegelförmige Steine. Die Griechen verehrten zu Sikyon die Artemis Patroa in einer Säule, zu Megara den Apollon in einem pyramidalen Stein, zu Orchomenos wurden die Chariten in drei vom Himmel gefallenen Steinen angebetet[1]). Wie hoch diese Kulte hinaufreichen, wird sich nicht bestimmen lassen; daß aber die Hellenen schon in früher Zeit ihren Göttern bei weitem mehr Opferthiere schlachteten, als ihre Stammgenossen in Asien, kann nicht wohl bezweifelt werden. Zu jenen Festen der Athene, den Athenaeen, welche Gesammtathenaeen d. h. Athenaefeste des vereinigten Landes geworden waren, kamen aus allen Theilen Attika's Rinder und Schafe, und bei den gemeinsamen Opfern verschiedener Orte und Stämme wird die Zahl der Opferthiere nicht unbedeutend gewesen sein. — —

Es bleibt übrig zu untersuchen, welchem Zeitraum diese Zustände des griechischen Lebens angehört haben. Wenn die Seefahrt und Kolonisation der Phoeniker um das Jahr 1300 v. Chr. Rhodos und Kreta erreichte, wenn ihre Schiffe um das Jahr 1100 die Säulen des Herakles entdeckten, so wird man vermuthen dürfen, daß sie um das Jahr 1250 oder 1200 v. Chr. an den Küsten von Hellas landeten. Widerspricht die Chronologie der Griechen dieser Zeitbestimmung oder fällt sie mit derselben zusammen?

Die Griechen besaßen vor der Zeit der regelmäßigen Feier des olympischen Opfers d. h. vor dem Jahre 776 v. Chr. keinen bestimmten Anhalt für ihre Chronologie. Sie hatten nicht allzu lange vor diesem Zeitraum d. h. etwa um das Jahr 800 angefangen, schriftliche Aufzeichnungen ihrer Könige, der Priester an besonders

---

[1]) Pausan. 2, 9, 6. 1, 44, 2. 9, 38, 1.

heiligen Tempeln zu machen¹). Was darüber hinaus lag, davon wußte nur die Tradition zu erzählen, deren Erinnerung aber doch auch in den Folgen der Könige schwerlich mehr als zwei Jahrhunderte über diesen Zeitpunkt hinausreichen konnte. Als dann lange danach der Trieb erwachte, die Vorzeit genauer kennen zu lernen, rechnete man, um feste Punkte und Jahreszahlen für die Ereignisse und die Herrscher der alten Zeiten zu gewinnen, nach der Dauer der Generationen, welche von einigen zu dreißig, von anderen wie Herodot, zu 33⅓ Jahr angenommen wurden²). Hekataeos von Milet, der um das Jahr 500 v. Chr. lebte, rechnete sechszehn Generationen von seiner Geburt bis zu der Zeit hinauf, da die Götter zu den Töchtern der Menschen herabstiegen³). Pherekydes zählt ebensoviele Geschlechter auf zwischen Ajas, Telamons Sohn, und Miltiades, dem Sieger von Marathon. Battos von Thera, welcher Kyrene gegen das Jahr 630 v. Chr. gründete, ist bei Pindar der siebzehnte Nachkomme Euphemos des Minyers, welcher den Jason auf der Argo begleitet hatte⁴). Dem Stammbaum der spartanischen Könige folgend, legt Herodot neunzehn Geschlechter zwischen dem Herakles und dem König Leonidas, welcher bei Thermopylae fällt, so daß von der Geburt des Herakles bis zum Tode des Leonidas 21 Geschlechtsfolgen oder 700 Jahre verlaufen wären⁵). Bei so ungenügenden Mitteln kann es nicht Wunder nehmen, wenn die Angaben über die Ereignisse der alten Zeit weit auseinander gehen. Herodot setzt die Einnahme Ilions auf das Jahr 1270 v. Chr., Thukydides, welcher der in Attika gebräuchlichen Rechnung folgte, auf das Jahr 1209 v. Chr. Ephoros ließ Ilion im Jahre 1156 fallen, und die Dorer im Jahre 1090 v. Chr. in den Peloponnes gelangen⁶). Timaeos, welcher der Tradition der Lokrer folgte, legt die Einnahme Ilions in das Jahr 1349 v. Chr., die Einwanderung der Dorer in den Peloponnes 1154, während Plutarch dies letztere Ereigniß erst auf das Jahr 965 ansetzt⁷). Die Angaben über die Zeit des troischen Krieges und der dorischen Wanderung welchen demnach fast um zweihundert Jahre von einander ab.

Aber auch bei denselben Schriftstellern widersprechen sich die

---

1) Joannis Brandisii de temporum Graecorum antiquiss. rationibus commentatio. p. 3. — 2) Brandis l. c. p. 17. — 3) Herod. 2, 143. — 4) Pind. Pyth. 4, 10. — 5) Herod. 7, 204. 8, 131. vgl. 6, 98. — 6) Diodor. 16, 76. Brandis l. c. p. 45. p. 25. — 7) Plut. Ages. c. 31.

Angaben. Herodot mußte nach den Geschlechtsfolgen der Herakliden den Herakles 700 Jahre vor die Schlacht von Thermopylae setzen; er behauptet trotzdem, daß Herakles neunhundert Jahre vor seiner Zeit gelebt, er setzt ihn in das Jahr 1364 v. Chr. d. h um mehr als fünf Geschlechter früher. Den Minos macht Herodot zum Zeitgenossen des Herakles, den Dionysos setzt er drei Geschlechter (1465) und den Kadmos fünf Geschlechter vor den Herakles d. h. auf das Jahr 1522 v. Chr.[1]). Die Grundlage dieser Ansätze, des Ansatzes des Falles von Ilion im Jahre 1270 v. Chr., ist offenbar eine andere als die der Geschlechtsfolgen der Griechen. Herodot suchte Hülfe und Anhaltpunkte für die griechische Chronologie im Orient, bei den festumschriebenen Zeitfolgen der Dynastieen der Lyder und der Assyrer. Der Ursprung der Dynastie, welche Gyges im Jahre 719 v. Chr. vom Throne gestoßen hatte, wurde auf den Sandon, den Sonnengott der Lyder und Assyrer zurückgeführt, ebenso wie der Ursprung des Ninos und seiner Nachfolger in Assyrien. Die Griechen hatten diesen löwenbändigenden Sandon mit ihrem Herakles zusammengeworfen. War Herakles der Stammvater dieser Dynastieen, so mußte er natürlich vor dem Beginn derselben regiert haben. Die Dynastie des Herakles in Assyrien hatte 1234, die des Herakles in Lydien 1221 v. Chr. zu regieren begonnen[2]). Da nun Agron der erste Heraklide, welcher in Lydien gebot, ein Ururenkel des Herakles, der sünfte Sproß nach diesem, sein sollte, setzte Herodot die Jahressumme von vier Geschlechtsfolgen vor den Regierungsanfang des Agron um das Geburtsjahr des Herakles (1334) zu erlangen. Dieses Ergebniß bietet uns keinerlei Aufschluß.

Da Attika am frühesten zu einem Gemeinwesen vereinigt war und in den Stürmen der Wanderung seine Herren nicht wechselte, scheint die attische Tradition als die verhältnißmäßig sicherste Quelle für die alten Zeiten gelten zu dürfen. Das Königshaus, welches in den Zeiten der Wanderung die Herrschaft über Attika gewonnen, welches mit König Melanthos, einem Abkömmling des Neleus von Pylos, den Thron bestiegen, hatte denselben bis auf den König Alkmaeon, bis zum Jahre 752 v. Chr. behauptet. Die Regierungszeiten der drei nächsten Vorgänger des Alkmaeon, des Aeschylos, des

---

1) Herod. 2, 44. 4, 147. — 2) Bd I. S. 270. 281. Da es nur auf Herodot's Rechnung ankommt, bleibt hier außer Betracht, daß der Anfang dieser lydischen Dynastie vier Jahre weiter hinauf gerückt werden muß.

Thersippos und Agamestor, waren wol aufgezeichnet; darüber hinaus wußte man Namen der Vorgänger bis zum Melanthos aufzuzählen. Peisistratos, welcher seit der Mitte des sechsten Jahrhunderts so beharrlich nach der Begründung eines neuen Königthums für sich und seine Nachkommen strebte, welcher selbst Abkömmling des Nestor jenem alten vom Adel verdrängten Königshause des Melanthos nahe verwandt war, hatte ein lebhaftes Interesse daran, festzustellen, wann seine Vorfahren nach Athen gekommen, wie lange sie über Athen geherrscht. Er mußte versuchen das Alter und den Glanz seines Geschlechts, die Herrschaft der Melanthiden in das ehrwürdigste Licht zu setzen; war er doch der Erneuerer dieser alten Herrschaft. Es wird zur Zeit seiner Herrschaft geschehen sein, daß die Regierungsjahre der einzelnen Herrscher aus dem Hause des Melanthos verzeichnet wurden. Es waren elf Generationen von Agamestor aufwärts bis Melanthos. Rechnete man das Geschlecht zu dreißig Jahren, so mußten diese elf Könige 330 Jahre geherrscht haben; zählte man die bekannten Regierungsjahre des Agamestor, Thersippos, Aeschylos und Alkmaeon hinzu, so war Melanthos 397 Jahre vor der Abschaffung der Königswürde, im Jahre 1149 v. Chr., nach Attika gekommen[1]); so lebte das Geschlecht des Peisistratos bereits 600 Jahre auf attischem Boden. Die Einwanderung des Melanthos von Pylos nach Athen und seine Erhebung auf den Thron von Attika war eine Folge des Einbruchs der Dorer in den Peloponnes, der danach mit dem Regierungsanfang des Melanthos in Attika in dasselbe Jahr gesetzt wurde. Von diesem Punkte aus ließ sich noch weiter in die Vorzeit gelangen. Melanthos hatte die Nachkommen des Theseus vom Thron gestoßen. Das Geschlecht des attischen Adels, welches sich vom Theseus herzustammen rühmte, die Thymoetaden, mußte vier Könige unter seinen Ahnen aufzuzählen, welche nach dem Theseus und vor dem Melanthos über Attika geherrscht hatten, den Sohn des Theseus, den Demophon, dessen Sohn Oxyntas und des Oxyntas Söhne, die Brüder Apheidas und Thymoetas. Die attischen Chronologen berechneten die Regierungszeit dieser drei Generationen, etwa weil Demophon spät zur Regierung gekommen und Thymoetas vor seinem Ende entthront worden war, nur auf 60 Jahre und setzten demnach den Anfang der Regierung des Demophon in das Jahr 1209 v. Chr.

---

1) Brandis l. c. p. 16 seqq.

Da Demophon den Thron Attika's erst bestiegen hatte, nachdem Menestheus, der den Theseus aus Athen verdrängt, in Troas sein Ende gefunden, wurde der Fall Ilions in dasselbe Jahr gelegt¹).

Vor den Zeiten des troischen Krieges kannte die attische Tradition am Ende des sechsten Jahrhunderts, kannte Herodot als Herrscher von Attika nur den Theseus, den Aegeus, den Pandion, den Erechtheus, den Kekrops²). Aber im Laufe des fünften Jahrhunderts waren nun die Verzeichnisse der alten Könige auch in anderen Staaten festgestellt worden. Das Verzeichniß von Argos zählte zwanzig Herrscher auf, welche vor dem Agamemnon geherrscht hatten, sollten die Anfänge Attika's so viel jünger, der Ruhm Attika's so viel geringer sein? Die Nachkommen des Melanthos führten den Stammbaum dieses ihres Ahnherrn bis zum Deukalion hinauf; es waren zehn Generationen von diesem bis zum Melanthos³). Waren zehn Geschlechter vergangen ehe Melanthos den Thron von Attika bestieg, so mußten doch auch in Attika wenigstens ebenso viele Geschlechter bereits gelebt, ebenso viele Könige bereits geherrscht haben. Hellanikos von Mytilene, welcher gegen das Jahr 400 v. Chr. beschäftigt war, die Chronologie und die Geschlechtsfolgen der einzelnen Landschaften zu vergleichen, unterzog sich, wie es scheint, der Mühe, die Reihe der alten attischen Könige gebührend zu erweitern. Nicht blos Erichthonios, der Daemon des guten Ackers, wurde jetzt in die Reihe der alten Herrscher aufgenommen, zwei neue Namen Kranaos und Amphiktyon wurden hinzugefügt, ein zweiter Kekrops und ein zweiter Pandion wurden eingeschoben, so daß die Liste nunmehr zehn oder mit Einschluß des Menestheus elf Könige zählte, welche vor Demophon über Attika geherrscht hatten. Rechnete man die vier Könige aus dem Stamme des Theseus, De-

---

1) Thukydides war mit dieser Rechnung nicht einverstanden (S. 186.). Die attischen Chronologen befanden sich an diesem Punkte überhaupt in einer schwer lösbaren Verlegenheit. Demophon, der Sohn des Theseus, wurde dem Hyllos gleichzeitig und kaum vor die Zeiten des troischen Krieges gesetzt (Pherecyd. Fragm. 30. ed. Müller); andererseits mußte Menestheus, der nach Ausweis der homerischen Gedichte die Athener vor Ilion geführt, in der Königsliste vor Demophon stehen; er sollte den Theseus vertrieben haben. — 2) Daß nicht mehr als diese Herrscher der Tradition zur Zeit des Kleisthenes geläufig waren, beweisen die Phylen desselben. Nur vier sind nach den alten Königen genannt, Kekropis, Erechtheis, Pandionis, Aegeis. Eine Theseis würde den betreffenden Stamm mit zu großem Stolze erfüllt haben; für die Theseis trat die Akamantis ein. Marathon war vertreten durch die Oeneïs und die Antiochis, Eleusis durch die Hippothoontis, Salamis durch die Acantis. — 3) Hellanic. Fragm. 10. ed. Müller.

mophon, Oxyntas, Apheidas und Thymoetas hinzu, so hatten genau funfzehn Könige vor der Wanderung und funfzehn nach der Wanderung über Attika geboten. Aber wie viele Jahre umfaßte die Zeit der elf alten Herrscher vor Demophon? Man theilte ihnen dieselbe Jahressumme zu, welche für die Dynastie des Melanthos bereits festgestellt war, 397 Jahre. Freilich zählte die Dynastie des Melanthos funfzehn Könige, aber die Herrscher der alten Zeit konnten länger gelebt haben; jeder von ihnen hatte 36 Jahre regiert. Nunmehr war es klar, wann Kekrops angefangen hatte zu regieren, 397 Jahre vor dem Anfang des Demophon; mithin im Jahre 1606 v. Chr. Immer aber fehlten, um die attische Königsreihe der von Argos gleichzustellen, noch einige Namen; noch immer zählte die attische Königsreihe vor dem troischen Krieg nur elf, die argolische zwanzig Namen. Um den Nachfolger des Inachos, den Phoroneus, den ersten Menschen, erreichen zu können, ging Hellanikos über den Kekrops hinaus und stellte eine neue Königsreihe vor den Kekrops, die mit Ogyges begann und, diesen eingeschlossen, sechs Namen zählte mit einer Gesammtdauer der Regierungszeit von 189 Jahren. So hatten denn in Attika doch siebzehn Könige vor dem troischen Kriege geherrscht und die Regierung des Ogyges hatte um dieselbe Zeit mit der des Phoroneus von Argos im Jahre 1796 v. Chr. begonnen[1]).

Die Reihe der alten ionischen Könige von Korinth zählt, wie wir schon oben sahen, nur wenige Namen: Sisyphos, Glaukos, Bellerophontes, Demophon, Proporas, Hyanthidas (ob. S. 79); desto länger ist die Königsreihe von Sikyon bei den Chronographen geworden. Sikyon hatte den Ruf eines alten Orts und einer sehr alten Stätte des Kultus. Pausanias führt mehr als zwanzig Könige auf, welche vor der Eroberung Sikyons durch die Dorer über diese Stadt geboten hätten[2]). Den Anfang der Reihe bildete Aegialeus, der Vertreter des Stammes der Aegialeer, dem eine Anzahl Namen folgt, welche theils in die Tradition von Argos gehören, theils anderweitig herbeigezogen und erfunden sind. Erst mit der zweiten Abtheilung dieser Reihe, deren Anfang durch den König Sikyon und dessen Nachfolger Polybos und Adrastos bezeichnet ist, beginnt die genuine Tradition von Sikyon. Dem Adrastos sollen

---

1) Brandis l. c. p. 16. 19. — 2) Pausan. 2, 5 6. Müller zu Kastors Fragm.; Fragm. 7.

Janislos, Phaestos, Zeuxippos, Hippolythos und La'estades gefolgt sein, zu dessen Zeit die Dorer Sikyon gewannen. Der Chronograph Kastor, ein Zeitgenosse des Pompejus, kennt die Regierungsjahre jedes einzelnen dieser Könige. Ins Gesammt läßt er sie 967 Jahre, d. h. etwa 29 Geschlechter, das Geschlecht zu 33½ Jahr gerechnet, über Sikyon regieren, so daß der Anfang des Aegialeus in das Jahr 2128 v. Chr. fällt¹).

Apollodor ließ die zwanzig oder einundzwanzig Herrscher von Argos vor der Einnahme Ilions (die er auf das Jahr 1183 v. Chr. setzt) 735 Jahre d. h. etwa 22 Geschlechtsfolgen, diese zu 33 Jahren angenommen, regieren. Inachos, der Flußgott, begann demnach seine Herrschaft über Argos im Jahre 1918 v. Chr. Nach fünfzig Jahren (1868) folgte ihm Phoroneus, der dadurch über die älteren Annahmen hinaufgerückt war. Des Phoroneus Nachfolger Apis, Argos, Krlasos, Pherbas, Triopas, Sthenelos u. s. w. regierten, so lange der Sitz des Reiches die Stadt Argos war d. h. bis auf das letzte Jahr des Akrisios, 549 Jahre, bis zum Jahre 1369 v. Chr.¹). Die Könige, welche zu Mykene und Tiryns ihren Sitz hatten, Perseus, Elektryon, Eurystheus und nach ihnen die Pelopiden herrschten 186 Jahre¹). Kastor läßt die Inachiden 382 Jahre, die Danaiden, den Danaos, Lynkeus, Akrisios, Perseus, Elektryon, Eurystheus 162 Jahre; die Pelopiden, den Atreus und den Agamemnon bis zur Einnahme Ilions 27 Jahre regieren. Für die Stadt der Kadmeer, für Theben, kennt die Tradition der Griechen nicht mehr als sechs Königsnamen von Kadmos bis zum troischen Kriege: Polydoros, Labdakos, Laios, Oedipus, Eteokles und Laodamas⁴).

Es ist übrig zu erörtern, welchen Stützpunkt für die griechische Chronologie, zwar nicht für die Zeiten vor der Wanderung, aber doch bis zu den Zeiten der Wanderung hinauf, und dadurch für die Feststellung des Abschlusses der alten Zeit der Hellenen die Reihenfolgen der spartanischen Könige gewähren können. Das Königthum war in Sparta stets an der Spitze geblieben, es führte seinen Ursprung zum Herakles hinauf, es hatte das stärkste

---

1) Brandis l. c. p. 33. — 2) Die Exc. barb. setzen das Priesterthum der Hypermnestra, der Tochter des Danaos, auf 1434 v. Chr.; Müller Fragm. chronol. p. 146. · 3) Brandis l. c. p. 37. — 4) Herod. 5, 59. 60. Amphion und Zethos gehören nicht in diese genealogische Reihe. Areon tritt nur für den Eteokles ein, was freilich wenig paßt, da Herakles zu Areons Zeit in Theben gelebt und Orchomenos besiegt haben soll; ob. S. 92.

Interesse seinen Stammbaum zu bewahren, zu kennen und geltend zu machen. Und es war, wenn auch nicht von Anbeginn, so doch bald ein Doppelkönigthum geworden; es waren zwei Königsfamilien, zwei Königsreihen, deren Traditionen sich gegenseitig ergänzten und controlirten. Indeß geschah es doch nicht früher als um das Jahr 400 v. Chr., daß man die Folge der Könige von Sparta nach ihren Regierungszeiten zu ordnen, mit den Olympiaden, mit wichtigen Ereignissen und der Chronologie anderer griechischer Staaten zu vergleichen suchte; etwa um dieselbe Zeit, da Hippias von Elis die Reihe der Sieger in den olympischen Spielen zusammenstellte und veröffentlichte. Ktesias, welcher längere Zeit am persischen Hofe gelebt und dort die Geschichten des Orients erforscht hatte, kehrte im Jahre 398 nach Griechenland zurück und beschäftigte sich in Sparta mit der Vergleichung der assyrischen und griechischen Chronologie. Er war es, der den troischen Krieg mit den Zeiten des König Teutamos von Assyrien gleichstellte und die Eroberung Ilions auf das Jahr 1183 festsetzte, der die Gesetzgebung Lykurgs in das Jahr 883 legte und den Lykurg zum Zeitgenossen Sardanapal's machte[1]. Die Folge der spartanischen Könige stand in der Tradition und durch frühere Aufzeichnungen fest, aber ihre Regierungszeiten waren erst etwa vom Anfang des sechsten Jahrhunderts abwärts bekannt. Man hatte freien Spielraum, zu untersuchen, unter welchen Regierungen Lykurg gelebt, die erste olympische Feier sich ereignet, unter welchen Königen der erste und zweite messenische Krieg geführt worden seien[2]. Der Spartaner Sosibios theilte die Ansichten des Ktesias nicht. Er entwarf ein anderes chronologisches System für die Geschichte von Sparta, nach welchem die Einnahme Ilions auf das Jahr 1171 verlegt wurde. Eine dritte Redaktion setzte die Einnahme Ilions auf das Jahr 1193. Apollodor und nach ihm die meisten Alexandriner hielten das Jahr 1183 fest. Zwischen die Einnahme Ilions und die Wanderung der Dorer hatte schon Herodot drei Geschlechter (hundert Jahre) gelegt. Thukydides bestimmte den Zwischenraum genauer, indem er diese drei Geschlechtsfolgen zu neunzig Jahren annahm und von diesen zehn Jahre für die Dauer der Belagerung in Abzug brachte. Die Stammtafel der Könige von Sparta zählte von den Ahnherrn der beiden spartanischen Königshäuser, dem Eurysthenes und Prokles bis zum

---
1) Brandis l. c. 24. — 2) Plut. Lyc. 1.

Hyllos, dem Sohne des Herakles, der vor den Zeiten des troischen Krieges gelebt hatte, drei Namen, den Temenos, den Aristomachos und den Kleodaeos, den Sohn des Hyllos. Die Alexandriner hielten demnach die achtzig Jahre des Thukydides fest, und das Jahr 1103 wurde auf diese Weise der für die Einwanderung der Dorer in den Peloponnes feststehende Zeitpunkt. Aber diese Bestimmung ist, von allem Anderen abgesehen, der Stammtafel der spartanischen Könige gegenüber nicht zu halten. Die Königsreihe der Eurysthenaliden zählt vom Beginn des Reichs neun, die der Prokliden nur acht Namen bis auf die Könige Allamenes und Theopomp, welche im Jahre 785 v. Chr. gleichzeitig die Regierung angetreten haben sollen. Diese acht oder neun Herrscher müßten mithin den Zeitraum vom Jahre 1103 bis zum Jahre 785 mit ihren Regierungen ausgefüllt haben d. h. jeder von den Eurystheniden hätte im Durchschnitt mehr als 35, jeder von den Prokliden mehr als 40 Jahre regiert. Dies ist unmöglich; die funfzehn Eurystheniden, welche vom Jahre 520 v. Chr. bis zum Jahre 219 v. Chr. herrschen, regieren im Durchschnitt nur wenig über 20 Jahre, die zehn Prokliden, welche vom Jahre 491 bis zum Jahre 240 herrschen, regieren jeder wenig über 25 Jahre. Die Chronologen wissen freilich auch für die älteren Zeiten genau, wie lange jeder spartanische König regierte; aber diese Angaben sind nichts als Erfindungen, um vorher bestimmte Zeiträume auszufüllen.

Auch wir sind ohne jedes andere Hülfsmittel für die Umgrenzung der alten Zeit der Hellenen als die Rechnung nach Geschlechtsfolgen, nur daß wir diese an den zuverlässigsten Königsreihen und nach erfahrungsmäßigen Sätzen versuchen können; auch wir sind ohne andere Hülfsmittel, die Wahrscheinlichkeit dieser Rechnung zu prüfen, als durch eine Vergleichung mit historischen Daten des Orients, solcher freilich, die thatsächlich die griechische Entwicklung berührten, deren Bestimmung aber ebenfalls keineswegs genau und sicher ist. Die Regentenfolgen ergeben im Durchschnitt eines halben Jahrtausends 25 bis 28 Jahre für jeden Regenten. Unternimmt man mit diesem Maßstabe unbekannte Zeiträume zu messen, so wird das Resultat, je kürzer die Regentenreihe, desto unsicherer sein, je länger desto mehr sich der Wahrheit annähern. Bis zum Jahre 520 v. Chr. hatten funfzehn Eurystheniden über Sparta geherrscht; die Gesammtdauer ihrer Regierungen kann demnach nicht viel über 375 Jahre betragen haben. Die Einwanderung der Dorer in Sparta, die Gründung des spartanischen Staats fällt somit in das Jahr 895 v. Chr. Diese Gründung fällt noch später, erst in das Jahr 841, wenn die Regierungszeiten der vierzehn Prokliden, welche vor dem Jahre 491 herrschten, mit 350 Jahren in Ansatz gebracht werden. Hieraus wird vorläufig so viel erhellen, daß der Anfang des spartanischen Staats mit einiger Wahrscheinlichkeit nicht über das Jahr 900 v. Chr., und demgemäß der Einbruch der Dorer in den Peloponnes, der Schluß der ersten Periode der hellenischen Geschichte, nicht viel jenseit des Jahres 1000 v. Chr. gelegt werden kann.

Für die dorischen Könige von Argos steht die Zeit des Königs Pheidon um 750 fest. Pheidon war nach einigen der fünfte, nach anderen der siebente, nach dem Ephoros der zehnte Nachfolger des Temenos, welcher die Herrschaft der Dorer zu Argos gegründet hatte. War Pheidon der zehnte nach Temenos, so würde die Gründung des dorischen Argos auf das Jahr 975 fallen. Der Katalog der messenischen Könige giebt nur sieben höchstens acht Namen von der Gründung des Reichs bis auf den ersten messenischen Krieg, der gegen das Jahr 730 beginnt; die Gründung des dorischen Staats am Pamisos würde demnach um 930 v. Chr. fallen. In Korinth bemächtigte sich im Jahre 655 v. Chr. Kypselos der Tyrannis. Vor ihm hatten 90 Jahre hindurch, also vom Jahre 745 an, die Bakchiaden die Prytanie verwaltet. Vor dem Jahre 745 sollen bis zur Einwanderung der Dorer hinauf zehn oder elf dorische Könige über Korinth geboten haben. Hiernach würde die Eroberung Korinths durch die Dorer auf das Jahr 995 oder 1020 fallen.

In Athen endete das Königthum der Melanthiden im Jahre 752. Von hier aus zählte man, wie wir sahen, funfzehn oder da der letzte König Alkmaeon bald nach seiner Thronbesteigung beseitigt worden war, vierzehn Könige bis zum Melanthos, der in der Zeit der Wanderung den Thron bestiegen hatte. Hiernach würde der Einbruch der Dorer in den Peloponnes auf das Jahr 1102 oder 1108 fallen. Da indeß von keinem der Melanthiden, mit Ausnahme der drei ersten und des letzten, irgend ein Ereigniß, irgend eine That aufbehalten ist, da Peisistratos Gründe hatte, diese Königsreihe so ausgedehnt als möglich aufzustellen, da die spartanische Königsliste verhältnißmäßig einen bei weitem größeren Glauben verdient, wird man wohlthun, die dorische Wanderung und mit dieser den Schluß der ersten Periode der griechischen Geschichte nicht über das Jahr 1000 v. Chr., nicht über die Zeiten des Königs Hiram von Tyros, über die Herrschaft Salomo's zu Jerusalem hinaufzurücken. Wenigstens bleibt man bei dieser Annahme mit dem Gange der phoenikischen Kolonisation in Uebereinstimmung, welche um das Jahr 1300 Kreta und Rhodos, um das Jahr 1100 die Säulen des Herakles erreichte. Die griechischen Küsten müssen hiernach um 1250 oder 1200 v. Chr. von den phoenikischen Schiffen entdeckt worden sein. Wie lange die Hellenen vor diesem Zeitpunkt das Hirtenleben verlassen, wie hoch die Anfänge ihres Ackerbaues, des Burgenbaues in den östlichen Landschaften hinaufreichen, ist nicht zu bestimmen. Stellt man sich auch für die Berechnung der Zeiten vor der Wanderung auf den Standpunkt der Griechen, so selten die einundzwanzig Geschlechter, welche Herodot zwischen den Leonidas und den Herakles legt, nur wenig über das Jahr 1000 v. Chr. hinauf. Vereinigt man künstlich sämmtliche von den Griechen überlieferte Namen und Königsreihen, welche in die Zeiten vor der Wanderung gehören, in große Stammbäume und führt diese bis zum Inachos und Deukalion aufwärts[1]), so gewinnt man, trotzdem daß Pelasgos mehrmals angesetzt werden muß, um die verschiedenen Genealogieen zu verbinden, nicht mehr als einundzwanzig Geschlechter vor der Wanderung der Dorer, mit welchen nicht mehr als etwa ein halbes Jahrtausend auszufüllen ist. Man wird vielleicht annehmen dürfen, daß die Anfänge des Ackerbaues und des Burgenbaues nicht viel vor dem Jahre 1300 v. Chr. gelegen haben mögen, daß diesen um 1250 oder 1200 die Periode des Verkehrs mit den Phoenikern und ihres Einflusses auf die Ostküste zu Jolkos, Orchomenos, Theben, Attika, Megara, Korinth und Kythera folgte. Diese Periode war, wie oben gezeigt ist, keine rasch vorübergehende. Man wird demnach die Zeit der Vereinigung Attika's, die Zurückdrängung des phoenikischen Einflusses, die Zeit der Herrschaft von Mykene, der großen Raubfahrten in das aegaeische Meer, die Zeit der gemeinsamen Opfer zu Helike, auf dem Isthmos, zu Kalauria und Anthela durch die Jahre 1150 oder 1100 einer Seits und 1000 v. Chr. anderer Seits begrenzen können.

---

[1] Clinton fasti hellenici I. p. 101 seqq.

II. Die Zeit der Wanderung.

(1000—800 v. Chr.)

1. Die Wanderung der Thessalier, Arnaeer und Dorer.

Es war eine große Bewegung unter den griechischen Stämmen, welche die alten Ordnungen, die alten Gemeinwesen in Trümmer schlug und die besten Landschaften Griechenlands vom Olympos herab bis zum Vorgebirge Taenaron in die Hände neuer Herren, in die Hände neuer Bewohner brachte. An die Stelle der Raubzüge und der Fehden trat die Eroberung. Ein Stamm, welcher hoch im Norden in dem Gebirgslande zwischen Dodona und der Küste des adriatischen Meeres saß, die Thessalier, ein Zweig oder ein Theil der Thesproter[1]) gab den Anstoß zu diesen tiefgreifenden und weit hinauswirkenden Veränderungen. Ob den Thessalern ihre Weiden, die Thäler um Dodona zu eng wurden, ob das reichere Land im Osten des Pindos mit seinen weiten Auen, seinen Aeckern und Burgen sie lockte, ob sie durch Einbrüche illyrischer Stämme von Norden her bedrängt waren[2]) sie brachen mit ihren Heerden aus ihren alten Sitzen auf und wanderten ostwärts. Diesseit des Pindos trafen sie auf die Aethiker, die Perrhaeber und Dorer, welche die südlichen Abhänge des Olympos inne hatten. Auf der nördlichen Abdachung des Othrys, von welchem zahlreiche Gewässer zum Peneios, dem befruchtenden Strome des Landes,

---

1) Herod. 7, 176. — 2) Wenigstens im fünften Jahrhundert hatten die Speireten unter den Einfällen illyrischer Stämme zu leiden und waren Illyrier unter den Griechen angesiedelt. Thukyd. 2, 80. Scymn. Ch. v. 448. Strabon p. 502 flgd. Das von den Thessaliern aufgegebene Gebiet scheinen die Molosser eingenommen zu haben; Scymn. Ch. 447. Strabon. p. 447.

hinabfließen, in den üppigen Fluren von Arne (nachmals Kierion) saßen die Arnaeer; am unteren Peneios und an den Seen die Lapithen und Pelasgioten, auf dem Offa und Pelion die Magneten, an der Bucht von Pagasae die Minyer, auf dem Olyrys selbst die Doloper. Die Thessaler gewannen die Oberhand über alle diese Stämme, sie gaben dem gesammten Thalbecken des Peneios ihren Namen, Thessalien, und nahmen die größte Ebene des Landes, das Gebiet am mittleren Lauf des Peneios in Besitz, welches der Mittelpunkt ihrer Herrschaft und deshalb späterhin vorzugsweise Thessaliotis genannt wurde[1]).

Die Lapithen, die Minyer von Joltos, ein Theil der Pelasgioten wichen vor den neuen Ankömmlingen nach Süden und fanden eine Zuflucht im attischen Lande. Die Arnaeer wanderten aus ihren alten Sitzen; aber sie gingen weder so weit südwärts, noch suchten sie Schutz bei Fremden. Die Waffen in der Hand, erkämpften sie sich neue Wohnsitze. Sie warfen sich auf die Minyer von Orchomenos und die Kadmeer von Theben. Sie gewannen diese alten berühmten Städte und besetzten die fruchtbaren Niederungen des kopaischen See's. Wer von den Orchomeniern, von den Kadmeern den neuen Herren sich nicht unterwerfen wollte, entwich nach Attika. Seitdem wurden die neuen Herren des Landes, die Arnaeer, nach dem alten Namen des rinderreichen Landes Boeotien, Boeoter genannt[2]). Es war jetzt ein Stamm, welcher im ganzen Umfange der Landschaft gebot, in welche sich bisher die Minyer und Kadmeer getheilt hatten.

Auch der kleine Gebirgsstamm der Dorer, welcher auf dem Südgehänge des Olympos ostwärts von den Perrhaebern, in der Nachbarschaft der Lapithen (die das untere Thal des Peneios bewohnten), gesessen hatte[3]), war vor der Einwanderung der Thessa-

---

1) Vellej. Paterc. I, 3. — 2) Thukyd. 1, 12. Diodor IV, 67. Pausanias X, 8, 3. Weil Homer sonst, um die Farbe der Vorzeit aufrecht zu halten, stets Minyer und Kadmeer in Boeotien nennt, jedoch einmal (abgesehen vom Schiffskatalog) Boeoter in Verbindung mit einem boeotischen Lokal nennt (Ilias 5, 709.); ließ man die Boeoter zuerst in Boeotien wohnen, dann vertrieben werden und wieder zurückkommen, und brachte dies mit der Eroberung Thebens durch die argivischen Helden in Verbindung; Thukyd. des a. a. O. Ephoros bei Strabon p. 401. Herod. I, 56. — 3) Herod. 1, 56. Diodor 4, 37. 67. Strabon p. 437. 476. 477. 571. Wenn Herodot die Dorer früher als in Hestaeotis am Olympos, in Phthia unter Deukalion sitzen läßt, so ist diese Annahme aus der Ableitung der Dorer von Hellen, dem Sohne Deukalions und aus Deukalions angeblicher Herrschaft in Phthia entsprungen.

hier aus seinen alten Sitzen gewichen. Er wendete sich südwärts, überschritt den Oeta und erkämpfte sich eine kleine hochgelegene Landschaft zwischen diesem Gebirge und den hohen Gipfeln des Pindos, das Quellgebiet des Kephissos, welcher das böotische Niederland durchfließt und im kopaischen See endet. Hier auf der Wasserscheide des aegaeischen und des ionischen Meeres, am Fuße des Oeta und des Parnassos hatten bisher die Dryoper gewohnt, welche nun vor den Dorern flüchtend bis nach dem Peloponnes wichen und die Landspitze von Hermione bevölkerten[1]). Die Dorer gründeten in ihrem neuen, nach ihnen Doris genannten Lande drei oder vier kleine Orte, Boeon, Kytinion, Pindos, Erineos; Erineos war der Hauptflecken. Aber der kleine Gebirgsgau, dessen Länge, nach Herodot, nur dreißig Stadien beträgt (der Flächenraum desselben kann in der That wenig über vier Quadratmeilen umfaßt haben), reichte nicht für die neue Bevölkerung aus; der größere Theil der Dorer verließ „das windige Erineos", wie Tyrtaeos sagt, und brach von den „Quellen des Pindos" auf[2]), um sich ein größeres und besseres Land zu erkämpfen. Die Auswanderer wendeten sich nach dem korinthischen Busen hin (Boeotien war bereits in den Händen der Arnaeer[3]); sie folgten wol dem Laufe des Hylaethos, der sie nach Aetolien hinabführte. Durch aetolische Haufen verstärkt, setzten sie an der schmalsten Stelle, zwischen Naupaktos und dem Vorgebirge Rhion, über den Golf hinüber nach dem Peloponnes.

Die felsige und hohe Nordküste, welche die Jonier (der Stamm der Aegialeer) inne hatten, übte wenig Anziehungskraft auf die Ankömmlinge; sie warfen sich auf das Fruchtland, welches ihnen am nächsten lag, auf die Ebenen am Peneios und Alpheios. Die Epeer wurden bezwungen; die Aetoler blieben und gründeten hier ein neues Gemeinwesen. Der Sitz der siegreichen Heerführer, unter deren Führung die Aetoler diesen gesegneten Landstrich erkämpften, wurde auf einer einsam emporragenden Höhe im Süden des Peneios gegründet; er erhielt nach der alten Bezeichnung der Westküste des

---

1) Herod. 8, 43. Pausan. 4, 34. Natürlich hatte Herakles, wie er die Dorer vor den Lapithen gerettet, auch schon die Dryoper bezwungen und sie dem Apoll von Delphi dienstbar gemacht: Diodor 4, 34. 37. — 2) Tyrtaei Fragm. 2. ed. Bergk. Pindar. Pyth. 1, 66 — 3) Herodot 8, 43. sagt: Δωριέων [ἔθνος — βάτατα ὁρμηθέντος. Thukydides setzt die Auswanderung der Thessalier sechzig, den Angriff der Dorer auf den Peloponnes achtzig Jahre nach der Einnahme von Ilion.

Peloponnes den Namen Elis. Diese Küste war dem Helios geweiht gewesen und hatte nach dem Gotte diesen Namen empfangen¹). Die Dorer zogen oftwärts; aber sie begehrten die Berge Arkadiens so wenig als die Felsen der Nordküste. Wie es scheint, gingen sie das Thal des Alpheios aufwärts nach Arkadien hinein²) und trennten sich hier in zwei Haufen, von denen der eine dem Laufe des Pamisos, der andere dem des Eurotas nach Süden hin folgte. Die Quellen dieser beiden Flüsse liegen hart an denen des Alpheios. Die dorische Schaar, welche am Pamisos hinabzog, versuchte die Pylier zu unterwerfen; sie setzte sich am oberen Lauf des Pamisos fest und ihre Führer nahmen ihren Sitz zu Stenyklaros. Von hier aus wurde ein neuer Staat, Messenien, im Thale des Pamisos gegründet. Die zweite größere Schaar der Dorer war indeß den Eurotas hinab vorgedrungen. Der hartnäckige Widerstand der alten Einwohner hemmte am mittleren Laufe des Eurotas die Fortschritte der Dorer; sie vermochten Amyklae nicht zu überwältigen. Aus ihrem Lager auf einigen Hügeln am Eurotas, eine halbe Meile oberhalb Amyklae, erwuchs die Stadt Sparta, der Hauptort eines neuen Gemeinwesens. Es war die Unmöglichkeit weiter vorwärts zu kommen und das fruchtbare Land unter Amyklae, die Küste des lakonischen Golfes, zu gewinnen, welche einen großen Theil der Dorer, die in das Thal des Eurotas eingedrungen waren, bewog, über den Parnon auszuweichen und sich auf der Ostküste des Peloponnes niederzulassen. Dieser schmale und enge Küstensaum konnte seine neuen Bewohner nicht halten. Aber nordwärts am Golfe von Argos gab es eine weite und schöne Fruchtebene, das Thal des Inachos. Da durch die Berge von Kynuria und Thyrea schwer durchzudringen war, stieg man zu Schiffe und versuchte die Ebene des Inachos von der Seeseite her zu gewinnen. Zwischen der Mündung des Inachos und des Erasinos, auf einer von Sümpfen umgebenen Terasse an der Küste setzten die Dorer sich fest. Von hier aus belästigten sie die Argiver durch ihre Raubzüge, verwüsteten ihre Felder und schnitten sie vom Meere ab, bis Argos endlich erlag. Die von den Dorern am Meere gegründete Feste bestand fort, sie trug den Namen des Mannes, welcher die Dorer hierher

---

1) Schoemann, griech. Alterth. 2, 152. — 2) Pausan. 5, 4. sagt: Oxylos habe die Dorer durch Arkadien geführt.

geführt hatte, des Temenos. Er sollte hier im Temenion gestorben und bestattet sein[1]). Nachdem Argos gewonnen war, zogen dorische Schaaren von Argos nordwärts gegen die Orte der Jonier, gegen Phlius, gegen Sikyon, gegen Troezene, gegen Epidauros, endlich gegen Korinth. Auch der Angriff gegen Korinth erfolgte zu Schiffe, von der Seeseite her. Um Korinth zu überwältigen, erbauten die Dorer am Busen von Kenchreae, auf dem Hügel Solygeios eine Burg Korinth gegenüber, von welcher sie den Kampf mit den Korinthern führten. Korinth wurde endlich überwältigt. Die alte Bevölkerung des Peloponnes wich zum Theil, wie die Flüchtigen aus Thessalien und Boeotien, nach Attika. Selbst diese Zuflucht schien ihnen entrissen zu werden, und der Eroberungszug der vom Fuße des Parnassos über den Sund von Rhion ausgegangen war, schien über den Isthmos wieder dorthin zurückkehren zu sollen. Dorische Schaaren brachen gegen den Isthmos auf. Aber Attika widerstand, wenn auch der Isthmos und Megara in die Hände der Dorer fielen.

Diese große Bewegung, diese Wanderungen und Ausbreitungen, diese langen Kämpfe, durch welche die Ostküste der oberen Halbinsel bis auf Attika, der gesammte Peloponnes bis auf Arkadien ihre Herren und ihre Bewohner wechselten, ist der Tradition der Griechen nichts als die Rückkehr der Nachkommen des Herakles, nichts als die Rückkehr des angeblich legitimen Herrscherhauses von Mykene und dessen Restauration in seine angestammte Herrschaft. Die Fürsten, welche in Attika geboten, hatten ihren Ursprung auf den Poseidon zurückgeführt, die alten Fürsten von Mykene, die Pelopiden, hatten behauptet vom Zeus abzustammen. Die siegreichen Heerführer, welche den Thron der Atriden eingenommen, die Nachkommen des Temenos, wollten nicht zurückbleiben hinter solchem Ruhme. Sie waren durch lange und harte Kämpfe emporgekommen; als siegreiche Helden mußten sie von dem siegreichsten Heros abstammen. So führten sie ihren Stammbaum zum Herakles, dem Heros von Argos hinauf, indem sie ihren Stammvater Hyllos zu einem Sohne des Herakles machten. Sie behaupteten, daß dem Herakles bereits die Herrschaft über Argos gebührt hätte, daß seine

---

[1]) Strabon p. 368. Pausan. II, 38. Polyaen. II, 12. Roß Reiserouten I, 149.

Nachkommen widerrechtlich von derselben ausgeschlossen seien¹). Die neuen Fürsten von Stenyklaros und Sparta gehörten demselben Stamme der Dorer an, welchem die Fürsten von Argos entsprossen waren. Auch sie nannten den Hyllos ihren Stammvater; sie folgten dem Beispiel der Fürsten von Argos. Nun wurde erzählt, daß die Dorer einst in ihren alten Sitzen am Olympos von den Lapithen schwer bedrängt gewesen seien. Da habe Aegimios, der König der Dorer, den großen Helden Herakles um Hülfe gebeten. Er versprach dem Herakles, wenn er die Dorer von den Lapithen befreie, ihm die Königswürde abzutreten und den dritten Theil seines Gebietes. Herakles kam, bezwang die Lapithen und tödtete deren Herrscher Koronos, des Kaeneus Sohn (oben S. 38.), und befahl dem Aegimios, die Königswürde seinen (des Herakles) Nachkommen aufzubewahren. Diesem Gebot und seinem Versprechen treu, übergab Aegimios, obwol er selbst zwei Söhne hatte, den Dymas und Pamphylos, dem Sohn des Herakles und der Deïaneira, dem Hyllos, die Herrschaft, nachdem dieser herangewachsen war und den Eurystheus in Attika erschlagen hatte²). Hyllos wollte aber auch das Reich von Mykene beherrschen. Er befragte das Orakel zu Delphi und erhielt die Antwort, „wenn die Herakliden die dritte Frucht erwarteten, würden sie heimkehren nach Mykene." So zog Hyllos im dritten Jahre gegen den Peloponnes. Auf dem Isthmos erwartete ihn Atreus mit seinem Heere, und Hyllos wurde im Zweikampfe vom Könige Echemos (d. h. dem Festhalter) von Tegea, der auf der Seite des Atreus focht, erschlagen³). Dem Hyllos folgte sein Sohn Kleodaeos, dem Kleodaeos dessen Sohn Aristomachos in der Herrschaft über die Dorer. Als dieser einst in Delphi eine Anfrage that, erhielt er zwar auf das, was er fragte, keine Antwort, aber der Gott befahl ihm, in sein väterliches Land zu ziehen⁴). Nun verstand Aristomachos das Orakel, welches seinem Großvater Hyllos die Rückkehr versprochen hatte, wenn er die dritte Frucht erwartete.

---

1) Daß diese Zurechtlegung der Eroberung, die Hinaufführung des Stammbaums der Fürsten von Argos zum Herakles schon um das Jahr 900 v. Chr. geschehen war, beweisen die Verse der Ilias (19, 96 seqq.) daß die List der Hera den Herakles um die Herrschaft von Argos gebracht habe, wenn diese Verse nicht eingeschoben sind. — 2) Oben S. 104. — Apollodor II, 7, 7. Diod. IV, 37. Pind. Pyth. I, 62. V, 66. Nach Ephoros (Fragm. 10. ed. Möller) herrschte Aegimios nicht über die Dorer als sie in Histiaeotis am Olymp wohnten, sondern als sie am Oeta saßen — dann konnten sie aber nicht mit den Lapithen fechten. — 3) Strab. IX, 26. Pausan. I, 44. — 4) Isocratis Archidamus p. 119.

Es war das dritte Geschlecht gemeint. Dem Atreus waren inzwischen Agamemnon und Orestes, dem Orestes war Tisamenos gefolgt, welchen die Tochter des Menelaos und der Helena, die Hermione, dem Orestes geboren hatte; er beherrschte die Reiche von Mykene und Sparta[1]). Ein zweites in Delphi eingeholtes Orakel verhieß dem Aristomachos Erfolg „auf der Wasserenge." Aristomachos zog demnach voll Vertrauen gegen den Isthmos. Aber wie sein Großvater fand er auf dem Isthmos den Tod. Er hinterließ drei Söhne, Temenos, Kresphontes und Aristodemos. Vom Orakel zu Delphi belehrt, daß mit der „Wasserenge" nicht der Isthmos sondern die Meerenge bei Rhion gemeint sei, zog Temenos mit seinen Brüdern nach dem Vorgebirge Antirrhion und baute in der Nähe desselben, auf dem Gebiete der Lokrer, Flöße; die Stelle, wo die Werfte standen, erhielt den Namen „Naupaktos" (Schiffbau[1]). Eine neue Weisung des Orakels gebot dem Temenos: „den Dreiäugigen zum Führer zu nehmen." Als Temenos und die Seinen einen dreiäugigen Mann suchten, begegnete ihnen der Aetoler Oxylos, Andraemons Sohn, welcher ein Auge durch einen Pfeilschuß verloren hatte, zu Pferde sitzend. So hatten sie den dreiäugigen Führer gefunden. Nun setzten sie nach dem Peloponnes über und besiegten die Peloponnesier, welche Tisamenos ihnen entgegenführte, in einer großen Schlacht. Nach diesem Siege sollte das Loos entscheiden, welches Gebiet des Peloponnesos jedem der Söhne des Aristomachos gehören solle. Das zuerst gezogene Loos sollte Argos, das zweite Lakonien, das dritte Messenien gewähren. Um die schönen Aecker Messeniens zu gewinnen, warf Kresphontes in die mit Wasser gefüllte Loosurne statt des Steines einen Erdkloß, welcher zerging und darum nicht gezogen werden konnte. So fiel dem Temenos Argos, dem Aristodemos Lakonien, dem Kresphontes Messenien zu[3]). Troezene übergab Temenos seinem jüngeren Sohne, dem Agaeos, Epidauros seinem Schwiegersohne Deïphontes[4]). Phalkes, ein anderer Sohn des Temenos, überfiel von Argos aus in einer Nacht Sikyon und erbaute der Hera, der Göttin von Argos, zum Danke ein Heiligthum in Sikyon, weil sie ihm vorausgewandelt war und den Weg nach Sikyon gezeigt hatte[5]). Rhegnidas, des Phalkes Sohn, eroberte

---

1) Pausan. II, 18. — 2) Ephor. Fragm. 14. ed. Müller. — 3) Ephor. Fragm. 15. ed. Müller. Pausan 5, 4. — 4) Paus. 2, 13. 26. 28. 7, 4. Straben. p. 389. — 5) Paus. 2, 6.

Phlius. Mit den drei Söhnen des Aristomachos war auch Hippotes, ein Nachkomme des Antiochos, eines anderen Sohnes des Herakles¹), im Lager von Naupaktos gewesen. Dieses Hippotes Sohn, Aletes, besiegte die Korinther und nahm die Stadt ein. Dem Temenos war in der Herrschaft über Argos sein ältester Sohn Keisos, dem Keisos dessen Sohn Althaemenes gefolgt. Mit dem Aletes von Korinth verbündet, zog Althaemenes aus, auch das attische Land zu gewinnen, aber sie mußten sich mit der Eroberung Megara's begnügen.

Eine einfachere, aber etwas pragmatisch gefärbte Form dieser Sagen erzählt, daß die Nachkommen des Herakles nach dem Tode des Eurystheus sich bei den Dorern niedergelassen hätten. Auf das Gebot des delphischen Gottes fordern sie im dritten Geschlecht die Dorer auf, mit ihnen gegen den Peloponnes zu ziehen und versprechen, ihr dortiges Erbe an alle, welche sie begleiten wollen, zu vertheilen. Auf dieses Versprechen hin werden sie von den Dorern zu Königen gewählt, und nachdem beide Theile gelobt haben, den Vertrag zu halten, erfolgt der Aufbruch und die Eroberung der peloponnesischen Länder²).

Diese Tradition enthält nur wenige historische Züge. Die vergeblichen Versuche, welche von Hylles und Aristomachos auf den Peloponnes gemacht werden, scheinen nur erfunden zu sein, um die Zeit zwischen dem Stammvater Herakles und dem Einbruch der Dorer in den Peloponnes auszufüllen. Da nachmals die Ansiedlungen der Griechen auf das Geheiß des delphischen Gottes ausgeführt und von delphischen Sprüchen geleitet wurden, so mußten delphische Gebote die Dorer bereits in derselben Weise nach dem Peloponnes geführt haben. Wenn Temenos, Kresphontes und Aristodemos Brüder heißen, so geschieht dies nicht bloß, weil die Fürstenhäuser von Argos, von Messenien und Lakonien demselben Stamme der Dorer angehörten, demselben Stammvater entsprossen sein wollten, weil Argos Messenien und Lakonien auf gleiche Weise erobert und gegründet worden waren, sondern auch darum, weil diese drei Gemeinwesen die bedeutendsten der neuen Staaten waren. Es waren Landschaften, nicht bloß Stadtgebiete, wie Korinth und Sikyon.

---

1) Die Genealogie Herakles, Antiochos, Phylas, Hippotes, Aletes (Apollodor 2, 8.) bleibt in der Zahl der Geschlechter hinter der Geschlechtstafel des Althaemenes erheblich zurück. — 2) Isocrat. Archidam. p. 119. 120.

Nicht ohne historischen Grund ist es, wenn Temenos der älteste der drei Brüder heißt, denn das dorische Argos — obwohl später als Messenien und Lakonien gegründet — war doch der größte und mächtigste der neuen Staaten. Aristodemos dagegen ist der jüngste Bruder, weil Sparta der rauhste, der am wenigsten fruchtbare und der unbedeutendste der drei Staaten war, bis es den Spartanern gelang, den alten Einwohnern auch das untere Thal des Eurotas zu entreißen. Mit dem Geschichtchen von dem falschen Loose des Kresphontes tröstete sich nachmals der Stolz der Spartaner, daß neben dem großen Argos und dem fruchtbaren Messenien ihren Vorfahren ein so geringes Land zu Theil geworden sei. Ein historischer Zug der Tradition, d. h. eine dunkle Erinnerung an den geschichtlichen Hergang, an die Dauer dieser Kämpfe liegt ferner darin, daß Sikyon, Epidauros und Troezene erst den Söhnen und dem angeblichen Tochtermanne des Temenos zufallen, daß Phlius erst von dem Enkel des Temenos, dem Rhegnidas, eingenommen wird, daß die Einnahme Korinth's und Megara's, der äußersten und darum der letzten Erwerbung der Dorer, der dritten Generation nach dem Temenos zugeschrieben wird. Und nicht minder historisch ist es, wenn es nicht Temenos selbst, sondern Abkommen und Verwandte des Temenos sind, welche die Städte der Jonier auf der Nordküste gewinnen.

Es ist sicher, daß die aetolischen und dorischen Schaaren, welche in den Peloponnes einbrachen, über den Sund von Rhion kamen, daß sie nach langen Kämpfen, welche mehr als ein Menschenalter füllten, den alten Besitzstand des Peloponnes vollständig über den Haufen warfen, daß alle Landschaften des Peloponnes, mit Ausnahme des arkadischen Hochlandes ihre Herren und ihre Bewohner wechselten. Die Zahl der Dorer, welche von Erineos ausgewandert waren, konnte schwerlich ausreichen, so weite Gebietsstrecken zu erobern und zu behaupten, und nach dem Gewinn dieser peloponnesischen Landschaften sich noch weiter auszudehnen, wenn sich nicht neben den aetolischen Schaaren vereinzelte Kriegsleute in ansehnlicher Zahl aus anderen Landschaften und Stämmen zu ihnen gefunden hätten. Die alten Ordnungen waren auf der gesammten Osthälfte der oberen Halbinsel erschüttert, aus allen Gauen gab es Vertriebene, die nach Tausenden zählten; nun brachen auch die alten Gemeinwesen auf dem Peloponnes zusammen, und jede längere Verlobe von Krieg und Eroberung wird den kämpfenden Heeren immer eine Menge von Kriegsleuten zuführen. In Zeiten, wo das Schwert ausschließlich regiert, giebt das Schwert allein Sicherheit und Erwerb. Wir finden nachmals Adelsgeschlechter der Lapithen, der Kadmeer unter dem Adel von Korinth und unter dem Adel von Sparta. Diese zuströmenden Kriegsleute machten eine neue Ordnung des dorischen Heeres nothwendig, welche noch vor den ersten Eroberungen auf dem Peloponnes zu Stande gekommen sein muß, da wir dieselbe in allen von den Dorern gegründeten Gemeinwesen antreffen. Die Masse des Heeres wurde in drei Stämme getheilt. Die Führer des Zuges und die mit diesen verwandten Familien leiteten sich von einem gemeinsamen Stammvater, dem Hyllos, ab. Diese bildeten den ersten und vornehmsten Stamm, den der Hylleer. Den zweiten Stamm bildeten die Familien, welche von einem Sohne des Königs Aegimios, dem Dymas abzustammen glaubten; in den dritten Stamm, den der Pamphyler fand das zulaufende Kriegsvolk Aufnahme. Auch diese Abtheilung erhielt ihren Stammvater, den Pamphylos, der, um die neuen Genossen in die Gemeinschaft der beiden anderen Stämme aufzunehmen, ebenfalls zu einem Sohne des Aegimios gemacht wurde. Der Name Pamphyler bezeichnet sehr deutlich eine aus allerlei Volk gemischte Menge. Nachdem der Ahnherr des ersten Stammes, Hyllos, zu einem Sohne des Herakles gemacht worden war, konnte die Tradition erzählen, daß Aegimios dem Herakles nicht blos die Herrschaft, sondern auch den dritten Theil des dorischen Gebiets abzutreten versprochen habe.

Die aetolischen Schaaren hatten das Land der Epeer gewonnen. Nach der Tradition war über den Besitz des Landes durch einen Zweikampf entschieden worden, in welchem der Aetoler Pyraechmes den Epeer Degmenes überwunden hatte[1]). Der Name des Führers der Aetoler, Oxylos, ist geschichtlich; seine Nachkommen saßen auf der neu gegründeten Burg Elis, auf dem linken Ufer des Peneios. Aus der Mischung des herrschenden Stammes, der Aetoler, mit den Epeern erwuchs der neue Stamm der Eleer[2]). Das

---

1) Ephori Fragm. 15. ed. Müller. Paus. 5, 4. — 2) Herodot 8, 73. Ephoros (bei Strabon p. 357) behauptet, daß die Aetoler die Epeer aus dem Lande geworfen; Strabon selbst (p. 354.), daß Epeer und Aetoler zusammen wohnt, Pausanias (5, 4.), daß Oxylos die Aecker getheilt zwischen Epeern und Aetolern, die Epeer aber bei ihrem Rechte gelassen habe.

Gebiet des Oxylos und seiner Nachkommen reichte im Süden nur bis zum Thale des Alpheios. Hier behaupteten sich die alten Einwohner, doch nicht ohne danach eine Oberherrschaft von Elis anerkennen zu müssen. Nach dem Hauptorte ihrer acht Bezirke, Pisa, wurden sie Pisaten genannt. Weiter südwärts zwischen dem Alpheios und der Neda behauptete sich der alte Stamm der Kaukonen, deren Zahl wuchs, nachdem sich flüchtige Epeer und vertriebene Minyer von Orchomenos unter ihnen niedergelassen hatten[1]). Von den sechs Orten dieser nachmals Triphylien (Dreistammland) genannten Landschaft waren Skillos, Makistos und Lepreon die bedeutendsten.

Jener Haufe der Dorer, welcher durch Arkadien in das Thal des Pamisos eindrang und Messenien gründete, wurde bei dieser Eroberung wohl von arkadischen Schaaren unterstützt; wenigstens wird berichtet, Kresphontes, der die neue Herrschaft zu Stenyklaros aufrichtete, habe die Tochter eines arkadischen Königs, des Kypselos, welcher zu Basilis am oberen Alpheios gesessen, heimgeführt. Auch die Lage der neuen Königsburg zu Stenyklaros am Nordrande der oberen messenischen Ebene, nahe an den Grenzen Arkadiens, scheint eine Verbindung mit Arkadien anzudeuten, in welcher wir auch späterhin die Könige Messeniens finden. Das alte Königsgeschlecht von Pylos, die Neliden, war, von angesehenen Geschlechtern des Adels begleitet, nach Attika entwichen; die alte Bevölkerung behauptete den westlichen Strand sammt der Südspitze, welche niemals die Oberherrschaft der Könige von Messenien anerkannt zu haben scheint[2]). Die Pylier, welche sich den Siegern unterworfen hatten, blieben theils als unterthänige Bauern im Besitze ihrer Aecker, theils wurden sie leibeigene Knechte, die Aecker, welche die neuen Herren in Besitz genommen, zu bauen hatten. Ebenso gestalteten sich die Verhältnisse im Thale des Eurotas, wohin Aristodemos jenen zweiten Haufen der Dorer geführt hatte; nur daß hier die alte Bevölkerung das untere Flußthal von Amyklae abwärts behauptete. Ueberall bildeten die siegreichen Einwanderer den herrschenden Adel des Landes, der die besten Aecker für sich in Besitz nahm. Ihre Anführer waren die Fürsten der eroberten Länder geworden und vererbten die neugegründete Herrschaft auf die Nachkommen.

---

1) Strabon p. 337. — 2) Strabon p. 545. Pausan. 4, 18, 1. 23, 1. Plut. apophth. lacon. p. 221. Grote hist. of Greece II, 443.

Der Angriff gegen Argos hatte am spätesten begonnen. Nachdem der Widerstand Amyklae's einen Theil der Dorer zum Ausweichen an die Ostküste genöthigt — von den Orten dieser Küste wollte Boeae von einem Herakliden gegründet sein[1]) — hatte Temenos von hier aus eine dorische Schaar an die Mündung des Inachos geführt. Vom Temenion aus kriegte er, wie die Tradition berichtet, gegen die Argiver, welche angeblich Tisamenos, der Sohn des Orestes, beherrschte[2]). Wenn die Tradition den Temenos im Temenion bestatten läßt, so wird sie Recht haben, daß Temenos die Eroberung von Argos nicht erlebte. Nach der Ueberwältigung der alten Bewohner wurde ein Theil derselben als vierter Stamm, als Stamm der Hyrnethier, zu gleichem Rechte neben die drei dorischen Stämme gestellt; der Rest wurde zu unterthänigen Bauern oder leibeigenen Knechten gemacht. Der größere Theil der alten Bevölkerung war indeß aus dem Lande gewichen. Die Ausgewanderten hatten sich durch das innere Land gegen die Berge der Nordküste am korinthischen Busen gewendet, nach deren Besitz weder die Aetoler noch die Dorer gelüstet hatte. Diese Flüchtlinge aus dem Gebiete von Argos, denen sich Vertriebene aus dem Eurotasthale angeschlossen haben mochten, werden unter dem Namen Achaeer zusammengefaßt. Es war der Gesammtname des Volkes, welcher den neuen Eindringlingen gegenüber auf den alten Stämmen haftet, vor allem auf den Bewohnern des Reiches, welches das mächtigste auf dem Peloponnes gewesen war. Der bisherige Gesammtname wird zu einem Sondernamen für die Gesammtheit dieser Flüchtlinge. Die Tradition erzählt, daß Tisamenos die Vertriebenen gegen die westlichen Ionier geführt habe. Tisamenos fiel in der Schlacht, aber die Ionier wurden geschlagen und wichen an den äußersten Küstenrand nach Bura und Helike. In Helike von den Achaeern belagert, retteten sie sich zu ihren Stammgenossen nach Attika über das Meer hinüber[3]). Die Achaeer aber bestatteten den Tisamenos in Helike und nahmen die Nordküste von Sikyon bis Dyme in Besitz. Dies Gebiet der Ionier, in welchem übrigens

---

1) Pausan. 3, 22, 11. — 2) Pausan. 2, 38, 1. — 3) Herodot 1, 145. 7, 94. 8, 73. Ephori Fragm. 16. ed. Müller. Pausan. 7, 1, 2. Nach Apollodor (2, 8, 2, 5.) war Tisamenos bereits in der großen Schlacht gegen die drei Brüder und die Aetoler geblieben.

wol ein Theil der alten Bevölkerung zurückblieb, war fortan das Land der Achaeer.

Von Argos gingen die dorischen Schaaren und Züge aus, welche die östlichen Orte der Jonier gewannen. In Epidauros gründete Deiphontes, in Troezene Agaeos die Herrschaft der Dorer. Von Troezene wird berichtet, daß die Stadt „dorische Mitbewohner von denen aus Argos aufgenommen habe"¹). Auch nach der Ansiedlung der Dorer blieb Troezene in freundlichem Verkehr mit Athen. Wenn die Tradition auch den Phalkes Sikyon durch Ueberfall mit Waffengewalt einnehmen läßt, so wird daneben doch gesagt, daß hier die alten Einwohner und die Dorer zu gleichem Rechte nebeneinander gewohnt hätten. Von Phlius, der Eroberung des Rhegnidas, wird erzählt, daß die Phliasier mit den Dorern einen Vertrag abgeschlossen hätten, in welchem sie diesen ihr halbes Gebiet abgetreten und dann mit den Fremden zusammen ein neues Gemeinwesen aufgerichtet hätten²). Wir wissen bestimmt, daß in Sikyon der alte ionische Adel einen vierten Stamm, den der Aegialeer, neben den drei dorischen Stämmen bildete. Die Herrschaft der Dorer über Korinth war nach langen Kämpfen vom Solygeios aus von Aletes gegründet worden. Die letzten ionischen Herrscher Korinths, Hyanthidas und sein Bruder Doridas, sollen dem Aletes die Herrschaft übergeben haben und in Korinth zurückgeblieben sein. Die Brüder Hyanthidas und Doridas sind ein Ausdruck der neuen Zustände Korinths. Der jüngere, Doridas, ist der Dorer und der ältere, Hyanthidas, der Vertreter der alten ionischen Bevölkerung, welche zu Korinth in fünf Stämme getheilt neben die drei dorischen Stämme gestellt wurde. Es waren Dorer von Korinth, welche bei der letzten Eroberung Megara besetzten³). Das Verhältniß der Einwanderer und der Beherrschten gestaltete sich demnach in Argos, namentlich aber in den alten ionischen Städten viel weniger schroff, als in Messenien und Lakonien.

Das Reich von Argos nahm unter den neuen Gründungen den ersten Rang ein. Zu seinem Gebiete gehörte die Ostküste von Lakonien, von welcher die Eroberung von Argos ausgegangen war; ja die Nachkommen des Temenos sollen sogar über die Insel Ky-

---

1) Pausan. 2, 28. 30. Straben p. 389. — 2) Pausan. 2, 7. 13. 30. — 3) Herodot 5, 67. Scymn. Ch. 503. Straben p. 602. 906. Pausan. 1, 30.

Ihera geboten haben¹). Sie hatten ihren Sitz zu Argos genommen, welches nun wieder wie vor den Zeiten der Atriden die erste Stadt des Landes war und Mykene in den Schatten stellte. Sikyon und Phlius, Epidauros und Troezene waren von eigenen Fürsten beherrscht, welche jedoch unter einer gewissen Oberhoheit von Argos standen²). Die Tradition macht die Gründer dieser Herrschaften zu Söhnen, Enkeln oder Schwiegersöhnen des Temenos nicht blos darum, weil auch diese Fürsten heraklidischen Stammes sein wollten, nicht blos darum, weil die Züge, welche diese Städte dorisirt hatten, von Argos ausgegangen waren, sondern auch deshalb weil diese Städte wirklich in einem Verhältniß foederativer Abhängigkeit zu Argos standen. Sie nahmen Theil an einem gemeinsamen Opfer, welches der Herrscher von Argos für alle diese Städte darbrachte. Es gehörte einem in Argos seit Alters verehrten Gotte, dem Apollon. Wir sahen wie die Sage den die Gorgo tödtenden Lichtgott Perseus-Apollon in einen Heros von Argos verwandelt hatte. Das Heiligthum des Apollon am Fuße der alten Burg von Argos, der Larissa, war die Opferstätte. Noch in sehr später Zeit, als Argos bereits längst das politische Prinzipat über diese Städte verloren hatte, vermochte es denselben doch noch als Vorort hohe Geldbußen aufzulegen, wenn eine der föderirten Städte gegen die andere Feindseligkeiten begangen hatte³). Auf das Alterthum von Argos, auf den Glanz der Herrschaft der Atriden wie auf die Vormacht des neuen dorischen Argos in der Periode, welche auf die Besitznahme des Peloponnes folgte, gestützt, nahmen die Argiver noch zur Zeit des großen Perserkrieges das Recht der Hegemonie des gesammten Hellas in Anspruch⁴). So wenig es die dorischen Argiver vergaßen, daß ihr Staat einst der erste im Peloponnes gewesen, verlor sich in der Gesammtheit der Dorer die stolze Erinnerung, daß sie sich mit dem Schwerte ihre Sitze, ihr Land und ihre Herrschaft errungen.

Die Nachkommen der Anführer, welche Korinth und Epidauros gewonnen hatten, wollten nicht hinter den Königen zu Argos, Sleunphlaros und Sparta zurückbleiben. Auch sie wollten Abkömmlinge des großen Helden, Herakles sein. Aber wenn sie auch Dorer

---

1) Herodot 1, 82. — 2) Ephor. Fragm. 15. ed. Müller. — 3) Paus. 4, 5, 1. Herodot 6, 92. Thukyd. 5, 53. — 4) Platon. Legg. p. 692. Herodot 7, 148. 159.

waren, so gehörten sie doch dem Stamme der Hylleer nicht an. Wenn man nicht vom Hyllos abstammen konnte, so ließ sich durch andere Namen eine Anknüpfung an den Herakles erreichen, dem nun nicht mehr blos auf den Thron von Argos ein Recht beigelegt wurde, der nun bereits vor den Dorern die Dryoper im Oeta besiegen, und wie wir oben sahen, Elis, Pylos und Lakonien einnehmen und wieder verschenken mußte (ob. S. 97. 104.), um den Aetolern und Dorern ihre Eroberungen zu legalisiren. Die dorischen Herrscher von Korinth führten ihren Stammbaum über ihren Ahnherrn Aletes zu einem Sohne des Herakles, Namens Antiochos hinauf; die Könige von Epidauros, die Nachkommen des Deïphontes wollten von einem Sohne des Herakles, Namens Ktesippos abstammen[1]).

2. Die Auswanderung nach Asien.

Die alten Stämme und Staaten waren dem Andrang, den Waffen der Thessalier, der Aetoler, der Dorer erlegen. Die besten Gebiete des Peloponnes waren in den Händen der Dorer. Sie hatten die größten Erfolge davongetragen, während die Jonier die schwersten Verluste erlitten hatten. Von der gesammten Nordküste des Peloponnes, welche die Jonier von Dyme bis Troezene inne gehabt, war ihnen nichts geblieben. Ihre Städte im Osten Hermione, Epidauros, Korinth, Sikyon, Phlius hatten ihnen die Dorer entrissen; aus ihrem Gebiet im Westen waren sie von den ausgewanderten Achaeern vertrieben worden. Die Jonier besaßen nichts mehr, als im Westen die fernen Eilande im ionischen Meere und das attische Land im Osten. Die flüchtigen Jonier von Troezene[2]), die vertriebene Masse der Jonier von Helike drängte sich in Attika zusammen. Sie fanden hier bereits die Vertriebenen, welche sich aus Thessalien und Boeotien nach Attika gerettet hatten, Lapithen von Gyrton und Elateia und Pelasgleien, welche vor den Thessaliern, die Minyer und Kadmeer, welche vor den Arnaeern aus Boeotien hierher geflüchtet waren. Es fragte sich, ob die Jonier im Stande sein würden, diesen ihren letzten Boden, die letzte Zufluchtsstätte aller Verdrängten und Vertriebenen zu behaupten.

---

1) Nicol. Damasc. Fragm. 38. ed. Müller. — 2) Pausan. 2, 30.

Attika wurde von Norden und Süden her angegriffen. Von König Opheltas geführt, von den Sprüchen des weisen Sehers Peripoltas geleitet, hatten die Aruaeer, wie die Tradition behauptet, sich zwischen Orchomenos und Theben am Ostufer des kopaischen Sees festgesetzt; Chaeroneia soll zuerst von ihnen gewonnen worden sein[1]). Danach erst sei Theben gefallen, und von Theben aus seien die übrigen Orte erobert oder gegründet worden. Opheltas oder seine Nachfolger legten den Sitz der neuen Herrschaft in die Mauern des siebenthorigen Thebens, in die Kadmeia, und die Thebaner behaupteten, daß die Städte Boeotiens ihre Gründungen seien[2]). Nicht zufrieden mit dem Gewinne Boeotiens brach der Urenkel des Opheltas, König Xanthos, gegen Attika auf. In Attika gebot das Geschlecht des Theseus. Dem Sohne des Theseus, dem König Demophon, waren Oxyntas und Apheidas gefolgt; jetzt herrschte des Apheidas Bruder Thymoetas. Diesen forderte Xanthos zum Zweikampfe, um den Krieg zu entscheiden. Thymoetas weigerte sich zu kämpfen; aber es fand sich ein Stellvertreter. Aus Pylos waren mehrere Geschlechter des Adels vor den Dorern nach Attika geflüchtet. Sie führten ihren Stammbaum zum Neleus und Nestor hinauf. Die Peisistratiden behaupteten von dem jüngsten Sohne Nestors, dem Peisistratos zu stammen; die Paeoniden behaupteten, daß ihr Ahnherr Paeon ein Sohn des Antilochos, des raschen Sohnes des Nestor gewesen. Die Alkmaeoniden wollten von einem dritten älteren Sohne des Nestor, dem Thrasymedes, durch dessen Sohn und Enkel Sillos und Alkmaeon, abstammen. Ein viertes Geschlecht, die Neliden, wollte von dem jüngern Bruder des Nestor, dem Perillymenos, dem jüngsten Sohne des Neleus, abstammen. Diesem Geschlechte gehörte Melanthos, der Sohn des Andropompos, an. Er erbot sich, gegen den König Xanthos zu kämpfen, und erlegte denselben. Dankbar für einen so großen Dienst zwangen die Athener den Thymoetas, der Königswürde zu entsagen und erhoben den tapferen Melanthos zu ihrem Herrscher[3]). Melanthos bestieg den Thron von Attika, und seine Nachkommen behaupteten ihn durch

---

1) Pausan. 9, 40, 5. Plut. Cimon. c. 1. — 2) Thukyd. 3, 61, 66. Ephori Fragm. 26. ed. Müller. Pausan. 9, 5, 16. — 3) Odyss. 3, 412 sqq. Herod. 5, 65. Hellanici Fragm. 10. ed. Müller. Pausan. 2, 18, 8. 9. Strabon p. 393. Ephor. Fragm. 25. ed. Müller. Polyaen. 1, 19.

viele Generationen bis zum Jahre 752 v. Chr. War der Ahnherr des gestürzten Geschlechts, der Thesiden, ein Gott, Poseidon, gewesen (ob. S. 69.), so leitete auch der neu erhobene Träger dieser Würde sein Geschlecht vom Poseidon ab. Auch am Strande von Pylos war Poseidon als Schutzgott des Landes verehrt worden; auch die Nachkommen des Neleus behaupteten, daß ihr Ahnherr nicht des Kretheus, sondern in Wahrheit des Poseidon Sohn gewesen[1]).

Melanthos hatte die Gefahr, welche Attika von Norden her bedrohte, glücklich abgewendet; seinem Sohne Kodros, welcher ihm auf dem Throne folgte, gelang es, die vielleicht größere Gefahr, welche von Süden heraufzog, zu beschwören. Es waren die Dorer, welche nun vom Peloponnes her gegen Attika vordrangen. Machten diese jetzt auch Attika unterthänig, erreichten sie Boeotien, so wären sie über den Isthmos von Korinth auf dem Landwege zum „windigen Erineos" zurückgekehrt, von welchem einst ihre Väter nach Aetolien und dem Peloponnes hinabgezogen waren, so hätten sie ganz Hellas mit dem Kreis ihrer Wanderungen und Eroberungen umschlossen. Dem Althaemenes von Argos und dem Aletes von Korinth, welche verbündet gegen Attika heranzogen, hatte — so erzählt die Tradition — ein Spruch von Delphi Sieg verkündet, wenn sie dem Könige von Athen kein Leid zufügten. Aber auch die Athener hatten Kunde von diesem Götterspruch. König Kodros begab sich in der Kleidung eines Landmannes in das Lager der Dorer und begann absichtlich einen Streit, in welchem er unerkannt erschlagen wurde. Als die Könige von Argos und Korinth gewahrten, was geschehen sei, gaben sie den Angriff auf und führten ihr Heer in die Heimath zurück. Der Opfertod des Kodros war den Athenern, wie die Aufopferung der Töchter des Erechtheus ein leuchtendes Vorbild hingebender Vaterlandsliebe[2]).

Wie es sich mit den Thaten des Melanthos und Kodros verhalte — Attika hatte seine Freiheit gegen die Boeoter wie gegen die Dorer behauptet und den Eroberungen der Dorer, wenn auch nicht ohne Einbuße eines bedeutenderen Landstrichs —

---

1) Eben S. 40. Ob. II, 235. Es lag sehr nahe, da man schon den Kretheus zum Sohn des Aeolos, des Windgottes, gemacht hatte, die Herrscher der alten Seefahrer von Jolkos und Pylos, den Pelias und den Neleus, zu Söhnen des Poseidon zu erheben. — 2) Herod. 5, 76. Strabon a. a. O. Pherecyd. Fragm. 110. Paus. 1, 39. Lycurg. a. Leocr. c. 20. Polyaen. 1, 18.

Megara war verloren gegangen — endlich ein Ziel gesetzt. Die Attiker fanden die Kraft zu diesem Widerstande ohne Zweifel in der Vereinigung der gesammten Landschaft, welche die gestärzte Dynastie begründet und aufrecht erhalten hatte. Es war eine Zeit, in welcher man fester Mauern bedurfte. Die Flüchtlinge aus Pelasgiotis errichteten — erfahrene Bauleute wie sie waren — eine starke Befestigung um die zugänglichste Seite der Burg von Athen, der Kekropia. Die Westseite des Burgfelsens, wo sich der Aufgang befand, wurde von den Pelasgioten durch die „neun Thore" geschlossen. Nach ihren Erbauern blieb dieser Befestigung der Name des Pelasgikon. Das steinige Feld unter dem Hymettos, welches die Attiker den Pelasgioten zugewiesen hatten, wurde von ihnen in schönes Fruchtland verwandelt.

Weder der Umfang noch der Boden Attika's vermochten die Masse der Flüchtlinge zu erhalten, welche sich hier zusammengedrängt hatten. Die Mehrzahl der Einwanderer aus dem Norden zog es endlich vor, außerhalb Attika's über dem Meere neue Sitze zu suchen[1]). Die Pelasgioten aus Thessalien gingen zu Schiffe, ließen sich am Athos, auf den weit vorspringenden Landzungen Thrakiens, welche nachmals unter dem Namen der Landschaft Chalkidike zusammengefaßt worden sind, nieder und gründeten hier eine Reihe wenig bedeutender Orte[2]). Aber sie blieben bei diesen Ansiedlungen nicht stehen, ihre Fahrzeuge und ihre Niederlassungen erreichten die Insel Kreta und die asiatische Küste des aegaeischen Meeres. Der Name Larissa, welchen die Pelasgioten ihren Steinburgen in Thessalien gegeben hatten, findet sich nicht blos auf der Südküste von Kreta bei Gortyn wieder. Auch in der Nähe von Kyme auf der mysischen Küste, wie in der Nähe von Ephesos auf der Küste Lydiens, wird hier wie dort ein Larissa genannt[3]). Nach Herodot war Antandros an der Küste von Troas ehemals eine Stadt der Pelasger[4]); auch die Bewohner der kleinen Städte Plakia und Skylake an der Propontis

---

1) Daß ein Theil derselben zurückblieb, folgt daraus, daß wir unter den Adelsgeschlechtern Athens sowohl Lapithen (Peirithoiden aus Eyrion und Lokuliden aus Plateis), als Orphbracer aus Thetra finden. — 2) Herodot 1, 67. Hiernach waren die Pelasger auf Chalkidike aus Thessalien und zwar aus dem nördlichsten Gebiete, „sie hatten vordem den Dorern benachbart gewohnt." — 3) Strabon p. 621. 622. Eustath. ad Iliad. 3, 840. Stephan. Byzant. Γόρτυς. — 4) Herodot. 7, 42.

bezeichnet Herodot als Nachkommen der Pelasger, welche, aus Thessalien vertrieben, einst in Athen Zuflucht gefunden hätten[1].

Die Minyer von Jolkos und Orchomenos, die Kadmeer gingen ebenfalls von Attika aus zu Schiffe. Sie besetzten die Inseln Lemnos, Imbros und Samothrake, wo sie thrakische Bevölkerung, phoenikische Niederlassungen und phoenikische Kulte vorfanden[2]. Auch diese griechischen Ansiedler wurden unter dem Gesammtnamen für die älteste Kolonisation zusammengefaßt; auch sie heißen später Pelasger[3].

Der Zug dieser Auswanderer hatte sich meist nordwärts gehalten; ihre Pflanzungen lagen auf der Landzunge des Athos, an der nordwestlichen Spitze Kleinasiens, auf den eben genannten Inseln. Auf den Vorgebirgen des Festlandes, auf den Inseln, welche sie besetzt, errichteten diese baukundigen Pelasgioten und Minyer zunächst zu ihrem Schutze gegen die alten Einwohner Burgen. Diese Burgen verschafften ihnen späterhin, namentlich dem Theil, der sich auf der Landzunge am Athos niedergelassen hatte, den Namen Thurmbewohner, Tyrsener oder Tyrrhener (von τύρσος Thurm[4]). Seeraub und Sklavenhandel scheinen bald die liebsten

---

1) Herod. 1, 57. Daß die Auswanderung der Pelasgioten aus Attika die erste, ihre überseeischen Niederlassungen die ältesten waren, ergiebt sich daraus, daß die Pelasgioten am frühsten (durch den Einbruch der Thessalier) aus ihren Sitzen aufgescheucht worden waren, daß ihre Niederlassungen z. B. ihre Larissa bei Kyme von den späteren Kolonisationen vorgefunden werden. Wenn der Schiffskatalog (Il. 2, 840.) die Pelasger nennt und sie auf die Seite der Troer stellt, so folgt auch daraus, daß ihre Ansiedlung dort die älteste war und als solche galt und die späteren Kolonisten in Gegensatz zu ihnen traten. Ein ähnlicher Schluß ergiebt sich aus den drei eingeschobenen Versen Od. 19, 175 seqq. — 2) Lemnos ist von Sintiern bewohnt, die Sinter sind Thraker. Od. 8, 294. Il. 1, 594 Thukyd. 2, 96. Strabon p. 831. Auf dieselbe Bevölkerung deutet der Name Samothrake. — 3) Eben Σ. 13. Herodot 2, 51. 4, 145. vgl. 1, 146. 5, 57. 62. Aus Lemnos sollen die Minyer freilich wieder von den Pelasgern vertrieben worden sein. Dies beruht einmal darauf, daß man die Minyer in Lemnos für Nachkommen der Argofahrer hielt, und darum dort bereits zur Zeit der überseeischen Wanderungen wohnhaft annahm, und die Minyer wieder in Bewegung setzen wollte, um sie nach Triphylien, Thera und Kyrene wandern lassen zu können. Es wird historisch richtig sein, daß, während einige Minyer Lemnos besetzten, andere Schaaren von Minyern nach Thera und Triphylien gingen, wie auch in Teos die Jonier bereits Minyer von Orchomenos vorgefunden haben sollen (s. unten). Die Minyer müssen ziemlich zahlreich gewesen sein. Am natürlichsten erklären sich die Wanderungen der Minyer, wenn man annimmt, daß die zuerst vertriebenen von Jolkos und Halos nach Lemnos gingen, die von Orchomenos nach Teos, Thera und Triphylien. — 4) Thukyd. 4, 109. sagt bestimmt, daß die Tyrrhener auf Chalkidike und Lemnos aus Athen ausgewanderte Pelasger seien. Auch Sophokles bei Dionys v. Halik. (1, 25) nennt Pelasger und Tyrrhener dasselbe Geschlecht.

Beschäftigungen dieser Ansiedler geworden zu sein. Achilleus verkauft beim Homer die Söhne der Helabe nach Lemnos, Imbros und Samothrake¹).

Diese ersten überseeischen Ansiedlungen der Griechen wurden bald durch Auswanderungen in größeren Massen, durch Pflanzungen von größerem Umfange und von größerer Bedeutung in Schatten gestellt. Von den nach Attika geflüchteten Ioniern blieben nicht allzuviele in Attika²); die Mehrzahl warf sich auf das Meer, besetzte zunächst die Inseln, welche sich von der Ostspitze Attika's wie die Pfeiler einer Brücke nach der Küste Anatoliens hinüberziehen, und faßte dann auch an der Küste des Festlandes selbst Fuß. Die attische Tradition berichtet, daß nach dem Opfertode des Kodros die beiden ältesten Söhne desselben um die Königswürde gestritten hätten. Der jüngere, nach dem alten Ahnherrn des Geschlechts Neleus genannt, habe dem älteren Bruder Medon das Zepter nicht zugestehen wollen, weil Medon lahm war; ein Gebrechen, wegen dessen wir auch sonst und in viel späterer Zeit die Erbfolge in Zweifel gestellt finden. Ein Spruch des Gottes von Delphi entschied den Streit zu Gunsten des Medon. Da sei Neleus mit allen, welche ihm folgen wollten, zu Schiffe gestiegen und zuerst auf Naxos gelandet³). Von hier sei er nach Asien hinüber gesegelt und habe den Grund zur Stadt Milet gelegt.

Es ist möglich, daß die fruchtbare und schöne Insel Naxos die erste gewesen ist, welche von den aus Attika auswandernden Ioniern besetzt wurde; die Besetzung der übrigen Kykladen folgte. Man wußte nachmals in Athen die Führer zu nennen, unter welchen jedes einzelne Eiland besetzt wurde, und die Athener rechneten es unter ihre Verdienste um Hellas, die Karer, die bisherigen Bewohner dieser Inseln, vertrieben zu haben⁴).

Von den Kykladen ging der Zug der ionischen Auswanderung an die anatolische Küste. Der Hergang wird im Ganzen und Großen der gewesen sein, daß man sich zuerst auf den Inseln an der Küste festsetzte. Von diesen aus setzte man sich dann in Besitz der

---

1) Il. 24, 751. — 2) Für das Zurückbleiben mehrerer spricht die Notiz bei Pausanias, daß vor den Doriern geflüchtete Troezener Anaphlystos und Sphettos in Attika gegründet hätten; Paus. 2, 30. — 3) Aelian. var. hist. 8, 5. — 4) Thukyd. 1, 4—8. Herodot 1, 171. 7, 95. 8, 46. 48. Isocrat. Panath. p. 241. Dionys. perieget. 525. Plut. de exilio p. 603.

günstigsten und am leichtesten zu behauptenden Punkte, in den Besitz von Felsen und Hügeln, denen das Wasser nicht fehlte, auf der Küste des Festlandes selbst. So wird berichtet, daß Tembrion und Prokles an der Spitze einer ionischen Schaar die Karer von Samos vertrieben und die Insel, die diesen Namen den neuen Einwanderern verdankte, in Besitz genommen, daß Amphiklos an der Spitze von Joniern und Euboeern Chios den Karern entrissen hätte[1].

Als die älteste Gründung auf der anatolischen Küste gilt der attischen Tradition die Stadt Milet auf der Küste von Karien. Auch die Milesier behaupteten, daß ihre Vorfahren das heilige Feuer vom Heerde des Königshauses in Athen, vom Prytaneion, mit nach Asien hinüber genommen hätten; sie hielten sich für eine in aller Form gegründete Pflanzstadt Athens und machten diesen Ursprung geltend[2]. Die Stadt lag auf einer ziemlich weit in die See hinausspringenden Landzunge am Südufer einer großen und wolgeschützten Bucht, in welche sich der Maeandros ergießt. Die älteste Pflanzung war auf einer Höhe hart am Meere erbaut; die spätere Stadt dehnte sich danach unten am Strande aus. Es ist nicht zu bezweifeln, daß die Kolonisten, welche Milet gründeten, von Athen ausgingen, daß sie von einem Sprossen des damals in Attika herrschenden Königsgeschlechts, dem Neleus geführt wurden. Des Neleus Grab wurde noch in später Zeit am Hafen von Milet gezeigt, und seine Nachkommen geboten viele Generationen hindurch als Könige über Milet[3]. Einer der Begleiter des Neleus, Philistos, des Pasikles Sohn, soll auf dem Nordufer der Bucht von Milet, am Fuße des Berges Mykale der Demeter von Eleusis einen Tempel gebaut haben[4]. Der Dienst, welchen die Milesier der Demeter von Eleusis und der Athene, welche auch in Milet ihren heiligen Oelbaum hatte, widmeten, die Eintheilung der Einwohnerschaft in die vier attischen Stämme (ob. S. 169.), das Fest der Apaturien, welches in Milet wie in Athen gefeiert wurde, beweisen den nahen Zusammenhang zwischen Attika und Milet. Ein Heiligthum des karischen Sonnengottes, des didymaeischen Gottes, welches die Ansiedler auf dem Südufer der von ihnen besetzten Halbinsel vorfan-

---

1) Strabon p. 457. 637. Paus. 7, 4. Die Kolonisation von Chios wird auch dem Egertios, der einen gemischten Haufen geführt habe, zugeschrieben. Der Name Samos scheint wie der des thrakischen Samos von Same, im ionischen Meere, entlehnt; nach Strabon bedeutet er eine Felshöhe. — 2) Herod. 1, 146. 5, 97. — 3) Paus. 7, 2. Polyb. 16, 5. — 4) Herod. 9, 97.

den, ließen die Herrscher von Milet nicht blos bestehen, sondern auch in den Händen der einheimischen Priester, der Branchiden.

Dem Neleus folgten Phobios und Phrygios auf dem Thron von Milet. Unzufrieden mit ihrer Herrschaft soll ein Theil des Adels unter der Führung des Aphrelos ausgewandert, tiefer in's Land hineingezogen sein und aufwärts am Maeandros die Stadt Myhus erbaut haben¹). Die Burg Priene auf einem Felsen des Südabhanges des Gebirges Mykale²) wurde von Aepytos an der Spitze einer Schaar von Joniern von Helike gegründet.

Ein jüngerer Bruder des Neleus, Androklos, hatte eine Schaar von Auswanderern aus Attika zuerst nach der Insel Samos geführt. Von hier setzten die Ankömmlinge auf die gegenüberliegende Küste über und betraten nahe an der Mündung des Kahstros den Boden Lydiens. Androklos nahm einen Hügel, Koressos, auf welchem eine schöne Quelle (die Hypelaea) sprang, in Besitz³) — das war der Anfang der Stadt Ephesos. In der Nähe lag ein Heiligthum der lydischen Göttin, in welcher die jungfräuliche Kriegsgöttin mit der Geburtsgöttin zu einer Gestalt verschmolzen war. Nachdem Androklos einen Theil der alten Bevölkerung vertrieben, schloß er mit dem Ueberreste, den Priestern und Dienerinnen der Göttin, welche um das Heiligthum derselben wohnten, einen Vertrag und nahm sie in sein neues Gemeinwesen auf. Diese Tradition von Ephesos wird dadurch bestätigt, daß die neue Stadt sich dem Kultus jener Göttin (der Artemis von Ephesos) eifrig ergab, daß dieser Dienst in den Händen lydischer Priester und Hierodulen, der Amazonen und der Verschnittenen blieb⁴). Wir finden ferner die Einwohnerschaft von Ephesos in fünf Stämme getheilt (während die Jonier ihre Stämme sonst nach der Vierzahl ordnen), von denen nur der erste, die Euonymer, die Einwanderer aus Attika, die beiden folgenden aus Teos und Karien späterhin zugewanderte Jonier umfaßten. Der vierte und fünfte Stamm, oder dieser letztere (die Bennier⁵) allein, schloß die alte Bevölkerung, welche die Ansiedler vorgefunden hatten, in sich. Androklos fiel auf einem Zuge, welchen er den Kolonisten

---

1) Strabon p. 636. Polyaen. 8, 35. Aristot. ap. Parth. erotic. c. 14. Plut. de mul. virtute 16. — 2) Strabon p. 384. — 3) Strabon p. 640. — 4) Pausan. 7, 2, 4—5. 4, 31, 7. Bd. 1. S. 235. — 5) Ephor. Fragm. 31. ed. Müller. Athenaeos 8, p. 361. Stephan. Byz. *Bévva*.

Die Gründung von Kolophon.

von Priene wider die Karer zu helfen dorthin unternommen hatte; sein Grabmal wurde zu Ephesos vor dem Thore nach Magnesia gezeigt[1]). Die Königswürde ging auf seine Nachkommen über. Diese Könige von Ephesos aus dem Stamme des Androklos standen zugleich dem Dienste der Demeter von Eleusis vor. Als in späterer Zeit das Königthum auch in Ephesos gestürzt war, blieben den Androkliden Zeichen und Titel des Königthums und die Leitung der Opfer und Feste der eleusinischen Demeter. Wir wissen außerdem, daß die Thesmophorien der Demeter zu Ephesos wie in Attika gefeiert wurden; aber die Apaturien, das Fest der Geschlechtsverbände fehlte zu Ephesos[2]) wegen jener gemischten Art der ephesischen Bevölkerung und der abweichenden Form der ephesischen Stämme.

Von Milet, Myus und Priene, welche auf der karischen Küste lagen, war Ephesos durch den Bergzug des Messogis getrennt. Ephesos stand auf lydischem Boden, blieb aber auf diesem nicht allein. Drei bis vier Meilen nordwärts von Ephesos in geringer Entfernung von der See, an einem kleinen Küstenflusse Hales, erhob sich die griechische Pflanzstadt Kolophon. Andraemon sollte sie an der Spitze von Pyliern, welche vor den Dorern aus ihrem Lande gewichen waren, gestiftet haben. Ein Bruchstück des Dichters Mimnermos von Kolophon, aus der ersten Hälfte des sechsten Jahrhunderts, erzählt diese Gründung so, als ob sie unmittelbar von dem Meerbusen von Pylos ausgegangen sei, ohne Attika zu berühren. „Die ragende Stadt des neleischen Pylos verlassend", läßt Mimnermos die Begleiter des Andraemon sagen, „erreichten wir auf den Schiffen Asien, unseres Wunsches Ziel und ließen uns in dem lieblichen Kolophon nieder, da wir die größere Kraft hatten"[3]). Die Kolophonier zeigten ihres Gründers, Andraemon's, Grab am nördlichen Thore auf der Straße nach Lebedos[4]). Die Weissagung des lyrischen Sonnengottes in dem Haine zu Klaros, dicht bei ihrer neuen Stadt, ließen sie bestehen (Bd. I. 256. 306).

Nordwärts von Kolophon, auf der großen von den Bergen Korykos und Mimas erfüllten Landzunge der lydischen Küste, welche gegen die Insel Chios vorspringt, lagen vier ionische Städte: Lebedos, Teos, Erythrae und Klazomenae. Erythrae scheint von der Insel Chios aus gegründet worden zu sein[5]). Der Gründer soll

---

1) Paul. a. a. O. — 2) Herodot I, 150. 6, 16. Straben p. 633. — 3) Straben p. 642. — 4) Paul. 7, 3, 2. — 5) Herodot I, 142.

Knopos, ein Sohn des Kodros, gewesen sein. Ebenso soll Teos von einem Sohne des Kodros, dem Nauklos, gegründet worden sein. Die Verwandtschaft Erythrae's mit Athen und den Joniern beweist der Dienst der Athene Pollas¹), wenn auch die Erythraeer das Heiligthum des phoenikischen Melkart, welches sie vorfanden, bestehen ließen, und in Teos gefundene Inschriften zeigen, daß die vier attischen Stämme auch in dieser Stadt bestanden²). Klazomenae wurde von Joniern aus Phlius erbaut, welche vor den Doriern über das Meer entwichen waren³).

Auf diese Weise hatte sich etwa seit der Mitte des zehnten Jahrhunderts⁴) eine Reihe ionischer Ansiedlungen auf der asiatischen Küste festgesetzt, welche ihren Boden mit dem Schwerte in der Hand den Lydern und Karern entrissen. Mit den Joniern von der Nordküste des Peloponnes waren Attiker gekommen, Abanter aus Euboea, ebenfalls ionischen Blutes, Phlier, Minyer und Kadmeer⁵); aber es unterliegt nicht dem geringsten Zweifel, daß die Jonier das Hauptelement und den Grundstock dieser Ansiedlungen bildeten, daß ihre Sitte und Art die herrschende war und den entschiedensten Vorrang behauptete. Die bedeutendsten Orte unter diesen neuen Gründungen wurden Milet, Ephesos und Kolophon. Ohne Zweifel in beständigem Kampfe mit den Karern und den Lydern erweiterten diese Ansiedlungen ihre Gebiete. Das Gebiet von Milet dehnte sich allmählig nordwärts über die Mündung des Maeandros bis zu dem Südabhange des Mykale aus. In der Niederung am Flusse lagen äußerst ergiebige Aecker, die Berghänge der Landzunge hatten schöne Triften für Schafzucht⁶); die Bucht, an deren Eingang die Stadt lag, bildete den besten Hafen an der ganzen asiatischen Küste. Die Ephesier und Kolophonier hatten gegen die Lyder zu fechten. Und mehr als zwei Jahrhunderte hin-

---

1) Pausan. 7, 5. Herodot 1, 18—20. Strabon p. 633. — 2) Böckh Corp. Inscript. Nr. 3064—3066. — 3) Pausan. 7, 3, 8. — 4) Der parische Marmor (ep. 27.) setzt die Auswanderung des Neleus auf das Jahr 1077 vor Christus. Eratosthenes (Fragm. 3. ed. Müller) setzt die Einwanderung des Neleus auf das Jahr 1043. Die Einnahme Ilions fällt bei ihm 1183 (oben S. 185.), achtzig Jahre später die Wanderung der Dorer (1103); er setzt demnach die Wanderung des Neleus sechzig Jahre nach dem Einbruch der Dorer. Da dieser etwa gegen das Jahr 1000 erfolgte, da die Tradition den Angriff der Dorer auf Attika in das dritte Geschlecht nach dem Einbruch in den Peloponnes setzt, so kann der Beginn der Auswanderungen der Jonier aus Attika nicht wol vor das Jahr 950 gesetzt werden. — 5) Herodot 1, 146. 147. Pausan. 7, 2. 3. Strabon p. 633. — 6) Strabon p. 578.

durch blieb das Reich der Lyder unter seinen Herrschern, welche sich vom Sonnengotte Sandon ableiteten, im Zurückweichen gegen die Ankömmlinge vom Westen. Die Ephesier dehnten ihr Gebiet am Kayster aufwärts bis zum Südabhange des Gebirges Tmolos aus. Auch die Kolophonier richteten ihre Eroberungen nordwärts. Sie begnügten sich nicht, die Lyder landeinwärts zu drängen, sie zogen nordwärts über den Rücken der Landzunge, auf welcher Teos, Lebedos und Erythrae lagen, und griffen eine griechische Stadt an, welche hier von Achaeern aus dem Peloponnes gegründet worden war, Smyrna. Mimnermos läßt die Kolophonier sagen, „vom Strome Halos ausziehend, von Kolophon, nahmen wir nach dem Rathe der Götter Smyrna, die Stadt der Aeoler"[1]. Herodot erzählt: In Kolophon hätten einst Unzufriedene einen Aufruhr erregt; aber sie wären überwunden worden und nach Smyrna geflüchtet, wo sie Aufnahme gefunden. Zum Danke dafür hätten sie, als die Smyrnaeer einst vor den Thoren ein Fest gefeiert, sich der Stadt bemächtigt und ihre Landsleute von Kolophon zu Hülfe gerufen. Nun seien zwar auch die übrigen Achaeer den Smyrnaeern zu Hülfe gekommen und hätten Krieg geführt, bis ein Vertrag geschlossen worden sei, welcher den Kolophoniern den Besitz der Stadt für die Auslieferung der Habe der Smyrnaeer gewährte[2]. So sei es geschehen, und die Achaeer hätten die vertriebenen Smyrnaeer unter die Bürgerschaften ihrer übrigen Städte vertheilt[3]. Die Verse des Mimnermos stellen dies Ereigniß so dar, als ob dasselbe bald nach der Gründung von Kolophon vorgefallen sei. Auch andere Anzeichen sprechen dafür, daß Smyrna schon vor dem Jahre 850 eine Stadt der Ionier war. Unbedingt steht fest, daß die Einnahme Smyrna's durch die Kolophonier vor dem Jahre 720, vor den Zeiten des König Gyges von Lydien, welcher die Macht Kolophon's brach, stattfand[4].

In dem fremden Lande, auf der fernen Küste, welche man besetzt hatte, von Feinden umgeben, mußte das nationale Gefühl unter den Ausgewanderten stärker werden, mußten die einzelnen Orte weniger

---

1) Strabon p. 620. — 2) Strabon p. 634. — 3) Herot. 1, 16. 143. 150. Pausan. 7, 5. — 4) Bd. 1 S. 562. Die Behauptung der Ephesier, daß Smyrna schon vor dem Siege der Kolophonier eine Stadt der Ionier war, weil sie vor den Achaeern von Ephesos aus gegründet worden sei und zwar von dem Stadttheile von Ephesos, welcher Smyrna hieß, beruht wol nur auf dem Namensgleichklang und soll das Recht der Ionier auf Smyrna beweisen.

stens zu einer gewissen Gemeinschaft, zu einem gewissen Zusammenhalten kommen. Einige der neugegründeten Städte brachten von Zeit zu Zeit gemeinsame Opfer dar. Sie galten dem Gott, welchen die Aegialeer und die Attiker auf den Küsten und Vorbergen der alten Heimath verehrt hatten, welcher sie glücklich über das Meer geführt, dessen entgegengesetztes Ufer sie nun bewohnten, dem Poseidon. Die Kolonisten von Priene hatten auf ihrem neuen Boden dem Poseidon ihrer Vaterstadt, dem Poseidon von Helike, unter dem Nordabhang des Mykaleberges eine „einsame Stätte"¹) am Strande des rauschenden Meeres geheiligt. Die Könige von Priene, des Aepytos Nachkommen, brachten hier dem Gotte des Meeres Stiere dar, wie das die Jonier in ihrer alten Heimath zu Helike gethan²). Die nächstgelegenen Städte, Milet, Myus und Ephesos schlossen sich zuerst, wie es scheint, diesem Opfer der Priener an, welches dadurch ein gemeinschaftliches wurde. Milet und Ephesos waren die ältesten und die mächtigsten Ansiedlungen. Nahm man mit ihnen an diesem Opfer Theil, so versicherte man sich im Nothfalle ihrer Unterstützung, ihres Schutzes. So traten denn allmählig auch die übrigen Städte auf der lydischen Küste dem Opfer zu Mykale bei. Die Insel Chios soll im vierten Geschlecht nach der Landung der Jonier, also etwa hundert Jahre nach dem König Amphikles, der die Karer vertrieben, zur Zeit, als sein Urenkel Hektor über Chios gebot, zu der Opfergemeinschaft auf Mykale zugelassen worden sein (um 850³). Es scheint, daß Milet und Ephesos, welche von den Nachkommen des Neleus und Androkles beherrscht wurden, die Herrschaft einer Dynastie aus dem Stamme der Neliden, die Herrschaft von Nachkommen des Kodros als Bedingung der Theilnahme an diesem Opfer stellten. So wurden denn nun Aepytos, der Gründer von Priene, Kydrelos, der Gründer von Myus, Nauklos, der Gründer von Teos, Knopos, der Gründer von Erythrae zu Söhnen des Kodros gemacht, wenn auch zu „unächten" Söhnen desselben, womit die Erdichtung sich selbst zu erkennen giebt. Aus demselben Grunde wurde dann auch wol Andraemon, der Gründer von Kolophon, zu einem Kodrossohne. Daß den Kolophoniern wirklich gewisse Bedingungen für die Aufnahme

---

1) Diodor 15, 49. — 2) Oben S. 175. Il. 20, 406. Strabo p. 639. — 3) Pausan. 7, 4, 6.

In die Gemeinschaft der Jonier aufgelegt worden, scheint aus einer freilich vereinzelten Notiz hervorzugehen, daß die Weissagung des Sonnengottes im Hain zu Klaros bei Kolophon in die Hände milesischer Priester übergegangen sei[1]). Nachdem Smyrna in den Händen der Jonier war, wünschte auch Phokaea, die nächste achaeische Stadt, welche weiter nordwärts über der Mündung des Hermes lag, Aufnahme in die Gemeinschaft und Zulassung zu dem Opfer von Mykale. Phokaea war, wie der Name zeigt und die Tradition bestätigt, von Phokiern aus dem mittleren Griechenland gegründet[2]). Die Jonier verweigerten die Aufnahme, weil die Phokaeer nicht von Königen aus Kodros Stamme beherrscht würden. Die Phokaeer legten ein solches Gewicht auf ihre Aufnahme in die Föderation der Jonier, daß sie zwei angebliche Abkömmlinge des Kodros aus Teos holten und zu Königen ihrer Stadt erhoben[3]). So nahmen denn endlich und zwar schon vor dem Jahre 800 v. Chr. zwölf Städte an diesem Opfer Theil: Milet, Priene, Myus, Ephesos, Kolophon, Lebedos, Teos, Erythrae, Klazomenae, Phokaea, nebst den Inseln Samos und Chios. Warum Smyrna nicht zugelassen worden sei, wußte Herodot selbst nicht zu erklären[4]); wahrscheinlich, weil es in der Zeit, da diese Opfergemeinschaft zum Abschluß kam, von Kolophon abhängig war und von diesem vertreten wurde, oder, weil man nicht über die heilige Zahl zwölf hinausgehen wollte. Auch die Stadt Magnesia, welche ziemlich weit ins Land hinein am Maeandros aufwärts, da wo der Lethaeos in den Maeandros fließt, von Magneten von der thessalischen Küste, welche vor den Thessaliern entwichen waren, gegründet worden war[5]), gehörte nicht zum Verbande der Jonier. Das Opfer wurde gemeinsam bestritten, und stets unter der Leitung der Könige von Priene, der Nachkommen des Kepphlos, dargebracht[6]).

---

1) Tacit. Annal. II, 54. — 2) Pausan. 7, 3. — 3) Pausan. 7, 3, 8. — 4) 1, 143. — 5) Vita Hom. c. 2. Strabon p. 636 seqq. Conon narrat. 29. Nach Parthen. erotic. 6. kamen diese Kolonisten von Pherae in Thessalien. — 6) Als die Opferstätte im Jahre 366 v. Chr. von dem Strande von Mykale an einen andern Ort verlegt werden sollte, gebot das delphische Orakel den Joniern, auf dem Muttaraltar zu Helike in Achaea zu opfern und den neuen Altar nach dem Muster des Altars zu Helike zu errichten; Diodor. 15, 49. Die oben gegebene Zeitbestimmung über den Abschluß dieser Opfergemeinschaft folgt nicht blos aus den zwölf Söhnen des Neleus beim Homer, sondern wesentlich daraus, daß wenn die Bedingung einer bestimmten Dynastie gestellt werden, wenn Phokaea noch Kodrossöhne zu seinen Königen machen konnte, das Königthum noch in Kraft und Blüthe gewesen sein muß, was nach dem Jahre 800 v. Chr. nicht mehr der Fall war.

Auch mit ihren Stammgenossen jenseit des aegaeischen Meeres blieben die Ansiedler in einer gewissen Verbindung. Die von den ersten Schaaren der ionischen Auswanderung besetzten kykladischen Inseln bildeten das natürliche Verbindungsglied zwischen Euboea und Attika auf der einen, zwischen Chios und Samos und den Städten an der lydischen und karischen Küste auf der anderen Seite des aegaeischen Meeres. Die Kolonisten der Inseln weihten einen in der Mitte ihrer Eilande aus dem Meere emporragenden Felsen, der durch die Inseln Mykonos und Rhenaia gegen jeden Sturm geschützt, von einem alle Zeit lichten und glänzenden Meere umgeben war, den die Strahlen der Sonne hell beschienen, dem Lichtgotte Apollon. Von diesem heiligen Felsen, Delos, welchen die übrigen Inseln wie im Kreise umgeben, erhielten diese den Namen Kreisinseln, Kykladen. Nach Delos ruderten die Boote, die Schiffe der Inseln, dem Apollon Opfer zu bringen; hier fanden sich dann auch Stammgenossen von beiden Küsten des aegaeischen Meeres ein, und danach verschmähten auch Handelsschiffe die wohlgeschützte Rhede von Delos nicht. Sie suchten dieselbe am liebsten zur Zeit der Opfer, wenn die Ionier sich hier mit Weib und Kind zusammenfanden. Als der ionische Stamm in seinen alten Sitzen saß, hatte er sich von Osten und Westen her auf dem Isthmos zusammengefunden, um dem Poseidon gemeinsame Opfer zu bringen. Jetzt war Delos an die Stelle des Isthmos getreten, jetzt war Delos der natürliche Mittelpunkt der Ionier geworden und aus dem gemeinsamen Opfer, welches die Bewohner der Kykladen dem Apollon im Frühlinge auf Delos darzubringen begannen, wurde ein gemeinsames Opfer des gesammten ionischen Stammes, dessen Stiftung danach wie die Stiftung des isthmischen Opfers dem Helden des Stammes, dem Theseus beigelegt wurde, der hier auf der Rückfahrt von Kreta gelandet sein sollte (S. 67). Den homerischen Gedichten ist das heilige Delos bekannt und die schlanke Palme am Altare des Apollon. Ueber Delos erreichte der Wagen des Helios die Mitte des Himmels, von hier fuhr er wieder nach Westen hinab[1]).

Ein Theil der alten Bevölkerung von Argos und Lakonien, der Achaeer, hatte die Nordwestküste des Peloponnes erobert, ein anderer Theil dieser Vertriebenen suchte jenseit des Meeres neue

---

1) Od. δ, 162. 15, 403.

Wohnsitze. Die Tradition berichtet, daß Penthilos, ein unächter
Sohn des Orestes¹), einen achaeischen Haufen nordwärts über den
Isthmos nach Boeotien geführt habe. Auf der boeotischen Küste in
Aulis schiffte er sich ein und segelte nach Thrakien hinüber. Von
hier zogen die Ausgewanderten unter dem Sohne des Penthilos,
dem Archelaos, weiter über den Hellespont, bis Gras, des Penthilos Enkel, die flüchtigen Schaaren nach der Insel Lesbos führte,
und hier die Stadt Mytilene gründete²). Mit einer andern
achaeischen Schaar waren Kleuas und Malaos, ebenfalls Abköm-
linge des Agamemnon, über den Isthmos entwichen; von der Küste
der Lokrer auf dem Aneinis aus und durch Lokrer, welche sich ihr
anschlossen, verstärkt, ging diese Schaar zu Schiffe, durchschnitt das
aegaeische Meer, landete südwärts von Lesbos an der Küste von
Mysien, im Golfe von Elaea, und erbaute hier zwanzig Jahre
nach der Besitznahme von Lesbos, die Stadt Kyme³). Von Mitylene
und Kyme wurden dreißig Städte auf der Küste von Asien ge-
gründet⁴).

Das ist die Tradition von der Stiftung der Kolonien der
Achaeer in Asien. Indem die Sage den Zug des Penthilos über
mehrere Generationen hin ausdehnt, giebt sie selbst zu, daß diese
Auswanderung eine successive war. Der wunderliche Weg, welchen
Penthilos und Gras einschlagen, um die Insel Lesbos zu erreichen,
über Thrakien und den Hellespont ist dadurch motivirt, daß an diesen Küsten Städte achaeischer Gründung lagen, Aenos und Sestos⁴),
welche freilich erst viel später, etwa im achten Jahrhundert, erbaut
wurden. Der Zug der auswandernden Achaeer ging nordwärts
aus dem Sunde von Euboea und dann wol direkt nach Lesbos und
dem Golf von Elaea; dafür spricht auch die Lage der ältesten Pflanzung, der Stadt Mytilene. Diese Stadt wurde zuerst auf einer
kleinen Insel, welche in dem Sunde zwischen dem Festlande Asiens

---

1) Pausan. 2, 18, 5. — 2) Straben p. 582. Pausan. 3, 2. Der
Name lautet Schelaos oder Archelaos. — 3) Hellanic. Fragm. 114. ed.
Müller. Vellej. Paterc. 1, 2, 4. Straben p. 10, 401, 402, 582, 621.
Nach Pindar. Nem. 11, 13. war es Orestes selbst, der die Auswanderer von
Amyklae nach Asien führte. — 4) Nach der vita Hom. c. 38. wurde Lesbos
130 Jahre nach dem troischen Kriege besetzt. Da die vita Hom. den troischen
Krieg 1270 setzt, würden die Zahlen für Lesbos 1140, für Kyme 1120, für
Smyrna 1102 v. Chr. sein. Die 130 Jahre sollen wol vier Generationen be-
deuten: Orestes, Penthilos, Archelaos, Gras. — 5) Herodot 9, 115. Thu-
kydid. 7, 57.

und Lesbos hart an Lesbos lag, erbaut und rehnte sich dann erst von hier nach Lesbos hinüber aus¹). Man sieht, wie die Ansiedler zuerst zufrieden waren, auf einem ganz kleinen Eiland Fuß zu fassen, wie sie hier eine Befestigung bauen und von dieser aus die große Insel bekämpfen. Lesbos war die größte Insel an der Küste Kleinasiens. Freilich war ihr Boden mit Gebirgen und Felsen bedeckt, aber es gab doch schöne und schattige Thäler zwischen den Berghängen, in welchen der Boden äußerst fruchtbar war und reichlich von Quellen getränkt wurde, und die sonnigen Terrassen der Berge waren der Rebe wie dem Oelbaum günstig. So erhoben sich allmählig neben der Stadt Mytilene noch vier Orte auf der Insel: Methymna im Norden, Antissa und Eresos im Westen, Arisbe und Pyrrha im Süden. Es ist durchaus glaublich, daß die Kolonisten auf dem Festlande später, als auf den Inseln Fuß faßten, daß Kyme später als Mytilene erbaut wurde. Die Führer, welche die vertriebenen Achaeer in diese neuen Sitze geführt hatten, die Könige, welche zu Mytilene und Kyme geboten, behaupteten Abkömmlinge der alten Herrscher von Mylene, Nachkommen des Agamemnon und Orestes zu sein. Aber die Tradition gesteht selbst zu, daß Penthilos ein „unächter" Sohn des Orestes gewesen. Die Herrschaft der Penthiliden in Mitylene bestand bis in das achte Jahrhundert hinein²) und unter den Nachkommen des Aleuas und Malaos, welche Kyme beherrschten, treffen wir in der Reihe der Könige auf den Namen Agamemnon³).

Mytilene und Kyme blieben die Hauptstädte der Achaeer in Asien, von ihnen gingen die übrigen Pflanzungen aus. Von Lesbos aus wurde zunächst die Insel Tenedos, der Küste von Troas gegenüber, besetzt; von Kyme wurde eine Reihe von wenig bedeutenden Ortschaften gegründet, welche sich von Atarneus im Norden über die Mündungen des Kaikos und Hermos südwärts bis zum Gebirge Sipylos erstreckten. Im Norden von Kyme lag Pitane, dann an der Mündung des Kaikos Elaea, danach folgten Grynala, Myrina, Larissa, welches die Achaeer den vor ihnen ausgewanderten Pelasgern (oben S. 206.) entrissen; im Süden von Kyme lag Temnos auf einem hohen Felsen am Hermos und am weitesten südwärts,

---

1) Thukyd. 3, 5. Strabon p. 617. Tiok. 13, 78. — 2) Aristot. pol. 5, 8, 13. — 3) Poll. Onom. 9, 83.

jenseit des Sipylos, Smyrna am Meles. Wenn die ionischen Ansiedler den Dienst einer kriegerischen Jungfrau zu Ephesos vorgefunden hatten, so trafen die Achaeer an der Küste von Kyme, Myrina und Smyrna auf denselben Cultus (Bd. I. S. 232. 235.). Smyrna wurde in seiner vereinzelten Lage frühzeitig, wie wir sahen, eine Beute der Kolophonier und damit eine Stadt der Ionier.

Auf der Landspitze zwischen Kyme und den Mündungen des Hermos hatten ausgewanderte Phokäer die Stadt Phokaea gegründet; auf dem Nordabhange des Sipylos, über dem Hermos, lag eine Ansiedlung der Magneten, welche von der felsigen Küste Thessaliens vom Ossa und Pelion herübergekommen waren. Hier, wie am Maeandros nannten die Magneten ihre neue Stadt nach der alten Heimath; hier im Norden unter den Achaeern, wie dort im Süden unter den Ioniern, waren es diese Magneten von allen Kolonisten allein, welche es wagten, die Meeresküste zu verlassen und sich im Binnenlande anzusiedeln*). Hoch auf einem steilen Felsen des Sipylos lag diese nördliche Pflanzung der Magneten. Erst später als man sich vor den Mysern und Lydern sicher fühlte, wurde sie von der Höhe in die fruchtbare Niederung des Hermos verlegt, doch blieb auch Magnesia auf der Höhe, nun Altmagnesia, bewohnt*).

Die Pflanzungen der Achaeer bedeckten die Küste von Mysien, wie die der Ionier die lydische Küste eingenommen hatten. Diese Städte der Ionier hinderten die Ausdehnung der Achaeer nach Süden; die Kolonisation von Kyme und Lesbos richtete sich demnach nordwärts nach der Landschaft Troas, nach dem Gebiete der Teukrer, an dessen Küste die Insel Tenedos bereits besetzt war. Es war die Fruchtbarkeit der Ebenen am Iragebirge, es war der Reichthum des Gebirges selbst an den trefflichsten Weiden, an Rindern und Rossen, es waren dann für die spätere Zeit die stattlichen Wälder des Ida, die Holz zum Schiffbau lieferten, welche den Achaeern den Gewinn dieser Gegenden höchst lockend erscheinen lassen mußten. Von Mytilene aus wurde die Südküste des teukrischen Gebietes am Golf von Adramyttion in Besitz genommen. Die Mytilenaeer gründeten hier Assos und nahmen Lampenion und Antan-

---

1) S. 215. Cicero de rep. 2, 4. — 2) Vita Homeri c. 2. Boeckh corp. inscript. 3137.

bros, welche Orte vor ihnen von Pelasgern besetzt gewesen sein sollen (oben S. 206.). Wir kennen die Zeit dieser Eroberungen nicht, wir wissen nur, daß sie vor dem Jahre 780 v. Chr., wahrscheinlich aber noch früher stattfanden[1]. Länger als die offene Küste vermochten die Teukrer ihre Städte im Ida, Dardania[2]), Skepsis, Kebren und Gergis zu behaupten. In Skepsis, welches auf einem steilen Gipfel des Ida lag, führten zwei Geschlechter die Herrschaft, welche ihre Ahnherren Hektor und Aeneias nannten. Wie ein Schriftsteller dieser Stadt meint, hatte hier einst Aeneias geherrscht, und es gab einen Flecken Aeneia in der Nähe von Skepsis. Des Aeneias Sohn, Askanios, sollte weiter abwärts von Skepsis im Thale ein zweites Skepsis, Neuskepsis, in bequemerer Lage erbaut haben. Auch zu Ariobe und Gentinos am Hellespont gab es teukrische Geschlechter, welche sich von Hektor und Aeneias ableiteten[2]. Die Griechen setzten sich an der Westküste von Troas zuerst nordwärts am Hellespont in Dardanos fest; Strabon bezeichnet diesen Ort als eine alte Gründung der Hellenen. Am Vorgebirge Rhoeteion stand bereits ein griechischer Ort gleichen Namens, als von hier aus nach der Zeit, da die Lyder in Asien wieder emporkamen d. h. nach dem Jahre 720 v. Chr. auf der Stätte des alten Ilion eine griechische Stadt erbaut wurde, welche den Namen der Stadt des Priamos erneuerte[3]. Um das Jahr 700 gründeten die Milesier Abydos am Hellespont[4]); gegenüber war Sestos wol schon früher von Aeolern gegründet (S. 217.). In der zweiten Hälfte des siebenten Jahrhunderts finden wir die Mytilenaeer auf der Westküste von Troas im Besitz von zwei festen Punkten, der Stadt Sigeion südwärts vom Vorgebirge dieses Namens und der Burg Achilleion, welche am Grabhügel des Achilleus lag[5]. Beide Orte waren gewiß schon vor diesem Zeitpunkt gegründet. Es waren dann die Kymaeer, welche in das Innere des Ida vordrangen und

---

1) Es giebt keine Zeitbestimmung für die Ansiedlungen der Griechen an der troischen Küste. Nur aus einer Notiz, daß die Kimmerier hundert Jahr in Antandros, einer aeolischen Stadt, gesessen, kann man folgern, daß die Besitznahme durch die Achaeer vor dem Einfall der Kimmerier d. h. vor das Jahr 780 fallen muß; Bd. I. S. 480. — 2) Nach Strabon lag Dardania, welches Homer als einen ältern Ort als Ilion am Abhange des Ida bezeichnet, in der Nähe von Skepsis im Ida, er sagt indeß, daß zu seiner Zeit nichts mehr davon übrig sei; p. 545. 585. 592—596. 601—606. — 3) Strabon p. 603. 607. Steph. Byzant. Ἄσιος. Γέντινος. — 4) Strabon p. 601. — 5) Strabon p. 590. — 6) Schon im Jahre 610 entrissen die Athener den Mytilenaeern Sigeion.

Das neue Ilion.   221

hier die Stadt Kebren den Troern entrissen. Auch Skepsis wurde
den Teukrern genommen; doch blieben den teukrischen Geschlechtern
der Hektoriden und Aeneiaden auch in dem neuen Gemeinwesen der
königliche Titel und gewisse Ehrenrechte¹). So hellenisirten die
Griechen Schritt vor Schritt das Gebiet der Teukrer. Um das
Jahr 500 v. Chr. war die Stadt Gergis mit ihrem Gebiete am
oberen Laufe des Granikos der einzige Ort, auf welchem sich die
alte teukrische Bevölkerung noch frei und selbständig behauptete²), aber
gegen Ende des fünften Jahrhunderts ist auch Gergis ein hellenischer Ort³), und Ephoros bezeichnet das ganze Küstengebiet von
Abydos im Norden bis Kyme im Süden mit dem Namen Aeolis⁴).

    Die Bewohner des neuen Ilion, welches bis auf seinen
Namen immer unbedeutend blieb, die „Aeoler aus der troischen
Stadt" zeigten auf der Höhe ihres Burghügels das Haus des Priamos und den Altar des herdschützenden Zeus im Hofe dieses Hauses,
an welchem Neoptolemos den Greis erschlagen haben sollte. Man
besaß hier auch alte Waffenstücke, welche die Helden des großen Krieges
getragen, sowie die Leier des Paris⁵). Am sigeischen Vorgebirge

---

1) **Ephor. Fragm. 92, ed. Müller. Strabon p. 635.** Daß in Skepsis
aeolisch gesprochen wurde, beweisen die Münzen; **Klausen Aeneias 1, S. 180.**
— 2) **Herod. 5, 122. 2, 118.** — 3) **Xenoph. hellen. 1, 1, 10. 3, 1, 10-
15.** — 4) **Strabon p. 600.** — 5) **Arrian. Anab. 1, 11. Plut. Alex. c.
15. Pausan. 1, 35, 4.** Die Griechen zweifelten nicht daran, daß das neue
Ilion, welches den stadtschützenden Zeus, den Hektor und Aeneias als Schutzgötter verehrte (**Grote history of Greece I, 429; Strabon p. 593.**) und der
Athene, der Göttin, welche das alte Ilion verderbt hatte, in Skepsis, Gergis
und Kebren nach ihrer Hellenisirung, eifrig diente, auf der Stätte des alten Ilion
liege. Xerxes opferte auf der Höhe der Burg Pergamos tausend Rinder. Nachdem der Athener unter Paches ganz Troas genommen, sah der Spartaner Mindaros von jenem Burghügel herab die Schlacht zwischen den Schiffen des Tereus und einem attischen Geschwader. Späterhin nahmen attische Truppen
unter Charidemos Ilion, Skepsis und Kebren und Alexander von Makedonien
opferte auf der Höhe der Burg der Athene von Ilion, weihte ihr seine Rüstung,
und nahm dafür einige der alten in ihrem Tempel aufgehängten Waffenstücke
mit sich fort. Auch dem Priamos opferte er auf dem Altar, an welchem dieser gefallen sein sollte, um dessen Zorn gegen Achilleus und sein Geschlecht zu sühnen.
Hellanikos hatte ausführlich in seinen Troika erörtert, daß das aeolische Ilion
das alte Ilion sei (**Strabon p. 602**). Um das Jahr 200 v. Chr. fand indeß
Demetrios von Skepsis, der sich viel mit dem Homer beschäftigte und einen
Kommentar von dreißig Büchern zum Schiffskatalog schrieb, daß das alte Ilion
an einem anderen Orte gelegen haben müsse. Die Ebene zwischen Neu-Ilion
und dem Meere sei zu klein für die Schlachten, Neu-Ilion sei nicht umleusbar,
und zeige noch andere Inkonvenienzen. Er verlegte das alte Ilion weiter nach
Osten in den Ida hinein, wo eine Ortschaft, „das Dorf der Ilier," lag. Obwol
weder Sulla noch Julius Caesar, noch Augustus dieser Meinung beitraten, nahm
Strabon dieselbe an; Pausanias und Arrian hielten die alte Ansicht fest. Auch

ragten die Grabhügel des Achilleus und Antilochos empor, denen hier, wie dem Ajas an seinem Grabe am Vorgebirge Rhoeteion, Todtenopfer gebracht wurden. In Rhoeteion hatte Ajas ein Heiligthum. Weiter ostwärts am Hellespont wurde das Grab der Hekabe gezeigt[1]) und an der Mündung des Aesepos in die Propontis der Grabhügel des Memnon. In der Nähe der Stadt Dardanos zu Ophryion war dem Hektor ein Hain geweiht; seinen Grabhügel zeigte man im Ida in der Nähe der Quellen des Simoeis. Am europäischen Ufer, unweit von Sestos, auf der Südspitze des thrakischen Chersonnes hatte Protesilaos, welcher der erste aller griechischen Helden vor Ilion geblieben war, bereits im sechsten Jahrhundert ein angesehenes Heiligthum[2]). Zwischen den beiden Vorgebirgen Sigeion und Rhoeteion, den Grabhügeln des Achilleus und Ajas, zeigte man die Stelle, wo die Schiffe der Achaeer auf den Strand gezogen worden waren und wo ihr Lager gestanden hatte; zwischen der Küste und Ilion die große Eiche vor dem skaeischen Thor, die Grabmale des Ilos und des Aesyetes und den Hügel Batieia[3]), sowie die mit Feigen besetzte Höhe, an welcher die Achaeer die Mauern zu ersteigen versucht hatten.

Auch der Stamm, welcher durch seinen Einbruch in den Peloponnes diese Wanderungen der Ionier und Achaeer über das Meer veranlaßt hatte, auch die Dorer folgten der großen Bewegung, zu welcher sie selbst den Anstoß gegeben. Von den neuen Staaten der Dorer waren freilich Messenien und Sparta — das letztere in

---

Die Neueren haben zum Theil das homerische Ilion da gesucht, wo sie die Lage des „Dorfes der Ilier" vermuthelen, die meisten jedoch bei Bunarbaschi. Nach Forchhammers Forschungen ist der Mendere der Simoeis. Er hat seinen Lauf nicht verändert. Dagegen fließt der Skamandros nicht mehr in den Simoeis, sondern wird durch einen schon im Alterthum gegrabenen Kanal in das aegaeische Meer geleitet, doch läßt sich das alte trocken gelegte Bett des Skamandros noch verfolgen. Die Lage Neu-Ilions bestimmt sich nach Forchhammers Ansicht durch die übrigens nicht bedeutenden Ruinen, durch die Reste einer befestigten Akropolis, eines Theaters, verschiedener Cisternen; sie liegen etwa im Mittelpunkte einer geraden Linie, welche von Bunarbaschi nordwärts zum Meere gezogen wird. Das „Dorf der Ilier" liegt eine Stunde östlich von diesen Ruinen. Die Lage des alten Ilion muß nach den Quellen des Skamandros bestimmt werden, welche noch heute im Sommer wie im Winter eine sehr hohe Temperatur haben; die eine derselben dampft im Winter. Hiernach wird das alte Ilion südwärts von Bunarbaschi anderthalb deutsche Meilen vom Hellespont gesucht werden müssen.

1) Straben p. 595. — 2) Herod. 7, 33. 9, 116. — 3) Strabon p. 595—596. Vgl. Theoph. plant. 4, 14. über die Eichen auf dem Grabe des Ilos, citirt bei Grote.

einem tiefen versteckten Thaleinschnitt — binnenländischer Art; der untere Eurotas, die Küste des lakonischen Golfes war in den Händen der alten Bevölkerung geblieben. Aber das dorische Argos war von seinem Ursprung her ein Seestaat. Von der Ostküste Lakoniens war Temenos ausgegangen, von der See her waren Argos und Korinth der alten Bevölkerung entrissen worden. Die Häfen der Ostküste Lakoniens gehörten dem Reiche von Argos; von diesen Häfen, von Prasiae, Zarax oder Boeae muß die Insel Kythera in Besitz genommen worden sein. Von den Städten, welche die Dorer im Nordosten den Joniern entrissen hatten, lagen Troezene, Epidauros, Korinth am Meere und waren im Besitz einer alten Seefahrt. Wir haben gesehen, daß die alten Einwohner, die Jonier, in diesen Orten eine berechtigte Stellung neben den Eroberern einnahmen. Von Epidauros aus war die Insel Aegina, dicht vor der attischen Küste, dorisirt worden. Das alte gemeinsame Opfer, welches die Seefahrer der Ostküste von Hellas dem Poseidon auf dem Eilande Kalauria dargebracht hatten (Orchomenos, Athen, Epidauros, Hermione, Aegina, Nauplia, Prasiae waren zu diesem Opfer verbündet gewesen), bestand fort[1]). So hatte auch der dorische Stamm eine nahe Beziehung zur See erhalten. Er war seit langer Zeit in der Wanderung und Bewegung und diese übte ihre fortwirkende Kraft. Dennoch waren es zunächst Auszüge der unterworfenen Achaeer, welche der dorischen Auswanderung über das aegaeische Meer den Anstoß gegeben zu haben scheinen. Eine Schaar von vertriebenen Minyern (ob. S. 207.), welche sich zuerst nach Attika geflüchtet hatte, war an der Küste von Lakonien, am Taygetos, gelandet. Sie fanden hier, wie die Tradition erzählt, einen Landsmann, den Theras, den sie zu ihrem Führer machten. Durch Achaeer, vielleicht auch durch Dorer von der Ostküste Lakoniens verstärkt, besetzte Theras mit diesen und den Minyern eine Insel, welche nicht allzuweit von der Ostküste Lakoniens entfernt lag und gab ihr den Namen Thera. Friedlich wohnten die neuen Ankömmlinge neben den Phoeniciern, welche sie auf dem Eilande vorfanden[2]). Eine zweite Auswanderung aus Lakonien, aus Achaeern bestehend, besetzte die Insel Melos, welche wir später in befreunde-

---

1) Für Nauplia, welches die Argiver um 750 genommen haben sollen, trat Argos, für Prasiae späterhin Sparta ein; Strabon p. 374. — 2) Herod. 4, 145—149. Theras soll ein Sprößling des Oedipus gewesen sein. Die Ge-

tem Verhältniß zu Sparta finden¹); ein Theil dieses Zuges ging weiter südwärts nach Kreta und besetzte die Stadt Gortyn auf der Südküste dieser Insel. Erst der dritte Zug von der Ostküste Lakoniens bestand aus Dorern. Er wendete sich nach Asien und erreichte südwärts von den Pflanzstätten und Gebieten der Jonier das Festland. Die südwestlichste Ecke des Festlandes von Kleinasien tritt mit einer sehr schmalen und sehr langen Halbinsel weit in das Meer hinaus; vor dem äußersten Vorgebirge dieser Landzunge (von den Griechen Triopion genannt) liegt ein kleines Eiland, auf welchem die Dorer den ersten Grund zur Stadt Knidos legten.²) Nordwestwärts von dieser Landzunge liegt in geringer Entfernung die Insel Kos; sie wurde, wie die nahegelegenen kleineren Inseln Kalydna und Nisyros, von Dorern aus Epidauros besetzt, oder war dies schon, bevor Knidos gegründet wurde³). Wie die Jonier sich zuerst auf Chios und Samos, die Achaeer auf Lesbos festgesetzt, so hatten sich nun auch im Süden die Dorer zuerst einiger Eilande an der Küste Kariens bemächtigt. Diesen Besitznahmen folgten dann auch hier Ansiedlungen auf dem Festlande. Nicht blos daß Knidos von dem Eilande auf jene Landspitze hinüber wuchs, auf einer zweiten Halbinsel, nordwärts von der Insel Kos, gründeten Jonier und Dorer von Troezene (Auswanderer der alten und der neuen Bevölkerung von Troezene), die Städte Myndos und Halikarnassos. Die älteste Anlage von Halikarnaß war auf einen Felsen hart am Meer beschränkt; dieser erste Anbau wurde späterhin die Citadelle der erweiterten Stadt⁴). Von diesen Ansiedlungen aus, oder von Dorern von Argos und von den dorischen Städten der Insel Kreta, wurde darauf die nahe gelegene Insel Rhodos kolonisirt⁵). Die

---

nealogie ist folgende: Cedipus, Polyneikes, Thersandros, Tisamenos, Autesion, Theras und dessen Schwester Argeia; Herodot 4, 147. Pindar. ed. Boeckh p. 115. Pausan 3, 1, 7. Argeia ist die Gattin des Aristodemus; nach dessen Tode wird Theras Vormund über die Zwillinge, welche er hinterläßt. Als sie herangewachsen sind, will er nicht als ihr Unterthan leben, sondern wandert aus. Daß die Minyer, welche Thera besetzten, in Attika gewesen sind, folgt aus den Namen der Orte, welche sie auf Thera gründeten, Eleusis, Oea, Poiraeos, während zugleich die Siebenzahl dieser Orte auf Boeotien hinzuweisen scheint; Herod. 4, 153. Ptol. Geogr. 3, 15. Boeckh Corp. inscript. I. p. 729.
1) Herod. 8, 46. Thukyd. 5, 54 seqq. Plut. quaest. graec. c. 21. Con. narrat. 36. Dionys. perieg. v. 213. — 2) Herod. 1, 174. Diodor 5, 61. Pausan 10, 11. Strabon p. 653. Da die Küste Lakoniens zu Argos gehörte, können diese Auswanderer sowohl Argiver als Lakonen heißen. — 3) Herod. 7, 99. — 4) Herod. 7, 99. Pausan. 2, 30. — 5) Thukyd. 7, 57.

Die Dorer auf Rhodos.

älteste Bevölkerung der Insel Rhodos bestand aus Karern¹); danach hatten die Phoeniker hier ihre Pflanzungen angelegt, der höchsten Bergspitze des Eilandes den Namen Tabor gegeben, und dem Moloch unter dem Bilde des Stiers eine eifrige Verehrung geweiht²). Die Dorer hatten die Insel schon in Besitz; nur in Jalysos hielten sich noch die Phoeniker unter ihrem König Phalanthos. Von Iphikles geführt, lagen die Dorer lange Zeit vor der Veste, und ein Orakel verkündete, daß die Burg nicht fallen würde, bis Fische in ihrem Brunnen erschienen und die Raben weiß geworden sein würden. Iphikles ließ eingefangene Raben mit Gips bestreichen und wieder fliegen, und bestach den Diener des Phalanthos, daß er ihm Fische in sein Wassergefäß warf. Da meinte Phalanthos, daß das Orakel erfüllt sei und war zufrieden, sich freien Abzug zu bedingen. Die Phoeniker bestiegen ihre Schiffe, nachdem sie ihre Schätze vergraben, um sie in Zukunft wieder abholen zu können³). Aber wir wissen, daß phoenikische Geschlechter unter den Adel des neuen dorischen Jalysos aufgenommen wurden, daß sich zu Lindos auf Rhodos alte „kadmeische" Inschriften im Tempel der Athene (d. h. der Astarte von Sidon) fanden⁴), daß dem Kronos (d. h. dem Moloch) auch in der Zeit, da die Dorer zur Herrschaft gekommen waren, Menschenopfer gebracht wurden⁵), daß Zeus auf Rhodos unter dem Bilde des Stiers verehrt wurde, daß die Dorer in den Arbeiten des Melkart von Rhodos ihren Herakles wieder erkannten (oben S. 100.). Aus alle dem folgt, daß die phoenikischen Elemente auf Rhodos tief gewurzelt waren, und die Dorer werden weder frühzeitig noch leicht in den Besitz dieser Insel gekommen sein; schwerlich waren sie lange vor dem Jahre 800 v. Chr. Herren derselben⁶).

---

1) Conon narrat. 57. Auch die Namen der rhodischen Orte beweisen dies; Movers Phoenizier 2, 255. — 2) Bd. I. S. 801. — 3) Athenaeus 13. p. 360. — 4) Diod. 5, 56, 58. — 5) Bd. I. S. 302. — 6) Die Sage der Griechen von der früheren Kolonisation von Rhodos durch Tlepolemos hat so wenig zu bedeuten, wie die von Kreta durch Triopamos, oder die von Kos durch die Herakliden Theikippos und Antiphos, oder die von Kypros durch Aias von Salamis. Auch Althaemenes von Argos darf in so weit nicht als Ctist von Rhodos gelten, als er den Kultus des Zeus Atabyrios gründet, als er ein Sohn des Kateus, ein Enkel des Minos heißt. Hieraus würde vielmehr folgen, daß mit Althaemenes die phoenikische Besetzung von Rhodos (Diod. h. 59. Apollod. 3, 2, 2.) gemeint ist. Es ist schwer zu glauben, daß die Phoeniker einen so weit nach Osten gelegenen Punkt wie Rhodos, auf welchem sie so gut befestigt waren, früher aufgaben, als die Dorer stark genug waren, sie dazu zu zwingen,

Die dorischen Ansiedler hatten den Dienst des asiatischen Sonnengottes auf der karischen Küste vorgefunden. Er galt ihnen für ihren Apollon. So brachten die drei Städte, welche die Dorer auf Rhodos bewohnten: Lindos, Kameiros und Jalysos mit der Insel Kos und den Städten Halikarnassos und Knidos auf dem Festlande, zusammen sechs Gemeinwesen, dem Apollon auf dem Vorgebirge Triopion bei Knidos gemeinsame Opfer, welche nachmals mit einem großen Markte und festlichen Wettspielen verbunden waren[1]. Der Preis des Sieges war ein Dreifuß von Erz, welcher in dem Heiligthum des Apollon auf jenem Vorgebirge aufgestellt werden mußte. Als einst ein Sieger in diesen Wettkämpfen, ein Mann von Halikarnaß, den Dreifuß, welchen er gewonnen, mit nach Hause nahm, wurde Halikarnaß aus dieser Opfer- und Festgemeinschaft ausgeschlossen, welche danach nur noch aus fünf Städten bestand[2]. Jassos, nordwärts von Halikarnaß, eine Stadt, welche von Dorern von Argos gegründet worden war, ging frühzeitig, noch vor dem Jahre 800, an die Milesier verloren, als diese ihr Gebiet nach Süden ausdehnten; diese sandten neue Kolonisten nach Jassos und stellten einen Abkommen des Neleus an die Spitze dieses neuen Gemeinwesens[3].

Wenn der Strom der Auswanderung in den Ansiedlungen der Pelasger und Minyer sich zuerst nordwärts gewendet, wenn die Jonier geraden Weges über die Kykladen nach Asien gegangen waren, die Achaeer sich südwärts von der pelasgischen, nordwärts von der ionischen Auswanderung gehalten, so hatten die dorischen Ansiedlungen von vorn herein die südliche Richtung eingeschlagen. Einmal in dieser Linie, konnte die fruchtbare und reiche Insel, welche lang dahingestreckt das aegaeische Meer im Süden schließt — Kreta — von der dorischen Auswanderung nicht unberührt

---

d. h. bevor die Seemacht der asiatischen Griechen sich gegen den Beginn der Olympiaden überhaupt gehoben hatte. Strabon p. 654. setzt den Beginn der rhodischen Seefahrt vor den Beginn der Olympiaden, also etwa um 800, und des Eusebios Ansätze von der rhodischen Thalassokratie um 915 v. Chr. haben geringen Anspruch auf Glaubwürdigkeit. Höchstens könnte man die erste Ansiedlung der Dorer auf Rhodos so weit zurückverlegen. Wenn Danaos schon den Tempel der Athene zu Lindos gründen soll, so beruht dies darauf, daß die Astarte, die jungfräuliche Kriegsgöttin von Rhodos, auch Mondgöttin war wie die Jo, die angebliche Stammmutter des Danaos.

1) Dionys. Halic. 4, 25. — 2) Herodot 1, 144. — 3) Polyb. 16, 1, 6. Das Königthum in Milet mußte noch in Blüthe sein, um einen Fürsten seines Stammes in Jassos einsetzen zu können.

Die Ansiedlungen auf Kreta.

bleiben. Die Ansiedlungen der Griechen auf Kreta werden kaum ein Jahrhundert nach der Zeit begonnen haben, da König David von Israel seine Leibwache aus Philistern und Kretern bildete¹). Es ist schon erwähnt, daß die aus Attika auswandernden Pelasger hier ein Larissa (es lag östlich von Gortyn) gründeten²), daß aus Lakonien ausgewanderte Achaeer die Stadt Gortyn besetzten. Dieser achaeischen Ansiedlung folgten später, namentlich nachdem es den Dorern von Sparta gelungen war, auch die Südhälfte des Eurotasthales zu überwältigen (um 760 v. Chr.), andere achaeische Schaaren. Die Ortsnamen Therapne, Amyklaeon und Mylene auf Kreta zeigen deutlich, woher die Ansiedler stammten³). Aber auch Dorer hatten sich und zum Theil früher als diese Achaeer auf Kreta niedergelassen. Dorer von Argos hatten Knossos zu einer dorischen Stadt gemacht; und Lyktos, von der Ostküste Lakoniens aus gegründet, welche zu Argos gehörte, stand nachmals in dem Rufe, altdorische Sitte und Art am treuesten bewahrt zu haben. Gortyn wurde von Lyktos aus dorisirt⁴). Die alten Einwohner Kreta's, die Eteokreter, wie die Griechen sagen — sie waren karischen Stammes — wurden auf die Ostseite der Insel, auf Praesos und die höheren Theile des Gebirges beschränkt⁵), welches die ganze Länge der Insel durchzieht und in der Mitte derselben, im Ida, seine höchsten schneeigen Spitzen emporstreckt. Auf der Westseite, am Jardanos (Jordan), zu Minoa, Kydonia, Phalasarna, an den Vorgebirgen Drepanon und Hermaeon, im phoenikischen Hafen und in der Stadt Phoenix saßen die Kydonen; es war entweder die aus der Mischung von phoenikischen Kolonisten, Philistern und Eteokretern erwachsene, oder die syrisch-phoenikische Bevölkerung allein⁶). Nach der Ansiedlung der Griechen war Kydonia der Hauptort dieser Bevölkerung; von dieser hatte sie den Namen; — aber auch diese Stadt ging späterhin an die dorischen Kolonisten verloren⁷). Die Mitte der Insel bis auf das

---

1) Herodot 7, 170. 171. meint, daß die Griechen darum auf Kreta hätten Fuß fassen können, weil viele Kreter in dem Kriege, welchen sie gegen die Sikeloten, um des Minos Tod zu rächen, begannen, umgekommen, andere nicht zurückgekehrt wären, und weil nach der troischen Zeit Pest und Hunger auf Kreta gewüthet hätten. — 2) Od. 19, 175. — 3) Höck, Kreta, 2. S. 417. 447. Plato legg. p. 708. — 4) Aristot. pol. 2, 7. Strabon p. 481. Höck Kreta 2, 433. — 5) Herod. 7, 169–175. Strabon p. 478. Aristoph. Plut. 1398. — 6) Strabon p. 475. 476 fgdb. Höck Kreta I, 145. Bd. 1. S. 304. — 7) Hesychius Ἴλλεος.

Gebirge hatten die Dorer eingenommen, Gortyn im Süden, Phlios und Knossos im Norden waren die Hauptorte derselben. Homer schildert die Insel Kreta als stark bevölkert und blühend; „unzählige Menschen wohnten daselbst in neunzig Städten." Es sind etwa siebzehn selbständige Orte, welche wir späterhin auf dieser Insel kennen lernen[1]. Die griechischen Ansiedler fanden auf Kreta den Dienst des Minotauros und Talos d. h. des Baal-Moloch, des Sonnengottes nach seiner schlimmen, seiner verderblichen Seite, den Kultus der Europe und der Ariadne d. h. der Aschera-Astarte vor. Gortyn galt für die Geburtsstätte des Minos, Knossos sollte der Sitz des Minos und der Ariadne, die Stätte des Minotauros gewesen sein. Die phoenikischen Einflüsse, welche die Griechen in ihrer Heimath zweihundert Jahre früher zurückgewiesen, hatten sie nun selbst aufgesucht; diese machten hier zum zweiten Male ihre Wirkung auf die Griechen geltend. Dem Minos, unter dessen Namen die Griechen sowohl den Meßart als die Zeiten der Insel vor ihrer Ansiedlung d. h. die phoenikische Periode Kreta's, so wie die Seeherrschaft, welche die Phoeniker zweihundert Jahre früher im aegaeischen Meere geübt hatten, personificirten, stellten sie unter dem Eindruck der alten Technik und Kunstübung, welche sie vorfanden, den Urkünstler Daedalos d. h. der Bildner, zur Seite. Diesem Daedalos wurden die alten phoenikischen Bildwerke auf Kreta zugeschrieben[2]. Unter dem Eindruck des wohlgeordneten Lebens der phoenikischen Städte auf Kreta machten die Griechen den Minos zu einem weisen Gesetzgeber der Vorzeit. So konnte Minos schon beim Homer von Zeit zu Zeit, in jedem achten Jahr, in der Grotte von Knossos Offenbarungen von Zeus erhalten[3], und zum gerechten Schlichter des Streites unter den Seelen der Verstorbenen in der Unterwelt werden; Züge, welche andererseits mit dem periodischen Leben und Sterben des Melkart zusammenhängen. Die griechischen Städte auf Kreta eigneten sich dann selbst den Ruhm zu, ihre Gesetze vom Minos empfangen zu haben. Sie wollten nun schon lange vor der dorischen Wanderung unter dem Teutamos, dem Sohne des Doros, des angeblichen Stammvaters der Dorer, von Thessalien nach Kreta

---

1) Höck Kreta 2, 443. — 2) Brunn griechische Künstler, S. 43. — 3) Bd. I. S. 302. Od. 11, 568. 19, 175.

gekommen sein und machten demgemäß den Minos zu einem Enkel des Teutamos[1]).

Die Meerfahrten und Gründungen der Dorer waren freilich zum Theil mit Hülfe der in Epidauros und Troezene zurückgebliebenen Ionier vollbracht worden. Die ionische Kolonisation war ausgedehnter, ihre Pflanzorte waren zahlreicher und bedeutender, aber die dorische Kolonisation umfaßte nicht blos die südliche Küste Kariens, sondern auch eine so entfernte Insel wie Rhodos, und hatte auf Kreta festen Fuß. Sie hatte es voraus, daß sie auf diesen Inseln auf der Bezwingung phoenikischer Städte beruhte, daß auf Kreta neben den Städten der Dorer phoenikische Städte fortbestanden, daß auf Rhodos phoenikische Geschlechter in die neuen dorischen Gemeinden aufgenommen wurden. So konnte die Religion der Hellenen gerade durch diese dorischen Pflanzungen mit neuen Elementen bereichert, die Grundlagen zu einer vorgeschrittenen Technik gelegt, Münze, Maaß und Gewicht, endlich die Schrift der Phoeniker von den Hellenen aufgenommen werden.

3. Leben und Sitten der Ionier und Achaeer in Asien.

Mit den Anfängen des Ackerbaues waren die Griechen auf ihrer Halbinsel zu geordnetem Leben unter den Aeltesten der Stämme gekommen. Indem die Ackerbauer die Ueberfälle der Hirten- und Bergstämme abzuwehren hatten, war diesen Anfängen ein kriegerisches Treiben gefolgt. Allmählig war der Kampf die Hauptbeschäftigung und die besten Kriegsleute waren die Führer der Stämme geworden. Man hatte sich schon in weiteren Kriegszügen, in größeren Raubfahrten versucht, als die Wanderungen zweier Gebirgsstämme, der Thessaler und Dorer, denen ihre Welten zu eng wurden, die Eroberung an die Stelle der Beutezüge und der Abenteuer setzten, als die Dorer ihre Burgen vor Amyklae, Argos und Korinth bauten und nach langen Kämpfen die Oberhand gewannen. Rauhe Gebirgsleute hatten die civilisirteren Kantone des Ostens überwältigt. Diese Bewegungen wirkten weiter. Etwa seit der Mitte des zehnten Jahrhunderts beginnen die Beeinträchtigten und Verdrängten jenseit

---

[1] Diod. 4, 60. 5, 80.

des Meeres neue Sitze zu suchen. Unabläffig folgt eine Schaar von Auswanderern auf die andere. Sie kommen aus den nördlichen Gebieten Griechenlands wie von den südlichen Gestaden des Peloponnes, vom Offa und Pelion wie aus der Bucht von Pylos, von den phokischen Bergen, von dem Felsgestade von Lokris wie von den Hügeln Attika's und den Klippen des Sundes von Rhion. Diese einzelnen Haufen genügen, um Schritt vor Schritt auf den Inseln und Küsten des aegaeischen Meeres Fuß zu fassen. Nach Verlauf eines halben, vielleicht eines ganzen Jahrhunderts sind die Inseln sowie die besten Punkte der Küsten von Hellenen erobert und kolonisirt, hat ein großer Theil des hellenischen Volkes eine neue Heimath außer Landes gewonnen.

Es waren große Erfolge, welche die Hellenen, selbst noch in den ersten Stadien der Entwickelung begriffen, errungen hatten. Weit über die ursprünglichen Grenzen hinaus hatten sie ihr Gebiet erweitert. Zwei Jahrhunderte zuvor waren sie in Gefahr gewesen, dem Uebergewicht, welches die Phoeniker auf der Ostküste ihrer Halbinsel gewonnen hatten, zu erliegen; jetzt im zehnten Jahrhundert waren sie stark und zahlreich genug geworden, die Phoeniker wie die Karer von den Inseln des aegaeischen Meeres zu verdrängen, das Becken desselben durch ihre Ansiedlungen am Athos, auf den Kykladen, auf Kreta, an der Küste Anatoliens in ihren eigenen Besitz zu nehmen. Diese große Bewegung war nicht durch den Druck eines auswärtigen übermächtigen Feindes hervorgerufen worden, nicht durch den Zug einer großen Eroberung. Die Erfolge der Thessalier und Dorer beschränkten sich auf den Gewinn einiger Landschaften. Die Natur des Terrains der Halbinsel gewährte durch ihre Bergzüge und Thalengen der Vertheidigung einen großen Vortheil gegen den Angriff, welcher dadurch zugleich genöthigt wurde, sich zu theilen. Das Leben der Halbinsel bewahrte auch nach den Zügen der Thessalier und Dorer seinen kantonalen Charakter. Die langen und schweren Kämpfe des Angriffs und der Vertheidigung mußten in allen Kantonen selbständig und durch eigene Kraft geführt werden. Und ebenso erfolgten die Ansiedlungen auf den Inseln und Küsten nicht in großen einheitlich organisirten Massen. Die Griechen nahmen keine weiten Landgebiete, sondern Eilande und Küstenstrecken in Besitz. Diese Besitzungen wurden nicht in einem großen Kampfe, sondern in langen fortdauernden Fehden errungen und behauptet. Die Eroberungen der Hellenen waren vereinzelte Kolonisationen. Gerade dies führte ungemein wohlthätige Folgen für die kriegerische und politische Erziehung der Auswanderer herbei. Die Selbstthätigkeit und Selbständigkeit jedes einzelnen dieser neuen Gemeinwesen, und damit jedes einzelnen ihrer Mitglieder, war durch diese Lage der Dinge ebenso gegeben als gefordert. Die Lebensweise in einzelnen Kantonen und Gauen, zu welcher die griechische Halbinsel durch die Natur ihres Bodens ihre Bewohner genöthigt hatte, war für die Auswanderer in verklärtem Maaße Grundlage und Bedingung der Existenz geworden. Das Schwert in der Hand, standen sie auf fernen Küsten, von fremder und feindseliger Bevölkerung umringt; mit den Waffen, mit welchen man den Boden errungen, auf welchem man saß, hatte man denselben in jeder Stunde zu vertheidigen. Es war ein vielbewegtes Leben und Treiben, ein kräftiges jugendfrisches, in langen Kämpfen gestähltes Geschlecht, welches die Kalkfelsen, die grünen Hügel am Strande von Anatolien besetzt hatte, welches das blaue Meer zwischen diesen Inseln und Buchten mit seinen Schiffen durchkreuzte.

Die Art und Sitte dieser Ansiedler näher kennen zu lernen, besitzen wir keine andere Quelle, als die homerischen Gedichte. Man könnte der Meinung sein, daß die Poesie eine äußerst geringe, oder vielmehr gar keine historische Autorität besitze. Indeß steht fest, daß es keine Dichtung vermag, soziale und politische Zustände frei aus der Luft zu erfinden. Auf complicirteren Bildungsstufen kennt man freilich verschiedene Lebensformen und unterschiedene Lebensbedingungen, unter welchen der Poet beliebig auswählen kann; eine jugendliche Zeit, eine naive Produktion ist nur im Besitz ihres eigenen Horizontes. Sie kann diesen ausschmücken, sie wird ihn unbedingt idealisiren, aber sie muß ihn in allen wesentlichen Beziehungen wiederspiegeln. Eben darum wird die Sittenschilderung einer solchen Dichtung nicht etwa die der Zeit sein, welche der Dichter darstellen will, sondern vielmehr nach Abzug der idealen Zuthaten die seiner eigenen Periode. Kein Dichter vermag es, seinen Helden in ihrem Denken und Wollen, in ihrem Handeln und Empfinden, in ihrem Rath und in ihren Thaten andere Motive zu leihen, als die, welche ihn selbst bewegen; er kann ihnen keine Ziele stecken, als die, welche seine Zeit, welche er selbst für die rechten und guten, für die besten und würdigsten hält. Mit einem Wort, der Dichter kann nichts anderes thun, als das ethische und soziale Musterbild zeichnen, welches unentlicher und unbewußter seiner Zeit, deutlicher und vielleicht auch bewußter ihm selbst vorschwebt. In den äußern Dimensionen wird die poetische Idealisirung leicht auszuscheiden sein, wie die homerischen Gedichte denn selbst öfter auf den Unterschied an Kraft und Gewalt zwischen den Helden des troischen Krieges, welche mit den Göttern in Verkehr und von den Göttern gezeugt waren und den Männern „wie sie jetzt sind", hinweisen; für die ethischen Grundlagen, welche der Dichter wirken läßt, wird man nicht vergessen dürfen, daß der Dichter diese so hinstellt, wie sie sein sollten, nicht wie sie wirklich zu seiner Zeit überall in Kraft waren. Den sozialen Hintergrund zu ändern, hat eine naive Zeit weder Veranlassung, noch die Mittel. In Ermangelung anderer Quellen können wir unter der angedeuteten Vorsicht mit Fug versuchen, uns die Zustände, wie sie in den Gemeinwesen der Jonier und Achaeer in Anatolien um die Mitte des neunten Jahrhunderts bestanden, aus den homerischen Gedichten zu vergegenwärtigen.

Die Kenntniß, welche diese griechische Welt des neunten Jahrhunderts von den Meeren und Ländern, welche ihre Gebiete begrenzen, besitzt, ist noch ziemlich beschränkt. Im Westen reicht der Blick bis in das adriatische Meer, bis zu den Inseln an der Küste von Epeiros; im Süden bis zu dem Strome „Aegyptos", dem Nil. Von Aegypten ist nichts weiter bekannt, als dieser Strom, die Insel Pharos und der Name der großen Hauptstadt Theben, von welcher Homer annimmt, daß sie dem Meere nahe läge. Weiter hinaus ist alles fabelhaft und unbekannt. Zwar kennt man noch den Namen Libya, aber das Meer bis nach Libyen kann ein Vogel in einem Jahre nicht überfliegen. Im Norden werden die Thrater und einige Ströme Thraziens, dann die Rossemelker (die Skythen) über den Thratern genannt, aber das schwarze Meer wird nicht erwähnt. Im Osten ist auf dem Festland über die Phrygier hinaus Dunkel und Fabel (Bd. I. S. 232). Dagegen ist im Südosten die Insel Kypros mit der Stadt Paphos und dem Dienst der Aphrodite bekannt, an der phoenikischen Küste wird die Stadt Sidon genannt. Mit dem aegaeischen Meer, mit seinen Vorgebirgen, Inseln und Küsten ist man sehr genau vertraut, und die Stellung, welche die homerischen Gedichte der Insel Kreta geben, beweist, daß die dortigen griechischen Ansiedlungen schon zur Zeit der Entstehung dieser Gesänge von einer gewissen Bedeutung gewesen sein müssen.

Aus einer Fülle von Zügen erhellt, daß die Schifffahrt lebendig ist; überall zeigt sich der vielfache Verkehr, die engste Vertrautheit mit dem Meere. Die Schiffe sind über die Kindheit hinaus. Meist werden dieselben von funfzig Rudern, fünfundzwanzig an jedem Bord, getrieben. Diese Funfzigruderer gebraucht man zur schnellen Fahrt und zum Seeraub, daneben giebt es Lastschiffe, die von zwanzig, andere, die von hundert Rudern getrieben werden¹). Das aegaeische Meer ist von den Phoeniltern geräumt. Ihre Schiffe kommen nur noch friedlich; es sind einzelne Handelsschiffe. Sie bringen den Hellenen Kunstwaaren, Zinn, Gold, Silber, Elektron und Elfenbein, kostbare Gewänder und Geräthe. Die schönsten Gefäße, die hellstrahlenden Gewande in den Schatzkammern der griechischen Fürsten, der beste Schmuck der Frauen, goldene Halsbänder mit Elektron besetzt, sind die Werke sidonischer Männer und Frauen, phoenikischer Künstler; ihre Schiffe nehmen dann auch wol einen griechischen Knaben von der Küste mit hinweg, oder bereden einen griechischen Mann mit ihnen zu segeln, um ihn in fremden Landen als Sklaven zu verkaufen. Die Griechen verkaufen Kriegsgefangene, Wein und Korn; man tauscht Kupfer gegen Eisen ein. Der Handel ist noch wesentlich Tauschhandel. Der Werth der Waaren, auch der Preis der Sklaven wird nach Rindern abgeschätzt. Eine Rüstung wird zu neun Stieren, eine andere zu hundert Stieren geschätzt; eine Sklavin ist vier, eine andere zwanzig Rinder werth. Geprägtes Geld ist nicht vorhanden. Das Gold (von Silber ist verhältnißmäßig wenig die Rede) wird abgewogen. Das „Talent" bedeutet in den homerischen Gedichten nur ein kleines Gewicht Goldes²).

An Betrieb und Fertigkeit des Handwerks fehlt es nicht. Wollarbeiterinnen, Töpfer, Zimmerleute, Wagner, Goldgießer, Leder- und Erzarbeiter, Waffenschmiede, die man für ihre Arbeiten bezahlt, werden öfter erwähnt. Die Frauen weben Gewänder und Teppiche aus Linnen und Wolle, und wie die Fürstinnen dieser Arbeit obliegen, so sehen wir auch die Fürsten selbst an ihren Häusern bauen

---

1) Od. 9, 322. Il. 20, 247. Die hundertzwanzig Ruderer der Boeoter im Schiffskatalog sind nachhomerisch. — 2) Böckh Metrologie S. 33.

und die Zimmeraxt handhaben. Man lebte vom Ackerbau; man hatte Oliven- und Weinpflanzungen, aber die Habe der Fürsten und Edlen, wenn sie auch Acker- und Weinland besitzen, besteht zumeist in ihren Heerden, in ihren Rossen, Rindern, Schweinen, Schafen. Der größte Theil des Bodens ist Weideland. Sklaven hüten und pflegen die Heerden der Fürsten und Edlen. Aber auch Fürstensöhne verschmähen nicht, die Heerden vor dem Raubthier und den Feinden zu bewachen. Das zum Ackerbau bestimmte Land ist in Stücke getheilt, welche durch Raine getrennt und durch Marksteine bezeichnet sind; begrenzte Aecker gelten als ein Zeichen gesitteten Lebens, und die Vertheilung der Aecker bei der Gründung einer Stadt ist eine den homerischen Gedichten geläufige Vorstellung[1]). Rinder oder Maulthiere ziehen den Pflug, die reife Saat wird mit der Sichel geschnitten und in Garben gebunden, Stiere treten das Korn auf festgestampftem Boden aus.

Die Häuser der Fürsten waren große ummauerte Gehöfte. Durch die hohe umgebende Mauer gewährte ein Thor mit zwei Flügeln den Eingang in den Vorhof mit seinem Düngerhaufen, seinen Ställen und Schuppen. Der Eingang zum Herrenhause ist von einer Halle überdeckt, an welche das Hauptgemach, ein großer Saal, das Megaron, anstößt, dessen Mittelpunkt der Herd des Hauses bildet; es erhält sein Licht theils durch die Thür, theils durch hoch angebrachte Fensteröffnungen. Hinter dem Saale folgen in erhöhter Lage das Gemach der Frau, wo diese mit den Sklavinnen spinnt und webt, das Schlafgemach der Herrschaft, die Waffenkammer, die Schatzkammer. Räume für die Knechte und Mägde schlossen sich an das Hauptgebäude. Die Schatzkammern der Fürsten waren mit werthvollem Besitzthum gefüllt; die Geräthe, Gewänder und Decken schildert das Epos als köstlich, ja prunkvoll; Purpurteppiche, Purpurgewänder und Purpurdecken werden erwähnt. Fürsten und Edle halten auf reinliche und stattliche Kleidung, auf warme Bäder und Salben.

Die unterste Stufe der Gesellschaft bilden die Sklaven. Es ist die alte Bevölkerung, welche die Ansiedler unterworfen haben, es sind auf den Raubzügen erbeutete, oder von griechischen Freibeutern, von phoenikischen Schiffen erhandelte Leute, zuweilen von

---

1) Od. 6, 10.

edler Abkunft, es sind kriegsgefangene Griechen oder Fremde und deren Nachkommen. Das Verhältniß der Sklaven zu ihren Herren, den Fürsten und Edlen, scheint ein mildes gewesen zu sein, wenn auch grausame Strafen, Verstümmelung und martervoller Tod an Sklaven, welche sich vergangen hatten, vollzogen werden mochten. Es bestand kein Unterschied der Bildung zwischen Herren und Sklaven, es gab sonach keine Kluft, welche den nahen und vertraulichen Verkehr ausgeschlossen hätte. Die Fürsten verschmähten es nicht, mit ihren Hirten sich zum Mahle zu setzen, und die Sklavinnen durften sich erlauben, ihrem Herrn Haupt und Hände zu küssen. Den Sklavinnen lag die schwerste Arbeit ob, sie hatten das Wasser von den Quellen und Brunnen auf die meist hochgelegenen Burgen und Edelsitze zu tragen und das Korn mittelst Handmühlen zu Graupen oder zu Mehl zu mahlen. Lange und treue Dienste der Sklaven belohnte ein milder Herr mit dem Geschenke der Freiheit; er stattete den Freigelassenen dann wohl auch mit Haus und Hof und einem Ackerstück aus.

Höher als die Sklaven standen die Theten, die niedrigste Klasse der freien Bevölkerung. Es waren besitzlose Freie, welche sich, um ihren Lebensunterhalt zu erwerben, einem Herrn verdingen mußten zum Ackerbau oder zur Hütung des Viehs, gegen Kost und Kleidung, oder gegen ein bestimmtes Maaß von Körnern. Solchen Knechtsdienst bei einem Bauer zu thun, galt als das härteste Loos; bei den Fürsten und Edlen scheinen auch diese freien Dienstleute besser gehalten gewesen zu sein[1]).

Aus der Mitte der Bauern hatten sich die größeren Besitzer emporgehoben, welche Theten und Sklaven ernähren konnten, die für sie den Acker bauten und die Heerden hüteten, deren Grundeigenthum ausreichte, schöne Waffen und Rüstungen, Streitwagen und Rosse, oder an der Küste ein Schiff zu halten. In den neuen Ansiedlungen nahmen die ersten Ankömmlinge, welche das von ihnen eroberte Gebiet getheilt hatten, die Stelle dieses Adels ein. Diese Edlen waren es, welche mit den Fürsten zur Fehde und zum Raub auszogen, welche durch die Kriegsbeute ihren Besitz vermehrten, welche Muße hatten, sich in den Waffen zu üben, im Lauf, im Werfen des Diskos und der Lanze, im Lenken der Rosse. Sie er-

---

1) Od. 4, 643. 11, 490.

scheinen als eine entschieden bevorzugte, von den Göttern begnadigte Klasse, und viele ihrer Geschlechter führen ihren Ursprung zu den Göttern hinauf. Aber jeder begüterte, waffentüchtige Mann fand Eintritt in diesen Stand[1]). Verkehrten schon die Sklaven vertraulich mit ihren Herren, so war der Unterschied zwischen einem Edelmanne und einem Manne aus dem Volke noch geringer.

Das Königthum war bei den Griechen, wie gezeigt worden ist, eine Folge, eine Frucht des kriegerischen Lebens. Es war die Ausführung im Kriege. Die kriegerischen Zeiten der Wanderungen und Ansiedlungen waren nicht dazu angethan, die Kraft des Königthums zu schwächen. Die glücklichen Führer der Aruaeer, der Dorer, der ionischen und achaeischen Auswanderer, welchen Eroberungen und Ansiedlungen gelungen waren, hatten nicht blos für ihre Schaaren Land, sondern auch für sich Ruhm, Besitz und Macht erworben. Das Königthum muß in diesen Zeiten stärker geworden sein, als zuvor, und die bedrohte oder sich glücklich ausbreitende Lage der Pflanzungen in Asien konnte die monarchische Gewalt unmöglich schwächen. Die homerischen Gedichte betrachten das Königthum als eine Einrichtung des Himmels, welches unter der besonderen Obhut des Zeus steht. Zeus hat die Könige eingesetzt; sie stammen von ihm selbst oder von anderen Göttern ab. Indeß war es doch die Kriegstüchtigkeit des Königs, von welcher die Behauptung seiner Würde und seines Ansehens abhing. Nur dann ging die Krone unbestritten auf den ältesten Sohn über, wenn er ein tüchtiger Kriegsmann war. In Athen wollte Neleus, wie die Tradition berichtet, das Erbrecht seines älteren Bruders, des Medon, nicht anerkennen, weil dieser lahm war (oben S. 208.). Ist der König zu jung, die Waffen zu führen, so schalten die Edlen seines Gebiets nach Belieben und Willkür, ja sie vergreifen sich sogar am eigenen Gute des Königs. Nicht besser stehen die Dinge, wenn der König ein alter und schwacher Greis geworden, ohne einen rüstigen Sohn an seiner Seite; dann wird der alte Fürst nicht mehr geehrt, wenn er nicht durch überlegene Erfahrung und Einsicht seine Würde zu behaupten vermag. Altersschwache Fürsten überlassen darum wohl dem Sohne die Herrschaft. In kräftigen Händen erscheint dagegen die Gewalt „der Zeusgezeugten, Zeusgenährten Könige", deren Zeichen das Zepter

---

1) Od. 14, 213.

(ein hoher Stab) ist, unbeschränkt. Das Unrecht, welches sie verüben, muß ertragen werden¹), und erst wenige Ansätze verrathen den Entwickelungsgang, welchen die hellenischen Staaten bereinst nehmen werden. Von den Edlen ist der König nicht dem Range, aber der Gewalt nach unterschieden. Er verkehrt mit ihnen wie der Gleiche mit den Gleichen, doch ist es sein Wille, der entscheidet. Das Volk erscheint als eine gehorchende Menge, in welcher der Einzelne „weder im Kriege noch im Rathe zu rechnen ist"; als der wenig bedeutende Hintergrund, von welchem sich die Thaten und Reden der Fürsten und Edlen im Kampfe wie auf der Dingstätte nur um so heller abheben. Der Fürst hält Rath mit seinen Edlen — zumeist beim Mahle — oder er mag den Widerspruch nicht gern ertragen; das Volk wird, nachdem der König mit den Fürsten zu Rathe gesessen, durch Herolde zur Versammlung berufen; in die Nähe des Hauses des Königs, auf die Burg oder sonst an einen schicklichen Platz. Es wird Gewicht darauf gelegt, daß diese Versammlung zu rechter Tageszeit gehalten, daß sie vor Sonnenuntergang beendet, daß das Volk nüchtern und ohne Aufregung ist. Die Edlen sitzen dann auf Steinen um den Platz des Königs, das Volk steht oder sitzt im Kreise umher. Die Herolde gebieten Ruhe und reichen den Rednern den Stab, die Erlaubniß zum Sprechen und das Zeichen des Redners. Aber diese Versammlung des Volkes dient im Grunde nur dazu, daß der König dem Volke seinen Willen verkündet, ihm seine Befehle mittheilt. Es darf auch wol einmal ein Mann aus dem Volke den Stab des Redners ergreifen, aber vorlaute Sprecher haben Schläge zu gewärtigen, und wenn es dem Haufen nicht entzogen werden kann, seine Stimmung über die Willensmeinung des Fürsten, welche er vernommen hat, durch Beifallsgeschrei oder Schweigen zu äußern, so bleibt ihm doch schließlich nichts übrig, als zu gehorchen. Jedoch wird Seltens der

---

1) Od. 4, 690. Das Verhältniß, in welches die homerischen Gedichte den Agamemnon zu den übrigen Fürsten stellen, giebt kein Bild von der Gewalt des Königs dem Volke gegenüber, und wenn auf Ithaka, während der König fehlt, eine Partei für das Fürstenhaus, eine andere für den Adel ist, der denn doch nicht bezweckt, das Königthum zu stürzen, sondern einem aus seiner Mitte das Königthum durch Heirath in die regierende Dynastie zuzuwenden, so können diese Verhältnisse schwerlich die Zersetzung des Königthums beweisen. Sie beweisen nicht, daß das Königthum im Sterben liegt, sondern daß es schwach ist in unkräftiger Hand, was in ursprünglicheren Zeiten für alle Institutionen gilt.

Fürsten Gewicht darauf gelegt, willigen Gehorsam zu finden, das Volk von der Zweckmäßigkeit des Gebots zu überzeugen. Der König betet und opfert für sein Volk, ohne eines Priesters zu bedürfen. Er hat den Befehl im Kriege. Je nach der Lage der Dinge folgen ihm die Edlen, Freiwillige aus dem Volke, oder die ganze Masse, welche verpflichtet ist, dem Aufgebot des Königs zu gehorchen[1]. Das Heer wird nach den Stämmen und Bruderschaften, nach den Phylen und Phratrien geordnet[2]. Daheim soll der König den Frieden erhalten, mit Milde soll er, wie ein Hausvater, über die Seinen herrschen, Gewaltthaten hindern und wackere Thaten lohnen. Die „Hirten der Völker" ist der gewöhnliche Ausdruck der homerischen Gedichte für die Könige. Da „wo der König gottesfürchtig herrschend das gute Recht bewahrt und aufrecht hält, hat er den höchsten Ruhm; dort bringt die Erde reiche Früchte, die Heerden gedeihen und das Meer wimmelt von Fischen"[3]. Dafür erhielt dann der König beim Opfer und Mahl die besten Stücke, dafür ehrten dann die Edlen wie das Volk den König mit Geschenken und Gaben und leisteten ihre Beiträge, wenn das Heer auszog, zur Erhaltung der Mannschaft. Von der Kriegsbeute empfing der König die besten Stücke, den Ehrentheil. Den Ueberrest sollte der König gerecht vertheilen unter die Edlen, denn auch diese haben ein Recht auf die Beute.

So wenig als außerhalb an Kampf und Fehde, fehlte es an Hader und Streit im Innern der kleinen Gemeinwesen. Die Griechen waren raschen Sinnes, jedem Affekt zugänglich (Homer läßt seine Helden häufig Thränen vergießen), von starker Leidenschaft und heftigem Zorn. Jedermann ging bewaffnet[4], und diese Waffen, welche man stets zur Hand hatte, wurden oft gebraucht. Selbsthülfe, Gewalt und Mord werden häufig erwähnt. Ohne den kräftigen Arm des Vaters und Mannes waren Weiber und Kinder hülflos und rathlos; ohne Verwandte, Genossen und Freunde war es schwer sich vor Unbill zu schützen, sein Recht zu behaupten. Aber es stand jedem zu, sein Recht bei dem Könige zu suchen, und es wird als Zeichen der Gesittung hervorgehoben, daß nicht jeder Hausvater abgesondert für sich über die Seinigen herrsche, sondern daß

---

1) Il. 12, 669. 24, 400. Od. 14, 238. — 2) Il. 2, 362. — 3) Od. 19, 108. — 4) Thukyd. 1, 6.

allen Gliedern des Staates das Recht nach dem Herkommen gesprochen werde. Den Mord zu strafen, war indeß nicht die Sache des Königs. Die Vergeltung zu üben für den Mord liegt den Blutsverwandten des Erschlagenen als eine heilige Pflicht ob. Es ist die Furcht vor dieser Rache der Blutsverwandten, welche auch den mächtigen Mann, der Blut vergossen hat, aus dem Lande treibt. Selbst dann, wenn der Erschlagene kein angesehener Mann war und wenig Verwandte und Freunde gehabt hatte, war es schwer dieser Rache zu entgehen; so heilig wurde diese Pflicht gehalten, so eifrig war jeder, sich dieser Pflicht zu entledigen[1]). Der König schützt den Mörder gegen die Blutrache nicht; er läßt ihr den Lauf. Den ergriffenen Mörder zu tödten, ist nicht Sache des Königs, sondern des nächsten Verwandten des Erschlagenen. In der Regel floh der Mörder aus dem Lande; diese Mordflüchtigen sind sehr häufig in den homerischen Gedichten. Doch gab es noch einen anderen Weg, sich der Fehde der Verwandten und der Blutrache zu entziehen. Man konnte sie ablaufen; man konnte die Verwandten des Erschlagenen durch reiche Gaben versöhnen. Für solche Buße entsagte auch wol der Vater der Blutrache für den erschlagenen Sohn, der Bruder für den erschlagenen Bruder, und der Mörder konnte dann ruhig im Lande bleiben[2]). Waren der Mörder und die Familie des Erschlagenen über die Höhe der Sühne übereingekommen, war sie gezahlt, dann trat der Mörder in den Schutz des Königs zurück, dann mußte die verletzte Familie den Mörder in Ruhe lassen und hatte kein Recht mehr gegen ihn[3]). Das Urtheil im Rechtsstreit sprach der König; er besaß in Krieg und Frieden die vollste Strafgewalt[4]). Er fällte den Rechtsspruch selbst in der Volksversammlung[5]), oder ließ ihn durch einen oder mehrere Edle sprechen; er bestimmte dazu erfahrene und bejahrte Leute, Geronten d. h. Greise aus der Mitte der Edlen. Der Ankläger und der Beklagte erschienen mit ihren Zeugen vor den Geronten (sie hatten oft viele Sachen in einem Tage abzuthun und kamen spät zum Mahle[6]), welche auf dem Platze, auf dem die Volksversammlungen gehalten wurden, auf den geglätteten Steinen saßen. Das Volk hörte die Reden, nahm mit Geschrei für den Kläger oder den Beklagten

---

1) Od. 23, 118. 24, 433. — 2) Il. 9, 631. — 3) Il. 18, 498. —
4) Il. 2, 391. 16, 348 seqq. — 5) Die ἀγορά und die θέμιστες werden immer zusammen genannt; Od. 9, 69. Il. 20, 4. — 6) Od. 12, 440.

Partei und konnte nur mit Mühe durch die Herolde in Ruhe gehalten werden. Die Richter erkannten nach dem Herkommen oder nach Billigkeit. Das heilige Recht zu verkehren galt für eine That, welche die Rache der Götter herbeiziehen muß; Zeus straft die Kränkung des Rechts im Gericht durch Landplagen und rächt den Meineid. Aber wir sehen dennoch, daß den Geronten von Seiten des Verletzten für einen guten Spruch Geschenke an Gold geboten werden¹).

Das Leben der Edlen ist mit der Aufsicht über die Heerden und die Ernte, mit den Geschäften der Volksversammlung, des Rechtsspruchs und der Berathung mit dem König, mit den Freuden des Mahles, des Würfel- und des Brettspiels, mit der Uebung in gymnastischen Künsten und in den Waffen, mit der Jagd und den Thaten des Krieges ausgefüllt. Dreimal am Tage früh Morgens, Mittags und Abends wird gegessen und getrunken. Die Edlen versammeln sich häufig zu allen drei Mahlzeiten beim Könige, sie essen reichlich und trinken den mit Wasser gemischten Wein auch wol die Nacht hindurch. Den Wein wußte man zu schätzen. Man unterschied viele Arten, nach der Farbe und den Orten, die sie erzeugt hatten. Man ließ den Wein alt werden, um seine Kraft und seinen Wohlgeschmack zu erhöhen. Beim Mahle durften die Lieder der Sänger von den Thaten der Vorfahren nicht fehlen. Dann übten sich die edlen Jünglinge im Reihentanz, im Waffenspiel, oder sie freuten sich der Würfel und der Jagd mit raschen Hunden gegen Löwen und Eber, auf Hirsche, wilde Ziegen und Hasen. Oder die Schiffe wurden in's Meer gezogen und bemannt; eine Raubfahrt, ein Ueberfall wurde vorgenommen, oder man versuchte sich im ernsthaften Kampfe. Der Seeraub gegen Küsten und Stämme, mit denen man nicht befreundet und in friedlichem Verkehr war, die Erwerbung reicher Habe durch Gewalt und listigen Raub, galten nicht für verboten oder unwürdig. Der Bogen, die Waffe der Inder und Iranier, der Aegypter, ganz Vorderasiens, ist nicht mehr die Lieblingswaffe der Griechen. Wol war der Bogen die Hauptwaffe des Herakles gewesen, wol ist es auch jetzt noch ein hoher Ruhm unter den Griechen, ein guter Schütze zu sein, aber die Helden ziehen es vor, aus größerer Nähe mit der Lanze gegen-

---

1) Il. 18, 507. Cf. Hes. opp. 27—36.

einander zu kämpfen. Sie sind schwer gerüstet, mit ehernem Helm, Panzer nebst Schienen vom Knie bis zum Knöchel, und tragen große Schilde. Es kommt darauf an, die Lanze so gewaltig zu schleudern, daß sie Schild und Panzer durchdringt. Seltener wird die Lanze zum Stoß gebraucht; wenn die Lanzen zerbrochen sind, greifen die Helden zum Feldstein oder zum kurzen Schwerte. Ihren Schaaren eilen sie auf Streitwagen mit raschen Pferden, die von geübten Lenkern geleitet werden müssen, voran — sei es, daß die Griechen diese Sitte zu fechten schon bei ihrer Einwanderung in die griechischen Gauen mitbrachten (wir sahen, daß sie in Indien und Iran bereits in ältester Zeit gebräuchlich war); sei es, daß sie dieselbe von den Kleinasiaten, von den „rossebändigenden Maeonern" (Lydern) und Mysern annahmen. Auch die Rosse der Teukrer werden wegen ihrer Zahl und Schnelligkeit gepriesen.

Das Leben ist auf Kampf und Krieg gestellt. Die Ehre der Kämpfer gilt allein, die Bauern und Hirten sind verachtet, wie das bei einem so andauernden Kriegsleben, wie es die Griechen in Asien führten, nicht anders sein konnte. Es war wesentlich die Beschränkung dieses kriegerischen Wesens auf die Vertheidigung von Haus und Hof und der Altäre der Götter, auf einzelne Fehden und Waffenthaten, daß aus diesem Treiben keine vollständige Verwilderung der Sitten folgte, daß sich vielmehr mit der kriegerischen Tüchtigkeit ein lebhaftes Gefühl individueller Selbständigkeit und des eigenen Rechts der Person verband oder vielmehr aus jener erwuchs; daß sich ein großer und freier Sinn aus dieser steten Vertheidigung des Gemeinwesens, aus dieser rastlosen Erweiterung der griechischen Ansiedlungen, aus diesem beständigen Wagen und Ringen entwickelte. Mehr als Raub und Beute sollen die Fürsten und Edlen in ihren Kriegen Ruhm bei den Menschen zu erlangen suchen. Sie sollen einen gepriesenen Tod einem langen aber unberühmten Leben vorziehen; sie sollen wetteifern, jeder den Genossen im Kriege zu übertreffen. Der Wettkampf der Heldenkraft soll ihnen auch im ernsthaften Kriege die Hauptsache sein. Diese Kriegsleute sollen fortleben im Liede des Sängers. Der Muth und die Tapferkeit der griechischen Helden ist eigenthümlicher Art. Es ist nicht ihre Sache, es mit jedermann aufzunehmen, auch da zu kämpfen, wo der Untergang gewiß ist; sie besitzen weder die kühle Todesverachtung trotziger und höher angelegter Volksnaturen, noch die wilde Wuth und Raserei, mit welcher barbarische Stämme sich blind in den Kampf stürzen. Die griechischen Helden werden zuweilen von großer Furcht und Angst befallen; es ist keine Schmach, der Uebermacht zu weichen und sich zurückzuziehen. Gewandtheit und List im Kampfe sind ihnen ebensoviel werth, als grade anstürmende Tapferkeit. Der besonnene Muth, die Geistesgegenwart im Kampfe, gelten als die wahren Eigenschaften des Kriegers, und darum ist die Göttin Athene eine bessere Helferin im Kampf, als der ungeschlachte Ares. Dies ist nicht etwa ein Bild griechischen Heldenthums, welches Homer aus seinem Sinn gezeichnet hätte: die Züge desselben werden durch die folgende Geschichte ausreichend bestätigt.

Heldenmuth, Heldenkraft, Gewandtheit und Besonnenheit im Kampf erschöpfen das Musterbild des griechischen Mannes nicht; es wird von ihm auch Klugheit im Rathe und Gewandtheit der Rede verlangt, von allen Edlen, insbesondere von den Fürsten, damit diese in der Versammlung der edlen Genossen den richtigen Entschluß angeben und das oberste Ansehen mit Nachdruck behaupten können, damit sie willigen Gehorsam beim Volke finden. Der Fürst soll stark und tapfer im Kampfe, weise im Rathe und beredt in der Versammlung des Volks sein. Noch in der Theogonie heißt es: „Wen von den gottgenährten Königen die Töchter des großen Zeus, die Musen, bei der Geburt erblicken, dem gießen sie süßen Thau auf die Zunge, daß ihm die Worte wie Honig aus dem Munde fließen. Die Völker schauen auf ihn, wenn er den Rechtsstreit mit gradem Spruch entscheidet. Kundig schlichtet er, sicher redend, mit Leichtigkeit auch einen großen Zwist. Denn darum haben die Könige Verstand, daß sie dem verletzten Mann aus dem Volke ohne Mühsal Genugthuung schaffen und mit sanften Worten beruhigen. Wenn dann der König durch die Stadt geht, wird er mit Scheu wie ein Gott geehrt, und er ragt hervor in der Versammlung"[1]).

Die eigenthümliche Forderung der guten Rede, welche an den griechischen Fürsten gestellt wird, gehört zwar vorzugsweise dem Ionischen Stamme; sie hat jedoch ihre Wurzel in dem Charakter der Gemeinschaft, des Zusammenlebens und der Oeffentlichkeit, welchen das Treiben der griechischen Städte in Asien nach allen Seiten hin zeigt. Die Edlen leben mit dem König zusammen bei gemeinsamen

---

1) Theogon. 82 seqq.

Mahlen und bei gemeinsamem Waffenspiel, das Gebot des Fürsten wird dem Volk durch diesen selbst und die Edelleute in offener Versammlung verkündet. Versammlungen des Stammes um die Aeltesten, Anführer und Richter sind in den Anfängen des politischen Lebens der Völker nichts Seltenes. Gewohnheiten dieser Art finden bei den Arabern und Israeliten wie bei den Germanen statt; aber diese Formen sind bei diesen Völkern theils immer unvollständig geblieben, theils verloren gegangen, während sie bei den Hellenen nicht blos die Grundlagen des Staatswesens wurden, sondern auch zu durchgreifender Geltung, zur Herrschaft über das gesammte öffentliche Leben gelangten. Diese Institutionen zeigen denn auch schon in den Anfängen eine weitere Ausdehnung bei den Griechen und eine größere Intensität. Es liegt dies nicht blos in einem besonderen Zuge der Griechen zum Zusammenleben, in der Freude am Gespräch, im Interesse an dem spannenden dramatischen und plastischen Verlauf einer mündlichen Verhandlung. Dieses Zusammenleben im Fürstenhause und auf dem Versammlungsplatz wäre niemals die dauernde und bedingende Basis des hellenischen Staatslebens geworden, wenn die Griechen über einförmige, weite Landgebiete zerstreut worden wären, wenn die Burgfelsen, welche den Stämmen Zuflucht gewährten, nicht stets die Mittelpunkte ihrer Gemeinwesen geblieben wären, wenn der Schutz dieser Festen nicht häufig hätte gesucht werden müssen, wenn die Bauern nicht dadurch gezwungen worden wären, in der Nähe derselben, in der Stadt ihren Wohnsitz aufzuschlagen, wenn der Umfang der hellenischen Staaten nicht auf diese Stadtgebiete, auf ein kleines übersehbares Maaß beschränkt geblieben wäre. Am geeignetsten für das Zusammenleben waren die Verhältnisse der neuen Staaten an der kleinasiatischen Küste, wo die Ansiedler meist nur ein schmales Landgebiet im Besitz hatten, welches gegen die alten Bewohner in beständiger Vertheidigung bewacht und bewahrt werden, wo die Zuflucht der Mauern häufiger als irgendwo gesucht werden mußte. Die homerischen Gedichte schildern die Städte mit Ringmauern umgeben¹).

Auch außerhalb des Gemeinwesens zeigt sich die Wirkung dieses Zusammenlebens auf die Hellenen. Die homerischen Helden

---

1) Ilion, Theben, die Stadt der Phataken (Od. 6, 9.) und andere.

gedenken stets des Urtheils der Menschen über ihre Handlungen und werden von anderen daran erinnert, wenn sie ihren raschen Affekten nachgeben wollen. Es vertritt dies Urtheil der Menschen fast die Stelle des Gewissens in der sittlichen Oekonomie jener Zeit. Ist das Zusammenleben in der Gemeinde in dieser Hinsicht nicht ohne Bedeutung, so ist die Gemeinschaft der Genossen, die Gemeinschaft der Familie bei den Hellenen noch von größerem Gewicht. Das Familienleben scheint von Anfang rein und edel gewesen zu sein. Vielweiberei ist den Griechen unbekannt; die Ehe ruht auf dem nahen und innigen Verhältniß zwischen Mann und Weib, auf dem einträchtigen Sinn beider Gatten, darauf, daß der Mann die Frau werth hält und diese ihm die Treue bewahrt¹). Für die Frau ist es ein ewiger Schimpf bei den Menschen, die Ehe zu brechen; die Helena bezeichnet sich bei Homer selbst als „das hündische Weib". Dem Manne hingebende Liebe, unerschütterliche Treue zu bewahren, ist des Weibes schönster Schmuck. Auf die Treue des Mannes wird mit weniger Strenge gehalten. Fern von der Heimath, im Kriege mochte er wohl mit kriegsgefangenen Weibern Umgang pflegen, mit Sklavinnen, die ihm gefielen, ohne daß er sich damit an seiner Ehefrau und seiner Ehe vergangen hätte; es ist dem Manne nicht unerlaubt, neben der Gattin noch ein Kebsweib zu halten. Die Wahl der Frau überlassen die Söhne ihren Vätern²); nach dem Gebot des Vaters, oder nach ihrem eigenen Herzen folgt die Jungfrau dem Manne. Die Frau war bei den Griechen wie bei den Indern ursprünglich gekauft worden. Nach den homerischen Berichten muß der Freier dem Vater des Mädchens einen Preis (Vieh oder anderes Besitzthum) bieten, muß er mit Geschenken und Gaben um die Braut werben, und der Vater giebt meist die Tochter dem, welcher die reichsten Geschenke bringt. Dafür erhielt denn auch die Braut von dem Vater eine Aussteuer, eine Mitgift. Im festlichen Zuge ward die Braut heimgeführt unter den Tänzen der Jünglinge und dem Gesang des Brautliedes³); Fackeln leuchteten voran. Zum Festmahle, welches der Brautvater auszurichten hat, werden Rinder und Schweine geschlachtet, und alle Gäste kamen in weiß gewaschenen Kleidern. Im Hause waltet die

---

1) Od. 6, 181. Il. 9, 341. — 2) Il. 9, 394. Od. 4, 10. — 3) Il. 18, 491.

Frau hochgeehrt, sie führt die Aufsicht über die Sklavinnen, sie webt und spinnt mit ihnen; aber sie ist nicht eingeschlossen mit den Weibern, sie erscheint, wenn Gäste in's Haus kommen, nimmt Theil an den Gesprächen, ihre Meinung ist von Gewicht. Daß die Frauen in alter Zeit bei den Griechen von gewissem Einfluß gewesen sein müssen, geht, wie aus zahlreichen Mythen und Sagen, in denen Frauen den Mittelpunkt bilden, auch aus der Zahl und Stellung der weiblichen Gottheiten hervor. Die Kinder werden sorgsam aufgezogen; die, welche der Vater außer der Ehe gezeugt hat, wachsen mit den ehelichen Kindern auf. Die Söhne theilen das Erbe des Vaters durch das Loos zu gleichen Theilen; die unehelichen Söhne erhalten eine geringe Abfindung. Die Söhne folgen dem Stande des Vaters; die Kinder, die ein freier Mann mit einer Sklavin erzeugt hat, sind freie Leute[1]). Die Kinder sind den Eltern Liebe und Ehrfurcht schuldig, wie die Jugend auch sonst dem Alter bereitwillig Achtung zollt. Der Fluch des Vaters war das größte Unglück, welches die Söhne treffen konnte; er brachte noch schweres Unheil im dritten und vierten Geschlecht. Anderer Seits lag vor allen auf den Söhnen die Pflicht, den erschlagenen Vater zu rächen. Wie fest die Bande des Bluts eine Verwandtschaft zusammenhielten, wie sie dieselbe zur Fehde und zur Rache trieben, wenn einer aus ihrer Mitte den Tod gefunden hatte, ist schon erwähnt. Diese Verwandtschaften, die Phratrien d. h. die Geschlechtsgenossenschaften, stellen die homerischen Gedichte in die Mitte zwischen die einzelne Familie und den Stamm.

Wie das Familienleben geschlossen und rein erscheint, so zeigt auch sonst die Moral dieser Zeiten neben grausamer Mordlust schöne Züge eines naiven Humanismus. Jedermann soll das Recht und die Sitte achten. Wer übermüthig und seiner Macht vertrauend das Recht kränkt, wird von den Göttern für solchen Frevel gestraft werden. Die Hingebung der Freundschaft wird hoch gepriesen. Das Gemüth des edlen Mannes soll versöhnlich sein und der Bitte nachgeben; die Bitten sind Töchter des Zeus, die dem, welcher auf sie hört, auch Erhörung bei den Göttern verschaffen. Die Rache soll nicht größer werden, als das Unrecht; es soll Maß gehalten werden in der Leidenschaft. Aber daneben ist gegen den Feind jede That

---

1) Od. 14, 201 sqq.

erlaubt, jede List, jede Verstellung, jeder Frevel; es ist erlaubt, fremde Inseln und Städte zu überfallen und feindlich zu behandeln. Auch gegen die schon Besiegten, selbst gegen Feinde, welche die Waffen wegwerfen, gegen die Waffenlosen, gegen Weiber und Kinder verfuhr man hart. Die männlichen Gefangenen wurden niedergemacht, wenn man es nicht vorzog, sie als Sklaven zu behalten oder zu verkaufen, was mit den Weibern und Kindern regelmäßig geschah. Noch an den Leichen der Erschlagenen wurden Mißhandlungen verübt. An den Scheiterhaufen gefallener Landsleute werden Gefangene aus Rache geschlachtet und mit verbrannt. Nur die Verträge, welche mit den Feinden feierlich geschlossen und beschworen sind, sollen gehalten werden. Beim Abschluß derselben wurden dem Zeus und dem Helios jedem ein weißes Lamm, der Erde aber ein schwarzes Lamm geopfert, so daß das Blut der Thiere in den Staub rann. Hierauf leisteten die Fürsten den Eid, indem sie den Herrscher Zeus, den Alles schauenden Sonnengott, die Ströme und die Erde anriefen und die, welche unten die Geister der Menschen bestrafen, welche Meineide geschworen haben. Dann wurde den Göttern Wein gespendet und gebetet: daß das Gehirn derer, welche den Eidschwur brächen, und das Blut ihrer Kinder zur Erde fließen solle, wie dieser Wein, daß ihre Weiber von Fremden geschändet werden sollten.

Außerhalb des eigenen Staates war jedermann rechtlich schutzlos, bis auf den Herold; jeder Fremde konnte zum Sklaven gemacht und getödtet werden, wenn nicht ein Angehöriger des Staates ihn in seinen Schutz nahm. Aber es galt für einen moralischen Frevel, Ausländer und Gäste nicht zu schirmen, welche friedlich kamen, es galt für unedel, den Fremden, welcher Aufnahme in ein Haus begehrte, abzuweisen; die Fremden und die Bettler sollen unter dem besonderen Schutze des Zeus stehen. Man hieß den Fremden willkommen und es galt nicht für geziemend, sogleich nach Namen und Herkunft zu forschen. Mit Geschenken entläßt man den Ziehenden, und ist nun gewiß, in seinem Hause einmal gleiche Aufnahme zu finden. So wird die Gastfreundschaft ein dauerndes Verhältniß, welches von den Vätern auf die Söhne forterbt, so daß sich die Abkömmlinge von Gastfreunden selbst in der Schlacht freundlich begegnet und andere Gegner gesucht haben sollen. Ein bestimmtes Anrecht auf Schutz erwarb der Fremdling, wenn er hülfesuchend

sich in die Asche des Herdes niedersetzte. Damit erlangte er das
Recht, im Haufe zu bleiben und vom Hausherrn gegen jedermann
vertheidigt zu werden; er wurde durch diese Haudlung in gewissem
Sinne ein Mitglied der Familie.

4. Der Heldengesang.

Alle Poesie nimmt ihren Ausgang von der Religion. Das
Opfer der Griechen entbehrte des Hymnus so wenig als das Opfer
der Inder. Das Herabrufen der Götter zum Opfermahle, der
Preis der Götter gehörte, wie bei den Indern, bei den Griechen
gewissen Geschlechtern an. Hatte der Hymnus eines Sängers dem
Opfer Heil und Sieg folgen lassen, so wurde er von seinen Nachkommen aufbewahrt, demselben Gotte wiederum gesungen und in
der Tradition von Geschlecht zu Geschlecht bereichert und umgeformt.
So sangen die attischen Geschlechter der Eumolpiden, der Pamphiden, der Ly*omiten ihre Hymnen bei den Opfern der Demeter[1]).
In diesen Geschlechtern der Sänger war die Begeisterung, welche
die Musen verliehen, zu einer schlichten Technik des Gesanges erwachsen. Der schwungvolle und feierliche Ton, welcher sich den
Göttern gegenüber ziemte, hatte zu bestimmt cadenzirter Rede, zu
einfachen musikalischen Normen geführt, welche die typischen Wendungen der Anschauung und der Worte begleiteten.

Als das Leben der Hellenen kriegerischer geworden, als waffentüchtige Fürsten in den Gauen emporgekommen waren, begnügte man
sich nicht mehr die Sänger ihre feierlichen Hymnen beim Opfer
singen zu lassen. Die Fürsten pflegten des Mahls mit ihren edlen
Genossen. Auch diesen Mahlen ging ein Opfer voraus. Man
behielt den Sänger bei der Mahlzeit, um sich seines Gesanges weiter zu freuen. Der Ton des Sängers hatte dann nicht mehr der
Empfindung der Andacht und Erhebung Ausdruck zu geben, er
mußte weniger schwungvoll und feierlich, andererseits ausführlicher
und breiter werden. Die Sänger konnten die Götter beim Mahle

---

[1]) Oben S. 177. Linos, Jalemos u. s. w. find Personifikationen, keine Gestalten, welche der Sage angehörten. Ueber Marsyas Olympos, Hesgnis Bd. I.
S. 248. Linos gehört nach Lylien.

nicht mehr mit der Andacht des Gebetes anrufen, sie priesen dieselben, indem sie deren Thaten erzählten. Man kam vom lyrischen Ton in den epischen hinüber. Allmählig änderte sich nicht blos die Form, sondern auch der Stoff der Gesänge. Sie wurden vor Fürsten und Kriegern gesungen, welche im Kampfe lebten, welchen die Waffenthat die höchste Aufgabe, der Sieg das höchste Ziel war. Neben die Kämpfe und Thaten der Götter traten die Thaten und Schicksale der Helden der Vorzeit, der Vorbilder der gegenwärtigen Geschlechter, die Kämpfe und Abenteuer, welche sie bestanden hatten, „der Ruhm der Männer". Mit dem Preise der Götter und der Helden beschäftigt zeigen uns die homerischen Gedichte die Sänger an den Fürstenhöfen. Der Beruf der Sänger ist eine geehrte, eine geheiligte Beschäftigung — man sieht, daß der religiöse Ursprung, der Opferdienst der Sänger, noch nicht vergessen ist[1]). Die Götter und die Fürsten müssen den Mann schützen, welcher ihr Lob unter den Menschen verbreitet. Sie sind die täglichen Gäste der Fürsten. Aber man beruft auch fremde Sänger von Ruf. Nach einem Vorspiel auf der Phorminx (einer größeren Art der Kithara) beginnen die Sänger mit der Anrufung eines Gottes, mit einigen Worten zum Preise desselben, dann gehen sie zur Erzählung der Thaten der Götter.[1]), zur Erzählung der Thaten der Helden über, welche sie mit den Akkorden ihrer Saiten begleiten[2]).

Vor den anderen Gebieten der Hellenen blühte dieser Gesang in den neuen Ansiedlungen der Achaeer und Jonier auf der Küste Kleinasiens. Nirgend war das kriegerische Leben so bewegt als hier, wo jeder Punkt der Küste mit dem Schwerte genommen war und vertheidigt werden mußte, wo überlegene feindliche Massen jeden Augenblick den Bestand der neuen Orte bedrohen konnten. Ein solches Leben bedurfte der Vorbilder der großen Ahnen; eine kriegerische Zeit und ein kriegerisches Geschlecht wollte von Heldenthaten hören. Alle Gaue der Halbinsel vom Pelion herab bis nach Pylos waren auf der Küste Asiens vertreten, alle hatten Auswanderer gesendet, jede Schaar hatte die Sagen ihrer Landschaft, die Erinnerung an ihre Vorfahren, an die Helden, welche einst in ihrer Heimath hervorgeragt, mitgebracht. Was die Halbinsel von Sagen besessen, alle Thaten der Vorfahren, von denen die Tradition der

---

1) Od. 22, 345. — 2) z. B. Od. 8, 266. — 3) Il. 8, 190.

Fürstenhäuser, welche in den neuen Städten geboten, erzählte, das war nun hier auf der Küste der Myser und Lyder zusammengekommen; die Sagen von Cyrton und Elateia, von dem Gestade der Magneten, von Pherae und Phthia, von der lokrischen Küste und von den phokischen Bergen, von Helike und Aegae, von Attika und Salamis, von Argos und Mykene. Es war das alte Hellas, welches vor dem neuen nach Asien entflohen war, welches hier eine gemeinsame Wohnstätte gefunden hatte; es waren Abkommen der alten Fürstengeschlechter von Argos und Pylos, welche an der Spitze dieses alten Hellas standen, und der Besitz jener Sagen und Traditionen war den Ausgewanderten ein um so werthvollerer Schatz, als er aus der alten Heimath stammte.

Die Auswanderer hatten die Sagen von der Fahrt der Argo, von dem Kämpfen der Lapithen und Kentauren, der Epeer und Pylier, von dem Kriege um Theben, die Sage von der großen Raubfahrt an die Küste der Teukrer mitgebracht. Wenn die Atriden von Mytilene und Kyme, die Nachkommen Andraemon's in Kolophon und Smyrna, die Nesiden von Ephesos und Milet den Preis ihrer Abkunft, die Thaten ihrer Vorfahren von ihren Sängern begehrten, so konnte keine That der Vorzeit so lebhaft vor die Anschauung der Sänger, vor die Augen ihrer Zuhörer treten, als die, welche die Ahnen dieser Fürsten einst auf demselben Boden gethan, welchen man jetzt inne hatte, als die Abenteuer, welche jene einst auf der Raubfahrt gegen Ilion bestanden hatten. Kämpften die Achaeer nicht jetzt wieder auf dem troischen Strande, auf demselben Boden, auf welchem die Väter gefochten, gegen dasselbe Volk, dessen Stadt jene überwältigt, gegen die Teukrer im Ida? Sollten die Ahnen nicht auch gegen die Myser, die Lyder, die Karer, die natürlichen Helfer der Troer, zu kämpfen gehabt haben, wie jetzt die Achaeer und Jonier gegen sie zu kämpfen hatten? Konnte der Sänger Fürsten und Fürstengenossen, die im Kampfe gegen die Teukrer, Myser, Lyder und Karer standen, einen erhebenderen, anfeuernderen Gesang singen, als der gepriesenen Ahnen Thaten und Mühsal gegen eben diese Feinde, auf eben diesem Boden, zwischen eben diesem Strand und eben jenen Höhen, an eben diesen Gestaden, in eben diesen Buchten? Nichts war natürlicher, als daß die Sage vom troischen Kriege in den Städten der Achaeer und Jonier der Hauptgegenstand des Gesanges wurde, daß die übrigen Sagen, welche man aus der Heimath herübergebracht hatte, vor dem troischen Krieg zurücktraten, daß sie nur noch benutzt wurden, die Lieder von diesem zu bereichern.

Unter den glücklichsten Umständen wuchs der Heldengesang in den Städten der Achaeer und Jonier empor. Die alte Heimath war unvergessen, während die neue durch eine Menge von Anregungen auf die Ansiedler wirkte. Eine Sage, welche mehrere Zweige der Ansiedler aus der Heimath herübergebracht hatten, besaß die seltene Kraft eines doppelten Zaubers. An die alte Zeit, von welcher sie erzählte, deren Thaten und Fürsten sie pries, knüpfte sich für die Auswanderer die Erinnerung an die verlorene Heimath und die ganze Liebe zu dieser. Sie erweckte in ihrer Brust das wehmüthige Andenken an die Heimath, die Sehnsucht nach den Zeiten, wo die Väter unter mächtigen Fürsten glückliche Tage in den Gauen verlebt hatten, in denen jetzt Andere geboten. Ließ diese Sage die alte Heimath und die alte Zeit im verklärenden Licht der Ferne vor den Blicken der Auswanderer wieder erstehen, so war ihr Schauplatz andererseits eben diese Küste, die man in Besitz genommen, so stand man auf demselben Boden, auf welchem die großen Ahnen einst glorreiche Thaten vollbracht, so kämpfte man wider dieselben Feinde. Man wiederholte die Thaten der Vorfahren, und adelte sich selbst durch diese Wiederholung. Es war eine untergegangene Welt und es war die gegenwärtige Welt, welche sich in dieser Sage berührten und durchdrangen. Nicht blos in den Sängern, in den Fürsten, den Nachkommen jener Helden, lebte die alte Sage von der Raubfahrt gegen Ilion wieder auf, sondern auch in der gesammten Menge der Auswanderer; das Lied des Sängers wurde von dem Volk getragen. Wie dürftig die Tradition gewesen war, welche man mitgebracht hatte, wie mager ihre Linien; sie mußten sich hier aus den Kämpfen der Gegenwart bald mit Fleisch und Blut erfüllen, sie mußten zu einem breiten und reichen Leben werden, welches bald im vollen Lichte des Tages glänzte. Was der Sänger aus der Gegenwart auf jene alten Zeiten und Helden übertrug, seine Hörer folgten willig dem Zuge, der auch ihre Anschauung beherrschte; wie der Sänger idealisirte das Volk die Kämpfe der Gegenwart in jenen Thaten und Helden der Vorzeit. Diese Lieder wurden der Stolz der Achaeer und Jonier. Die, vor welchen sie aus der alten Heimath hatten weichen müssen, hatten keinen Theil an dem Ruhme von Ilion. Die sehr lebhafte Phantasie der Griechen, die Phantasie ihrer Hymnensänger, hatte den Himmel mit einer Masse von Göttern und Geistern erfüllt; die kriegerisch bewegten Zeiten der Wanderung hatten dieser Phantastik nun ein starkes reales Gegengewicht gegeben. Die langen und schweren Kämpfe der Vertheidigung und des Angriffs im Mutterlande, dann die Aufgaben der Ansiedlung, des Anbaues der neuen Städte, der Ordnung der neuen Gemeinwesen, welche jede Schaar der Auswanderer selbständig lösen mußte, hatten den Blick vom Himmel auf die Erde herabgenöthigt. Die wechselnden Ereignisse dieser stürmischen und arbeitsvollen Zeiten drängten sich mächtig in die Auffassung. Das Interesse an diesen Seefahrten, an diesen Kämpfen und Gründungen, an diesem Wagen und Gelingen, war neben das Interesse an dem Leben und Wirken der Götter getreten. Dies bunte Leben hatte eine rüstige Mannhaftigkeit erzeugt und mit dieser eine naive Freude an der Kraft, der Tüchtigkeit und der List, mit welcher man die Abenteuer und Drangsale des Krieges und der Meerfahrt zu bestehen vermochte. Auf diese Weise erlangte das menschliche Wesen und Treiben das Uebergewicht in dem Maaße, daß selbst die Götter nach dem Bilde der Könige und Helden angeschaut werden konnten. Die Sänger ließen den Himmel auf die Erde herabsteigen und setzten die Götter, von welchen ihre Fürsten abstammen wollten, in den lebendigsten Kontakt mit den Helden. Die Menge der Namen und Formen, welche der Hymnengesang den Göttern gegeben, setzte den Heldengesang in den Stand, die halbvergessenen derselben und die Thätigkeiten, welche an diese geknüpft waren, zu gottgezeugten und gottbegnadigten Helden und deren Thaten umzuprägen.

Wie der Hymnengesang wurde auch der Heldengesang erblich in den Geschlechtern der Sänger. Ein berühmter Sänger vererbte seine Lieder auf seine Söhne, auf sein Geschlecht. Es giebt in frühen und schlichten Zeiten keine andere Form der Ueberlieferung und Unterweisung als die der Familie. Aber man war doch bereits über die Anfänge zu weit hinaus, um in dem Umkreise der Familie mit dieser Ueberlieferung und Unterweisung stehen zu bleiben. Das Geschlecht blieb nicht mehr auf die Nachkommen und Blutsverwandten beschränkt. Auch andere, welche die Technik der Musik und des Gesanges, die Lieder eines Meisters zu lernen trachteten, fanden

Aufnahme in das Geschlecht. Die Familie erweiterte sich zur Korporation, das natürliche Geschlecht wurde durch ein künstliches ersetzt, die Reception trat an die Stelle der Abstammung und an die Stelle der Söhne traten die Schüler. Die Form des Geschlechts wurde aufrecht erhalten, der Meister galt für den Stammvater, dessen Andenken die Geschlechtsgenossen durch gemeinsame Opfer ehrten. Sängergeschlechter dieser Art bestanden auf den von den Ioniern besetzten Inseln Ios, Samos und Chios. Das Sängergeschlecht von Samos nannte seinen Stammvater und Meister Kreophylos, das von Chios Homeros. Beide bestanden noch um das Jahr 500 v. Chr.[1]).

Die Sänger der Griechen kannten das Land und das Volk, gegen welches ihre Ahnen gefochten hatten. Ueber die Götter, welche Ilion beschützt hatten, konnten sie nicht zweifelhaft sein. Die Götter, welche die Stämme der anatolischen Küste verehrten, deren Dienst die griechischen Ansiedler sich zum Theil angeeignet hatten, um die alten Schutzgötter der Burgen und Städte auch für sich zu gewinnen, die Götter, welche die Teukrer im Ida anriefen — diese mußten den Troern Schirm und Schutz gewesen sein. Den Kultus der Geburtsgöttin hatten die griechischen Ansiedler auf der ganzen Länge der Küste, welche sie besetzt, gefunden. Sie wurde vom Hellespont bis zur äußersten Südspitze, bis zu jener Landzunge, auf welcher dorische Ansiedler die Stadt Knidos erbauten, angerufen; bei den Phrygiern als „große Mutter", bei den Teukrern auf dem Ida als „idaeische Mutter", bei den Lydern als Kybele, als vielbrüstige Göttin von Ephesos, bei den Karern als „Dindymene"; hier als „Porne", dort als Göttin „der Höhen und des fruchtbaren Wassers", dort endlich als „gabenreiche Erdgöttin"[2]). Sie war der Göttin verwandt, welche die Phoeniker auf Kythera gedient hatten, welche ihre Städte auf der Insel Kypros anriefen. Diese Göttin, die Göttin des Ida, mußte vor den anderen Ilion beschirmt haben. Und schon war die Göttin von Kythera, die Göttin der gebärenden Naturkraft, in den Himmel der Griechen aufgenommen. Dies wüste orientalische Wesen, der die syrischen und anatolischen Stämme mit ekelhafter Prostitution dienten, wurde in der Anschauung der

---

[1]) Heracl. Pont. Fragm. 2. Diogen. Laert. 8, 1, 2. Suidas Πυθαγόρας. Harpocr. Ὁμηρίδαι. Platon. Phaedr. p. 252. de rep. p. 599. Schol. Pind. Nem. 2, 1. — 2) Bd. L S. 251.

griechischen Sänger eine jugendliche Göttergestalt; ihre Züge wurden der Hebe und den Chariten entlehnt¹); sie wurde ein blühendes Weib, welches nichts mit der Zeugung, sondern nur mit der Anmuth und dem Liebreiz, mit der Liebe zu thun hat, in dessen Gürtel die süße Uebertretung, das Verlangen und die Hingebung eingewebt ist, die Aphrodite. Diese mußte damals die Schutzgöttin Ilions gewesen sein, wie sie noch jetzt die Stätte der Troer im Ida beschirmte²).

Neben der Geburtsgöttin verehrten die Anatolier eine Gottheit, welche der Zeugung abgewendet und feindlich war, eine strenge, verderbliche, kriegerische Jungfrau. Diese beiden Gottheiten waren auch verschmolzen, ihre Attribute waren hier und da die wechselnden Eigenschaften einer und derselben Göttin. Den Dienst der kriegerischen Jungfrau hatten die Griechen zu Kyme, Myrina, Smyrna und Ephesos vorgefunden. Sie erkannten in ihr ihre Artemis und ihre Kriegsgöttin, die Enyo. Auch die Artemis mußte demnach auf der Seite der Troer gefochten haben.

Ebenso eifrig als der gebärenden Naturkraft diente die anatolische Küste dem Sonnengott. Die Küste des teukrischen Gebiets war von Heiligthümern dieses Gottes erfüllt. Auf der Insel Tenedos, zu Chryse und Killa, wurde er unter dem Namen Smintheus angerufen, und wir erfahren, daß dieses der einheimischen Sprache angehörige Wort den Gott als Tödter der Feldmäuse, dieser verderblichsten Landplage, bezeichne³). In ähnlicher Weise verehrten die Philister den Sonnengott Baal als Vertreiber der Fliegen. Das Königshaus, welches über Lydien gebot, leitete sich von diesem Sonnengott, dem Sandon, ab, welcher die glühende Hitze, den Löwen bändigte und der Kybele zur Seite stand, welcher in Karien als „klarymenischer Gott" neben der Dindymene, der Göttin vom Dindymosgebirge, angerufen wurde. Die griechischen Ansiedler hatten in diesem Gotte ihren Lichtgott, den Apollon erkannt. Die dorischen Städte verehrten ihn, wie wir sahen, gemeinsam auf dem Vorgebirge Triopion mit Opfern und Wettspielen. Die Milesier hatten den Kultus dieses Gottes, damit

---

1) Vgl. Welcker Götterlehre I, 355. — 2) Wenn Homer die Pallas auf der Burg von Ilion verehrt werden läßt, wenn diesem Vorgange folgend die Kylliker das Schicksal Ilions an das Palladion knüpfen, so ist das aus ionischer Sitte übertragen. Die Wirksamkeit der Athene in der Ilias besteht darin, die Griechen zu schützen und Ilion zu verderben. — 3) Bd. I. S. 748. Strabon p. 604. 605. 612. Paus. 9, 12, 8. Die Münzen von Tenedos zeigen die Maus.

er die gewohnten Bräuche nicht vermisse, in den Händen einheimischer Priester, der Branchiden, gelassen; die Kolophonier hatten seine Weissagung im Haine bei Klaros fortbestehen lassen (S. 209. 211.). Endlich machte der ausgedehnte Kultus des Sonnengottes auf der Südwestküste Anatoliens, bei den Termilen[1]), großen Eindruck auf die griechischen Ansiedler. Die Länder des Sonnenaufgangs gehörten dem Gotte des Lichts, und da Apollon nun hier eine eifrige Verehrung genoß, da das Land einen milden und freundlichen Winter hatte, während es in Griechenland regnerisch und trübe war, nannten die Griechen das Land der Termilen Lykien d. h. Lichtland. Der Gott, welchen die gesammte Küste, welchen Lykien und Troas vorzugsweise verehrten, mußte den Troern ein starker Hort gewesen sein.

Die Götter, welche die Fahrt der Griechen begünstigt hatten, waren den griechischen Sängern ebenso bestimmt angezeigt. Der Führer jenes Zuges war der Herrscher von Argos gewesen, es waren Helden von Argos, welche einen hervorragenden Antheil an den Thaten dieses Krieges genommen haben sollten. So war es denn die Schutzgöttin von Argos, deren altes Heiligthum am Berge Euboea, zwischen Argos und Mykene, stand, welche die Griechen begünstigte. Wenn die Göttin der Liebestriebe auf der Seite der Troer war, stand die Schützerin der Ehe schicklich auf der Seite der Achaeer. So konnten die Sänger der Griechen erzählen, daß Hera die Urheberin des Zuges gegen Ilion gewesen, daß „sie ihre Rosse müde gejagt habe, um die Helden der Griechen in den Kampf gegen die Troer zu bringen", daß sie geschworen, „keines Troers Tod abzuwenden," und sich stets bemüht habe, den Achaeern den Sieg zu bringen. Mit den Argivern hatten Pylier und Jonier Ilion belagert. Die eben gegründeten Städte der Jonier verehrten die Athene als Schutzgöttin ihrer Burgen wie ihre Stammgenossen jenseit des aegaeischen Meeres. Wenn Hera die Argiver, so mußte Athene die Jonier geleitet haben. Die Könige, welche in den ionischen Städten herrschten, leiteten ihr Geschlecht von einem Sohne des Poseidon, vom Neleus ab (S. 214.); Poseidon wurde von den Joniern in ihren neuen Sitzen ebenso eifrig als vordem in ihrer alten Heimath am Strande des korinthischen Busens, am Strande des Isthmos

---

1) Vgl. Annali del Inst. 1862 p. 163. Der Name Termilen scheint auch durch lykische Inschriften gesichert; Roßen in der Zeitschrift d. d. morgenl. Gesellschaft, Bd. 10. S. 329 sgbe.

verehrt. Und hatte der Gott des Meeres die Schiffe der Väter nicht glücklich nach Asien hinübergetragen? So mußten es Hera, Athene und Poseidon gewesen sein, welche den Kampf der Griechen begünstigten.

Für die Helden des alten Ilion standen den Sängern der Griechen nicht allzu viele Anknüpfungen zu Gebote. Indeß ließ sich doch für die troischen Herrscher nicht weniger ein Stammbaum finden, als für die griechischen Landschaften. Die beiden Stämme der Teukrer, die Dardaner und Troer, von denen jenem die Stadt Dardania, diesem Ilion zugewiesen wurde, ergaben sogleich zwei Stammväter, zwei alte Könige des Landes, den Dardanos, den man dann einfach an den Zeus knüpfte, und den Tros. Dardanos hatte Dardania gegründet, als die Troer „noch auf dem Abhang des quellenreichen Ida saßen." Zwischen den Dardanos und den Tros schoben ionische Sänger noch einen alten Herrscher von Ilion ein, den sie der attischen Tradition entlehnten, den Erichthonios d. h. Gauland; handelte es sich doch um ein so schönes und fruchtbares Gebiet wie das von Ilion mit zahlreichen Heerden von Rindern und Rossen. Dem Tros war natürlich Ilos, der Erbauer von Ilion d. h. der Namensmann der Stadt, entsprossen. Dem Ilos ließ man den Priamos entstammen. Dieser Name ist von der Burg von Ilion, Pergamos, entlehnt; ein Wort, welches im aeolischen Dialekt Perrhamos lautete¹). Da zwischen der Gründung der offenen Stadt und der Burg offenbar noch die Ummauerung derselben liegen mußte, die den Griechen ihre Aufgabe so stark erschwert hatte, wurde zwischen Ilos und Priamos noch ein Fürst für diese Mission eingeschoben. Der König, der solche Schutzwehren hatte aufführen lassen, hatte wohl für sein Volk gesorgt; von dieser seiner Vorsorge wurde sein Name Laomedon entlehnt.

Man sieht, daß den Sängern einheimische Namen für die Könige der Troer fehlten. Auch für die übrigen Helden der Troer war dies mit wenigen Ausnahmen der Fall. Die zu Skepsis über die Teukrer regierenden Fürsten nannten Hektor ihren Ahnherrn; damit war Hektor den Sängern der Griechen als Sohn des letzten Königs von Ilion gegeben. Von den übrigen Söhnen des Priamos sind Kebriones und Gorgythion ersichtlich von den teukrischen Städten Kebren und Gergis

---

1) Ahrens de dial. aeol. p. 56. Apoll. II, 6. 4.

genannt. Hektor's Knöblein, Skamandrios, erhielt seinen Namen von dem gleichnamigen Flusse des teukrischen Gebiets. Auch sonst entlehnten die griechischen Sänger die Namen der teukrischen Kämpfer dem Lokal, welches sie bewohnt hatten, wie Aesanios (vom aesanischen See), Satnios, Simoeisios, Thymbraeos. Nur wenige derselben, wie Assarakos, Kapys, Paris, Dares sind der griechischen Sprache fremd. Da die Fürsten der Teukrer zu Skepsis ihren Stammbaum zum Hektor und Aeneias hinaufführten, so mußten diese die besten Helden der Troer gewesen sein. Die griechischen Sänger ließen den Aeneias von einem Bruder des Ilos, von Assarakos, abstammen (Bd. I. S. 280.). Des Assarakos Sohn ist Kapys; mit des Kapys Sohn, Anchises, erzeugt die Aphrodite, die Schutzgöttin von Ilion, in den Schluchten des Ida, „die Göttin mit dem sterblichen Manne," den Aeneias, den Ahnherrn der Könige, unter welchen der Staat der Teukrer nach dem Falle Ilions fortbesteht. Durch dieses Motiv geleitet läßt die Ilias den Aeneias „gleich einem Gott im Volke der Troer geehrt werden", aber zugleich ihm, „dem tapfersten" von Priamos seine Ehre erweisen; von diesem Motiv aus muß Aphrodite ihren Sohn mit weißen Armen umfangen, wenn ihn die Achaeer im Kampfe niedergeworfen haben und ihr strahlendes Gewand zur Abwehr der feindlichen Geschosse ausbreiten. Apollon muß den verwundeten Aeneias in seinen Tempel auf Pergamos tragen, und selbst Poseidon, der den Troern feindliche Gott, rettet ihn aus den Händen des Achilleus, damit der Kronide nicht zürne, der wol dem Priamos ungünstig sei, aber nicht wolle, daß Dardanos ganzer Stamm verderbe; „des Aeneias Kraft werde den Troern gebieten und seiner Kinder Kinder¹)". Daß die Myser, gegen welche die Achaeer in ihren älteren Pflanzungen, die Lyder und Karer, gegen welche die Jonier zu fechten hatten, schon damals, als die Griechen zuerst an der anatolischen Küste landeten, den Teukrern zu helfen gegen die Griechen gefochten hatten, verstand sich von selbst. Man konnte

---

1) Il. 20, 307. Der Schiffskatalog führt den Gegensatz des Aeneias und Priamos noch weiter, indem er jenen, wie der Hymnus auf die Aphrodite, zum Fürsten der Dardaner macht, während dieser der Fürst der Troer ist. Später bildeten aus diesem Verhältniß einen Verrath des Aeneias an seiner Vaterstadt, den sie dadurch motivirten, daß Paris dem Aeneias ein diesem zustehendes Priesterthum entrissen habe: Il. 2, 819. hymn. in Venerem 187. 197. Xenoph. de venatione 1, 15. Menekrates von Xanthos bei Dionys. Halic. I, 48. Livius I, 1.

weiter greifen. Man konnte auch die Phryger kommen lassen, und vor allen die Lykier, welche den Apollon so eifrig verehrten wie die Troer; man konnte endlich die Amazonen, die kriegerischen Heldenweiber vom Thermodon d. h. die Hierodulen der Ma, den Troern zur Hülfe herbeiholen. Dann hatten die Stämme Anatoliens vereinigt gegen die vereinigten Stämme der Griechen gestritten.

Die alte Mähr, welche berichtete, daß griechische Schiffe in großer Zahl über das aegaeische Meer gesegelt, daß die Stadt der Troer den „hölzernen Rossen" erlegen sei, sagte nicht, warum die Helden an der Küste der Teukrer gelandet waren, mit welchem Rechte sie Ilion berannt und zerstört hatten. Die Troer mußten doch im Unrecht gewesen sein, sie mußten den Anlaß zum Streit gegeben haben. Auf einem Bergrücken, dem Parnon, am linken Ufer des Eurotas, lag in der Nähe einer alten „im schattigen Walde" gelegenen Burg der Achaeer, Therapne, unweit eines Tempels des Apollon, und neben einem Heiligthum der Dioskuren, ein Heiligthum der Helena. Die Helena spendete Schönheit und Anmuth; die Spartaner trugen häßliche Kinder in ihren Tempel, daß ihnen die Gabe der Schönheit zu Theil würde; aber sie raubte auch denen, welchen sie zürnte, die Sehkraft der Augen. Alljährlich wurde der Helena zugleich mit den Hyakinthien des Apollon ein Fest, die Helenien, gefeiert¹). Diese Helena, welche einen Tempel besitzt, welche den Menschen Schönheit verleihen und das Augenlicht rauben kann, war eine Göttin und nach den ihr beigelegten Kräften, nach ihrem mit einer Feier des Apollon verbundenen Feste, eine Göttin des Lichtes. Wenn die Dioskuren die Brüder der Helena heißen, so kennen wir diese als Geister des Lichts, als die ersten Lichtstrahlen des Morgens; und wenn Zeus die Helena wie ihre Brüder mit der Leda d. h. der Dunklen gezeugt hatte, so sahen wir schon oben, daß die Anschauung der Griechen auch die Artemis und den Apollon, die großen Götter des Lichts, dem Dunkel entsprießen ließ²). Der Name Helena bedeutet die Helle. Er ist nichts als eine ältere Form für Selene, die Göttin des Mondes. Der Geist des reinen und schönen Mondlichts war wohl geeignet, Schönheit

---

1) Herod. 6, 61. Platon. Phaedr. p. 243. Pausan 3, 14. 15. 19, 11. Hesych. v. Ἑλένια. Isocr. Hel. enc. p. 218. — 2) Oben S. 23. Der Schwan, in dessen Gestalt Zeus mit der Leda die Helena und die Dioskuren erzeugt, ist das heilige Thier, das Symbol des Lichtgottes.

zu spenden. Aber der Mond war ein wanderndes Gestirn; die Artemis war eine rasche Jägerin, die im Waldesdunkel verschwand, die sich hinter den Bergen, in Höhlen verbarg; die Mondgöttin von Argos, die Jo, machte weite Wanderungen, so auch die Mondgöttin von Sparta. Das wechselnde Erscheinen und Verschwinden der Mondgöttin von Sparta wurde der poetischen Anschauung zur Flucht und zur Wiederkehr, zum Raube und zur Zurückholung derselben. Die Mondgöttin von Sparta war entwichen, sie war einst geraubt worden — geraubt von Theseus, und von ihren Brüdern, den Dioskuren, zurückgeführt. Sie war nach Osten entwichen, geraubt von einem Manne aus dem Osten, von einem Manne aus Ilien, und von allen Griechen zurückgeführt werden.

Die alten Namen und Formen der Götter wurden den Sängern der Griechen zu Heroen, zu Menschen. Die Mondgöttin von Sparta wurde die schöne Königin von Sparta, die schönste aller Sterblichen; aber auch in der homerischen Dichtung glänzt ihr Haus in Sparta „wie der Glanz der Sonne oder des Mondes strahlt", sie selbst „gleicht der Artemis mit dem goldenen Bogen", und ihre Tochter „der goldenen Aphrodite." Ein alter König der lakonischen Sage, Tyndareos, wurde der Helena zum Vater gegeben, die Dioskuren, Kastor und Polydeukes, welche in Sparta so eifrig verehrt wurden, deren Heiligthum neben dem der Helena auf der Höhe von Therapne stand, wurden ihre Brüder, Menelaos ihr Gemahl; sei es, weil die Höhe, auf welcher das Heiligthum der Helena bei Sparta lag, bereits diesen Namen trug, sei es, daß der Name aus dem Stammbaum der Pelopiden entlehnt ward. Menelaos' Königssitz war durch das Heiligthum der Helena in Sparta festgestellt, und wenn er den Sängern der Griechen der „blonde Menelaos" ist, wenn ihn die homerische Dichtung nicht sterben, sondern lebend auf das Gefilde Elysion entrückt werden läßt, so konnte ein Held, welcher mitten in den Kreis von Lichtwesen gestellt war, der Gemahl einer lichten Göttin dem Dunkel der Unterwelt unmöglich verfallen. Der Frevel der Troer aber war am größten und alle Griechen verletzend, wenn dem Bruder des weltgebietenden Herrschers von Mykene das Weib geraubt wurde[1]).

---

[1] Den Späteren machte es viel Kopfbrechens, die in einigen lokalen Diensten fortlebende Gottheit Helena mit dem in Schönheit strahlenden Weibe, welches der Heldengesang und Homeros aus dieser gemacht hatte, zu vereinigen.

Die lakonische Bucht, der Meerbusen von Gythelon hatte frühzeitig Schiffe aus dem Osten gesehen. Die Phoeniker hatten hier Purpurmuscheln gesammelt und gefischt, sie hatten den Dienst der Aphrodite von der syrischen Küste hierher nach der Insel Kythera verpflanzt. Aphrodite war die Schutzgöttin von Ilion; konnte sie nicht einen troischen Mann, einen Mann aus dem Geschlecht der Fürsten von Ilion, von ihrem Sitze auf dem Ida nach ihrem Sitze auf Kythera geleitet, konnte sie diesen Mann nicht mit solcher Schönheit begabt, nicht mit solchem Reiz ausgestattet haben, daß er jedem Weibe gefährlich war, konnte die Göttin der Liebestriebe das Weib des Menelaos nicht bethören, diesem Manne zu folgen?

So waren die Griechen in ihrem Rechte den Troern gegenüber. Sie steuerten nach Ilion, die Helena zurückzufordern. Um den Fürsten von Mykene, den Gebieter von Argos, hatten sie sich gesammelt, von Aulis, im Sunde von Euboea, waren sie abgesegelt, denn von hier waren die Schiffe in die See gegangen, welche die achaeischen Ansiedler nach Lesbos und Kyme getragen hatten (S. 217.). Die Sänger der Griechen wußten, wie schwer die Einnahme von festen Mauern war; eben jetzt (im neunten Jahrhundert) waren die Achaeer bemüht, sich an der Küste von Troas festzusetzen, in das innere Land vorzubringen. Sie ließen, wie die Ansiedler auf den Küsten gethan hatten, auch die Ahnen ihr Lager an der Mündung des Simoeis mit Wall, Graben und Thürmen befestigen, sie ließen die Ahnen zehn Jahre lang vor Ilion liegen, sie ließen Ilion dann

---

Der Widerspruch trat besonders in dem Frevel der Helena an ihrem Gatten Menelaos hart zu Tage. Dieser Klippe auszuweichen, dichtete Stesichoros in der ersten Hälfte des sechsten Jahrhunderts, daß Paris nicht die Helena, sondern nur ein Scheinbild derselben geraubt habe. Euripides läßt die Götter eine falsche Helena machen, welche Paris nach Ilion entführt, die wahre bringt Hermes in einer Wolke zum König Proteus von Aegypten. Nach Herodot's Meinung war weder die Helena noch ein Scheinbild derselben in Ilion. Paris war mit ihr nach Aegypten verschlagen worden, wo König Proteus, ergrimt über den Frevel, sie dem Paris abgenommen und zurückgehalten habe. Herodot bedauert aufrichtig, daß es den Troern nicht gelungen sei, die Griechen zu überzeugen, daß sie die Helena nicht in ihrer Stadt hatten; „die Troer wären niemals verkehrt genug gewesen, um eines Weibes willen zehn Jahre lang Krieg zu führen." Alle diese Auffassungen stimmen darin überein, daß Menelaos die Helena bei seiner Rückfahrt in Aegypten wiedergefunden habe, wobei denn die aegyptische Mondgöttin in derselben Weise, wie bei den Wanderungen der Jo die Grundlage abgiebt. Stesichor. Fragm. 26. ed. Bergk. Herob. 2. 119 figde. Eurip. Hel. 33 sqq.

endlich nicht in offenem Kampf, sondern durch eine glückliche List fallen, durch das hölzerne Pferd, in welches sie die Schiffe, denen Ilion erlegen war, verwandelten. Und wenn die Belagerer Iliens die Inseln Lesbos und Tenedos, die Städte Lyrnessos, Pedasos, Theben am Berge Plakos und viele andere, „zwölf an der Küste und elf im Binnenlande" erobern, so sind diese Züge deutlich der Ansiedlung der Achaeer in Asien entnommen. Ueber die Kymaeer und Mytilenaeer geboten Fürsten, welche sich Nachkommen des Atreus und Agamemnon nannten. Dies sammt dem Rufe von dem alten Glanze des Reiches von Mykene sicherte ihren Ahnherren in dem Kampfe um Ilion eine besonders hervorragende Stellung. Es werden achaeische Sänger von Lesbos und Kyme gewesen sein, welche von der Aristeia des Agamemnon, von dem Zweikampf des Menelaos und Paris u. s. w. zu sagen und zu singen wußten. Neben den Atriden wurde ein anderer alter Held von Argos von den achaeischen Sängern gefeiert, Diomedes, von welchem die Sage ging, daß er der Pallas einen Tempel zu Argos erbaut habe; am Feste der Athene wurde der Schild des Diomedes durch die Straßen von Argos getragen[1]). So konnte Diomedes der griechischen Dichtung als ein besonderer Schützling der Athene erscheinen. Aber auch Phyler und Ionier wollten an dem Zugg gegen Ilion Theil genommen haben. Nachkommen des Königs Nestor von Pylos, Enkel seiner Söhne, des Thrasymedes, des Antilochos, des Peisistratos nahmen unter dem Adel Attika's nicht den letzten Rang ein; Nachkommen des jüngeren Bruders des Nestor, des Periklymenos, geboten als Könige nicht blos über Attika, sie herrschten in Milet, Kolophon, Ephesos, Priene, in allen Städten der Ionier. Die Sänger dieser ionischen Fürsten hatten die Aufgabe, von den Thaten der Ahnherren vor Ilion zu erzählen. Und wenn die Helden von Pylos den Zug nicht geführt, wenn sie nicht die ersten im Kampfe gewesen waren, so konnten sie die ersten im Rathe gewesen sein, so konnten sie durch Geschick und Klugheit ersetzt haben, was ihnen zu Helden ersten Ranges fehlte. Doch hatten auch die Ionier einen gewaltigen Helden gegen Ilion gesendet; er war von der Insel Salamis gekommen. Zwei edle Geschlechter Athens, die Eurysakiden und Philaïden, nannten den Ajas von Salamis ihren

---

1) Pausan. 2, 24, 2.

Ahnherrn, seine Söhne Eurysakes und Philaeos waren ihre Stammväter¹), und die Eurysakiden verehrten den Urheber ihres Geschlechts, den Eurysakes, in einem besonderen Heiligthum, dem Eurysakeion zu Athen. Eurysakes bedeutet Breitschild. Durch den Namen dieses Geschlechts war den ionischen Sängern die Charakteristik seines Stammvaters, des Ajas, gegeben; er mußte ein Mann mit einem mächtigen Schilde d. h. ein aushaltender, standfester, abwehrender Held, die Schutzwehr in schlimmen Kämpfen gewesen sein. Dem Helden der abwehrenden Kraft, dem Herrn des großen Schildes konnte man den Telamon d. h. Schildhalter zum Vater geben²). Auch die Thaten der Ahnherren jener Geschlechter der Lapithen von Gyrton und Elatela, welche sich nach Attika geflüchtet, zu feiern, vergaßen die Sänger der Ionier nicht³), nur daß sie denselben keinen solchen Glanz gaben, wie denen des Haupthelden ihres Stammes, des Ajas.

Nicht nur Achaeer und Ionier waren nach Asien gewandert; auch Lokrer, Phokier und Flüchtlinge der alten Bevölkerung von Thessalien, aus der Gegend von Pherae, aus der Landschaft Phthia, Magneten vom Ossa und Pelion hatten neue Sitze an der anatolischen Küste gesucht und gefunden. Auch diesen gebührte ein Antheil an den Thaten der Väter vor Ilion. Diese Auswanderer aus Thessalien, deren Hauptbestandtheil Magneten vom Ossa und Pelion bildeten, hatten es allein gewagt, ihre Siedlungen in Anatolien von der Küste in das innere Land vorzuschieben; sie hatten Magnesia am Sipylos im Lande des Hermos in Mysien, Magnesia am Maeandros auf karischem Boden erbaut. Sie waren die kühnsten unter den Ansiedlern, sie waren in das innere Land eingedrungen, und hatten dadurch den Mysern und Karern gewiß den größten Schaden gethan, aber auch die schwersten Kämpfe zu bestehen gehabt S. 215. 216.). Der Held, von welchem ihre Sagen und Sänger erzählten, Achilleus von Phthia, mußte darum auch der kühnste, der

---

1) Herodot 6, 35. 127 vgl. Pherecyd. Fragm. 20. ed. Müller. — 2) Il. 13, 128 sqq. — 3) Man kann darüber streiten, ob die Eurysakiden ihren Namen von dem breiten Schild des Ajas im Epos entlehnt, oder umgekehrt die Sänger der Ionier aus den Eurysakiden den Telamon und den breiten Schild des Ajas gemacht haben. Ich halte das Geschlecht der Eurysakiden in Athen für älter als die Charakteristik des Ajas im Epos, und glaube, daß das Epos nicht frei, sondern nur auf Grundlage bestimmter Anlehnungen erfunden hat.

wagendste, der am weitesten vorbringende, der siegreichste vor Ilion gewesen sein. Den Namen des Vaters des Achilleus, des Peleus, entnahmen die Sänger offenbar von dem Gebirge Pelion, welches die Küste der Magneten mit seinen Gipfeln, mit seinen schroffen Abhängen erfüllte. An diesen Felsen, auf der Küstenstrecke, welche sich vom Pelion bis zur Einfahrt in die Bucht von Pagasae hinzieht, wurden die Nereïden d. h. die Seejungfrauen verehrt; es wurde ihnen hier geopfert, und die gesammte Küste war ihnen geweiht[1]). Diese Wassernixen der Griechen, welche auf Delphinen und Seepferden durch die Fluthen eilen, oder die nassen Haare am Strande trocknen[2]), sind die freundlichen Geister des hellen glänzenden Meeres, der spielenden Wellen; ihre Namen (bei Homer und Hesiod) gehen auf den lockenden Reiz des kühlen Wassers, den raschen Lauf, die Kraft und Strömung der Wellen, oder den leuchtenden Glanz des Wassers. Sie sind die Töchter des Nereus, des guten alten Meergreises, in dessen silberner Grotte tief unten im Grunde des Meeres sie hausen[3]). Es lag sehr nahe, dem Helden der Magneten den Berggeist des Pelion, den Peleus, zum Vater, eine Wassernixe der Küste zur Mutter, und den Cheiron, den alten Rossebändiger und Kräuterkenner, dessen Grotte unter dem Gipfel des Pelion lag, der zu einem wohlthätigen Waldgeiste geworden war, zum Erzieher zu geben. Es mußte die erste und mächtigste der Nereiden, die Thetis (d. h. die Rührende, von der fruchtbaren Kraft des Wassers) sein, welche sich dem Geiste des Pelion vermählt hatte. Die Magneten und Phthioten waren am weitesten in's Land hinein vorgedrungen. Achilleus war der Zögling eines Kentauren, eines Reiters der raschen magnesischen, der raschen thessalischen Rosse, der Sohn des Pelion, von welchem die Quellen und Bäche unermüdlich und unaufhaltsam herabrinnen, der Sohn einer Göttin der raschen Wogen. So wurde Achilleus der Anschauung der magnesischen Sänger ein rascher jugendlicher Held, ein unerreichbarer Läufer, ein Held, dessen Angriff, dessen Anlauf unaufhaltsam ist.

---

1) Herodot 7, 191. Auch an andern Strandorten gab es Altäre der Nereiden; Pausan. 2, 1, 7. Ueber das Gefilde Thetideion zwischen Pherae und Pharsalos; Strabon p. 431. Eurip. Androm. 16—20. — 2) Il. 18, 65 seqq. Müller Handbuch §. 402. — 3) Beim Homer giebt es Schaaren von Nereiden, in der Theogonie (v. 264.) bei Pindar und Sophokles werden funfzig gezählt, bei andern hundert.

Die Magneten und Phthioten hatten selbständig ihre Niederlassungen begründet, entfernt von den Städten, in welchen die Nachkommen des Agamemnon und Neleus geboten. Demnach waren auch ihre Vorfahren frei gegen Ilion gezogen; sie waren dem Reiche Agamemnons weder unterthan noch benachbart gewesen. Wie die Auswanderung, welche sich jetzt die neue Heimath in Asien begründete, hatte das Heer vor Ilion aus zwei Massen bestanden, deren eine dem Peloponnes angehörte, die andere dem Norden der Halbinsel. Die Sänger der Magneten behaupteten, daß ihre Helden das Beste gethan, daß sie die ersten gewesen vor Ilion; die der Achaeer werden die Führung Agamemnons und die Aristeia der Helden von Argos festgehalten haben. Sollten die Väter derer, welche die Herrschaft der Atriden in ihren Städten nicht kannten, dem Gebote Agamemnons immer willig gehorcht haben? Es waren hier Gegensätze angezeigt, welche die Sänger der Ionier, die an dem Streite über die Aristeia der Phthioten und Argiver nicht betheiligt waren, zur Ausführung einladen mochten. Saßen die Magneten jetzt einsam und entfernt von den Achaeern und Ioniern, so konnte auch Achilleus im Lager vor Ilion fern von den Schiffen der Achaeer und einsam gesessen haben, und das Motiv dieser Entfernung konnte doch kein anderes sein, als ein Zwiespalt der nördlichen und südlichen Stämme im Lager, als Zorn gegen den Führer des Zuges, gegen Agamemnon. Solcher Zwiespalt konnte nicht ohne Folgen geblieben sein, er konnte den Troern das Uebergewicht gegeben, er konnte die Achaeer an den Rand des Verderbens gebracht haben.

Es waren nicht blos die Thaten ihrer Ahnen vor Ilion, welche die Fürsten der Achaeer und Ionier von ihren Sängern hören wollten. Wie waren die Vorfahren damals in die Heimath zurückgelangt, wie stand es dort, als sie nach so langer Abwesenheit heimkehrten? Auch die Abenteuer der Heimfahrt wurden von den ionischen und achaeischen Sängern gesungen. Man sang die Heimfahrt des Menelaos, die Heimfahrt des Agamemnon, die Heimfahrt des Ajas, die Heimfahrt Nestor's, die Heimfahrt des Diomedes. Eine andere Heimfahrt beschäftigte die Sänger in hohem Grade. Auf den Inseln an der Küste von Epeiros wohnten Männer ionischer Abkunft. Wie weit waren die Wohnstätten der Ionier in Asien von diesen ihren Landsleuten entfernt! Und doch sollen auch Fürsten dieser Inseln vor Ilion gefochten haben. Sie hatten die weiteste und gefährlichste Rückfahrt gehabt, sie hatten vom Hellespont her die ganze Halbinsel, Kap Malela umschiffen, und dann wieder in das ionische Meer hinauf rudern müssen. Berührte diese Heimreise nicht den fernen Westen, das Reich des Niederganges der Sonne, den Eingang in die Unterwelt (ob. S. 45. 96.)? Diese Fürsten mußten nothwendig länger abwesend gewesen sein, als alle anderen, und sie mußten die Heimath am meisten verändert gefunden haben. Wie die Heldensagen aller Gaue, so flossen auch die Schiffersagen aller Küsten in den Pflanzstädten, in den Städten der Jonier zusammen und wurden das Eigenthum der Sängergeschlechter. Diese Sagen wurden mit den Erzählungen kühner Seefahrer der ionischen Städte, welche sich über Kreta hinausgewagt, welche der Sturm an die libysche Küste geworfen, verschmolzen und für jene Heimfahrt, für die Rückfahrt des Fürsten von Ithaka verwerthet. Die Sänger der Jonier konnten den Fürsten von Ithaka vom Kap Malela durch schweren Sturm weit nach Westen verschlagen lassen; sie konnten alle Meereswunder, alle Mährchen von fernen Gestaden zur Ausschmückung seiner Rückfahrt verwenden. Nur daß der Held, um solche Gefahren zu laufen, um so lange umhergetrieben zu werden, den Gott des Meeres, der doch von den Joniern so eifrig verehrt wurde, beleidigt haben mußte, nur daß es ein vielerfahrener, tapferer und geschickter Mann sein mußte, der solche Gefahren bestehen konnte. Zu retten freilich vor dem Zorne des Poseidon vermochte ihn nur die andere mächtigere Schutzgöttin des ionischen Stammes, die Athene. Nicht blos die Liebe zum Wunderbaren und Abenteuerlichen war es, welche die ionischen Sänger gerade diese Rückfahrt mit Vorliebe behandeln ließ; es war auch die Sehnsucht nach der alten Heimath, aus der man vertrieben war, die lebhafte Erinnerung, das Gefühl der Gemeinschaft mit den Stammgenossen auf den Eilanden im fernen Westen.

Seit der Festsetzung der Kolonisten in Asien hatten die Sänger der Achaeer und Jonier von den Thaten der Ahnen vor Ilion gesungen. Eine lange Reihe von Liedern feierte die einzelnen Abenteuer und Ereignisse, die einzelnen Helden des Krieges. Man wurde nicht müde, sie zu hören. Von dem lebhaftesten Antheil der Zuhörer getragen und gehoben, wurden diese Lieder von den Sängern in stetiger Folge erweitert, umgedichtet, immer lebendiger und concreter gestaltet. So sang man wieder und wieder die Werbung der

Helden zum Zuge gegen Ilion, die Abfahrt von Aulis, den Fall des Protesilaos, die Thaten des Agamemnon, die Thaten des Diomedes, den Zweikampf des Ajas, die Tödtung des Dolon, den Kampf um die Schiffe, das hölzerne Roß, die Heimfahrt des Menelaos u. s. w.

Das Interesse an diesen Liedern muß im Begriff gewesen sein zu erlahmen, um eine bedeutsame Wendung des Heldengesanges herbeizuführen, um einen Sänger, der von diesen Stoffen erfüllt war, dazu zu treiben, im Gegensatz zu den einzelnen Abenteuern den Krieg gegen Ilion zu einem größeren Gesange zusammen zu fassen. Es war nicht die Reflexion der Vollständigkeit, welche diesen Sänger beherrschte, es trieb ihn nicht, die Lieder mechanisch an einander zu reihen oder nach der chronologischen Folge zu ordnen; es war ein poetischer Zug, eine poetische Anschauung, welche ihm einen Theil dieser Abenteuer zu einem Ganzen verbunden zeigte. Dieser Anschauung mußten sich die alten Gesänge fügen, sie mußten, dem neuen Gedanken gemäß, von diesem aus umgeschaffen, reproducirt werden, wie sich aus demselben auch neue bisher noch nicht hervorgehobene Situationen ergeben mußten. Der entscheidende Moment des Krieges um Ilion war dem Sänger der Ilias vor die Seele getreten; es war ihm klar geworden, daß Hektor's Tod der Angelpunkt des Kampfes war. Mit ihm war die Schutzwehr Ilions gefallen, der Fall der Stadt entschieden. Hektor's Fall hatte der Tod des Patroklos, welchen Hektor erschlagen, herbeigeführt; an des Patroklos Tod war Achilleus Zorn und seine Enthaltung vom Kampfe schuld. So wurde der Zorn des Achilleus der Mittelpunkt. Der Gesang mußte mit der Verletzung des besten Helden der Achaeer durch den Führer des Zuges beginnen; er mußte dann die Folgen zeigen, welche der Zorn des Achilleus, sein Zurückhalten vom Kampfe herbeiführte, wie die Troer in Vortheil kommen, die Belagerer belagert werden und um ihre Schiffe kämpfen müssen. Im letzten Augenblick bringt Patroklos, der den Zorn des Achilleus bezwungen hat, Hülfe. Er wirft die Feinde zurück, aber er findet dabei selbst den Tod. Die Pflicht, den Freund zu rächen, führt den Achilleus wieder auf den Kampfplatz, und Hektor, die Schutzwehr Ilion's, erliegt seiner Lanze. Das ist der sehr dramatisch gefaßte Gedanke der Ilias; mit diesem hatte sich dem Dichter der wahre Verlauf der Dinge offenbart.

Die Griechen nennen den Sänger der Ilias Homeros. Aber sie waren ungewiß über die Zeit, in welcher, und über den Ort, an welchem er gelebt; von der Art seines Lebens wissen sie nichts zu berichten. Homer ist ihnen mehr ein Gesammtname, als ein einzelner Mann. Es gab viele, welche dem Homeros nicht blos die Ilias und die Odyssee, sondern auch die Thebaïs, die Epigonen und die Kyprien, das gesammte griechische Epos zuschrieben[1]). Daß man einen Sänger dieser Art und Größe von dem ersten und ältesten Sänger, welchen die griechische Sage kannte, abstammen ließ, kann nicht Wunder nehmen. Orpheus soll den Dorion (andere setzen den alten Sänger Musaeos an die Stelle des Dorion), dieser den Eukles, dieser den Irmon, dieser den Philoterpes, dieser den Chariphemos, dieser den Epiphrades, dieser den Melanopos, dieser den Apelles, dieser den Maeon gezeugt haben; Maeons Sohn aber sei Homeros gewesen[2]). Von diesen zehn Namen, welche den Homeros vom Orpheus trennen, ist die Mehrzahl von dem Ruhme, von den Eigenschaften oder den Wirkungen des Gesanges hergenommen. Nur Melanopos wird uns auch sonst als ein alter Hymnensänger von Kyme, dem Vorort der Achaeer in Asien, genannt[3]). Der Name Maeon vertritt das Land Maeonien d. h. Lydien. Nach anderen war Homeros ein Sohn des Flusses Meles und der Nymphe Kritheïs[4]). Die Griechen kannten die Abstammung Homer's nicht, sie wußten nichts von seinem Leben und bemühten sich umsonst, diese Lücken durch unerhebliche Fabeln und gelehrte Kombinationen auszufüllen. Man zog ihn in jenen Kampf zwischen Kolophon und Smyrna (S. 213.), man fabelte nach dem Namen, daß Homeros von den Smyrnaeern den Kolophoniern als Geißel überliefert sei, man ließ ihn seine Tochter dem Sänger Kreophylos von Samos zum Weibe geben, womit nichts ausgesagt ist, als die sachliche Verwandtschaft der Sängergeschlechter von Chios und Samos, der Homeriden und der Kreophyliden, während eine andere Tradition den Kreophylos zum Lehrer Homer's macht. Der hervorstechendste Zug dieser Mährchen ist, daß Homeros blind geworden sei. Die Blindheit ist bei den Griechen ein Zeichen innerer Vertiefung und Sammlung; sie wird Weissagern und Dichtern sehr häufig beige-

---

1) Daß die Thebaïs von Homer sei, soll schon Kallinos von Ephesos behauptet haben; Pausan. 9, 9, 3. Grote history of Greece II, p. 173. — 2) Hellan. Fragm. 6. ed. Müller. — 3) Pausan. 5, 7, 4. — 4) Vita Hom.

legt. Indeß scheint diese Blindheit bei dem Sänger der Ilias einen bestimmteren Grund zu haben. Ein Sänger, welcher am Feste des Apollon zu Delos (um 750; s. u.) einen uns erhaltenen Hymnos gesungen hat, bezeichnet sich selbst als einen blinden Mann. Er schließt seinen Gesang, indem er sich an die Jungfrauen wendet, welche den Reihentanz um den Altar des Apollon getanzt haben (S. 67. 216.), mit folgenden Worten: „Gnade verleihe uns Apollon mit Artemis. Freude euch sämmtlichen Jungfrauen! Gedenket auch meiner noch später, und wenn einer von den erdbewohnenden Menschen hierher kommt, nachdem er manches erduldet, und fragt, welcher Mann bringt euch die liebsten Gesänge, und wer erfreut euch am meisten; dann antwortet ganz schnell mit gutem Wort, der blinde Mann, welcher das felsige Chios bewohnt"[1]). Auch Thukydides meinte, daß dieser blinde Sänger und der Dichter der Ilias und der Odyssee ein und derselbe Mann sei[2]).

Die Angaben, in welcher Zeit Homeros gelebt, schwanken um ein halbes Jahrtausend. Einige setzen ihn in die Zeit des troischen Krieges selbst, andere setzen ihn gleichzeitig mit der Gründung der Griechenstädte in Asien, mit der ionischen Wanderung. Eratosthenes setzt Homer hundert Jahr nach dem troischen Kriege, nach seinem System also in das Jahr 1083. Diejenigen, welche, wie Aristoteles, den Homer zu einem Zeitgenossen der ionischen Wanderung machten, hingen von den verschiedenen Zeitbestimmungen für diese ab. Einige nennen ihn einen Zeitgenossen des Lykurg, andere einen Zeitgenossen des Archilochos und lassen ihn demgemäß zur Zeit des Königs Gyges von Lydien (720 bis 680) leben[3]). Die Zeit des Sängers der Ilias bis auf König Gyges herabzudrücken, ist unstatthaft. Es sind gute Zeugnisse vorhanden, nach welchen Arktinos von Milet, welcher die Ilias fortsetzte, welcher die Aethiopis und die Zerstörung Ilions dichtete, um die ersten Olympiaden, in der ersten Hälfte des achten Jahrhunderts lebte. Es steht ferner fest, daß die griechische See- und Länderkunde, welche in den homerischen Gedichten sowol nach dem Westen des Mittelmeeres hin, als nach Nordosten, nach dem schwarzen Meere zu, äußerst beschränkt erscheint, seit dem Beginn des achten Jahrhunderts sehr erhebliche

---

1) Hymn. in Apoll. 165 seqq. — 2) Thukyd. 3, 104. — 3) S. die Stellen bei Clinton fast. hell. I p. 145 seqq. Vgl. Sengebusch in den N. Jahrb. f. Ph. Bd. 67. S. 609 flgde.

Erweiterungen erfuhr. Die Gestaltung und Abfassung der homerischen Gedichte muß mithin vor diese Zeit fallen. Demnach ist nichts im Wege, der Angabe Herodot's zu folgen, welcher, indem er höher hinaufgehenden Ansätzen widerspricht, behauptet, „daß Homer vierhundert Jahre vor seiner Zeit gelebt habe". Herodot's Zeit fällt zwischen die Jahre 480 und 420; Homer wird demnach zwischen 880 und 820 gelebt, er wird um das Jahr 850 v. Chr. geblüht haben, etwa ein Jahrhundert, nachdem die Griechen begonnen hatten, sich auf der Küste Kleinasiens niederzulassen[1]).

Es bleibt übrig zu untersuchen, welchem Stamme und welcher Stadt Kleinasiens Homeros angehört hat. Wenn der Stammbaum des Hellanikos den Homeros einen Sohn des Maeon nennt, so ist Homer damit als ein Einsasse der lydischen Küste d. h. der ionischen Städte auf derselben bezeichnet, und wenn andere den Homer einen Sohn des Meles nennen, so ist der „tiefschilfige Meles" der Fluß von Smyrna. Pindar nennt den Homer ein Mal einen Smyrnaeer, das andere Mal einen Chier[2]); Simonides sagt, daß Homer ein Chier gewesen sei[3]). Aristoteles behauptet, daß Homer zwar von den Chiern hochgeehrt worden, aber doch nicht ihr Landsmann gewesen sei[4]). Wenn die Kolophonier versicherten, Homeros sei ihr Landsmann gewesen, so kann dies nur den Sinn haben, daß sie Smyrna den Achaeern entrissen (ob. S. 213.) und Smyrna von Kolophon aus seine ionische Bevölkerung erhalten hatte; wie denn auch Mimnermos, ein Dichter aus der ersten Hälfte des sechsten Jahrhunderts, bald ein Smyrnaeer, bald ein Kolophonier genannt wird, weil er von den Kolophoniern abstammte, welche Smyrna besetzt hatten[5]). Die Tradition konnte alle diese Ansprüche vereini-

---

1) Daß Herodot die Mitte des fünften Jahrhunderts zum Ausgangspunkte seiner Berechnungen nimmt, haben wir bereits oben S. 180 gesehen; der Ansatz für den Herakles, den er 900 Jahre vor seine Zeit setzt, traf auf das Jahr 1354 v. Chr. — 2) Pindar. Fragm. incerta 169. ed. Bergk cf. Scylax c. 98. ed. Müller. — 3) Fragm. 85. bei Bergk. — 4) Rhet. II, 23. — 5) Die Ansprüche von Athen und Salamis auf den Homer gründeten sich nur darauf, daß die ionischen Kolonien von Attika aus gegründet waren. Er war mit den Kolonisten nach Asien gezogen und natürlich ein Freund des Königs Medon gewesen, unter welchem die Auswanderung geschah. Wie auf das Epigramm bei Diogenes Laertius, in welchem Homer ein Athener genannt wird, „wenn wir Athener denn Smyrna gegründet haben", Gewicht gelegt werden kann, ist schwer zu begreifen. Und wenn die Jonier von der Insel Jos Ansprüche auf den Homer machten, wenn sie ihn zum Sohne einer Nymphe ihrer Insel, zum Sohn der Klymene d. h. der Berühmten machten, so bestand auch auf Jos ein Dichtergeschlecht und ein Grab Homers, an welchem dieses seine Opfer brachte; Paus. 10, 24, 2.

gen, wenn sie den Homer von Smyrna über Kolophon nach Chios wandern ließ.

Ueber den ionischen Ursprung des Sängers der Ilias kann kein Zweifel obwalten. Die Sprache des Gedichts ist ein von dem späteren ionischen wie attischen gleichmäßig verschiedener, aber diesen doch am nächsten stehender Dialekt, der als altionischer Dialekt bezeichnet werden darf. Die Götter, welche die Jonier am höchsten ehren, Poseidon und Athene, üben in diesen Gedichten die größte Einwirkung. Die Ilias ist kaum minder als die Odyssee ein großer Lobgesang auf die Athene, welche die Burgen der Jonier hütete. Der Kultus, welchen die Jonier einst in ihrer alten Heimath dem Poseidon zu Helike und Aegae geweiht haben, wird hervorgehoben; der Sitz des Poseidon ist noch immer das Meer von Aegae, und die großen Opfer, welche die Jonier zu Mykale unter der Leitung der Könige von Priene dem Poseidon bringen, werden wenigstens in der Odyssee in einer poetischen Nachzeichnung nach Pylos (wo die Söhne des Poseidon herrschen) verlegt. Die Unterabtheilungen der Stämme werden nach ionischer Art Phratrien genannt, und die zwölf Söhne, welche die Ilias dem Neleus giebt, sind die zwölf Nelidengeschlechter, welche in den zwölf ionischen Städten herrschen (S. 214.). Die Freude an der See und am Seeleben, die Vertrautheit mit dem aegaeischen Meer verräth nicht minder den Stamm der Jonier, welcher die zahlreichsten Kolonien an der asiatischen Küste gegründet und die Kykladen bevölkert hatte, als die Bedeutung, welche dem Leben auf dem Markte, der guten Rede und der Ueberredung, der Nachrede der Menschen beigelegt wird. Die Lokalkenntniß der Ilias ist neben der Ebene von Ilion auf der lydischen Küste am genauesten; sie kennt den Sipylos, auf welchem die versteinerte Niobe weint (es war ein Stein der Göttermutter), den Tmolos und den gygaeischen See und die Schwäne des Kaystros[1]). Die Smyrnaeer zeigten an den Quellen des Meles die Grotte, in welcher Homeros „der Melesgeborene" seine Gesänge gedichtet, und das Homereion d. h. eine Grabstätte oder ein Denkmal Homers in Smyrna vervollständigte den Beweis, daß Homeros ein Smyrnaeer

---

1) Auch die schlimme Eudrosis d. h. der Hunger, welche den Unterabgebenen umhertreibt, kann für den smyrnaeischen Charakter der Ilias angeführt werden; Plutarch bemerkt, daß die Smyrnaeer der Eudrosis schwarze Stiere geopfert hätten; quaest. conv. 6, 1.

gewesen¹). Aber auch auf den grauen Felsen von Chios, hoch über den blühenden Obst- und Rebengärten dieser Insel, gab es ein Homereion d. h. ein dem Homeros geweihtes Denkmal, von welchem noch heute ein viereckiger Altar, mit Löwen in erhabener Arbeit geschmückt, übrig ist.

Nach alle dem wird angenommen werden dürfen, daß der Sänger der Ilias — war es der Meister und Gründer des Sängergeschlechts der Homeriden oder ein Sänger aus diesem Geschlechte — Smyrna angehört hat. Auf der Scheide zwischen den achaeischen und den ionischen Städten gelegen, mußte sich hier der Heldengesang der Achaeer und Jonier lebhaft berühren, und die Geschicke Smyrna's hatten diese Stadt aus den Händen der Achaeer in die Hände der Jonier übergehen lassen. Aber das Geschlecht der Homeriden behielt seinen Sitz nicht in Smyrna; wir finden die Homeriden auf Chios, und mit ihnen war die Pflege des Heldengesanges, die Fortpflanzung der Ilias nach Chios verlegt. Wie die Sänger vor ihm, stand der Sänger der Ilias auf dem Boden der Ereignisse, welche er feierte. Er läßt die Achaeer gegen die Troer ausziehen, wie Woge an Woge sich drängt, wenn der West das Meer an die Küste treibt. Er hatte die Buchten, die felsigen Eilande vor Augen, an welchen die Griechen einst gelandet waren, jenen Strand, auf welchem sie die Schiffe gezogen. Hier am Meere ragten die Hügel empor, welche die Asche des Achilleus und des Patroklos, des Ajas und Antilochos bergen sollen. Landeinwärts, an den Höhen des Ida, von den grünen Welden und Wäldern der Vorberge umgeben, hatte die Stadt des Priamos gestanden, dazwischen lag die sandige Ebene, welche der Simoeis durchzieht. Es war der Schauplatz jener alten Thaten, den hier das blaue Meer, welches rings die Küste umsäumte, dort die Schneegipfel des Ida abschlossen. Auf diesem Rahmen von so bestimmten und plastischen Linien, wie sie nur dieser Himmel und diese Landschaften zeigen, konnten die Ereignisse, die Helden jenes Krieges zum gegenwärtigsten und grellsten Leben wieder erstehen. Noch saßen die alten Feinde der Väter, die Teukrer, auf den Höhen des Ida, in ihren Städten Skepsis, Kebren und Gergis, von Nachkommen des Hektor und Aeneias beherrscht, während die Achaeer von Mytilene und Kyme

---

¹) Pausan. 7, 5, 12.

von Nachkommen des Agamemnon geführt, bemüht waren, an der teukrischen Küste im Süden zu Antandros, am Hellespont zu Dardanos, an den Vorgebirgen Sigeion und Rhoeteion bei den Gräbern der heldenmüthigsten ihrer Ahnen Fuß zu fassen.

Die Ilias ist nicht ungerecht gegen die Stadt des Priamos. Sie schildert dieselbe wie eine Stadt der Griechen. Der Sänger ist von dem lebhaften Gefühl erfüllt, welches alle Kolonisten in Asien theilen mußten, daß an den Mauern Leben und Freiheit hängt, und in der Vorempfindung des Falles der Mauern von Ilion eher partellisch für die Troer als für die Achaeer. Nur wenige Züge deuten den orientalischen Charakter Ilions an; die große Zahl der Söhne und Töchter des Priamos, die weichlichen Züge, die Weiberliebe im Charakter des Paris. Dieser durch einen ungriechischen Charakter wie durch einen ungriechischen Namen bezeichnete Sohn des Priamos, den die Schutzgöttin Ilion's, die Aphrodite, mit schönem Antlitz und Haar geschmückt hatte, mußte die Helena entführen. Auf dem Felseiland Kranaë in der Bucht von Gytheion (wo die Phoeniker einst den Dienst der Aschera gegründet), umfängt Paris die Helena; er bringt sie nach Ilion, nachdem er in Sidon gelandet. Man wußte bei den Griechen, woher die fremden Schiffe kamen, welche bei Kranaë anlerten. Die nachhomerische Dichtung hob die Dienste der teukrischen Küste, die asiatischen Elemente, viel schärfer hervor. Wir sahen (S. 137 flgde.), welcher durchgreifende Einfluß in diesen Gesängen der Aphrodite vom Ida beigelegt wurde, welche Bedeutung der Granatapfel der Aschera erhielt, wie die Tochter des Priamos, die Kassandra, nach dem Vorbilde der weissagenden Weiber, der Sibyllen von Gergis, zu einer Seherin ward, welche Rolle den Amazonen zugetheilt wurde.

Gestalten und Charaktere seiner Helden hatte der Sänger der Ilias in den Liedern von den Abenteuern vor sich. Er hat ihre Grundzüge gewiß festgehalten, aber er wird sie weiter durchgeführt, er wird sie schärfer und feiner entwickelt haben. Er läßt die Helena ihr Vergehen durch Reue und Selbstanklage büßen, er zeigt den Hektor, von Weib und Kind zum Kampfe sich losreißend. Der Schützling der Athene, Diomedes von Argos (S. 260), ist in seinen Kämpfen ein Abbild des stürmischen Angriffs, des raschen, siegreichen Kampfes der Gewittergöttin selbst[1]). Dem Helden von Pylos, dem

---

[1] In der nachhomerischen Dichtung bei Arktinos ist es Diomedes, welcher

greisen Nestor, giebt der Sänger der Ilias die erste Stelle im Rath. Bei dem Gegensatz, bei dem Streit der Achaeer von Thessalien und Argos, bei dem Zwist des Agamemnon und Achilleus, waren die Jonier nicht betheiligt. Ihr greiser Führer konnte am besten die Vermittlung des Zwistes übernehmen; wie der Sänger der Ilias denn überhaupt den Helden der Jonier einen maßvollen, freundlichen und verständigen Sinn, kluge Behandlung der Menschen und Umstände, und die gewinnende Rede beilegt; Eigenschaften, welche dem Stamm der Jonier frühzeitig eigen waren. Der liebenswürdigen Seite des ionischen Charakters hat der Sänger der Ilias in dem jungen und raschen Sohn des greisen Nestor, in dem Antilochos, einen schönen Ausdruck gegeben. Arktinos von Milet ließ diesen darauf hin beim Achilleus die Stelle des Patroklos einnehmen. Ajas ist dem Sänger der Ilias nach dem bereits vorgefundenen Grundzuge „der Thurm der Achaeer". Er ist der Träger des undurchdringlichen Schildes von sieben Stierhäuten; er ist höher als alle anderen Helden. Er weicht stets zuletzt, „wie der Löwe, der immer sich wendet grimmig und wüthend, wenn ihn die Hüter zur Nacht mit Speeren und lodernden Feuerbränden von der Heerde gejagt". Die Troer versuchen vergebens, ihn rückwärts zu bringen, „wie Knaben ihre Stöcke auf dem Rücken des Esels zerschlagen, ohne ihn aus dem üppigen Saatfeld bringen zu können". Er kämpft den Zweikampf gegen Hektor, als alle anderen versagen; er vertheidigt als alle welchen das Schiff des Protesilaos gegen die Feuerbrände Hektor's. Dem männlich reifen Helden der Abwehr stellt der Sänger der Ilias den jugendlich raschen Helden des Angriffs gegenüber. Achilleus war ihm in den Liedern als der kühnste und schnellste der Fürsten von Ilion gegeben. Hera, die Beschirmerin der Achaeer, die Göttin von den Gestaden Thessaliens, von Jolkos, die darnach verlangt, daß der Held geboren werde, welcher Ilion's Niederlage entscheidet, ist es beim Homer, welche die Ehe des Peleus und der Nereide geschlossen hat. Die Angriffswaffe des Achilleus, die Eschenlanze vom Pelion, wird noch stärker hervorgehoben, noch höher gepriesen, als der Schild des Ajas. Aber dieser unwiderstehliche Angreifer, dieser unentfliehbare Verfolger ist auch rasch im Zorn,

---

das Palladsbild, an welches die Erhaltung der Stadt geknüpft ist, aus ihren Mauern entführt; Dion. Hal. 1, 69.

wild in seiner Wuth, wie die Wogen des Meeres, und unerbittlich in seinem Grimm, wie die Felsen des Gebirges. Wenn Patroklos dem Achilleus sagt: „Dich zeugten die schroffen Felsen und das blaue Meer"[1]), so scheint dem Sänger der Ilias die Kombination, welche dem Achilleus den Geist des Pelion und die Nixe des Meeres zu Eltern gegeben hatte, gegenwärtig gewesen zu sein. Diesem unwiderstehlichen, unüberwindlichen Helden, der gezwungen, den gefallenen Freund zu rächen, die Schutzwehr Ilion's niederwirft, ist ein vorzeitiger Tod vor Ilion bestimmt, und er hat seinen alten Vater einsam und hülflos daheim gelassen.

Wie der Sänger der Ilias bewegt ist von dem Schicksale, welches den Troern bevorsteht, so steht er auch zu den Achaeern nicht in der ersten jugendfrischen Freude an den herrlichen Thaten des Krieges, die sie vollbracht haben, an dem großen Sieg, der ihnen gelungen ist, an der reichen Beute, welche sie heimführen. Es sind nicht die Siege, es sind die Mühsale, es sind die Leiden der Achaeer, welche der Dichter singt, die der Zwist des Agamemnon und Achilleus über sie gebracht; es ist die Trauer über so viele große und stattliche Kämpfer, welche vor Ilion geblieben sind, die Trauer über die Leiden, welche den Siegern auch nach erfochtenem Siege bei der Heimkehr bevorstehen, welche den Grundton seiner Auffassung ausmachen. Diese wehmüthige Stimmung ist wesentlich durch den Blick auf das alte Vaterland motivirt, welches die Ansiedler in Asien verloren hatten; verloren, nachdem die Ahnen so große Thaten vor Ilion gethan, verloren an vormals unbekannte und ungenannte Stämme. Kein Volk hat mehr Kolonieen gegründet, als die Hellenen, und kein Volk hing fester an seinem heimischen Boden, keines war so eng mit diesem verwachsen als die Hellenen.

Die Leiden der Rückfahrt waren wie die Thaten vor Ilion in einer Menge einzelner Lieder gesungen worden. Auch diese wurden zu einem Ganzen verbunden, in welchem sich die Fährnisse, welche den einzelnen Helden auf der Rückfahrt begegnet waren oder begegnet sein konnten, zu den Schicksalen Eines Mannes zusammenzogen. Welche Rückfahrt diese Einheit bieten mußte, war sehr deutlich angezeigt. Es ist schon oben angedeutet, daß die Heimfahrt der ionischen Fürsten von den Inseln der epeirotischen Küste die übrigen

---

1) Il. 16, 34.

absorbiren konnte; es ist angedeutet, welche Elemente zur Ausmalung derselben den ionischen Sängern zu Gebote standen. Es war ein Sänger aus demselben Geschlecht der Homeriden, der die Heimfahrt des Odysseus zu einem Epos umbildete und gestaltete¹), welcher die Lieder der Heimfahrten des Agamemnon, des Menelaos, des Ajas, des Diomedes, des Nestor theils in seinen Kreis zog und aufnahm, theils vergessen ließ. Der ionische Sänger hatte den ionischen Helden in den Stürmen des Meeres, in den Gefahren unwirthbarer Küsten zu zeigen, und er zeigte ihn nicht blos, er verherrlichte ihn; er zeichnete das Urbild des ionischen Mannes. Den Helden der abwehrenden Stärke, des stürmischen Muthes wird hier der Held der Gewandtheit und Ausdauer gegenüber gestellt. Er ist unübertroffen an Klugheit, unerschöpflich an List und Auswegen, unverzagt in den schlimmsten Gefahren, ein Meister des Schiffbaues wie des Steuers, ein Meister der Rede und des geschickten, besonnenen Kampfes. Zehn Jahre hat Odysseus mit den Achaeern vor Ilion gelagert, und eben so lange wird er umhergetrieben. Es sind indeß nicht die Abenteuer der See und die Art, wie Odysseus diese besteht, welche den durchschlagenden und fesselnden Gedanken dieses Epos bilden; allen diesen fernen und wunderbaren Fährnissen steht das mit großer Vorliebe gezeichnete Bild der Heimath und des Fürstenhauses, denn der König, der Mann, der Vater fehlt, gegenüber. In diesem Familienbilde laufen die Fäden zusammen, es ist der Mittelpunkt, um welchen alle jene wunderbaren Abenteuer der See sich gruppiren; das in Ehre und züchtiger Sitte festgegründete Haus ist es, in welchem sie sich wiederspiegeln. Die lange Abwesenheit des Odysseus hat sein Reich zerrüttet; sie hat die Treue seines Weibes nicht erschüttert, das Verlangen des Sohnes nach dem Vater nicht ausgetilgt und des Dulders Sehnsucht nach der Vatererde nur höher gesteigert. Dieser mit dem sichersten Griff erfaßte Gegensatz hat die Komposition der Odyssee zugleich künstlicher gemacht, als die der Ilias. Es sind zwei Reihen von Ereignissen, welche nebeneinander herlaufen, bis beide Kreise zur Lösung des Knotens zusammentreffen.

  Die Sänger der Ilias und der Odyssee stehen am Schlusse einer langen Entwickelungsreihe der griechischen Poesie und zugleich

---

1) Welcker, der epische Cyklus I, 127.

Stellung des homerischen Epos. 275

am Eingang einer neuen. Das homerische Epos hat die Arbeit, welche die Sänger der Abenteuer vor ihm gethan, zu einem glänzenden Abschluß geführt. Die Größe und die Macht dieser Dichtung hat alle früheren Lieder, alle jene Einzelgesänge untergehen lassen, so weit sie nicht in diese beiden großen Gesänge hineingezogen waren, so weit nicht drei oder vier derselben nachmals diesen Epen eingeschoben worden sind, so weit nicht spätere Dichter an dieses oder jenes ältere Lied wieder anknüpften. Das homerische Epos ist die reife Frucht einer langen Entwicklung, einer ganzen Periode der griechischen Poesie. Es ist die Zusammenfassung und Umformung, die poetische Wiedergeburt der Gestaltung, welche die Sänger der Fürsten und Edlen den Sagen vom Kriege vor Ilion und von der Rückfahrt der Helden im Laufe eines Jahrhunderts gegeben hatten[1]).

5. Die Boeoter.

Ein ansehnlicher Theil des hellenischen Volkes hatte sich auf den Inseln des aegaeischen Meeres, auf der Küste Anatoliens unter einem anderen Himmel und von anderen Verhältnissen umgeben ein neues Vaterland gegründet. Aber die Wanderungen und Eroberun-

---

1) Die Verdienste der großen Forscher, welche ihre Kritik gegen die Einheit der homerischen Gedichte gewendet haben, werden nicht geringer, wenn man ihre Ergebnisse nicht annimmt. Wolf und Lachmann haben nicht blos den Homer lernen gelehrt, sie haben sowol die Natur als die Geschichte des Epos aufgedeckt. Es wird heute gestattet sein, neben dem Naturwuchs der Poesie, neben den Liedern und den Liederreihen das individuelle Moment wieder zu betonen, an die Schöpferkraft des individuellen Geistes zu erinnern, ohne welche doch kein größerer Schritt über den bestehenden Zustand hinaus gethan wird. Man wird die Behauptung schwerlich aufrecht erhalten können, daß das Epos bei den Griechen auf seiner ersten Stufe bei den „Abenteuern" stehen geblieben sei, und man wird die Frage der Entstehung der homerischen Gedichte nicht dadurch lösen können, daß man sie um dreihundert Jahre zurückschiebt, daß man diese Entstehung in ein Zeitalter verlegt, welches notorisch keine Production für das Epos besaß und besitzen konnte, daß man den Peisistratos oder seine Genossen an die Stelle des Homer setzt. Daß die „Lieder" wie sie jetzt vorliegen oder zu restituiren versucht worden sind, gar nicht für sich bestehen können, hat Grote mit Recht hervorgehoben. Die Frage, ob die Griechen sich zur homerischen Zeit im Besitz der Schrift befunden, ist übermäßig betont worden in Folge einer unwillkürlichen Uebertragung unserer Anschauungsweise, unseres Verfahrens und unserer Zustände. Man schreibt keine Bücher, wenn es keine Leser giebt. Die homerischen Gedichte waren nicht schriftlich concipirt, sondern für die mündliche

18*

gen, welche dieser großen Kolonisation den Anstoß gegeben, hatten auch die Zustände der alten Heimath in den östlichen Kantonen,

Recitation gedichtet. Daß die Sänger jener Zeiten gewohnt waren, sehr lange Gedichte zu recitiren, auch wenn sie es nur mit einzelnen Abenteuern zu thun hatten, erhellt aus den homerischen Gedichten selbst. Es gab noch zu Xenophon's Zeit Leute in Athen, welche die Ilias und die Odyssee auswendig herzusagen wußten; Xenoph. Symp. 3, 15. Ferner kann nicht erwiesen werden, daß der zweiten Hälfte des neunten Jahrhunderts jede Kenntniß der Schrift fehlte, auch wenn man jene Stelle der Ilias, welche des Briefes erwähnt, als einer später eingeschobenen Episode angehörig zugiebt. Endlich mußte die Ilias vorhanden sein, wenn Kallinos dieselbe in den ersten Olympiaden fortsetzen konnte. Das entscheidendste Gewicht ist mit Recht auf die Widersprüche und Incohaerenzen, die sich in der Ilias, die sich auch hier und dort in der Odyssee finden, gelegt worden. Aus diesen Gitterspruchen ist der Schluß gezogen worden, daß die Ilias aus einer Reihe selbständiger Lieder — nach Lachmann aus achtzehn Liedern — im Wege des Aggregats erwachsen sei. Man kann diese Widersprüche daraus erklären, daß der Sänger der Ilias zwar die Einheit erreichen wollte, aber nicht erreicht hat, daß er „zu seiner Kompsition Stücke verwendet hat, die ursprünglich nicht zusammengehörten, daß es so nicht vermocht hat, diese Stücke entsprechend umzugestalten, sondern Spuren genug übrig gelassen hat, die ihre ursprüngliche Verschiedenheit deutlich verrathen." Es ist jedoch unnöthig, eine Schwäche der ursprünglichen Composition zu Hülfe zu rufen. Die Art, in welcher die homerischen Gedichte fortgepflanzt wurden, hat jene Widersprüche erzeugt und erzeugen müssen. Die Sagen, welche die Normannen nach Island brachten, welche dort gesammelt und aufgezeichnet worden sind, bestanden zwei Jahrhunderte lang durch mündliche Tradition; die homerischen Gedichte wurden drei Jahrhunderte hindurch wesentlich durch mündliche Ueberlieferung fortgepflanzt; wenn auch im zweiten und dritten einzelne Stücke derselben geschrieben waren. Diese Form der Fortpflanzung setzte das homerische Epos sogleich wieder in die Gefahr, in Einzelgesänge aufgelöst zu werden. Wie sicher den Homeriden der Besitz des Ganzen sein mochte, die Gelegenheiten das eine oder das andere der beiden großen Gedichte ganz zu recitiren, waren selten. Als sich darnach die Recitation nicht mehr auf die Homeriden beschränkte, als die Rhapsoden recitirten, welche durch keine Tradition der Schule gebunden waren, wurde diese Gefahr ungleich größer. Für die Ilias kam noch ein besonderer Umstand hinzu, den Zusammenhang zu lösen. Wenn auch der poetisch richtig ergriffene Kern des Kampfes um Ilion, war die Ilias doch immer nur ein Stück dieses Kampfes. Wie scharf der Sänger der Ilias seinen Gedanken erfaßt haben mochte, immer mußte schon in ihm selbst der Trieb vorhanden sein, die ganze Breite des Krieges in sein Gedicht hineinzutragen zu lassen. Dies Moment wirkte für die Recitatoren seiner Gesänge viel schärfer. Die Achaer durften auch ohne den Achilleus nicht immer unterliegen. Die Hörer verlangten die Thaten der übrigen Helden. Da wo die Nachkommen des Agamemnon herrschten, wird man schwerlich dessen Aristeia, doch die des Diomedes, hier den Preis eines anderen Helden zu hören verlangt haben. Die Zuhörer wollen dann auch Vollständigkeit, und wie stark der Trieb bei den Griechen war, diese Ereignisse der Vorzeit in vollem Umfange zu kennen, das beweisen hinlänglich die Fortsetzungen der Ilias durch Arktinos und Lesches, wie die Kyprien. So war der „Zorn des Achilleus" in der Lage, in den „Krieg um Ilion" umgeschlagen. Wenigstens in den ersten Geschlechtern nach Homer werden die Sängerschulen noch im Besitz älterer Lieder oder älteren Liederstoffs gewesen sein, eben von jenen Thaten und Helden, welche die Hörer kennen wollten. Man hatte nichts zu thun, als jene Lieder mit einigen Umwandlungen in die Ilias einzuschieben. Mochten die Homeriden immer dabei noch den

Die Zustände der Halbinsel. 277

auf dem Peloponnes vollständig umgewandelt. Diese Landschaften hatten neue Herren, zum Theil eine vollständig neue Bevölkerung

Grundgedanken des Gedichts empfinden, für die Rhapsoden konnte dieser kaum existiren. Die Recitation des einzelnen Abschnitts enthielt an sich die Nöthigung, demselben den Charakter des Bruchstücks zu nehmen, demselben möglichst als selbstständiges Ganze zu behandeln, während das Interesse der Rhapsoden den Zusammenhang des Ganzen zu wahren, nur ein höchst geringes sein konnte. Dieser Zug nach der Verselbständigung der einzelnen Stücke mußte mit dem Eintreten der Wettkämpfe der Rhapsoden wesentlich an Stärke gewinnen. Je mehr der Vortragende zugleich selbst Dichter war, um so lebhafter mußte er in seinen Stoff für seinen Zweck zusetzend und umbildend eingreifen. Die Redaction der Ilias durch die Peisistratiden, wenn sie auch dem Zusammenhängenden und Uebereinstimmenden den Vorzug gegeben haben wird, konnte doch die Wirkungen einer so langen Auflösung der homerischen Gedichte in kleinere Abschnitte nicht rückgängig machen. Es sind die Wirkungen dieser Auflösung, es sind Einschaltungen der angedeuteten Art, die nur in der ersten Hälfte der Ilias Platz finden konnten und hier in ziemlich starkem Umfange Platz gefunden haben, welche jene Widersprüche und Disharmonien hervorgebracht haben. Die Odyssee war diesen Gefahren in bei weitem geringerem Maaße ausgesetzt. Sie behandelte ihren in sich abgeschlossenen Gegenstand, dem eine größere Zahl der Helden, dem die Massen eines gewaltigen Kampfes, dem schnell wechselnde Entscheidungen fern lagen, vollständig; sie hat deshalb auch bei weitem geringere Einschaltungen in den ursprünglichen Bau erfahren. Die Rekola und der Schluß scheinen der alten Composition fremd gewesen zu sein. Mit großem Recht ist gesagt worden, daß es sehr zu verwundern sei, daß in dieser Weise durch einen langen Zeitraum fortgepflanzte Gedichte nicht viel größere Incohaerenzen und Widersprüche zeigten. Mit Recht ist darauf hingewiesen, wie überaschlummend trotzdem der Ton, wie intakt die Zeichnung der Charaktere geblieben sei. Noch ein anderer Umstand spricht sehr bestimmt für die ursprüngliche einheitliche Composition und die gute Aufbewahrung. So wenig das homerische Epos andere Sitten zeichnen konnte, als die seiner Zeit, so wenig es in der Schilderung des Handelsverkehrs, der Seafahrten der Geschichtskreis seiner Zeit einzugehen durfte; in den Staaten und Stämmen ist die Periode vor der Wanderung streng festgehalten. Kein Name eines Stammes, eines Landes, eines Fürsten verräth die Zeit des Sängers. Kommen eine oder zwei Ausnahmen vor, sie können die Regel nur bestätigen. Außer dem Schisselataios werden „Pelasger" nur auf Kreta erwähnt in wenigen offenbar eingeschobenen Versen; Od. 19, 174. In derselben Stelle wird der Name „Dorer", das einzige Mal in der Ilias und Odyssee genannt. Die Jonier werden ebenfalls nur einmal genannt (Il. 13, 685.), und zwar in dem Kampf um die Schiffe, in einer Stelle, die auch sonst fremdartige Dinge über die Lokrer aussagt und mit dem Ganzen nicht im Geringsten zusammenhängt. Während sonst nur Minyer und Kadmeer in Boeotien genannt werden, während Orchomenos als Mittelpunkt des alten Verkehrs festgehalten wird (Od. 11, 459.), wird einmal ein Boeoter in Boeotien genannt (Il. 5, 708.), indeß war der Landesname, Boeotien, zuverlässig ein alter; man konnte also auch einmal den Landesnamen für den Stammnamen brauchen; man kann „Schweizer" für einen Berner oder Zürcher sagen. Auch die Eleer werden einmal an Stelle der Epeer genannt (Il. 11, 671.); indeß war Elis der alte Name des Landes (S. 192), und ebenso könnte Messe oder Messene ein Landschaftsname gewesen sein, ehe die Dorer am Pamisos sich und ihren Staat nach demselben benannten. Sparta war als Sitz des Kultus der Helena gegeben, wenn selbst die Stadt ihre Entstehung erst der Einwanderung der Dorer verdankte. Nur daß die Kreter am Zuge gegen Ilion Theil nehmen, erscheint auffallend. Es gab keine griechische Ansiedlung auf Kreta vor dem Einbruch der

erhalten. Vor dem Andrang der Thessalier waren neben den Dorern, den Pelasgiotes, den Minyern von Jolkos und einem Theil der Magneten, auch die Arnaeer vom Südufer des Peneios aus ihren Sitzen gewichen. Die Arnaeer hatten eine der fruchtbarsten Landschaften Thessaliens inne gehabt; ihr Gebiet an den südlichen Zuflüssen des Peneios hatte sich vom Pamisos im Westen über den Korallos, an dessen Ufern Arne lag, bis zum Apidanos erstreckt[1]). Sie hatten, wie es scheint, den ersten Stoß der Einwanderer empfangen, und denselben nicht abzuwehren vermocht. Dagegen war es ihnen nun ihrerseits gelungen, im Süden der Berge das alte Orchomenos mit seinem Reichthum und seinen alten Bauwerken zu überwältigen; sie hatten das siebenthorige Theben mit den Diensten des tyrischen Herakles und der Harmonia, des Amphion und Zethos zu ihrer Stadt gemacht, und ihre Fürsten herrschten, wo Oedipus gebuldet, und seine Söhne gehadert haben sollten. Die Tradition von der Gründung der Griechenstädte auf der anatolischen Küste war ärmlich und auf wenige Notizen beschränkt, aber die homerischen Gedichte gewährten uns doch eine gewisse Anschauung von dem Leben und Treiben, von den Sitten und dem Wesen in den ionischen Orten zur Zeit des neunten Jahrhunderts. Für die Zustände des Mutterlandes entbehren wir auch des Hülfsmittels dieses poetischen Spiegelbildes; nur auf einen Streifen Boeotiens läßt

---

Thessalier und Dorer. Man darf aus der Stellung der Kreter bei Homer zunächst auf nichts anderes schließen, als daß die Sage bei den Griechen in Kleinasien bestand, daß Bewohner von Kreta sich dem Zuge gegen Ilion angeschlossen hätten. Es konnten dies karische Bewohner der Insel, Streifwehrer, die den Seeraub liebten, gewesen sein; bei Homer sind die Kreter starke Seeräuber (Od. I. S. 304.). Idomeneus, der Führer der Kreter, wird an Minos angeknüpft, sein Name scheint ein lokaler, vom Berge Ida abzuleitender. Wir sehen aber auch schon, daß sich die Dorer auf Kreta frühzeitig den Minos aneigneten, und die ohne Zweifel sehr bedeutsame Stellung, welche die Insel im neunten Jahrhundert bei den Griechen einnahm, konnte verursachen, daß man ihr schon zur Zeit des troischen Krieges eine Stelle zu Gunsten der Griechen anwies. Die Griechen bauten darauf freilich viel mehr, ihnen stand nach der Tradition der Dorer in Kreta wie auf Homer's Autorität hin fest, daß die Dorer und Achaeer schon vor dem troischen Kriege auf Kreta gewohnt hätten.

1) Diese Ausdehnung des Gebiets der Arnaeer folgt nicht blos aus dem späteren Umfang der Landschaft Thessaliotis, aus der Lage Arne's am Korallos. Wenn die Ausgewanderten nicht blos den Namen des Korallos bei Koroneia erneuerten, sondern auch den Namen des Crius Ikos, so muß derselbe zum Gebiete der Auswanderer gehört haben und dieses demnach bis zum Apidanos gereicht, oder es müssen wenigstens zahlreiche Auswanderer aus diesem Gebiet sich den Arnaeern angeschlossen haben.

eine analoge aber bei weitem spärlichere und spätere Quelle ein dürftiges Licht fallen.

Nach der Ueberlieferung hatte, wie oben berichtet, König Opheltas die Arnaeer nach dem Rinderlande, nach Boeotien geführt. Er soll seinen Königssitz in Theben gegründet, und seine Würde auf seine Nachkommen, den Damasichthon, Ptolemaeos und Xanthos vererbt haben. Xanthos erlag bei dem Versuche, die Eroberungen der Arnaeer südwärts vom Kithaeron auszudehnen, in Attika dem Melanthos im Zweikampf, dem diese That die Königswürde über Athen eintrug[1]). Die Thebanische Tradition geht von der Vorstellung aus, daß das Königthum des Opheltas und seiner Nachkommen das boeotische Land umfaßt habe, daß Theben mit der Einwanderung der Arnaeer die Hauptstadt des Landes geworden sei, und die Könige Thebens über das gesammte Boeotien geboten hätten. Soweit unsere Kunde hinaufreicht, finden wir nun Theben allerdings im Besitz der Vorortschaft, und es ist sicher, daß Theben das Recht dieser seiner oberen Leitung Boeotien's auf die Behauptung stützte, daß es zur Zeit der Eroberung die übrigen Städte des Landes gegründet habe[2]). Indeß ist es wenig glaublich, daß die Eroberung Boeotiens, welche von Nordwesten her erfolgte, mit einer so weit nach Südosten gelegenen Stadt, wie Theben, begonnen haben sollte, und es ist oben (S. 204.) bereits einer anderen Ueberlieferung erwähnt worden, nach welcher Chaeroneia an der Westgrenze Boeotiens die erste Stadt war, welche König Opheltas gewonnen habe[3]). Die plötzliche Gründung einer großen einheitlichen Herrschaft widerstreitet überdies der Art des griechischen Volkes und dem Charakter seiner Entwickelung. Orchomenos blieb, auch nachdem es in die Gewalt der Arnaeer gefallen war, in der Opfergemeinschaft von Kalauria (S. 176.); beim Homer gilt Orchomenos für den belebtesten Mittelpunkt des griechischen Verkehrs[4]), und wir wissen, daß Boeotien aus zehn bis vierzehn Gemeinwesen bestand, über welche, so gut wie über Theben, Könige herrschten[5]). Die herrschende Stellung Thebens wird demnach nicht für eine mit der Eroberung des Landes gegebene Thatsache, sondern erst für ein Resultat weiterer Entwickelung gelten dürfen. Von jenen selbst-

---

1) Pauf. 9, 5, 16. — 2) Thukyd. 3, 61. 66. — 3) Plut. Cimon. a. 1. — 4) Od. 11, 459 — 5) Daß zu Thespiae ein besonderes Königthum bestand, folgt aus den „Werken und Tagen".

ständigen Gemeinwesen hatte jedes einen Theil des boeotischen Landes inne und gebot über einige von der Hauptstadt abhängige Orte. Den Thebanern selbst waren Akraephion, Skolos und Glisas unterthan; den Orchomeniern, welche stets den ersten Platz nach Theben behaupteten, gehörten Chaeroneia, Aspleden, Hyettos; den Tanagraeern die Hafenstadt Aulis; den Thespiern gehörten Leuktra, Astra, Thisbe, das Gebiet des Helikon mit der Bergfeste Kereffos[1]); den Plataeern, deren Stadt nach der Behauptung der Thebaner die späteste Gründung nach der Eroberung des Landes war[2]), Hysiae und Erythrae, welche, wie Plataeae selbst, auf dem nördlichen Abhang des Kithaeron lagen. Außerdem waren Lebadeia (Livadia), Koroneia, Haliartos und Kopae am Nordrande des gleichnamigen See's, Antheden am euboeischen Sunde, selbständige Orte.

In allen diesen Orten herrschten unter ihren Königen die neuen Einwanderer nach dem Rechte der Eroberung. Sie bildeten den Adel dieser Städte, welcher den besten Theil der triftenreichen Gemarkungen unter sich vertheilt hatte, dessen Reichthum die stattlichen Heerden von Rindern, Schafen und Rossen waren, die dieses Weideland ernährte. Auf dieser durch die Eroberung des Landes gelegten breiten Grundlage schlug das aristokratische Leben in Boeotien feste und tiefe Wurzeln. Der Adel von Theben hielt unter dem Vorsitz seiner Könige auf der alten Burg dieser Stadt, auf der Kadmeia Rath und Gericht[3]). Herakles und Iolaos waren den neuen Herren Thebens Vorbilder des Wagenkampfes und der Rossenlenkung, sowie treulicher Waffenbrüderschaft. Es war ein Edelmann von Theben, welcher bei dem ersten Wettfahren zu Olympia im Jahre 680 v. Chr. mit dem Viergespann den Sieg davontrug[4]), und noch im vierten Jahrhundert, als die Fechtart des zehnten und neunten Jahrhunderts längst beseitigt war, wurden die auserwählten Streiter, welche den Kern des thebanischen Heeres, den heiligen Lochos bildeten, Heniochoi (Wagenlenker) und Parabatai (Wagenkämpfer) genannt[5]). Als der Reiterkampf im achten und siebenten Jahrhundert den Streitwagen ersetzt und beseitigt hatte,

---

1) Boeckh. corp. inscript. I, 5. p. 726 seqq. Kruse Hellas 2, 1. S. 568. — 2) Thukyd. 3, 66. — 3) Die Sitzungen der Gerusia von Theben wurden noch im vierten Jahrhundert auf der Kadmeia gehalten; Xenoph. hellen. 7, 3, 7. — 4) Pausan. 5, 8, 3. — 5) Diod. 12, 70. Plut. Pelop. 18. 19.

stellte nächst dem thessalischen der boeotische Adel die ansehnlichste Reiterei. Ohne Anstrengung sendete er sechshundert bis tausend Ritter sammt den dazu gehörigen berittenen Knechten ins Feld. Orchomenos besaß allein dreihundert Ritter. Mit dem Aufblühen der Gymnastik im siebenten und sechsten Jahrhundert warf sich der boeotische Adel mit Eifer auf diese Uebungen; Herakles, der Held von gewaltiger Kraft ward ihm der erste Ringer und Faustkämpfer, dem die Gymnasien und Ringplätze geweiht wurden. Die Sitte der gemeinsamen Mahle, des reichlichen Schmausens der Edelleute, welche die homerischen Gedichte schildern, erhielt sich in Boeotien auch nachdem seit der Mitte des achten Jahrhunderts das Königthum nicht mehr den Mittelpunkt dieser Mahlzeiten bildete.

Von dem Schicksale der alten Bevölkerung, welche die Arnaeer sich unterworfen hatten, über welche sie als reichbegüterte, edle Herren geboten, wissen wir wenig zu sagen. Ein ansehnlicher Theil der Minyer und Kadmeer war, wie wir oben gesehen, aus dem Lande gewichen. Doch hatten auch, wie es scheint, einige der alten Geschlechter dieser Stämme unter dem neuen Adel des Landes Aufnahme gefunden. Wenigstens begegnen wir nachmals Geschlechtern in Theben, welche sich in grader Linie von Kadmos oder von den Männern, welche dessen Drachenzähnen entsprossen sein sollten, ableiteten; der erste Rang gehörte indeß stets dem Geschlechte des Opheltas[1]). Im Ganzen wird die alte Bevölkerung, welche im Lande sitzen blieb, den Theil der Gemarkungen, welche der Adel nicht in Besitz genommen hatte, als eigenes Land bebaut haben. Dem Rechtsspruch der Könige und der abligen Geronten unterworfen, lebten diese Bauern, ohne Antheil an der Leitung des Gemeinwesens und ohne Einfluß auf dasselbe, frei neben den Rittergütern. Die Heerden des Adels wurden von Kriegsgefangenen oder erkauften Sklaven gehütet und gepflegt, seine Aecker wurden von Sklaven oder freien Lohnknechten (Thetes) bestellt.

Die Pflege, welche der Heldengesang an den Höfen der Fürsten, danach in den Schulen der Sänger gefunden, hatte die Theilnahme und das Interesse an der Dichtung auch in die Kreise des Volks hinabsteigen lassen. Es war kein Jahrhundert nach den Gesängen Homers vergangen, daß ein boeotischer Bauer sich neben

---

1) Pausan. 8, 11, 5. Plut. de sera num. vind. c. 13.

seinem Geschäft des Dienstes der Musen befleißigen, daß er die
Musen, wenn auch nicht die des Olymp doch die des Helikon, um
süße Gesänge anrufen, daß er sich in Wettkämpfen im Hymnos
versuchen konnte. Freilich war es nicht eine große, im Gedächtniß
des Volks wie in den Fürstengeschlechtern vererbte, in den Liedern
der Sänger lange verherrlichte nationale Tradition; freilich waren
es nicht die Thaten der Götter und Helden und der Ruhm der
Männer, welche der Muse des Hesiodos die Schwingen gaben. Es
sind die prosaischen Ereignisse eines engbegrenzten Lebens, eines
wenig umfassenden Horizontes, die naiven Lehren einer eben erwachenden moralischen Reflexion, welche seine Verse wiedergeben,
die zudem in zertrümmerter, vielfach überarbeiteter und ausge-
sponnener Gestalt auf uns gekommen sind.

Des Hesiodos Vater hatte in Kyme, dem Vororte der aeolischen
Städte auf der anatolischen Küste (oben S. 218.), welches sich frühzeitig der Schifffahrt zuwendete, gewohnt und dort Seehandel betrieben. „Die schlimme Armuth fliehend, welche Zeus den Menschen sendet, hatte er Kyme im schwarzen Schiffe verlassen" und im
Gebiet von Thespiae, am Helikon, seinen Wohnsitz genommen, „in
dem elenden Dorfe Askra, wo der Winter schlecht und der Sommer
schlimm ist", wie sein Sohn sagt¹). Wenn auch an Fruchtbarkeit
und gutem Klima, fehlte es der Gegend von Askra keineswegs an
landschaftlicher Schönheit. Von dem breiten grauen Kamm des
schwarzbewaldeten Helikon übersieht man die ganze blühende Ebene
des kopaischen See's bis zu dem Knemis, bis zu den höheren
Kuppen der euboeischen Berge hinüber. Nicht weit unter dem
Gipfel des Helikon sprang die den Musen geweihte Quelle, die
„Roßquelle", welche das Wolkenroß aus den Felsen geschlagen hatte
(ob. S. 36.). Hesiod war von Askra über den Sund gefahren
nach Euboea zu den Leichenspielen, welche die Söhne des Königs
Amphidamas von Chalkis diesem ihrem Vater zu Ehren veranstal-
teten. Sie hatten großmüthig viele schöne Preise ausgesetzt. Hesiodos siegte mit dem Hymnos, welchen er dort sang, und gewann
einen gehenkelten Dreifuß, welchen er den helikonischen Musen weihte.
Nachdem des Hesiodos Vater gestorben, theilten die beiden Söhne
Perses und Hesiodos das Erbgut; Perses übervortheilte den Hesio-

---

1) Oper. et dies v. 631 seqq.

ros, und die „Geschenke fressenden Könige" bestätigten, von Perses bestochen, durch ihren Richterspruch diesen in seinem ungerechten Besitz¹). Seinem Zorn über das Unrecht, welches ihm widerfahren, machte Hesiodos in einem größeren Gesange Luft, welcher unter dem Namen „Werke und Tage" auf uns gekommen ist.

Hesiodos sagt den Königen, sie trieben es wie der Habicht, der die Nachtigall in seinen Klauen entführe, und wenn sie klagt, ihr zuruft, daß er der Stärkere sei²). Aber bedenkt, ihr Könige, daß die Götter sich um den ungerechten Richterspruch kümmern. Zeus weiß es, welches Recht im gemeinen Wesen gilt³). Drei Myriaden Geister, die Wächter, welche Zeus den Menschen gesetzt hat, wandeln in Nebel gehüllt über die ganze Erde, auf ungerechtes Urtheil und böse Thaten zu merken. Das Recht ist die jungfräuliche Tochter des Zeus⁴); sie seufzt, wenn „Geschenke essende Männer" die heiligen Ordnungen zu falschem Urtheil verkehren⁵), und setzt sich neben ihren Vater, daß das Volk für die Bosheit des Königs büße, welcher das Recht krumm gezogen hat. Kronion führt die Strafe herauf, Hunger und Pest, und das Volk verdirbt, und die Weiber gebären nicht mehr, die Häuser verfallen; das Heer vertilgt er im Kampfe, oder die Mauer der Stadt, oder die Schiffe auf dem Meere⁶). Dieses Gerichtes des Zeus gedenket, ihr Könige!") Wo aber das Recht dem einheimischen Mann wie dem Fremden gerecht gesprochen wird, da blüht die Stadt und das Volk in ihr und der Friede zieht die Kinder groß. Auch der Hunger kommt nicht zu der Stadt der Männer, wo gerade geurtheilt wird, der Acker bringt ihnen viele Frucht, und auf den Bergen trägt die Eiche oben ihre Eicheln und ist in der Mitte von Bienen erfüllt, und die Schafe haben dicke und welche Wolle, die Weiber gebären Kinder, welche den Vätern gleichen; sie brauchen nicht über das Meer zu fahren, da ihnen die Erde reichen Unterhalt bringt⁸). Solches bewahrend, ihr Könige, ihr Gabenfresser, sprechet graden Spruch und gedenket künftig nicht mehr, krummes Urtheil zu verkünden⁹)!

Dann wendet sich der Dichter an seinen Bruder Perses. Es giebt zwei Arten des Streites, sagt er ihm, eine schlimme und eine gute. Die schlimme Art ist der Streit des Neides und der Ge-

---

1) Opp. v. 36 seq. — 2) 203 seq. — 3) 263. — 4) 257. — 5) 220. — 6) 242 seqq. — 7) v. 248. — 8) 225 seqq. — 9) 263.

wunſucht, wenn der Töpfer den Töpfer beneidet, der Zimmermann den Zimmermann, der Sänger den Sänger¹), wenn man auf dem Markt im Rechtsſtreit mit einander hadert. Einmal mag es wohl gelingen, in dieſem obzuſiegen; am Ende iſt das Recht doch ſtärker als das Unrecht²). Wer wiſſentlich ſein falſches Zeugniß mit falſchem Eid beträftigt und das Recht ſchändet, deſſen Geſchlecht wird im Dunkeln ſchwinden; aber deſſen Geſchlecht, der die Wahrheit beſchwor, wird herrlicher nach ihm aufblühen, und wer Gerechtes auf dem Markte redet, dem wird Zeus Reichthum geben³). Höre darum, Perſes, auf das Recht und häufe den Gewinn des Unrechts nicht höher⁴). Wir wollen unſern Streit in Zukunft nach dem geraden Recht, nach den gerechten Ordnungen, welche Zeus geſetzt hat, entſcheiden⁵), wir wollen den guten Streit ſtreiten, den Wetteifer der Arbeit; wie der Nachbar dem Nachbar nacheifert, den er im Wohlſtand ſieht. Ich ſage dir redliche Worte, ſehr thörichter Perſes. Schlechtigkeit kannſt du ſehr leicht in Hauſen erwerben, der Weg iſt kurz und ſie wohnt dir nahe. Vor die Tüchtigkeit ſetzten die Unſterblichen den Schweiß, lang und ſteil und beſchwerlich im Anfang iſt der Weg zu ihr. Biſt du aber auf die Höhe hinangekommen, ſo geht es nachher leicht⁶).

In dieſem Sinne ſchildert Heſiodos dann ſeinem Bruder, wie ein tugendhafter und frommer Mann leben müſſe. Er hebt die Pflichten hervor, welche den Menſchen gegen die Götter obliegen. Die Arbeit iſt keine Schande, aber die Faulheit. Arbeite, Perſes, daß dir der Hunger fern bleibe und die ſchönbekränzte Demeter dir freundlich ſei; die Unſterblichen lieben den fleißigen Mann⁷). Halte Freundſchaft mit dem Nachbar. Rufe ihn zum Eſſen und miß ihm reichlicher, als er dir gemeſſen hat⁸). Beſuche den wieder, der dich beſuchte; gieb gern dem, der dir gab, doch nicht dem, der dir zu geben weigerte⁹). Meide nicht mürriſchen Sinnes den Schmaus der Gemeinde, die Ausgabe iſt gering, der Genuß in Gemeinſchaft am größten¹⁰). Wähle dir mit Vorſicht den Freund, und ſei bedacht, ihn dir zu erhalten; dingſt du mit ihm um einen Lohn, ſo laß Zeugen dabei ſein; ſowol Zutrauen als Mißtrauen ſchadete manchem¹¹). Beleidige den Freund nicht zuerſt, ſei wahrhaftig

---

1) v. 25. — 2) 218. — 3) 280. — 4) 213. — 5) 35. — 6) 286. — 7) 300. 310. — 8) 342 seqq. — 9) 350 seqq. — 10) 723. — 11) 370.

gegen ihn, und haſt du ihn einmal gekränkt, ſo ſei bereit, ihm zwiefach zu büßen; bietet er zuerſt die Hand zur Verſöhnung, ſo nimm ihn bereitwillig auf. Schlecht iſt der Mann, der bald dieſen, bald jenen zum Freunde hat¹). Auch der iſt dem Zeus verhaßt, der den ſchutzflehenden Fremdling beleidigt, der ſich in ſchmähenden Worten an ſeinem greiſen Vater vergeht, den verwaiſten Kindern Unrecht thut, der dem Armen das elende Loos verwirft, welches die Götter ihm verhängt haben²).

Laß dich nicht von dem gefälligen Weibe bethören; wer dem Weibe vertraut, der vertraut auch dem Betrüger³). Aber damit dir ein Sohn erblühe, der das Beſitzthum erhalte und mehre, das du erworben, wähle dir zur Ehe eine Jungfrau, nicht zu lange vor und nicht zu lange nach deinem dreißigſten Jahre, ſie ſelbſt ſei im fünften ihrer jungfräulichen Blüthe. Suche ein fleißiges Mädchen in deiner Nähe zu finden. Denn wie das böſe Weib das größte Unheil iſt, das den Mann treffen kann, ſo kann er kein edleres Gut erwerben, als eine fromme und züchtige Gattin.

Willſt du durch emſige Arbeit auf dein Gedeihen bedacht ſein, ſo vollbringe die Geſchäfte in weiſer Ordnung. Sorge zuerſt für ein Haus und für gutes Geſinde. Der Knecht muß ohne Weib, die Magd ohne Kinder ſein⁴). Schaffe alles herbei, was du an Geräthen zur Arbeit brauchſt; Mühle und Mörſer und Pflüge von trockenem Holze, das du im Hauſe bereit haſt. Lorbeer und Ulme geben das beſte Holz zur Deichſel; von der Eiche nimm das Krummholz, das du mit Nägeln im Pflugbaum befeſtigſt. Zwei neunjährige Stiere von tüchtiger Kraft mußt du zum Pflügen haben; ihnen folge der vierzigjährige Knecht, der bedacht iſt, die Furchen gerade zu ziehen; ein jüngerer hat den Sinn nicht bei der Arbeit und gafft nach Geführten⁵). Zum Frühmahl mußt du dem Pflüger, ehe er ausfährt, acht Scheiben vom viereckten Brode geben.

Wenn die Pleiaden hinabgehen, um vierzig Tage und vierzig Nächte verborgen zu bleiben, dann iſt die Zeit der Ausſaat. Laß einen Knaben beim Säen hinter dir herſchreiten und mit der Harke den Samen bedecken, daß ihn die Vögel nicht wegtragen. Fröhlichkeit verheiße ich dir dann im Frühjahr; dann brauchſt du nicht auf

---

1) v. 707 seqq. — 2) 325 seqq. 718. — 3) 371 seqq. — 4) 600. —
5) 420 seqq.

Andere hinzublicken; deiner harret der Bedürftige, und bewundernd schaut man deine Ernte. Nicht so, wenn du nun die Winterwende die Flur bestellest, kümmerlich wird dann die Ernte sein und bestäubt wirst du sie heimbringen. Doch nicht jedes Jahr läßt Zeus dem anderen gleich sein. Beachte dann nur die Zeit, wenn aus den Blättern der Eiche zuerst der Kuckuk ruft und Zeus drei Tage regnet; vielleicht mag dann deine Saat noch gedeihen und der Spätpflüger dem frühzeitigen Säer gleichkommen¹). Selbst im Winter mehrt der Fleißige seinen Besitz; rasch geht er an der Schmiede und am Gasthaus vorüber. Dem Manne, welcher den Winter über in der Herberge sitzt, wird der Unterhalt nicht reichen. Wahre dich recht für den Winter; ermahne auch die Knechte, im Sommer Hütten zu bauen. Denn verderblich naht der Nordwind, der das Gefilde mit Eis bedeckt und die Meerfluth emporschäumt. Dann schütze dir die Haut durch ein warmes Hemd und einen weichen Mantel. Binde die Sohlen von Stierhaut, mit Filz gefüttert, unter die Füße; nähe dir die Pelle von einem Erstlingsbock mit Ochsensehnen zum schützenden Mantel zusammen und setze den Hut auf den Kopf, daß dir die Ohren nicht erfrieren, wenn Morgens der Boreas weht und der Nebel aus der Erde aufsteigt und über die Aecker sich breitet²). Später erscheint die Sonne, länger währt der Schlummer der Nacht. Dann bedürfen wir auch weniger Nahrung. Beachte das wol und gieb auch dem Stier nur die Hälfte des täglichen Futters, bis wieder die Erde neue Gewächse hervorbringt. Wenn aber nach der Sonnenwende Zeus den sechzigsten Tag des Winters vollendet hat, wenn der Arkturos wieder in vollem Glanze des Abends aus der heiligen Fluth des Okeanos aufsteigt: dann eile, die Reben zu schneiden, ehe die Schwalbe zurückkehrt. Steigen aber die Plejaden auf, und beginnt die Biene von der Erde die Pflanzen hinanzuklimmen, dann ist es Zeit, zur Ernte die Sichel zu schärfen; dann gilt's emsig zu sein, den Morgenschlaf und die schattigen Sitze zu fliehen. Dreifach fördert die Morgenstunde, ehe die Sonne die Haut verbrennt. Dann führe die Frucht des Feldes herein³). Wenn aber die Distel blüht und die Grille ihren hellen Gesang singt, dann ruhe den erhitzten Leib im Schatten des Felsens und stärke dich mit Wein von Byblos, den

---

1) v. 480 seqq. — 2) 490 seqq. — 3) 564 seqq.

du zum klaren Wasser des Quells mischest, und mit Ziegenmilch, mit Gerstenbrod und mit Fleisch vom Erstling der Kuh und des Bockes¹). Sobald der Orion heraufkommt, gebiete den Knechten, auf der festgestampften Tenne an luftigem Ort die Garben austreten zu lassen, und sammle den gemessenen Vorrath in wohlverwahrte Gefäße. Spreu und Futter, soviel du zur Nahrung der Thiere bedarfst, trage in die Scheuer. Halte dir auch scharfzahnige Hunde und füttere sie wohl, daß sie den Vorrath vor Dieben bewachen. Dann kannst du die Stiere ausspannen und dem Gesinde Ruhe gewähren, bis Orion und Seirios mitten zum Himmel aufsteigen, und der Arkturos mit der Morgenröthe zugleich erscheint. Das ist die Zeit der Traubenernte. Bringe sie ein und lege sie funfzehn Tage an die Luft; zehn in die Sonne, fünf in den Schatten; dann fülle die Gabe des vielgnten Dionysos in die Gefäße. Wenn aber die Herbstregen kommen, wenn die Blätter der Waldung niederfallen, und der neue Sproß sich noch nicht an den Bäumen regt, dann fälle dir Holz und fahre tüchtige Stämme ein.

Es ist ein bemerkenswerther Zug, daß boeotische Bauern, wenn die Zeit der Feldarbeit vorüber war, das Schiff bestiegen, um ihre Ernten selbst auf entfernte Märkte zu führen. Das Gedicht Hesiod's spricht an verschiedenen Orten von der Nöthigung über das Meer zu fahren für die, denen der Ertrag des Ackers nicht ausreiche. „Hast du unverständig Verlangen nach Seefahrt," so heißt es in den Werken und Tagen, „so will ich dir die Regeln des Meeres verkünden. Im Frühling, wenn die Blätter des Feigenbaums sprossen, ist die Bahn des Meeres den Menschen für eine kurze Zeit offen. Aber sobald die Plejaden sich senken, ziehe das Schiff aus der Brandung auf das feste Land und befestige es rings umher mit Steinen und lasse das Regenwasser aus dem Schiffsbauch, daß es nicht einfaule; das Schiffsgeräth bring in dein Haus und falte die Flügel des Schiffes zusammen und hänge das Steuer in den Rauch des Herdes. Wenn dann funfzig Tage nach der Sonnenwende der Sommer zu Ende geht, dann ist die Zeit des ruhigen Meeres; dann eile zu laden. Eile jedoch, daß du zurückkehrst, ehe die Winterstürme kommen. Immer den größten Theil der Habe mußt du daheim lassen, denn stets drohen Gefahren im Meere. Wäre den thörichten Menschen

---

1) v. 580 seqq.

die Habe nicht Leben, dann blieben sie beim Landbau und suchten nicht Gewinn auf dem Meere; — denn furchtbar ist es, in den Wogen zu sterben¹).

Sorgen und Mühen dieser Art waren den Fürsten, welche die boeotischen Städte beherrschten, waren dem stattlich begüterten Adel, der mit ihnen schmauste und mit ihnen in's Feld zog, fremd. Die Opfer, welche den Göttern darzubringen, die Feste, welche ihnen zu feiern waren, lagen Fürsten und Adel näher am Herzen. Sie waren in Boeotien wenigstens in späterer Zeit zahlreich, und beweisen, daß wie überall so auch hier die Einwanderer die Dienste, welche sie vorgefunden hatten, in Ehren hielten und fortsetzten.

---

1) v. 226. 615—645. Hesiodos ist ein allgemeiner Name geworden, wie der des Homeros. Er bezeichnet das Lehrgedicht wie der des Homeros das Epos; er umfaßt die ältere Poesie Boeotiens überhaupt, eine Gesangbildung und Schule, welche sich an des Hesiodos Dichtung anschloß oder vielmehr dieser folgte, welche in dem alten Hesiodos ihren Meister verehren mochte. Es handelt sich hier nicht um die Toeen und die Theogonie, welche unter Hesiodos Namen gehen, jedoch nicht vor der zweiten Hälfte des siebenten Jahrhunderts gedichtet sind (s. unten); es handelt sich um die „Werke und Tage", welche, wie schon Paulanias (9, 31, 4. 35, 1.) bemerkt hat, allein für ein ächtes Gedicht des Hesiodos gelten können. Auch dieses Gedicht ist nicht in reiner Gestalt auf uns gekommen, es ist offenbar aus verschiedenen Stücken zusammengesetzt und zu einem Kalender erweitert worden, und hat die Form, in welcher es heute vorliegt, sicher erst im siebenten Jahrhundert, zum Theil erst durch die Redaktion der Peisistratiden erhalten. Der „lenaeische Monat" z. B. zeigt deutlich die ionische Hand. Dennoch ist der Kern des Gedichtes, der Streit mit dem Perses individuell, lebendig und aus sehr bestimmten Verhältnissen erwachsen. Das Alter dieses Kerns, an welchem die späteren Zusätze und Ueberarbeitungen angeschlossen sind, erhellt nicht blos aus einzelnen Zügen, wie aus der Wendung, daß der Kampf um Theben „um die Schafe des Oedipus" geführt worden sei, sondern vor allem daraus, daß das Königthum als bestehend erscheint. Nicht blos Amphidamas herrscht in Chalkis, und seine Söhne halten ihm Leichenspiele, sondern in dem Gedicht erscheinen auch in den boeotischen Städten die Könige in voller Herrschaft. Nun wissen wir, daß um das Jahr 725 Philolaos die aristokratische Verfassung Thebens erbaute. Dies setzt den Fall des Königthums in Theben, dem dessen Fall in den übrigen Städten gefolgt sein wird, voraus. Es wird dieser Sturz demnach um die Mitte des achten Jahrhunderts erfolgt sein, um welche Zeit auch in anderen Kantonen und Städten die Monarchie in Hellas verschwindet. Hiernach muß Hesiodos von Askra in der ersten Hälfte des achten Jahrhunderts gelebt und gedichtet haben. Es erforderte sicherlich auch eine längere Zeit, ehe der Heldengesang in das Lehrgedicht übergehen und die Poesie von den Rittern zu den Bauern herabsteigen konnte. Die Notiz Plutarch's, daß König Amphidamas von Chalkis zur Zeit des Krieges zwischen Eretria und Chalkis gelebt habe, giebt keine Aufklärung, da mancher Krieg zwischen diesen beiden Städten geführt worden ist. Die Meinung Herodots und anderer, daß Hesiodos ein Zeitgenosse Homer's gewesen, ist aus inneren und äußeren Gründen unhaltbar. Porphyrios und andere setzen den Hesiodos zweiunddreißig Jahre vor die erste Olympiade d. h. in das Jahr 808 v. Chr.; vgl. Clinton fasti hell. I, 359.

Dem Herakles und Iolaos zu Ehren feierte der thebanische Adel die Iolaien; der Adel von Orchomenos feierte den Gottheiten des Frühlings, den Chariten (ob. S. 31.) die Charitesien, ein Fest, welches überwiegend agrarischer Natur, seinen Ursprung schwerlich einem ritterlichen Adel verdankte, und die Agrionien, bei welchen ein Weib aus dem Stamme der Minyer von dem Priester des Dionysos mit gezücktem Schwerte verfolgt wurde[1]). Auch Dionysos war kein Gott des Adels. Gemeinsame Feste boeotischer Städte wurden zu Onchestos im Gebiet von Haliartos am kopaischen See dem Poseidon[2]), zu Plataeae der Hera gefeiert. Das Fest zu Plataeae führte den Namen Daedala d. h. die Schnitzbilder. Ein Holzbild der Hera wurde auf einem Wagen in bräutlichem Schmucke, unter Absingung von Hochzeitliedern dem Zeus auf dem Kithaeron zugeführt. In späterer Zeit soll diese Feier periodisch geordnet gewesen sein, so daß die Plataeer in jedem siebenten Jahr die Daedala allein begangen hätten; in jedem sechzigsten Jahre dagegen sei das Fest von allen Boeotern gefeiert worden. Bei demselben wären dann sämmtliche Schnitzbilder der inzwischen von den Plataeern begangenen Feste auf der höchsten Spitze des Kithaeron, nachdem dem Zeus ein Stier und der Hera eine Kuh geopfert war, verbrannt worden[3]). Alle boeotischen Städte vereinigte ein Opfer, welches der Athene bei Koroneia dargebracht wurde. Es galt der Athene von Iton, der Athene Itonia. Dieser Beiname der Athene, von der thessalischen Stadt Iton entlehnt, zeigt, daß der Adel Boeotiens neben den Diensten der neuen Heimath, welche er angenommen, auch des Kultus seiner alten Heimath eingedenk war[4]). Das Heiligthum der itonischen Athene bei Koroneia war von den Einwanderern gegründet. Durch das gemeinsame Opfer, welches die boeotischen Fürsten und Edelleute dieser ihrer altverehrten Göttin brachten, feierten sie das Gedächtniß ihres alten Vaterlandes, und bewahrten zugleich das Bewußtsein ihres gemeinsamen Ursprungs, ihrer Zusammengehörigkeit. Es wird diese Gemeinschaft eines aus der früheren Heimath herübergebrachten Kultus gewesen sein, welche die Grundlage der Verbindung der boeotischen Städte bildete. Wenn das Bündniß dieser Städte nicht wie anderswo

---

1) Schol. Pind. Olymp. 7, 153. Müller, Orchomenos 177 flgde. Plut. quaest. graec. 38. — 2) Strabon p. 412. — 3) Euseb. praep. evang. 3, 1, 10. Paus. 9, 3, 1, 2. — 4) Pausan. 9, 34, 1. Strabon p. 412.

auf ein gemeinsames Opfer beschränkt blieb, sondern allmählig zu einem festen Verbande wurde, so ist die Ursache dieser Erscheinung gewiß in der überlegenen Macht Thebens zu suchen, welches nach dem Falle des Königthums die boeotischen Städte enger zu vereinigen und länger und fester zusammenzuhalten wußte als dies bei irgend einer anderen Föderation der Griechen der Fall war, ohne doch durch diese Abhängigkeit der übrigen Orte das Land in einen einheitlichen Staat zu verwandeln. Zu welcher Zeit diese Vereinigung der boeotischen Städte ausgebildet wurde, ist nicht zu entscheiden. Sie bestand indeß bereits zu Anfang des sechsten Jahrhunderts. Das gemeinsame Opfer der Athene Itonia, die Pamboeotien, blieben neben dem Fest der großen Daedala stets der Ausdruck derselben. Die nächst Theben bedeutendsten Städte der Föderation, Orchomenos, Koroneia, Thespiae, wurden von den Thebanern mit stetem Argwohn bewacht, nicht minder das kleine Plataeae, welches gegen Ende des sechsten Jahrhunderts mit den Thebanern in Streit gerieth. Nicht immer gelang es diesen, alle Städte in der ihnen genehmen Richtung zu erhalten. Aber sie scheuten vor keinem Mittel, ihr Ansehen innerhalb des Bundes zu wahren und Renitenzen und Abfälle der Bundesglieder mit äußerster Härte zu bestrafen. Sie erklärten es für eine jeder boeotischen Stadt von den Vätern überkommene Pflicht, sich der Gemeinschaft der Boeoter und der mit dieser verbundenen Oberhauptschaft Thebens zu fügen, sie erklärten es für einen Bruch des angestammten Gesetzes, sich von dem Bunde der Boeoter zu trennen[1]). Unter Theben vereinigt, wurde Boeotien allmählig eine ansehnliche Macht, die dritte Großmacht von Hellas.

6. Die Thessalier und Phokier.

Das Land zwischen dem Olympos und dem Othrys hatte ein Zweig des thesprotischen Stammes, die Thessalier, seiner Herrschaft unterworfen. Ein Theil der alten Bevölkerung, die Dorer, dem Südgehänge des Olympos, die Lapithen und Pelasger von den Seen, die Minyer von Jolkos, einzelne Schaaren der Magneten

---

1) Thukyd. 3, 66.

vom Pelion, die Arnaeer von Kierion, waren vor ihrem Andrang aus den alten Wohnsitzen gewichen. Die Einwanderer hatten sich in den fruchtbarsten Strecken des Landes, welches nach ihnen Thessalien genannt wurde, niedergelassen. Es waren die Gebiete der Arnaeer und Pelasger am oberen rechten Ufer wie am mittleren Lauf des Peneios und das Gebiet der Seen, die nachmaligen Distrikte Thessaliotis und Pelasgiotis. Am Golfe von Pagasae erreichte der von den Thessaliern besetzte Landstrich in einem schmalen Streifen das Meer; Amphinaeon und der Hafen von Pagasae gehörte ihnen[1]). Länger als die Bewohner dieser Ebenen, als die Ausgewanderten, widerstanden den Einwanderern diejenigen Stämme der alten Bevölkerung, welchen ihre Berge Schutz gewährten, während andererseits diese Gebiete den Thessaliern selbst wegen ihrer Rauheit und Unfruchtbarkeit weniger begehrenswerth erscheinen mochten. Die Perrhaeber vom Olympos, die Magneten auf ihrer hohen und felsigen Küste, im Süden auf dem Othrys die Doloper, die Aenianen und die Phthioten. Erst nach langen Kämpfen erkannten diese Stämme die Oberherrschaft der Thessalier an[2]). Danach dehnten die Thessalier ihre Oberherrschaft noch weiter südwärts über das Thal des Spercheios bis zum Oeta und zu den warmen Thoren hin aus. Auch die Oetaeer und die Malier, deren Hauptort Trachis war, wurden Unterthanen der Thessalier[3]). Alle diese den Thessaliern unterworfenen Stämme blieben der Lebensweise und der Bewaffnung der alten Zeit getreu. Während die Thessalier, die übrigen Staaten von Hellas längst zum Hopliten- und zum Reiterkampfe übergegangen waren, finden wir diesen Theil der Bevölkerung Thessaliens noch in der Weise bewaffnet, wie Homer die Helden der Achaeer schildert, mit der Wurflanze und dem runden Schild, und die Magneten in ihrer alten Landestracht[4]). Von einigen werden diese Stämme als Perioeken der Thessalier bezeichnet d. h. als Leute, welchen persönliche Freiheit, Eigenthum und Gemeinderecht, aber kein Antheil an der Leitung des Staats zusteht, von anderen als Bundesgenossen der Thessalier[5]). Wir wissen,

---

1) Scyl. per. c. 64. — 2) Aristot. pol. 2, 6, 2. — 3) Die Stadt Herakleia, welche die Spartaner im fünften Jahrhundert auf dem Nordabhange des Oeta gründeten, lag auf „dem Gebiet, welches den Thessaliern gehörte"; Thukyd. 3, 93. — 4) Xenoph. hellen. 6, 1, 9. Pindar pyth. 4. — 5) Thukyd. 2, 99—101. Xenoph. hell. 6, 1, 8. Polyb. 13, 30. Strabon bezeichnet die Perrhaeber als Unterthanen der Thessalier von Larissa; p. 440.

daß dieselben ihre eigenen Rathhäuser (Prytaneen) hielten, daß sie ihre besonderen Angelegenheiten selbständig ordneten, daß sie sogar zuweilen selbständig mit dem Auslande verhandelten; sie können demnach kaum mehr als eine Vorortschaft der Thessalier anerkannt haben, die nach den wechselnden Umständen schärfer oder weniger straff geltend gemacht worden sein wird.

Ob die Thessalier bei ihrer Einwanderung einer einheitlichen Führung gehorchten, ob die Eroberung einen einheitlichen Staat gründete, darüber sind wir nicht unterrichtet. Jeden Falls bestand das Königthum bei den Thessaliern wie bei allen übrigen Stämmen der Griechen während und nach der Zeit der Einwanderung. Dasselbe kann, wie das der Dorer im Peloponnes, gleich mit der Ansiedelung ein getheiltes geworden, es kann ein einheitliches gewesen und mit dem Aufhören der Kämpfe gegen die alte Bevölkerung, gegen die Bergstämme wieder auseinander gefallen sein. So weit unsere Kunde hinaufreicht, finden wir Pharsalos am oberen Enipeus im alten Lande der Arnaeer, Pherae und Larissa im alten Pelasgerlande, das letztere in der Nähe der Lapithenburgen Gyrton und Elateia, als die Hauptorte der Thessalier. Pharsalos scheint in der frühsten Zeit nach der Einwanderung den ersten Rang behauptet zu haben. Von Pharsalos westwärts bis zu den Höhen des Pindos erstreckte sich die Landschaft Thessaliotis. Im Süden von Pharsalos am Enipeus, zwischen dieser Stadt und Melitaea, einem Ort der Phthioten, lag die Landschaft, auf welche die Thessalier den Namen Hellas, welchen sie aus ihrer alten Heimath, aus Epeiros mitgebracht, übertragen hatten, wo nun auch Deukalion, ihr alter Herrscher einst geboten haben sollte[1]. In späterer Zeit tritt Larissa als der Hauptort der Thessalier hervor. Die eingewanderten Thessalier hatten die besten Stücke des Landes in Besitz genommen, sie waren die Edelleute desselben geworden. Sie waren gewiß nicht so zahlreich, daß nicht jedem von ihnen ansehnliche Gründe hätten zu Theil werden können. So weit die alten Bewohner nicht aus den von den Thessaliern in eigenen Besitz genommenen Landschaften

---

[1] Ilias 9, 478. Straben p. 431. der ausdrücklich bemerkt, daß die Landschaft Hellas zu Thessaliotis, dem eigentlichen Gebiet der Thessalier, gehört habe. Die Pharsalier wie die Melitaeer zeigten Trümmer, welche von der Stadt Hellas herrühren sollten. Die Letzteren behaupteten, die Bewohner von Hellas wären nach Melitaea übergewandert, welches Pyrrha geheißen habe, und zeigten ein Grab des Hellen.

entflohen waren, wurden sie von ihren neuen Herren gezwungen, als gutshörige und leibeigene Hintersassen der Rittergüter, als Penesten d. h. als arme Leute zu dienen[1]). Sie bauten die Aecker und hüteten die Heerden der Eroberer, die den gesammten Grund und Boden für sich genommen hatten. Die alte Bevölkerung fügte sich diesem harten Verhältniß nicht sogleich; so lange die Kämpfe der Thessaler gegen die Bergstämme, welche ihre Freiheit und ihre Gebiete zu behaupten suchten, gegen die Perrhaeber, Magneten und Phthioten dauerten, erhoben sie wiederholte Aufstände, welche indeß ohne Erfolg blieben[2]). Die Penesten waren streng gehalten; auf dem Platze, wo sich die Herren versammelten, durfte ungerufen keiner von ihnen erscheinen[3]), doch scheint es, daß ihnen ein Antheil an der Ernde des Ackers zustand, welchen sie bebauten, am Ertrage der Heerden, welche sie weideten; sie waren auf diese Weise im Stande, auch selbständiges Eigenthum zu erwerben[4]). Bei solcher Abhängigkeit der alten Bevölkerung, dem Ueberfluß des Landes an Korn, an trefflichen Weiden, sowol auf den Berghängen, als in den Niederungen des Peneios, bewahrten die Nachkommen der Einwanderer die Stellung, welche sie durch die Eroberung dieser Gebiete gewonnen, die Haltung und die Gewohnheiten eines reichbegüterten ritterlichen Adels. Die Art des Landes gestattete die Pferdezucht in ausgedehntester Weise zu betreiben; so zogen die Thessaler wie die Kolophonier in Asien seit dem achten Jahrhundert den Kampf zu Rosse der älteren Fechtart vor. Wir wissen, daß einzelne dieser Ritter zwei- bis dreihundert ihrer Gutshörigen beritten machen konnten und damit ihre Fehden auf eigene Hand führten[5]). In seiner Gesammtheit stellte der thessalische Adel schon im siebenten Jahrhundert[6]) die beste und gefürchtetste Reiterei in Hellas. So kriegslustig diese thessalischen Reiter waren, so heftig waren sie auch in ihren Leidenschaften. Sie waren geneigt sich in Faktionen zu spalten, bei jedem Anlaß zu den Waffen zu greifen,

---

1) Diese Penesten heißen auch Thessaliken, Bernhardy zu Suidas Πενέσται. — 2) Aristotel. pol. II, 6, 2. — 3) Aristot. l. c. 7, 11, 2. — 4) Grote hist. of Greece II. p. 370. Es wurden viele Sklaven aus Thessalien verkauft, namentlich von Pagasae aus, wahrscheinlich Penesten, oder ein noch schlechter gestellter Theil der alten Bevölkerung: Athen. p. 49. p. 418. Aristoph. Plut. 521. — 5) Demosthen. περὶ συντάξ. p. 173. καὶ Ἀριστοκρ. p. 687. — 6) Daß es im sechsten der Fall war, wissen wir bestimmt, aber schon im siebenten erschienen thessalische Ritter auf Euboea, s. unten.

seinem Gesetz gehorsam, den alten Freuden des Schmauses und des Trinkgelages übermäßig ergeben; jedoch von freigebiger und großmüthiger Gastfreundschaft[1]).

Das Königthum der Thessalier konnte durch die Heerführung, durch die Erfolge der Eroberung zunächst nur an Kraft gewonnen haben. Indeß ist von diesem alten Königthum keine Kunde auf uns gekommen. Nur von einem neuen Königthum, welches in der zweiten Hälfte des achten oder zu Anfang des siebenten Jahrhunderts bei den Thessaliern emporkam, haben wir eine spärliche und ungenügende Kenntniß. Es wird die Uebermacht des reichen und streitlustigen Adels gewesen sein, welcher das alte Königthum erlag. Aber der Adel selbst stellte ein neues Fürstenthum an seine Spitze. Die Tradition berichtet, daß der thessalische Adel Loose nach Delphi gesendet habe, welchem Geschlechte die Fürstenwürde übertragen werden solle; die Pythia habe das Loos Aleuas', des Rothkopfs, von Larissa gezogen[2]). Wohl nach dem Vorgange der Könige der Dorer auf dem Peloponnes führte die neue Dynastie, welche auf diese Weise eingesetzt worden war, ihren Stammbaum zum Herakles hinauf[3]). Von den Nachkommen des ersten Aleuas werden uns nur Eurylochos um das Jahr 600, Simos und dessen Sohn, der zweite Aleuas, genannt. Dieser zweite Aleuas vererbte gegen das Jahr 610 sein Ansehn auf seinen Sohn Thorax und dessen Brüder Eurypylos und Thrasydaeos. Die Macht der Aleuaden, welche Pindar als die „Steuerung der Städte" bezeichnet, beruhte wenigstens im sechsten Jahrhundert mehr auf ihrem privaten Besitz, den ausgedehnten Weidegründen, der Menge der Penesten, über welche sie geboten, und auf ihren Verbindungen unter dem Adel, als daß es eine regelmäßige Königsherrschaft gewesen wäre. Auch fehlte viel, daß das Königthum der Aleuaden sich über das gesammte

---

1) Thukyd. 4, 78. Xen. Hellenic. VI, 1. Plato Crito p. 53. Theopomp. Fragm. 64, 178 ed. Müller. — 2) Plut. de fraterno amore c. 21. — 3) Daß das Fürstenthum der Aleuaden ein neugegründetes war, geht sowol aus der Tradition von seiner Entstehung, wie aus der Zurückführung seiner Abkunft auf den Herakles hervor, einen Heros, welcher den alten Sitzen und Sagen der Thessalier fremd war. Die Zeit des ersten Aleuas bestimmt sich dadurch, daß Eurylochos von Larissa (595) ein Nachkomme des Aleuas Pyrrhos ist. Ueber das Jahr 750 v. Chr. hinaufzugehen, ist unthunlich, weil das delphische Orakel erst um diese Zeit einen größern politischen Einfluß, und der Adel im übrigen Griechenland erst um diese Zeit die Kraft erlangte, das Königthum zu stürzen.

Thessaliens erstreckt hätte. Freilich war Larissa bis auf die Zeiten des Perserkrieges der bedeutendste Staat in Thessalien, aber auch von Pharsalos und Pherae hing eine bedeutende Zahl anderer Orte ab. Indeß hob sich die Macht der Aleuaden wesentlich dadurch, daß eine jüngere Linie des Hauses (Echekratides, Antiochos, ein zweiter Echekratides und Orestes) im sechsten Jahrhundert die Herrschaft über Pharsalos gewann und daß seit Anfang desselben Jahrhunderts eine dritte Linie dieses Geschlechts (Skopas der Aeltere, Diaktorides, Kreon, Skopas der Jüngere[1]) zu Krannon eine fürstliche Stellung einnahm. Aber es ist sicher, daß die Gewalt aller dieser Fürsten durch die Rechte des Adels wesentlich beschränkt war. Eine gesetzmäßige regelmäßige Obergewalt war nur vorhanden, wenn Larissa, Pharsalos und Pherae in der Wahl eines gemeinsamen Anführers, eines Tagos, übereinstimmten[2]), und dies geschah nur in außerordentlichen Fällen, bei gemeinsamen großen Kriegszügen. Von den Aleuaden von Larissa wird Eurylochos (um 600), von denen zu Pharsalos Antiochos (um 550) und dessen Nachfolger Echekratides als Tagos von Thessalien bezeichnet[3]). Dem Tagos stand das Recht zu, von allen abhängigen Stämmen Tribut zu erheben, und man rechnete, daß die thessalischen Orte dem Tagos eine Gesammtmacht von 6000 Rittern und 10,000 Hopliten stellen könnten[4]). Stand kein Tagos an der Spitze, so war die oberste Gewalt bei den allgemeinen Versammlungen des Adels der Gebiete

---

1) Die Beweisstellen bei Buttmann Mythol. II, 246. Daß der erste Skopas um 600 gelebt hat, beweist der Umstand, daß sein Sohn Diaktorides sich unter den Freiern der Agariste befindet, eine Brautfahrt, welche in das Jahr 567 fällt; Herodot 5, 127. vgl. Bd. IV. Daß Thorax schon vor 500 in Larissa gebot, beweist die im Jahre 501 oder 499 geschriebene zehnte pythische Ode des Pindar. Den Führer der Reiter, welche die Aleuaden im Jahre 511 dem Hippias zu Hülfe schicken, nennt Herodot Kineas. Das Jahr des Unterganges der Skopaden in Krannon wird sich schwer bestimmen lassen. Daß Simonides bei diesem Einsturz des Hauses, der alle Skopaden tödtete, durch die Dioskuren allein gerettet sei, zum Dank für den Preis, welchen er ihnen gesungen (Quint. 11, 2, 15.), ist eine von den Geschichten der Griechen, die die wunderbaren Rettungen frommer Dichter durch die besondere Gunst der Götter verherrlichen. Simonides war von 528 bis 506 in Athen, und dann wieder etwa vom Jahre 490 abwärts. Der Aufenthalt bei den Skopaden in Krannon gehört demnach in die nächsten Jahre nach 506. Unter seinen Oden ist allerdings ein Preislied auf die Dioskuren und ein Klagelied auf den Untergang der Skopaden, dessen Anfang erhalten ist, wobei der Dichter indeß seiner Anwesenheit bei dem Einsturz nicht gedenkt, die auch ohne Zweifel nicht stattgefunden hat. — 2) Xenoph. hellen. 6, 1, 8 sqq. Ueber den Titel Pollux onom. 1, 128. Böckh b. corp. Inscript. No. 1770. — 3) Buttmann a. a. O. 281. 264. — 4) Xenoph. hellen. 6, 1, 11. 18. 19. Demosthen. Olynth. p. 15. 31.

von Larissa, Pharsalos und Pherae, und wir finden, daß diese Adelsversammlungen zuweilen Maßregeln beschließen und ausführen und eine Politik befolgen, welche der der Aleuaden gerade zuwider läuft, ohne daß diese im Stande sind, es zu hindern. Thorar von Larissa fordert z. B. den König Xerxes zum Zuge gegen Hellas, zur Unterwerfung der griechischen Gaue auf; der Adel beschließt das Gegentheil und schickt Abgeordnete zum Kongreß der griechischen Kantone, welche den Persern zu widerstehen entschlossen sind; er steigt dann selbst zu Pferde, um die Athener und Spartaner in der Vertheidigung des Passes von Tempe zu unterstützen (s. Br. IV.).

Es wird lange Kämpfe und eine lange Zeit erfordert haben, bis die Eroberungen der Thessalier im Lande zwischen dem Olympos und dem Othrys ihre Grenzen fanden, bis ihre Oberherrschaft von den Abhängen des Olympos bis zum Oeta anerkannt war, bis friedlichere Verhältnisse zwischen den alten Stämmen und den neuen Herren des Landes eintraten. Unter diesen alten Stämmen waren die Phthioten auf dem nordöstlichen Abhang des Othrys der bedeutendste. Sie behaupteten Halos am pagasaeischen Busen mit jenem alten Dienste des Zeus Laphystios, dem wol einmal ein Mann aus dem Geschlecht, welches den Athamas als seinen Ahnherrn rühmte, geopfert wurde, wenn er sich im Prytaneion ergreifen ließ, im Norden das phthiotische Theben, im innern Lande Melitaea, im Südosten das „hängende Larissa", während im Süden ihr Gebiet die Mündung des Spercheios berührte. Die Ausdauer, mit welcher sie ihr Bergland gegen die Thessalier vertheidigten, mochte nicht weniger als die Kühnheit der ausgewanderten Magneten in Asien dazu beitragen, im Heldengesange dem Kämpfer von Phthia vor Ilion jene überragende Stellung zu geben, in deren Besitz ihn der Gesang Homer's ohne Zweifel schon vorfand. Die Bewohner dieser Landschaft waren indeß nicht blos nach dem Namen ihres Gebietes, Phthia, bezeichnet. Jeden Falls war der Stamm der Phthioten nicht unvermischt geblieben; es hatten sich auch Vertriebene aus anderen thessalischen Gebieten hier zusammengefunden. Wie die von den Doreren vertriebene alte Bevölkerung von Argos von der gesammten Ostküste des Peloponnes unter dem Gesammtnamen der Achaeer zusammengefaßt wird, so tragen auch die in Phthiotis vereinigten Reste alter Stämme des Landes zwischen Olymp und Othrys den Namen Achaeer. Und wenn auf den Achaeern des

Peloponnes der alte Ruhm von Argos und Mykene haftete, so führten die edlen Geschlechter der Phthioten ihren Stammbaum zum Athamas und Admetos hinauf, und bewahrten die Kulte der alten Zeit wie die Sagen von der Argofahrt, von den Kämpfen der Lapithen und Centauren u. a.

Das Eintreten milderer Zustände zwischen den neuen Oberherren und den alten Stämmen in der Geschichte Thessaliens ist dadurch bezeichnet, daß die neuen und die alten Bewohner des Landes zu einem gemeinsamen Opfer zusammentreten. Wir haben oben gesehen wie die Stämme des Nordostens bereits vor der Zeit der Wanderung im Herbste auf dem Gebiet der Malier am Fuße des Oeta zusammenkamen, um hier am Strande des Meeres an dem alten Heiligthum der Demeter zu Anthela, am nördlichen Eingang zu den warmen Thoren, der Ackergöttin das Opfer für die Ernte darzubringen. Es waren die Malier selbst und die Oetaeer, die Dolopen, die Phthioten, die Magneten, die Perrhaeber. Diesem Opfer schlossen sich die Thessalier an, obwol die ritterlichen Herren anderen Göttern lieber dienen mochten, als der Ackergöttin. Von den Stämmen Thessaliens waren nur die Aenianen, welche zwischen den Dolopern und den Phthioten auf dem Othrys saßen, wir wissen nicht aus welchem Grunde, ausgeschlossen. Die Stämme, mit welchen die Thessalier in Opfergemeinschaft getreten waren, konnten nicht mehr als ständige Gegner und Todfeinde betrachtet werden. Aber das Opfer der Demeter an der Mündung des Spercheios wurde auch von Stämmen im Süden des Oeta besucht; die Lokrer und die Phokier sandten Opferthiere, und die Jonier von Euboea kamen über den schmalen Sund, an dem Dankfeste Theil zu nehmen. Die Dorer, welche an den Quellen des Pindos sitzen geblieben waren, schlossen sich ebenfalls an, und der Adel Boeotiens hatte das alte Fest seiner Heimath nicht vergessen. Es war das Opfer „der Nachbarn", der Amphiktyonen, welches an den „Thoren" in jedem Herbste abgehalten wurde.

Trotz der unsichern Macht, welche die Aleuaden über den Adel von Larissa, Pharsalos und Krannon ausübten, trotzdem, daß Thessalien sich nur in seltenen Fällen unter einem Tagos vereinigte, war die Kriegsmacht Thessaliens doch nicht ohne Grund gefürchtet. Thessalien war der größte und fruchtbarste aller griechischen Kantone. Außer Thessalien besaß nur noch Boeotien, wie wir sahen, eine stattliche aber weit weniger zahlreiche Reiterei. Die thessalischen Ritter begnügten sich nicht mit ihren Hufen und Triften, mit der Ausdehnung ihrer Herrschaft vom Fuße des Olympos bis zum Fuße des Oeta. Mit verheerenden Kriegszügen suchten sie auch das weiter südwärts gelegene Land heim.

Im Süden des Oeta saßen längs der Meeresküste, zwischen dieser und dem Gebirge Knemis, die Lokrer. Sie lebten in kleinen Gemeinden, in einfachen Verhältnissen, vom Landbau, den sie mit eigener Hand betrieben; sie waren, wie berichtet wird, bis in's vierte Jahrhundert hinein ohne Sklaven[1]. In ähnlicher Weise, vom Acker, besonders aber von den Heerden, lebten im Inneren Lande die Phoker, neben welchen westwärts in der Ecke zwischen dem Oeta und dem Pindos jener Rest der Dorer sitzen geblieben war, welcher nicht in den Peloponnes hinabzog. Das obere Thal des Kephissos, zwischen den Höhen des Knemis im Osten und den Kuppen des Parnassos im Westen eingesenkt, war das beste Land des phokischen Gebiets. Beide Bergreihen gehörten den Phokern, deren Gebiet im Süden über die Höhen des Parnassos hinweg den korinthischen Busen erreichte. An den Thalgehängen, zu beiden Seiten des Kephissos, lagen die meisten kleinen Orte der Phoker: Amphikleia, Elateia, welches, auf der Straße von den Thermopylen nach Boeotien gelegen, nachmals der bedeutendste Ort wurde, Hyampolis und Abae auf dem Knemis; — Lilaea, Daulis und die alte Raubburg der Phlegyer, Panopeus auf dem Nordabhange des Parnaß. Man zählte einige zwanzig phokische Orte; zwischen Daulis und Delphi hielten die Abgeordneten dieser Gemeinden in späterer Zeit ihre Versammlungen[2].

Auf dem hohen Gipfel des Parnassos, welchen die Morgensonne jeden Tag zum ersten leuchtenden Punkt auf dem wildverwachsenen und zerklüfteten Plateau dieser Bergmasse machte, hatte der Lichtgott eine alte Verehrung. Nach ihm war diese Spitze Lykoreia genannt, wie der Berg Lykaeos in Arkadien nach dem im lichten Aether wallenden Zeus (ob. S. 15.). Die Felsmasse des Parnaß fällt nach dem korinthischen Busen hin in steil abgerissenen Wänden zum Thal des Pleistos ab, welcher den Südfuß dieses Ge-

---

[1] Timaei Fragm. 67. ed. Müller. — [2] Pausan. 10, 5, 1. Diod. 16, 60. Demosthen. de falsa leg. p. 350 seqq.

birges umfließt und bei Kirrha in den Golf von Korinth mündet. Ein Terrassenabschnitt dieser Bergwand, mehr als zweitausend Fuß hoch über der Ebene des Pleistos, wird von zwei gegen tausend Fuß hohen Kalkwänden, den Phaedriaden d. h. den Schimmernden steilrecht überragt, und von drei Bächen durchrieselt, dem kastalischen Quell, welcher aus dem Spalt der beiden Phaedriaden springt, und weiter westlich von den Quellen Kassotis, welche einen Lorbeerhain tränkt, und Delphusa. Die Delphusa und die kastalische Quelle stürzen zum Pleistos hinab. Es war eine abgeschiedene ernste, einsame und feierliche Gebirgsnatur. Westlich vom kastalischen Bache öffnet sich auf der Terrasse in einer höhlenartigen Vertiefung ein schmaler Schlund, aus welchem dunkle Dämpfe emporstiegen. Die Phantasie der Hellenen sah in diesen Dämpfen einen Dämon, eine Schlange des Dunkels, wie die Gorgo und den Belleros, einen Drachen, welchen der Lichtgott mit seinen Pfeilen erlegte. Es gelang eben diesem finstern Wesen nicht, das Licht des Tages und des Himmels zu verhüllen. Der Mythos vom Drachenkampfe des Apollon ist, wie die Thaten des Perseus-Apollon, des Apollon-Bellerophontes, ein Ueberbleibsel jener Kämpfe, welche die lichten Götter gegen die Dämonen des Dunkels zu bestehen hatten. Als dem Ueberwinder des Dunkels und des Drachen wurde dem Sieger Apollon an einem alten Lorbeerbaum, der neben jenem Schlunde stand, geopfert; von dem Baume sollte der Gott sich selbst den Siegeskranz gebrochen haben. Wenn berichtet wird, daß der älteste Tempel des Apollon an dem Erdschlund aus Lorbeerzweigen bestanden habe[1]), so ist damit weiter nichts gesagt, als daß die Opfer ehedem in diesem Lorbeerhain gebracht wurden.

Diese Opferstätte des Apollon gehörte zum Gebiete des phokischen Ortes Krissa. Krissa lag auf dem rechten Ufer des Pleistos, auf den der Opferstätte gegenüber im Westen sich erhebenden Höhen des Kirphis, und seine Gemarkung erstreckte sich bis zur Mündung des Pleistos. Schon seit dem Beginn des neunten Jahrhunderts war eine Weissagung mit jenem Heiligthum verbunden. Der Name, mit welchem dieser Opferplatz bezeichnet wird, Pytho, scheint die Stätte zu bezeichnen, wo man fragt, die Fragestätte[2]). Der Name

---

1) Pausan. 10, 6. — 2) Welcker Götterlehre 1, 505. Schumann, griech. Alterth. 2, 43. Die Ableitung von πυθέσθαι, verfaulen, im Hymnus auf den Apollon v. 372. ist alt, darum aber doch nicht richtig.

Delphi ist später in Uebung gekommen. Die homerischen Gedichte erwähnen dieser Weissagung unter jenem Namen, und es steht fest, daß dieselbe schon gegen das Jahr 800 Sprüche ertheilte, welche lange und schwere Wirren zu endigen vermochten. Wie den Ariern von Iran wird auch den Griechen der Lichtgott, welcher alles sieht und alles mit seinen Strahlen erhellt, ein wahrsagender Gott gewesen sein. Aber die Weissagung nimmt bei den arischen Stämmen Asiens keinen besonderen Raum ein, und wenn zu Dodona geweissagt wurde, so wird diese Prophetie auf die Gnade oder Ungnade des Himmelsgottes beschränkt gewesen sein, welche die Priester in dem Rauschen der Eiche vernahmen. Die Weissagung der Opferstätte am Parnaß beruht aber auf jenen Dämpfen des Erdschlundes d. h. auf einem dem Lichte feindseligen dunklen Wesen, auf eben jenem Drachen, welchen Apollon getödtet. Von diesen Dämpfen verzückt, verkündete nicht ein Priester, sondern eine Jungfrau „mit rasendem Munde", wie Herakleites von Ephesos sagt, die kommenden Dinge. Es widerspricht der nationalen arisch-griechischen Auffassung, daß dieses feindliche Wesen, diese Dämpfe aus der Finsterniß, die das Wesen des lichten Gottes verhüllen wollen, die Priesterin Apollons in den Stand setzen sollen, der Mund des lichten Gottes zu sein. Der Prophetismus d. h. die Weissagung nicht aus Naturzeichen, sondern aus dem Munde begeisterter Männer und Frauen gehört viel mehr den semitischen Stämmen Asiens, als den arischen. Gewiß konnte die Begeisterung, welche die Griechen dem Sänger zuschrieben, zur Begeisterung des Schauens, der Prophetie hinüberleiten, und gewiß konnte der Gott des Lichts den Sehern seinen hellen Blick verleihen. Aber es ist auffallend, an dieser Opferstätte so frühzeitig nicht etwa einen durch besondere Gunst des Himmels begnadigten Seher zu finden, sondern ein von Dämpfen des Erdschlundes verzücktes Weib. Die Weissagung der Höhlen war dem anatolischen Sonnengotte eigen. Orakel und weissagende Weiber, insbesondere aus Höhlen und Höhlendämpfen finden sich mit dem Kultus des Sonnengottes und dem der großen Mutter verbunden in großer Zahl in Anatolien. Zu Patara in Lykien weissagte eine Priesterin des Sonnengottes, zu Telmessos der Priester dieses Gottes[1]), zu Pedasos in Karien ein Weib; am Heiligthum der

---

1) Herod. 1, 78. 182. Serv. ad'Aeneid. 3, 332. 4, 143. „In den sechs Wintermonaten giebt Apollon zu Patara Orakel, in den sechs Sommermonaten zu Delos."

Die Weissagung zu Pytha.

Branchiden bei Milet eine Priesterin, welche der Trunk aus der Tempelquelle oder aus derselben aufsteigende Dämpfe begeisterten¹). Zu Hierapolis in Phrygien stiegen die Priester der großen Mutter in eine tiefe Kluft hinab, aus welcher erstickende Dämpfe emporquollen²). Auf der lydischen Küste bei Kolophon stieg der Priester des Sonnengottes in eine Grotte, in welcher eine Quelle sprang, deren Wasser ihn zur Weissagung begeisterte. In der Nähe von Kyme, im troischen Gebiet, in den Höhlen des Ida zu Gergis gab es weissagende Weiber, die Sibyllen (oben S. 151.), und die Auswanderer, welche vom achaeischen Kyme auszogen und das italische Kyme gründeten, verpflanzten die Grotte der Sibylle nach Hesperien. Auch in Kreta gab es Höhlenorakel. In der Grotte von Knossos hatte sich Zeus dem Minos offenbart, empfing Epimenides seine Offenbarungen. Dazu kommt daß das Bild des Apollon zu Delphi ein kegelförmiger Stein war. Die Abbildungen, die uns denselben darstellen, gleichen den Steinen von Paphos, den anatolischen Göttersteinen vollkommen³). Auch zu Megara wurde Apollon in einem pyramidalen Stein verehrt (S. 178.). Die Verehrung solcher Steine gehört den Stämmen Syriens und Kleinasiens. Auf dem Libanon, wie auf dem Sipylos, auf den Bergen Karien's und Kreta's haben wir diese Fetische gefunden. Die Könige der Phryger und Lyder von Midas und Gyges bis hinab zu Kroesos waren der Meinung, daß es die Sprüche ihres Sonnengottes seien, welche zu Delphi verkündet wurden. Hiernach erscheint die Folgerung gerechtfertigt, daß der Stein und die von den Dämpfen begeisterte weissagende Jungfrau, welche dem Kultus des Apollon zu Delphi im neunten Jahrhundert hinzugefügt wurden, einer frühzeitigen Rückwirkung der griechischen Auswanderung nach Kleinasien und Kreta ihren Ursprung verdanken. Es waren Dorer von Argos, welche die Stadt Knossos auf Kreta besetzt hatten.

Ein im homerischen Ton gedichteter Hymnus, welcher vor dem Jahre 600 v. Chr. gedichtet ist⁴), erzählt, Apollon habe sich nach-

---

1) Herodot 1, 157. 8, 104. Jambl. de myst. 3, 11. — 2) Strabon p. 630. — 3) Daß dieser Stein in alter Zeit das Bild des Gottes war, folgt daraus, daß auch in späterer Zeit jeder, welcher den Gott zu fragen kam, an diesem Stein opfern mußte, und daß bei den Sühnopfern das Blut der Opferthiere über denselben hinabfließen mußte. — 4) Der Hymnus des blinden Sängers von Chios auf den delischen Apollon, der mit Vers 177 abschließt, gehört etwa in das achte Jahrhundert und zwar wie die Erwähnung des Lelos und des „schiffberühmten

Die Legende von der Gründung des Orakels.

dem er den Drachen, der den Menschen und Ziegen viel Uebles
gethan, getödtet und seinen Tempel in der felsigen Pytho gegründet,
umgeschaut, wer seine Diener sein sollten, ihm zu opfern und seine
Sprüche zu verkünden. Da habe er auf dem dunklen Meere ein
schnelles Schiff erblickt, in welchem viel edle Männer, Kreter vom
baumreichen minoischen Knossos waren, welche des Handels wegen
von Kreta nach dem sandigen Pylos steuerten. Apollon stieg in's
Meer hinab und warf sich, einem gewaltigen Delphin gleichend, in
das Schiff, daß dessen Balken erzitterten. Von Furcht ergriffen,
ruderten die Männer schweigend weiter, und als sie jenseit des
Taenaron den Lauf des Schiffes hemmen wollten, trieb es der
Ferntreffer Apollon mit seinem Hauche weiter, bei Pylos und Dyme
vorüber, bis es im großen Busen von Krissa auf den Sand sieß.
Leuchtend sprang der Gott aus dem Fahrzeug und ging durch die
ehrwürdigen Dreifüße in das Adyton ein, und Krissa lag im Schim-
mer seiner Flamme. Im Fluge sprang er dann wieder in das
Schiff, einem schönen und tapferen Jüngling, dem zuerst der Bart
sprießt, gleichend, und das Haupthaar verhüllte ihm die breiten
Schultern; und er sprach zu den Kretern, daß sie niemals wieder in
ihre Heimath zurückkehren, sondern seinen fetten Tempel bewahren
sollten. Er gebot ihnen, am Strande des Meeres einen Altar zu
bauen, und ihm weiße Gerstenkörner zu verbrennen. Da folgten
sie den Paean singend dem Gotte, der ihnen, die Kithara in den
Händen, mit hehren Schritten voranging, ohne zu ermüden den
Berg hinauf, wo ihnen Apollon seinen Grund und Boden und seinen reichen Tempel zeigte. Als aber der Führer der Kreter den
Gott fragte, wovon sie hier leben sollten, da der Fels weder Trau-

---

Euboea" (v. 34) zeigt, in die zweite Hälfte desselben, da der Beginn der Koloni-
sation von Chalkis in das Jahr 738 fällt. Auch der Gebrauch des euboeischen
Münzfußes kann nicht viel über 750 hinaufgerückt werden. Endlich mußte das
Orakel von Delphi bereits die Stellung haben, welche es seit 750 einnahm,
wenn der Sänger den eben gebornen Gott sagen lassen konnte, daß es sein
Geschäft sein werde, den Zeus fehllosen Rathschluß zu verkünden (v. 131). Der
angeschlossene Hymnus auf den delphischen Apollon, der die Seefahrt der
Kreter schildert, gehört in das folgende Jahrhundert und zwar in die zweite
Hälfte desselben. Dies folgt aus dem häufigen Gebrauch des Namens Peloponnesos (v. 250., 290., 430.), aus der breit ausgesponnenen Fabel vom Typhaon,
welchen die Hera gebiert; der Geburt der Pallas aus Zeus gegenüber. Hinter
dem Jahr 600 kann die Abfassung dieses Hymnus nicht liegen, da v. 270 ausdrücklich sagt, daß Pytho's Ruhe durch Wagengeräusch nicht gestört werden soll,
die pythischen Spiele aber 586 eingeführt worden sind.

den trüge noch Wiesen hätte noch mit dem Pflug zu durchfurchen sei, antwortete lächelnd Apollon: habe nur jeder das Messer in der Rechten, um Schafe zu schlachten, so wird euch Alles im Ueberfluß zufallen¹).

Dieser Hymnus, welchem doch wohl eine Legende des Tempels zu Grunde liegt, giebt der Weissagung ganz bestimmt einen fremden Ursprung. Er leitet dieselbe von Kreta her; und immerhin können es Kreter von Knossos d. h. Dorer von Knossos (S. 227.) gewesen sein, welche nach der empfänglichen Weise der Griechen von den Kulten, die sie auf Kreta vorgefunden hatten, erfüllt, an der alten Opferstätte des Apollon im Lorbeerhain auf dem Lichtberge den Kegelstein als Zeichen des Gottes aufrichteten, und die Weissagung aus den Dämpfen hinzufügten d. h. den alten Kultus nach dem Vorbilde des weissagenden Gottes von Knossos, des Sonnengottes von Milet und Kolophon reformirten²). Vermittelnde Elemente zwischen dem neuen und dem alten nationalen Kultus des Apollon fanden sich leicht. Sobald man die Lichtgötter aus dem Dunkel geboren werden ließ (S. 23.), konnte auch aus den finstern Dämpfen der klare und vorschauende Blick der weissagenden Jungfrau, der Pythia, entspringen. An die Bezwingung des Drachen knüpfte der Mythos die Gründung des Orakels, welches in einer anderen Wendung der Auffassung zuerst der Gaea d. h. dem Erdgeist, da die Dämpfe aus der Tiefe emporstiegen, gehörte, nach dem Drachenkampf aber dem Apollon eigen war³).

Homer erwähnt bereits die Weissagung zu Pytho, „die steinerne Schwelle" des Gottes, er spricht von den Schätzen, welche in der felsigen Pytho die steinerne Schwelle des Phoebos Apollon einschließe⁴). Danach scheint bereits um die Mitte des neunten Jahrhunderts ein Tempel auf der Terrasse von Delphi gestanden zu haben. Die mythischen Baumeister von Orchomenos, Trophonios und Agamedes, sollten ihn natürlich erbaut haben (ob. S. 51.).

---

1) Hymn. in Apoll. 357 seqq. — 2) Ueber die Verehrung des Apollon Delphinios in Knossos Boeckh Corp. Inscript. n. 2584. Auch die Namen Κρῖσα, Κρῆσσα sind auf Kreta gedeutet worden. — 3) Aeschylos in den Eumeniden läßt zuerst die Gaea in Delphi Orakel verkünden. Wenn bei Aeschylos dann die Themis als Herrin des Orakels der Gaea folgt, so sind es die Θέμιστες des Zeus, welche Apollon verkündet; wenn der Themis Phoebe folgt, so ist diese Gestalt aus dem Namen Phoebos Apollon gebildet. — 4) Il. 9, 404. Od. 8, 79. vgl. 11, 579. Hymn. in Apollin. 296.

Die Ueberbauung des Erdschlundes, aus welchem die Dünste emporstiegen, mit fünf großen Steinblöcken, wird in der That für ein altes Bauwerk gelten dürfen¹).

Die Phokier hatten ihr Land gegen die Thessalier zu vertheidigen. Gegen deren Einfälle suchten sie sich dadurch zu sichern, daß sie den einzigen Zugang, welcher in ihr Land, in die Gebiete südlich vom Oeta, führte, sperrten. Kein Heer, am wenigsten ein Reiterheer, konnte den Oeta auf einer andern Straße passiren, als auf dem sehr schmalen Streifen Landes, der an dem steilen Absturz des Oeta zum Meere, zwischen diesem und den Wellen des Meeres übrig bleibt. Diesen Paß, die „warmen Thore" von den warmen Quellen genannt, welche hier aus dem Fuße des Oeta hervorbringen, schlossen die Phokier durch eine Mauer²). Aber trotz dieses Hindernisses gelangten thessalische Heere wiederholt in das Gebiet der Phokier, in die Landschaften Mittelgriechenlands. War der Paß von Thermopylae verloren, dann blieb den Phokiern nichts übrig, als die Pässe des Knemis zu vertheidigen; waren auch diese nicht zu halten, dann mußten sie ihre offenen Orte aufgeben und auf den Gipfeln des Parnassos Zuflucht suchen. In der zweiten Hälfte des siebenten Jahrhunderts (gegen das Jahr 630) finden wir thessalische Ritter auf Euboea; sie waren gekommen, dem chalkidischen Adel gegen Eretria zu helfen (s. unten). Um die Opferstätte von Pytho hatte sich eine Stadt, eine Gemeinde, die der Delpher, gebildet, welche von den Krissaeern unabhängig geworden war. Die Krissaeer sahen den aufblühenden Wachsthum dieses Ortes, welchem die Weissagung des Gottes die reichsten Früchte trug, mit Neid und hatten die Macht, die Delpher zu schädigen. Aber die „Amphiktyonen", deren Bund fester geworden, und mit dem delphischen Heiligthum in enge Verbindung getreten war, standen den Delphern gegen die Krissaeer zur Seite. Sie erklärten diesen endlich zu Anfang des sechsten Jahrhunderts den Krieg. Der Widerstand der Krissaeer währte zehn Jahre (595 bis 586). Dieser Kampf gab den Thessaliern Gelegenheit, unter ihrem Tagos, dem Aleuaden Eurylochos, ihre Waffen am korinthischen Busen zu zeigen (595—585, s. Br. IV.). Bald danach (um das Jahr 580) erschienen sie mit einer großen Rüstung in Boeotien, von einem

---

1) Welcker, Götterlehre 1, 519. — 2) Herodot 7, 176.

Die Einfälle der Thessalier in Boeotien und Phokis. 305

anderen Tagos, dem Lattamyas, geführt, von welchem wir nicht wissen, ob auch er dem Geschlecht der Aleuaden angehörte. Die Thessalier drangen siegreich bis nach Thespiae, im Süden des kopaïschen See's, vor; die Thespier wurden gezwungen, ihre Stadt zu verlassen und in ihre Bergfeste Kereſſos, auf dem Helikon, zu flüchten. Lange lagen die Thessalier vergebens vor dieser Burg, vergebens suchten sie ein günstiges Orakel vom delphischen Gotte, um welchen sie sich einst durch die Zerstörung von Krissa verdient gemacht hatten, zu erhalten. Die Boeoter kamen endlich heran, die bedrängten Thespier zu entsetzen, und erfochten einen glänzenden Sieg; der Tagos der Thessalier selbst, Lattamyas, blieb in der Schlacht[1]). Ob und wie die Thessalier diese Niederlage zu rächen versuchten, wissen wir nicht; aber es ist sicher, daß ihnen nicht gelang, im Süden des Oeta festen Fuß zu fassen. Gegen das Jahr 500 v. Chr. finden wir die Thessalier wieder mit ihrer ganzen Macht und allen ihrer Oberherrschaft unterworfenen Stämmen im Süden des Oeta auf einem Kriegszuge gegen die Phokier begriffen. Die Phokier mußten aus dem Thale des Kephissos auf die Höhen des Parnassos flüchten. Sie wurden eingeschlossen und auf das Aeußerste gebracht. Die Weiber und Kinder sollten mit allen Habseligkeiten verbrannt werden, wenn der letzte Kampf unglücklich ausfiele. Da gelang es in einer Nacht sechshundert auserlesenen Phokiern, in weißen Gewändern und weißen Waffen das Lager der Thessalier zu überfallen. Voll Schrecken vor diesen weißen Geistern ergriffen die Posten der Thessalier die Flucht; die Phokier konnten ungehindert in das Lager dringen, wo sie viertausend Thessalier niederhieben. Als die thessalischen Ritter die Niederlage des Fußvolks durch einen neuen Einbruch zu rächen unternahmen und vom Meere, von der lokrischen Küste her, über den Knemis in das Land der Phokier einzubrechen

---

1) Pausan. 9, 14. Plutarch Camill. 19. de malign. Her. p. 866. In der ersten Stelle Plutarch's heißt es: „am fünften Hippodromios (Juli, August) haben die Boeoter zwei glänzende Siege davongetragen, den einen bei Keressos, den anderen mehr als zweihundert Jahre zuvor bei Keressos." Hieraus folgt die Zeitbestimmung des Textes. Dagegen kann die andere Stelle Plutarch's nicht geltend gemacht werden, wo er im heftigsten polemischen Eifer Argumente sucht, um gegen Herodot zu beweisen, daß die Thessalier und Boeoter zur Zeit des Einfalls des Xerxes in Feindschaft gewesen sein müssen. „Hatten die Boeoter, sagt er hier, nicht vor Kurzem (ἔναγχος) den Thessalier den Lattamyas erschlagen?"

Die Einfälle der Thessalier in Phokis.

versuchten¹), zogen die Phoker im Passe von Hyampolis, auf dem Kamme des Knemis, einen breiten und tiefen Graben, füllten ihn mit leeren Thongefäßen und deckten Erde darüber. Als nun die thessalischen Ritter heftig gegen die Stellung der Phoker anstürmten, brachen die Pferde ein, und die Thessalier erlitten neue Verluste²). Die viertausend Schilde, welche die Phoker am Parnaß erbeutet hatten, weihten sie nach Abae und Delphi, in ihre Heiligthümer des Apollon, und aus dem Zehnten der übrigen Beute ließen sie große Statuen der Feldherren, welche sie so siegreich geführt, des Daiphantos von Hyampolis und des Rhoelos von Ambryssos und ihres Wahrsagers Tellias, des Eleers, verfertigen, welche vor dem delphischen Tempel aufgestellt wurden. Seit dieser doppelten Niederlage hegten die Thessalier einen unauslöschlichen Haß gegen die Phoker.

7. Die Bildung der Stammgruppen.

Die Hellenen hatten ihr Gebiet weit über die Gebirgskantone der Halbinsel hinaus erweitert. Die Vertriebenen aus Thessalien und Boeotien, welche zuerst die Halbinsel verlassen, hatten sich meist nordwärts gewendet. Ihre Pflanzungen lagen auf der Landzunge des Athos, an der nordwestlichen Küste Kleinasiens, sie hatten Lemnos, Imbros und Samothrake besetzt. Die aus dem Peloponnes geflüchteten Achaeer hatten sich nach Lesbos gerichtet, sie beherrschten nun die Küsten von Troas und Mysien. Die Ionier hatten die Kykladen besetzt und die Küste von Lydien mit ihren Städten bedeckt. Die Auswanderung der Dorer hatte die südlichste Richtung eingeschlagen. Von Kos und Knidos aus hatten sie auf der karischen Küste Fuß gefaßt; sie waren nach Kreta, Karpathos und Rhodos gelangt. Ihre Siedlungen hatten die Herrschaft der Hellenen über das aegaeische Meer vollendet.

---

1) Plut. de virt. mul. 2. Pausan. 10, 1. Herodot 8, 27. 28. —
2) Herodot l. c. setzt diese Ereignisse οὐ πολλοῖσιν ἔτεσι πρότερον τῆς βασιλέος στρατηλασίης. Da indeß Leonidas die Mauer der Phoker im Passe verlassen findet, muß doch ein längerer Friede zwischen diesen Ereignissen und dem Jahr 480 gelegen haben; darum ist im Text „gegen das Jahr 500" gesagt.

Diese Vertheilung des hellenischen Volkes diesseit und jenseit des aegaeischen Meeres mußte einen lebhaften Seeverkehr zur Folge haben. Wie bekannt den Hellenen das gesammte Gebiet desselben mit allen seinen Eilanden, Häfen, Buchten und Küsten war, entnahmen wir oben den hellenischen Gedichten. Fast zu gleichen Theilen wohnten die Jonier hüben und drüben. Die Jonier auf den Kykladen, welche auf dem Felseneiland Delos einen Mittelpunkt ihres Kultus gefunden hatten, bildeten das natürliche Verbindungsglied zwischen den getrennten Gruppen desselben Blutes und Stammes. Wenn die Bewohner der Kykladen in ihren Kachen und Booten auf Delos im Mai zusammen kamen, um dem Apollon hier die Erstlinge, welche sein Licht gereift hatte, darzubringen, so hatten sich hier auch frühzeitig die Stammgenossen von Euboea und Attika, von Chios, Samos, Milet und Ephesos eingefunden[1]). Delos war der „gemeinsame Opferheerd" der Kykladen nicht blos, sondern aller Jonier geworden, und an die religiöse Feier hatte sich an einem so günstig gelegenen Punkte bald Jahrmarkt, Handel und Verkehr geschlossen. Wie die amphiktyonischen Stämme gemeinsam zu Anthela opferten, so strömten wohl schon gegen Ende des neunten Jahrhunderts die Jonier von allen Seiten „mit Weib und Kind" zusammen, dem Apollon zu opfern, ihn zu preisen, und sich in Wettkämpfen auf dem Eilande zu versuchen, auf welchem Theseus gelandet war, wo die glücklich geretteten Jünglinge den ersten Festreigen um den Altar des Apollon getanzt und den ersten Siegespreis, den Zweig der heiligen Palme empfangen hatten. Homer kennt das heilige Delos und die schlanke Palme am Altare des Apollon[2]). An einem dieser Opferfeste um die Mitte des achten Jahrhunderts sang jener blinde Sänger von Chios, dessen oben (S. 267., 301.) erwähnt worden ist: „O Phoebos, dein Herz erfreut sich am meisten an Delos, wenn dir auch viele Tempel und schattige Haine und hohe Gipfel geheiligt sind, und Flüsse, welche in's Meer strömen. Zu Delos versammeln sich die Jaonen in langen Gewändern mit ihren Kindern und ihren edlen Weibern.

---

1) Vgl. Böckh, Abhandlungen der berliner Akademie 1834 S. 1—42. — 2) Oben S. 216. Paus. 4, 4, 1. 4, 33, 2. versichert, daß Eumelos, der Korinther, dem König Phintas von Messenien ein Prosodion für einen Männerchor nach Delos gedichtet habe. Dies Ereigniß kann nicht später fallen als 740 v. Chr. (f. unten). Wurde das Opfer zu Delos um 750 von messenischen Doren besucht, so muß es bereits erheblich früher von den Joniern besucht worden sein.

Deiner gedenkend, freuen sie sich an Gesang und Tanz und Faustkampf, nachdem sie das Weltspiel eröffnet. Wer dorthin kommt, wenn die Jaonen versammelt sind, der könnte glauben, wenn er ihre Schönheit sieht, daß sie frei wären von Alter und Tod, und sein Herz wird sich freuen beim Anblick der Männer und der schön gegürteten Frauen, und der schnellen Schiffe und ihres reichen Besitzes. Dazu aber preisen die delischen Jungfrauen, die Dienerinnen des ferntreffenden Gottes, den Apollon und die Leto und die pfeilfrohe Artemis im Gesang, und singen den Hymnos der Männer und Frauen der Vorzeit, und entzücken die Geschlechter der Menschen"¹).

Es war bei den Griechen Sitte, dem Apollon als dem Gotte, welcher das finstere Meer mit seinen lichten Strahlen erhellte und beruhigte, Vorgebirge und Felsen im Meere, welche im hellen Glanze der Sonne aus der dunklen Fläche emporleuchteten, zu heiligen (ob. S. 21.), und sie dieses ihres Glanzes wegen als Sitze des Gottes zu feiern. Danach, als der Heldengesang die Götter menschlicher gefaßt und demgemäß ihren Ursprung zu ergreifen gesucht hatte, als Apollon und Artemis, die Lichter des Himmels, Kinder des Himmelsgottes und diesem von der Dunkelheit, von der Leto (ob. S. 23.) geboren sein sollten wie Sonne und Mond aus der Dämmerung hervortreten, wurde das Frühlingsfest, d. h. das Fest des aus den Wolken und dem Dunkel des Winters wiedergeborenen neuen Lichts, welches dem Apollon auf Delos gefeiert wurde, zum Geburtsfest des Gottes herumgewendet. Das Fest des Apollon wurde auf Delos gefeiert, „wenn der liebliche Frühling wiederkam, und der Schwalbe helles Gezwitscher den Menschen in den Bergen wieder ertönte"; es fiel auf den sechsten Thargelion (Mai). Dieser Festtag wurde dann zum Geburtstag des Gottes gemacht²). Damit war auch die Geburt des Apollon auf Delos fixirt. Nach der Aufschauung des blinden Hymnensängers von Chios irrte die Leto umher, einen Platz zu finden, wo sie den Apollon gebären könnte; von Kreta nach Athen bis zum Athos an der thrakischen Küste, vom Athos nach den ionischen und lykischen Gestaden. Aus Furcht vor dem gewaltigen Gott, den sie gebären werde, wagte kein Ge-

---

1) Hymn. in Apoll. 145 seqq. — 2) Dionys. perieg. v. 525—529. Diogen. Laert. 2, 44. Böckh Staatshaushalt 2, 82.

biel sie aufzunehmen, bis sie endlich zum Mittelpunkt des aegaeischen Meeres gelangt und von Delos empfangen wird, nachdem sie dem Eiland versprochen, daß der Gott, welchen sie gebären werde, dasselbe niemals verlassen solle[1]. Bei Pindar ist dann dieser Mythos dahin erweitert, daß der Felsen von Delos erst zum Behufe der Niederkunft der Leto zu einer Insel gefestigt wird. In einem Prosodion zum delischen Feste singt Pindar: „Freude dir, o gottgesellgter, geliebtester Sproß den Kindern der reichlockigen Leto, der Tochter des Meeres, der weiten Erde unbewegtes Wunder, welches die Sterblichen Delos nennen, die Seligen im Olympos aber der dunklen Erde weit leuchtenden Stern. Zuvor ward Delos von den Wogen und den Stößen aller Winde umhergeworfen, aber als die Tochter des Koeos (Leto) es einst, von scharfen Wehen bedrängt beschritt, da erhoben sich gerade aufwärts vier Säulen aus dem Grunde des Meeres, welche mit unermüdeten Sohlen auf ihren Häuptern den Felsen tragen. Dort gebärend, erblickte sie den glückseligen Sohn[2]."

Es waren nicht blos die Jonier, welche auf dem aegaeischen Meere verkehrten. Wir sahen oben, welche Verbindungen zwischen Boeotien und den achaeischen Städten auf der Küste Kleinasiens bestanden, und die dorischen Schiffe werden im neunten und achten Jahrhundert kaum seltener auf dem aegaeischen Meere gewesen sein, als die der Jonier. Wenn Sparta wie Messenien damals Binnenstaaten waren, so waren vor allen Argos, und nach ihm Korinth, Troezene und Epidauros seefahrende Staaten. Troezene und Epidauros gehörten zu der Konföderation, an deren Spitze Argos stand. Von den südlichen Häfen dieser Konföderation, von Prasiae, Zarax, Boeae war Kythera besetzt worden. Von dem nördlichen Epidauros war an der Ostküste Lakoniens, an einer wohlgeschützten Bucht, eine neue dorische Seestadt angelegt worden, Epidauros Limera. Ein Fahrzeug von Epidauros, auf der Fahrt nach der Insel Kos begriffen, soll den Grund zu dieser Stadt gelegt haben[3]. Wie eifrig die Dorer auf der Ostküste des Peloponnes, wie eifrig Argos selbst sich der Seefahrt ergeben hatte, erhellt aus den zahlreichen Gründungen, welche von ihnen auf der karischen Küste und deren Inseln, auf Kreta und Rhodos, ausgegangen

---

1) Hymn. in Apoll. v. 30 seqq. — 2) Pindar. Fragm. 64. 65. ed. Bergk.. — 3) Pausan. 3, 22. 23. Pausanias 3, 23, 6.; vgl. Curtius Pelop. 2, 296.

waren. Von allen Niederlassungen waren die auf Kreta und Rhodos die schwierigsten gewesen, weil diese Eilande am fernsten lagen und die Phoeniker auf ihnen am besten befestigt waren.

Diese Ausdehnung, diese neue Vertheilung der Wohnsitze der Hellenen, führte auch für die innere Gliederung derselben eine wesentliche Veränderung herbei. Hatte das Volk der Griechen vor den Zeiten der Wanderung nur aus einer Anzahl von Gauen, von lokalen Stämmen bestanden, so waren die Bewohner einzelner Gauen jetzt über entlegene Gebiete zerstreut worden, ohne doch durch diese Ausbreitung die alte Gemeinschaft und Zusammengehörigkeit ganz einzubüßen. Die Bewohner eines Gebirgsgaues auf dem Südabhang des Olympos, die Dorer, hatten die Höhen am Pindos besetzt, und danach eine weite Ausbreitung über einen großen Theil der südlichen Halbinsel gefunden. Sie herrschten in Megara, Sikyon, Phlius, Korinth, Troezen, Epidauros, Argos, in Messene und Sparta; sie hatten Pflanzstäbe auf Kreta, auf Rhodos, in Karien. In allen diesen Kantonen und Städten lebte die Erinnerung der Gemeinschaft des Ursprungs und der Verwandtschaft; ein besonderer Dialekt zeugte für die Gemeinschaft der Abstammung und des Bluts und zeichnete die Dorer innerhalb der Gesammtheit des griechischen Volkes aus. Die Einwohnerschaft eines Kantons hatte sich zu einem Stamme erweitert. Von den Bewohnern der übrigen griechischen Gaue waren diejenigen, welche in Euboea und Attika saßen, welche vor der Wanderung den Isthmos und die ganze Nordküste des Peloponnes inne hatten, unter einander näher verwandt, und innerhalb der Gesammtheit des Volks bereits durch einen gemeinsamen Dialekt verbunden gewesen. Als der Einbruch der Dorer, der Einbruch der Achaeer von Argos den größten Theil der Bewohner der Nordküste des Peloponnes nach Attika warf, als diese verwandten Stämme nun in ein Lokal zusammengebrängt waren, als Aegialeer, Attiker, Euboeer gemeinsam die Kykladen, die lydische Küste besetzten und gemeinsame Feste auf Delos feierten, mußte ein gemeinsamer Name für die Gemeinschaft dieses Stammes an die Stelle der lokalen Namen treten, mit welchen bisher die einzelnen Gebiete desselben auf der Halbinsel bezeichnet worden waren — es war der der Jonier. Auf der Küste Kleinasiens lagen die Pflanzungen der Jonier und Dorer wie zwei große Massen dicht nebeneinander, jede durch die Abstammung und die Gemeinschaft des Bluts wie durch gemeinsame Opfer, jene durch die Feste von Mykale, diese durch den Dienst des Apollon auf dem Vorgebirge Triopion verbunden. Faßten sich nun diese unter einander verbundenen Ansiedlungen als Gemeinschaften, als Ganze auf, so konnte es nicht ausbleiben, daß neben diesen beiden großen Einheiten auch die nördlichen Pflanzstädte, welche eine gemischte Bevölkerung vom Ossa und Pelion, aus Boeotien, Phokis und Lokris gemeinsam mit ansehnlichen Schaaren der alten Bevölkerung von Argos gegründet hatte, ebenfalls zu einer Einheit zusammengefaßt wurden. Neben den benachbarten Dorern und Joniern durfte doch auch der Bevölkerung dieser Pflanzstädte eine gemeinsame Bezeichnung nicht fehlen. Da diese Bevölkerung aus vielen verschiedenen Kantonen herstammte, nannte man sie im Gegensatze zu jenen beiden stammverwandten und engverbundenen Stämmen Aeoler d. h. die Gemischten, die Bunten. Je näher diese drei Gruppen auf der anatolischen Küste neben einander standen, um so schärfer mußten die Unterschiede in's Auge fallen. Hatte man die Bewohner der nördlichen Städte einmal unter dem Namen des gemischten Stammes den anderen entgegengesetzt, so lag es nahe, diese Bezeichnung auch auf die Gaue der Halbinsel zu übertragen, aus welchen sie ausgewandert waren, dieselbe auch auf die ihnen verwandten Bewohner des Mutterlandes anzuwenden, und die Gesammtmasse der Bevölkerung der griechischen Halbinsel, soweit sie weder dorischer noch ionischer Art war, als Aeoler zu bezeichnen. Die Sprache der Thessalier, Boeoter, Phokier, Lokrer, Aetoler wich nicht so bemerkbar von einander ab, daß dieselben den Dorern und Joniern gegenüber nicht ebenfalls als durch einen gemeinsamen Dialekt untereinander verbunden erscheinen konnten.

In der That freilich konnte es nicht anders sein, als daß der Theil des hellenischen Volkes, welcher unter dem Namen des aeolischen Stammes zusammengefaßt wurde, in sich die geringste Uebereinstimmung zeigte. Aeolisch war alles, was nicht ionisch oder dorisch war. Der angebliche aeolische Stamm war die Masse des griechischen Volks, er bestand aus der Gesammtzahl der lokalen Stämme, aus welchen zwei sich durch eine besondere und glücklichere Geschichte und Entwickelung ausgeschieden und hervorgethan hatten. Die Sprache der Aeoler bewahrte die allerthümlichsten Formen. In sich lokal unterschieden, ist sie doch der Entwickelung, welche der Dialekt sowohl der der Dorer als der der Jonier erfuhr, fremd geblieben. Unter den Vokalen herrscht das A, unter den Konsonanten das R; im Anlaut, wie in der Mitte der Worte ist die Aspiration häufig, der Dualis fehlt. Durch dieses Festhalten des ursprünglichen Gepräges der griechischen Sprache steht der aeolische Dialekt den italischen Sprachen, welche den Dualis gleichfalls entbehren, am nächsten. Eine fester geschlossene Eigenthümlichkeit, einen schärfer ausgeprägten Charakter wies der dorische Stamm. Er hatte einen einheitlichen Ursprung, er war von einem einzigen Kanton ausgegangen, seine Anlagen wurden durch eine Reihe gemeinsamer, gleicher oder ähnlicher Aufgaben und Schicksale wenigstens auf dem Peloponnes zunächst ziemlich übereinstimmend ausgebildet. Die Dorer entwickeln in ihren hervorragendsten Vertretern kriegerische Tüchtigkeit, Sinn für Disziplin, Ordnung und Gesetz mit einem harten, hochfahrenden und herrschsüchtigen Wesen verbunden; neben einer schwerfälligen, ernsthaften Art viel natürliche Schlauheit; neben einer gewissen Derbheit viel Mutterwitz, und unter einer biedern Außenseite verbergen sie häufig eine überlegte Verstecktheit. Ueber dieser Uebereinstimmung des Charakters darf man jedoch die Unterschiede nicht vergessen, welche frühzeitig genug auch innerhalb dieses Stammes, auch unter den Dorern im Peloponnes hervortreten, und im Fortgange der Entwickelung naturgemäß immer größer werden mußten, so daß auch den Dorern kaum eine andere Gemeinschaft blieb als die Erinnerung an ihren Ursprung und der gemeinsame Dialekt. Der dorische Dialekt ist dem aeolischen am nächsten geblieben. Auch er bewahrte eine starke Vorliebe für das R (er zieht dasselbe namentlich dem S vor); er verstärkt gegen den aeolischen noch den Gebrauch des langen A und macht dadurch mit seinen rauhen oder auch vollen und starken Lauten den Eindruck einer gewissen feierlichen Breite und Schwerfälligkeit. Der ionische Stamm ist der am glücklichsten begabte und durch seine Schicksale am frühsten und schnellsten entwickelte des hellenischen Volkes. Er hatte den offensten und empfänglichsten Sinn, eine große Beweglichkeit des Geistes, und die größte poetische Befähigung. Nicht die Freude und der Genuß des Erworbenen, sondern die Lust an immer neuem Erwerb bezeichnet die ionische Art. Bei weniger Neigung, sich zu disziplinieren und der Gesammtheit unterzuordnen, tritt bei den Joniern der Trieb individueller Regsamkeit und individueller Entfaltung, das Gefühl individuellen Rechts und individueller Freiheit schärfer hervor. So zeigen die Jonier, wie sie von Attika und Euboea quer durch das aegaeische Meer hindurch über die verschiedenartigsten Gebiete zerstreut waren, eine große Fülle, den größten Reichthum individueller Gestaltung ihrer Gemeinwesen, eigenthümlicher Lebensweise und Bildung. Der Jonier scheut den Kampf ebenso wenig, die Gefahren der See noch weniger als der Dorer, aber er sucht die Belohnung für seine Anstrengungen nicht in der Herrschaft, sondern in unbefangenem Genuß des Lebens, in einem heitern, anregenden Verkehr, in der Freude an der Gemeinschaft und an der Gemeinde, welche bei den Joniern stets öffentlich auf dem Markte lebt. Die Sithk der Jonier ist länger unbewußt, instinktiv und naiv geblieben als die der Dorer, sie hat sich nie in dem Grade zur moralischen Pflichterfüllung erhoben, als dies nachmals bei den Dorern von Sparta geschehen ist; aber sie hat dafür stets aus der Fülle des Herzens geschöpft. Der Dialekt der Jonier zeigt statt der Starrheit der aeolischen Sprache, Weichheit und Biegsamkeit, statt des eintönigen Vokalismus der dorischen, die größte Menge vokalischer Lautverbindungen, welche der ionischen Mundart den ihr eigenthümlichen Charakter der Dehnbarkeit und Flüssigkeit und des Formenreichthums geben. Die Vokale sind dünner; an die Stelle des aeolischen und dorischen A tritt das lange E, und die Hauchlaute werden in den Hintergrund geschoben.

Neben den Dialekten, den Anlagen und Charakteren unterschieden sich die Stammgruppen durch eigenthümliche Berechnung und Benennung der Zeiten; doch zeigt natürlich auch der Kalender der Stämme namentlich bei den Aeolern in den verschiedenen Landschaften sehr mannichfache Modifikationen. Die Jonier begannen ihr Jahr mit der Sonnenwende des Sommers; sie benannten ihre Monate nach den Festen der Götter, welche in denselben gefeiert wurden. Es ist begreiflich, daß den Gottheiten der Sonne und des Mondes, dem Apollon und der Artemis, welche die wechselnden Zeiten heraufführten, dabei eine besondere Berücksichtigung zu Theil wurde. Den ersten Monat nach der Sonnenwende (Juni, Juli) nannten die Jonier Buphonion d. h. Ochsentödtung, nach dem großen Opfer, welches sie dem Apollon in diesem Monate darbrachten; den folgenden (August) nach dem Feste, welches in diesem dem Apollon Metageitnios gefeiert wurde, Metageitnion; den dritten (September) nach dem Feste des im Schlachtgeschrei angerufenen

Apollon Boedromion (oben S. 21.). Der vierte (Oktober), in welchem die Einbringung der Hülsenfrucht, der Baumfrüchte gefeiert und der Erntekranz in den Tempel des Apollon getragen wurde, trug den Namen Pyanepsion d. h. der Bohnenmonat[1]), der fünfte, in welchem dem väterlichen Apollon das Fest der Geschlechter, die Apaturien, gefeiert wurde, hieß Apaturion, der sechste (Dezember) nach einer Feier, welche den winterlichen, stürmenden Poseidon zu besänftigen bestimmt war, Poseideon. Der siebente Monat Lenaeon (Januar) war nach dem Feste der vollbrachten Kelterung von den steinernen Wannen, in welchen der Wein gekeltert wurde, benannt und gehörte dem Gotte der Reben, dem Dionysos; in dem achten (Februar), in welchem sich die ersten Triebe der keimenden Natur zeigten, wurden dem Dionysos die Anthesterien gefeiert; nach diesem Feste hieß dieser Monat Anthesterion. Der neunte Monat (März) war nach der Artemis benannt, da ihr in diesem ein Hirschopfer gebracht wurde, der zehnte gehörte derselben Göttin[2]); der elfte, der Mai, war dem Apollon Thargellos, dem die Saat reifenden Apollon geweiht und führte den Namen Thargellen; der zwölfte (Juni) war wie der sechste dem Poseidon geweiht und führte den Namen Taureon von den Stieropfern, welche die Jonier in diesem Monat dem Gotte des Meeres darbrachten[3]). Sechs Monate, die Hälfte der ganzen Jahreszeit, gehörten dem Apollon (Mai, Juli, August, September, Oktober, November), zwei (Juni und Dezember), von denen der eine dem längsten, der andere dem kürzesten Tage vorausging, gehörten dem Poseidon; der Januar und der Februar dem Dionysos, der März und April der Artemis.

Die Abweichungen von diesem Kalender, welche in Attika üblich waren oder üblich wurden, bestanden nur in veränderten Namen der Monate, welche ihren Grund in lokalen Festen und Gebräuchen hatten. Der Buphonion der Jonier hieß in Attika Hekatombaeon, womit nur das große Opfer, die Hekatombe, welche Apollon in demselben erhielt, schärfer bezeichnet wurde. Da die Apaturien in Attika schon im vierten Monat, dem Pyanepsion, gefeiert wurden, nannten die Attiker den fünften Monat (November) nicht Apaturion,

---

1) Vergl. Beiträge zur Monatskunde S. 65. — 2) Bei den Joniern in Myrina hieß dieser Monat Kalamaeon nach der Aphrodite ἐν καλάμοις; vergl. Beiträge zur Monatskunde S. 39. 40. — 3) Vergl. a. a. O. 42. 43.

sondern Malmakterion, von dem Sühnfeste, welches sie in diesem begingen, um den Zeus Malmaktes d. h. den stürmischen Zeus zu versöhnen, um die Unwetter der schlimmen Jahreszeit zu beruhigen. Den Januar hießen die Attiker nicht Lenaeon, sondern Gamelion, und weihten denselben der Hera[1]). Den neunten Monat (März) nannten sie nur mit einem anderen Namen statt Artemision Elaphebolion von dem Hirschopfer der Artemis; wie der neunte gehörte auch bei ihnen der zehnte Monat (April) der Artemis. Er hieß in Athen Munychion von dem Feste, welches der Artemis Munichia am sechszehnten Tage dieses Monats gefeiert wurde[2]). Der Juni endlich war in Athen nicht dem Poseidon, sondern der stadthütenden Gottheit, der Athene, geweiht. Um die Dörre in dem wasserarmen Lande abzuwenden, wurden in diesem heißen Monat der Athene die Skirophorien, ein Fest, welches ausschließlich den Attikern angehörte, gefeiert (ob. S. 61.). Nach dem attischen Kalender gehörten demnach fünf Monate dem Apollon, zwei dem Zeus und der Hera, zwei der Artemis; je ein Monat war dem Poseidon, dem Dionysos und der Athene geweiht.

Der dorische Stamm begann das Jahr mit der Tag- und Nachtgleiche des Herbstes, mit dem Oktober. Wir kennen nur einige Monatsnamen der Dorer. Der zweite Monat (November) war Apellaeos nach dem Apollon genannt, der April war wie bei den Joniern nach der Artemis (Artemisios) genannt. Es scheint, daß der Mai nach dem Apollon Delphinios den Namen Delphinios trug; auch der Julius gehörte in Sparta wie bei den Joniern dem Apollon, er hieß in Sparta Hekatombeus; in anderen dorischen Städten hieß er nach den Hyakinthien des Apollon: Hyakinthos. Der August war nach dem Apollon Karneios und dem Feste der Karneen Karneios benannt; der September hieß wie bei den Joniern nach den Bohnen Panamos[3]).

Die Aeoler begannen das Jahr mit der Wintersonnenwende. Die Boeoter nannten den ersten Monat (Januar) von den Stieren, welche sie dem stürmischen Poseidon darbrachten, Bukatios[4]), den zweiten Monat (Februar) nach dem Gotte Hermes Hermaeos, den

---

1) Bergk a. a. O. S. 36. An den ἱερὸς γάμος des Zeus und der Hera kann nicht wohl gedacht werden, da die Gebräuche desselben den Frühling voraussetzen. — 2) Hermann gottesd. Alterth. §. 60. — 3) Böckh Mondcyclen S. 85. Bergk a. a. O. S. 66. — 4) Böckh corp. inscr. I. p. 728.

dritten (März) nach dem Apollon Prostates Prostaterios[1]), den achten Monat (August) Hippodromios — wol nach dem reisigen Poseidon — den September Panamos, wie die Dorer und Ionier. Der November (Damatrios) gehörte bei den Böotern der Demeter, der Dezember (Alalkomenios) der Athene Alalkomene.

Die Monate der Hellenen bestanden aus je neunundzwanzig oder dreißig Tagen. Die Eintheilung der Monatstage in Dekaden scheint dafür zu sprechen, daß die Monate ursprünglich dreißig Tage zählten[2]). Dieser Kalender stimmte indeß weder mit dem Sonnenlauf noch mit dem Mondlauf, und man mußte versuchen, sich periodisch mit der natürlichen Zeit wieder in Einklang zu setzen. Das Mittel dazu waren Einschaltungen. Schon die homerischen Gedichte erwähnen einer bestimmten Periode von acht Jahren Oktaeteris (Enneaëteris); durch Einschaltungen im Verlaufe derselben suchte man mit dem Beginne des neunten Jahres die natürliche Zeit wieder zu erreichen. Diese Schaltperiode erfuhr stufenweise Verbesserungen, welche die Zeitrechnung der Hellenen vorzugsweise mit dem Monde in Uebereinstimmung brachten, was ihnen immer am wichtigsten erschienen ist[3]). Indem man den Mondwechseln weder neunundzwanzig noch dreißig Tage, sondern richtig neunundzwanzig und einen halben Tag beilegte, erhielt man für je zwei Monate eine Periode von neunundfünfzig Tagen, für das Jahr 354 Tage. Diese Zahl bleibt gegen den Sonnenlauf um elf und einen viertel Tag zurück, was in acht Jahren die Summe von neunzig Tagen ergiebt, welche, in drei Monate zu dreißig Tagen getheilt, eingeschaltet werden mußten, wenn man die richtige Zeit herstellen wollte. Dieser achtjährige Cyklus verlief demnach gerade in neunundneunzig Monaten. Indeß blieb es bei den verschiedenen Jahresanfängen, bei den verschiedenen Methoden, welche in den einzelnen Stämmen, Kantonen und Städten zur Ausgleichung des Mondjahres mit dem Sonnenlauf, der bürgerlichen Zeit mit dem natürlichen Jahre in Anwendung gebracht wurden, namentlich bei der ganz abweichenden Art, die Schaltmonate zu legen, auch in viel späterer Zeit für die Bewohner verschiedener Staaten schwer, sich über bestimmte Termine zu verständigen.

---

1) Hermann Monatskunde S. 77. — 2) Hesiod. opp. v. 814. Auf die Zahl von 30 Tagen geht auch die Zahl der 360 Geschlechter in Attika. — 3) Od. 19, 179. Böckh Mondcyclen S. 17 figde.

Eine völlig sichere Grundlage für die Zeitrechnung konnte erst mit der Einführung und dem Gebrauche der Schrift gewonnen werden. Die ersten zuverlässigen Anzeichen ihrer Anwendung liegen um das Jahr 800. Die Dorer von Argos begannen die Namen der Priesterinnen, welche dem alten und vornehmsten Heiligthum ihrer Stadt, dem Tempel der Hera vorstanden, aufzuzeichnen. Es ist nicht zufällig, daß Argos es ist, wo wir der ersten Anwendung der Schrift begegnen. Dorer von Argos hatten Knossos und Lyktos auf Kreta kolonisirt; in diesen Städten, welche sie bezwungen, hatten sie den Gebrauch der Schrift gefunden und allmählig kennen gelernt. Sie brachten diese dem Mutterlande, ihrer Heimath. Es war das phoenikische Alphabet, welches sie sich angeeignet hatten. Dieses Alphabet haben die Griechen beibehalten; sie sind bei der Reihenfolge der Phoeniker für die Laute, hier und da sogar bei den phoenikischen Namen derselben geblieben und haben die Formen der phoenikischen Buchstaben nicht überall verändert. Welchen Ursprungs diese ihre Schrift war, haben sie niemals vergessen; ihre Buchstaben hießen ihnen immer die „phoenikischen Zeichen".

Lange Zeit hindurch begnügten sich die Griechen mit einem sparsamen Gebrauch dieser Schriftzeichen. Es waren zunächst die Priester an größeren Heiligthümern, welche Verträge, die unter den Schutz der Götter gestellt wurden, welche Widmungen an ihre Tempel in Erz- und Kupferplatten, die im Heiligthum aufgestellt wurden, einritzten, welche danach die Felle der Opferthiere zu ausführlicheren Aufzeichnungen benutzten. Die Thebaner rühmten sich nachmals im Andenken an den Phoeniker Kadmos, welcher ihre Burg gegründet, die ältesten Schriftzüge zu besitzen; sie zeigten dieselben in den Inschriften einiger alten Dreifüße, welche im Tempel des ismenischen Apollon zu Theben aufgestellt waren. Sie erzählten, daß Kadmos die Schrift erfunden habe, und nannten demgemäß jene Inschriften „kadmeische Zeichen", eine Bezeichnung, die dann auf alle alten Schriftzüge ausgedehnt wurde. Es bedarf keiner näheren Prüfung des Inhalts jener Inschriften von Theben, um dieselben als unächte zu erkennen. Jene erste Berührung der Phoeniker mit den Hellenen, jener Verkehr der Phoeniker auf den Küsten von Hellas, welche die griechische Tradition mit den Namen des Kadmos und Minos bezeichnet, hatte die Griechen die Schrift der Phoeniker nicht kennen gelehrt. Erst jetzt hatten sie dieselbe von Kreta herübergebracht.

Wir haben oben gesehen, daß nach dem Ausweis der homerischen Gedichte den Griechen das geprägte Geld, die Münze, noch unbekannt war. Wir fanden, daß der Werth der Waaren nach Rindern abgeschätzt, daß das Gold gewogen wurde. Es war ein Fortschritt, daß danach Metallstäbe abgewogen wurden, zu dem Zwecke, um kleinere Werthe beim Austausch von Waaren auszugleichen. Von ihrer länglich schmalen Form erhielten diese Metallstäbe den Namen Oboloi oder Obeliskoi d. h. Spieße. Man konnte sechs solcher Spieße mit der Hand umfassen, deshalb hieß eine Zahl von sechs dieser Stäbe Drachme (von δράσσω). Es waren die Dorer von Argos, welche, wie sie die Schrift der Phoeniker von Kreta angenommen hatten, auch das Gewicht, die Münzen und Maaße der Phoeniker, welche ihre Kolonisten auf Kreta kennen gelernt hatten, sich aneigneten und um die Mitte des achten Jahrhunderts die ersten Münzen nach phoenikischem System auf der griechischen Halbinsel schlugen. Die Pflanzstädte der Ionier auf der lydischen Küste hatten dagegen das lydische System des Gewichts und der Münze etwa seit dem Beginn des achten Jahrhunderts angenommen, und der Verkehr, in welchem die ionischen Handelsstädte von Euboea mit ihren Stammgenossen in Anatolien standen, verpflanzte dasselbe dann unter dem Namen des euboeischen Fußes nach Attika und Hellas.

So hielten sich Dorer und Ionier in der Entfaltung des nationalen Lebens die Wage. Hatten sich jene in glücklichen Kriegszügen und Eroberungen bewährt, und ein nicht sehr zahlreicher Stamm eine große Zahl neuer Staaten gegründet, waren sie auf Kreta und Rhodos mit Kultnrelementen bekannt geworden, welche sie der Heimath zurückbrachten, so durften sich doch die Gründungen der Ionier in Asien dreist neben die der Dorer im Peloponnes stellen. Auch die Ionier hatten von den Lydern gelernt; auf geistigem Gebiet standen die Ionier voran. Wenn auch die Aeoler den Heldengesang vorzugsweise gepflegt und entwickelt hatten, der glänzende Abschluß desselben in dem homerischen Epos gehörte den Ioniern.

8. Die Fortbildung der Religion.

Der ursprüngliche religiöse Besitz der Hellenen war einst durch den Verkehr der Phoeniker auf den Küsten von Hellas um einige lokale Dienste vermehrt worden; jetzt hatte die Ausbreitung der Hellenen über die Inseln des aegaeischen Meeres und die anatolische Küste bei weitem reichere Früchte in dieser Richtung getragen. Wir sahen, wie die Kolonisten auf der Küste Anatoliens sich den Dienst des dort einheimischen Sonnengottes, der in Troas, in Lydien, in Karien und vor allen in Lykien verehrt wurde sammt dessen Weissagungen zu Kolophon und Milet aneigneten, wie der Dienst der weiblichen Gottheit Kleinasiens nach ihrer männlichen, kriegerischen und verderbenbringenden wie nach ihrer freundlichen und fruchtbringenden Seite von den Kolonisten in verschiedenen Formen und Göttergestalten aufgenommen wurde. Die alten Schutzgötter der Burgen und Städte waren nach griechischer Anschauung deren Herren; die Ansiedler suchten diese Mächte für sich zu gewinnen, indem sie ihnen dienten und verschmolzen dieselben mit ihren alten Göttern.

Aber es war nicht blos eine äusserliche Bereicherung, welche die religiösen Vorstellungen der Griechen in dieser Periode erfahren hatten. Der Aufschwung, welchen die Dichtung der Griechen genommen, der Uebergang des Hymnengesanges in den Heldengesang, welchen nun das homerische Epos abgeschlossen hatte, war für die religiöse Anschauung der Griechen von grosser und eingreifender Bedeutung. Indem die Sänger die Thaten der Götter neben denen der Helden zu besingen hatten (ob. S. 247.), wurden sie, da die Götter doch nicht gegen die Helden zurücktreten durften, unbewusst gezwungen, die sinnigen und poetischen aber noch nebelhaften Vorstellungen von den Göttern, welche sie überkommen hatten, schärfer auszuprägen, diese weiten und grossen, aber verschwimmenden Anschauungen der alten Zeit fester zu umreissen, den Göttergestalten Fleisch und Blut zu geben. Sie waren genöthigt, die Götter nach dem Maßstabe und dem Bilde der Heldenfiguren umzuformen, ihr Wesen und ihre Eigenschaften in Thaten und Ereignisse zu übersetzen, wenn das Leben des Himmels nicht hinter dem Leben der Helden zurückbleiben sollte. So kamen allmählig feste Linien und Umrisse in die phantastische Götterwelt der Hellenen, so wurden die zahlreichen Geister, mit welchen sie Himmel und Erde bevölkert hatten, zu bestimmten, anschaulichen Gestalten von sicheren plastischen Formen ausgebildet.

Die Phantasie der Hellenen steht in der Anlage nicht hinter der der Inder zurück. Im Gangeslande, in einem müßigen und thatlosen Leben, hatten die Inder die Erde zu Gunsten des Himmels entgeistigt, hatten sie den Menschen zu Gunsten der Götter vernichtet. Bei den Griechen in Asien unter einem milden Himmel, in einem überaus thätigen Leben des Kampfes und der Kolonisation, fand der Schwung der Phantasie an dieser realen Arbeit ein mächtiges Gegengewicht. Die Phantasie wurde durch die Breite, durch die Macht des wirklichen Lebens verhindert, transcendent zu werden. Sie konnte ihre Bilder nicht zu einer ausschließlichen Welt des Himmels ausspinnen und diese gegen die reale Welt abschließen. Die Welt der Götter und die der Menschen, die der Phantasie und der Realität traten hier vielmehr in ein gewisses Gleichgewicht und durchdrangen sich zu lebensvoller Poesie.

Die Gestalten der Götter haben die Bedeutung der Naturkraft, des natürlichen Phänomens, der Himmelserscheinung, deren Personifikationen und Incarnationen sie waren, nicht verloren, sie herrschen nach wie vor über und in der physischen Welt; aber neben dieser Naturbedeutung, welche der Hintergrund ihres Wesens bleibt, waren die ethischen Mächte, von denen sich die Griechen des neunten Jahrhunderts bewegt und beherrscht fühlten, in diese Göttergestalten hineingelegt und mit der natürlichen Bedeutung zu sehr charakteristischen Individualitäten verschmolzen und ausgeprägt worden. Nach dem Bilde des Lebens der Menschen sind diese neuen Götter geformt; die sittlichen Triebe, welche die Familie, die Gemeinschaft, den Staat, zusammenhalten, sind in den Göttern verkörpert. So ist Zeus der König des Himmels geworden; der Vater der Götter und der Menschen. Die wohlthätigen Geister des Lichts und der Helle sind in genealogische Verbindung mit ihm gebracht, sie sind seine Familie geworden, seine Brüder, Schwestern, Kinder. Von ihm, dem regenspendenden Gott des Himmels, stammen auch die Nymphen der Quellen und die Nymphen des Regens. Sie sind um seinen Herd versammelt auf dem Götterberge, zu dessen Gipfel kein Nebel und keine dunklen Wolken hinaufdringen, in ewigem Lichtglanz.

Hier lebt Zeus mit den seligen Göttern, wie ein König auf Erden mit seinen Genossen, in steter Freude und in täglichem Schmause, bis die Sonne sinkt und Jeder in seine Behausung zur Ruhe geht. Die Götter essen Ambrosia und trinken Nektar an der Tafel des Zeus, sie erfreuen sich am Saitenspiel, welches Apollon rührt, an den Gesängen und Tänzen der Nymphen der Quellen des Olympos, der Musen, und laben sich am Duft der Opferthiere, welche ihnen verbrannt werden. Das Schicksal der Völker und Städte, die Abenteuer der Helden sind es, welche die Theilnahme und die Thätigkeit der Götter beschäftigen. Wie die Edlen sich zum Rathe versammeln, so ruft Zeus die Götter zusammen, um die Geschicke der Menschen zu bestimmen, um den Göttern seinen Rathschluß zu verkündigen. Den frommen, tapfern und klugen Mann lieben die Götter; der hochmüthig und frevelhaft ist, den stürzen sie in's Verderben. Doch helfen die Götter auch sonst nach ihrer Neigung dem einen, dem andern sind sie feindlich. Diesen Helden beschützt der eine, verfolgt der andere Gott, jenen liebt Athene, diesen Poseidon. Menschliche Leidenschaften sind es, welche die Götter bewegen, Liebe und Haß, Freundschaft und Eifersucht, Zorn und Neid. In treuherziger Einfalt schildert das Epos wie die Götter mit einander in Wortwechsel, in Zorn und Hader gerathen, wie sie einander zu täuschen und zu überlisten suchen, wie mühsam Vater Zeus die Ordnung erhält. Vom Olymp herab sehen die Götter, was auf Erden vorgeht. Doch reicht ihr Blick nicht überall hin; sie ziehen es meist vor, aus größerer Nähe zu beobachten. So spannt der „blitzfrohe" Zeus, wenn die Eos im gelbrothen Gewande erscheint, seine erzfüßigen Rosse mit goldenen Mähnen an den Wagen und legt sein goldenes Gewand an, und treibt mit der schönen goldenen Peitsche die Renner an, welche ihn mitten zwischen der Erde und dem Sternenhimmel hindurch nach dem Ida führen. Da hält er an, setzt sich auf den Gipfel nieder und schaut herab auf die Stadt der Troer und die Schiffe der Achaeer. Ihm gegenüber taucht Poseidon mit seinem Roßgespann aus der Salzfluth, aus seinem schimmernden Palast in der Tiefe des Meeres bei Aegae, und nimmt auf dem Gipfel der waldigen Berge von Samothrake Platz. Wollen die Götter eingreifen in die menschlichen Dinge, so müssen sie selbst vom Olympos herabkommen in eigener oder angenommener Gestalt. Nur des Zeus Gewalt reicht aus, aus der

Ferne oder durch seine Boten zu wirken. Ueber den Göttern steht das, was jedem Menschen zugetheilt ist, sein Geschick (die Aesa, Moera). Zuweilen ist dies Geschick mit dem Willen der Götter identisch, zuweilen muß Zeus erst durch die Wagschale das Geschick erforschen, welches die Götter dann auch wider Willen vollstrecken müssen. Ausnahmsweise geschieht auch wol einmal etwas wider das Schicksal, wenn die Menschen sich ungemein anstrengen oder die Elemente von den Göttern nicht gebändigt werden können.

Zeus ist nicht blos der Vater der Götter, er ist auch der Vater der Menschen. Von den Söhnen, welche er mit sterblichen Weibern erzeugt hat, von Perseus, Aeakos, Herakles, Peirithoos, Minos stammen die Geschlechter der Könige, die gottentsprossenen, gottgepflegten Fürsten der Erde. Vom Könige des Himmels haben die Könige der Erde ihre Ehre und ihr Recht; Zeus ist es, der über Ordnung und Recht wacht, er straft den Meineid, er verleiht Sieg oder Untergang im Kampf, er giebt den Menschen Reichthum oder Armuth. Der Gott der Wasser auf Erden, „der älteste und beste der Götter", Poseidon, dessen Altäre sich auf den Landspitzen, den Vorgebirgen, den Landengen, wie auf den sandigen Dünen des Strandes erhoben, ist der Schützer der Seefahrt, ein Rossebändiger, ein ritterlicher Gott, ein Städtegründer und Mauererbauer geworden. Die Schnelligkeit der Strömung, die Bewegung der Wogen verglichen die Griechen mit dem Rosse. Poseidon bändigte die Wogen, die Rosse des Meeres, und da die Lenkung des Rosses für den Wagenkampf, für den Heldenkampf jener Zeiten unerläßlich war, wurde Poseidon ein Schutzgeist der ritterlichen Uebungen. Die schnellsten Rosse vor Ilion, die des Achilleus, hatte Poseidon dem Peleus geschenkt; die Harpyie Podarge d. h. der Meeressturm mit den weißen Füßen, den weißen Schaumspitzen der Wellen, hatte diese geboren. Im Anschauen ihres Landes hatten die Griechen die Vorstellung gewonnen, daß Poseidon die Inseln aus dem Meere emporgehoben habe, daß er auch das Festland mit seinen Wogen halte und trage. Wie das Meer die Erde hielt, die Wogen die Felsen emporwälzten, so galt Poseidon nun für den Gott, welcher auch die Felsmauern der Städte emporgehoben und gefestigt habe. Poseidon wurde damit ein Gründer der Städte. Er galt dafür auch in dem Sinne, daß die Städte der Griechen in Asien der Seefahrt ihr Dasein, ihr Gedeihen verdankten; darum war er auch ein so eifriger Freund der Griechen vor Ilion, ein so erbitterter Feind der Troer. Als ritterlicher Gott ist Poseidon wie Zeus ein Stammvater der Helden, ein Ahnherr der Könige. Er ist der Vater des Pelias von Jolkos, des Regeus von Athen und des Neleus von Phlos, der alten Herrscher der seefahrenden Gebiete. Von ihm stammt das alte wie das neue Königsgeschlecht von Athen, die Thesiden wie die Melanthiden, von ihm stammen die Könige der ionischen Städte in Asien.

Der Gott der Wolken und des Regens, der Mergen und Abend heraufführte, Hermes, besitzt wohl noch seinen Stab des Segens und des Ueberflusses, aber im Epos tritt nur noch eine Eigenschaft dieses Gottes in den Vordergrund. Er ist der rasche und gute Bote des Zeus. Als Bote der Götter geleitet er auch die Menschen auf ihren Wegen, die Seelen in den dunklen Hades, und die Boten der Könige stehen unter dem Schutz des Boten des Himmels wie die Verträge und die Bündnisse. In dem wohlthätigen Gotte, welcher den Menschen das Feuer gebracht hat, in dem Hephaestos, sieht die sonkrete Auffassung des Epos den kunstreichen Schmied, der den Helden die undurchdringlichen Panzer, Schilde und Schienen zu fertigen hat. Den Fürsten und den ritterlichen Herren jener Tage war das Handwerk eine niedrige Beschäftigung, wie nöthig und kunstreich es sein mochte. Dieser Anschauung folgend, ist Hephaestos dem Epos ein gutmüthiger und rüstiger Handwerksmann geworden. Er schwankt lahm daher — eine Anschauung, welche von dem Flackern des Feuers entlehnt ist — um den Göttern auf dem Olympos von der Rechten anfangend die Becher zu füllen. Und wenn das Epos dem lahmen Waffenschmied die Aphrodite oder eine der Charitten zur Seite stellt, so ist damit die Schönheit und Anmuth der Kunst angedeutet, welche den rußigen Händen des Hephaestos gelingt. Aber die Dichtung hat nicht vergessen, daß das Feuer im Blitz vom Himmel zur Erde niedergestiegen ist. Zeus hat den Hephaestos einst, da er sich ihm widersetzte, vom Himmel zur Erde hinabgeworfen; einen Tag lang dauerte es, bis Hephaestos auf Lemnos herabkam. Auf Lemnos rauchte ein starker feuerspeiender Berg; Lemnos, eine Stätte alter phoenikischer Ansiedlung und Technik, verehrte den Gott, dessen Werkstatt auf der Insel rauchte, dessen Werke hier geübt wurden. So machte das Epos Lemnos zur Stätte der Herabkunft des Hephaestos. Von den Göttern des Landbaues, des Ackers und der Obstzucht, von der Demeter und dem Dionysos zu sprechen, hatten die Sänger der Heldenthaten der Vorzeit, die Sänger der Fürsten und Ritter keine Veranlassung. Die nur agrarischen Gottheiten treten im Epos kaum aus dem Hintergrunde heraus.

Die Bezwingerin der Daemonen, die Göttin des Gewitters und des blauen Himmels, Pallas, behauptet im Epos die hohe Stellung, welche sie neben dem Himmelsgott in der ältesten Anschauung der Griechen hatte, nur daß auch bei dieser Göttin die agrarische Seite vollkommen unbeachtet bleibt. Sie ist dem Epos die männliche Tochter des Zeus geworden. Vom Himmelsgott, welcher die Geschicke der Menschen lenkt, besitzt sie die höchste Einsicht und den weisesten Rath; ihr helles Antlitz (der blaue Himmel), ihr leuchtendes Auge sind zum Ausdruck des klaren und durchdringenden Verstandes geworden. Sie ist die vom Himmel stammende Einsicht, der kluge Rath, die besonnene That; die Helferin, die beste Schützerin in allen Kämpfen und Nöthen des Lebens. Wohl ist sie dem Epos auch die mächtige Kämpferin geblieben, welche Kraft und Muth verleiht; aber die homerischen Gedichte heben mit Vorliebe den Gegensatz ihres Kampfes, die Ueberlegenheit ihrer Waffenführung, die Ueberlegenheit des wohlgerüsteten besonnenen Kämpfens über das wilde Getümmel, über den Ares hervor. Ares ist dem Epos ein gewaltiger Riese von siebenhundert Fuß Länge. Der barbarische Anlauf, das wilde Schlachtgeheul, dies wüste ungeschlachte Kämpfen unterliegt der ruhigen von Maaß und Besonnenheit geleiteten Kraft der Pallas.

Auch die Gestalt des Lichtgottes ist im Epos unversehrt geblieben. So zahlreich die Dienste des anatolischen Sonnengottes waren, in welchem die Ansiedler ihren Apollon erkannten, wie fremdartig manche Kultusformen sein mochten, welche aus diesen übertragen wurden (S. 253.), er ist rein und hehr wie das Licht, das ihm angehört; er ist der „König", der Herrscher Apollon, geblieben, welcher die Frevler mit seinen Pfeilen heimsucht. Und wenn dieser Gott ehedem die Rinder des Himmels d. h. die lichtdurchschienenen, goldglänzenden Wolken hütete, so pflegt er nun in der realistischen Auffassung des Epos die Heerden des Admetos von Pherae, des Sohnes des Pheres, die Rinder des Königs Laomedon von Ilion; wenn auch im Uebrigen die Seite des Gottes, nach welcher er die Saaten reift, dem Epos fremd bleibt. Im Olymp erfreut der Gott, welcher die Zeiten im geordneten Rhythmus herauf und herabführt, die

Götter mit seinem Gesange zur Phorminx, wie die Sänger beim Festmahl den Königen der Erde singen. Allein von allen Göttern wird Apollon im Epos durch Gesänge und Chorlieder versöhnt, ihm wie der Athene und dem Poseidon werden Hekatomben d. h. große Opfer von hundert zuweilen aber auch nur von zwölf Rindern dargebracht[1]).

Die „schönbekränzte", „kuhäugige" Hera, eine alte Form der Erdgöttin, steht im Epos dem Zeus zur Seite. Sie ist die königliche Hausfrau des Zeus geworden, welche auf goldenem Sessel neben ihm thront, ihre schützende Hand über die Ehen unter den Menschen hält und diesen Gedeihen giebt. Es scheint, daß gewisse Elemente des Dienstes der Geburtsgöttin der Lyder und Anatolier in die Gestalt der Hera Eingang gefunden haben. Es war ein durchgreifender Zug der syrischen und anatolischen Dienste, daß die Göttin der Geburt sich dem Sonnengotte ergab; die jungfräuliche Astarte wich endlich dem Melkart, die Omphale dem Sandon, die Kybele dem Hyperion (Bd. I. S. 247.), die Meue dem Manes (Bd. I. S. 236.). Die heilige Hochzeit des Gottes und der Göttin wurde gefeiert, und es ist nicht unwahrscheinlich, daß es nach diesem Vorbilde auch bei den Griechen Sitte wurde „die heilige Hochzeit des Zeus und der Hera" zu begehen. Auch Homer läßt auf dem heiligen Boden der idaeischen Mutter, auf den Waldhöhen des Ida, den Zeus das Beilager mit der Hera vollziehen. Die Ionier, welche Samos in Besitz genommen, verehrten die Hera als Schutzgöttin und behaupteten nachmals, daß dieselbe auf ihrer Insel unter der Weide am Imbrasos geboren sei. Ihr Tempel stand hier am Strande des Meeres, wie die Heiligthümer der aus der Feuchte gebärenden syrischen Göttin[1]). Die concretere Anschauung der Griechen sah dann in der Hochzeit des Zeus und der Hera die Vermählung des Himmels und der Erde, welche im Frühlingsregen, der die Frucht des Jahres erweckt, vollzogen wird. Wenn die Wolken sich um die Berggipfel lagern umarmte der wolkenversammelnde Zeus die Hera. Auch beim Homer umgiebt eine schöne Wolke die Umarmung des Zeus und der Hera und die Legende der Griechen erzählte nun wie Zeus mit Sturm und Regenschauern in der Gestalt des Frühlingsvogels, des Kukuk, der Hera zuerst genaht sei. Man schmückte die Bilder der Hera mit dem Schleier, welchen die griechischen Jung-

---

1) Il. 1, 472. 305. — 2) Daß die Mylitta der Babylonier und die Blatta der Lyder dieselbe Gottheit ist, beweist, daß beide Worte Gebärerin bedeuten; Joh. Lyd. de Mensib. 24.

frauen ablegten, sobald sie einem Manne verlobt waren, flocht Brautbetten aus jungen Weltenzweigen, und feierte das Fest mit allen Gebräuchen, welche bei Hochzeiten üblich waren¹). Die späteren Dichter schließen sich eng an den phoenikischen Mythos vom Melkart und der Astarte. Sie verlegen die heilige Hochzeit des Zeus und der Hera weit in den Westen, an die Küste der hesperischen Inseln, in die elysischen Gefilde, in jenes fernste Gebiet, wo sich die fliehende Astarte endlich dem Melkart ergeben hatte, in das Paradies der phoenikischen Seefahrer. Hier lassen sie den Baum des Lebens, der die hesperischen Aepfel trägt, welche in der phoenikischen Anschauung das Unterpfand des Lebens, des Gedeihens und fortwährender Zeugung sind, zur Feier der Hochzeit des Zeus und der Hera aus der Erde emporsprießen²). Das Epos accentuirt die Eifersucht der Hera, den Streit der Hera mit ihrem Gatten ziemlich stark, und läßt den Zeus seiner Hausfrau nicht bloß mit Schlägen drohen, sondern auch körperliche Strafe an ihr vollziehen. Es ist möglich, daß die Anschauung des stürmisch aufgeregten Himmels die Anschauung von Regengüssen, welche die Erde peitschen, die erste wenn auch vergessene Veranlassung jenes häufigen Haders zwischen dem Gotte des Himmels und der Göttin der Erde gegeben haben.

Wenn die Griechen die Züge des Mythos und Kultus der Geburtsgöttin Kleinasiens, welche sich auf das Beilager und die Frucht der Gemeinschaft bezogen, in die Gestalt ihrer Hera verwebten, wenn sie die kriegerische Seite derselben der Artemis zutheilten (ob. S. 253.) und die bewaffneten Dienerinnen der Göttin Kleinasiens in die Amazonen verwandelten, so ist schon oben bemerkt, daß sie die Kraft dieser Gottheit, die Liebestriebe zu erregen, in einer anderen Gestalt verkörpert hatten, daß die Göttin von Kythera und Kypros ihnen zur Aphrodite geworden war. Aus der an den Meeresküsten und auf den Inseln verehrten Göttin der Fruchtbarkeit, als deren ältesten Tempel Herodot den von Askalon bezeichnet, in welchem die Derketo in dem Bilde eines Weibes, welches von den Schenkeln ab in einen Fischschwanz überging, verehrt wurde (der Mylitta und der Aschera waren überall die Fische und das Wasser heilig), aus dieser Göttin mit dem Fischschwanz

---

1) Welcker Götterlehre 1, 364 figde. Preller Mythol. 1, 106. Der attische Monat Gamelion fällt in den Januar und kann mit dem Bellager des Zeus und der Hera deshalb nicht zusammengebracht werden. — 2) Eurip. Hippol. 750 seqq.

hatte die erste poetische Anschauung der homerischen Gedichte die Aphrodite – d. h. die „Schaumbenetzte" — die Göttin, welche der Schaum der Meereswellen umspielt hatte, die Göttin der Anmuth und des unwiderstehlichen Liebreizes gebildet und diese dem Zeus als Tochter gesellt, welche ihm die Dione geboren. Ein im homerischen Ton gedichteter Hymnus erzählt sehr schön, wie die Göttin von Kythera von dem Westwind und den Wellen an die Küste von Kypros getragen wird, wie hier die Horen des Frühlings sie schmücken und die „veilchenbekränzte" Göttin zu den Unsterblichen geleiten[1]).

Die veränderte Richtung in der Auffassung der Götter, welche mit dem Heldengesang begonnen hatte und mit dem Epos Homer's zum Abschluß gelangte, war für die religiösen Vorstellungen der Griechen von bedeutenden Folgen. Nicht nur daß die alten Anschauungen durch neue Elemente und Motive bereichert waren; alle diese Geister waren lebensvolle Gestalten geworden, deren Thätigkeit nach der Anschauung des Epos mindestens eben so wesentlich auf die Thaten und Schicksale der Menschen, als auf die Bewegung des Naturlebens gerichtet war. Die menschliche Seite hatte über die Naturseite der Götter sowol als über die verschwimmende, schwankende Form der älteren Anschauungen den entschiedensten Sieg davongetragen. Die Götter waren nun in das Leben, in die Sagen der Landschaften, in die Geschicke der Königshäuser unauflöslich verflochten. Die zahlreichen Namen und Formen der Götter, die ebenso mannichfaltig und reich bei den Griechen waren, als die Hymnen des Veda sie für die alte Zeit der Inder ausweisen, hatten dem Heldengesang Gelegenheit gegeben, die Heroen der Vorzeit ansehnlich zu vermehren. Alte, unverständlich gewordene Beinamen der Götter, sammt den Thaten, welche diese Namen verherrlichten, löste das Epos von den neuen Göttergestalten ab und schuf dieselben unbewußt zu selbständigen Heldenfiguren um, ja selbst manche Göttergestalten der alten Zeit wurden zu Heroen, und belebten nun die Sage der Landschaften, in welchen sie am meisten verehrt worden waren. So sahen wir, wie die Akrinen, die Dioskuren von Lakonien ritterliche Kämpfer wurden, wie die von Messenien zu den Helden Idas und Lynkeus, die von Theben zu dem Amphion und Zethos wurden, welche die Mauern von Theben erbauten. Daß die schöne Helena ursprünglich die Mondgöttin von Sparta war, ist

---

[1] Hymn. b. in Ven.

oben erörtert (S. 257.). In derselben Weise wurde Apollon Perseus zu einem Helden von Argos, Apollon Bellerophontes zu einem Helden von Korinth. Wir sahen oben, wie der eifrige Kultus des Sonnengottes, das milde und helle Klima Lykiens sammt der östlichen Lage diesem Lande den Namen des Lichtlandes bei den Griechen eingetragen hatte, wie sie der Meinung Raum gaben, daß der Lichtgott im Winter in diesem ihm gemäßeren Lande verweile. So mußte nun auch Apollon Bellerophontes nach Lykien ziehen, um, wie der anatolische Sonnengott, die winterliche Chimaera und die Gluthhitze der lykischen Vulkane zu überwinden. Das Epos oder eine eingeschobene Episode desselben macht den Bellerophontes zum Ahnherrn der Könige Lykiens. Es ist möglich, daß eine lykische Dynastie ihren Stammbaum zu dem Sonnengotte, welchen das Land als Schutzherrn verehrte, hinaufführte, wie die alte lydische Dynastie sich vom Manes, dem jüngern von dem Sonnengott Santon ableitete. Aeakos, ein alter Beiname des Zeus, ist im Epos zum Vater des Peleus, zum Stammvater des Achilleus geworden. Die spätere Tradition der Hellenen weiß von Aeakos nur zu erzählen, daß einst als wegen eines Frevels, den Pelops begangen, alles Land von schwerer Dürre heimgesucht ward, von allen Orten Abgesandte zum Aeakos kamen, er möge Fürbitte thun bei seinem Vater Zeus. Auf sein Gebet sammeln sich alsbald die Wolken und reichliche Regengüsse strömen herab. Er ist der wolkenversammelnde, regenbringende Zeus selbst, der einst unter dem Namen Aeakos verehrt worden war. Auf der höchsten Spitze der Insel Aegina stand ein Heiligthum des Aeakos. Als die Dorer von Epidauros her Aegina besetzten, hatten sie dieses Heiligthum vorgefunden; Aeakos galt ihnen darnach für den ältesten König der Insel, den Zeus mit der Nymphe Aegina erzeugt habe[1]). Nach ihrer Tradition war dann nicht bloß Peleus, sondern auch Telamon, der Vater des Ajas von Salamis, ein Sohn des Aeakos; beide hatte Aeakos mit der Endeis, der Tochter des Cheiron vom Pelion, gezeugt. Weil die Söhne die größten Kämpfer vor Ilion gewesen, sollten die Vier Brüder sein, und es schmeichelte dem Stolz der Dorer von Aegina, die ruhmreichsten Helden von ihrem Heros, von ihrer Insel abstammen zu lassen. Freilich waren sie nun, um den Peleus nach Thessalien und den Telamon nach Salamis zu bringen, ge-

---

[1] Herod. 8, 46.

zwangen sie landflüchtig werden zu lassen. Dazu gab es kein kürzeres Mittel, als den Mord. Demnach mußten Telamon und Peleus ihren Stiefbruder, den Photos d. h. die Robbe, den Aeakos mit der Psamathe d. h. der Sandbrüne, erzeugt, erschlagen, worauf Telamon dann zu König Kychreus nach Salamis flieht, der ihn an Kindesstatt annimmt, und Peleus nach Phthia, dessen König Eurythion ihm den dritten Theil seines Reiches schenkt.

Aber nicht blos an den Namen und Beinamen der griechischen Götter hat das Epos seine vermenschlichende Kraft bewährt. Auf dem Sipylos in Mysien, nicht allzuweit von Smyrna, stand einer von jenen heiligen Steinen, in welchen die Kleinasiaten wie die Syrer ihre Götter anbeteten, in welchen sie deren Kraft gegenwärtig glaubten. Es war ein Stein der großen Mutter, an welchem die Myster die Trauerfeste des Herbstes feierten, das Absterben der Natur beklagten. Die homerischen Gedichte machen diesen Stein zu einem versteinerten Weibe, zur Niobe, welcher Apollon und Artemis mit ihren Pfeilen die Kinder d. h. die Früchte des Frühlings und des Sommers, getödtet haben, welche aus Schmerz darüber verzweifelte und von den Göttern aus Mitleiden mit ihrer Verzweiflung in einen Stein verwandelt ist.

Durch die Regsamkeit und Kraft ihrer poetischen Anschauung, ihrer Phantasie wurden die Griechen nicht nur zu concreten Anschauungen, sondern auch zu dem Streben geführt, die Erscheinungen, welche sie umgaben, die Götter, von denen sie beherrscht wurden, bis zum Ursprung hinauf zu verfolgen. Es war die Aufgabe der indischen Götter, das Wasser des Himmels zu behüten und herabzulassen. Wir haben gesehen, daß die Griechen dieser Anschauung treu geblieben waren; ohne Wasser gab es weder in den neuen noch in den alten Gebieten der Griechen Vegetation, Frucht, Gedeihen und Leben. So schien es denn, daß die Welt, die Götter und die Menschen, diesem befruchtenden Element ihre Entstehung zu verdanken hätten; daß alles Leben aus diesem Lebensquell seinen Ursprung genommen. Der große Strom, welcher die Welt umfängt, der Behälter alles Wassers, heißt beim Homer nicht nur der Brunnen des Meeres, der Flüsse, aller Quellen, sondern auch der Ursprung der Götter, der Urquell aller Dinge; zu diesem Ende wird dem Okeanos eine weibliche Seite, die Tethys, beigesellt. Neben dem Okeanos und der Tethys stehen Uranos, der Himmel, und Gaea, die Erde. Auch bei den Indern ist Uranos (Varuna) der äußerste, alles umgebende Himmel jenseit des Sonnenlaufs und der Sterne, bei welchem die „großen Wasser" wohnen.

Die dunklen Gespenster, die schadenbringenden Gewalten, welche den Göttern das Wasser zu entführen suchen, der Kampf der guten Götter des Lichts gegen die schwarzen Daemonen, gegen die Gespenster der Nacht, der Dürre und des Todes, diese gemeinsamen Vorstellungen der Arier waren bei den Griechen nach der Natur ihres Himmels und ihres Landes zurückgetreten. Aber da die Erinnerung an diese schlimmen und dunklen Geister, an die Kämpfe der Geister des Lichts und der Finsterniß fortlebte, wurde hieraus geschlossen, daß diese finstern Gewalten vor den lichten, glänzenden, wohlthätigen Göttern, welche den Olympos bewohnten, geherrscht haben müßten. Als die alte Furcht vor den Geistern des Dunkels zurückgetreten war, ließ die Anschauung der Griechen die lichten und hellen Götter aus jenen dunklen Gestalten hervorgehen, von diesen geboren werden. Vorstellungen dieser Art lagen nach den hergebrachten Anschauungen von den Göttern ziemlich nahe. Wenn Helios-Apollon, das Licht jedes Tages, aus der Nacht und der Dämmerung hervorbrach, wenn Zeus die Wetterwolken versammelte, welche ringsher aus dem Meer vom Okeanos aufstiegen, um als lichter und klarer Gott aus der Wolkenverhüllung, aus dem Wolkenmantel hervorzutreten, wenn Pallas Athene aus dem finstern Gewitterhimmel in immer neuer, siegreicher Klarheit hervorsprang, so konnte es scheinen, daß diese hellen Götter auch ursprünglich aus dem Dunkel geboren sein müßten.

Nachdem man die Anschauungen des semitischen Orients von der Hochzeit der höchsten Götter in der Form der Umarmung des Himmels und der Erde aufgenommen hatte, wurde die Erde in dieser Vorstellungsreihe als ein dunkles Wesen angeschaut, welches die Wasserwolken des Uranos in grauer Vorzeit befruchteten[1]). Sie gebar die Uranionen d. h. die Uranossöhne, die dunklen Gewalten, die Geister der Finsterniß, den Japetos, den Kronos, die Rhea — eine Gestalt, welche den Diensten Anatoliens und Kreta's entlehnt ist — und die anderen Titanen. Des Kronos und der Rhea Söhne sind der lichte Zeus, der Geist des Wassers Poseidon, der Herrscher im Schatten-

---

1) Daß die Erde die Mutter der Uranionen war, ist die gewöhnliche Tradition, sie gebiert auch sonst bereits beim Homer den Olympiern feindliche und finstere Gewalten; Od. 11, 576.

Die Ueberwältigung der Titanen.

reiche Hades und die Hera. Zeus stößt seinen finstern Vater Kronos[1]) mit den übrigen Geistern der Dunkelheit, den Titanen, vom Himmel in das Reich der Finsterniß hinab; er schließt diese Geister an den äußersten Grenzen der Welt in die unterste Tiefe, weil unter dem Reich des Hades in den Tartaros, „wohin kein Strahl der Sonne und kein Hauch des Windes dringt", hinter eiserne Thore und eherne Schwelle[2]). Die dunklen Geister des Westens, der Region des Sonnenuntergangs, die Giganten, werden wegen ihrer Frevel vertilgt. Als die riesigen Söhne der Erde, die Aloïden, den Pelion auf den Ossa zu thürmen suchen, um den lichten Himmel zu ersteigen und mit ihrem Dunkel zu verhüllen, tödtet sie der Lichtgott Apollon mit seinen Pfeilen[3]); auch der wilde Erdensohn Tityos wird in die Unterwelt versoßen[4]). So hat der Sohn des Kronos, der aus dem Dunkel geborene lichte Gott, die finstern Geister bezwungen, er hat sie triumphirend in das Dunkel gebannt, welchem sie angehören. In diesen Gestalten, in diesem Kampf des Zeus und der lichten Götter mit den Titanen und den Giganten, in dem Gewitterkampf der Athene, in den Kämpfen des Apollon hat die griechische Religion die Erinnerung an die Kämpfe, welche der Britraghna der Inder, der Veretraghna der Iranier mit den bösen Geistern der Dunkelheit zu führen haben, bewahrt.

Die poetische Religion, zu welcher die Griechen durch ihren Heldengesang und dessen Abschluß in dem homerischen Epos gelangt waren, mußte von eingreifender Bedeutung für den Gang ihrer Entwickelung werden. Der Eindruck dieser beiden großen Gedichte war mächtig und bleibend, und die Art, in welcher sie fortlebten, steigerte ihre Wirkung. Bei den Mahlen der Fürsten und des Adels, danach an den festlichen Tagen großer Opfer trugen Sänger aus dem Geschlecht der Homeriden, späterhin die Recitatoren — die Rhapsoden — einen Lorbeerzweig in der Hand, die Gesänge untereinander abwechselnd und wetteifernd in großen Abschnitten der versammelten Menge vor, und die Art der epischen Poesie, welche

---

1) Daß Kronos als ein finsterer, schädlicher Geist gedacht war, scheint mir nicht blos aus dem Beinamen desselben beim Homer ἀγκυλομήτης zu folgen, sondern auch daraus, daß die Griechen fortan den Moloch der Phoenicier mit dem Namen Kronos bezeichnen. Wenn man dem Kronos in Griechenland späterhin Kronien feierte, als einem Gotte der Erndte und der heißen Zeit, so ist auch dies wol aus semitisch-kleinasiatischem Dienst übertragen. Daß ihn die Griechen zuletzt nur als den Alten, als einen Gott der Vorzeit, auffaßten, beweist für die ursprüngliche Bedeutung nichts. — 2) Il. 8, 13. 479. — 3) Od. 11, 315. — 4) Od. I. a. 576.

durch die Gesänge Homers eingeführt worden war, fand bald eine ununterbrochene Reihe von Dichtern, welche sich theils unmittelbar an die Gesänge Homer's anschlossen, diese fortsetzten und erweiterten, theils andere Stoffe der Sage zu ihrem Gegenstande machten. Sowol in jener als in dieser Richtung waren sie entschieden abhängig von dem Ton und der Anschauungsweise ihres großen Vorgängers. Die öffentliche, gehobene Weise des Vortrags dieser Dichtungen, die dramatische Wirkung desselben auf den empfänglichen Sinn der Griechen in feierlich erregten Versammlungen muß außerordentlicher Art gewesen sein; die Gestalten der Götter und Helden konnten einem Volke nicht eindringlicher und lebendiger vorgeführt werden. Das Bild des Olympos, welches das Epos gezeichnet, mußte mit der Kraft eines mächtigen Zaubers auf Sinn und Gemüth der Hellenen wirken und einen maßgebenden Einfluß auf ihre religiösen Vorstellungen ausüben. In diesem Sinne hat Herodot unstreitig Recht mit seiner Behauptung, daß Homer und Hesiod den Griechen ihre Götter geschaffen hätten. Die Religion der Hellenen hatte einen dichterischen Kanon erhalten. Der Himmel dieses Kanon war eine mit naiver Unbefangenheit gezeichnete potenzirte menschliche Welt. Der Mensch war nicht im Gegensatze zum Himmel. Mit offenem Blick, mit aufgerichtetem Nacken stand der Mensch diesen idealen Typen seines eigenen Wesens, in denen er sein Abbild erkennen mußte, gegenüber; er diente ihnen frohen und freudigen Herzens, nicht mit Angst und Qual, nicht mit aszetischer Selbstverläugnung. Es kam nicht darauf an, daß der Mensch seine Natur verläugnete, um diesen Göttern gerecht zu werden, es kam nicht darauf an, daß er eine Seite seiner Natur, sei es die physische, wie die Brahmanen es verlangten, sei es die geistige — wie es die Syrer thaten — verläugnete, beschnitt, aufgab oder vernichtete, um dem Willen d. h. dem Wesen seiner Götter gerecht zu werden. Es wurde von ihm nichts verlangt, als seine Natur in ihren sittlichen Trieben auszuleben, dem guten Zuge seines Herzens zu folgen, das Feuer seiner Sinne, die Hitze der Leidenschaften zu mäßigen und unter der besonnenen Herrschaft der Einsicht zu halten. Die Mäßigung der natürlichen Triebe, die Mäßigung der Empfindungen und der Leidenschaften — das ist alles, was die Ethik des Epos von dem Menschen verlangt. Die gesunde, natürliche Empfindung, der unmittelbare, sittliche Instinkt ist es, welcher das Band der Ehe, die

Bande der Freundschaft, der Genossenschaft und des Staates heiligen und achten läßt, das natürliche Ehrgefühl ist es, welches den Muthigen über den Feigen, den Starken über den Schwachen stellt; das richtig gestimmte Selbstgefühl giebt die Regel, daß der Mann den Schlag, den er empfängt, zu erwidern hat, daß aber Haß und Rache nicht weiter getrieben werden dürfen, als die Beleidigung reichte. Diese Ethik der gesunden Empfindung, des unmittelbaren, moralischen Gefühls, dieser naive Humanismus war durch die Religion des Epos sanktionirt.

Dennoch wäre es ein schwerer Irrthum, zu glauben, daß die Religion der Hellenen in dem poetischen Bilde des Olympos, welches Homer gezeichnet hatte, aufgegangen wäre. Der Kultus stand in einer großen Breite mit seinen hergebrachten Begehungen, mit zahlreichen lokalen Diensten, mit seinen, wenn nicht ausgeführten doch durch das Ceremoniell und den Ritus der Feste sehr eindringlich auf die religiöse Empfindung wirkenden Anschauungen von der Natur der Götter neben dem Epos. Es waren bestimmte natürliche oder ethische Seiten des Wesens der Götter, welche der Kultus accentuirte und festhielt. Es ist mit Recht hervorgehoben worden, daß das Epos der Griechen, so mächtig es auf ihre Anschauung wirkte, niemals und an keinem Orte einen bestimmenden Einfluß, eine maßgebende Geltung für den Kultus erlangt hat. Das Gegengewicht, welches der hergebrachte Kultus gegen die Religion der Dichter bildete, verstärkte sich in dem Maße, als einzelne Heiligthümer zu besonderem Ansehen gelangten, als diese, auf solches Ansehen gestützt, einen priesterlichen Einfluß auf engere oder weitere Gebiete des hellenischen Lebens zu üben vermochten. Wie groß die Einwirkung der homerischen Gedichte auf die Religion der Hellenen war, sie erschöpfen dieselbe bei weitem nicht. Nicht blos, daß die agrarischen Götter, die agrarischen Dienste im Epos so gut wie vollständig fehlen, ein Blick auf den Kalender der Stämme, auf das alte Ritual der zahlreichen Götterfeste, ein Blick auf die Reinheitsgebräuche genügt, um zu zeigen, welche Macht die praktische Religion neben der poetischen übte. Das Gedicht von den Werken und Tagen schreibt vor, die Götter jeden Morgen und Abend mit Spenden und Rauchopfern zu ehren; es ist in den Reinheitsgebräuchen, in den Vorschriften, wie und wo der Mensch seine Bedürfnisse zu verrichten, wie Weg, Wasser und Quellen dadurch nicht zu beflecken seien, zu welcher Zeit und in welchen Stellungen dies geschehen müsse, wann das eheliche Lager vermieden werden müsse u. s. w., so detaillirt, daß man eine Urkunde der Brahmanen vor sich zu haben glaubt.

Von diesen Dingen finden sich in den homerischen Gedichten nur spärliche Andeutungen. Nur der Antheil, welchen die Götter an dem Schmause der Menschen erhalten, tritt in häufiger Erwähnung der Sitte hervor, daß den Göttern Wein zur Erde gegossen wird, ehe man die Becher erhebt und ehe man auseinandergeht. Auch der Kultus, so weit er in diesen Gedichten erwähnt ist und erwähnt werden konnte, zeigt meist nur das gewöhnliche Opfer, welches keinen andern Sinn hatte, als den, die Götter zum Mahle der Menschen einzuladen, um ihnen einen Theil der Speise zu gewähren, welche die Menschen genießen. Die Götter erhalten Stücke von den Schenkeln und die mit Fett umwickelten Knochen, das Uebrige verzehren die Menschen.

Indeß genügen die homerischen Gedichte, um zu zeigen, daß der Kultus der Hellenen sich nicht mehr überall mit einem heiligen Hain und einem Altar in demselben begnügte. Die „steinerne Schwelle" des Gottes von Pytho, das „festgefügte Haus" des Erechtheus, in welchem Athene wohnt, werden erwähnt. Auch sonst erwähnen die homerischen Gedichte Tempel und Bilder der Götter; nicht blos Weihgeschenke, Beutestücke und Waffen werden ihren Heiligthümern gewidmet, sondern auch schöne Gewänder, um ihre Bilder zu bekleiden. Es waren diese mithin nicht überall Steine, in welchen zu Orchomenos und Delphi die Chariten und Apollon verehrt wurden (ob. S. 178., 301.), sondern der menschlichen Gestalt angenäherte Formen, wie symbolisch und unvollkommen die Andeutung derselben sein mochte. Die alten Bilder der Dioskuren zu Sparta waren zwei aufrecht stehende durch einen Querbalken verbundene Pfosten von Holz, und das alte Bild der Hera in ihrem Heiligthum zu Samos soll ein unförmlicher Holzblock gewesen sein. Das Bild der Athene im Erechtheion war ein Schnitzbild von Holz in sitzender Stellung; es sollte, wie andere Palladien, vom Himmel gefallen sein. Solche Formen blieben fest und geheiligt, und die Technik der Hellenen mußte sich, auch nachdem sie selbst über diese Stufe hinausgekommen war, in den Götterbildern noch lange an diesen Typen halten.

III. Die Herrschaft der Besten und die Kolonisation.

(800—630 v. Chr.)

1. Lykurgos von Sparta.

Die Zeiten der Wanderung hatten das Gebiet der Hellenen weithin ausgedehnt. Sie hatten ihren Blick und ihren Verkehr erweitert und durch nahe Berührung mit den Bevölkerungen der eroberten Inseln und Küsten ihrem Leben neue Anschauungen und neue Kenntnisse gegeben. Die Kämpfe der Ausgewanderten auf der Nordwestküste Kleinasiens hatten die alten Sagen- und Gesänge in neuem Glanze erstehen lassen. Und wie den Siedelungen auf den Inseln und Küsten, so war auch den neugegründeten Staaten auf der alten Halbinsel die Aufgabe gestellt worden, sich in den neuen Verhältnissen zurecht zu finden, die neuen Gemeinwesen auf neuen Grundlagen zu errichten.

Nicht durch einen raschen Siegeszug großer Massen waren die Entscheidungen gefallen. Weder hatten die Angreifer große Kriegsheere gebildet, noch hatte der Boden der Halbinsel ausgedehnte Erfolge zugelassen. Die Bertheidigung war durch die Gebirgszüge und durch die Thalengen unterstützt worden, und der Angriff hatte sich zersplittert. Die Erfolge der Thessalier, Arnaeer und Dorer beschränkten sich auf die Eroberung einiger Landschaften. Das Leben der Halbinsel bewahrte auch nach diesen Stürmen seinen kantonalen Charakter. Wie die langen und schweren Kämpfe des Angriffs und der Bertheidigung in jedem Kanton selbständig geführt worden waren, so hatte auch jedes der neuen Gemeinwesen die Aufgabe, die neue Ordnung seines Lebens selbständig von sich aus zu finden.

In den Zeiten der Wanderung, die eine stärkere militairische Obergewalt nothwendig machten, hatte sich das Ansehen des Königthums gehoben. Die homerischen Gedichte zeigten uns die Könige in den Griechenstädten Asiens im Besitz einer ziemlich unbeschränkten Macht. Der König gebietet kraft eines gewissen göttlichen Rechts, kraft des besonderen Schutzes, welchen Zeus den sceptertragenden Königen, den Nachkommen der Heroen angedeihen läßt. Aber man verlangt von dem König, daß er wie der erste an Macht, so auch der erste an Heldenkraft und Muth, an Einsicht und überzeugender Rede sei. Und die Könige üben ihre Gewalt mit und durch den Adel. Die Edelleute fechten nicht blos mit ihnen in erster Reihe, sie sitzen mit ihnen zu Rath und zu Gericht und freuen sich mit ihnen des gemeinsamen Mahles.

Vor der Wanderung gab es in den Kantonen der Hellenen eine Zahl von hervorragenden Familien, welche jedoch keinen geschlossenen Stand bildeten. Es waren diejenigen, welchen genügender Besitz an Aeckern und Heerden gestattete der Jagd und dem Kriege, der Waffenübung zu leben oder solche, denen eine von den Ahnen überkommene Kenntniß der heiligen Gebräuche und Gesänge beiwohnte. Jedermann konnte zu solcher Stellung emporkommen, sei es indem er Reichthum gewann, kühne Kriegsthaten ausführte oder erfolgreiche Opfer zu bringen und den Flug der Vögel oder andere Zeichen richtig zu deuten verstand. Den ersten Anstoß zur Umwandlung dieser bevorzugten Familien, welche das Königthum zunächst umgaben in einen Stand, der sich gegen die Menge des Volkes abzuschließen vermochte, gab die Gliederung der Adelsfamilien in Stämme. Eine natürliche Folge der Vereinigung des Landes war diese am frühsten in Attika eingetreten. Sie wurde von hier und auf die ionischen Pflanzstädte übertragen; bei den Dorern entstand die Gliederung in Stämme während der Wanderung aus dem Bedürfniß der Organisation des Heeres. Diese Gliederung, diese Stämme gaben dem Adel zuerst das Gefühl eines Zusammenhanges, einer besonderen Gemeinschaft. Die Zugehörigkeit zu denselben war das kenntliche Zeichen einer besonderen Stellung; sie begründete die Abschließung des Adels gegen die Menge. Die langen Kämpfe, welche die Wanderung hervorrief, mußten auch in den Staaten der Halbinsel, welche sich des Andranges der Fremdlinge erwehrten wie Attika, die Zahl der kriegerischen Familien

steigern. An der Stelle der alten Fehden galt es, ernsthafte Kämpfe
um die Selbstständigkeit und Freiheit durchzufechten; das Land bedurfte einer Anzahl von kriegsbereiten Familien, welche den Schutz
desselben übernahmen, und die Bauern und Hirten, denen dieser
Schutz zu Gute kam, erkannten willig die höhere Ehre, den
höheren Rang derer, welche ihnen denselben gewährten. Dazu kam
dann, daß in den alten Staaten die einheimischen Adelsfamilien
durch vertriebene Adelsfamilien, durch vertriebene Bauern anderer
Gaue verstärkt wurden, welche um zu leben gezwungen waren,
dem Kriege, dem Schutze des neuen Vaterlandes sich zu widmen.
In den neuen Städten Asiens bildeten die ersten Ansiedler,
welche an der Küste gelandet waren, welche die Mauern gebaut, die Markung gewonnen und unter sich vertheilt hatten, den
Adel. Aber wie in den alten Staaten der Halbinsel Vertriebne
anderer Gaue noch immer Aufnahme in die Reihen des Adels fanden, so war dies auch hier mit den Nachgewanderten der Fall, sobald sie sich nur zu adliger Lebensweise und Lebensstellung empor-
zubringen vermochten. Erst im Laufe der Zeit begann der Adel
hier wie dort die Aufnahme in seinen Stand von der Theilnahme
an den hergebrachten Opfern der Geschlechter d. h. von seiner Zustimmung abhängig zu machen. Bei weitem zahlreicher als in den
Ansiedlungen Anatoliens, welche aus successiven Einwanderungen
erwachsen waren, als in den alten Staaten der Halbinsel, war der
Adel in den neuen Staaten der Halbinsel, welche durch Ueberziehung
und Eroberung gegründet waren. Es ist oben bemerkt worden, wie
die Thessalier den besten Landstrich am Peneios in Besitz nahmen,
wie groß die Zahl der alten Bevölkerung war, welche sie zu selbst-
eigenen Bauern herabdrückten, wie ausgedehnt die Weidestrecken
waren, welche die Arnaeer in Boeotien für ihre Rinder und Rosse
sich angeeignet hatten. Nicht anders lagen die Verhältnisse in den
dorischen Staaten des Peloponnes. In allen diesen Staaten bildeten die Nachkommen der Eroberer einen begüterten Herrenstand,
welcher durch eine ansehnliche Zahl gutshöriger Knechte seine Aecker
bestellen und seine Heerden weiden ließ. Aber nicht blos, daß in
diesen Staaten der Adel zahlreicher und begüterter war, als in den
alten Staaten der Halbinsel und in den Pflanzstädten; er war hier
auch viel fester in sich geschlossen und viel schärfer von dem Volke
geschieden als dort. Obwohl griechischen Stammes war die alte

Bevölkerung in diesen Staaten theils zu Bauern, welche zwar ihr Eigenthum bewahrt, aber keinen Antheil am Gemeinwesen hatten, theils zu gutshörigen Sklaven herabgedrückt. Feindselig standen beide Theile der Bevölkerung einander gegenüber. Mit dem ganzen Stolz des Siegers sah der Herrenstand auf die Unterworfenen herab. Nicht blos die Zugehörigkeit zu den Stämmen und Geschlechtern schied hier den Adel als einen besonderen Stand vom Volke; die Abkunft von dem siegenden oder besiegten Stamme, die Geschichte des Landes legte eine tiefe Kluft zwischen Adel und Volk. Der thessalische, der dorische Adel konnte sein edles Blut nicht mit dem schlechten, dem feigen Blut der Besiegten vermischen. Er konnte nur noch Weiber aus seiner Mitte heimführen. So vollzog sich in diesen Staaten eine scharfe und dauernde Trennung der Stände. Das Volk war hier nichts mehr als eine von den Edelleuten abhängige Masse von Hintersassen schlechteren Blutes.

Die Folgen der neuen Stellung des Adels mußten den Königen allmählig fühlbar werden. Am frühesten und stärksten in den Staaten, in welchen der Adel seine Herrschaft mit dem Schwerte gegründet, wo aus den Soldaten eines beutelustigen Heeres ein zahlreicher und begüterter Herrenstand geworden war, der sich im erblichen Besitz des besten Grundes und Bodens befand, der über eine abhängige ländliche Bevölkerung gebot, welche für ihn arbeiten mußte. Stolz auf die Thaten seiner Vorfahren, im Gefühl seiner Stärke, seiner Waffenübung, mit welcher er die sonst ungestörte Muße seines Lebens ausfüllte, begann der Adel in diesen Staaten die Disciplin und den alten Gehorsam gegen den Heerführer zu vergessen. Je höher das Standesbewußtsein des Adels der unterworfenen Bevölkerung gegenüber sich hob, je stärker das Gefühl der gemeinsamen Interessen im Adel wurde, um so empfindlicher wurde ihm die Gewalt, welche der König übte. Lag es ihm, dem Adel, nicht ob, die Herrschaft und den Besitz, welche er erstritten hatte, auch zu behaupten? Hatten nicht alle Edeln das gleiche Interesse an der Erhaltung derselben? Hatten nicht alle gleiches Anrecht auf den Ertrag des Kampfes, auf die Beute welche derselbe eingetragen hatte, gleiches Recht auf die Herrschaft, welche der gemeinsame Kampf gegründet hatte? Wenn der König diesen oder jenen aus der Mitte des Adels zum Rathe oder zum Gericht zog, hatten nicht alle Edelleute dasselbe Recht, befragt zu werden; waren sie nicht alle Soldaten desselben Heeres gewesen, war der neue Staat nicht durch die Anstrengung aller aufgerichtet worden? Statt einer beschränkten Anzahl hervorragender Familien stand eine große Zahl begüterter Familien, welche den gleichen Rechtstitel für ihre Stellung in Anspruch nahmen, dem Könige gegenüber. Die Erhaltung des Staats, d. h. der Herrschaft über die Unterworfenen, lag in der Hand dieses Standes. War das Heer während der Wanderung von den Führern abhängig gewesen, nach der Ansiedlung mußten die Führer allmählig von dem guten Willen dieses Heeres abhängig werden. Die faktische Macht, Land und Leute waren in den Händen des Adels. Wodurch vermochte der König Gehorsam zu erzwingen, wenn der Adel ihn versagte? Mit wem sollte er in's Feld ziehen, wenn der Adel seinem Aufgebot nicht Folge leistete? Der Adel war um so stärker, je fester geschlossen er den Königen gegenüber stand. Es ist schon bemerkt worden, wie mächtig der Trieb gemeinheitlicher Genossenschaft in den Hellenen wirkte. Dieser Trieb wurde durch die kantonalen Grenzen, in welche ihr Leben eingeschlossen geblieben war, auf das stärkste unterstützt. Nicht blos, daß sich derselbe in dem korporativen Gefühl der Geschlechter und Stämme einen starken Ausdruck gab. Man sah einander und kannte einander. Eine gemeinsame Vergangenheit, gemeinsamer Stolz, gemeinsames Streben mußten in dem griechischen Adel durch diese Unmittelbarkeit und Uebersehbarkeit seiner Gemeinschaft zu fester Solidarität gesteigert werden. Den Griechen fehlt zudem die spröde, für sich abgeschlossene, sich auf sich allein stellende Individualität der Germanen. Nicht mit vereinzeltem Ungehorsam und vereinzeltem Trotz tritt der griechische Adel den griechischen Königen entgegen. Es war nicht im Sinne des griechischen Adels, daß jeder Edelmann, jede Familie vereinzelt auf ihrem Gute, von ihren Hintersassen umgeben, ein Leben nach ihrer Neigung und ihrem Behagen führte. Nicht in der Absonderung von dem Gemeinwesen, sondern in dem Einfluß auf die Regierung desselben suchen die griechischen Edelleute ihre Freiheit. Als eine geschlossene Gemeinschaft, welche gleiche Interessen verfolgt, treten sie ihren Königen gegenüber.

Welche Mittel standen dem Königthum zu Gebote gegen dieses Aufstreben der Edelleute? Konnte der König fechten, wenn sie sich nicht bewaffneten? Er verfügte nicht über so reiche Krongüter, um durch deren Vertheilung einen Theil des Adels gegen den andern gewinnen, eine Adelsfaktion gegen die andere bewaffnen zu können. Die griechischen Kantone, über welche das Königthum gebot, waren nicht so ausgedehnt, daß man eine Landschaft gegen die andere, eine Provinz gegen die andere hätte aufbieten, daß man sich auf einen Theil des Landes gegen den anderen hätte stützen können. Wohl gab es eine Stütze für die Könige gegen den Adel, das Volk. Aber das Volk war in den durch die Eroberung gegründeten Staaten eine unterworfene Menge, auf deren Knechtschaft der Staat beruhte. Es war ein waffenloser, kriegsentwöhnter Haufen. Und wenn die Könige diese Stütze benutzen wollten, stießen sie damit nicht selbst die Grundlage ihrer Staaten um, vergriffen sie sich nicht an dem Rechte der Eroberung, welchem sie ihre eigene Stellung verdankten, mußten solche Schritte nicht den letzten Rest ihrer moralischen Stellung in den Augen des Adels vernichten? Wohl übten die Könige priesterliche Funktionen für das Land, aber diese gaben ihnen weder das Siegel der Unantastbarkeit, noch den Vorzug der Unersetzlichkeit, noch zogen dieselben eine unübersteigliche Schranke zwischen ihnen und dem Adel. Einen Priesterstand gab es nicht, welchen die Könige gegen den Adel hätten verwenden können. Der Adelsstand und der Priesterstand fielen bei den Griechen zusammen; wie der König übte auch der Adel geistliche Funktionen. Die Staaten und ihre Verhältnisse waren klein und übersehbar. Es gehörte keine besondere Stellung, keine besondere Kenntniß dazu, sich dem Rathe, dem Gerichte, der Leitung der Geschicke eines solchen Gemeinwesens gewachsen zu glauben. Endlich war das Königthum bei den Hellenen ohne nationale Bedeutung. Die Kantone der Griechen waren weder durch ein einheitliches, mächtiges Königthum zusammengebracht, noch waren sie durch auswärtige, übermächtige Feinde bedroht. Weder das Fortbestehen der Nation noch des einzelnen Staates knüpfte sich an diese Form der Herrschaft. Auch nach Entfernung des Königs konnte die Einheit eines kleinen Kantons ohne Störung aufrecht erhalten werden.

Aristoteles leitet die Königsherrschaft in Hellas daher, daß es nur kleine Gemeinwesen gegeben, und die Männer selten gewesen, welche sich durch Tugend und Tapferkeit ausgezeichnet hätten. Die nun, welche sich durch Wohlthun hervorgethan, seien Könige geworden und man habe ihnen freiwillig gehorcht. Die Königsherrschaft war kein Despotismus, sondern der Gewalt des Vaters über

die Kinder, des Aeltesten über den Stamm zu vergleichen. Nur
Herren der Anführung im Kriege und der Opfer seien die Könige
gewesen und die Rechtsstreitigkeiten hätten sie entschieden. „Für das
Königthum gehört ein Volk, welches die Herrschaft eines an Tugend
überlegenen Geschlechts zu ertragen vermag. Freiwillig wurden die
Könige erhoben, und den nachfolgenden Geschlechtern waren sie her-
kömmlich. Nachdem aber die Zahl der Tüchtigen sich gemehrt hatte
und viele, welche gleich an Tüchtigkeit waren, in den Städten sich
befanden, ertrugen sie die Königsherrschaft nicht mehr, sondern
suchten etwas Gemeinschaftliches und richteten ein freies Gemeinwesen auf[1]."

Die Erhebung des Adels gegen das Königthum mußte am
frühesten in den Staaten stattfinden, wo ein siegreicher Stamm
einen besiegten beherrschte, wo das Volk zu einer unterthänigen
Menge herabgedrückt, wo der Adel von dem stolzesten Selbstgefühl
erfüllt und durch Zahl und Besitz am mächtigsten war. Ganz besondere Verhältnisse begünstigten dieselbe im Thale des Eurotas.
Jener Haufe der Dorer, welcher von Arkadien aus dem Laufe des
Eurotas gefolgt war, saß in einer engen Schlucht, zwischen der
schroffen Mauer des Taygetos, der in seiner ganzen Länge bis zum
Vorgebirge Taenaron (15 Meilen) von keinem Querthal unterbrochen
ist, im Westen und dem Parnon im Osten, einem breiten Bergrücken
von weit geringerer Erhebung. Der ungestümste und reißendste der
Flüsse des Peloponnes eilt der Eurotas, d. i. Schönstromer, in rascher
Fluth zum Meere hinab. An seinem oberen Laufe bewässert er,
vom Berge Chelmos bis nach Pellana hinab, nur hier und dort ein
schmales Uferland; unterhalb Pellana treten die Höhen des Parnon
in schroffen Wänden so nahe an die Abhänge des Taygetos, daß
nur der Raum eines Weges übrig bleibt. Weiter hinab, nachdem
der Eurotas den Zufluß des Oenus, der vom Parnon herabkommt,
empfangen hat, fließt er unter Pappeln und Weiden dahin, deren
gesenkte Stämme hie und da hinüberhängen. Der Taygetos, der
bis dahin das Thal zu erdrücken schien, tritt westwärts zurück, auf
dem rechten Ufer öffnet sich eine weitere Ebene zu Seiten des
Flusses, dessen Ufer hier von dichten Schilfgewächsen, in welchen
zahlreiche Schwäne hausen, bedeckt sind. Es ist das „hohle

---

[1] Aristot. pol. 3, 9. 10. 5, 8. 5, 22. 1, 7.

Lakedaemon"; ein ebenes Fruchtland von harter Kälte im Winter und großer Hitze im Sommer, welches sich, etwa eine Meile breit, drei Meilen am Flusse hinabzieht, bis der Taygetos mit einem scharfen Vorsprung nach Osten wieder so nahe an den Parnon sich vorschiebt, daß der Eurotas sich seinen Weg in Wasserfällen durch die Felsen bahnen muß. Unterhalb dieser Felswände tritt der Eurotas in die breite einförmige Ebene von Helos und durchzieht dieselbe, in ruhigem, schiffbarem Laufe über weiße Kiesel hinströmend als eine breite Furche zwischen Feldern, die mit Maulbeerbäumen bepflanzt sind und von Orangen- und Citronenhainen unterbrochen werden, bis er das Meer in der Mitte des großen Bogens erreicht, welchen dessen weites Eindringen in das Land zwischen Taenaron und Malea bildet.

Den Strom hinab vordringend hatten die Dorer nur den oberen Theil des „hohlen Lakedaemon" in ihre Hand bringen können; den unteren größeren Theil desselben sperrte ihnen Amyklae, welches die alten Einwohner behaupteten.

Amyklae, nach dem Zeugnisse des Polybios in dem baumreichsten und fruchtbarsten Theile jenes eingeschlossenen Kulturlandes — es lag auf dem rechten Ufer des Eurotas — war bis dahin der Mittelpunkt des Landes gewesen. Lakedaemon, der Sohn des Zeus und der Taygete, der Namensmann des Landes, sollte mit der Tochter des Eurotas den Amyklas erzeugt haben, welcher Amyklae gegründet hatte. Nach dem Amyklas hatte dann Tyndareos geherrscht, dem die Leda die Dioskuren, die Helena und die Klytaemnestra geboren haben sollte[1]. Amyklae besaß ein altes Heiligthum des Apollon und die Dichter der späteren Zeit versetzten, wie wir schon sahen, nicht blos den Herrschersitz des Menelaos, sondern auch den Agamemnon und Orestes nach Amyklae; noch in später Zeit standen hier Bildsäulen des Agamemnon und der Klytaemnestra[2]. An der Macht Amyklae's stockte das Vordringen der Dorer[3]. Der größere Theil derselben hatte sich ostwärts über den Parnon ge-

---

1) Apollodor III, 10. — 2) Curtius Peloponnes II. S. 248. — 3) Die Geschichte vom Verrath des Philonomos, und dessen Belohnung bei Ephoros ist sichtbar erfunden, um den langen Bestand des achaeischen Amyklae zu motiviren; Nikolaos v. D. wendet dieselbe dahin, daß der Besitz von Amyklae dem Philonomos wieder entzogen worden, danach jedoch, als er mit temnitischem Volk erschienen, aus Furcht von den Spartanern zurückgegeben sei; Fragm. 36. ed. Müller.

wendet und von hier aus Argos, von Argos aus die östlichen Städte der Jonier gewonnen.

Was der größeren Masse der Dorer mißlungen war, konnte der zurückgebliebene Theil derselben noch weniger vollbringen; er blieb auf das obere Thal des Eurotas beschränkt. Die Dorer nahmen die guten Aecker im hohlen Lacedaemon für sich in Besitz, so weit die Waffen der Amykläer dies nicht hinderten, sie machten die ländliche Bevölkerung dieser Ebene zu Sklaven, zu Heloten (ϝάλωτες, ἕλωτες d. h. Gefangene), die diese Aecker für sie bestellen mußten, und ließen den Bauern auf den Terrassen und Abhängen des Taygetos und Parnon das schlechtere Land gegen die Entrichtung von Zins. Dieser Theil der alten Bevölkerung, welcher seine Höfe behielt, wird unter dem Namen der Perioeken, d. h. Umländer, zusammengefaßt. Es waren die Führer des Zuges, die Fürsten des neuen Landes aus dem Stamme des Hylles, welche den Zins der Perioeken erhielten; ihre Kriegsleute waren mit den Aeckern im Fruchtlande abgefunden.

Wie alle Einwanderer nahmen auch die Dorer die Dienste an, welche sie am Eurotas vorfanden. Auf einem Rücken des Parnon, der sich etwa eine halbe Meile oberhalb Amyklae gegen achthundert Fuß steil über dem Fluß erhebt, lag das Heiligthum der Helena, und „im schattigen Walde" eine alte Burg, welche die Achaeer erbaut hatten, das „heilige wohlumthürmte Therapne" mit dem Heiligthum der Dioskuren. Der Berg, welcher das Heiligthum der Helena trug, verdankte diesem nachmals den Namen des Berges des Menelaos. Die Dioskuren, diese hülfreichen Geister, diese reisigen und ritterlichen Kämpfer erhoben die Dorer durch eifrige Verehrung zu den Schutzherren ihres Landes. Und es war dann wiederum dieser eifrige Dienst, welcher die Dichter Sparta zum Vaterland der Dioskuren machen ließ. Am anderen westlichen Ufer des Eurotas erhoben sich in der Niederung einige Hügel; auf dem höchsten derselben befand sich ein Heiligthum der Athene, in der Nähe ein Heiligthum der „kriegerischen Aphrodite", deren Dienst schon in alter Zeit von Kythera aus in das Thal des Eurotas eingedrungen sein mochte. Desselben Ursprungs scheint der Kultus der Artemis Orthia (der aufrecht stehenden Artemis) gewesen zu sein, deren Bild die Dorer im Weidengebüsch des sumpfigen Ufers unter dem Hügel der Athene vorgefunden haben sollen. Dieser Göttin sollen einst Menschen geopfert worden sein, und wir finden in der That in späterer Zeit einen Gebrauch in dem Dienste dieser Göttin, der den Charakter eines stellvertretenden hat. Nachdem die Schiffe der Milesier die Gestade der Krimm entdeckt und ihren Landsleuten berichtet hatten, daß dort einer jungfräulichen Göttin Menschenopfer fielen, nachdem die Dichter demgemäß die Iphigeneia nach Tauris gebracht hatten, erzählten die Spartaner, daß Orestes das Schnitzbild der Artemis Orthia aus Tauris mitgebracht; Astrabakos, ihr Landsmann, habe es im Weidengebüsche des Ufers am Eurotas wiedergefunden.

Auf jenen Hügeln, in dieser Niederung hatten sich die Dorer festgesetzt. Fast unmittelbar über derselben erhebt sich im Westen der Taygetos in einer steilen Terrasse 2000 Fuß über die Ebene, (der Blick reicht von ihrem Rücken bis an das Meer, das den Eurotas aufnimmt, bis nach Kythera), um dann zu seinen höchsten Gipfeln, dem Taleton und Euoras (Schönsicht) 8000 Fuß hoch emporzusteigen[1]). Es war der geeignetste Punkt, sowol das nahe Amyklae anzugreifen als von hier aus die Anfälle und Raubzüge der Amykläer in die obere Ebene, gegen die dorischen Aecker und Heerden, zu verhüten. So erwuchsen hier einige von den eingewanderten Dorern bewohnte Flecken (Kynosura, Pitana, Mesoa und unten am tiefsten am sumpfigen Ufer Limnae), welche die Stadt Sparta bildeten[2]). Sie war für das Bedürfniß des Krieges errichtet; nicht anders, als das Temenion vor Argos und die Feste auf dem Solygeios gegen Korinth. Nur daß der Krieg der Dorer gegen Amyklae viel länger dauerte, als gegen Argos und Korinth, nur daß die Einwanderer hier gezwungen waren, zu ihrem eigenen Schutze zusammen zu halten und zusammen zu bleiben.

Nach der Sage der Spartaner hatte Aristodemos, der dritte Sohn des Aristomachos (S. 195. 199.), ihre Väter in das Thal des Eurotas geführt. Nachdem ihm hier sein Weib, die Argeia, Zwillinge geboren, war er alsbald gestorben. Die Lakedaemonier hätten nun beschlossen, daß der ältefte der beiden Knaben, wie es bei ihnen Sitte war, König werden solle. Die Mutter aber habe erklärt, sie wisse nicht wer der ältere sei, obwohl sie es wußte, weil sie gewollt habe, daß beide Könige würden. Nun hätten die Lakedaemonier

---

1) Curtius Peloponnesos 2, 206. — 2) Der Name Sparta scheint von den Saaten des Fruchtlandes, in dessen Mitte die Stadt lag, hergenommen zu sein.

nach Delphi geschickt, und der Gott habe ihnen geboten, den höher
zu ehren, welcher der ältere sei. So hätten sie denn die Mutter
beobachtet, welchen von den beiden Knaben sie zuerst wüsche, und
welchem sie zuerst Nahrung reichte. Und da die Mutter den einen
stets zuerst gewaschen und genährt, hätten sie diesen auf Kosten des
Staats erzogen und hätten ihn Eurysthenes, den andern aber Prokles genannt. Der Oheim der Knaben, ihrer Mutter Bruder, Theras, habe die Vormundschaft über die Kinder geführt, bis sie erwachsen gewesen. Sie heiratheten dann auch zwei Zwillings-
schwestern, die Lathria und Anaxandra, die Töchter des Thersandros,
eines Nachkommen des Ktesippos, des Sohnes des Herakles (oben
S. 203.); deren Altar nachmals im Heiligthum des Lykurgos zu
Sparta gezeigt wurde. Aber trotzdem waren die Brüder zwiespäl-
tig und einander feindlich, so lange sie lebten[1]). Dem Eurysthenes
folgten sein Sohn und sein Enkel Agis und Echestratos, dem Prokles sein Sohn, Enkel und Urenkel Euryphon, Prytanis und Eunomos
in der Herrschaft[2]).

Die Fabel von den Zwillingen des Aristodemos genügt nicht,
den Bestand einer so eigenthümlichen, weder in einem anderen griechischen Kantone, noch in dem gesammten Verlauf der Geschichte
wieder vorkommenden Erscheinung zu erklären: das Bestehen eines
zwiefachen lebenslänglichen und erblichen Königthums in Sparta,
welches zwei Dynastien gleichzeitig gehört und von ihnen gleichzeitig
nebeneinander bekleidet wird. Eine Institution dieser Art trägt am
wenigsten den Charakter der Ursprünglichkeit. Sie ist wider die
eigenste Natur der Heerführerschaft, aus welcher das Königthum
bei den Griechen hervorging; wider das Bedürfniß einer geschlossenen, festen und einigen Leitung, welches gerade die Dorer von
Sparta um so entschiedener empfinden mußten, je länger sich der
Kampf gegen Amyklae hinzog; wider das innerste Wesen der mo-

---

1) Herodot 6, 52. 4, 147. Pausan. 3, 1. 3, 16. Nach der gewöhnlichen Version der Griechen war Aristodemos schon vor dem Uebergang über
den Meerbusen, zu Delphi durch einen Blitz oder den Apollon getödtet, oder
in der Schlacht gegen die Argiver gefallen; vgl. Pausan. 3, 1. Apollodor 2, 8. — 2) Der König Soos, welchen die Spätern zwischen Euryphon
und Prytanis einschieben, fehlt bei Herodot; da Agis, nach welchem die erste
Königslinie den Namen Agiden führt, unmittelbar hinter Eurysthenes steht, so
wird auch Euryphon, von welchem die zweite benannt ist, unmittelbar hinter
Prokles geboren; der König Soos ist deshalb wol nicht von Herodot weggelassen,
sondern erst später zur Ausgleichung beider Linien eingeschoben.

narchischen Gewalt, welche den bestimmenden Willen, der dieses ihr
Wesen ausmacht, durch eine Zweitheilung vernichtet. Es bedarf
keiner Untersuchung der Sage selbst, um sie als eine spätere Fiktion,
welche einen vorhandenen Zustand erklären soll, zu erkennen. Die
beiden Königsgeschlechter, welche wir in Sparta herrschend finden,
werden nicht nach diesen ihren angeblichen Zwillings-Stammvätern,
dem Eurysthenes und Prokles genannt, sondern nach dem Agis und
Eurypon, von denen jener der Sohn des Eurysthenes, dieser der
Sohn oder Enkel des Prokles sein sollte. Das Geschlecht des Eurysthenes führt den Namen der Agiden, das Geschlecht des Prokles
den Namen der Eurypontiden, wodurch sehr deutlich zu Tage
tritt, daß die Zwillinge den Agiden und Eurypontiden nur als
Stammväter vorangesetzt sind. Außerdem giebt die Sage zu, daß
Eurysthenes der geehrtere gewesen sei. Sie räumt damit ein, daß
die Agiden ein älteres Haus, die Eurypontiden ein jüngeres sind.
Und wenn sie erzählt, daß die Zwillinge ihr Leben lang im Streit
mit einander gewesen, so scheint doch hier das wahre Verhältniß
eines langen Ringens dieser beiden Königshäuser sehr deutlich durch.
Demnach lagen die Dinge geschichtlich umgekehrt. Nach dem Tode
des Aristodemos, der die Spartaner an den Eurotas geführt hatte,
nach dem Aussterben seines Geschlechts kämpften die Agiden und
Eurypontiden um den Thron. Diese beiden Königshäuser, welche
die Sage der spätern Zeit, als das Doppelkönigthum bestand, durch
das Zwillingspaar der alten Zeit symbolisirt — ein Bild, welches
durch die Schutzgötter Sparta's, die Dioskuren, besonders nahe gelegt war — deren gleichen Anspruch sie durch diese Geburt andeutet
und legalisirt, auf deren brüderlichen Ursprung sie Gewicht legt,
welche sie unmittelbar an das Geschlecht des Hyllos anknüpft, haben
einst um die Herrschaft in Sparta gerungen, und Könige aus beiden
Häusern haben nach dem Erfolge wechselnd das Scepter geführt.

Der Adel von Sparta stand länger im Kampfe als irgend ein
anderer Theil seiner Stammesgenossen. Es wäre nicht zu verwundern, wenn er durch einen über ein Jahrhundert hindurch fortgesetzten
Raubkrieg gegen die Achaeer von Amyklae zwar kriegerischer, aber
auch wilder, ungefügiger und trotziger geworden wäre, als der Adel
anderer hellenischer Stämme. Nun kam dazu, daß zwei Familien
aus seiner Mitte um den Thron kämpften, daß ein Theil des Adels
für die Agiden, ein anderer für die Eurypontiden stand. Unter

solchen Umständen war es natürlich, daß die Spartaner gegen die
Achaeer von Amyklae nicht vorwärts zu kommen vermochten, und
die Tradition der Griechen hat unstreitig Recht, daß die Spartaner
am längsten von inneren Zwistigkeiten zerrissen gewesen wären, daß
sie am ungesetzlichsten gelebt, daß sie die schlechtesten Gesetze gehabt
hätten[1]).

Aus diesen heillosen Zuständen, welche den Bestand eines Gemeinwesens, das auf der Herrschaft einer verhältnißmäßig schwachen
Zahl von Dorern über eine Menge von Perioeken und Heloten beruhte, auf das Augenscheinlichste in Frage stellten, wurden die Spartaner durch einen Mann befreit, von welchem ihre Tradition
nur sehr ungewisse Dinge und Fabeln zu erzählen weiß, durch
den Lykurgos. Der Sohn des Agis, Echestratos, hinterließ einen
unmündigen Sohn, den Labotas, — so erzählt Herodot, und wie
er hinzusetzt, aus dem Munde der Spartaner — für welchen dessen
Oheim, des Echestratos jüngerer Bruder Lykurges, die Herrschaft
führte. Da nun die Spartaner zu jener Zeit am wenigsten den
Gesetzen gehorchten, verbesserte Lykurg diesen Zustand, indem er die
Gesetze nach dem Vorbild der Kreter veränderte und Sorge trug,
daß niemand dieselben übertreten könnte. Danach ordnete er auch
das Kriegswesen, die Enomotien und die Triakaden und die
Syssitien, und führte die Aufseher und den Rath der Greise ein.
Nach dem älteren Zeugniß des Simonides gehörte Lykurgos nicht
zu den Nachkommen des Agis, sondern zu denen des Eurypon.
Der Sohn des Eurypon, König Prytanis habe zwei Söhne
gehabt, den Eunomos und den Lykurgos. Nach dem Tode des
Eunomos habe Lykurgos die Regierung für den unmündigen Sohn
des Eunomos, den Charilaos geführt[2]). Nach einer dritten Relation hatte König Eunomos, der Sohn des Prytanis, zwei
Söhne, den Polydektes und den Lykurgos. Polydektes, der ältere,
folgte ihm in der Regierung, und als dieser seinen Sohn Charilaos
in unmündigem Alter hinterließ, übernahm dessen Oheim Lykurgos
die Regierung[3]). Daß Lykurgos der Oheim des Charilaos gewesen,

---

1) Thukyd. 1, 18. Herodot 6, 52. — 2) Plut. Lyc. 2. Suidas
Λυκοῦργος. Schol. Plat. in Bekker. Comment. II. p. 419. — 3) Ephoros
bei Strabon p. 481.: „Alle stimmen darin überein, daß Lykurg der sechste
von Prokles war, der jüngere Bruder des Polydektes"; und „die Mehrzahl der
Schriftsteller" bei Plutarch; Lyc. 2. Justin 3, 2. Pausan. 3, 2. 4, 4.
Nach Dionysios von Halikarnaß (2, 49.) war Lykurgos der Oheim des Eunomos.

war auch des Aristoteles Meinung¹). Nach der gewöhnlichen Tradition wurde Eunomos, der Vater des Polydektes und des Lykurgos, da die Spartaner zu der Zeit in großer Unordnung lebten, in einem Tumulte erstochen²). Auch Polydektes starb nicht lange nach seinem Regierungsantritt. Da Polydektes ohne Söhne war, hatte Lykurg bereits die Herrschaft übernommen, als er erfuhr, daß seines Bruders Wittwe schwanger sei. Sie erbot sich, die Frucht abzutreiben, wenn Lykurgos sie zur Gemahlin nähme. Um dem Kinde das Leben zu retten, antwortete dieser, daß er schon dafür sorgen wolle, dasselbe nach der Geburt über die Seite zu schaffen. Als sie nun einen Knaben gebar, und dieser dem Lykurgos gebracht wurde, zeigte er das Kind Allen mit den Worten: uns ist ein König geboren, o Spartiaten; setzte es auf den Königsstuhl, und nannte es Charilaos d. h. Freude des Volkes. Er begnügte sich, Vormund des Knaben zu sein. Aber die Wittwe des Polydektes, um sich für die Verschmähung ihrer Hand zu rächen, oder andere Uebelwollende³) verbreiteten den Verdacht, Lykurgos trachte dem Knaben nach dem Leben. Lykurgos verließ deßhalb Sparta, bis sein Neffe das mündige Alter erreicht hätte. Er ging nach Kreta, wo er, nach des Aristoteles Angabe, die längste Zeit verweilte⁴), von Kreta zu den Ioniern in Asien; wie einige erzählen, auch nach Aegypten. Als er nach Sparta zurückkam, fand er, nach Aristoteles und einigen anderen, den Charilaos im Besitz einer tyrannischen Gewalt⁵). Lykurgos beschloß die Verfassung nach dem Muster der Einrichtungen zu ändern, welche er in Kreta kennen gelernt hatte. Eines Tages trat er mit dreißig bewaffneten Anhängern (Hermippos von Smyrna wußte wenigstens zwanzig derselben namhaft zu machen⁶), auf den Markt, um die Gegner in Schrecken zu setzen. Charilaos floh zuerst in das Erzhaus der Athene (welches die Sage so weit vorausdatirt), ließ sich dann aber bewegen, selbst an der Umwandlung der Verfassung Theil zu nehmen. Nun richtete Lykurgos den Rath der Alten ein und bestimmte die Rechte des Volkes und der Könige, und vertheilte, da wenige sehr reich und viele sehr arm waren, die Ländereien von Neuem, damit alle in völliger Gleichheit und Gemeinschaft lebten,

---
1) Aristot. rep. 2, 7. 5, 10. — 2) Plut. Lyc. 2 — 3) Straton p. 462. — 4) Aristot. Pol. 2, 7. — 5) Aristot. Pol. 5, 10. Heracl. Pont. 2, 3. ed. Müller. Vergl. epist. Platon. 8. p. 354. — 6) Plut. Lyc. 5.

und keine andere Verschiedenheit stattfände, als das Lob guter und der Tadel schlechter Thaten. Zu diesem Zwecke richtete er auch die gemeinsame Speisung ein, und schaffte die Gold- und Silbermünzen ab und führte an deren Stelle den Gebrauch eiserner Münzen ein. Er gestattete nur einfache Häuser und einfache Geräthe, indem er nicht blos alle unnützen und überflüssigen Künste verbot, sondern auch den Spartanern untersagte, Handwerke und Handel zu treiben. Für die wichtigste Aufgabe des Gesetzgebers hielt er aber die Erziehung der Kinder, und richtete diese so ein, daß die Knaben in großer Abhärtung und Genügsamkeit, in der Uebung des Leibes zu Kraft und Gewandtheit, in Gewöhnung an Gehorsam und Ehrfurcht gegen die Männer und Greise erzogen wurden. Und damit die Spartaner von Anderen nichts Böses lernten, verwies er alle Fremden aus dem Lande, und verbot den Spartanern, in's Ausland zu reisen. Damit aber die von ihm eingeführte Verfassung für alle Zeiten bestehe, ließ Lykurgos die Könige, die Räthe und alle Spartaner einen Eid schwören, daß sie nichts an derselben verändern wollten, bis er zurückkehre; er wolle nach Delphi, den Gott zu befragen, ob die von ihm eingeführten Gesetze ausreichend seien zum Heile des Staates und zur Tugend der Bürger. Der Gott antwortete ihm, nachdem er geopfert, daß die Gesetze gut seien, und daß Sparta der ruhmvollste Staat sein werde, so lange er die Verfassung Lykurg's bewahre. Da beschloß Lykurgos, die Spartaner ihres Eides niemals zu entlassen. Er nahm Abschied von seinem Sohne und seinen Freunden, und endete freiwillig, da er schon in hohem Alter stand, sein Leben, indem er sich aller Speise enthielt. Nach einigen starb er zu Kirrha in Phokis, nach anderen in Elis. Timaeos behauptete, er sei in Kreta gestorben (die Dorer auf Kreta zeigten in der Nähe von Kydonia das Grab des Lykurgos), und der Spartaner Aristokrates erzählte, daß des Lykurgos Gastfreunde in Kreta auf dessen Geheiß seinen Leichnam verbrannt und seine Asche in's Meer gestreut, damit die Spartaner nicht, wenn sie einst seine Ueberreste zurückführten, ihres Eides entbunden zu sein glaubten[1]). Die Spartaner aber errichteten dem Gründer ihrer Verfassung ein Heiligthum am Tempel der Artemis zu Limnae und brachten ihm jährlich Heroenopfer. Des Lykurgos Sohn, den Plutarch Antioros,

---

[1] Plut. Lyc. c. 31.

Pausanias Eusosmos nennt, wurde neben dem Heiligthum des Vaters bestattet. Mit ihm endete das Geschlecht des Lykurgos[1]).

Es ist überflüssig, diese Tradition einer ängstlichen Prüfung zu unterziehen; es ist unnöthig darauf Gewicht zu legen, daß mehrere der Namen der Könige mit welchen Lykurgos in Verbindung gebracht wird, von dem Verdacht der Erfindung nicht ganz frei sind, und es bedarf kaum der Hinweisung, daß das Schwanken der Ueberlieferung welchem der beiden Königshäuser Lykurg angehörte, am meisten dafür spricht, daß in der späteren Zeit beide Häuser nach dem Ruhme trachteten, den Lykurgos besessen zu haben. Nach den ältesten Relationen, welche uns vorliegen, war Lykurgos der Sohn des Agis, des Ahnherrn des älteren Hauses, wie Herodot berichtet; nach der Relation des Simonides war er der Enkel des Eurypon, des Hauptes der jüngeren Linie. Es liegt auf der Hand, daß die Tradition die Vorstellungen ihrer Zeit auf die des Lykurgos überträgt, daß sie den besonderen und abweichenden Charakter, welchen die spartanische Verfassung in der ersten Hälfte des sechsten Jahrhunderts erhielt, daß sie alle Einrichtungen, durch welche sich Sparta nachmals von den übrigen hellenischen Staaten unterschied, bereits dem Lykurgos beimißt. Es ist der Pragmatismus späterer Geschichtschreibung, wenn man den Lykurgos die Institutionen, welche er in Sparta einführt, aus freier Reflexion erfinden und ihn zu seiner politischen Ausbildung nach Kreta und Aegypten reisen läßt.

Die Beziehung auf Kreta, welche schon in Herodot's Relation hervortritt, beruht auf erkennbaren Motiven. Nicht blos, daß Kreta in den Augen der Griechen das Land der weisen Gesetze des Minos war, — die Griechen empfingen in der That, wie wir sahen, nicht unbedeutende Einwirkungen von Kreta, und die griechischen Städte auf Kreta führten nachmals ihre Gesetze auf den Minos zurück[2]). Um das Jahr 620 holten die Spartaner, als sie von einer Seuche geplagt waren, den Sänger Thaletas von Gortyn auf Kreta hinüber, um den Zorn der Götter durch seine Paeane zu sühnen. Er brachte kretische Weisen und den Waffentanz, die Pyrrhiche, mit, welchen die Spartaner nachmals eifrig übten. Endlich weihte Epimenides von Knossos auf Kreta zwischen den Jahren 580 und 570 die

---

[1] Nicol. Damasc. Fragm. 50. ed. Müller. Plut. Lyc. 31. Pausan. 3, 16. Curtius Pelop. II. S. 237. — [2] Aristot. pol. 2, 7.

Reform der spartanischen Verfassung, welche damals durchgeführt wurde, und gab den Ephoren eine religiöse Stellung, welche auf kretischen Diensten beruhte (Bd. IV.). Dazu bestanden in den dorischen Städten Kreta's einige Einrichtungen, welche denen Sparta's ähnlich waren. Nicht blos, daß in Knossos und Lyttos der dorische Adel in die drei Stämme der Hylleer, Dymanen und Pamphyler zerfiel — es war das auch in den übrigen dorischen Staaten der Fall; es gab hier auch eine Klasse der alten Bevölkerung, welche den Perioeken, eine zweite, welche den Heloten gleichstand[1]), es gab einen Rath der Alten, wie zu Sparta, gemeinsame Mahlzeiten der Männer (ἀνδρεῖα), und eine Erziehung der Jugend, welche in einigen Punkten jener Abhärtung und Zucht, welche im sechsten Jahrhundert für die spartanische Jugend eingeführt wurde, ähnlich sah. Diese Aehnlichkeit der Institute erklärt sich leicht durch die Gemeinschaft des Stammes, durch die aus dieser fließende Gemeinschaft der Sitte, durch die gleichartigen Verhältnisse, in welche die Spartaner und die Dorer von Kreta gestellt wären. Auch die Kolonisten auf Kreta hatten ihre Städte und deren Gebiet mit dem Schwert erworben, auch sie hatten die alten Einwohner zum Theil zu leibeigenen Bauern gemacht, auch sie konnten sich gegen die Ueberzahl der alten Bevölkerung auf den Küsten eines Eilandes, welche ihnen keinen Rückzug gewährten, nur durch eine tüchtige Kriegsbereitschaft behaupten. Sie mögen demnach einige auf diesen Zweck zielende Einrichtungen aus Sparta entlehnt haben. Bei alle dem fanden sich natürlich auch sehr schroffe Abweichungen zwischen den Einrichtungen der Dorer auf Kreta und in Sparta. Polybios hält seine Verwunderung nicht zurück, wie man Dinge zusammenstellen könne, die so verschieden seien, wie die Verfassung der Spartaner und die der Dorer auf Kreta[2]). Es fehlte indeß auch nicht an älteren Schriftstellern des fünften und vierten Jahrhunderts bei den Griechen, welche die Institute Kreta's aus Lakonien ableiteten[3]). Indeß gewann die entgegengesetzte Ansicht, wie es scheint, auf die Autorität des Herodot und Ephoros hin das Uebergewicht.

Wenn die Tradition berichtet, Lykurgos habe den Spartanern verboten, geschriebenen Gesetzen zu gehorchen, so singen die Griechen

---

1) Schömann griech. Alt. I. S. 297 flgde. — 2) Polybios G. 45 bis 48. — 3) Ephoros bei Strabon p. 481.

zu dieser Zeit eben erst an, die Schrift zu gebrauchen. Zwischen diesem Standpunkt und der schriftlichen Kodifikation von Gesetz und Verfassung liegt eine sehr breite Kluft. Ebensowenig war es nöthig, den Spartanern die höchste Einfachheit und Schlichtheit zur Pflicht zu machen, und ihnen vorzuschreiben, „die Decke der Häuser nur mit der Axt, die Thüren nur mit der Säge zu bearbeiten," wie berichtet wird. Die Spartaner waren durch ein langes und wildes Kriegsleben hart und rauh genug gewöhnt; der dorische Adel konnte gar nicht anders, als nach der Weise wohlhabender Bauern leben, und was die Stürme der Wanderungen etwa an Kunstfertigkeit übrig gelassen hatten, das fand sich am wenigsten in dem Bergwinkel Sparta's. Noch weniger bedurfte es eines Verbotes der Reisen; niemand reist in kriegerischen und gewaltthätigen Zeiten, in denen außerhalb der Gemeinde und der Grenzen der rechtliche Schutz fehlt, und Fremde, welche nicht kamen, hatte man nicht erst zu vertreiben. Wenn Lykurgos ferner den Spartanern den Betrieb der Handwerke, des Handels und jedes Erwerbs, den Besitz von Gold- und Silbermünzen verboten haben soll, so beschränkten sich Handel und Verkehr jener Zeiten in Sparta auf den nothwendigsten Umtausch von Vieh, Korn und Früchten gegen Geräth; der Adel bedurfte keines Verbots, um die Arbeiten des Handwerks zu verschmähen, und es gab zur Zeit des Lykurgos weder Goldmünzen noch Silbermünzen bei den Hellenen. Wenn man annehmen wollte, daß das Verbot Lykurg's gegen Gold- und Silberbarren, gegen Gefäße und Geräthe von Gold und Silber gerichtet gewesen sei, so steht es fest, daß bis auf die Zeiten des Kroesos Gold und Silber bei den Hellenen zu den Seltenheiten gehörten und nur in geringer Menge vorhanden waren[1]). Endlich soll Lykurgos eisernes Geld als ausschließliches Werthzeichen in Sparta eingeführt haben. Wir haben oben jene Metallstäbe, die Oboli, kennen gelernt, deren sich die Griechen bedienten, um kleinere Werthe auszugleichen. In Sparta waren diese Stäbe von Eisen. Es gab Eisenlager im Taygetos. Nachmals erhielten diese eisernen Spieße nach der Form der inzwischen gangbar gewordenen Silber- und Goldmünzen die Gestalt von dicken, runden Stücken (πέλανοι d. i. Kuchen). Sie

---

[1]) Böckh Staatshaushalt S. G. 7. Ausg. 2. Wenn hiergegen die goldenen Geräthe und Paläste Homer's geltend gemacht worden sind, so hat man mit poetischem Golde gegen Realitäten gestritten.

hatten das Gewicht eines aeginaeischen Pfundes, aber trotzdem nur
den Werth eines halben Obolos in Silber. Sparta behielt diese
Eisenstücke als Scheidemünze bei. Um die im Umlauf befindlichen
Eisenstücke nicht durch anderweitigen Gebrauch des Metalles zu
verringern, wurden sie durch Eintauchen in glühendem Zustande in
Essig zu jeder sonstigen Verwendung unbrauchbar gemacht¹).

Nicht größerer Werth als auf diese, dem Gegensatz, in welchem
die nachmaligen Zustände Sparta's zu denen des übrigen Hellas
standen und der Reform des sechsten Jahrhunderts entlehnten
Dinge ist auf die Details zu legen, mit welchen des Lykurgos Leben
durch die bereite Phantasie der griechischen Tradition ausgeschmückt
worden ist, um seine unerschütterliche Loyalität, seine Heilighaltung
des Erbrechts, seine aufopfernde Uneigennützigkeit, seine Hingebung
für das Gemeinwohl in das hellste Licht zu stellen. Seine Aufgabe
war schwer, und die Art, wie sie gelöst wurde, groß und dauernd
genug, um das Andenken des Lykurgos auch ohne solche Zuthaten
im Gedächtniß aller Zeiten zu erhalten.

Der Kampf der beiden Geschlechter um den Thron mußte beendet, der Parteiung des Adels für die Prätendenten mußte ein Ziel
gesetzt werden, wenn Sparta fortbestehen sollte. Es ist nicht unmöglich, daß die Tradition darin Recht hat, daß Lykurg den Augenblick benutzt hat, in welchem in dem einen der beiden um die Krone
streitenden Häuser nur ein unmündiger Sohn vorhanden war, um
seine Reform durchzusetzen. Nur streitbare Männer konnten streitige
Kronrechte aufrecht erhalten. War Lykurg selbst der natürliche und
berechtigte Vormund des unmündigen Prätendenten, so mußte es ihm
um so leichter werden, ein Kompromiß mit dem andern Hause zu
Stande zu bringen. Er war dann in der Lage, ein solches anzu-
tragen und über die Ansprüche seines Geschlechts zu verfügen. Da
natürlich jedes der beiden Häuser im Rechte zu sein behauptete, da
keines geneigt war, seine Ansprüche aufzugeben, so mußte durch eine
zwischen beiden wechselnde oder eine gemeinsame Herrschaft eine Ausgleichung gesucht werden. Der Weg der wechselnden Herrschaft
war ungangbar, da das in Besitz des Szepters gesetzte Haus dasselbe
niemals freiwillig aufgegeben haben würde. So blieb nur der Weg

---

1) Vgl. Xenoph. hellen. 3, 3, 7. Plut. Lyc. c. 9. Lysand. c. 17.
Apophthegm. Lacon. c. 8. Hesych. πέλανος.

gemeinsamer Herrschaft. Es mußte ein Vertrag geschlossen werden, daß fortan Könige aus beiden Geschlechtern gemeinsam die Herrschaft führen sollten. Dieser Theilungsvertrag, dieser Compromiß zwischen den streitenden Königshäusern ist der wichtigste Theil der Reform der spartanischen Zustände durch den Lykurgos. Aber es war klar, daß diese Gemeinschaft der Regierung der alte Streit nur in einer neuen und gefährlicheren Form sein würde, wenn den beiden Regenten nicht durch weitere Einrichtungen der Friede auferlegt wurde.

Dies war nur dadurch möglich, daß den Königen die oberste Entscheidung überhaupt genommen und in andere Hände gelegt wurde, daß diese beiden Könige nur noch dem Namen, aber nicht mehr der That nach Inhaber der obersten Gewalt waren, daß dieselben zu ausführenden Beamten einer anderen Gewalt herabgesetzt wurden. Die oberste Gewalt sollte fortan keinem der beiden Könige, sondern einer dritten Instanz gehören. Nicht blos die Elemente, sondern auch die Tendenz zu dieser neuen Obergewalt, zu diesem neuen Souverän waren vorhanden; die Lage des Staats forderte dazu auf, und die Sicherung seiner Zukunft hing davon ab. Die Ansprüche des aufstrebenden Adels mußten eine sehr bedeutende Förderung durch den Kampf, welchen die beiden Königshäuser mit einander führten, erfahren haben. Nicht anders als durch Zugeständnisse wird der eine oder der andere der Nebenbuhler die Unterstützung Seitens des Adels zu erlangen im Stande gewesen sein. Befriedigte man ein für alle Mal die Ansprüche des Adels auf Antheil an der Leitung des Gemeinwesens, so schnitt man den Königen in Zukunft die Mittel des Kampfes ab. Man gewann den Eifer und das Interesse des Adels, die diesem schwachen Gemeinwesen unentbehrlich waren. Der Adel sollte fortan nicht mehr dem zwingenden Gebote des Fürsten gehorchen, er sollte für seine eigenen Entschlüsse einstehen. Er war am Ziel, wenn die oberste Gewalt in seine Hand gelegt wurde. Ohne Zweifel sah der Adel lieber zwei Könige als einen an der Spitze, da diese Verdoppelung die Kraft des Königthums brach.

Lykurgos konnte die Gründung einer neuen Ordnung in Sparta nur unternehmen, wenn er sich an die Spitze der aufstrebenden Tendenzen des Adels stellte. Es war seine Absicht der Gesammtheit des Adels die oberste Gewalt in die Hand zu geben. Indem er die Ansprüche des Adels befriedigte, machte er die Ausführung des Vertrages, welchen er zwischen den streitenden Königshäusern zu Stande gebracht hatte, möglich, sicherte er dessen Bestand.

In einer so kriegerischen Zeit, in so wilden und zerrissenen Zuständen, wie die der Spartaner waren, konnten der Friede, der Vertrag und das Gesetz nur Wurzel fassen, wenn sie von den Göttern ausgegangen, wenn sie von diesen geheiligt waren, wenn man nicht dem Gebote eines Menschen, sondern dem Gebote des Himmels Folge zu leisten hatte. Noch im sechsten Jahrhundert war es bei den Griechen unmöglich, tiefer eingreifende Aeußerungen im Staatsleben ohne göttliche Sanktion einzuführen und zu befestigen, wie viel weniger um das Jahr 800. Der Ruf der Weissagung von Delphi, von welcher uns schon die homerischen Gedichte berichteten, muß bereits so fest gestanden haben, daß Lykurgos die Entscheidung oder vielmehr die Weihe des Gottes für seine Reform in Delphi einholen konnte. Die Weisung Apollon's, welche Lykurg von Delphi zurückbrachte, ist erhalten. Es ist die älteste Urkunde der griechischen Geschichte, die älteste Verfassungsurkunde, welche die Geschichte überhaupt kennt, und ihr Besitz entschädigt uns reichlich für die Unkunde der Tradition über die Herkunft und die Lebensumstände des Lykurgos. Diese Weisung lautete: „Baue dem Zeus Hellanios und der Athana Hellania ein Heiligthum, theile die Stämme und mache die Oben, richte den Rath der Greise mit den Erzführern auf, rufe von Zeit zu Zeit zusammen zwischen Babyka und Knakion, bringe hier vor und rathe ab, dem Volke aber sei Entscheidung und Macht[1].“

Der Spruch des Gottes wies den Lykurgos an, die Spartaner in Stämme zu theilen. Diese Eintheilung war bei den Dorern bereits geschehen, als sie ihre Eroberungen auf dem Peloponnes begannen. Die Familien der Spartaner zählten entweder zum Stamme der Hylleer, dem ersten und vornehmsten derselben, an dessen Spitze die rivallisirenden Königshäuser standen, zu dem der Dymanen oder dem der Pamphyler. Die Weisung des Gottes

---

[1] Plut. Lyc. c. 6. bestätigt durch Tyrtaei fragm. 4. ed. Bergk. Die vier Hexameter, durch welche Herodot (1, 65) die Pythia den Lykurg anreden läßt, gehören der verschönernden Erfindung späterer Zeit an, ebenso die beiden anderen, welche jenen vier die Excerpt. Vatic. aus Diodor hinzufügen: „Du batest um ein gutes Gesetz, ich werde dir ein solches gewähren, welches keine andere Stadt der Menschen haben wird.“

hatte indeß nicht blos den Sinn eine bereits bestehende Einrichtung zu sanktioniren. Eine Eintheilung, welche während der Wanderung für die Ordnung des Heeres getroffen worden war, sollte nicht blos zu einer durchgreifenden gemacht werden, nicht blos die späterhin zugewanderten Familien sollten einem dieser Stämme zugetheilt werden, die Stämme sollten nunmehr die Grundlage zu einer ungefähr gleichmäßigen Betheiligung an der Leitung des Staats bilden. Einrichtungen dieser Art waren jener Zeit weder neu noch fremd. In allen Ansiedlungen über dem Meere hatte die Stammverfassung theils wiederum festgestellt, theils umgeschaffen werden müssen (S. 209. 210. 351.). Den angegebenen Zweck zu erreichen, kam es in Sparta darauf an, einmal die Zahl der Familien in den Stämmen auszugleichen, das andere Mal kleinere Verbände innerhalb derselben herzustellen. Die ursprünglichste und natürlichste Form der Gemeinschaft ist der Verband der Abstammung, die Gemeinschaft des Blutes, des Geschlechtes. Waren die Stämme nach der Abstammung oder der Analogie derselben gebildet, so mußte auch das Mittelglied, welches man zwischen den Stamm und die einzelnen Familien stellen wollte, auf dieser Grundlage beruhen. Der erste Schritt politischer Organisation führt immer von der wirklichen Familie, dem wirklichen Geschlecht, dem wirklichen Stamm zu Formen, in welchen natürliche Elemente mit künstlichen, die nach dem Vorbilde der natürlichen Kreise gebildet sind, in Verbindung gesetzt werden; danach zu solchen, welche die natürlichen Verbindungen durch diese nachgebildeten künstlichen ersetzen. Lykurgos theilte der Weisung des Gottes gemäß jeden der drei Stämme in zehn Geschlechtsverbände, in zehn Oben. Wenn die Tradition erzählt, Lykurgos sei mit dreißig bewaffneten Männern auf dem Markt erschienen, um seine Reform durchzuführen, so sind diese dreißig Männer niemand anders, als die dreißig Oben selbst oder vielmehr deren angebliche Stammväter[1]). Natürlicher Weise lagen den Oben die bestehenden Geschlechter zu Grunde. Aus den Familien, welche bisher keinem größeren Geschlechtsverbande angehört hatten, wurden neue Geschlechter gebildet, um die Zahl zehn in jedem Stamm voll zu machen. Die Geschlechtsverbände der beiden Königshäuser, die Aglden und Eury-

---

1) Plut. Lyc. c. 5. Die beiden Männer, welche von den dreißig den Muth verlieren und ausbleiben, sind die beiden königlichen Oben; vgl. oben S. 348.

pontiden bildeten die beiden ersten Oben im ersten Stamme, dem der Hylleer; sie waren der vornehmste und edelste Theil dieses Stammes, sie galten für die ältesten Geschlechter desselben. Es ist kein Zweifel, daß die Oben geschlossene Korporationen bildeten, daß sie durch gemeinsame Opfer verbunden waren, daß der Versammlung ihrer Familienhäupter eine polizeiliche, vielleicht auch eine richterliche Gewalt über die Geschlechtsgenossen zustand.

Auf dieser Organisation der Stämme gründete Lykurgos die Verfassung des Staates. Es sollte fortan dem Fürsten nicht mehr freistehen, mit wem er Rath halten wolle. Lykurg verwandelte den Rath des Königs in eine feststehende Behörde; das Königthum wurde gezwungen, sich mit den Vertretern des gesammten Adels über seine Absichten zu verständigen, es wurde ihm ein ständiger Rath an die Seite gesetzt. Diesen neuen Rath bildeten die Oberhäupter sämmtlicher Oben. Das Haupt der Obe war entweder das älteste Familienhaupt der in der Obe vereinigten Familien, oder es wurde dieser Vertreter der Obe von sämmtlichen Familienhäuptern oder sämmtlichen Volljährigen der Obe gewählt[1]). Er behielt seinen Platz natürlich bis an den Tod. Es wird eine alte Vorschrift gewesen sein, wenn sie auch nicht schon von Lykurg herrührte, daß niemand zum Vertreter seiner Obe in den Rath des Königs gewählt werden könne, der nicht das sechzigste Jahr überschritten habe[2]). Der Rath des Königs führte demnach den Titel des Raths der Alten, der Gerusie. In diesem Rathe nahmen die beiden Könige in doppelter Eigenschaft Platz, einmal als die Häupter ihrer beiden Oben, wodurch die Zahl der Mitglieder desselben auf dreißig anwuchs, dann aber auch als dessen Präsidenten[3]). Die

---

1) Aristoteles nennt (pol. V. 5, 8.) die Wahl der Geronten eine dynastische, was auf das Vorrecht gewisser Familien, auf die ausschließliche Macht eines bestimmten Kreises gedeutet werden muß, die Wahlart eine kindische: II, 6, 18. vgl. Plut. Lyc. c. 26. Diese Wahlart ist offenbar erst durch die Reform der Verfassung Sparta's im sechsten Jahrhundert eingeführt worden, als die erledigten Stellen im Rathe nicht mehr durch die Oben, sondern durch die Gesammtheit des Adels besetzt werden sollten. So lange der Geschlechtsverband in Kraft bestand, wählten gewiß die einzelnen Oben, und es ist gegen die ganze Lage der Dinge, in der Lykurgischen Zeit die Geronten vom ganzen Volke wählen zu lassen. Wenn die Oben für die Verfassung nicht benutzt werden sollten, so war es unnöthig, daß die Rhetra dieselben einzutheilen vorschrieb. — 2) Plut. Lyc. c. 26. — 3) Die Zahl der Oben, dreißig, ist allerdings nicht ganz sicher überliefert, aber sie wird durch die Zahl des Rathes ausreichend bestätigt. Wenn dagegen, daß die Königshäuser die beiden ersten Oben der Hylleer bildeten, eingewendet ist, daß die Königshäuser zu einem Geschlechtsverband gehört haben

Könige heißen in der Weisung des Gottes von Delphi nicht mehr „gottgenährte Könige", wie im Epos. Der Name König ist verschwunden und durch den des Archegeten d. h. Erzführer ersetzt. Kraft des hergebrachten Rechts sollten die Könige die „Erzführer" d. h. die Vorsitzer und Leiter des Raths der Alten sein, wie die Rhetra sagt. Es stand ihnen nicht mehr zu, wie ehedem nach Gutdünken den Rath der edlen Genossen einzuholen oder nicht einzuholen, zum Rathe die Edelleute zu berufen, welche sie hören wollten, den erhaltenen Rath zu befolgen oder nicht zu befolgen. Sie waren jetzt an das Gutachten dieser achtundzwanzig Greise gebunden; sie durften nur in Uebereinstimmung mit diesen, nur nach deren Beschluß handeln. Hatten sie selbst vordem den Rechtsspruch gefällt oder Geronten zu diesem Zwecke ernannt, so war auch dieses Recht weggefallen. Die Gerusie, in welcher sie allerdings den Vorsitz führten, sollte von nun an zugleich das oberste Gericht des Landes sein, welches über Leib und Leben entschied, vor welchem die Klagen über Mord, über Vergewaltigung und Schädigung zu erheben waren, welches über Vergehen gegen das Gemeinwesen zu richten hatte[1]). Die Könige waren Präsidenten des obersten Rathes und des Gerichts des Landes, Erzführer und Prytanen geworden, nachdem ihrer Gewalt bereits durch das Doppelkönigthum die Spitze abgebrochen war. Die Entscheidung lag in den Händen der Vertreter sämmtlicher Oben und damit in denen des gesammten Adels.

Die Vertreter der Geschlechtsverbände des Adels mit den beiden Königen im Rathe der Alten versammelt, übten das Blutrecht aus und entschieden über die öffentlichen Dinge. Aber welchen Beschluß der Rath der Alten auch gefaßt hatte, betraf derselbe Krieg oder Frieden oder eine Maßregel, welche die Gesammtheit berührte, so hatten die Könige mit dem Rathe die Bestätigung des gesammten Adels einzuholen. „Dem Demos soll Entscheidung sein und Macht", sagte die Weisung des delphischen Gottes. Demos bedeutet Volk oder vielmehr Gemeinde. Dies Volk, diese Gemeinde war hier in Sparta nicht etwa die gesammte Bevölkerung; die alle Be-

---

müßten, weil beide vom Herakles stammten, so würde diese Argumentation für den ganzen Stamm des Hyllos gelten. Es entspricht der Stellung der Königsfamilien, daß sie, wenn auch schwächer an Zahl als andere Geschlechtsverbände, jede einen solchen für sich bildeten.

1) Aristot. pol. III, 1, 7. Plut. Lyc. 26.

völkerung war zu Periöken oder zu Sklaven herabgedrückt; die
Sieger bildeten allein das Volk. Dieses Volk war die Gesammtheit des Adels, die Gesammtheit der zur Theilnahme am Staate
berechtigten Bürger. Hiermit hatte Lykurgos der Versammlung
des Adels die letzte Entscheidung, die Souveränität in die Hand gelegt. Der Kampf zwischen Adel und Königthum war zu Gunsten
des Adels entschieden. Nicht nur, daß die Könige an den Rath
und Willen der Vertreter sämmtlicher adeligen Geschlechtsverbände
gebunden waren; dem Adel stand in seiner Gesammtheit über alle
die Gesammtheit betreffenden Fragen, über Krieg und Frieden, über
die streitige Thronfolge, über alles, was das Leben der Gesammtheit berührte, die letzte Entscheidung zu. Jeder Spartiat, der das
dreißigste Jahr überschritten, hatte das Recht, in der Versammlung des gesammten Standes zu erscheinen und zu stimmen[1]). Diese
Versammlungen wurden, wie die Rhetra vorschrieb, zwischen dem
Flüßchen Knakion, der südwärts von Sparta zum Eurotas fließt[2]),
und der Brücke Babyka abgehalten, welche oberhalb der Stadt über
den Eurotas führte. Die Rhetra sagt „von Zeit zu Zeit" solle
der Adel berufen, und hier vorgebracht und abgerathen werden. Die
Versammlungen des Adels wurden regelmäßig jeden Monat am
Vollmond gehalten, welchen die Spartaner für die günstigste Zeit
zum Beginn und zur Vollbringung hielten. Auch ihre Heere durften nur am Vollmond ausrücken. Die Könige hatten, wie seit
Alters, den Vorsitz und die Leitung der Versammlung; wie früherhin hatten nur die Könige und die Geronten das Recht zu sprechen.
Nach der Rhetra hatten sie aber nun auch die Pflicht, die Gründe
vorzutragen, welche die Gerusie bestimmt hätten und dem Adel von
falschen Entschlüssen abzurathen und ihn zu warnen. Aus dem versammelten Adel durfte Niemand das Wort nehmen, geschweige denn
einen Vorschlag machen. Die Versammlung des Adels antwortete
auf die Vorträge und Anträge der Könige und des Raths wie ehedem das Volk, wenn es vom König und den Edlen versammelt
worden war, um deren Beschlüsse zu vernehmen, mit zustimmendem
oder ablehnendem Rufe. Ließ sich aus dem Rufe die Willensmeinung des Souveräns nicht deutlich abnehmen, oder hielt man es
für zweckmäßig, die Stärke der Mehrheit und Minderheit klar zu

---

1) Plut. Lyc. c. 25. — 2) Vgl. Curtius Pelop. 2, 237.

übersehen, so ließen die Könige die Versammelten, welche für oder wider stimmten, auf diese oder jene Seite des Platzes treten¹).

Durch den Vertrag zwischen beiden Königshäusern hatte Lykurgos den Streit derselben geschlichtet; die Ansprüche des Adels waren durch die Errichtung des Rathes der Alten, durch die grundgesetzliche Anerkennung der Souveränität des gesammten Adels befriedigt. Das Königthum war den Beschlüssen des Raths, des gesammten Adels untergeordnet. Um den Staat regieren zu können, hatte der Adel organisirt werden müssen. Aus den Händen eines Einzelnen war der Staat in die Hände einer Gesammtheit übergegangen. Zum ersten Male trat eine Ordnung, ein Gemeinwesen in die Geschichte, welches dem bevorzugten Theile seiner Mitglieder bestimmte Rechte gewährte. Dafür konnten und mußten aber auch bestimmte Pflichten derselben in Anspruch genommen werden. Indem der gesammte Adel an der Stelle des Königs regierte, hatte er die Verpflichtung des Königs auf sich genommen, für das Gemeinwohl zu sorgen. Dies beruhte auf der Aufrechthaltung des Gewonnenen, der Herrschaft über die Perioeken und Heloten, auf dem Schutz und der Erweiterung derselben gegen die Ausklaeer. Diese Pflichten zu erfüllen, mußten die Mitglieder des herrschenden Standes in der Lage sein, oder in diese Lage gesetzt werden. Sie mußten Muße besitzen für den Rath und die Versammlung, für die Uebung zum Kriege, und hinreichenden Besitz, um ohne Sorge für Haus und Hof im Felde zu stehen. Es kam darauf an, den Adel, dessen Interessen durch seine neue Stellung mit den Interessen des Staats identificirt worden waren, nun auch für den Staat verfügbar zu machen, der Armee, in deren Hände der Staat übergegangen war, einen ausreichenden Sold zu gewähren. Der Sold, welchen der Adel vom Staat empfing, bestand in den Erträgen der Güter, welche er bei der Theilung des eroberten Gebiets in Besitz genommen. Diese Güter waren gleich von vorn herein, wie nicht zu bezweifeln steht, ungleich bemessen gewesen; sie waren seitdem durch den natürlichen Gang der Dinge noch bei weitem ungleicher geworden. Einige Familien hatten ihre Güter durch Erbanfälle vergrößert, andere hatten die ihrigen entweder unter die Söhne vertheilt oder

---

1) Thukyd. 1, 79. 87.

die jüngeren Söhne ausgeschlossen. Die ganze Menge dieser ausgeschlossenen war güterlos. Wovon sollten diese ihren Kriegsdienst, einen Dienst, den der Staat nicht entbehren konnte, leisten? Dazu folgte aus dem gleichen Recht am Staate, welches jetzt dem gesammten Adel gewährt war, nachdem die Fürsten vordem nur besonders hervorragenden Familien Einfluß gewährt hatten, aus der gleichen Pflichterfüllung, welche man von allen verlangte, mit einer gewissen Nothwendigkeit auch eine möglichst gleiche sociale und ökonomische Stellung. Es lag auf der Hand, daß das Interesse des Adels am Staate um so größer sein werde, je mehr das bereits Erworbene und ferner zu Erwerbende den Charakter eines gemeinsamen Besitzes an sich trüge. Je schärfer der gleiche Antheil aller an der Eroberung, das gleiche Recht aller an Land und Leuten hervorgehoben werden konnte, um so einträchtiger, um so bereitwilliger für den Dienst des Gemeinwohls müßte der Adel sein. Die stolze Erinnerung das Land mit dem Schwerte, „Wenige gegen Viele" errungen zu haben, war in den Doriern zur Zeit des peloponnesischen Krieges noch nicht erloschen[1]); sie lebte den Zeitgenossen Lykurg's in frischem Gedächtniß. Die Vorstellung einer Ackervertheilung lag den Griechen jener Zeit, welche viele Eroberungen und noch zahlreichere Kolonisationen erlebt hatten, durchaus nicht fern[2]). Aber sollte man, um den gesammten Adel für den Staat verfügbar zu machen, um dem gleichen Recht, welches ihm die Verfassung gewährte, um dem gleichen Dienst, welcher von allen Edelleuten verlangt wurde, eine Grundlage gleichen Besitzes zu gewähren, eine allgemeine Konfiskation des bestehenden Eigenthums, eine neue Theilung des gesammten Grundes und Bodens eintreten lassen? Eine so radikale Maßregel würde den heftigsten Widerstand gefunden haben, wenn ihre Durchführung überhaupt möglich gewesen wäre. Es genügte, den güterlosen Familien Güter zuzuweisen, die kleinen Besitzungen soweit zu vergrößern, daß eine Familie davon leben konnte. Der zu einer solchen Maßregel erforderliche Grund und Boden konnte dadurch gewonnen werden, daß die Ländereien, welche die Königshäuser seit der Eroberung des Landes besaßen, zum größeren Theil aus dem Besitz der Könige in den Besitz des Gemeinwesens übergingen. Auch bedachte sich Lykurgos wol schwerlich, falls der

---

1) Thukyd. 1, 72. 87. 4, 126. — 2) H. B. Od. 6, 10.

verfügbare Boden zur Ausstattung güterloser dorischer Familien nicht ausreichte, einen Theil der bisherigen Perioeken im Bergland zu Heloten herabzudrücken. Der Besitz der dorischen Herren bestand indeß nicht blos in Grund und Boden; der Besitz arbeitender Hände war ebenso erforderlich für sie, als der eines Gutes. Weder die frühere Gewöhnung der Dorer, noch das Selbstgefühl des Siegers machte sie geneigt, selbst den Pflug zu führen. Sollte die Stellung der Dorer als Herren im Lande, sollte die kriegerische Uebung und Kraft in ihnen erhalten werden, wollte man über jeden Edelmann in jedem Augenblick zu Kriegszwecken verfügen können — und man mußte dies, wenn man bestehen wollte — so durfte man niemanden von ihnen zum Bauern herabsinken lassen, und in die Sorge für seinen Unterhalt, in die Nothwendigkeiten der Wirthschaft verstricken. Deshalb war der Besitz einer Anzahl von Arbeiterfamilien ebenso wesentlich, wie der Besitz der Güter selbst. Gewiß war auch die Zahl der Heloten hinreichend; es kam nur darauf an, sie gleichmäßiger zu vertheilen und jedem dorischen Gut eine gewisse Zahl derselben zuzuweisen. Diese Heloten waren durch den gewaltsamen Kampf der Eroberung unterworfen worden, jeder Dorer konnte den gleichen Anspruch auf ihren Dienst erheben; eine gleichmäßigere Vertheilung, die außerdem eine bessere Beaufsichtigung derselben sicherte, gab ihnen den Charakter von öffentlichen, der Gesammtheit des Adels angehörigen und dienenden Leibeigenen. Einer gleichmäßigeren Vertheilung derselben auf die spartanischen Güter standen keine unüberwindlichen Hindernisse im Wege.

Wenn es dem Lykurgos auf diese Weise gelang, den Ansprüchen der bisher Güterlosen, der minder Begüterten in gewisser Weise gerecht zu werden, wenn die adelige und kriegerische Haltung der Dorer und mit dieser das Bestehen ihrer Herrschaft und ihres Staates hierdurch gesichert schien, so fragte es sich doch, ob die eben hergestellte Ausgleichung Bestand haben werde und könne. Ein Verbot gegen den Verkauf von Grund und Boden war überflüssig in einer Zeit, wo dieser keinen Gegenstand des Verkehrs bildete. Es konnte sich nur um die Theilung der Stammgüter im Erbgang handeln. Die homerischen Gerichte sprechen allerdings von einer Theilung des Erbes durch das Loos unter die Söhne. Indeß war damit nicht ausgeschlossen, daß jede Familie auf die Erhaltung des Stammgutes Bedacht nahm. Wie weit Lykurgos' Ordnungen an der Sitte, welche wir späterhin in Sparta treffen, die Güter als Majorate forterben zu laſſen, betheiligt waren, iſt nicht zu entſcheiden; indeß wird man kaum anſtehen dürfen, ihm eine Satzung der Art beizulegen. Wir wiſſen, daß noch in ſpäter Zeit die jüngeren Brüder unter dem älteſten, dem Hüter des Herdes (ἱστιοπάμων), gemeinſam von den Einkünſten des Stammgutes lebten und ſich ſogar, im Fall geringen Ertrages, mit einem Weibe, welches ſie theilten, begnügten[1]). Ariſtoteles belehrt uns, daß es in Sparta für ſchändlich erachtet wurde, mit Land zu handeln; andere ſagen hinzu, daß es nicht erlaubt war, Stücke vom Stammgut abzuſchneiden. Ueber die Verheirathung der Erbtöchter hatte der König in letzter Inſtanz zu entſcheiden; und das Recht, frei zu teſtiren wurde in Sparta erſt ſpät durch den Ephor Epitadeus, nach den Zeiten des Lyſandros, eingeführt. Auch Philolaos verbot in ſeiner Geſetzgebung für Theben bereits gegen Ende des achten Jahrhunderts den Verkauf der Erbgüter[2]). War nun auch durch die Einrichtungen des Lykurgos jede Adelsfamilie in Beſitz eines Stammgutes und einer Anzahl von Helotenfamilien, ſo waren dieſe Stammgüter doch weder von gleichem Umfange, noch von gleichem Ertrage, ſo war doch der anderweite Beſitz, namentlich der Viehſtand und die Heerden, das hauptſächlichſte Stück des Reichthums, niemals gleich. Dieſe Ungleichheit mußte weiter führen, wenn derſelben nicht von Zeit zu Zeit durch neue Ausgleichungen oder durch beſondere Gunſt der Umſtände abgeholfen werden konnte. Dieſe Sorge blieb der Zukunft überlaſſen. Und wirklich gewährte in den nächſten Jahrhunderten nach Lykurg eine Reihe von ſiegreichen Kriegen den Spartanern Gelegenheit, die verarmten Familien und den Ueberſchuß in den Geſchlechtern durch neue Landanweiſungen in eroberten Gebieten zu verſorgen[3]).

---

1) Polybii excerpt. Vatic. 12, 6. — 2) Oben S. 268. Aristot. polit. 4, 5. 7. 8, 1. Heracl. pont. c. 2. Plut. inst. lacon. c. 22. — 3) Von der Alternative, welche Grote ſtellt (hist. of Greece 2. p. 553. erſte Ausg.), daß die Landaustheilung des Lykurg entweder eine Phantaſie Agis III. und ſeiner Umgebung ſei, oder daß es nur eine dürftige Maßregel geweſen, ziehe ich die letztere vor, nur daß ich dieſelbe nicht für ganz dürftig halten kann. Hiſtoriſche Phantaſien entſtehen nicht ohne hiſtoriſche Realitäten. Ich gebe zu, daß die Maßregel weder ſo fundamental war, noch ſo uniform, wie ſie Plutarch darſtellt. Ich füge Grote's Argumenten hinzu, daß, wenn man, wie über die Ordnung der Verfaſſung, ſo über die Landtheilung eine Rhetra gehabt, man dieſe in der Zeit Agis III. vorgebracht und benutzt hätte; ich habe ferner nicht nur zugegeben, daß die Gleichheit nicht erhalten worden iſt, ſondern auch, daß ſie niemals weiter vorhanden war, als daß jede doriſche Familie ein auskömmliches Einkommen

Durch die Beilegung des inneren Zwistes zwischen den Königshäusern, durch die entscheidende Stellung, welche dem Adel gegeben war, durch den gleichgemessenen Einfluß seiner Stämme, Geschlechtsverbände und Familien auf die Entscheidung der öffentlichen Dinge, durch die Ausgleichung der socialen und ökonomischen Stellung innerhalb des Kreises der Adelsfamilien, war eine neue Ordnung auf den alten Grundlagen errichtet. Der Adel war zugleich in allen seinen

---

vermittelst eines Erdgutes durch Lykurg erteilt. Ich habe dies aus der Lage der Dinge und den Nothwendigkeiten Sparta's gefolgert, ich folgere dies weiter aus der Einrichtung der Syssitien. Verlangte man, wie das auch Grote zugiebt, daß jeder an diesen Syssitien Theil nahm, so mußte auch dafür gesorgt werden, daß jeder seinen Beitrag geben konnte. Die Syssitien waren ein Luxus, weil die Haushaltung theuer wurde, indem der Mann außerhalb des Hauses speiste, indem er genöthigt war, in Sparta ein Haus zu haben, während er sonst auf dem Erdgut hätte wohnen können. Ich gebe zu, daß die Zahlen der Loose, sei es 4500 oder 6000 oder 9000, aus der Zahl der Stämme, aus der angenommenen Gesammtzahl der Spartiaten, welche nach Herodot zu seiner Zeit 8000, nach Aristoteles einmal 10,000 betragen haben soll, und der Vorstellung, daß die Hälfte derselben in Sparta, die andere Hälfte in Messenien gelegen haben müsse, hergenommen sind; es ist vollkommen klar, daß die Landvertheilung Lykurg's über das obere Thal des Eurotas nicht hinausgehen konnte. Nicht minder verdächtig ist die Zahl der 30,000 Periökenloose; sie ist vielleicht aus Aristoteles (pol. 2, 6, 11.) geflossen. Den Periöken gleiche Güter zu geben, war nicht der mindeste Grund vorhanden. Woher Isokrates die Zahl von 2000 Spartiaten nimmt, welche das Land ursprünglich in Besitz nahmen, weiß ich nicht, oder sie hat keinen Anspruch auf Glaubwürdigkeit; ebenso wenig weiß ich die Quelle zu vermuthen, aus welcher Plutarch seine Nachricht hat, daß jedes Erdgut für den Mann siebzig Medimnen Gerste, für die Frau zwölf abgeworfen habe (Lyc. c. 8.). Die Güter konnten unmöglich gleich sein, noch konnten sie gleichen Ertrag geben, und die Zahl der Familienmitglieder war ja verschieden. Das Hauptargument gegen die Adertheilung des Lykurg zieht Grote aus dem Schweigen sämmtlicher Schriftsteller bis auf Polybios. Ich bin mit Schoemann (de Komoeia p. 25.) der Ansicht, daß in allen von Grote angeführten Stellen nicht die Nothwendigkeit liege, daß sie von diesem Institut hätten brechen müssen. In der Stelle des Isokrates, in welcher der ἀναδασμός geleugnet wird, sehe ich weiter nichts als eine Ausgleichung von Kalamitäten, welche den Spartanern dadurch erspart worden wären, daß sie seine inneren Stürme durchzumachen gehabt. Das Schweigen des Herodot, Thukydides, Xenophon, Aristoteles erklärt sich auch daraus, daß bereits seine Spuren dieser Ausgleichung mehr vorhanden waren, vielmehr eine große Ungleichheit der Güter eingetreten war, und ich stütze mich endlich auf den Polybios (6, 45—48.; vgl. Schoemann l. c. p. 32.), dessen Kunde und Besonnenheit nicht gut angefochten werden kann. Selbst zugegeben, daß Herodot, Thukydides, Xenophon, Aristoteles nichts von der Lykurgischen Agrargesetzgebung wußten, so ist damit nichts gegen die Sache und die Existenz einer spartanischen Tradition über dieselbe erwiesen. Die Stelle der Bücher de legg. p. 684, welche gewöhnlich angeführt wird, um zu beweisen, daß die Dorer schon bei der Einwanderung eine Adertheilung vorgenommen hätten, besagt dies streng genommen nicht, sondern preist nur die glückliche Lage der Gesetzgeber, daß, wenn sie damals eine Ackervertheilung vornahmen, sie keine Schwierigkeiten gehabt hätten, da man hinreichend Land besessen hätte, um dasselbe ohne Widerspruch zu vertheilen.

Familien für die Zwecke des Staats verfügbar gemacht und in den Stand gesetzt worden, seinen Kriegsdienst zu leisten; es war dafür gesorgt, daß er seine Kriegstüchtigkeit nicht durch Bauernarbeit einbüße. Daß der Adel den Kriegsdienst nun auch wirklich leiste, dafür mußte dem Staate Gewähr gegeben werden. Lykurg machte das Recht des Adels, das Bürgerrecht, von der Leistung des Kriegsdienstes, von der beständigen Bereitschaft zu diesem abhängig. Heer und Gemeinde mußten sich unter den eigenthümlichen Verhältnissen, in welchen sich Sparta befand, unbedingt decken; erst mit der Eintretung in das Heer konnte die Ausübung der Bürgerrechte beginnen, an die Angehörigkeit zu diesem mußten sie geknüpft bleiben. „Wenige gegen viele" hatten die Dorer das Land erobert, hatten sie es zu behaupten. Die Perioeken und die Heloten waren viel zahlreicher als die Spartiaten; eine halbe Meile unterhalb Sparta begann das Gebiet der freien Achaeer, an welchen jeder Aufstand der Perioeken und Heloten eine stets bereite Unterstützung finden mußte, wie jeder Einfall der Amyklaeer die Perioeken und Heloten zu den Waffen rufen konnte. Die an Zahl schwächeren Sieger mußten daher nicht blos an Körperkraft, an Gewandtheit, an Muth, an Kriegsübung und Disciplin den Perioeken und Heloten ebenso weit überlegen sein, als sie an Zahl ihnen nachstanden, sie mußten in steter Kriegsbereitschaft sein. Aber nicht blos die Einzelnen mußten immer kriegsbereit sein. Waren sie zerstreut im Lande, so konnten sie vereinzelt überfallen werden, so hielt es schwer, den Adel rasch zu sammeln. Die gesammte Macht des Adels mußte wo möglich stets beisammen gehalten werden, um in voller Stärke sogleich ausrücken zu können. Die Stadt Sparta war aus dem Lager, aus der Befestigung, welche die Dorer den Amyklaeern gegenüber errichtet hatten, hervorgegangen. Nachdem nun jede spartanische Familie ihr Erbgut hatte, von dessen Erträgen sie ohne eigene Bewirthschaftung lebte, war es ebenso möglich als räthlich, die gesammte Mannschaft stets hier vereinigt und in Bereitschaft zum Ausrücken zu halten. Ein langes Kriegsleben hatte bei den Dorern nicht blos die Fürsten und Edlen, sondern das ganze Heer gewöhnt, in gewissen Abtheilungen zu lagern, zu kochen und gemeinsam zu speisen. Die Zeltgenossenschaften besorgten ihre Küche gemeinschaftlich. Erhob man diese Sitte des Krieges auch für den Frieden zum Gesetz, ließ man auch im Frieden die Zeltgenossenschaften mit einander speisen, machte man es zur Regel, daß jeder

Spartiat einer Zeltgenossenschaft angehören und an deren Mahlzeiten Theil nehmen müsse, so hielt man nicht blos sämmtliche Spartiaten in Sparta bei einander, sondern konnte sie auch ohne alle weiteren Vorbereitungen in's Feld führen. Herodot nennt unter den neuen Einrichtungen des Heerwesens, welche Lykurgos geschaffen, die Syssitien zuerst. Jeder Spartiat, welcher das zwanzigste Jahr zurückgelegt und damit im Stande war, in's Feld zu ziehen, wurde verpflichtet, sich einer Zeltgenossenschaft (σκηνή) anzuschließen und mit ihr zu essen. Wer sich von dieser Regel ausschloß, gab damit zu erkennen, daß er den Kriegsdienst nicht mit den andern leisten, daß er dem spartanischen Heere nicht angehören wolle; er konnte dann auch die Rechte, welche die Zugehörigkeit zu diesem gab, nicht ausüben, er konnte nicht zum vollberechtigten Adel gehören¹). Genöthigt, in „Zelle" eingetheilt zu leben, hatten die Spartaner stets das Bild des Krieges vor Augen, gab ihre Stadt mehr das Bild eines Lagerlebens, als eines friedlichen, bürgerlichen Zusammenwohnens; gezwungen, täglich mit einander zu verkehren, erwuchsen die Zeltgenossenschaften zu engen Verbrüderungen. Die Zelte bestanden der Regel nach aus funfzehn Genossen. Wenn der Staat nach den Stämmen, nach den Familienverbänden geordnet war, wenn wir aus den homerischen Gedichten entnehmen konnten, daß auch die Schlachtordnung nach diesen Stämmen und Geschlechtern gebildet wurde, so ging Lykurgos von dieser Sitte ab. Nicht auf das Geschlecht und die Verwandtschaft, sondern auf freie Gemeinschaft sollte der Organismus des Heeres sich gründen. Die Zeltgenossenschaften sollten freie Verbrüderungen, freie Waffengenossenschaften sein. Die sich freiwillig von gleichem Kriegseifer, von gleichem Ehrgeiz beseelt zusammengefunden, die nahe mit einander bekannt und eng durch täglichen Verkehr befreundet waren, mußten auch am treuesten zusammen stehen gegen den Feind. Die Genossen eines Zeltes leisteten zudem einander den Eid, sich nicht zu verlassen; sie bildeten eine Euomotie, d. h. eine Eidgenossenschaft. Wenn der Tod eine Lücke in der Zeltgenossenschaft geöffnet hatte, wurde über die Aufnahme neuer Mitglieder, wenigstens in späterer Zeit, durch Brodkrumen abgestimmt, welche in eine Urne geworfen wurden, die der Aufwärter umhertrug. Zur Aufnahme war Einstimmigkeit erforderlich²) Das gemeinsame

1) Aristot. pol. 2, 6, 21. · 2) Schömann griech. Alterth. I. S. 273.

Mahl der Zeitgenossen sollte von diesen bestritten werden. Aber der Beitrag, welchen Jeder zu leisten hatte, mußte mäßig bemessen sein. Der minder Begüterte durfte nicht ausgeschlossen sein von der Theilnahme an einer Gemeinschaft, von welcher sein Kriegsdienst und sein Bürgerrecht abhing. Der Beitrag bestand, so weit unsere Kunde hinaufreicht, in einem Scheffel Gerste — Weizenbrot wurde erst nach den Perserkriegen in Hellas üblich, bis dahin aß man fast durchweg Gerstenfladen — in acht Choen Wein (d. h. etwa neunzehn Maaß), fünf Minen Käse und drittehalb Pfund Oliven oder Feigen und zehn Obolen an Geld¹). Das Gericht, welches alle Tage vorgesetzt wurde, war ein Schwarzsauer von Schweinefleisch, in Blut gekocht und mit Essig und Salz gewürzt, die sogenannte schwarze Suppe. Brod und Wein war ausreichend vorhanden. War der gewöhnliche Gang vorüber, so kam das besondere Gericht, welches einer oder der andere der Theilnehmer den Zeitgenossen zum Besten gab; meist ein Stück Wildpret, welches er in den Jagdbezirken des Taygetos erlegt hatte. Reichlicher war der Tisch an Festtagen und bei den Opfermahlzeiten, wo dann das Fleisch der Opferthiere das Hauptgericht ausmachte. Wer ein Opfer in seinem Hause brachte, wer auf der Jagd war, durfte am gemeinsamen Tische fehlen; wer nach seinem Gute und den Heloten sehen wollte, hatte Urlaub von der Genossenschaft zu nehmen. Die Führer des Heeres, nachmals die Polemarchen, hatten die Tischgenossenschaften zu beaufsichtigen; die Bereitung der Speisen besorgten die Küchenmeister, welche das Heer auch in das Feld begleiteten. Es war ein Amt, welches in gewissen perioekischen oder helotischen Familien forterbte²). Die Zeitgenossenschaften, die Enomotieen bildeten die unterste Abtheilung des Heeres. Zwei Enomotieen, d. h. dreißig Mann, bildeten die nächste höhere Abtheilung, die Trialas. Größere Abtheilungen waren nachmals die Lochen, deren Zahl ursprünglich fünf gewesen zu sein scheint³). So war der dorische Adel in Sparta

---

1) Schömann griech. Alterth. I, 271. — 2) Schömann a. a. O. S. 250. Schömann erklärt den Namen Pheiditia, welches die Männermahle in Sparta führen, durch „Sitzung" von ἕζομαι und ἕδος; a. a. O. S. 272. — 3) Ich schließe dies aus der Zahl der Ephoren und aus der Zahl der Flecken von Sparta, obwohl Thukydides (I, 20.) gewiß Recht hat, daß niemals ein Lochos von Pitana bestanden hat; da die Lochen weder nach den Phylen, noch nach den Komen gebildet waren, sondern aus den frei zusammengetretenen Zeitgenossenschaften. Xenophon giebt sechs Polemarchen an, der sechste Polemarch kann der

stets bei einander, stets mit gesammter Macht zum Ausrücken fertig und bereits in seinen Zeltgenossenschaften vereinigt. Jeden Augenblick marschfertig, gingen „die Zelte", von ihren Köchen begleitet, in's Feld. Der Adel wohnte nicht nur, er stand in Garnison zu Sparta, und diese Garnison war immer auf dem Kriegsfuß. Herodot legt in seiner kurzen Schilderung der Reformen des Lykurg das hauptsächliche Gewicht auf die neue Ordnung des Heerwesens, welche Lykurgos geschaffen habe.

In der besonderen Lage, in welcher sich der Staat von Sparta befand, hatte Lykurgos den Adel zu einem schlagfertigen Heere ausgebildet, und diesem die entscheidende Stimme durch die Vertreter der Geschlechtsverbände im Rathe, durch die regelmäßige Versammlung aller Heeresgenossen gegeben. Aber die Könige blieben die Führer dieses Heeres wie sie die Führer des Rathes, die Vorsitzer des höchsten Gerichtes geblieben waren; alle hergebrachten königlichen Ehren wurden ihnen erhalten. Die Könige hatten bis dahin das Land den Göttern gegenüber vertreten; diese Stellung durfte nicht verändert werden, wenn das Land der Gnade der Götter nicht verlustig gehen sollte. Nach wie vor brachten die Könige die Opfer für den Staat. Sie waren die Priester des Zeus Uranios und des Zeus Lakedaemon. An jedem Neumond und an jedem siebenten Tage nach dem Neumond erhielten sie, wenigstens späterhin, vom Gemeinwesen ein männliches Opferthier, welches sie im Heiligthum des Apollon darzubringen hatten, dazu einen Scheffel Gerste und ein Viertel Wein. Sparta war mit diesem Gotte in ein enges Verhältniß getreten. Er war es, der die neue Ordnung des Landes durch sein Gebot gegründet hatte; diese stand unter seinem besonderen Schutz. Niemand als den Königen konnte es übertragen werden, die Verbindung mit der Weissagung des Gottes zu unterhalten. Jeder der beiden Könige sollte zur Unterhaltung dieser Verbindung zwei Männer ernennen, welche den Titel Pythier führten. Mit diesen vier Pythiern bildeten die beiden Könige ein Kollegium, welchem die

---

Reiterführer gewesen sein. Doch kann die Einrichtung der sechs Polemarchen, wie die der Moren auch erst dem vierten Jahrhundert angehören, was auch daraus zu ersehen ist, daß zu Xenophon's Zeit Perioeken eingereiht waren in die Abtheilungen der Spartaner, was für die ältere Zeit und noch im peloponnesischen Kriege gewiß nicht der Fall war. Die Eintheilung und Ordnung des Heeres ist im Laufe der Zeit öfter geändert worden, wie sich aus der Vergleichung der Angaben des Herodot, Thukydides und Xenophon klar ergiebt.

Aufbewahrung der ertheilten Orakelsprüche oblag. Bei allen öffentlichen Opfern, Festen und Wettkämpfen hatten die Könige den Vorsitz wie bei den Opfermahlzeiten. Sie begannen die Trankopfer und Sprengungen und erhielten bei den Festmahlen als Ehrenantheil stets die doppelte Portion. Von sämmtlichen Opferthieren, die im Lande dargebracht wurden, erhielten sie die Felle, im Felde auch noch die Rückenstücke der Thiere, und von allen Würfen der Säue im ganzen Lande ein Ferkel, damit es ihnen nie an Opferthieren fehle[1]). Jedermann war gehalten, vor dem Könige von seinem Sitze aufzustehen.

Unverkürzt blieb den Königen die Anführung des Heeres, so weit diese nicht durch die Theilung des Oberbefehls verringert war. Von einer Leibwache von hundert auserlesenen Kriegern umgeben, zogen sie in's Feld. Sie brachten die Opfer für das Heer wie für den Staat. Im Felde geboten sie unbedingt über Leben und Tod. Sie behielten ihren Ehrenantheil an der Beute. Daheim erkannten sie selbständig über alles, was die Familie anging. Es war ihr Recht, die Erbtöchter zur Ehe zu geben; nur vor ihnen konnten Adoptionen vorgenommen werden. Auch der Rechtsspruch über das Mein und Dein blieb in ihren Händen. Sie ernannten die Spartaner, welche über die Gemeinden der Perioeken die Aufsicht zu führen und ihnen Recht zu sprechen hatten, falls sie nicht vorzogen, dies selbst zu thun.

Der ausgedehnte Landbesitz, welcher den Königen bei der Eroberung des Landes zugefallen sein mußte, war wol zum größten Theil nach der Reform des Lykurgos auf das Gemeinwesen übergegangen, welches nun eine selbständige Macht geworden war. Dasselbe übernahm dafür die angegebenen Leistungen an die Könige. Doch blieben den Königen noch einige Domänen, und der Zins, welchen die Perioeken zu entrichten hatten, „die Königssteuer," so daß sie durch ihre Einkünfte dennoch die reichsten Leute in Sparta waren[2]). In der Stadt wohnten sie in einem alten Hause, dessen Einfachheit die Bewunderung späterer Zeiten war; man schrieb desselben Erbauung dem Aristodemos zu[3]). Auch die Könige waren dem Gesetz der Zeltgenossenschaft unterworfen. Ihr Zelt war das erste des

---

[1]) Herodot 4, 56, 57. Xenoph. resp. Laced. 15. — [2]) Plat. Alcib. I. p. 122. Müller Dorier 2, 106. 107. — [3]) Xenoph. hist. graec. 5, 3, 20.

Heeres. Daß bereits Lykurg es für die Eintracht der beiden Könige ersprießlich gehalten haben wird, sie an einem gemeinsamen Tisch zu vereinigen, ist nicht unwahrscheinlich; für die spätere Zeit ist es gewiß, daß sie mit den vier Phylhern und den von ihnen ernannten Unterbefehlshabern des Heeres, d. h. mit denen, welche auch im Felde ihre Umgebung bildeten, zusammenspeisten.

Die Erbfolge war wenigstens späterhin in der Weise geordnet, daß dem Vater der Sohn folgte, welcher ihm zuerst nach seiner Thronbesteigung geboren war, und zwar von einer spartanischen Mutter. Waren gar keine oder nicht vollkommen wehrhafte und körpertüchtige Söhne vorhanden, so folgte der nächste männliche Verwandte, der auch während der Minderjährigkeit des Thronfolgers die Regierung zu führen hatte. Die Thronbesteigung war ein Landesfest. Sie wurde nach alter Sitte mit Opfern und Chortänzen begangen[1]). Den Tod des Königs verkündeten Reiter durch das ganze Land. Durch die Straßen von Sparta zogen Weiber, welche Becken schlugen. In jedem Hause der Spartiaten mußten ein Mann und ein Weib Trauerkleider anlegen; aus dem ganzen Lande mußte eine bestimmte Anzahl von Perioeken und Heloten zur Bestattung des Königs sich einfinden. Es waren viele Tausende. Diese mußten sammt den Weibern sich die Stirne schlagen und Wehklage und Trauergeschrei erheben und den gestorbenen König als den besten Mann preisen. Zehn Tage lang währte die Trauerzeit, während welcher kein öffentliches Geschäft vorgenommen werden durfte; die drei ersten Tage war der Markt Sparta's, welcher unter der Burghöhe nach dem Eurotas hin lag, geschlossen, und dieser geräumige Platz, auf welchem man zuweilen viertausend Menschen bei einander sah, war mit Spreu bestreut. Nicht wie Menschen, sondern wie Heroen wurden die Könige der Spartaner, nach Xenophon's Ausdruck, nach ihrem Tode geehrt. Diese unverkürzten Ehren sollten das Königthum schadlos halten für den großen Verlust an wirklicher Macht, welchen ihm die Verfassung Lykurg's auferlegt hatte. Die Gräber der Eurypontiden lagen im Süden der Stadt an der Straße nach Amyklae, die der Agiden, des allberechtigten Geschlechts, im Norden der Stadt unter der Burg[2]).

---

1) Thukyd. 5, 16. — 2) Heracl. Pont. fragm. 2. Herodot 6, 58. Xenoph. hellen. 3, 3, 1. resp. Laced. 15. Pausan. 3, 12. 3, 14. Carlius Pelopann. 2, 232. 244.

Unter der Herrschaft der beiden Könige, des zu Sparta vereinigten, kriegsbereiten und wohlorganisirten Adels stand die alte Bevölkerung des Landes, die Perioeken (d. h. die Umwohnenden, welche, rings um den Mittelpunkt wohnen) und die Heloten. Isokrates sagt von den Perioeken, „sie seien nicht weniger geknechtet als die Sklaven; von ihrem Lande sei ihnen nur der schlechteste Theil gelassen und zwar so wenig, daß sie kaum davon zu leben vermöchten, während die Sieger das meiste und beste davon genommen hätten. Ihre Städte verdienten den Namen der Städte gar nicht und hätten weniger zu bedeuten als die Demen in Attika; sie genössen keines der Rechte freier Männer und könnten von den ersten spartanischen Beamten ohne Urtheil und Recht zu Tode gebracht werden"[1]). Diese Darstellung ist in einigen Punkten übertrieben. Aber es ist sicher richtig, daß die Sieger ihnen den besten Theil des Landes, die Aecker im „hohlen Lakedaemon", genommen hatten, daß die Perioeken Unterthanen waren, die von jeder Theilnahme an der Leitung des Gemeinwesens ausgeschlossen waren, daß sie den Königen zinsen mußten, und daß ihre Gemeinden über nichts als lokale Dinge zu beschließen hatten. Sie standen unter dem Gebot und unter dem Richterspruch der Könige oder der Beamten, welchen diese die Aufsicht über die Perioeken übertrugen[2]). Doch hatten sie ihre persönliche Freiheit und ihr Eigenthum gerettet. Auch waren wol die Verhältnisse der Perioekengemeinden nicht alle gleich. Hie und da mochte sich eine Stadt vertragsmäßig den Dorern unterworfen haben und mußte nach den Bestimmungen dieses Vertrages gehalten werden. Die Bewohner der größeren Orte auf dem Taygetos und Parnon waren vielleicht im Stande gewesen, durch ihre Mauern und die Festigkeit ihrer Lage sich bessere Bedingungen zu verschaffen als andere. Wenn die spartanischen Aufseher oder die Könige sie nicht vergewaltigten, standen die Perioeken im Ganzen wol nicht viel schlechter als die Metoeken in in anderen hellenischen Staaten. Der Zutritt und die Theilnahme an den Festen, die Bewerbung um den Preis bei Wettkämpfen war ihnen nicht versagt; der Name Lakonen umfaßte Spartaner wie Perioeken. Sie waren Bauern und Handwerker; Beschäftigungen,

---

1) Panath. p. 207. — 2) Dies folgt aus der Lage der Dinge sowohl, als aus der späteren Einrichtung der zwanzig Harmosten und des Xytherobilos.

welche der dorische Adel verschmähte, wie ihnen denn auch späterhin die Thätigkeit des Handels zufiel.

Vor der dorischen Wanderung gab es in Hellas keinen Stand gutshöriger oder leibeigener Bauern. Es gab kriegsgefangene und erkaufte Sklaven, und neben ihnen eine Klasse von Tagelöhnern, die Thelen, welche die Hirten- und Ackerdienste um Lohn verrichteten. Diese bildeten die unterste Stufe der Freien. So lagen die Verhältnisse auch noch zur Zeit Lykurgs in anderen hellenischen Kantonen, in den ionischen und aeolischen Städten. Die leibeigenen Bauern waren eine Neuerung, eine Folge der Einwanderung und der Eroberungen der Thessaler und der Dorer[1]. Die Heloten waren die Nachkommen der alten achaeischen Landbauer im Kulturlande des Eurotas. Diese Leibeigenen, welche die alte bäuerische Landestracht, die Lederkappe und das Schaasfell beibehielten, hatten die Rittergüter ihrer spartanischen Herren zu bestellen, auf denen ihre Hütten standen,[2] und deren Heerden zu hüten; sie konnten außerdem von ihren Herren zu persönlichen Diensten benutzt werden. Diejenigen von den Gutshörigen, welche der Herr bezeichnete, mußten ihn z. B. in's Feld begleiten und ihm seine Waffen und den Mundvorrath tragen. Die Früchte ihrer Arbeit gehörten dem Herrn, aber sie hatten doch nur einen bestimmten Theil des Ertrages abzuliefern. Nach einer Stelle des Tyrtaeos hatten sie die Hälfte der Erndte dem Herrn abzugeben, und es wird berichtet, daß es nachmals bei den Spartanern mit einem Fluche belegt war, den Heloten mehr als das vorgeschriebene Maaß von festen und flüssigen Früchten abzunehmen[3]. Der Ueberrest blieb den Heloten zu ihrem Unterhalt; es stand ihnen frei, zu verkaufen, was sie nicht bedurften, und sie waren auf diese Weise in der Lage, Vermögen zu erwerben[4]. Auch stand es dem Herrn nicht zu, seine Heloten freizulassen, zu verkaufen oder zu tödten[5]. Sie waren ein gemeinsam erworbener Besitz, eine zum Bestande des Staats nothwendige Klasse, ein Besitzthum sowol des Gutsherrn als des Gemeinwesens. Es waren die Einrichtungen Lykurg's, welche den Heloten diese Stellung gegeben; sie galten nun mehr als ein Eigenthum, welches den Einzelnen vom Staate verliehen war, denn als ein Privatbesitz; sie konnten

---

1) Athen. 6. p. 265. — 2) Livius 24, 37. — 3) Plut. Inst. laconic. c. 40. — 4) Plut. Cleom. 23. — 5) Ephoros bei Strabon p. 365.

auch vom Staate zu Dienstleistungen herangezogen werden. Es war das Gemeinwesen, welches die Heloten zur Arbeit und zum Dienste an die einzelnen Adelsfamilien abgegeben, welches sie unter den Adel vertheilt hatte¹).

Es war unnöthig, den spartanischen Herren zu befehlen, sich nicht mit dem Handel, dem Ackerbau und dem Handwerk zu befassen. Der Stolz der Sieger verschmähte solche niedrige Beschäftigung; er zog es vor, sich mit der Kriegsübung und den Waffen zu beschäftigen, denen er seine Herrschaft verdankte. Auswärtigen Handel gab es nicht, der Verkehr im Innern beschränkte sich auf einen geringen Umtausch der Landesprodukte gegen das nöthigste Geräth des Krieges und des Ackerbaues. Es war überflüssig, den Dorern einzuschärfen, keine Ehen mit Perioeken und Heloten einzugehen; sie wußten nur zu gut, daß ihr Stamm und ihr Blut besser sei, als das der Besiegten, als daß sie nicht die Gemeinschaft mit diesen verschmäht hätten. Wenn schon der Adel, soweit er vor der Zeit der Wanderung bestand, die Arbeiten des Feldes verschmäht hatte, wenn er bereits seine Weiber meist im Kreise der Genossen gesucht hatte, so hatte er doch noch keine feste Scheidewand zwischen sich und dem Volke aufgerichtet. Jetzt gab es in den eroberten Landschaften und vor den anderen in Sparta einen geschlossenen und gegen die frühere Zeit zahlreichen Adelsstand, welcher es für schimpflich hielt, sein besseres Blut mit dem der Besiegten zu mischen; jetzt gab es einen Adel, der allein Bürgerrecht besaß, der allein den Staat ausmachte, der allein das Heer bildete. Durch die Vereinigung und das Zusammenleben der Dorer in Sparta, durch die Ausstattung aller dorischen Familien mit Rittergütern hatte Lykurgos die Scheidewand zwischen Siegern und Besiegten, d. h. zwischen Adel und Volk noch schärfer gezogen, als dies in Thessalien, Boeotien und den übrigen Landschaften der Fall war. Es war hier in höherem Maaße als anderswo verhindert, daß ein Theil des Adels verarmte, wodurch er zu den Beschäftigungen der Unterworfenen hätte herabsinken, wodurch er zu einer Vermischung mit den Perioeken hätte gelangen können.

Lykurgos ist der wahre Gründer des spartanischen Staates. Er hat dieses Gemeinwesen, welches durch seine innere Zerrüttung

---

1) Ephor. l. c. Pausan. 8, 20, 6.

am Rande des Unterganges war, gerettet, er hat die Sieger in dem eroberten Lande zweckmäßig eingerichtet und durch diese Einrichtung ihrer Herrschaft Dauer und Bestand gegeben. Für alle Zeiten wird die Umsicht und Weisheit, die wohlgemessene Folgerichtigkeit seiner Einrichtungen, welche zuerst ein Gemeinwesen in die Hände einer Gesammtheit legten, bemerkenswerth bleiben. Sowohl der politischen Strömung der Zeit als den besonderen Bedingungen des spartanischen Staats, der Gewaltsamkeit wie der Gefährdung seiner Lage wußte er gleichmäßig gerecht zu werden. Im Besitz von Grund und Boden wollte das angesiedelte Heer der Disziplin seines Anführers nicht mehr unbedingt gehorchen. Lykurgos erhielt das Königthum, indem er es unter die beiden streitenden Häuser vertheilte, indem er es an den ständigen Rath der Vertreter des Adels, an den Beschluß des gesammten Adels band. Das getheilte Königthum mußte die Verwaltung des Staats mit den Geronten, die Gesetzgebung mit dem gesammten Adel theilen. Der Kompromiß, welchen Lykurgos zwischen den rivalisirenden Häusern, zwischen Adel und Königthum zu Stande brachte, rettete das Königthum, indem er es beschränkte. Diese Beschränkung der Monarchie war das Mittel ihrer Erhaltung, die Garantie für ihren Fortbestand in Sparta. „Die Beschränkung der Herrschaft der Könige, sagt Aristoteles, hat deren größere Dauerhaftigkeit zur nothwendigen Folge; die Könige selbst sind, durch das Gesetz gebunden, weniger despotisch und in ihrem Verhalten den übrigen gleicher, und werden weniger von ihren Unterthanen beneidet; so daß die Beschränkung der königlichen Gewalt dieselbe nicht verkleinert, sondern vielmehr in gewisser Weise erhöht und verstärkt"[1]). Diese Beschränkung des Königthums, welche Lykurgos in Sparta durchführte, war zugleich der Ursprung des ersten freien Gemeinwesens in Hellas, des ersten in der gesammten Geschichte, wenn es auch auf einer sehr breiten Grundlage der Unfreiheit und Unterdrückung ruhte. Die Früchte des Sieges kamen doch nicht, wie es bei den großen Eroberungen der Asiaten immer geschehen war, dem glücklichen Anführer, welcher sich alsbald in den Despoten verwandelte, allein zu Gute. Hier theilten die Sieger die Früchte ihres verhältnißmäßig sehr kleinen und übersehbaren Sieges unter einander nach billigen Grundsätzen. Die Ausstattung sämmtlicher Familien

---

1) Aristotel. pol. 5, 9, 1.

des siegenden Heeres mit Grund und Boden und arbeitenden Händen gab denselben ein gewisses Gefühl der Gleichheit und verhinderte jede Vermischung mit den Unterworfenen; die Vereinigung des dorischen Adels an einem Wohnsitz, von welchem die Unterworfenen ausgeschlossen waren, zum Zwecke der Kriegsbereitschaft, sicherte den Siegern nicht blos für die Zukunft das Uebergewicht, sondern erhielt auch die Einheit des Gemeinwesens und der unterworfenen Landschaft. Es konnten neben Sparta keine neuen dorischen Städte am Eurotas entstehen. Sparta blieb hierdurch allein von allen eroberten Kantonen ein Einheitsstaat und vermied die losen Formen des Föderativstaates, in welche die übrigen eroberten Lande wieder auseinander fielen. Der geringe Umfang des gewonnenen Gebiets erleichterte diese Einrichtungen, welche die Folge hatten, daß der kleinste der neuen Staaten in sich der geschlossenste und stärkste wurde, daß er es bald vermochte, diese seine intensivere Kraft und militärische Ueberlegenheit durch die That den größeren Nachbarn zu beweisen.

Ohne die Unterstützung des delphischen Orakels, ohne die Hülfe der delphischen Priester wäre Lykurgos schwerlich durchgedrungen. Die Sanktion des Apollon gab dem Frieden und der neuen Ordnung, welche er in Sparta geschaffen, die göttliche Weihe, und sicherte seinen Institutionen durch die religiöse Ehrfurcht Achtung und Bestand. Die neue Verfassung war unter den Schutz neuer Götter, des Zeus Hellanios und der Athana Hellania gestellt. Der Verwilderung dieser kriegerischen Zeiten gegenüber war Lykurgos auf die Religion zurückgegangen, die Einwirkung derselben auf die Gemüther war verstärkt worden. Eine bestimmte Ordnung des Lebens war als dem Willen der Götter entsprechend bezeichnet worden; das delphische Orakel hatte seine erste politische That vollbracht.

Nicht begnügt mit den Kulten, welche Lykurgos auf Befehl des delphischen Gottes in Sparta errichtet, veranlaßte er die Spartaner, auch außerhalb ihres Landes an einem Opfer Theil zu nehmen, welches in ziemlich weiter Entfernung von ihren Grenzen dargebracht wurde. Auf dem rechten Ufer des Alpheios, da wo die Grenze der Eleer das Gebiet der Pisaten berührte, aber noch in dem Lande der Pisaten, welche die Oberherrschaft der Eleer hatten anerkennen müssen, lag in der Niederung dieses Flusses, am Einfluß des Kladeos in den Alpheios, in einem Hain von Platanen und Oliven ein alter Altar des olympischen Zeus. Ein Priestergeschlecht, die Jamiden, hütete den Altar und weissagte aus der Art, wie die Opferstücke verbrannten, und aus der Asche des Opferheerdes[1]). Es war ein Heiligthum, welches bereits vor der Wanderung, vor der Besitznahme des Landes Elis durch die Aetoler bestanden hatte. Das Opfer, welches die Pisaten hier seit Alters gebracht, brachten jetzt die Eleer[2]). Wohl nahmen die Pisaten, mit ihnen vielleicht auch einige andere benachbarte Stämme, an dem Opfer Theil; aber die Eleer hatten dessen Leitung in ihre Hand genommen. Bei den Dorern ging die Sage, dass Herakles in diesem heiligen Hain dem olympischen Zeus geopfert habe, nachdem er den Augeias besiegt. Es ziemte sich für die Nachkommen des Herakles, welche zu Sparta herrschten, den Altar zu ehren, auf welchem ihr Ahnherr geopfert; es ziemte sich für die Dorer, dass sie in den Kreis ihres Kultus auch den Dienst „des Olympiers Zeus" aufnahmen, dem sie einst, als sie noch auf den Abhängen des Götterberges selbst wohnten, gewiss eine eifrige Verehrung gezollt hatten. Zu diesem Zwecke erneuerte Lykurgos die alte Gemeinschaft, welche zwischen den Eleern und den Dorern bestanden hatte, als sie einst verbündet den Boden des Peloponnes betreten. Er schloss mit dem Nachkommen des Oxylos, dem König Iphitos von Elis, einen Vertrag, dass die Eleer die Spartaner an jenem Opfer Theil nehmen liessen. In jedem vierten Jahre sollte eine Abordnung der Spartaner mit den Opferthieren nach Elis gehen; gemeinsam sollten diese dann mit den Thieren der Eleer dem olympischen Zeus dargebracht werden; in Frieden sollte die Gesandtschaft Sparta's und wer sie von den Spartanern geleiten wollte, kommen und gehen. Es war um das Jahr 780 v. Chr., dass das erste gemeinsame Opfer der Spartaner und Eleer dargebracht wurde. Dem Opfer folgte, wie es bei den Hellenen üblich war, ein Wettkampf unter den Festgenossen, welchem der Umstand, dass diese nun aus Einwohnern verschiedener und entfernter Landschaften bestanden, einen besonderen Reiz gab. Koroebos, der Eleer, siegte im Wettlauf. Der Vertrag, welchen Iphitos für Elis, Lykurgos für Sparta über dieses gemeinsame Fest abgeschlossen hatten, wurde in eine eherne Wurfscheibe, wie solche bei den Wettkämpfen üblich waren, in kreisförmiglaufender Schrift eingegraben und von den Eleern sorgsam

---

1) Pindar. Olymp. VIII, 3. Boeckh Pindari expl. p. 152. —
2) Ephori fragm. 15. ed. Müller.

aufbewahrt. Man las auf derselben in alten Schriftzügen die Namen des Iphitos und Lykurgos¹). Es war das erste Mal seit der Wanderung, daß im Peloponnes zwei Staaten, ohne stammverwandt zu sein, in friedlichen Verkehr mit einander traten, daß der gemeinsame Dienst der Götter, daß das Band der Religion die

---

1) Daß der Vertrag mit dem Iphitos eine der letzten Thaten des Lykurgos gewesen, deutet die Tradition dadurch an, daß Lykurgos in Elis gestorben sei; Plut. Lyc. 31. Das gewichtigste Zeugniß für das Zeitalter des Lykurg ist die Stelle des Thukydides (I, 18), in welcher Thukydides sagt, daß es „etwas mehr als vierhundert Jahre vom Ende des gegenwärtigen Krieges seien, daß die Spartaner unter ein und demselben Gesetzen ständen." Rechnet man vom Frieden des Nikias aufwärts, so gelangt man zum Jahre 830 v. Chr., rechnet man vom Ende des peloponnesischen Krieges, so gelangt man zum Jahre 810. In beiden Fällen liegt die Wirksamkeit Lykurg's zwischen den Jahren 830 und 770. Das Zeugniß des Aristoteles bei Plutarch (Lyc. 1), welcher den Lykurgos mit dem Iphitos auf Grund der Inschrift des Diskos den olympischen Frieden schließen läßt, und ihn demnach in die Zeit der ersten Olympias setzt, vermehrt das Gewicht des Zeugnisses des Thukydides, ohne daß man ein Athenaeos Gewicht zu legen braucht (14 p. 635), welcher den Lykurgos den Stifter der ersten gezählten Olympias nennt. Koroebos war der Sieger der ersten Feier; und die Inschrift seines allerdings gewiß viel später errichteten Grabes zu Olympia sagte, daß Koroebos von allen Menschen zuerst gesiegt habe; Pausan. 5, 28. Es ist richtig, daß nicht sogleich die Sieger regelmäßig aufgezeichnet sein werden, aber gerade der der ersten Feier ist sicher nicht vergessen worden. Das Jahr 776 ist das Resultat der zusammengezählten Siegerreihe, die nicht lange vor dem Jahre 600 aufgestellt worden ist. Das Opfer des Lykurgos und Iphitos kann demnach wol am acht, zwölf oder mehrere Jahre vor dem Jahre 776 liegen. Die Aechtheit des Diskos zu bezweifeln, giebt es keinen ernsthaften Grund. Auch aus inneren Gründen kann die Wirksamkeit des Lykurgos nicht weit über das Jahr 800 hinaufgerückt werden. Niemand ist im Stande zu läugnen, daß Lykurgos die erste aristokratische Verfassung in Hellas gründete. Da nun das Königthum in Athen erst 752, in Korinth 745 beschränkt, in Theben 725 durch eine aristokratische Verfassung ersetzt wurde, so wird es unthunlich sein, die aristokratische Reform des spartanischen Königthums um mehr als ein halbes Jahrhundert vor die zeitlich hinaufzurücken. Und welche Gewährsmänner stehen gegen Thukydides und Aristoteles, gegen das Ergebniß des inneren politischen Entwickelungsganges der Hellenen? „Diejenigen," sagt Plutarch, „welche die Zeit nach den Folgen der spartanischen Könige bestimmen, wie Timaeos und Apollodoros, machen den Lykurgos weit älter. Timaeos vermuthet, es hätten zwei Lykurge gelebt, von denen der ältere nicht viel jünger als Homeros gewesen sei." Die Regierungszeiten der spartanischen Könige sind, wie wir oben nachgewiesen haben, wenigstens so weit sie über das Jahr 600 hinausliegen, gemacht, um den vorher bestimmten Zeitraum bis zur Rückkehr der Herakliden auszufüllen. Rechnete man nach diesen Regierungszeiten, so kam Lykurgos, gleichviel, ob man dieser oder jener Version, welche ihn zur Zeit des Labotas oder des Eunomos und Polydektes leben ließ, folgte, immer weit über das Jahr 776 hinaus, wie Aretias und nach ihm Timaeos. Man half sich mit dem bequemsten Auskunftsmittel, dem durchsichtigsten Nothbehelf, die zudem nichts fruchten, sobald man nicht auch einen doppelten Iphitos erdrie. Ebenso unhaltbar ist die Auskunft, welche, um den älteren Lykurgos zu retten, alle Sieger des Wettkampfes zwischen der Feier des Lykurg und der Olympias des Koroebos vergessen worden sein läßt.

Gemeinwesen, welche sich bisher hart und ausschließend einander gegenüber gestanden hatten, verknüpfte.

Die neue Ordnung, welche Lykurgos dem Staate und dem Heere von Sparta gegeben hatte, trug bald ihre Früchte. Geeinigt im Innern und kriegsbereit, vermochten die Spartaner ihre Kraft nach Außen zu wenden. Die beiden Könige, welche nach der Reform gemeinschaftlich regierten, Archelaos aus dem Hause des Agis und Charilaos aus dem Geschlechte des Eurypon, wendeten die Waffen der Spartaner gegen die Berge der Arkadier, und gewannen die Stadt und Landschaft Aegys auf den Höhen des Parnon, zwischen dem oberen Eurotas und Tegea[1]). Wichtiger war, daß die Söhne und Nachfolger des Archelaos und Charilaos, Talellos und Nikandros, den Krieg gegen die Achaeer von Amyklae ernsthaft wieder aufnahmen. Die Amyklaeer hatten den Spartanern zwei Jahrhunderte hindurch widerstanden; sie ließen sich auch diesmal nicht im ersten Anlaufe überwältigen. Sie leisteten vielmehr den hartnäckigsten Widerstand und verrichteten die tapfersten Thaten. Endlich bezwang sie die Länge des Krieges. Die Spartaner errichteten ein Zeichen des Sieges über die Amyklaeer, bauten „dem die Feinde wendenden Zeus", dem Zeus Tropaeos, zum Danke einen Tempel an dem südlichen Ausgang des Marktes von Sparta[2]), und ehrten das Andenken des Königs Talellos, welcher sie siegreich gegen Amyklae geführt, noch nach dem Tode, indem ihm späterhin wie dem Lykurgos ein Heiligthum und ein Heroendienst geweiht wurde[3]). Die Besiegung von Amyklae rechneten die Spartaner stets unter ihre größten Erfolge; sie meinten niemals etwas des Gedächtnisses würdigeres gethan zu haben.

Amyklae war gegen das Jahr 760 gefallen[4]); seine Mauern

---

[1]) Pausan. 3, 2, 5. Auf diese Eroberung kann auch das Orakel, an Archelaos und Charilaos gerichtet, bezogen werden, welches Euseb. praep. evangel. V, 33. aufbehalten hat. Auf einem zweiten Kriegszuge gegen Tegea soll König Charilaos gefangen worden sein; Pausan. 8, 5, 6. 3, 7, 3 & 48, 3. — 2) Schol. Pind. Isth. 7, 18. Pausan. 3, 2, 6. 3, 19. 3, 12, 7. Timomachos, im Aegide von Theben, soll, wie die Thebaner rühmten, den Spartanern in diesem Kriege mit einer thebanischen Schaar große Dienste geleistet haben; s. Böckh zu Pindar Pyth. 5, 74. Ueber die Lage des Tempels des Zeus Tropaeos Curtius Pelop. 2, 232. — 3) Pausan 8, 15, 7. — 4) Es wird unten nachgewiesen werden, daß König Theopomp nicht viel vor dem Jahr 730 den Thron bestiegen haben kann; zwischen Theopomp und Lykurgos liegen im Geschlecht des Eurypon nur die beiden Regierungen des Charilaos und Nikandros. Die Eroberung erfolgt nach einem langen Kriege unter Nikandros, sie wird also nicht gut vor 760 angesetzt werden können.

wurden gebrochen, die Einwohner, welche nicht entkommen waren (ein Theil derselben wendete sich nach Kreta; S. 227.), wurden zu Perioeken gemacht. Es war seitdem nur noch ein offener Ort; aber seine Heiligthümer wurden so wenig angetastet, als dies in den zuerst eroberten Gebieten geschehen war. Wie die Dorer in Sparta den Dienst der Athene, der Artemis, der Helena, der Dioskuren fortgesetzt hatten, so ehrten sie das alte Heiligthum des Apollon bei Amyklae, und fuhren fort, dem Gotte hier die gewohnten Opfer zu bringen und ihm die Hyakinthien zu feiern, wie die Achaeer gethan. Die Unterwerfung Amyklae's war der wichtigste Erfolg, welchen die Spartaner seit ihrer Einwanderung in das Thal des Eurotas davon getragen hatten. Endlich war die Ebene von Amyklae, das untere Flußthal, von welchem sie diese Burg der Achaeer so lange abgeschnitten hatte, ihren Waffen und ihrer Herrschaft geöffnet. Die Folgen eines so wichtigen Ereignisses blieben nicht aus. Nach dem Falle von Amyklae wagten die Achaeer der südlichen Orte, wenigstens die von Pharis (die Stadt lag unterhalb Amyklae am Eurotos[1]) und Geronthrae (auf dem Westgehänge des Parnon) keinen Widerstand weiter. Den Anmarsch der Spartaner fürchtend, schlossen sie einen Vertrag mit diesen, in welchem sie sich erboten, das Land zu räumen. Ihre Städte wurden von neuen Ansiedlern besetzt[2]). So fiel das untere Flußthal in die Gewalt der Spartaner. Des Taletlos Sohn, Altamenes, vollendete dessen Eroberung, indem er die Stadt Helos an der Mündung des Eurotas, welche den Spartanern noch den Zugang zum Meere sperrte, wegnahm, trotz der Hülfe, welche die Argiver den Bewohnern von Helos geleistet haben sollen[3]). Diese raschen Fortschritte hatten das Gebiet der Spartaner in kurzer Frist um das Doppelte vergrößert, und was mehr ist, sie hatten ihr Gemeinwesen von einem Gegner, dessen Stellung in Amyklae eine beständige Drohung für Sparta gewesen war, befreit; sie hatten ihnen ein durch die Natur zusammengehöriges Gebiet in die Hand gegeben, das gesammte Thal des Eurotas, welches durch den Taygetos und Parnon in Ost und West geschützt, im Süden vom Meere begrenzt, von großer natürlicher Festigkeit war.

---

1) Curtius Peloponnes 2, 249. — 2) Pausan. 3, 2, 6. 3, 22, 5. — 3) Pausan. 3, 2, 7. 3, 20, 6. Strabon p. 365.

2. Theben von Argos.

Der Staat von Argos nahm unter den Gründungen der Dorer den ersten Rang ein. Die Dorer von Sparta und Messene erkannten den Vorrang von Argos an, indem sie die Dynastie von Argos von dem ältesten Sohne des Aristomachos, ihre eigenen Königsgeschlechter von dessen jüngeren Brüdern ableiteten. Den Herrschern von Argos war nicht blos diese Landschaft unterthan; sie geboten nach Süden hin über die gesammte Ostküste des Peloponnes, über die Insel Kythera (oben S. 202.). Nach Norden hin behaupteten sie eine Oberhoheit über Sikyon und Phlius, über Epidauros und Troezene. Argos stand an der Spitze der dorischen Kolonisation, der dorischen Seefahrt. Dorer von der Ostküste Lakoniens, von Epidauros und Troezene hatten die dorischen Pflanzstädte in Karien gegründet, Dorer von Argos hatten Knossos und Lyktos auf Kreta gewonnen, Dorer von Argos sollen es gewesen sein, welche die Insel Rhodos erobert hatten (S. 224. 225. 227.). Von den inneren Verhältnissen des Staats sind wir nicht unterrichtet. Wir wissen nur, daß die Dorer von Argos der alten Schutzgöttin der Stadt, der Hera, in ihrem Heiligthum zwischen Argos und Mykene, und dem Apollon eben so eifrig dienten, als die Herrscher und die Bölkerung des Landes vor ihnen; daß neben den drei dorischen Phylen der Hylleer, Pamphyler und Dymanen, ein vierter Stamm der der Hyrnethier stand, welcher den Theil des alten Landesadels umfaßte, dem die Eroberer Aufnahme in ihren neuen Staat und Antheil an demselben gewährt hatten. Ebenso stand in Sikyon neben den drei dorischen Stämmen ein vierter, der aus den zurückgebliebenen edlen Geschlechtern der Ionier. gebildet worden war. Die Sage von Argos gab den Hyrnethiern die Hyrnetho, die Tochter des Temenos, zur Ahnfrau; sie symbolisirte damit die Aufnahme des alten Adels in das neue Gemeinwesen[1]). Die alten Orte der argivischen Landschaft waren zu Gemeinden von Perioeken herabgerückt worden. Sie hatten ihre Freiheit und ihr Eigenthum

---

1) Nicol. Damasc. 38. ed. Müller. Apollod. II, 8, 5. Paus. 2, 19, 1. 28, 3.

bewahrt, fie verwalteten ihre municipalen Angelegenheiten; fie empfingen das Gesetz von den Königen von Argos. In diesem Verhältniß standen Mykene, Tiryns, Midea, Hysiae, Kleonae, Orneae zu dem herrschenden Stamme, der herrschenden Stadt. Da Orneae (nordwestlich von Argos) zuerst nach der Einnahme von Argos in diese Stellung gekommen war, werden späterhin die Perioeken von Argos auch mit dem Namen Orneaten bezeichnet. Eine Knechtung der Bauern, ein der Helotie ähnliches Verhältniß, scheint in Argos nicht bestanden zu haben, und es ist so viel wenigstens unbestreitbar, daß die Eroberer der alten Bevölkerung hier viel weniger schroff gegenüberstanden als in Sparta[1]).

Die Tradition erzählt, daß dem ersten Begründer des Reiches von Argos, dem Temenos, dessen ältester Sohn Keisos gefolgt sei. Des Keisos Sohn, Althaemenes, war es, der mit dem Könige Aletes von Korinth verbündet, auch Attika der dorischen Herrschaft zu unterwerfen suchte. Der Versuch mißlang. Dem Althaemenes folgte Medon. Nach dem Medon regierten Thestios, Merops und Aristodamidas. Des Aristodamidas Sohn war Pheidon[2]). Es scheint, daß die Föderation, deren Vorort Argos war, auseinander

---

1) Herod. 8, 73. Paus. 8, 27, 1. — 2) Pausan. 2, 19. Syncellus p. 216 195.; nach Theopomp und Diodor. Der parische Marmor nennt (ep. 31.) den Pheidon den elften nach Herakles; Temenos ist der fünfte nach diesem (Herakles, Hyllos, Kleodaeos, Aristomachos, Temenos). Ephoros behauptet (Fragm. 15. ed. Müller), Pheidon wäre der zehnte vom Temenos gewesen. In der That nennt Pausanias noch einen König von Argos Krates, welchen die Liste des Theopomp nicht hat. Dieser Krates würde kurz vor Pheidon zu stellen sein, da ihn Pausanias (II, 36, 5.) in die Zeit des Königs Nikandros von Sparta setzt; er soll die Troezener von Asine vertrieben haben, weil sie einen Einfall des Alkandros von Sparta in Argos unterstützt hätten. Indeß ist es wenig glaublich, daß die Spartaner vor den messenischen Kriegen Einfälle in Argos unternommen haben. Die Demokratidas von Argos, zu dessen Zeit die Lakedaemonier den Naupliern Mothone gaben, herrschte um die Mitte des siebenten Jahrhunderts, wie aus Pausan. 4, 24, 4. und 4, 35, 2. hervorgeht. Die Zeit Pheidon's ist durch die Feier des achten olympischen Festes genau bestimmt; Ephoros a. a. O., Pausan. 6, 22. Seine Regierung muß, da die Eleer wiederum die neunte Olympias leiten, zwischen 775 und 745 liegen. Der Name des Siegers im Wettlaufe, des Messeniers Antikles, kann sehr wohl erhalten sein, auch wenn die Eleer sich weigerten, denselben in ihre Liste aufzunehmen. Auch die Aera von Syrakus bestätigt diese Zeitbestimmung. Archias, der Gründer von Syrakus, sieht den Enkel des Abron, welcher den Korinthern die Pläne des Pheidon verrathen hat; Plut. narrat. amat. c. 2. Der parische Marmor setzt Pheidon schon 895 v. Chr. Bei Herodot 6, 127. ist eine Verwechselung zwischen einem älteren und jüngern Pheidon anzunehmen. Wenn solche Aushülfe in anderen Fällen als unstatthaft bezeichnet werden muß, so hätte doch die Wiederkehr desselben Namens in derselben Königsreihe nichts

gefallen, oder daß wenigstens die Verbindung, in welcher Phlius, Sikyon, Epidauros und Troezene zu Argos gestanden, merklich gelockert war. Die Könige von Argos begründeten das Recht ihrer Suprematie über diese Städte darauf, daß dieselben von Argos gegründet seien (S. 201.); ihre Gemeinschaft war, wie wir uns erinnern, in dem gemeinsamen Opfer, welches unter der Leitung der Könige von Argos dem Apollon zu Argos dargebracht wurde. Als Pheidon um das Jahr 770 den Thron von Argos bestieg, fand er, wie Ephoros sagt, „das Loos des Temenos" in mehrere Theile zerrissen. Er stellte die Suprematie von Argos mit starker Hand wieder her[1]), richtete die Föderation wieder auf, erzwang die Unterordnung der Städte und dehnte die Hegemonie von Argos auch über Korinth aus[1]); der König von Korinth war ihm unterthan und mußte ihm Truppen stellen. Wenn es wahr ist, daß die Argiver den Achaeern von Helos, welche von den Spartanern unter König Alkamenes belagert wurden, Hülfe brachten, aber von den Spartanern geschlagen wurden, so muß König Pheidon von Argos der Urheber dieses Versuches, die Heloten zu retten, gewesen sein[2]).

Pheidon nahm den ersten Rang und die Hegemonie über alle Landschaften, welche Herakles einst überwältigt haben sollte, über alle von den Doreern gegründete Staaten im Peloponnes in Anspruch, weil das Geschlecht der Könige von Argos dem Herakles am nächsten entsprossen sei, weil es von dem ältesten Sohn des Aristomachos abstamme[3]). Aus demselben Grunde behauptete er, daß die Leitung des Opfers, welches die Eleer und Spartaner seit dem Vertrage des Lykurgos gemeinsam zu Olympia am Al-

---

Auffallendes. Die Aushülfe, die 28. oder die 34. Olympias für die achte zu setzen, ist jedenfalls unstatthaft. Daß die Helenen bis um diese Zeit ohne geprägtes Geld gewesen, ist durchaus unglaublich und wie konnte ein Herrscher, der etwa 640 starb, einen Sohn hinterlassen, der im Jahre 667 als Brautwerber auftreten konnte!

1) Ephoros a. a. O. Wenn Herodot (6, 127.) den Pheidon einen Tyrannen nennt (vgl. Aristot. repub. 5, 10.) und Pausanias (2, 19, 2. 6, 22.) sagt, daß die Macht der Könige von Argos durch eine demokratische Erhebung bereits unter Medon auf das geringste Maaß beschränkt worden sei, daß Pheidon eine Tyrannis aufgerichtet, so ist das eine Vorausdatirung späterer Verhältnisse. Eine Schwächung der königlichen Macht von Argos konnte in jener Zeit nur etwa durch die Aristokratie herbeigeführt sein, bestand aber in der That wol am meisten in der Auflösung der Föderation. — 2) Schol. Pind. Olymp. 13, 27. Plut. amator. narrat. c. 2. Ousr. Müller Aeginet. p. 51 seqq. — 3) Paulan. 5, 20, 7. — 4) Ephoros, Plutarch, Herodot a. a. O.

pheios darbrachten, nicht den Eleern, sondern den Königen von Argos, als den nächsten Nachkommen des Herakles, der jenes Opfer gestiftet, gebührt. Die Pisaten, denen die Eleer dieses Opfer entrissen hatten, in deren Grenzen der Opferplatz lag, behaupteten, daß ihnen und nicht den Eleern, zu denen sie freilich im Verhältniß der Abhängigkeit standen, die Leitung des Opfers zukomme. Auf die Einladung der Pisaten soll Pheidon nach Olympia gezogen sein. Er überwältigte die Eleer, brachte das Opfer im Jahre 748, und ertheilte den Preis in den Wettspielen. Ein Messenier, Antilles, war der erste unter den Wettläufern [1]). Aus dem Standpunkt seiner Zeit und seiner Gesinnung klagt Herodot wegen dieser That den Pheidon der größten Anmaßung und Ueberhebung an.

So dürftig die Ueberbleibsel sind, welche die Tradition der Griechen über Pheidon's Thaten aufbewahrt hat, sie genügen, um erkennen zu lassen, daß kein anderer Herrscher aus der langen Reihe der Könige von Argos ihm an Tüchtigkeit und Kraft gleich gekommen ist, daß Argos unter ihm auf der höchsten Stufe der Macht stand, welche es jemals erreicht hat, daß Argos' Herrschaft und Einfluß zu Pheidon's Zeit von Aegina und Troezene im Osten bis zu der Mündung des Alpheios an der entgegengesetzten Küste des Peloponnes reichte, daß es im Süden über die lakonische Ostküste bis nach Kythera gebot, daß es im Norden Korinth in Abhängigkeit gebracht hatte, daß es die Leitung des olympischen Opfers als ein ihm zustehendes Recht beanspruchte und diesen Anspruch zur Geltung zu bringen vermochte. Dies Gelingen hat dem Pheidon freilich in der Anschauung der späteren Griechen den Namen des übermüthigsten Tyrannen eingetragen. Die einflußreiche und gebietende Stellung, welche Argos unter Pheidon einnahm, wird durch ein bedeutsames und unbestrittenes Faktum bestätigt. Einstimmig berichten die Griechen, daß Pheidon es gewesen, der ihnen Gewicht und Maaß bestimmt und die ersten Münzen geschlagen, und wir wissen, daß die „Pheidonischen Gewichte, Münzen und Maaße" in den meisten hellenischen Gauen Eingang fanden und Geltung behielten [2]).

Die Dorer von Knossos auf Kreta hatten, wie wir oben wahrscheinlich gemacht, frühzeitig, schon im neunten Jahrhundert, eine sol-

---

1) Ephor. l. c. Pausan. 6, 22. — 2) Herodot 6, 127. Pollux 10, 179. Plin. hist. nat. 7, 56. Plut. Apophthegm. lac. c. 3. Tilaearchos bei Athen. 4. p. 141. Böckh Metrolog. S. 82 figde.

genreiche Einwirkung auf den Kultus von Delphi geübt. Wenn wir in Argos — um das Jahr 800 — die ersten sicheren Spuren des Gebrauchs der Schrift finden, so werden es auch hier die dorischen Pflanzungen auf Kreta gewesen sein, welche der Mutterstadt diese Kunde gebracht haben. Auch die Münzen und Maaße Pheidon's sind Argos durch seine Seefahrt und seine Kolonieen zugekommen. Auch das Gewicht und die Münze des Pheidon waren keine anderen, als die der Phoeniker, welche die dorischen Pflanzstädte auf Kreta und Rhodos im Verkehr mit den phoenikischen Orten und Einwohnern dieser Inseln kennen gelernt, die nun von diesen Kolonieen nach der Mutterstadt zurückgelangten. Die Ehrer, die Phoeniker hatten das Gewicht und die Maaße Babylon's angenommen[1]. Das babylonische Talent (über 92 Pfund unseres Gewichts) bildete auch die Einheit des pheidonischen Münzfußes. Wie die Babylonier und Phoeniker, theilte Pheidon dieses Gewicht in sechzig Theile, denen der semitische Name Minen (Mna) blieb. Das Gewicht der Mine betrug etwas mehr als anderthalb Pfund, ihr Werth gegen zweiundvierzig Thaler unsers Geldes. Statt der funfzig Sekel, in welche die Phoeniker die Mine theilten, zerlegte Pheidon dieselbe in hundert Drachmen, so daß nach seinem System sechstausend Drachmen auf das Talent gingen, die indeß wenigstens späterhin gewöhnlich in der Form von Zwei- und Vierdrachmenstücken ausgeprägt wurden[2]. Pheidon ließ die ersten Goldmünzen nach diesem System im heiligen Bezirk des Tempels der alten Schutzgöttin von Argos, der Hera, prägen[3], und hing die kleinen, länglichen Gewichtsstücke, die Obelisken (ob. S. 316.), mit denen man sich bisher beholfen hatte, im Tempel der Hera als Weihgeschenke auf[4]. Die ersten Silbermünzen soll Pheidon in Aegina haben prägen lassen[5]. Aegina gehörte zur Föderation von Argos; indeß verdankt diese Notiz doch wol dem Umstande den Ursprung, daß die ältere Bezeichnung „pheidonische Münze" späterhin durch den Namen „aeginaeische Münze" bei den Hellenen verdrängt wurde.

---

1) Ueber die Gleichheit der rhodischen und aeginaeischen Mine, des aeginaeischen und kretischen Stater von Lykos, Gortyn, Knossos, Lyktonia; Böckh Metrologie S. 100 flgde. — 2) Böckh Metrolog. S. 81. — 3) Etymolog. magn. Εὐβοικὸν νόμισμα. Das hier genannte Euboea in Argos ist der Abhang des Berges, auf welchem der Heratempel stand; oben S. 82., 254. — 4) Etymol. magn. Ὀβελίσκος. — 5) Ephor. bei Strabon p. 376.

Aegina war nachmals der Mittelpunkt des dorischen Handels und Seeverkehrs für das Ostmeer, wie Korinth für das Westmeer.

Mit dem Gewicht und der Münze hingen die Maaße genau zusammen. Pheidon bestimmte den Metretes, das Maaß für das Flüssige und Feste, und dessen Unterabtheilungen (zwölf Choen und hundertvierundvierzig Kotylen), indem er auch hierin den Phoeniziern folgte. Das Gewicht des Metretes wurde zu anderthalb Talenten oder neunzig Minen festgestellt[1]); und es entbehrt der Wahrscheinlichkeit nicht, daß auch das Längenmaaß in Verbindung mit dem Pheidonischen Gewicht stand. Man meinte bei den Griechen, daß Herakles das Maaß der Laufbahn zu Olympia mit seinem Fuße ausgemessen habe. Die Länge derselben, des Stadions, betrug sechshundert griechische Fuß (570 nach unserm Maaß); es zerfiel in sechs Plethren zu hundert Fuß, oder in hundert Klafter zu sechs griechischen Fuß. Der olympische Fuß war das Normalmaaß bei den Hellenen. Es ist möglich, daß Pheidon dieses Normalmaaß bei jener Feier des olympischen Opfers, welche er im Jahre 748 abhielt, festgestellt hat. Wie die Babylonier ihr Längenmaaß, die Elle, nach der Grundlinie eines Wasserkubus, welcher dem Gewicht ihres Talents entsprach, normirt hatten, so geht auch der olympische Fuß auf einen Kubus von achtzig aeginaeischen Pfunden oder vierzig aeginaeischen Minen Gewicht zurück[2]); die Grundlinie dieses Kubus ist die griechische Elle, welche etwa um den achten Theil kürzer ist, als die babylonische. Zwei Drittheile dieser griechischen Elle machen den griechischen Fuß aus, der in demselben Verhältniß zum babylonischen Fuß steht.

Die glänzende nur weitgebietende Macht Pheidon's, welche so große und feste Ueberreste und Zeichen ihres Daseins hinterließ, endete mit dem Tode ihres Gründers. Seine Thaten sind die letzten von Bedeutung, welche das legitime Königthum bei den Griechen aus eigener Kraft vollbracht hat. Es wird erzählt, daß Pheidon in der Absicht, die Kraft Korinths zu schwächen, den Korinthern aufgelegt habe, die besten ihrer jungen Streiter, tausend an der Zahl, zum Heere von Argos zu stellen. Es war Pheidon's Absicht, diese zu verderben. Aber unter den Vertrauten Pheidon's befand sich ein Mann von Argos Namens Abron, welcher den Führer der

---

1) Böckh Metrolog. S. 276 figde. — 2) Böckh a. a. O. S. 209, 282. 285.

Korinther warnte, so daß es diesem gelang, mit seiner Schaar glücklich in die Heimath zu entkommen. Aus Furcht vor der Rache Pheidon's flüchtete Abron mit den Seinigen nach Korinth. Es waren diese korinthischen Händel, in welchen Pheidon den Tod fand. Wie es scheint, zog er nach Korinth, den Streich, welcher ihm mißlungen, wieder gut zu machen, das Königthum, welches der Adel dort eben sich zu unterwerfen trachtete, als eine von Argos abhängige Herrschaft, als ein Unterkönigthum von Argos wieder aufzurichten oder Korinth vollständig zu unterwerfen[1]). Er soll in Korinth selbst dem Verrath seiner Freunde oder der ihm feindseligen Partei erlegen, er soll durch Meuchelmord gefallen sein (um 745). Schon im Jahre 744 gewannen die Eleer, von den Spartanern unterstützt, die Leitung des olympischen Opfers zurück; sie konnten dasselbe wieder in der früheren Weise darbringen. Erst hundert Jahre nach Pheidon erfahren wir den Namen eines seiner Nachfolger auf dem Throne von Argos.

3. Die Erhebung Sparta's.

Jener dorischen Schaar, welche in den Zeiten der Wanderung von Arkadien aus in das Thal des Pamisos hinabgestiegen war, war ein gutes Land zu Theil geworden. Wenn der Eurotas nur eine schmale Thalfurche zwischen zwei Bergreihen bildet, so fällt das Randgebirge Arkadiens in mehreren Terrassen zum Flußgebiet des Pamisos, zunächst zu der schönen kreisförmigen Ebene von Stenyklaros hinab. Durch die Höhe der arkadischen Berggipfel vor dem Nordwind geschützt, von zahlreichen Quellen und Bächen, welche rings von den Höhen niederströmen, reichlich bewässert, ist der Schlammboden dieser wagerechten Ebene von ungemeiner Fruchtbarkeit und milder Luft. Im Süden schließen Bergreihen, welche von Westen und Osten an den Pamisos so nahe herantreten, daß der Fluß sich den Weg durch die Felsen bahnen muß,

---

1) Pausan. 6, 22. Ephoros a. a. C. Plat. amator. narrat. 2. Nicol. Damasc. Fragm. 41 ed. Müller. Nikolaos erwähnt des innern Zwistes der Korinther. Aus der Thatsache, daß die Eleer die neunte Olympias wieder begehen, daß das Königthum der Bakchiaden in Korinth im Jahre 745 aufgehoben wird, darf man schließen, daß Pheidon um diese Zeit endete.

die Ebene von Steuykllaros. Unterhalb dieses Durchbruchs öffnet sich eine zweite Ebene am Pamisos, die bis zum Meere hinabreicht. Dem Südwinde offen und darum noch wärmer als die obere, eben so reichlich von Bächen getränkt als jene, ist diese untere Ebene Messeniens ein Gartenland, in welchem sich eine südliche Vegetation entfaltet, in welchem noch heute die Aecker von Kaktushecken umgeben, die Dörfer in Oliven- und Maulbeerhainen verborgen liegen, während hier, wie in der oberen Ebene, die Abhänge und Halden der umgebenden Gebirge treffliche Weiden bieten. Die beiden Ebenen Messeniens sind die fruchtbarsten und üppigsten Gebiete des Peloponnes. Euripides nennt Messenien ein Land „voll schöner Frucht, von tausend Bächen geträukt, den Heerden der Rinder und Schafe die kräftigste Trift, nicht zu sehr von den Stürmen des Winters durchweht, noch im Sommer zu sehr von den Strahlen der Sonne durchglüht"[1]).

Die Dorer, welche sich am Pamisos niedergelassen, waren ebenso wenig zum Besitz des gesammten Landes gelangt, nach welchem sie trachteten, als die Dorer am Eurotas. Die obere Ebene war ihre erste Eroberung. Wohl drangen sie von hier aus in die untere Ebene ein, wohl erreichten sie, glücklicher als die Spartaner, die Mündung des Pamisos; aber die westlich von dieser Mündung in das Meer vortretende umfangreiche Halbinsel, die gesammte Westküste des Landes blieb in den Händen der alten Bevölkerung. Die beiden Haupthäfen der Westküste, Pylos und Mothone, waren den Dorern nicht unterthan, und Korone, südwestlich von der Mündung des Pamisos und nicht allzuweit von dieser entfernt, war noch im Jahre 732 v. Chr. ein selbständiger Ort[2]).

Kresphontes, der Gründer dieser dorischen Herrschaft, des messenischen Staates, hatte seinen Sitz zu Stenykllaros, am Abhang der arkadischen Berge, am Rande der oberen Ebene genommen. Es war wol die Burg, von welcher aus die Dorer die obere Ebene verwüstet und erobert hatten. Die Tradition berichtet, daß Kresphontes die alten Einwohner, die Pylier, die Achaeer, begünstigt habe. Den Bewohnern von Pylos und Mothone soll er gleiches

---

1) Strabon p. 366. — 2) Ephoros bei Strabon p. 361. Pausan. 8, 3. In der zwölften Olympias siegte Erythraios von Korone. Daß Korone nicht in Koroneia verwandelt werden darf, hat Grote hist. of Greece. II, 443, n. 2 hinreichend erwiesen.

Recht mit den Dorern geboten haben, um sie zum Eintritt in das neue Gemeinwesen zu bewegen. Das habe den Zorn der Dorer geweckt, so daß sie den Kresphontes erschlagen und seine Söhne vertrieben hätten¹). Des Kresphontes Weib war die Tochter des Königs Kypselos, welcher in Arkadien am oberen Alpheios zu Basilis, Messenien benachbart herrschte. Dieser soll den Aepytos, den Sohn des Kresphontes, seinen Enkel aufgezogen und mit Hülfe des Neïsos von Argos, des Sohnes des Temenos und der Söhne des Aristodemos von Sparta wieder eingesetzt haben. Diese Solidarität der dorischen Königshäuser, die gemeinsam gegen eine Revolution, welche eines von ihnen betroffen hat, eintreten, gehört entschieden in das Reich der Fabel. Sie ist aus dem brüderlichen Verhältniß entsprungen, in welches die Tradition die Herrscher von Stenyklaros, Sparta und Argos gesetzt hatte. Sicher ist nur, daß sich das Königsgeschlecht Messeniens nicht vom Kresphontes, sondern vom Aepytos ableitete. Des Aepytos Sohn, König Glaukos, erneuerte den Dienst und die Opfer, welche dem Zeus auf dem Gipfel des Ithome von der alten Bevölkerung des Landes dargebracht worden waren²). Der Ithome scheidet die obere messenische Ebene von der unteren. Nur durch Waldhöhen mit dem Aegaleon, der Westseite von Messenien, verbunden, ragen die beiden Gipfel des Ithomegebirges, an ihrem Fuße vom Pamisos bespült, weithin sichtbar empor. Der südliche Gipfel, Euas, erhebt sich schroff und steil aus der unteren Ebene; weniger jäh ist die Erhebung des nördlichen Gipfels, des Ithome selbst aus der Ebene von Stenyklaros. Vom Ithome herab überschaut der Blick die Ebene im Norden bis zu den arkadischen Bergen, er reicht im Süden bis zur Mündung des Pamisos und in den Golf von Messenien hinein, und wird im Osten durch den hohen Felsrücken des Taygetos geschlossen. Der Berg mißt nur 2500 Fuß, aber er steht allein und frei, und wird schon von den Raubgebirgen Arkadiens, wie von den Schiffen, welche in die messenische Bucht einlaufen, gesehen. Auf der breit abgeschnittenen, von Eichen beschatteten, von Quellen durch-

---

1) Ephoros bei Straton p. 361. Paus. 4, 3. 6. Isocr. Archidam. p. 120. 122. Die Söhne werden vertrieben und fliehen nach Sparta. Vgl. außerdem über diese Dinge Nicol. Damasc. Fragm. 39. ed. Müller, welcher summarisch behauptet, Messenien sei in beständigem innern Zwist gewesen, bis es die Spartaner überwältigt hätten. — 2) Pausan. 4, 3, 3. cf. 33, 2.

riesieren Höhe des weit überschauenden Berges stand der alte Altar des Gottes in der Höhe, des Zeus Ithomatas. Von den Thaten des Isthmios und Dotadas, welche dem Glaukos auf dem Throne Messeniens folgten, weiß die Tradition nichts zu berichten. Aber König Sybotas (d. h. Sauhirt), welcher nach dem Dotadas regierte, soll angeordnet haben, daß die Könige Messeniens dem Flusse Pamisos, welcher das Land so gut tränkte und so schöne Früchte tragen ließ, jährlich ein Opfer brächten, und König Phintas, der Nachfolger des Sybotas, schickte sogar zu dem Feste, welches die Ionier im Frühling dem Apollon auf Delos feierten, eine Abordnung, an dem Opfer Theil zu nehmen. Das Prosodion d. h. den Processionsgesang zum Altar für diese Festgesandtschaft soll ein Mann des königlichen Geschlechts von Korinth, der Bakchiade Eumelos gedichtet haben[1]). König Phintas hinterließ die Herrschaft seinem Sohne Antiochos, dieser seinem Sohne Euphaës[2]). Es sind Thaten des Friedens und der Gottesverehrung, welche die Tradition von den Königen Messeniens aufbewahrt hat, und die frühzeitige Theilnahme eines dorischen Staats an dem Opfer der Ionier (um 730) bleibt jedenfalls bemerkenswerth. Indeß wissen wir urkundlich, daß auch bei dem Adel Messeniens körperliche Kraft und Uebung in Ansehen stand. Die Könige Messeniens hatten sich bald jenem Opfer angeschlossen, welches nach dem Vertrag des Iphites und Lykurgos alle vier Jahre dem olympischen Zeus am Alpheios gebracht werden sollte. Bei den ersten zehn Feiern des olympischen Festes (776—736) wurde der Preis im Wettlauf von sieben Messeniern errungen; neben den Messeniern siegten in dieser Zeit nur zwei Eleer und ein Mann von Dyme in Achaia.

Die bedeutenden Erfolge, welche die Spartaner über die Achaeer von Amyklae, über die Orte am unteren Eurotas errungen, welche den Umfang ihres Gebiets in kurzer Frist verdoppelt hatten, hoben ihren Muth und reizten sie zur Ausdehnung ihrer Eroberungen. Nachdem Helos trotz Pheidons Hülfe gefallen, nachdem Pheidon's bedrohliche Macht mit seinem Tode zusammengesunken war, nicht lange nachdem die Spartaner den Eleern gegen die Argiver und Pisaten wieder zur Darbringung des olympischen Opfers verholfen, wandten sie ihre Waffen gegen das stammverwandte Nachbarland, gegen

---

1) Pausan. 4, 4, 1. 33, 2. 5, 19, 10. — 2) Isocrat. Archid. p. 120. 122.

Messenien. Es war gewiß nicht zum Mindesten die Fruchtbarkeit des messenischen Landes, welches sie zu dieser Unternehmung trieb. Schon der Eroberer von Amyklae, König Taleklos, hatte gegen die Messenier gefochten. Er hatte, um die Grenzen Sparta's über den Kamm des Taygetos nach Westen auszudehnen, Reden, einen messenischen Ort am Flusse gleichen Namens, angegriffen und zerstört. Bei diesem Einfall in Messenien soll er seinen Tod im Kampfe gefunden haben[1]. Jetzt gab sein Sohn Alkamenes, der Eroberer von Helos, dem Angriff eine entschiedenere Richtung. Auf den Terrassen, in welchen das arkadische Hochland zur Ebene von Stenyklaros abfällt, lag weit nordwärts von Reden, nordwärts von Stenyklaros, aber nicht allzu fern von diesem Orte, nahe an der Grenze Arkadiens eine messenische Feste Ampheia[1]). Diese Feste wurde von Alkamenes durch einen glücklichen Ueberfall genommen und besetzt. Wie die Dorer einst Sparta gegen Amyklae gegründet, wie sie sich im Temenion vor Argos, auf dem Solygeios vor Korinth festgesetzt, so begannen die Spartaner den Krieg gegen Messenien, indem sie sich der Hauptstadt gegenüber einer Burg bemächtigten, und dieser die Verbindung mit Arkadien abschnitten; indem sie einen festen Punkt im Gebiet der Gegner einnahmen, von welchem sie deren Aecker plündern, deren Heerden forttreiben konnten. Ampheia war zu diesem Zwecke besonders gut gelegen und gut gewählt, da es die ganze Ebene von Stenyklaros beherrschte. Von der Ebene aus war Ampheia durch die Steilheit des Felsens, auf welchem es lag, nicht zu ersteigen, während dem Ausfall von oben die ganze Ebene offen lag. Die Einnahme dieser Feste im Jahre 730 v. Chr.[2]) zeigt sehr deutlich, daß es den Spartanern um mehr als einen

---

1) Strabon p. 360. Diod. 15, 66. — 2) Pausan. 4, 5. Curtius Peloponnes II. S. 134. — 3) Die überlieferten Angaben über die Zeit des ersten messenischen Krieges sind construirt und hängen von den jedenfalls erst nach dem Jahre 400 erfundenen Regierungsjahren der Könige Sparta's ab. Da es fest stand, daß Theopomp und Polydoros diesen Krieg geführt, mußte der Ansatz des messenischen Krieges nach ihren Regierungsjahren getroffen werden. Es ist oben nachgewiesen, daß der gleichzeitige Regierungsanfang für Alkamenes und Theopomp im Jahre 786, fingirt und unmöglich ist. Hiermit fallen alle Ansätze für den messenischen Krieg, welche auf diese Fiktion gebaut sind. Einen besseren Anhaltpunkt gewährt der Umstand, daß der Messenier Polychares, dessen Auslieferung die Spartaner verlangen, der Sieger der vierten Olympiade ist. Der Anfang des Krieges muß demnach später als 764 fallen. Es ist ferner unglaublich, daß die Spartaner einen Eroberungskrieg gegen Messenien angefangen haben sollten, so lange Pheidon's Macht aufrecht

vorübergehenden Raubzug, um mehr als eine kleine Erweiterung ihrer Grenze im Westen, wie sie Talellos beabsichtigt hatte, zu thun war. Es war von vorn herein auf die Bezwingung, auf die Unterwerfung Messeniens abgesehen. Die Spartaner fanden hartnäckigen Widerstand; aber sie hatten das Glück, Könige an der Spitze zu haben, welche sich als außerordentlich tüchtige und ausdauernde Führer bewährten. Dem Eroberer von Ampheia, welcher den Krieg begonnen, dem Alkamenes, folgte bald im Stamme des Agis sein Sohn, König Polydoros. Aus dem Stamme des Eurypon regierte König Theopompos, der eigentliche Held dieses Krieges. Ueber den Verlauf desselben im Einzelnen wird uns nur in sehr später poetischer Färbung berichtet. Wie es scheint, erleichterte ein Einverständniß mit der jüngeren Linie des Königshauses von Messenien, mit Antrokles, dem Oheim des Königs Euphaës oder dessen Nachkommen, den Antrokliden, den Spartanern den Angriff. Bestimmt

stand, der ihren Genossen, den Eleern, das olympische Opfer im Jahre 748 entriß. Die Ausführung des Angriffs gegen Messenien wird daher wol erst hinter den Tod Pheidon's gelegt werden können. Endlich erringen Messenier bis zum Jahre 736 Siegeskränze zu Olympia; seitdem zählt die Liste keinen Messenier mehr, wenn man den Erythemis von Korone, welcher 732 siegte, ihnen nicht zurechnen will; 728 wird der erste Korinther gekrönt. Die Unterwerfung Messeniens könnte demnach frühestens 732 stattgefunden haben; aber es ist sehr wenig wahrscheinlich, daß die Spartaner, während sie gegen die Messenier einen Vernichtungskrieg führten, diese zum Opfer und Wettkampfe zu Olympia zugelassen haben sollten. Der Beginn des Krieges gegen Messenien wird daher erst nach 736 angesetzt werden dürfen. Wenn die vertriebenen Messenier in Rhegion Aufnahme finden, so kann die Gründung Rhegions in keinem Falle vor 730 angesetzt werden, und wenn die Spartaner nach dem messenischen Kriege Tarent gründen, so steht die Aera von Tarent für das Jahr 708 ziemlich fest. Die Auswanderung nach Tarent muß bald nach dem Falle Ithome's stattgefunden haben, da es sich dabei um die Vertheilung der messenischen Aecker handelte (s. unten). Die Jahre 736 und 708 würden also die Zeit des Krieges ungefähr begrenzen. Hiermit stimmt die von gesuchten Gleichzeitigkeiten freie Ausgabe Plutarch's (Apophthegm. lacon. p. 196.), nach welcher Messenien 230 Jahre vor dem Tode des Leonidas unterworfen sein soll. Ich trage nach alle dem kein Bedenken, den Anfang des Krieges mit Plutarch in das Jahr 730, die Unterwerfung Messeniens in das Jahr 710 zu setzen. Ich füge zur weiteren Unterstützung hinzu, daß Theopompos nur durch vier Regierungen von dem Regierungsantang König Ariston's getrennt ist, welcher nicht vor 560 v. Chr. stattfinden konnte, da Ariston's Nachfolger Demarat nicht vor 510 den Thron bestieg. Da jene vier Regierungen unmöglich einen längeren Zeitraum als hundertundvierzig Jahre ausgefüllt haben können, so kann König Theopomp nicht wohl vor dem Jahre 700 geendet und nicht viel vor 740 den Thron bestiegen haben. Die sechs Regierungen von Theopomp bis Ariston (diese beiden eingeschlossen) erhalten auch bei dieser Annahme die hohe Durchschnittszahl von 38 Jahren für jede. Läßt man nach den Chronologen Theopomp 785 den Thron besteigen, so kommt auf jeden dieser sechs Herrscher eine Regierungszeit von 46 Jahren.

wissen wir nur, daß die Messenier schon in den ersten Jahren des Krieges vor den Spartanern aus der Ebene von Stenyklaros weichen mußten, daß sie alle ihre Orte, auch die Hauptstadt, deren Lage die Vertheidigung wenig begünstigte, aufgaben, um sich auf den Ithome, den heiligen Berg, den Mittelpunkt und die natürliche Burg ihres Landes zurückzuziehen, und sich hier zu befestigen. Spuren von Befestigungen sind dort noch heute in Resten kyklopischer Mauern übrig. In dieser Vereinigung ihrer gesammten Kraft, von der natürlichen Festigkeit und der glücklichen Lage des Berges unterstützt, waren die Messenier im Stande, nachhaltigen Widerstand zu leisten. Der Kampf zog sich zwanzig Jahre hin und endete damit, daß ein Theil der Messenier sich unterwarf, ein zweiter Zuflucht im nördlichen Gebirgsland an den Grenzen Arkadiens, im Gebiete von Andania suchte. Andere Flüchtlinge gingen von Alkidamidas geführt über das Westmeer und fanden bei den Chalkidiern von Rhegion Aufnahme[1]).

Die Spartaner zerstörten die Befestigungen auf dem Ithome und weihten den Zehnten der Kriegsbeute in den Tempel des Apollon von Amyklae[2]). Thyrtaeos reicht dem König Theopompos den Siegeskranz, indem er etwa siebzig Jahre nach dem ersten messenischen Kriege singt: „Durch unsern König, den den Göttern geliebten Theopompos haben wir das räumige Messene erobert; Messene gut zu ackern und gut für die Baumzucht. Um dasselbe haben die Lanzenträger, die Väter unserer Väter, neunzehn Jahre hindurch unabläßig mit Beschwerden ertragendem Muthe gekämpft, im zwanzigsten aber ließen jene die fetten Aecker im Stich und flohen aus den hohen Bergen Ithome's[3]).“ Die Ausdauer, mit welcher Theopomp und Polydoros den Krieg fortsetzten und zu Ende führten, giebt einen großen Beweis für ihre Energie und Zähigkeit. Der Ruhm eines so großen Erfolges, einer so wichtigen Eroberung gewährte diesen beiden Königen dann auch für die inneren Verhältnisse eine Kraft, welche über die Befugnisse, die Lykurgos den Königen gelassen hatte, hinausging. Sie konnten den Versuch wagen, einen Theil der Einrichtungen Lykurg's rückgängig zu machen und die Macht des Adels wieder zu schmälern.

Die Hellenen haben es den Spartanern niemals vergessen, daß sie ein stammverwandtes Land, einen hellenischen Staat zu Grunde

---

1) Pausan. 4, 23, 3. Strabon p. 257. — 2) Pausan. 3, 18. 4, 14. — 3) Fragm. 5. ed. Bergk.

gerichtet; sie haben ihnen die Vernichtung Messeniens stets als Frevel angerechnet. Die Spartaner suchten sich von diesem Vorwurfe zu befreien, indem sie Rechte auf Messenien zu haben fingirten, und den Messeniern die Schuld an dem Ausbruche des Krieges zuzuschieben suchten. So behaupteten sie nachmals, daß ihnen Messenien von Rechtswegen gebühre, da sie bei der Losung um die Länder von Kresphontes betrogen worden seien (ob. S. 195.); sie beriefen sich darauf, daß die Messenier durch die Ermordung des Herakliden Kresphontes und die Vertreibung seiner Söhne das Land, welches ihnen zugefallen, verwirkt hätten, daß Aepytos nach der Ermordung seines Vaters als Schutzflehender nach Sparta gekommen sei und seine Herrschaft den Spartanern übergeben hätte — erst nach dieser Uebergabe hätten sie, die Spartaner, ihn wieder eingesetzt. Noch mehr. Am oberen Lauf des Nedon, auf dem westlichen Abhang des Taygetos innerhalb der Grenzen Messeniens dritthalbtausend Fuß über dem Meere, lag ein Tempel der Artemis, in welchem die Messenier und Spartaner von Zeit zu Zeit gemeinsame Opfer darbrachten¹). Die Spartaner erzählten, daß die Messenier einst an diesem Feste spartanische Jungfrauen, welche der göttlichen Jungfrau zu dienen gekommen waren, geschändet und den König von Sparta, den Taleklos, der sich diesem Frevel widersetzte, ermordet hätten; diese schnöde Ermordung seines Vaters habe König Alkamenes durch den Einbruch in Messenien rächen müssen. Zwischen beiden Ereignissen lag freilich eine lange Zeit, und Taleklos war wol in ehrlichem Kampfe am Nedon geblieben. Die messenische Tradition behauptete, daß König Taleklos mit unbärtigen Jünglingen, welche er in Frauenkleider gesteckt, unter denen Schwerter verborgen waren, in den Tempel der Artemis gekommen sei, die Edlen Messeniens beim Opfer hinterlistig zu ermorden und sich so des Landes zu bemächtigen. Aber die Messenier hätten dem Angriff widerstanden und sowol die Jünglinge als den Taleklos erschlagen. Endlich — so erzählten die Spartaner weiter — habe ein Messenier, Polychares, einen Spartaner erschlagen. Die Spartaner hätten die Auslieferung des Polychares vom König Antiochos von Messenien, dem Sohne des Phintas, verlangt, die Messenier aber verweigert, und der Streit

---

1) Ueber die Lage dieses Tempels und die alten Grenzsteine, Roß Reisen 1, S. 5—11, 73. Ueber den westlichen Abhang des Taygetos (Denthelea) wurde auch noch in römischer Zeit zwischen Messenien und Sparta gestritten.

in der Versammlung des messenischen Adels über die Auslieferung sei so heftig gewesen, daß der Bruder des Königs Antioches, Androkles, der für die Auslieferung stimmte, mit anderen, welche seiner Meinung waren, von den Gegnern erschlagen wurde. Die messenische Tradition behauptete dagegen, die Auslieferung sei mit Recht verweigert worden, da Polychares in gerechter Vergeltung gehandelt. Nachdem ihm der Spartaner Euaephnos nicht blos eine Rinderheerde veruntreut, sondern auch den Sohn erschlagen, hätten die Spartaner dem Polychares Gerechtigkeit gegen Euaephnos zu üben verweigert. Nun erst habe Polychares, den eigenen Sohn zu rächen, den Sohn des Euaephnos erschlagen[1]. Ueberdies aber hätten die Spartaner Amphela hinterlistig überfallen, bevor sie den Krieg erklärt.

Wie die messenische Tradition berichtet, kam es im fünften Jahre des Krieges zu einer großen Schlacht, in welcher König Euphaës die Messenier, die Könige Polydoros und Theopompos die Spartaner führten. Obwol die Schlacht unentschieden blieb, entschlossen sich die Messenier zum Rückzug auf den Ithome. Ein Oratel von Delphi verkündete ihnen, daß Ithome gerettet und Sieg und Obmacht ihnen zufallen würde, wenn eine Jungfrau, durch das Loos aus dem Geschlecht des Aepytos gewählt, den Unterirdischen geweiht würde[2]. Das Loos wurde über die Jungfrauen des Königsgeschlechtes geworfen. Es bezeichnete die Tochter des Aepytiden Lykisos. Aber der Opferprophet der Messener Epebolos erklärte, diese Jungfrau sei nicht aus Aepytos Stamm; ihre unfruchtbare Mutter habe sie dem Vater untergeschoben. Da trat Aristodemos, ein Mann aus dem königlichen Geschlechte, ausgezeichnet durch die Heldenthaten, welche er bereits gegen die Spartaner vollbracht hatte, hervor und bot seine Tochter von freien Stücken als Sühnopfer für die Unterirdischen, für die Rettung des Landes. Entsetzt vernahm der Verlobte des Mädchens die Worte des Vaters. Er erhebt sich, seine Braut zu retten: der Vater habe sie ihm verlobt, er habe damit sein väterliches Recht aufgegeben und ihm übertragen; Aristodemos habe keine Gewalt mehr über das Mädchen. Als sein Einspruch unbeachtet bleibt, ruft er verzweifelnd, das Mädchen sei

---

[1] Diodor. exc. de virtut. et vitiis p. 548. — [2] Pausan. 4, 9, 2. Diod. Fragm. vatican. p. 6. 7.

nicht mehr Jungfrau, sie habe bereits die Frucht der Ehe von ihm empfangen. Da ergreift Aristodemos sein Schwert, stößt seine Tochter nieder und öffnet ihren Schooß, ihre Reinheit zu beweisen. Das Opfer war gebracht. Aber der Prophet Epebolos erklärte es für ungenügend; die Tochter des Aristodemos sei ermordet, aber nicht den Göttern in rechter Weise dargebracht worden. Indeß gelang es dem König Euphaës, das Volk zu überzeugen, daß der Wille der Götter erfüllt sei.

Im dreizehnten Jahre des Krieges starb König Euphaës an den Wunden, welche er in einer Schlacht, die wiederum keine Entscheidung gab, empfangen hatte. Zu begierig, den König von Sparta, den Theopompos, niederzustrecken, war er, den Seinigen weit voraus, in die Reihen der Feinde gedrungen. Das Volk der Messenier erhob den Aristodemos, dankbar für die Aufopferung seiner Tochter und seinen Heldenmuth, auf den erledigten Thron. Der Krieg wurde durch Raubzüge, welche die Messenier um die Erntezeit von Ithome aus nach Lakonien machten und ähnliche Unternehmungen der Spartaner von Ampheia aus, fortgeführt, bis die letzteren im achtzehnten Jahre des Krieges denselben durch einen großen Schlag zu Ende zu bringen versuchten. Sie drangen mit ihrer ganzen Heeresmacht, angeblich auch von den Streitern aus Korinth unterstützt, gegen den Ithome heran. Den Messeniern waren Arkadier zu Hülfe gekommen; Aristodemos lehnte seine Stellung an den Abhang des Ithome, legte einen Hinterhalt in die Schluchten des Berges und erfocht einen großen und glänzenden Sieg.

Dennoch fand Messenien seinen Untergang. Der pythische Gott verhieß in einem Orakel, welches die Messenier eingeholt hatten, demjenigen Sieg, welcher zuerst zehn Mal zehn Dreifüße im Kreise um den Altar des Zeus von Ithome aufstellen werde. Auch die Spartaner erhielten Kunde von diesem Götterspruch; ein Spartaner, Oebalos, bildete schnell hundert kleine Dreifüße aus Thon, steckte sie in seine Waldtasche, und kam mit Jagdnetzen in der Hand unter anderen Landleuten glücklich auf den Gipfel des Ithome. Nachdem er in der Nacht die Dreifüße um den Altar gestellt, schlich er eben so unbemerkt wieder davon. So waren die Spartaner den Messeniern zuvorgekommen. Seitdem wurden die Opferzeichen den Messeniern ungünstig; Widder stießen mit ihren Hörnern gegen den Altar, die Hunde heulten die Nächte hindurch wie Wölfe und liefen in das Lager der Spartaner hinüber. An dem Herde des Aristodemos wuchs Gras empor, seine Tochter erschien ihm im Traume, nahm ihm seine Waffen ab und warf ihm ein weißes Leichengewand über. Da erkannte der Held, daß er seine Tochter vergebens geopfert, daß die Götter den Fall Messeniens wollten; auf dem Grabe seiner Tochter gab er sich selbst den Tod¹). Die Spartaner schlossen den Berg ein und begannen, die Messenier auszuhungern; ein Versuch, die Belagerer zurückzuwerfen, mißlang und kostete den Messeniern die besten Krieger; vom Hunger gezwungen, verließ der Ueberrest den Berg und zog sich in die Gebirge an der Grenze Arkadiens zurück (710).

Es bedarf keiner Hinweisung, wie wenig Zusammenhang in dieser Ueberlieferung oder vielmehr in dieser aus später Zeit datirenden poetischen Bearbeitung der Ueberlieferung ist. Messenien wird nach dieser Darstellung nicht durch die Waffen der Spartaner, sondern durch den unabänderlichen Rathschluß der Götter überwältigt. Von dieser Anschauung aus nahm man keinen Anstoß an den Widersprüchen, daß die Messenier nach einer unentschiedenen Schlacht ihr Land aufgeben und sich auf den Ithome zurückziehen, daß nach einem großen Siege der Messenier die Aushungerung des Ithome eintritt.

Die kriegerische Ordnung, welche Lykurgos den Spartanern gegeben, hatte sich bewährt. Vom Rande des Untergangs gerettet, waren sie schnell zu einem mächtigen Staat aufgewachsen. Nachdem sie in raschem, kriegerischem Aufschwunge die achaeischen Gebiete am unteren Eurotas überwältigt, hatten sie nun auch ein stammverwandtes Land zu Grunde gerichtet, waren sie durch die Ausdauer, mit welcher sie den Kampf gegen Messenien geführt, auch in den Besitz der fruchtbaren Aecker und Weiden der messenischen Ebenen gekommen. So lange auf einen engen Thalwinkel beschränkt, geboten sie jetzt über den gesammten Süden des Peloponnes. Das Fruchtland der oberen und unteren messenischen Ebene wurde unter die Sieger vertheilt. Plutarch erzählt, daß König Polydoros, als er gefragt wurde, ob er gegen die Brüder (die Dorer von Messenien) ziehen wolle, geantwortet habe: „er marschire nur gegen das unvertheilte Land"²). Nach dem Siege soll Polydoros dann aus

---

1) Pausan. 4, 12—14. Plutarch de superstitione c. 8. — 2) Plut. apophthegm. lac. p. 285 ed. Dübn.

den Aeckern des eroberten Gebiets breitansend neue Rittergüter für ebensoviele spartanische Familien, die damit ausgestattet wurden, gebildet haben. Indeß ist diese Zahl sehr unsicher; es steht nichts weiter fest, als daß eine Anzahl spartanischer Familien, jedenfalls Familien der jüngeren Söhne, in dem eroberten Lande Güter angewiesen erhielt[1]. Die Messenier, welche im Lande zurückgeblieben waren, schützte ihr dorisches Blut nicht vor derselben Behandlung, welche die Spartaner dem größeren Theile der Achaeer im Thale des Eurotas hatten angedeihen lassen; sie wurden Heloten d. h. leibeigene, an die Scholle gebundene Bauern ihrer neuen spartanischen Herren. Nur wenn sie Knechte waren, war man ihres Gehorsams sicher. Tyrtaeos sagt von ihnen: „Wie Esel waren sie von schweren Lasten gedrückt, indem sie ihren Herrschaften, von trauriger Nothwendigkeit gezwungen, die Hälfte von allen Früchten bringen mußten, welche der Acker trägt, und wenn der Herr starb, mußten sie um ihn sammt ihren Weibern trauern und wehklagen"[2]. Den Nachkommen des Androkles, des Androkliden, welche nach Sparta übergesiedelt waren, soll die Landschaft Hyamia auf der westlichen Halbinsel bei Korone als Preis ihres Verraths von den Königen Sparta's zugetheilt worden sein. Die Orte der Westküste, welche den Messeniern nicht gehorcht hatten, blieben auch von der spartanischen Herrschaft frei[3].

Die Könige Theopompos und Polydoros hatten Sparta zu hohem Ruhm und großen Erfolgen geleitet. Es war ein langer und schwerer Krieg, welchen sie auszufechten hatten, doppelt so lang als der Krieg um Ilion. Nicht alle Spartaner waren geneigt gewesen, die großen Anstrengungen, welche derselbe forderte, willig zu tragen[4]. Es scheint nicht an solchen gefehlt zu haben, welche den Frieden verlangten, es scheint, daß die Könige nicht blos gegen die Messenier, sondern auch gegen die Opposition eines ansehnlichen Theils der Spartaner zu kämpfen hatten. Aber ihre Energie half ihnen zu einer dictatorischen Gewalt, vielleicht schon während des Krieges, vielleicht erst nach der Beendigung desselben. Sie ließen

---

1) Dies folgt aus der Stelle des Aristoteles (s. o.), die auf den zweiten Krieg bezogen werden muß, weil Aristoteles den Tyrtaeos citirt; diejenigen, welche ihre Güter in Messenien durch den Aufstand der Messenier verloren hatten, verlangten eine neue Theilung. Vgl. ob. S. 343. Anm. 1. Plut. Lyc. c. 8. — 2) Tyrt. Fragm. 7. ed. Bergk. — 3) Pausan. 4, 14. — 4) Antiochos bei Strabon p. 278.

jener alten Weisung des Lykurg, welche dem Adel die Entscheidung in die Hand legte: „Berufe von Zeit zu Zeit zwischen Babyka und Knakion und bringe hier vor und rathe ab, der Gemeinde aber sei Entscheidung und Macht", eine zweite in Delphi hinzufügen oder vielmehr bestätigen: „Wenn aber die Gemeinde eine krumme Meinung wählt, sollen die Greise und die Könige Abwender sein[1]". Hiermit war die Souveränität der Versammlung des Adels entrissen und dem Königthum wieder gegeben, hiermit war die Reform Lykurg's in einem sehr wesentlichen Punkte rückgängig gemacht. Die Beisitzer der Könige in der Gerusia, die Vertreter der achtundzwanzig Geschlechterbünde besetzten ihre Rathsstellen bis zum Ende ihrer Tage; selten war eine Rathsstelle erledigt, selten wurde gewählt. Waren die beiden Könige einig, so war es leicht, sich eine sichere Majorität im Rathe, sei es durch Verständigung, sei es durch Einschüchterung oder Bestechung zu verschaffen, zu welcher den Königen die Mittel nicht fehlten. Einer solchen Majorität sicher, waren die Könige dann nach der neuen Rhetra in der Lage, jeden Beschluß der Adelsgemeinde für einen „krummen" zu erklären und zu kassiren. Auf seine militärische Tüchtigkeit oder auf seine kriegerischen Erfolge gestützt, hatte das in sich einige Doppelkönigthum die höchste Entscheidung in seine Hand zurückgenommen.

Die Verfassung Lykurg's hatte die richterliche Gewalt in allen Sachen des Familienrechts, in allen Streitigkeiten über Mein und Dein, in den Händen der Könige gelassen. Der messenische Krieg war der erste, den die Lakedaemonier in weiterer Entfernung von Sparta führten, der die Könige häufig und lange im Felde hielt. Das Gericht konnte während so häufiger und langer Abwesenheiten nicht still stehen. Theopomp und Polydor ernannten Stellvertreter für die Verwaltung desselben, die Ephoren d. h. Aufseher. Es waren fünf; einer für jeden der fünf Bezirke Sparta's (S. 344.). An der Stelle der Könige sollten diese Beamten im täglichen Gericht, in den Civilprozessen das Recht sprechen. Die neue Behörde wurde auch nach dem Kriege beibehalten. Wie alle übrigen Beamten des Staates wurden die Ephoren von den Königen ernannt; die Könige wechselten mit den Ephoren wie mit den übrigen Beamten,

---

[1] Plut. Lyc. c. 6. An seni sit gerenda resp. c. 10. Auch Tyrtaeos (Fragm. 5. ed. Bergk) spielt deutlich auf diese Rhetra an.

so oft es ihnen gut dünkte. Es scheint indeß nicht, daß die Ernennung der Ephoren, der übrigen Beamten zwischen den Königen nach der Zahl etwa zur Hälfte getheilt war, vielmehr scheint gegenseitige Uebereinstimmung beider Könige über den zu ernennenden Kandidaten die Regel gewesen zu sein. Da die Klagen des Marktes die Thätigkeit der neuen Beamten vorzugsweise in Anspruch nahmen, da ihr richterliches Amt zugleich ein polizeiliches war, dem die Aufsicht über Stadt und Markt oblag, erhielten sie ein Amthaus am Markte, in welchem sie stets zu finden waren. Hier nahmen sie täglich die Klagen an und sprachen das Urtheil; hier speisten sie auch gemeinsam. Das Siegel des Staats, welches sich nachmals in den Händen der Ephoren befand, trug das Bildniß des Königs Polydoros[1]).

Die Früchte des Sieges über Messenien hatten die Hoffnungen und Erwartungen vieler Spartaner getäuscht, welche um so höher gesteigert sein mußten, je länger und anstrengender der Krieg gewesen war. Die Veränderung der Verfassung in reaktionärem Sinn zu Gunsten des Königthums, mußte alle die in Harnisch bringen, welchen das volle Recht des Adels am Herzen lag. Andere sahen ihre Erwartungen auf Antheile an den Aeckern Messenien's nicht erfüllt, noch andere waren wegen lässiger Theilnahme am Kriege des vollen Adelsrechtes beraubt worden. Dazu scheint die Verwilderung, welche ein zwanzigjähriger Krieg, der die Männer lange im Lager gehalten, die Jünglinge verhindert hatte, eigene Häuser zu gründen, in die ehelichen Verhältnisse gebracht hatte, die Könige Theopomp und Polydoros bewogen zu haben, das Eherecht schärfer zu fassen, das strenge späterhin geltende Eherecht, welches nur

---

1) Pausan. 3, 11, 2. 3. Plut. Cleomen. 8. 10. Die Meinung, daß Lykurg bereits die Ephoren eingesetzt (Herod. 1, 65.), beruht einfach darauf, daß man alle Institutionen Sparta's auf Lykurg zurückführte. Plutarch's Angabe (Lyc. 7.), daß der erste Ephor, Elatos, unter König Theopomp eingesetzt worden sei, hat die Bestätigung des Staatssiegels, die Autorität des Aristoteles (Pol. 5, 9, 1.), die der Bücher über die Gesetze (p. 692), und die natürliche Entwickelung der Dinge für sich. Die Antwort, welche Aristoteles (a. a. O.) dem Theopomp auf die Frage zuschreibt, ob er sich nicht schäme, das Königthum seinen Söhnen schwächer zu hinterlassen, als er es überkommen: „er habe dasselbe dauernder gemacht", ist eine Erfindung späterer Zeit, der späteren Stellung der Ephoren entnommen. Daß die Ephoren von Theopomp nicht zur Schwächung der königlichen Gewalt eingesetzt waren, folgt aus der Natur der Dinge, und die oben angeführte Rhetra beweist das entgegengesetzte Streben des Theopomp urkundlich.

zwischen zwei spartanischen Gatten eine rechte Ehe kennt, aufzurichten und alle Söhne, welche nicht aus solchen stammten, vom Erbrecht und vom Bürgerrecht auszuschließen. Eine Zahl von Spartanern wurde damit in die Lage gesetzt, die Ausländerinnen, welche sie während des Krieges gefreit, zu verstoßen; andere verloren damit die Aussicht, die Söhne, an denen irgend ein Mangel der Geburt haftete, bereinst ausgestattet und in die Adelsgemeinde aufgenommen zu sehen. Die Unzufriedenen wollten versuchen, mit Gewalt durchzubringen. Eine Verschwörung fand sehr zahlreiche Theilnehmer; das Haupt derselben war Phalanthos. Am Feste der Hyakinthien, im Heiligthum des Apollon zu Amyklae, sollte sie durch einen plötzlichen Angriff auf die Könige und ihre Anhänger zum Ausbruch kommen. Ihre Niederwerfung sollte das Gemeinwesen in die Hände der Verschworenen bringen; Phalanthos sollte das Zeichen geben, indem er sich den Helm aufsetze. Obwol der Anschlag verrathen wurde, war die Stärke der Opposition so bedeutend, die Zahl der Verschworenen so groß, daß weder an Unterdrückung noch an Strafe gedacht wurde, daß man es vorzog, mit ihnen zu unterhandeln. Es wurde ein Vertrag geschlossen, der für die Unzufriedenen vortheilhaft genug war. Er gewährte ihnen freien Abzug aus Sparta, um sich außer Landes anzusiedeln; fänden sie indeß keinen passenden Platz zur Ansiedlung, so solle es ihnen freistehen, wieder zurückzukehren und den fünften Theil des eroberten messenischen Landes unter sich zu vertheilen. Phalanthos fragte, wie es Brauch in Sparta war, in Delphi, wohin er sich wenden solle und erhielt die Antwort: „Taras' fette Flur und Sathyrion gebe ich dir zur Wohnung; du wirst Verderben den Japygen sein." So begab sich Phalanthos nach Italien und gründete an dem günstigsten Hafenplatz der weiten Einbuchtung der Südküste die Stadt Tarent (708 [1]).

---

[1] Die Zeit der Gründung Tarent's steht durch das Datum bei Euseb. a. 1309 fest (Olymp. 18, 1.) Aristotel. pol. 5, 6. Strabon p. 278 bis 280. Justin. 3, 4. Diodor. 15, 66. Fragm. vatic. p 12. Nach Dionys. fragm. lib. 17. wurden die Partheniër im Kampfe besiegt, bevor sie auswanderten. Die Berichte drehen sich um die Namen Epeunakten und Partheniër, und die verschiedenen Erzählungen sind offenbar aus diesem Namen entstanden. Müller (Dorier 2, 283.) meint, daß die Kinder, welche den Spartanern geboren wurden, ehe sie die Frau in ihr Haus führten, den Namen Partheniër geführt, daß diese damals aus nicht mehr ersichtlichen Gründen nicht hätten mit Kleren versorgt werden können. Indeß waren diese Söhne doch gerade die ältesten, denen der Kleros am wenigsten versagt werden konnte und man

Die Könige Theopompos und Polydoros mochten sich Glück wünschen, so leichten Kaufs einer so schweren Gefahr entgangen zu sein und so starke unzufriedene Elemente aus dem Lande geschafft zu haben. Rüstige Kriegsleute wie sie waren, scheinen sie den Krieg für das beste Mittel gehalten zu haben, den Ueberrest der inneren Krankheit zu heilen. Es war König Theopomp, der nicht lange nach der Niederwerfung Messeniens den Angriff auf Argos begann. Sparta schien alle dorischen Bruderstaaten auf dem Peloponnes erobern, unter seiner Herrschaft vereinigen zu wollen. Es muß in dieser Zeit gewesen sein, daß die Spartaner den östlichen Abhang des Parnon, die Ostküste ihres Landes, mit den Hafenstädten Boeae, Epidauros, Zarax, Prasiae, daß sie die Insel Kythera den Nachfolgern Pheidon's entrissen. Diese Richtung gegen Argos, welche Theopompos den spartanischen Waffen am Ende seiner Regierung gegeben, wirkte auch nach seinem Tode noch fort. Die Lakedaemonier versuchten, an der Küste vordringend, den Argivern die Landschaft Kynuria zu entreißen. Aber sie erlitten im Jahre 669, nordwärts von Kynuria am Fuße des Parthenion im Engthal von Hysiae zwischen Tegea und dem Meere, eine große Niederlage. Die Argiver behaupteten Kynuria, und König Demokratidas von Argos konnte um die Mitte dieses Jahrhunderts die Achaeer von Nauplia, welche für die Spartaner Partei genommen hatten, aus ihren Mauern vertreiben und ihre Stadt in Besitz nehmen¹). Um dieselbe Zeit hatten die Spartaner ihre Grenzen gegen Arkadien erweitert. Zu

---

hatte niemals mehr Land zur Anwettung von Kleren, als nach dem Falle Ithome's. Indeß ist es an sich klar, daß die von der Bulgata des Ephoros von zurückgeschickten Jünglingen mit den Ehefrauen der Spartaner gezeugten Knaben nicht Jungkernkinder heißen konnten. Diese ganze massenhafte Kindererzeugung ist Fabel. Dagegen konnte die Zahl der Ehen, welche während des Krieges mit Ausländerinnen (messenischen Weibern) eingegangen waren, die Zahl der Kinder, welche die Männer im Lager, welche die jungen Männer daheim erzeugt, ohne ein Haus zu gründen, erheblich genug sein, und damit die Zahl derer, welche ein Interesse hatten, für ihre Epeunakten, d. h. für die auf im Lager nicht in rechter Ehe Gezeugten, für ihre Parthenier Partei zu nehmen; sie mußte durch die anderen Kategorien der Unzufriedenen erheblich wachsen. Aus der späteren Zeit wissen wir, daß Ehen der Spartaner mit Ausländerinnen nicht bloß unstatthaft, sondern auch strafbar waren; Plut. Agis c. 11. Daß die Spartaner auch in späterer Zeit die Auswanderung inneren Kämpfen vorzogen, beweist die Aussendung des Dorieus.

1) Pausan. 3, 7, 5. 4, 24, 4. 4, 35, 2. 2, 24, 7. Pausanias sagt freilich, daß Theopompos am Ende seiner Regierung die Argiver über Thyrea bekämpft habe; dieser Zweck ist aus den späteren Kriegen vorausbatirt; es konnte sich damals erst um die Ostküste Lakoniens handeln.

dem Bezirke von Aegys, welchen Archelaos und Charilaos unterworfen hatten¹), gewannen sie die Bezirke von Skiris und Karyae. Die Skiriten wurden Periöken der Spartaner. Sie stellten späterhin ein geschlossenes Kontingent zum spartanischen Heere, welches seinen Platz auf dem linken Flügel erhielt²). Ein Versuch, die Grenzen auch im Nordwesten über die alte messenische Grenze hinaus nach Arkadien vorzuschieben, mißlang. Die Spartaner nahmen zwar Phigaleia durch Ueberfall, aber die Hülfe, welche die Arkader von Oresthasion den Phigaliern leisteten, entriß den Spartanern diese Erwerbung wieder³).

Die Spartaner bewahrten den Königen Theopompos und Polydoros, denen sie die Erwerbung Messeniens verdankten, ein ehrenvolles Andenken. Das Haus, welches Polydoros in Sparta unweit des Marktes bewohnt hatte, wurde seiner Wittwe vom Staate um eine Anzahl Rinder abgekauft⁴). Von den politischen Einrichtungen dieser beiden Könige erhielt sich das Ephorat, welches nachmals eine so eigenthümliche Stellung der Macht gegenüber erhalten sollte, von welcher es gegründet worden war. Wie lange jene Aenderung der Verfassung, welche sie eingeführt hatten, Bestand hatte, wissen wir nicht. Doch scheint Tyrtaeos auf dieselbe anzuspielen⁵), und es ist wenig wahrscheinlich, daß eine förmliche Abschaffung einer durch die Autorität des Gottes von Delphi geweihten Satzung stattgefunden hat. Indeß konnte sie nur ausnahmsweise bei einer Einmüthigkeit der Könige, wie sie zwischen Theopompos und Polydoros stattgefunden, wirksam und für den Adel bedenklich sein. Und selbst wenn die Könige einmal einig, selbst wenn auch die Gerusie mit ihnen war, blieb es doch immer mehr eine Machtfrage als eine Rechtsfrage, ob die Könige mit dem Rathe im Stande waren, das Veto gegen einen Beschluß der Adelsgemeinde einzulegen oder durchzuführen. Mächtiger wirkte der kriegerische Ruhm fort, welchen Theopomp und Polybor den Spartanern errungen. Auf der Grundlage der Institutionen, welche Lykurgos geschaffen, durch die Uebung, welche den Spartanern die ununterbrochene Reihe ihrer Kämpfe,

---

1) Pauf. 3, 2, 5. — 2) Hesych. Σκιρος Phot. Καρυάτεια. Die Zeit der Erwerbung folgt wol aus Alcm. fragm. 115. ed. Bergk und Pauf. 3, 39, 2. Für die Zeit des zweiten messenischen Krieges gilt Karyae für einen spartanischen Ort. — 3) Pausan. 8, 39, 2. — 4) Pausan 3, 12, 3. — 5) Fragm. 5. ed. Bergk.

der lange messenische Krieg eintrug, erreichten sie die zweckmäßigste und wirksamste Einrichtung des Heerwesens unter den Hellenen. Der ungeregelte Kampf der Haufen, die vereinzelten Heldenthaten der Könige und Edlen, waren durch übereinstimmende Bewegungen, durch den zusammenwirkenden Angriff einer geschlossenen, sich gegenseitig unterstützenden Schaar ersetzt worden. Die Spartaner waren es, die den mächtigen Stoß des langbeschildeten, mit langer Stoßlanze bewaffneten Fußvolks an die Stelle der ältern Fechtart mit der Wurflanze und dem runden Schild hatten treten lassen. Die Dorer rühmten sich, den Angriff des schwergerüsteten Fußvolks in geschlossener Reihe erfunden zu haben. Tyrtaeos schildert in der zweiten Hälfte des siebenten Jahrhunderts die wohlgeordneten Reihen der spartanischen Hopliten, hinter welchen die Leichtbewaffneten Schutz suchen. Wie im Laufe des achten Jahrhunderts der Hoplitenkampf die alte Fechtart zu Fuß ersetzte, so war in dieser Zeit auch der Ritterdienst an die Stelle der Streitwagen getreten. In Sparta wurden nun aus der Zahl der jungen Männer zwischen dem zwanzigsten und dreißigsten Jahre dreihundert der begütertsten und tüchtigsten ausgelesen, welche zu Roß in's Feld zogen. Die Könige ernannten drei Hippagreten (Reiterversammler), welchen die Auswahl oblag, und die zugleich die von ihnen ausgewählten Schaaren führten. Diesen dreihundert Auserwählten der Jugend Sparta's blieb der Name der Ritter auch da sie nachmals als Schwergerüstete zu Fuße dienten. Hundert von ihnen dienten den Königen als Leibwache, wenn sie in's Feld zogen. Vor dem Auszuge des Heeres brachten die Könige dem Zeus Agetor d. h. dem Führer Zens, ein Opfer[1]. Waren die Zeichen günstig, so entzündete der Feuerträger, welcher die Könige in's Feld begleitete, an diesem Opferfeuer das heilige Feuer, welches zum Behufe der Opfer im Felde mitgenommen wurde. Erreichte das anrückende Heer die Grenze, so wurde noch einmal dem Zeus und der Athene geopfert; wenn der Ausmarsch nordwärts erfolgte, im Heiligthum der Artemis bei Karyae, in der Nähe des Eichenwaldes Skollias, der sich bis zum Gebiet Tegea's hinzog. Erst wenn auch hier die Zeichen günstig

---

[1] Xenoph. resp. Laced. 4, 3. 13, 2. Herod. 1, 67. Plut. Lycurg 23. Oben S. 869. Auch die Stelle der Zeit Xenophon's, daß der Ritterdienst als Leiturgie auferlegt wurde, spricht dafür, daß die dreihundert aus den reichen Familien genommen wurden.

waren, wurde die Grenze überschritten[1]). Es fehlt nicht an Beispielen, daß spartanische Heere von der Grenze wieder zurückkehrten, weil das Grenzopfer unglücklich ausfiel. Das alte Holzbild der Dioskuren begleitete die Könige in's Feld. Seit Alters im Thale des Eurotas verehrt, waren die Dioskuren von den Spartanern zu Schutzgöttern ihres neuen Staates erhoben worden; sie sollten nun auf dem Felseneiland Pephnos im messenischen Golf, da sie hülfreich dem Seefahrer wie dem Kämpfer auf dem Lande nahten, das Licht erblickt haben[2]). Ihr verschlungenes Bild war dem Heere zugleich ein Vorbild rüstigen Kampfes und eine Ermahnung zu treuer Waffenbrüderschaft. Die Hellenen rühmten die Kunde der Spartaner, das Lager zweckmäßig aufzuschlagen und einzurichten; sie unterließen nicht, deren Sitte, im Kreise zu lagern, während die übrigen Hellenen im Viereck campirten auf den Lykurgos zurückzuführen. Die Heloten, welche ihre Herren in's Feld begleiteten, blieben außerhalb des Lagers der Kämpfer, welches stets von einer Postenkette umgeben war. Niemand durfte sich im Lager ohne seine Lanze zeigen. Schon vor der Morgendämmerung opferte der König. Vor dem Beginn der Schlacht brachte der König der Artemis Agrotera eine Ziege dar. Die Opferdeuter der Spartaner beobachteten sehr eifrig die Zeichen des Opfers und untersuchten die Leber der Opferthiere sehr ängstlich; erst wenn die Zeichen auch dieses letzten Opfers günstig waren, befahl der König den Angriff. Die Spartaner legten zur Schlacht ihre gewöhnliche Tracht, ungefärbte Wollenhemden und Mäntel ab, und zogen ihre rothen Kriegshemden an. Die großen ehernen Schilde, welche von der Schulter bis über das Knie hinabreichten und an einem Riemen über dem Nacken getragen wurden, waren dann blank polirt, und die Helme wurden mit Kränzen geschmückt, als ob es zum Feste ginge.

Ein so kriegerisch organisirtes, in beständigen Kriegen lebendes Gemeinwesen, mußte einen großen Werth auf die militärische Tüchtigkeit seiner Mitglieder legen. Es mußte darauf Bedacht genommen werden, daß die kriegerische Ausbildung der Jugend nicht blos ihren Spielen und ihrem natürlichen Triebe überlassen blieb; es mußte dafür gesorgt werden, die Jünglinge körperlich auszubilden,

---

1) Xenoph. resp. Lacæd. 13. — 2) Alcm. fragm. 10. ed. Bergk. Pausan. 3, 26, 2.

zu stärken, abzuhärten und zu tüchtigen Soldaten zu erziehen. Die Wettkämpfe, welche bei besonderen Festen bei den Hellenen üblich waren, mußten hier in Sparta eine bestimmtere Richtung auf militärische Zwecke erhalten.

Die Spartaner hatten bei der Einnahme Amyklae's die Heiligthümer dieser Stadt nicht vernichtet; sie setzten die Opfer und Feste fort, welche die Achaeer den Schutzgöttern ihrer Städte gefeiert. Als sie nicht lange nach dem messenischen Kriege Prasiae genommen, traten sie für diese Hafenstadt in die Opfergemeinschaft von Kalauria; nach der Eroberung Karyae's feierten sie auch hier die hergebrachten Feste der Artemis. Zu den Festen der Artemis erschienen am Nedon wie zu Karyae Chöre spartanischer Jungfrauen[1]). Die Amyklaeer hatten dem Apollon in seinem Tempel bei ihrer Stadt im Sommer die Hyakinthien gefeiert. Apollon sollte einst wider Willen durch einen Wurf mit dem Diskos den schönen Knaben Hyakinthos getödtet haben. Seinem Andenken galt dieses Fest, welches nun die Spartaner unter besonderer Betheiligung der Amyklaeer begingen[2]). Die Hyakinthe ist das Bild schönen Aufblühens und raschen Verwelkens, der Diskos des Apollon ist ein oft gebrauchtes Bild der Sonne. Die Sommergluth der Sonne hat die Blüthen des Jahres getödtet. Es sind Vorstellungen, welche den Hellenen ursprünglich fremd, durch den alten Verkehr der Phoeniker im lakonischen Golf, von Kythera her schon frühzeitig in das Thal des Eurotas eingedrungen waren. Am siebenten Hekatombeus, dem ersten Tage des Festes (im Julius), wurde der Tod des Hyakinthos beklagt. Man sah keine Kränze beim Opfer, und dem Hyakinthos, dessen Grab unter dem Altare des Apollon befindlich sein sollte, wurde ein Todtenopfer gebracht. Am zweiten Tage folgten heitere Aufzüge. In der Prozession sah man Chöre von hochgeschürzten Knaben, Jungfrauen auf Korbwagen daherfahrend, und eine Reiterschaar im festlichen Schmucke. Die Knaben sangen Jubel- und Preislieder; Tänze bekränzter Jünglinge, Spiele nebst Wettfahrten der Jungfrauen folgten, ein reichliches Opfermahl schloß die Feier[3]). Man wußte, daß Hyakinthos im nächsten Jahre zu neuem Leben erwachen würde. Im folgenden Monat, dem

---

1) Alcm. fragm. 26. ed. Bergk. Welcker Götterlehre 1, 584. — 2) Xenoph. hellen. 4, 5, 11. — 3) Schömann griech. Alterth. II, 404. II, 404.

Monat Karneios, feierten die Spartaner wie die übrigen Dorer das Hauptfest des Apollon, die Karneien. Es war dies Fest, welches den Monat Karneios für die Spartaner zu einer Zeit unverbrüchlicher Waffenruhe machte. Es gehörte dem Apollon Karneios, dem die Heerden, insbesondere die Schafheerden pflegenden und schützenden Sonnengott. Die Dorer übernahmen, wie es scheint, auch dieses Fest von der alten landbauenden Bevölkerung des Peloponnes, sie modificirten indeß dessen Bedeutung und Begehung. Es erhielt den Charakter des Lagerlebens. Vor der Stadt wurden Zelte oder Lauben errichtet, alle Verrichtungen geschahen wie im Lager nach dem Rufe des Herold's und die Priester, welche zu fungiren hatten, hießen Anführer. Das Fest währte vom siebenten bis zum funfzehnten Karneios¹).

Die Dichtung muß frühzeitig auch in Sparta eine selbständige Pflege gefunden haben, wenn es richtig ist, daß es ein Lakone Kinaethon war, welcher im achten Jahrhundert die Sagen vom Oedipus und seinen Söhnen in einem epischen Gedichte zusammenfaßte. Diese Dinge lagen Sparta nicht so fern, als es scheinen könnte. Wir erinnern uns, daß sich den Dorern während ihrer Kämpfe auf dem Peloponnes Flüchtige und Vertriebene aus vielen Kantonen angeschlossen hatten. Ein Adelsgeschlecht in Sparta, die Aegiden, leitete seinen Stammbaum zum Oedipus und Kadmos hinauf. Sie rühmten sich, daß das Weib des Eroberers von Sparta, des Königs Aristodemos, die Argeia, ihrem Geschlechte angehört habe, daß der Argeia Bruder, Theras, Sparta verwaltet habe, so lange die Zwillinge des Aristodemos unmündig waren, sie rühmten sich, bei der Eroberung Amyklae's den Spartanern große Dienste geleistet zu haben²). Wie es sich nun der epischen Poesie in Sparta verhalten haben mag, die mit dem Kultus verbundene Dichtung und Musik des Hymnos und das Chorlied wurde im siebenten Jahrhundert in Sparta nicht hintangesetzt. Im Jahre 676 fügten die Spartaner nach dem Vorbild der Feste des Apollon auf Delos, der Weltgesänge, welche bei den großen Opfern zu Delphi üblich geworden waren, den Karneien einen Wettkampf der Sänger hinzu. Ein

---

1) Athen. p. 141. Thukyd. 5, 54. Welcker Götterlehre I, 171. Schömann a. a. O. S. 405. — 2) Herod. 4, 149. Pindar. Pyth. 5, 74. Isth. 7, 18. und Aristoteles in den Scholien zu dieser Stelle. Eph. fragm. 11. 12. 13. ed. Müller. S. ob. S. 378; unten Kapp. 6. 11.

fremder Kitharode, Terpander, von der Insel Lesbos trug bei
diesem ersten Wettgesang den Preis davon. Im Jahre 665 wurde
die Feier der Karneien durch einen anderen Zusatz noch einmal erweitert, durch die Hinzufügung der Gymnopaedien, des Festes der
nackten Knaben. Die Jünglinge tanzten und sangen auf dem Markte
zu Ehren des Apollon; die gesammte Jugend, Jünglinge und Knaben, hatten in der schwülen Hitze des August ihre Gewandtheit,
Tüchtigkeit und Kraft, alle ihre Turnkünste in den verschiedensten
gymnastischen und orchestischen Uebungen vor den Augen der Könige,
der Geronten und Ephoren, der Greise und Männer, vor dem gesammten Staate zu zeigen.

4. Die Aristokratie in Korinth und Megara.

Die Dorer, welche Korinth gewonnen hatten, waren von vorn
herein in ein Verhältniß gleichen Rechtes mit der alten Bevölkerung,
den ionischen Aegialeern getreten. Die Tradition deutet diese Stellung an, wenn sie die letzten Nachkommen des Sisyphos Hyanthidas und Doritas nennt, welche gemeinsam regiert und dem Aletes
die Herrschaft übergeben hätten (ob. S. 201.); Aletes war der
Führer der Dorer, welche sich in Korinth niederließen. Wir wissen
freilich, daß Korinth erst nach langen Kämpfen von der Feste auf
dem Hügel Solygelos von den Dorern genommen worden ist, aber
diese Kämpfe beweisen nicht, daß die Unterwerfung der Jonier eine
unbedingte gewesen ist. Auch für Epidauros und Troezene waren,
wie oben ausgeführt ist, vertragsmäßige Abkünfte zwischen der alten
und neuen Bevölkerung nicht zu verkennen. Das Hauptfest der peloponnesischen Dorer, die Karneien, wurde in Korinth nicht gefeiert [1]. Den Adel Korinths finden wir in acht Stämme eingetheilt,
von denen die drei ersten, die Hylleer, Pamphyler und Dymanen
die eingewanderten Dorer umfassen; die fünf übrigen die alten Joni-

---

[1] Hippotes, der Vater des Aletes, des Gründers der dorischen Herrschaft
in Korinth, soll den Seher Karnos im Lager von Naupaktos erschlagen haben
(Paus. 3, 13. oben S. 195.). Der Seher Karnos ist nichts als eine Personifikation des Apollon Karneios. Dieses Geschichtchen ist nur erfunden, um das
Fehlen der Karneien zu Korinth zu erklären.

schen Geschlechter und alle die Vertriebenen, welche sich den Dorern im Kampfe gegen das ionische Korinth angeschlossen hatten, eingeschlossen haben müssen. Auch flüchtige Geschlechter der Lapithen sollen in diesen Stämmen Aufnahme gefunden haben[1]. Wir wissen freilich nicht, ob die Eintheilung in acht Stämme wirklich die ursprüngliche war, wie berichtet wird, ob sie erst späterhin eingeführt wurde[2]. Jedenfalls besaßen die drei dorischen Stämme des Adels eine höhere Ehre und Vorrechte. Durch die Mehrzahl der übrigen beeinträchtigt zu werden, hatte der dorische Adel so lange nicht zu besorgen als das Königthum einem dorischen Hause angehörte, als die Korporationen des Adels für die Regierung des Staats ohne Bedeutung waren. Das dorische Königshaus leitete sich nicht, wie die Dynastieen von Argos, Sparta und Messenien durch den Hyllos vom Herakles her. Aletes, der Sohn des Hippotes, sollte von einem anderen Sohn des Herakles, dem Antiochos, abstammen. Dem Aletes folgten Ixion, Agelas und Prymnis auf dem Thron von Korinth. Mit Prymnis erlosch das Geschlecht des Aletes. Ein neues Geschlecht bestieg mit König Bakchis, der sich ebenfalls vom Herakles ableitete, den Thron. Ihm folgten seine Nachkommen Agelas, Eudemos und Aristomedes. Für den unmündigen Sohn des Aristomedes herrschten des Aristomedes Bruder Agemon, danach dessen Sohn Alexander, bis Telestes selbst die Regierung ergriff. König Telestes wird es gewesen sein, der sich der Macht Pheidon's beugen mußte. Er wurde von Verwandten erschlagen, nachdem er angeblich zwölf Jahre regiert. Mit seinem Tode hörte die Königswürde in Korinth auf[3].

Auch in Korinth war der Adel nicht mehr gemeint, der Herrschaft des Königthums zu gehorchen. Ein halbes Jahrhundert nach der Zeit, da Lykurg in Sparta das Königthum erhalten hatte indem er es beschränkte, fiel es in Korinth. Es mag sein, daß die Abhängigkeit, in welche Pheidon von Argos Korinth gebracht hatte,

---

1) Herod. 5, 92. Paus. 2, 4, 4. — 2) Nach Suidas (παντὰ durch) hatte bereits Aletes diese Phylen gebildet. Da Hylleer in Kerkyra genannt werden, sind die drei dorischen Stämme auch in Korinth und zwar als die drei ersten anzunehmen. — 3) Paus. 2, 4, 4. Diod. Sic. fragm. lib. 7. Die Königsliste scheint in dem Sinne construirt zu sein, um fünf Aletiden und ebensoviele Bakchiaden zu gewinnen; Agemon und Alexander füllen wegen ihrer vormundschaftlichen Regierung mit Telestes nur einen Platz. Die Regierungszeiten sind nach dem gewöhnlichen Schema der Chronographen angesetzt, um einen gewissen Zeitraum zu füllen; vgl. Brandis de temp. rat. p. 33.

den korinthischen Adel zum Sturz des Königthums veranlaßte oder ihm diesen Sturz erleichterte. Das Königshaus, welches sich einer fremden Macht beugte, mußte damit auch an seinem Ansehen daheim Schaden leiden; und wir sahen schon oben, daß Pheidon bei dem Versuche Korinth wieder zu unterwerfen oder die Monarchie in Korinth als ein Unterkönigthum von Argos wiederherzustellen, den Tod fand. Wie es sich damit verhalte — so viel steht fest, daß die Nachkommen des Balchis nicht im Stande waren, dem aufstrebenden Adel zu widerstehen.

Es war eine eigenthümliche Ordnung, welche das Königthum in Korinth ersetzte. An die Stelle des Königs sollte ein jährlich vom Adel aus seiner Mitte erwählter Vorsteher des Gemeinwesens treten. Aber sobald man frei wählen ließ, mußten die undorischen Geschlechter (sie zählten fünf Stämme) die dorischen, welche nur drei zählten, überstimmen. Zudem war das Geschlecht des Königshauses, die Nachkommen des Balchis zahlreich; es soll zweihundert Männer gezählt haben und durch seinen Grundbesitz, die Güter der Krone, mächtig[1]). Wählte man den Vorsteher aus diesem Geschlecht, so bewahrte man das alte Verhältniß des Staats zu den Göttern, so wurde ein starker Gegner für die neue Ordnung der Dinge gewonnen, und der dorische Adel war sicher seinem Edelmann von anderem als dorischem, als heraklidischem Blute gehorchen zu dürfen, er war sicher seine Interessen gewahrt zu sehen. Dieser Kompromiß kam im Jahre 745 v. Chr. zu Stande. Er ließ den Nachkommen des Königs Balchis, den Balchiaden, die ausschließliche Wählbarkeit zur Prytanie und damit ein dynastisches Vorrecht und eine dynastische Stellung. Der Adel begnügte sich, die Souveränität in seine Hand zu bringen, den Monarchen zu einem jährlich wechselnden Beamten aus einem bestimmten Geschlecht herabgedrückt zu haben[2]). Automenes war der erste Prytane aus dem Hause

---

1) Strabon p. 378. Nicol. Damasc. fragm. 58. — 2) So stellt Pausanias a. a. O. die Sache dar; die Verfassungsgeschichte Athens bestätigt dies, so wie die anderer Stämme (Plut. Pyrrh. 5.); offenbar folgte der korinthische Adel dem Vorgange des attischen. Diodor (Fragm. lib. 7.) widerspricht nur darin, daß er die Balchiaden selbst den Prytanen wählen läßt, was ganz widersinnig ist. Die Zeit der Einführung der Prytanie der Balchiaden bestimmt sich dadurch, daß Periander von Korinth im Jahre 585 stirbt (Diogen. Laert. I, 95.). Periander und Kypselos herrschen nach Aristoteles (de rep. V, 9.) siebzig Jahr. Kypselos beginnt deshalb 655 zu herrschen. Da die Prytanie der Balchiaden neunzig Jahre währte (Diod. l. a.), so muß dieselbe 745 begonnen haben.

des Bakchis. Wie seine Nachfolger regierte er von einem vom Adel erwählten Rathe der Alten, von der Gerusie umgeben. Die Bakchiaden fügten sich dem neuen Verhältniß. Sie begnügten sich mit der Prytanie, sie verstärkten ihre hervorragende Stellung dadurch, daß sie nur innerhalb ihres eigenen Geschlechts Ehen eingingen[1]. Aber sie machten keinen Versuch, den Königsthron wieder aufzurichten, vielmehr verschmolzen sie ihre Interessen in dem Grade mit denen der Aristokratie, daß der Name des alten Königsgeschlechts auf den gesammten Adel Korinths ausgedehnt worden ist. So geschah es, daß die Adelsherrschaft in Korinth feste Wurzeln faßte, daß sie ein Muster für den Adel anderer Gebiete wurde. Es war nur zwanzig Jahre nach der Einführung der Prytanie der Bakchiaden, daß ein Korinther, Philolaos, aus dem Geschlecht des Bakchis, den Thebanern nach dem Sturze des Königthums ihre neue Adelsverfassung ordnen konnte[2].

Die Lage Korinths auf der Höhe der peloponnesischen Berge am Halse des Isthmos, das schmale und dürftige Gebiet, auf welches man hier beschränkt war, hatte schon die alten Bewohner, die Jonier auf das Meer gewiesen, das die Landenge im Osten und Westen bespült, während die tiefe Einbuchtung des saronischen Busens frühzeitig fremde Seefahrer nach dem östlichen Gestade Korinths gezogen hatte. Syrische Kulte und der Ruhm alter Technik in Korinth waren uns Beweise, daß einst eine phoenikische Handelsstation auf dem Isthmos bestanden hatte. Die Dorer hatten den alten einheimischen Adel, so weit er es nicht vorgezogen, das Land zu verlassen, in ihr Gemeinwesen aufgenommen. Aber während die Dorer von Argos, von Epidauros, während die ionischen Pflanzstädte das aegaeische Meer beherrschten, beschränkte sich die korinthische Seefahrt auf den langgestreckten Meerbusen von Korinth, auf welchem ihre Fahrzeuge wenig zu fürchten hatten. Korinth war dadurch auf die Westsee vor der Mündung seines Busens hingewiesen. Nach dem Sturz des Königthums begannen die Korinther ihre Seefahrt nach dem Westmeer in größerem Umfang zu betreiben und nach weiteren Zielen hinzulenken.

Es steht hiermit nicht im Geringsten im Widerspruch, wenn Strabon (p. 378.) sagt, die Bakchiaden hätten fast 200 Jahre die Herrschaft behauptet, die Könige Bakchis, Agelas, Eudemos, Aristomedes und Telestes sind mitgerechnet, welche doch wol 110 Jahre regiert haben können; die Chronologen geben ihnen 178.

1) Herod. 5, 92. — 2) Aristot rep. II, 9, 6—8.

Schon um die Zeit, da Hesiod's Vater sein Schiff von Kyme nach dem Sunde von Euboea steuerte, gegen das Jahr 800 v. Chr., hatten Seefahrer aus derselben Stadt das aegaeische Meer südwestwärts durchschnitten. Hippokleides von Kyme führte die Schiffe. Sie hatten das Vorgebirge Malea umsegelt und waren weit hinaus gelangt in das unbekannte Westmeer. Jenseit Thrinakia waren die Kymaeer auf einem Eiland, Aenaria (Ischia), an der Küste der Opiker gelandet und hatten, da sich der Fischfang sehr ergiebig und der Handel mit den Stämmen der Küste gewinnbringend zeigte, eine Niederlassung gegründet. Als die Kymaeer sich sicherer fühlten, siedelten sie sich auf dem Festland, der Insel Aenaria nordostwärts gegenüber, an, und bauten auf einer steilen Felshöhe, mit welcher das Gebirge Gauros in das Meer tritt, eine Stadt, welche sie nach der alten Heimath nannten¹). Die Kymaeer meinten, die Grenze der Erde und den Schauplatz der Abenteuer des Odysseus erreicht zu haben; sie glaubten im Lande der Kimmerier, welche das homerische Epos an das Ende der Welt setzte, zu sein, und nahe dem Eingang der Unterwelt. Der vulkanische Charakter der Küste, der ostwärts von Kyme rauchende Vesuv, die tiefen Spalten ausgebrannter Krater unterstützten diesen Glauben. So erkannten die Kymaeer in einem Krater, in welchem sich Wasser gesammelt, im Süden ihrer Stadt, den acherusischen See; in einem anderen, von Wald und Felsen eingeschlossenen tiefen Wasserbecken im Osten der Stadt, dem See Aornos, glaubte man das Wasser des Todtenreichs, den Styx und den Eingang in die Unterwelt gefunden zu haben. Hier sollte Odysseus in den Erdschlund hinabgestiegen, hier sollten die Schatten heraufgeschwebt sein. Südwärts von Kyme am Vorgebirge Misenon sollten die Sirenen gehaust haben²); nordwärts auf dem Vorgebirge von Anxyr sollte Elpenor, der Gefährte des Odysseus, be-

---

1) Strabon p. 243. Scymn. Ch. 226. Vell. J. 1, 4. Strabon erklärt Kyme für eine gemeinschaftliche Ansiedlung der Kymaeer und Chalkidier; Hellejus und Virgil (Aen. 6. init.) nennen sie eine chalkidische Anlage. Der Name wie die Sibylle beweist, daß die ursprüngliche Anlage den Kymaeern gehörte, und die Verstärkung durch die Chalkidier wird nicht jenseit der Zeit der chalkidischen Kolonisation nach Westen, nicht vor das Jahr 780 gesetzt werden können. Was die Zeit der Gründung betrifft, so wird man einfach dabei stehen bleiben müssen, daß Kyme die älteste Griechenstadt im Westen war, und zwar um ein beträchtliches älter als die Ansiedlung des Theokles. Ueber das Jahr 850 hinaufzugehen, verbietet der geographische Horizont der homerischen Gedichte. — 2) Strabon p. 23. 26. p. 243 fgdr.

stattet sein. Die Insel der Kirke wurde in dem Vorgebirge Kirkeion (Circeji) aufgefunden; die Sümpfe, welche diese isolirte Spitze landeinwärts umgaben, ließen es glaublich erscheinen, daß der Fels einst eine Insel gewesen¹). So waren die Sagen von Odysseus alsbald lokalisirt. Nach der Theogonie gebieten die Söhne des Odysseus über die Inseln der Tyrrhener; die Lande im Westen galten den Griechen des siebenten Jahrhunderts noch als Inseln. Darnach wurde dann auch der Besitz des morgenländischen Kyme auf das abendländische übertragen. Die Orakel, welche die weissagenden Weiber des Ida gegeben hatten, gehörten nicht blos dem alten, sondern auch dem neuen Kyme; in den Felsen am See Kornos wurde die Grotte der Sibylle gezeigt, welche diese Sprüche verkündigt haben sollte (ob. S. 151.).

Viele Jahre verflossen ehe die Griechen es wagten, dem Vorgang der Kymaer zu folgen. Endlich wurde ein Schiff von Chalkis, welches Theokles führte, an die Ostküste Siziliens verschlagen. Die üppige Vegetation der Insel, deren Heerdenreichthum schon in den homerischen Gedichten gepriesen ist, die Menge der langgehörnten Stiere, der braunen Rinder, der Ziegen und dickwolligen Schafe, welche hier weideten, ließen dem Theokles diese Küste als einen lockenden Platz für Niederlassungen erscheinen. Im Jahre 738 v. Chr. führte er eine Schaar von Chalkidiern, denen sich Auswanderer von der Insel Naxos angeschlossen hatten, in das neu entdeckte Land hinüber. Er landete an der nordöstlichen Küste Siziliens. Die Einwohner der Insel, die Sikeler, welche in kleine Stämme getrennt lebten und über das Hirtenleben nicht hinausgekommen waren, konnten den Ansiedlern keine ernsthaften Hindernisse in den Weg legen. Auf der Höhe eines zackigen Felsberges, der weit in die See hinaustritt, dem Berge Tauros, weihte Theokles „dem Erzführer Apollon", welcher die Griechen in dies Land des Ueberflusses geleitet, einen Altar²), und gründete die Stadt Naxos, die späterhin weiter den Abhang des Berges hinab verlegt wurde. Unter dem Tauros, in der Niederung des Akesines, der von den Höhen des Aetna herabströmt, prangte der Boden in reichem Blumenschmuck, wechselten die Stämme der Granaten, Orangen und

---

1) Strabon p. 23. 26. Plin. h. n. III, 5. — 2) Diodor 14, 15. Strabon p. 267.

Citronen mit Feigen und Maulbeergruppen, mit den graugrünen Hainen der Oliven. Am Strande schlugen die durchsichtigen Wellen den reinsten Sandboden und ließen das Gewimmel der Fische deutlich erkennen; nach dem Innern hoben sich waldbedeckte Gebirgszüge mit weiten Triften. Allmählig stiegen sie in mächtigen Linien zum Aetna empor, über dessen grüner Waldregion die nackten schwarzen Felsen hervortraten. Weiter hinauf lagerte eine weiße Schneedecke, bis der Gipfel sich in die Wolken verlor, oder selbst dichte Wolken von Rauch und glühende Lavaströme ausspie. Es blieb den Griechen stets in dankbarem Gedächtniß, daß der Berg Tauros der erste Platz gewesen, welchen sie in diesem gelobten Lande betreten hatten, welchen sie auf dieser schönen Insel, an diesem blauen Meer in Besitz genommen hatten. Abordnungen und Wallfahrer, welche nachmals von den griechischen Städten Siziliens nach Griechenland gingen, um an den Opfern und Festen des Mutterlandes Theil zu nehmen, segelten zuerst nach dem Berge Tauros und traten die Fahrt nach Griechenland erst an, nachdem sie hier dem „Apollon Archegetes" geopfert hatten¹).

Das neu entdeckte reiche Eiland in der Westsee mußte die Schifffahrt der Korinther reizen, sich an die Gestade desselben hinauszuwagen. Die Tradition erzählt, daß jener Abron von Argos, welcher vor der Rache des Königs Pheidon nach Korinth geflüchtet war, einen Sohn, Melissos, hinterlassen habe. Der Sohn des Melissos, Aktaeon, war ein schöner Knabe, zu welchem der reichste und mächtigste Mann aus dem Geschlechte der Bakchiaden, des Euagetos Sohn Archias²), in heißer Liebe entbrannte. Er beschloß, mit seinen Anhängern den Knaben aus dem Hause des Melissos zu rauben. Sie brachen nächtlicher Weile ein, aber der Vater und die Diener vertheidigten den Knaben. In dem Getümmel des Streits fand der Knabe seinen Tod. Melissos trug den Leichnam auf den Markt von Korinth, und verlangte die Bestrafung des Frevels. Aber wer wollte einen Edlen wegen eines Beisassen, wer wollte den Archias strafen? Da soll Melissos bei dem feierlichen Opfer, welches dem Poseidon seit Alters in seinem Heiligthum auf dem Isthmos gebracht wurde, auf das Dach des Tempels gestiegen sein,

---

1) Thukydid. 6, 3. Diodor 14, 59—88. Strabon p. 267. —
2) Der parische Marmor (ep. 31.) nennt den Archias den zehnten von Temenos.

den Dolchklingen gesucht und die Rache der Götter auf sie herabgerufen und sich selbst von den Felsen in's Meer gestürzt haben. Das delphische Orakel erklärte den Korinthern, daß der Zorn des Poseidon nicht ruhen werde, bis sie den Tod des Aktaeon gesühnt hätten¹). So entschloß sich Archias, das Vaterland zu verlassen, und als er in Delphi fragte, wohin er sich wenden solle, antwortete ihm die Pythia: „Ein Eiland, Ortygia, liegt im dämmernden Meere über Thrinakia, dort wo des Alpheios Mündung emporsprudelt und mit dem Quell der Arethusa sich mischt"²).

Es schien den Priestern von Delphi zweckmäßig, die eben begonnene Kolonisation auf Sizilien zu befördern und zu verstärken. Von dem Dichter Eumelos, des Amphilytes Sohn, aus dem Geschlechte des Bakchis, welcher die Sagen Korinths in ein großes episches Gedicht zusammengefaßt hatte, und einem der Opferpropheten von Olympia aus dem Geschlecht der Jamiden, begleitet³), landete Archias im Jahre 735 auf Ortygia⁴). Es war eine kleine Insel von kaum einer halben Meile im Umfang an der Südostküste Siziliens. Die Sikeler wurden leicht von dem Eiland vertrieben, und der Grund und Boden unter die Kolonisten ausgetheilt. Nur ein schmaler Kanal trennte das Eiland von der Küste — er genügte, den Ansiedlern zunächst Sicherheit zu gewähren. Eine Quelle an der Südspitze der Insel, die Arethusa, gab reichliches und schönes Wasser. Da zudem die Insel an der Einfahrt in eine große und gut geschützte Bucht lag und diese beherrschte, war der Platz in jeder Weise zu einer Niederlassung geeignet. Bald faßten die Kolonisten auch jenseit auf Sizilien selbst Fuß; sie dehnten allmählig ihre Feldmark auf der großen Insel aus, und machten die zunächst wohnenden Stämme der Sikeler zu gutshörigen Knechten, die ihnen die Aecker bestellen und die Heerden hüten mußten. Diese Gutshörigen hießen hier mit einem der Landessprache entnommenen Namen Killikyrier. Die Nachkommen der Begleiter des Archias,

---

1) Diodor Fragm. lib. 8. Schol. Apollon. Rhod. 4, 1212. 1216. Athen. p. 167. — 2) Man war des Glaubens bei den Hellenen, daß der Flußgott Alpheios von Elis die Nymphe Arethusa verfolgt habe durch das Meer hindurch, bis er sie auf Ortygia erreichte; Pind. Pyth. 3, 7. mit den Scholien; Strabon p. 270. Der Grund dieser Sage ist ein Sprudel süßen Wassers, der in der Nähe von Ortygia, auf welcher die Quelle Arethusa springt, im Meere aufsteigt. — 3) Clemens Alex. strom. I. p. 398. Böckh zu Pindar Olymp. 6. Pausan. 2, 1. 1. Euseb. Chron. Olymp. 9. — 4) Clinton fasti hellen. s. h. a.

welche die Feldmark getheilt und den Grund zur Stadt Syrakus gelegt, bildeten den Adel der neuen Gemeinde, die Gamoren d. h. die Landbesitzer. Wenn die Ansiedler in Asien in langen und mühseligen Kämpfen den Platz für ihre Städte und Gemarkungen hatten erstreiten müssen, den Kolonisten auf Sizilien fiel ein leichteres Loos. Siebzig Jahre nach der Gründung, im Jahre 665, war Syrakus im Stande, zwei neue Städte anzulegen. Akrae auf dem westlichen Gebirge nicht allzuweit von der Mutterstadt, und Enna, welches fast in der Mitte der Insel auf dem Plateau, welches das Innere derselben erfüllt, in einer beherrschenden Lage am oberen Lauf des Himeras erbaut wurde¹). Nichts beweist stärker als diese Thatsache, wie schwach die Stämme der Sikeler den Einwanderern gegenüber waren.

Mit der Gründung von Syrakus war dem Handel und Verkehr der Korinther um dieselbe Zeit, als die Spartaner den Eroberungskrieg gegen Messenien begannen, eine weite Bahn geöffnet. Mit dem Handel hob sich das Handwerk Korinth's. Traditionen alter Kunstfertigkeit mochten sich in Korinth seit der Zeit erhalten haben, da die Phoeniker am Isthmos verkehrten; eine gewisse Uebung der Weberei, der Färberei, der Schmiedekunst. Sie kamen jetzt zu neuem Aufschwung und weiterem Fortschritt. Die Fahrt nach Sizilien wurde in der Weise bewerkstelligt, daß die Schiffe im adriatischen Meere, längs der Küste von Akarnanien und Epeiros, nordwärts bis zur Insel Kerkyra hinaufsteuerten; von hier erst ging die Fahrt quer durch das adriatische Meer hinüber nach dem japygischen Vorgebirge und folgte nun wieder der italischen Küste bis hinab nach Sizilien, nach Naxos und Syrakus. Das war die Route, von welcher noch in der zweiten Hälfte des fünften Jahrhunderts nicht ohne Noth abgewichen wurde. Es war den Korinthern von Wichtigkeit, ihren Schiffen auf dieser weiten Fahrt nach Syrakus eine Station zu geben. Demnach führte Chersikrates aus dem Geschlecht des Bakchis, um das Jahr 710, als die Spartaner ihren ersten Krieg gegen die Messenier zu Ende brachten, eine zahlreiche Mannschaft auf die Insel Kerkyra, verjagte die Liburner, und besetzte dieselbe²). Das neue Gemeinwesen wurde nach dem Vorbilde

---

1) Thukyd. 6, 5. Steph. Byzant. Ἔννα. Strabon p. 273. —
2) Timaei Fragm. 53. ed. Müller. Ueber den Zeitpunkt, Clinton fast.

der Mutterstadt organisirt, auch hier wurde ein Prytane an die Spitze gestellt[1]). Die Korinther glaubten, auf dem Eilande der in den homerischen Gedichten gepriesenen Phaeaken zu sein[2]). In der neuen Stadt Kerkyra, welche auf der Mitte der Ostküste, auf der Epeiros zugekehrten Seite der Insel erbaut wurde, erhielten nicht blos die Schutzgeister der Seefahrt ein Heiligthum, auch dem König Alkinoos weihten die Ansiedler einen heiligen Hain in der Nähe desselben, und erwiesen ihm die Ehren der Heroen. Der eine von den beiden Häfen der neuen Stadt wurde nach dem Sohne des Herakles, dem Hyllos, der hyllëische genannt. Man entdeckte kann auch hier die Höhle, in welcher Jason, der ja auch in Korinth geherrscht, der das Vorbild aller unternehmenden Seefahrer war, das Beilager mit der Medeia gehalten (ob. S. 48.), und erbaute der Hera, welche die Fahrten der Argo geschirmt und geleitet hatte, einen Tempel am Strande bei der neuen Stadt. Der Boden Kerkyra's war fruchtbar an Wein und Oel; die Ansiedler auf Kerkyra konnten diese Produkte ohne Mühe auf die nahen Gestade von Epeiros hinüberführen und gegen das Vieh, die Wolle und die Häute austauschen, an welchen die Stämme der Epeiroten, die Thesproter, Chaonen und Molosser Ueberfluß besaßen. Die Kerkyraeer brachten diesen aber auch die Erzeugnisse des korinthischen Kunstfleißes, bemalte Thongefäße, schöne Teppiche, gefärbte Gewänder, gegossene und geschmiedete Metallwaaren, vor allem Waffen[3]).

Dem Eifer, mit welchem die Korinther ihrer neuen Seefahrt oblagen, bezeugt am besten eine wichtige Verbesserung des hellenischen Schiffbaues, welche von ihnen ausging. Die Griechen besaßen, wie aus den homerischen Gesängen erhellt, bereits im neunten Jahrhundert bauchige Lastschiffe, welche von zwanzig Ruderern getrieben wurden. Indeß gab es auch größere Kauffahrer, welche hundert bis hundertzwanzig Ruderer zu ihrer Fortbewegung bedurften. Neben den Lastschiffen hatte man lang- und schmalgebaute Fahr-

---

bellen. a. 706. Andere lassen Kerkyra gleichzeitig mit Syrakus kolonisirt werden und den Chersikrates gleich auf dem Zuge des Archias in Kerkyra zurückbleiben. Nach Plutarch (quaest. graec. p. 293.) fand Chersikrates bereits angesiedelte Eretrier auf Kerkyra vor, welche von ihm vertrieben wurden.
1) C. Müller de Corcyr. rep. p. 31. 45 seqq. — 2) Thukyd. 1, 25. Strabon p. 269. — 3) Aristot. de mirab. ausc. c. 104. Hesych. Κερκυραίοι ἀμφορεῖς. Athen. 1, 49. Pollux Onom. 1, 149. Ael. var. hist. III, 24.

zeuge, welche ihren funfzig Ruderern leichter gehorchten; diese wurden zu schnellen Reisen, zu Raubfahrten und Ueberfällen, zum Kriege gebraucht. Es lag zu Tage, daß es die Bewegungsfähigkeit dieser langen und schmalen Schiffe bedeutend erhöhen müsse, wenn man die Zahl der Ruderer vermehren könnte, ohne daß man genöthigt wäre, um für diese Mehrzahl Platz zu schaffen, das Fahrzeug noch länger zu bauen. Machte man das bereits langgestreckte Fahrzeug noch länger, so wurde der Bau durch diese übermäßige Ausdehnung einmal unlenksam, das andere Mal zu schwach und unhaltbar, sowol gegen die Wellen, als gegen den Stoß eines feindlichen Schiffes; machte man es in dem Verhältniß der Länge breiter, so wurde es wieder zu schwer für die Ruderer, sowol durch seine eigene Last als durch den Widerstand der Wellen und des Wassers. So kam man in Korinth gegen das Ende des achten Jahrhunderts auf den Gedanken, den Funfzigruderer weder viel länger noch viel breiter, dagegen aber viel höher zu bauen, und statt einer Reihe von je fünfundzwanzig Ruderern, drei Reihen von je fünfundzwanzig Ruderern an jedem Bord übereinander zu setzen. Dadurch wurde die Bewegungsfähigkeit und Schnelligkeit des Schiffes auf das dreifache gesteigert, und wenn es im Seetreffen darauf ankam, das Schiff des Gegners anzulaufen und in den Grund zu bohren, so konnte der Funfzigruderer mit einer Ruderreihe dem neuen mit drei Ruderreihen schwerlich widerstehen. Während in dem alten Funfzigruderer die Ruderer dem Geschoß und den Waffen des Feindes offen ausgesetzt waren, saßen in dem neuen Fahrzeuge wenigstens zwei Reihen gedeckt hinter dem hohen Bord, wahrscheinlich war dies aber auch gleich von Anfang mit der dritten obersten Reihe der Fall. Es war im Jahre 704, daß der Korinther Ameinokles, nach den in seiner Vaterstadt erfundenen Mustern, den Samiern die ersten Dreiruderer baute. Doch behauptete sich der alte Funfzigruderer noch über zweihundert Jahre[1]) neben diesen neuen Schiffen, wenn er ihnen gegenüber auch nicht mehr in der Schlachtlinie erscheinen konnte. Mehr als vier Jahrhunderte verflossen nach der Zeit des Ameinokles, ohne daß der hellenische Schiffbau von dem Dreiruderer abgegangen wäre, oder demselben überboten hätte.

---

1) Thukyd. 1, 13. Noch in der Schlacht bei Salamis fochten Funfzigruderer.

Man begnügte sich, einige Verbesserungen mit ihm vorzunehmen, die wesentlich darin bestanden, daß man diese Schiffe, welche früher nur vorn und hinten gedeckt waren, mit vollständigen Verdecken versah, und die mittlere Ruderreihe noch um einen, die oberste um zwei Riemen an jedem Bord verstärkte, so daß die Gesammtzahl der Ruderer 156 betrug¹). Ein solches Kriegsschiff erforderte mit den Steuerleuten, Rudermeistern, Matrosen und Seesoldaten eine Bemannung von zweihundert Menschen. Trotz so starker Bemannung waren diese Schiffe nicht übermäßig groß; die Mannschaft vermochte es, ihr Schiff ohne bedeutende Anstrengung auf den Strand und wieder hinab in's Wasser zu ziehen. Der Rumpf war nur leicht von Fichtenplanken gezimmert; zu den Rippen, Querhölzern und Deckbalken nahm man, wenigstens späterhin, Platanenholz²). Die Länge eines solchen Dreiruderers wird achtzig bis neunzig Fuß, die Breite gegen zwanzig, die Höhe vom Kiel bis zum Deck wenigstens fünfzehn betragen haben³). Die oberste Reihe der Ruderer, die Thraniten, führten die längsten Riemen und hatten die schwerste Arbeit; in der mittleren Reihe saßen die Zeugiten, in der untersten die Thalamiten. Die Länge der Riemen war natürlich verschieden; die Thraniten führten Riemen von etwa fünfzehn Fuß, die unterste Reihe, die Thalamiten, Riemen von etwa zehn Fuß⁴). Die Riemen gingen sämmtlich durch Ruderpforten und waren hier mittelst einer Schlinge an den Pflock befestigt⁵). Die Ruderpforten mußten groß genug sein, um das Ruderblatt beim Einziehen der Riemen leicht hindurchbringen zu können; sie reichten eben aus, um den Kopf hin-

---

1) Thukyd. I, 13. — 2) De legg. p. 706. — 3) Wenn fünfundzwanzig oder sechsundzwanzig Ruderer an jedem Bord hintereinander Platz finden sollten, so können die Dreiruderer nicht kürzer gewesen sein, wenn man auch nur etwa drei Fuß für jeden Ruderer rechnet. Die untersten Ruderpforten mußten doch mindestens zwei Fuß über der Wasserlinie des Schiffes liegen, die beiden oberen konnten unmöglich minder hoch, als je drei Fuß darüber angebracht sein. Eine Höhe von acht bis zehn Fuß über der Wasserlinie bedingt vier bis fünf Fuß unter derselben. Die Breite des Schiffes war im Minimum dadurch gegeben, daß man Platz haben mußte, die Riemen einzuziehen, also mindestens fünfzehn Fuß zwischen den Rippen. Aus Herodot's Beschreibung der Brücken des Xerxes über den Bosporos geht hervor, daß die durchschnittliche Breite eines Kriegsschiffs, Fünfzigruderer und Dreiruderer in einander gerechnet, etwa fünfzehn Fuß betrug (s. Bd. IV.), die der Dreiruderer muß demnach größer gewesen sein und achtzehn bis zwanzig betragen haben. — 4) Es giebt hierfür freilich keine andere Bestimmung, als die der κώπαι περίνεῳ (Böckh Urkunden über das Seewesen S. 113 figde.) in den attischen Werften um 350 v. Chr. Diese haben neun bis neun und eine halbe Elle Länge. — 5) Thukyd. 2, 93.

durchzukommen. Der Raum am Bord war sehr beengt; die Reihen der Ruderer saßen dicht über einander. Man ging deshalb, wenn es möglich war, zum Kochen und zur Mahlzeit gern an das Land; man pflegte, wenn man nicht weitere Fahrten über offenes Meer machen mußte, auch am Lande zu übernachten und blieb nicht länger an Bord, als der Dienst es durchaus erforderte.

Die Korinther fanden bald Veranlassung, von ihren neuen Kriegsschiffen Gebrauch zu machen und zwar nicht gegen Fremde, sondern gegen ihre eigenen Landsleute und Kolonisten auf Kerkyra. Es mag sein, daß diese rasch aufblühende Gründung die Korinther mit Eifersucht erfüllte, daß der Handel der Kerkyraeer an den Küsten von Epeiros und Akarnanien den der Korinther verdrängte, eine natürliche Folge der für diesen Verkehr günstigeren Lage der Insel; oder daß Kerkyra eine größere Unabhängigkeit in Anspruch nahm als die Mutterstadt ihm zugestehen mochte. Schon vierzig Jahre nach der Gründung Kerkyra's kam es zum Kriege zwischen den Kerkyraeern und den Korinthern, in welchem im Jahre 664 die erste Seeschlacht der Hellenen geschlagen wurde, von welcher Thukydides mußte[1]). Wir sind über den Verlauf dieses Krieges nicht weiter unterrichtet, aber wir wissen, daß den Kerkyraeern die Losreißung von Korinth gelang. Es war ein höchst empfindlicher Schlag für den Handel Korinth's, welchen die Kerkyraeer an den Küsten von Epeiros nun allein zu betreiben vermochten.

Trotzdem war dieselbe Stadt, welche Pheidon der Foederation von Argos hatte hinzufügen können, eine Seemacht geworden, welche die alte Seefahrt von Argos überholte. Mit der Gründung griechischer Pflanzstädte im Westen mußten die großen Vortheile, welche die Lage ihrer Stadt den Korinthern gewährte, in Wirksamkeit treten. Sie war nun der natürliche Stapelplatz zwischen dem Osten und dem Westen, dessen Bedeutung in jenen Zeiten, deren Schifffahrt die Umsegelung des Vorgebirges Malea scheute, noch viel größer sein mußte als in späteren Jahrhunderten. Die Kauffahrer, welche die Waaren aus dem Osten brachten, landeten meist im Hafen von Kenchreae, und überließen es den Korinthern, sie auf ihren Schiffen nach Sizilien und Unteritalien zu schaffen. Darnach wurde nördlich von dem alten Heiligthum des Poseidon, welches am Strande

---

[1]) Thukyd. 1, 13.

des korinthischen Golfes „an den Binsen" stand, bei dem Fischer-
hain des Gottes, an der schmalsten Stelle des Isthmos eine Bahn
über denselben geführt, auf welcher die Schiffe aus dem ägäischen
Meere in den korinthischen Busen gezogen werden konnten. Der
Adel von Korinth förderte den Handel und beutete ihn so viel als
möglich für sich aus¹). Es war ihm gewiß erwünscht, mit der Ausführung und Anlegung neuer Kolonieen auch alle mit seiner Herrschaft
Unzufriedenen, alle aufstrebenden Elemente entfernen und die Stellung des Adels dadurch sichern zu können. Der Kunstfleiß Korinth's
hob sich in gleichem Maaße mit seinem Handel. Herodot bemerkt,
daß von allen Griechen die Korinther die Handwerker am wenigsten
verachtet hätten²). Mit der Industrie der Stadt, mit dem steigenden Verkehr auf dem Isthmos wuchs auch der Reichthum; mit dem
Reichthum kamen Luxus und Ueppigkeit. Tausend Hierodulen sollen
der Aphrodite, deren altes Heiligthum auf dem Gipfel des korinthischen Berges, auf der Spitze von Akrokorinth stand (S. 80. 164.),
mit ihrem Leibe gedient haben. Wir wissen, daß die Edlen Korinth's der Aphrodite von Akrokorinth nicht selten Hierodulen gelobten und schenkten, und daß die Zahl derselben zu Anfang des
fünften Jahrhunderts sehr bedeutend war. Es gab ein Sprüchwort
bei den Hellenen: „Nicht Jedem nützt die Reise nach Korinth"; die
Kaufleute und Schiffsherren wurden dort ausgezogen.

Zur Zeit der Wanderungen hatten die Dorer von Argos und
Korinth den Ioniern auch den Isthmos nordwärts von Korinth
entrissen, hatten sie das Gebiet von Megara von Attika, zu welchem
es vordem gehört hatte, abgetrennt. Es war durch Dorer von Korinth besetzt worden, und Megara war eine korinthische Landschaft,
bis es den Megarern nicht später als zu Anfang des achten Jahrhunderts, vor dem Beginn der Olympiaden gelang, sich der Herrschaft
der Könige Korinth's zu entziehen und ein selbständiges Gemeinwesen
zu gründen³). Das Königthum von Megara soll dann in ähnlicher
Weise wie zu Korinth sein Ende gefunden haben; König Hyperion,
Agamemnon's Sohn, wurde erschlagen, und der Adel von Megara
nahm die Regierung selbständig in die Hand⁴). Der Name des
Königthums bestand indeß hier fort⁵). Die Erhebung Korinths nach

---

1) Strabon p. 378—380. — 2) Herodot 2, 167. — 3) Skymn. Ch.
501—503. Pausan. 1, 39, 4. Suidas Διὸς Κόρινθος. — 4) Pausan. 1,
43. — 5) Daß dies eine durch Wahl übertragene und später wenigstens jährlich

dem Tode Pheidon's von Argos, unter der Prytanie der Baschiaden, brachte die Selbständigkeit Megara's wieder in Gefahr. Ein bedeutender Theil des Gebiets ging zunächst an die Korinther verloren, aber es gelang den Megarern, unter der Führung des Orsippos, ihre alten Grenzen wieder herzustellen[1]). Derselbe Orsippos siegte dann bei der funfzehnten Feier des olympischen Festes im Stadion (720), als die Wettläufer zum ersten Mal ohne jede Bekleidung liefen. Das Denkmal, welches die Megarer nachmals dem Orsippos auf dem Markte ihrer Stadt errichteten, trug die Inschrift: „Die Megarer setzten dieses weithin sichtbare Denkmal dem schlachtenmuthigen Orsippos, dem delphischen Gebot gehorchend. Als die Feinde vieles Land genommen hatten, stellte er die Grenzen des Vaterlandes wieder her. Der erste von allen Hellenen wurde er nackt bekränzt, da vor ihm im Gürtel gelaufen wurde"[2]).

Auch die Herstellung der alten Grenzen ließ die Megarer auf die Felsen und Berge des Isthmos, auf ein kleines und unfruchtbares Gebiet — es überstieg nicht das Maaß von acht Quadratmeilen — beschränkt. So folgten die Megarer dem Beispiele Korinths. Auch ihnen stand die Westsee wie die Ostsee offen. Die Stadt Megara mit ihren beiden Burgen, der alten Ionischen Akropolis mit dem Megaron der Demeter und der Burg des Alkathoos, welche die Dorer erbaut hatten, lag an der saronischen Bucht, aber auch auf der andern Seite des Isthmos, am korinthischen Busen, hatten die Megarer eine Hafenstadt, Pagae. Sieben Jahre nachdem die Korinther Syrakus gegründet hatten sendeten die Megarer (im Jahre 728) Kolonisten nach Sizilien. Ohne Mühe fanden diese hier eine Wohnstätte. Es wird berichtet, daß der Fürst eines Stammes der Sikeler, Hyblon, sie eingeladen habe, sich auf seinem Gebiet, welches zwischen den beiden vor kurzem angelegten Pflanzstädten der Griechen, zwischen Naxos und Syrakus lag, niederzulassen. Nordwärts von Syrakus, in einer an prächtigen Wäldern von Eichen, Platanen und Nußbäumen, an Heerden und Honig reichen Land-

---

wechselnde priesterliche Funktion war, beweist der Umstand, daß im vierten Jahrhundert die Jahre nach den Königen in Megara bezeichnet werden; Böckh corp. inscript. Nr. 1052. 1057. Ebenso war es zu Chalkedon l. c. Nr. 3794.

1) Daß es auch später an Grenzkriegen zwischen Megara und Korinth nicht fehlte; Thukyd. I, 103. Diodor 2, 79. — 2) Paulan. 1, 44, 1. 43, 7. Boeckh corp. inscript. Nr. 1050.

schaft gründeten die Megarer auf einer Landspitze eine Stadt, welche sie nach der Mutterstadt und nach dem Fürsten der Sikeler, welcher sie aufgenommen hatte, das „Hyblaeische Megara", nannten¹). Von größerer Bedeutung als diese Pflanzung der Megarer auf Sicilien wurden die Kolonieen, welche sie in das Ostmeer sendeten. Die Schiffe dieser Auswanderer überschritten den Umkreis des aegaeischen Meeres, segelten durch den Hellespont und die Propontis und legten am Eingange der Straße des Bosporos, auf dem asiatischen Ufer, im Jahre 675 den Grund zur Stadt Chalkedon²). Bald darauf folgte eine zweite Gründung der Megarer in diesen Gebieten; um das Jahr 660 erbauten sie Selymbria am Nordgestade der Propontis auf der Küste der Thraker³), und als sie wenige Jahre danach wieder eine Kolonie in diese Gegenden führen wollten, befahl ihnen angeblich das delphische Orakel „die neue Stadt den Blinden gegenüber zu bauen." Die Megarer gründeten hierauf um das Jahr 655⁴) Chalkedon gegenüber, auf zwei Hügeln an der Bucht des goldenen Hornes die Stadt Byzanz; sie meinten, daß der Gott die Chalkedonier als Blinde bezeichnet habe, weil sie die ungleich günstigere Lage von Byzanz an einem so vortrefflichen Hafen und einem so viel fischreicheren Strande nicht gleich erkannt hätten⁵). Auch nach dem Bosporos nahmen die Megarer die Namen ihrer Heimath mit. Am goldenen Horne gaben sie einem Vorgebirge den Namen des Isthmischen, einem steilen Gestade den Namen der „Felsen des Skiron"; am Strande gründeten sie dem Heros Saron, von welchem der saronische Meerbusen seinen Namen haben sollte, einen Altar⁶). Als die Griechen um diese Zeit die Mondgöttinnen in Phoenikien und Aegypten kennen lernten, und ihre Mondgöttin von Argos, die Io (d. h. die Wandelnde), nach diesen Vorbildern zu einer kuhgestalteten oder kuhköpfigen Göttin machten und sie nach Asien ziehen ließen, behaupteten die Megarer von Byzanz, die Io-Kuh sei durch ihren Sund hinüber geschwommen, und zeigten an der äußersten Spitze Thrakien's die Wiese, wo die Io geweidet (eb. S. 82.). Die Lage der neuen Stadt erwies sich so

---

1) Thukyd. 6, 3. 4. — 2) Hieronym. a. 1342. Olymp. 26, 2. Herodot 4, 144. Thukyd. 4, 75. Strabon p. 320. — 3) Clinton fasti hellen. a. 668. — 4) Strabon p. 319. 320. Clinton fasti hellen. a. 657. — 5) Strabon p. 320. Tac. annal. 14, 63. Einen anderen Spruch hat Steph. Byzant. v. Βυζάντιον. — 6) Müller Dorier I. S. 121.

günstig, daß im Jahre 628 ein zweiter Zug von der Mutterstadt zu ihrer Verstärkung unter Zeuxippos abging[1]). Die zunächst wohnenden Thraker, es waren Stämme der Bithyner, wurden von den Byzantinern unterworfen und zu gutshörigen Leuten gemacht. Die Stellung dieser abhängigen Thraker wird mit der der spartanischen Heloten verglichen[2]); indeß hatte die Stadt oft Mühe genug, sich gegen die Anfälle der Thraker zu behaupten. In demselben Jahre, als die Megarer Byzanz verstärkten (628), ging auch ein neuer Zug von Kolonisten nach dem sizilischen Megara. Dieser Zuzug setzte die Megarer von Hybla in den Stand, eine neue Stadt, weil im Westen der Insel, welchen die Phoeniker bisher unangetastet behauptet hatten, anzulegen. Sie erbauten in den Palmenwäldern der Südküste[3]), auf einem Hügel am Flusse Selinus (die Megarer nannten ihn nach dem Eppich, mit welchem seine Ufer bedeckt waren), mitten unter den phoenikischen Kolonieen, zwischen Minoa und Motye, eine Pflanzstatt, welche den Namen des Flusses trug, an welchem sie lag[4]).

So gebot das kleine Megara in den entferntesten Gewässern. Seine letzte Pflanzung, Selinus, war die äußerste griechische Stadt in Sizilien, kaum zwei Tagefahrten von Karthago entfernt; im Osten beherrschte Megara durch Chalkedon und Byzanz die Meerenge des Bosporos, die Ein- und Ausfahrt des schwarzen Meeres. Es kann nicht Wunder nehmen, wenn seine Marine durch diese Kolonien und den Verkehr mit ihnen so emporgehoben wurde, daß die Megarer gegen das Ende des siebenten Jahrhunderts im Stande waren, ihren attischen Nachbarn, welche ihnen an Umfang des Gebiets wie an Volkszahl so weit überlegen waren, die Insel Salamis zu entreißen, und die ehernen Schnäbel attischer Trieren in den Tempel des olympischen Zeus zu Megara als Trophäen ihrer Siege über Athen zu weihen[5]).

Während die Spartaner durch die Eroberung Messenien's, durch ihre Erwerbungen in Arkadien, durch die Besitznahme der Ostküste Lakoniens, den Staat, welcher bisher unter den Gründungen der Dorer auf dem Peloponnes den ersten Rang eingenommen hatte, aus dieser Stellung verdrängten und ihn seiner Vormacht

---

1) Joh. Lyd. de magist. 3, 70. — 2) Athen. 6. p. 271; vgl. Polyb. 4, 39. — 3) Virgil. Aen. 3, 705. — 4) Thukyd. 6, 4. — 5) Pausan. 1, 40, 4. 5.

auf dem Festlande berauben, war es gleichzeitig bereits um die Mitte des siebenten Jahrhunderts zwei anderen Nachbarn von Argos, dorischen Gemeinwesen kleineren Umfangs, gelungen, im Westmeer wie im Ostmeer wichtige Punkte zu besetzen, die alte Seefahrt von Argos, welcher die Hellenen die Kunde der Schrift, ihre Münzen und Maaße verdankten, zu überholen, dem Vorrang des Reiches von Argos auch auf der See ein Ende zu machen, und die alte Kolonisation von Argos durch ihre neuen Pflanzstädte in Schatten zu stellen.

3. Die Aristokratie in Attika.

Das Königthum war in den durch Eroberung gegründeten Staaten des Peloponnes wesentlich beschränkt oder vollständig beseitigt worden. Die Reform des Lykurgos hatte den Thron in Sparta verdoppelt, um ihn zu erhalten, und die Souveränität in die Hände des Adels gelegt. Das messenische Königthum war mit dem Staate zu Grunde gegangen. Das Königshaus von Korinth hatte nur das Vorrecht der Wählbarkeit zur Prytanie zu behaupten vermocht, und wenn in Argos das Königthum bestehen blieb, so hatte es sich auch hier immer stärkeren Beschränkungen seiner Gewalt zu Gunsten des Adels zu fügen. Nicht anders im nördlichen Griechenland. Auch in Thessalien mußte die alte Monarchie dem Adel weichen, und wenn dann auch eine Adelsfamilie, die der Aleuaden, durch die Größe ihres Grundbesitzes, die Zahl ihrer Hintersassen und ihre Verbindungen unter dem Adel eine Art von dynastischer Gewalt erlangte, so war doch auch hier die Souveränität bei dem gesammten Adel des Landes. Auch in den böotischen Städten erlag die Monarchie seit der Mitte des achten Jahrhunderts, und der Korinther Philolaos ordnete den Thebanern um das Jahr 725 die Verfassung, welche das Gemeinwesen dem Adel zur Verfügung stellte. Er legte das größte Gewicht darauf, daß die bestehende Zahl der Güter des Adels erhalten bliebe. Er verbot den Adelsfamilien den Verkauf ihrer Stammgüter, er verfügte, daß kinderlose Edelleute gezwungen werden sollten, jüngere Söhne anderer

Adelsfamilien zu adoptiren, daß Niemand zu einem Amte gelangen sollte, der sich nicht wenigstens zehn Jahre vom Markte, von jedem Geschäft und Handwerk fern gehalten hatte[1]).

Was in den eroberten Kantonen von Hellas geschah, vollzog sich auch in denen, welche von der Ueberziehung verschont geblieben waren oder derselben glücklich widerstanden hatten. War das Königthum in den eroberten Kantonen durch seine Heerführung, durch den Gewinn der Lande, welche unter dieser Führung errungen worden waren, stärker als die Monarchie in den alten Kantonen, so war ihm aus den angesiedelten Kriegsgenossen auch ein zahlreicherer und stärkerer Herrenstand erwachsen, welchem es schließlich erlegen war. Aber auch in den alten Kantonen hatte der Adel durch den Zuzug vertriebener Adelsgeschlechter und anderer Flüchtigen, durch die kriegerischen Zeiten, welche einen stärkeren, jeder Zeit wachsamen und bereiten Schutz des Landes verlangten, beträchtlichen Zuwachs erhalten.

Unter den Kantonen von Hellas besaß Attika einen eigenthümlichen Vorzug. Während die Landschaften, welche von der Wanderung unberührt geblieben waren, wie Aetolien, Arkadien u. a. in der alten Vereinzelung ihrer Gemeinden und Thäler verharrten, waren auch die Kantone, welche durch die Eroberung eine Zeit lang zur Einheit gelangt waren, wieder auseinandergefallen. Die Orte der Thessalier wurden nur noch durch eine lose Foederation zusammengehalten, die Verbindung der Boeoter sollte erst durch die Energie der Thebaner eine festere Form gewinnen. Argos hatte die Vormacht über Sikyon, Phlius, Epidauros und Troezene nicht zu behaupten vermocht und sollte mit dem Sinken seines Ansehens sogar Mühe haben, seine Perioekenstädte im Zaum zu halten. Korinth und Megara waren von vorn herein keine Landschaften, sondern Stadtgebiete. Von den eroberten Kantonen war nur Sparta, Dank den Institutionen Lykurg's, Dank der Garnisonirung des Adels in einer Stadt, ein einheitlicher Staat geblieben. Aber was hier die Folge einer Eroberung von außen, die Folge und das Gebot einer mit Anstrengung behaupteten Gewaltherrschaft eines fremden Stammes über die gesammte Masse des Volks war,

---

[1]) Aristot. pol. II, 9, 6—8. Die Zeitbestimmung folgt aus der Erwähnung des Thales, welcher 728 v. Chr. zu Olympia siegte.

war in Attika bereits vor der Wanderung als die Frucht einer naturgemäßen Entwickelung eingetreten. Ein kriegerisches Fürstengeschlecht von Athen hatte die Gemeinwesen von Eleusis, von Marathon, die Weidedistrikte des inneren Berglandes, mit Athen vereinigt und allen Landestheilen bis auf einen Ehrenvorrang des Adels am Ilissos gleiches Recht gewährt. Die Einheit des attischen Landes beruhte weder auf der Herrschaft eines Stammes über das Volk, noch auf der Herrschaft eines Landestheils über das Land.

Diese frühzeitige Vereinigung hatte Attika nicht blos die Kraft gegeben, in der alten Zeit die Uebermacht der Phoeniker an den Küsten von Hellas zu brechen, sondern auch den Stürmen der Wanderung zu widerstehen und deren Wogen zu hemmen. Attika war die erste Zufluchtsstätte der Vertriebenen von Nord und Süd, der Pelasgioten, Minyer und Kadmeer, der Aegialeer und Pylier gewesen. Der Andrang der Arnaeer von Boeotien her, der Andrang der Dorer vom Isthmos her war, wenn auch nicht ohne Verluste, gehemmt worden. Da sich die Nachkommen der Fürsten, welche Attika vereinigt hatten, die Könige aus dem Stamme des Theseus, der Aufgabe, Attika in so bewegter Zeit zu schützen, nicht gewachsen gezeigt, hatte der Adel ein nach Attika geflüchtetes Geschlecht königlichen Blutes, die Nachkommen des Neleus von Pylos, an die Spitze des Landes gestellt. Melanthos und Kodros hatten die Angriffe der Arnaeer und Dorer zurückgewiesen. Die Eingewanderten aus dem Norden hatten die Kekropia durch eine neue Befestigung, das Pelasgikon, an der Westseite besser verwahrt, als zuvor; sie hatten das steinige Feld am Hymettos, welches ihnen angewiesen worden war, in fruchtbaren Acker verwandelt, bevor die Mehrzahl von ihnen das Land verließ, um auf der Landzunge des Athos, auf Lemnos und Imbros ihre Thürme, auf der anatolischen Küste hier und da ihre Larissen zu erbauen (ob. S. 206.). Danach hatte Medon, der Sohn des Kodros, regiert, und Glieder dieses neuen attischen Königsgeschlechts hatten die Menge der ionischen Flüchtlinge, die Attika nicht zu ernähren vermochte, auf die Kykladen, auf die lydische Küste geführt. Nahe Verwandte der attischen Könige trugen in den dort eroberten Gebieten das Zepter; ächte Nachkommen des Neleus in Milet und Ephesos, unächte in den übrigen ionischen Städten (ob. S. 214.).

Dem Medon folgten auf dem Throne von Attika in langer Reihe Akastos, Archippos, Thorbas, Megakles, Diognetos, Pherekles, Ariphron, Thespios, Therkippos und Agamestor, ohne daß die Ueberlieferung von irgend einem dieser Könige irgend eine That zu berichten wüßte. Nur ein Ereigniß aus dieser Periode können wir erschließen: daß etwa um dieselbe Zeit, da Lykurgos die Verfassung Sparta's feststellte, um das Jahr 800, das Blutrecht in Athen unter delphischem Einfluß geordnet wurde¹), wenn auch die Geltung dieses Rechts von der Sage in die Zeiten der Könige Demophon, Aegeus und Erechtheus hinaufgerückt wird, und demgemäß der Muttermörder Orestes, so wie Daedalos, Kephalos und Halirrothios in Athen losgesprochen und gereinigt worden sein sollen.

Der Adel, welcher die Herrscher Attika's umgab, wenn sie vor oder in ihrem Königshause, welches nordwestlich unter der Burg lag (dem nachmaligen Prytaneion), Rath oder Gericht hielten, bestand aus den alten an Besitz und Waffenübung hervorragenden Geschlechtern aus allen Theilen der Landschaft. Sie führten ihren Ursprung, wie das Königshaus selbst, auf die Heroen der Vorzeit und durch diese auf die Götter zurück. Neben den Geschlechtern, welche durch das Waffenhandwerk emporgekommen waren, standen Familien, deren bevorzugte Stellung, deren Adel darauf begründet war, daß sie seit unvordenklicher Zeit gewisse heilige Verrichtungen ausübten, gewisse Opfer vollzogen, alte Hymnen durch Tradition von Geschlecht zu Geschlecht aufbewahrten und bei den Festen der Götter vortrugen. Unter den alteinheimischen Geschlechtern ragten die Thymoetaden hervor, welche sich von Thymoetas, dem letzten Könige aus dem Stamme des Theseus und durch diesen von Theseus selbst ableiteten²); neben ihnen die Nachkommen des alten Königshauses von Eleusis, die Eumolpiden; dann die Euryfatiden und Philaiden, welche vom Euryfates (dessen Heiligthum in der Nähe des Marktes von Athen stand (ob. S. 261.); und vom Philaeos, den Söhnen des Ajas von Salamis stammen wollen; endlich die Kerykes, welche das Heroldsamt bei gewissen Opfern ver-

---

1) Daß dies zur Zeit der Königsherrschaft geschehen sein muß, folgt aus der Stellung, welche die zehnjährigen Könige und nach ihnen der Archon Basileus in den Blutgerichten einnahmen. Diese Institutionen müssen deshalb vor dem Fall des Königthums in voller Geltung gewesen sein. — 2) Moler de gentil. attica p. 46.

sahen und demgemäß ihren Stamm zum Hermes, dem Herolde des Himmels, der ihren Ahnherrn mit der Kekropstochter Pandrosos erzeugt habe, hinaufführten (ob. S. 57.). Von den Geschlechtern, deren Adel auf einer besonderen Stellung zu den Göttern beruhte, nahmen die Nachkommen des Butes, die Butaden, den ersten Rang ein. Butes sollte zur Zeit des Erechtheus gelebt haben; aus seinen Nachkommen mußte die jungfräuliche Priesterin der Stadthüterin Athene im Erechtheion auf der Burg bestellt werden. Neben den Butaden stand das Geschlecht der Buzygen, welche die Obhut über das alte Bild der Pallas, welches südlich unter der Burg am Ilissos stand, führten und den heiligen Pflug der Athene aufbewahrten[1]; die Praxiergiden, denen die Abwaschung des Pallasbildes im Erechtheion und die Reinigung des Tempels oblag, die Pamphyliden, welche sich von dem alten Sänger Pamphos ableiteten (ob. S. 247.), die Lykomiden, welche die Gesänge des Musaeos d. h. einige alte Hymnen bei gewissen Opfern der Demeter sangen, die Phytaliden, welche die Reinigungen und Sühnungen leiteten, die Hesychiden, welchen der Dienst der ehrwürdigen Gottheiten, der Erinnyen, auf dem Areiopag zustand, die Kentriaden, welche an gewissen Festen die Opferthiere mit dem Stachel (Kentron) an den Altar zu treiben, die Thauloniden, welche die Thiere am Altar zu tödten hatten u. a.[2]).

Eine nicht unbedeutende Verstärkung hatte der attische Adel durch die eingewanderten und in Attika zurückgebliebenen Flüchtlinge erhalten. Das Geschlecht, welches das Zepter in Attika trug, war aus Pylos eingewandert; neben ihm rühmten sich noch drei Adelsgeschlechter der Abkunft aus demselben Lande. Die Nachkommen des Melanthos und Kodros, die Kodriden, wollten durch Boros und Antropompos von dem Bruder des Nestor, dem Periklymenos abstammen; die Peisistratiden führten ihr Geschlecht zum jüngsten Sohn des Nestor, dem Peisistratos hinauf; die Paeoniden leiteten ihren Stamm von dem Enkel des Nestor, dem Sohn des Antilochos, dem Paeon ab, und die Alkmaeoniden behaupteten, daß ihr Stammvater Alkmaeon der Enkel des Thrasymedes, eines dritten Sohnes des Nestor, gewesen sei[3]). Auch aus Troezen waren edle Ge-

---

1) Böckh corp. Inscript. Nr. 491. ob. S. 57. 61. — 2) Meier l. c. p. 49. 53. Schömann griech. Alterth. II. 44d. — 3) Pausan. 2, 18, 8. 9. Oben S. 204.

schlechter nach Attika geflüchtet und hatten sich in den Bergen von Gorgettos und Sphettos niedergelassen (S. 69. 203.). Aus dem unteren Thal des Peneios von Gyrton und Elateia waren die Adelsgeschlechter der Lapithen, die Nachkommen des Peirithoos und Koronos, die Peirithoiden und Koroniden, aus Theben die Gephyraeer[1]) nach Attika gekommen und hatten sich hier niedergelassen. Endlich hatten die langdauernden Kämpfe, welche die Wanderung der Stämme begleiteten, die Nothwendigkeit einer bereiten Vertheidigung der Grenzen, dazu beigetragen, die Zahl der Familien zu vermehren, welche der Abwehr des Feindes, dem Waffenhandwerk sich widmeten.

Die alteinheimischen Adelsfamilien hatten in den einzelnen Landestheilen die Opfer weiter dargebracht, welche bereits in der Zeit vor der Vereinigung des Landes üblich gewesen waren. Aus der Fortwirkung der vormaligen Selbstständigkeit dieser Gebiete wie aus diesen Bräuchen waren naturgemäß jene vier Genossenschaften, jene vier Stämme entstanden, in welche der attische Adel schon vor den Zeiten der Wanderung zerfiel. Die dorischen Stämme, welche sich während des Krieges aus den Bedürfnissen der Heeresorganisation bildeten, wurden jeder auf einen Stammvater zurückgeführt, wenn diese Stammväter auch fingirt waren. Die Stämme des attischen Adels trugen auch in ihrer Bezeichnung das Gepräge ihres anders begründeten Ursprungs. Da die attischen Stämme aus lokalen Genossenschaften des Adels bestanden, da es unmöglich war, diese auf einen gemeinsamen Stammvater zurückzuführen, wurden ihre Namen von der Lebensweise entlehnt, welche in den einzelnen Bezirken Attika's vorherrschte, und von der Stellung, welche eine dieser Genossenschaften zu dem gesammten Gemeinwesen einnahm. In diesem Sinne nannte sich der Adel der Landschaft am Ilissos, von welchem die Vereinigung des attischen Landes ausgegangen war, welcher den ersten Rang einnahm, die Geleonten d. h. die Glänzenden, während der marathonische Adel den Namen der Hopliten (der Bewaffneten), der eleusinische Adel den Namen der Argadeis (Arbeiter), der des inneren Berglandes den Namen der Aegikoreis (Ziegenhirten) trug[1]). Späterhin ist dann freilich versucht worden,

---

1) Herodot 5, 57. Oben S. 39. 70. — 2) Daß die vier Stämme in zusammenhängenden Bezirken ansässig waren, geht unwiderleglich daraus hervor,

auch diese Namen zu Personen, zu Stammvätern der Stämme umzuformen. Die frühzeitige Bildung dieser Genossenschaften, deren Rang und Reihefolge sich wohl nach der Bedeutung der Bezirke und der Zahl der ritterlichen Geschlechter derselben festgestellt hatte, mußte wesentlich dazu beitragen, das Selbstgefühl wie das Standesgefühl des attischen Adels zu erhöhen. Als besondere Gemeinschaften standen diese Genossenschaften dem attischen Volke gegenüber; sie setzten den Adel in den Stand, sich dem Volke gegenüber als einen in sich zusammenhängenden Körper abzuschließen, wenn die Trennung zwischen Adel und Volk auch in Attika niemals bis zu solcher Schärfe gelangen konnte, wie in den eroberten Landschaften. Mit dem Selbstgefühl und der Abgeschlossenheit des Adels dem Volke gegenüber, wuchs auch das Selbstgefühl des Adels gegen die Krone. Auch der Krone gegenüber begann sich der Adel als eine Gemeinschaft, als ein Stand, welchem dieselben Interessen am Herzen lagen, zu fühlen. Je anschließlicher dieser Adel dem Schutze des Landes oblag, desto höher erhob sich seine Stellung über die der Bauern, desto stärker wurde auch in seiner Mitte das Bewußtsein seiner Bedeutung, seiner Kraft und Macht neben dem Königthum. Warum sollte es vom Willen des Königs abhängen, diesen oder jenen Edelmann zu seinem Rath und zu seinem Gericht zu berufen; hatten nicht alle Standesgenossen gleichen Anspruch auf diese Ehre und diesen Einfluß? Wenn der König Beschlüsse fassen wollte, warum sollte er nicht zuvor die Willensmeinung des gesammten Adels hören? War es nicht der Adel, der die Last und die Gefahr des Krieges trug, wenn der König Krieg führen wollte? Sollte der Adel nicht zuvor gefragt werden, ob er des Willens sei, diese Last und Gefahr auf sich zu nehmen? Auch der attische Adel trachtete nach einem größeren Einfluß auf die Leitung des Staatswesens.

Um die Zeit da Lykurgos und Iphitos gemeinsam zu Olympia opferten, hatte der Sohn des Thersippos, König Aeschylos, den attischen Thron bestiegen. Als dem Aeschylos im Jahre 754 v. Chr. dessen Sohn Alkmaeon folgte, gelang es den attischen Edelleuten, ihre Ansprüche auf dem Wege einer Revolution durchzusetzen. König

---

daß Kleisthenes, um die Macht des Adels zu brechen, seine zehn Stämme aus einzelnen Demen ohne lokalen Zusammenhang bildete, s. Bd. IV.

Alkmaeon regierte erst zwei Jahre, als der Adel ihn entthronte. Ein jüngerer Sohn des Aeschylos, Charops, ersetzte den Alkmaeon auf dem Stuhl des Königs. Aber es war mit diesem Thronwechsel eine wesentliche Schmälerung der monarchischen Gewalt verbunden. Das Königshaus der Neliden, der Nachkommen des Melanthos sollte seiner Rechte, seiner Stellung nicht vollständig beraubt, das Verhältniß des Staats zu den Göttern sollte nicht verändert werden, die Vorsteherschaft des Staates sollte ihm bleiben. Aber die Dauer der Königswürde wurde auf zehn Jahre beschränkt, und der Adel sollte das Recht haben, aus den Nachkommen des Melanthos für diese zehnjährige Königswürde den zu wählen, welcher ihm der geeignetste schien. Die Souveränität des Adels trat an die Stelle der Souveränität der Krone, das Erbkönigthum war in ein auf Zeit beschränktes Wahlkönigthum, in eine Executivbehörde des Adels übergegangen. Diese zehnjährige Prytanie der Melanthiden wurde im Jahre 752 in Attika eingeführt; sieben Jahre früher als in Corinth das Königthum der Bakchiaden in die jährige Prytanie derselben verwandelt wurde¹).

Aber es war nicht genug, die Rechte des Königthums zu verkürzen. Es kam ebenso wesentlich darauf an, den Antheil des Adels an der neuen Regierungsform zu regeln. Man war in Attika genau in der Lage Lykurg's, als er fünfzig Jahre zuvor das Regiment zwischen dem Adel und den Königen theilte. Wollte man dem herabgedrückten Königsgeschlecht nicht eine unzufriedene Partei aus der Mitte des Adels zuführen, welche dieses zur Wiedererlangung der Souveränität und des Erbrechts benutzen konnte, so mußte allen Familien des Adels ein möglichst gleich gemessener Antheil an der Regierung des Landes zugestanden, so mußte allen Familien des Adels ein Interesse, wo möglich das gleiche Interesse an der Auf-

---

1) Die Notiz bei Pausanias (IV, 5, 10.), daß die Nachkommen des Nielon bereits zu verantwortlichen Präsidenten gemacht und Archonten genannt worden wären (cf. Justin II, 7), ist eine Vorausdatirung des späteren Zustandes. Da bei Einführung der neun Archonten der Titel Basileus für den zweiten beibehalten wird, so muß dieser Titel bis zu dieser Zeit für den König gegolten haben. Eusebios läßt dem Aeschylos den Alkmaeon folgen und zwei Jahre herrschen, und nennt dann den Charops, den Sohn des Aeschylos, als ersten zehnjährigen Archon — es muß dieser deshalb ein jüngerer Sohn des Aeschylos gewesen sein. Die Exc. barb. setzen den Alkmaeon als ersten zehnjährigen Archon zwischen 763 und 753. Indeß da auch Dionysios v. H. (1, 71.) Charops als ersten zehnjährigen Archonten hat, können die Exc. barb. nicht in Betracht kommen.

rechthaltung des neuen Zustandes gegeben werden. Wenn Lykurgos in Sparta die alten Stämme der Dorer in demselben Sinne reorganisirt hatte, so besaß man auch in Athen keine andern Mittel, die Theilnahme des Adels an der Regierung zu regeln, als diese alten Genossenschaften. Diese umfaßten indeß nicht den gesammten Adel. Wohl mochten eingewanderte Adelsgeschlechter, welche durch gleiche Familienculte verwandt erschienen, hier und da Aufnahme in den einen oder den andern der vier Stämme gefunden haben; aber es gab andere, welche nicht aufgenommen waren; auch neue Familien waren emporgekommen, welche trotz ihres Besitzes und ihres Ansehens keiner der alten Genossenschaften angehörten. Man konnte die vier Stämme zur Regelung des Antheils an der Regierung nur dann benutzen, wenn der gesammte Adel in ihnen untergebracht war, wenn außerdem die Zahl der Adelsgeschlechter innerhalb derselben ziemlich gleich vertheilt war. Man mußte demnach diese alten Corporationen reorganisiren, indem man sie erweiterte und gegen einander in der Weise auszugleichen versuchte, daß sowohl eine gleichmäßige und geordnete Theilnahme des gesammten Adels am Rathe, am Gericht und an der Verwaltung, als auch eine gleichmäßige Vertheilung des Kriegsdienstes auf die Stämme möglich wurde. Die Stämme erhielten durch diese Reorganisation eine ganz neue Bedeutung. Bisher war es ein Interesse des Familienstolzes, einem der Stämme anzugehören; jetzt war die Zugehörigkeit zu einem Stamme eine Frage des Bürgerrechts, des Antheils an der Regierung, des Staatsraths. Die Zugehörigkeit zu einem Stamme war bisher das Zeichen alten Adels gewesen, jetzt wurde sie die Quelle der Berechtigung im Staate.

Wie in Sparta mußte auch in Athen die Stammverfassung zum System erweitert werden, um sie zur Form der Adelsregierung erheben zu können. Die Stämme, welche die Reform vorfand, bestanden aus Familien. Die Familien, welche unter einander verwandt waren, welche von einem Stammvater abstammten oder abzustammen glaubten, waren zu Geschlechtern vereinigt. Ob das Mittelglied zwischen den Geschlechtern und den Stämmen, die Phratrien, bestand oder jetzt erst eingeführt wurde, wissen wir nicht bestimmt. Aber es ist wahrscheinlich, daß sich verwandte Geschlechter in den Stämmen bereits zu größeren Verbänden, zu Brüderschaften, zusammengethan hatten; es ist möglich, daß bereits jede der vier alten Adelskorporationen in drei Unterabtheilungen, in drei Brüderschaften zerlegt war. Die Zahl zwölf war wenigstens eine den Joniern insbesondere heilige Zahl; sie entsprach den zwölf Monaten des Jahres, in welchen das Licht des Apollon den bestimmten Kreis durchlief, und Apollon war bei den Altisten der Schutzherr der Geschlechter; sei es von Alters her, sei es, daß die Reform der Stammesverfassung in Athen, wie in Sparta geschehen war, unter der Obhut und Sanktion des delphischen Orakels durchgeführt wurde[1]. Jetzt wurden nun jedem der vier Stämme, welche mit voller Gleichberechtigung neben einander stehen sollten, eine ungefähr gleiche Anzahl von Familien zugetheilt. Diese Familien wurden innerhalb jedes Stammes unter Benutzung der bestehenden Geschlechter zu einer gleichen Anzahl von Geschlechtsverbänden vereinigt, so daß theils die verwandten Familien ein Geschlecht bildeten, theils nicht unter einander verwandte zu einem Geschlecht zusammengelegt wurden, um in jedem Stamme die Zahl von neunzig Geschlechtern zu erreichen. Von den neunzig Geschlechtsverbänden jedes Stammes wurden je dreißig zu einer Phratrie vereinigt. Man zählte demnach vier Stämme, zwölf Phratrien und dreihundertundsechszig Geschlechter[2]. Jedes Geschlecht wie jede Phratrie war durch die angenommene Abstammung von einem Stammvater vereinigt[3]. Das Haupt der ältesten Adelsfamilie in jedem Geschlecht war der Vorsteher desselben ($\check{\alpha}\rho\chi\omega\nu\ \tau o\tilde{v}\ \gamma\acute{\epsilon}\nu o v \varsigma$). Die dreißig Geschlechtsvorsteher einer Phratrie wählten den Vorsteher der Phratrie, den Phratriarchen, welcher dies Amt entweder lebenslänglich oder auf zehn Jahre führte; späterhin fand diese Wahl jährlich Statt. Die neunzig Geschlechtsvorsteher aller drei Phratrien eines Stammes wählten gemeinsam einen König des Stammes ($\varphi v \lambda o \beta \alpha \sigma i \lambda \epsilon \acute{v} \varsigma$), dessen Amtsdauer wol auf eben so lange Zeit als die des Landeskönigs selbst,

---

1) Für das letztere spricht die Sage vom Jon, der ein Sohn des Apollon heißt und in Delphi erzogen wird, dessen Söhne dann die Stammväter der vier Stämme sind; s. u. Kap. 5. — 2) Wenn dann wieder zu jedem Geschlecht dreißig Hausstände vereinigt gewesen sein sollen (Poll. 3, 52.), und danach die Zahl der Familien 10,800 betragen haben soll, so ist dies nichts als eine Spielerei. Man kann eine Gesammtmasse von Familien in eine beliebige Anzahl von Verbänden theilen, man kann aber die Zahl der Familien nicht bestimmen, aus denen die unterste Stufe dieser Verbände bestehen soll. Die Zahl der 360 Geschlechter wird durch die τριακάς (Poll. 8, 111.) und die τριακόσιοι (Hesych.) bestätigt. Uns sind nur die Namen von achtzig bis neunzig Geschlechtern erhalten. — 3) Wir kennen zwar nur den Namen einer Phratrie Achniadae; aber dieser genügt, diese Behauptung zu erhärten.

auf zehn Jahre bestimmt war. Auf dieser neuen Grundlage erfolgte zunächst die Organisation des Rathes der Edelleute, nach dessen Willen das neue Wahlkönigthum die Regierung zu führen hatte. Dieser Rath bestand, wie es scheint, aus den vier Stammkönigen und sämmtlichen 360 Geschlechtshäuptern. Wie die Gerusia in Sparta war derselbe zugleich das oberste Gericht des Landes bei allen Vergehen gegen das Gemeinwesen, vielleicht auch in allen Kapitalsachen gegen die Edelleute. Das Gericht und der Rath, d. h. die Regierung des Landes waren ungetrennt¹).

Wenn der Wahlkönig fortfuhr, die Opfer, die der Erbkönig bisher dargebracht hatte, für das Land zu opfern, wenn er den Oberbefehl im Kriege führte, wie ihn der Erbkönig gehabt, so war seine Regierung doch nun an die Willensmeinung des Rathes gebunden, in welchem er den Vorsitz führte. Und wenn der Wahlkönig der oberste Richter des Landes, der Inhaber der richterlichen Gewalt blieb, so war ihm doch im höchsten Gerichte des Landes, d. h. in allen Fällen über Leben und Tod, über Verbannung und Einziehung des Vermögens (so weit der Spruch einen Edelmann betraf), nur noch der Vorsitz vorbehalten. Die letzte Entscheidung über Krieg und Frieden, über alle Fragen, welche die Gesammtheit der Edelleute angingen, war bei der Versammlung des gesammten Adels. Nachdem der König, welcher auch in dieser Versammlung den Vorsitz führte, die Meinung des Rathes und seine Vorschläge vorgetragen hatte, entschied die Abstimmung des gesammten Adels. Nach hergebrachter ionischer Sitte stand es jedem Edelmanne frei, für oder gegen die Vorschläge des Rathes das Wort zu ergreifen²).

Selbständig entschied der Wahlkönig über alle Fragen des religiösen Rechtes, des Familien- und Erbrechts, er war der Schutzherr aller Wittwen und Waisen im Lande, selbständig entschied er über alle Kriminalklagen, so weit sie nicht vor den großen Rath

---

1) Man kann auf diese Zahl des Rathes nur schließen. Aber wir haben ein Mal die Analogie Sparta's, das andere Mal, wozu 360 Geschlechter, wenn nicht jedes seinen Vertreter haben sollte. Endlich ist entschieden anzunehmen, daß, wie Solons Einrichtungen sich überall an das Vorhandene anschließen, dies auch in der Zahl der Rathsherren der Fall gewesen ist. Statt der 90 Geschlechtshäupter erhält jeder Stamm 100 Vertreter. Da wir wissen, daß die vier Stammkönige Beisitzer des Königs im Blutgericht waren, werden sie es auch im Rathe gewesen sein. — 2) Indeß folgt dies nicht blos aus der Sitte der Jonier, sondern auch aus Solon. fragm. Fragm. 1. ed. Bergk.

gehörten, über das Mein und Dein¹). Das Blutgericht hielt der König mit den Stammkönigen²) und einer Anzahl von Vertretern des Adels aus den vier Stämmen auf dem Hügel des Ares neben der Burg, beim Tempel des delphischen Apollon, dem Delphinion, beim Heiligthum der Pallas am Ilissos, endlich vor dem Königshause, dem Prytaneion. Wie bei allen Hellenen, lag auch in Attika den Verwandten des Erschlagenen die Pflicht der Blutrache ob. Die Unterlassung der Verfolgung des Mordes galt noch in später Zeit in Athen als eine Gottlosigkeit, und der nächste Verwandte des Erschlagenen konnte stets wegen Unterlassung dieser Pflicht vor Gericht gezogen werden. Der Staat begnügte sich, der verletzten Familie einen Weg zu öffnen, wie sie dieser heiligen Pflicht ohne neues Blutvergießen genügen könne; er brachte die Verfolgung des Mörders und die Sühne des Mordes in gesetzliche Formen. Das Gemeinwesen hatte aber auch noch eine andere Pflicht dabei zu erfüllen; vergossenes Blut verunreinigte nicht nur den Mörder, sondern auch die, welche diesem unter sich duldeten und mit ihm verkehrten, es machte nach den Vorstellungen, welche im achten Jahrhundert von Delphi aus eingeschärft wurden, das Land unrein und gab es dem Zorn der Götter preis. Das Volk mußte vor solcher Befleckung bewahrt, das Land mußte von dem vergossenen Blute gereinigt, der Zorn der Götter mußte versöhnt werden. Nächst den unmittelbaren Anverwandten lag es den Geschlechtsgenossen, den Gennaten, nach ihnen den Angehörigen derselben Phratrie, den Phratoren ob, den Mörder zu verfolgen, und wenn der Mord sühnbar war, die Sühne entgegen zu nehmen. Sobald ein Mord geschehen war, hatte der nächste Verwandte, der Bluträcher, am Grabe des Erschlagenen feierlich zu verkünden, daß der Mörder von den Altären und Heiligthümern, von dem Markte und der Versammlung fern bleiben solle. Er hatte diesen Aufruf (πρόρρησις) auf dem Markte, endlich vor dem Könige zu wiederholen, welcher dasselbe Gebot an den Mörder dann Kraft seines Amtes ergehen ließ, und ihn zugleich vor das Blutgericht beschied. Der Bluträcher selbst hat den Mörder, welchen er mit der Lanze verfolgt, zu ergreifen, wo er ihn trifft, und vor den König zu führen. Setzt sich der Mörder zur Wehre und erfolgt

---

1) Was dies folgt aus den Befugnissen des ersten Archon und des Archon König. Vgl. Pollux Onom. 8, 89—91. — 2) Poll. 6, 111—120.

dabei sein Tod, so ist der Bluträcher nicht schuldig. Kann er den Mörder nicht finden, so steht es ihm zu, Geißeln aus dem Geschlecht des Mörders auszuheben und diese dem Blutgericht zu stellen. Befand der König mit seinen Beisitzern in der Voruntersuchung, daß ein unerlaubter, vorsätzlicher Mord geschehen war, so hielt er Gericht auf dem Areshügel, am Heiligthum des Kriegsgottes; denn der Mörder hatte den Krieg in die friedliche Gemeinde getragen. Jedes Gericht über Mord mußte im Freien abgehalten werden: es hätte die Richter selbst befleckt, mit dem Mörder unter einem Dache zu weilen. Unten am Hügel des Kriegsgottes stand der Altar der Erinnyen, der Rachegeister, welche aus dem Blut der Erschlagenen aufsteigen und keinen Frevel ungestraft lassen, „der ehrwürdigen Gottheiten", deren Dienst die Hesychiden versahen. Hier war Orestes, zur Zeit des Königs Demophon, der vorsätzliche Mörder seiner Mutter, freigesprochen worden, weil er der verpflichtete Bluträcher des Vaters war. „Hier sollte, wie Aeschylos sagt, heilige Scheu des Volkes und die ihr verschwisterte Furcht bei Tag wie bei Nacht der Frevelthat wehren"[1]). Der König nahm den Kranz, das Zeichen seiner Würde, vom Haupte[2]); der Verfolger des Mörders nahm seinen Platz auf einem unbehauenen Steine, dem Steine der Unverföhntheit (ἀναιδεία), der Mörder auf einem ähnlichen Steine, welcher der Stein des Frevelmuths hieß[3]). Nachdem ein Eber oder Widder unter besonders feierlichen Cerimonien geschlachtet war, legte der Kläger seine Hand an die Opferstücke und schwur, daß der Erschlagene seiner Familie und seinem Geschlechte angehört habe, daß er die Wahrheit aussage. Eben so feierlich beschworen die Zeugen des Klägers ihre Aussagen. Am ersten Tage des Gerichts begründeten der Verfolger und der Verfolgte die Anklage und die Vertheidigung durch ihre eigenen Aussagen und die ihrer Zeugen; am zweiten durften beide noch einmal ihre Sache führen; Sachwalter waren niemals vor dem Gericht auf dem Areiopag erlaubt. Am dritten Tage erfolgte das Urtheil; es scheint Satzung des alten attischen Rechts gewesen zu sein, seinen Spruch über den dritten Tag zu verzögern[4]). Auf vorsätzlichen Mord stand jetzt im Gegensatz zur alten Sitte, nach welcher jeder Mord durch eine Sühne an

---

1) Aesch. Eumen. 660. — 2) Poll. Onom. 8, 90. — 3) Schömann griechische Alterthümer I. S. 471. — 4) Vgl. Hesych.: μὴ πλείω εἶναι τριαίας τὴν κρίσιν.

die Verwandten des Erschlagenen gut gemacht werden konnte, der Tod, d. h. die Auslieferung des Mörders an den Bluträcher. Dem Angeklagten stand es jedoch frei, gleich nach erhobener oder begründeter Klage, nach der Verhandlung des ersten Tages aus dem Lande zu fliehen. Das war ein freiwilliges Geständniß der Schuld, und das Gericht auf dem Areiopag hatte in diesem Falle die ewige Verbannung und die Einziehung seines Vermögens gegen den Angeklagten auszusprechen. Standen am dritten Tage die Stimmen der Richter für und gegen den Angeklagten gleich, so war er freigesprochen. Erkannte das Gericht auf dem Areiopag den Angeklagten des vorsätzlichen Mordes schuldig, so folgte diesem Spruch die Strafe des Todes. Der Mörder wurde dem Ankläger übergeben; späterhin war der Ankläger nur bei der Hinrichtung zugegen, das Vermögen des Hingerichteten fiel dem Staate zu. Ward der Angeklagte aber schuldlos befunden, so hatte er den Eumeniden ein Dankopfer darzubringen.

Vor dem Delphinion, dem Tempel des delphischen Apollon, des Gottes, welcher den Drachen von Delphi mit Fug erschlagen, welcher den Gebräuchen der Reinigung und Sühnung der Mörder vorstand, hielt der König das Blutgericht, wenn der Mörder behauptete, zwar einen vorsätzlichen Mord begangen zu haben, aber einen erlaubten vorsätzlichen Mord. Erlaubt war die Tödtung des Diebes, der zur Nachtzeit in's Haus gedrungen, wenn er sich zur Wehre setzte. Erlaubt war es, den Buhler, den der Mann bei seiner Gattin, den Verführer, welchen der Vater bei seiner Tochter, der Sohn bei seiner Mutter, der Bruder bei seiner Schwester fand, auf der Stelle zu erschlagen. In diesen Fällen lag dem Gericht nur ob, die Thatfrage festzustellen und die religiösen Ceremonien anzuordnen, welche die Reinigung des Mörders von dem vergossenen Blute herbeiführten.

Vor dem alten Bilde der Pallas am Ilissos, dem Palladion, welches unter der Obhut des Geschlechts der Buzygen stand, hegte der König Gericht über unvorsätzlichen Todtschlag, der in Verblendung oder Verwirrung des Sinns begangen war, über versuchten oder durch Anstiftung verübten Mord ($\beta o \nu \lambda \varepsilon \upsilon \sigma \iota \varsigma$), nachmals auch über die Tödtung von Fremden oder Nichtbürgern. Bei unvorsätzlichem Mord traf den Mörder nur die Strafe einer zeitweiligen Verbannung, welche, wie es scheint, nach der Verschiedenheit der

Fälle, aber mindestens auf ein Jahr, bemessen war¹). Der Verbannte hatte das Land auf einem vorgeschriebenen Wege zu verlassen. Auf der Rückkehr aus der Verbannung mußte er die Verwandten des von ihm Erschlagenen versöhnen. Er traf an einem bestimmten Orte mit ihnen zusammen und hatte sie durch ein Bußgeld für den Verlust ihres Familiengliedes zu entschädigen. Die Annahme der Sühne durfte im Falle unvorsätzlichen Mordes nicht verweigert werden. In Ermangelung von Blutsverwandten erhielten die nächsten Vettern, die Geschlechtsgenossen, kann die Phratoren das Bußgeld. Alle, denen die Verfolgung des Mörders oblag, hatten auch ein Recht auf die Lösung des Todtschlägers. Außerdem erhielten sie einen schwarzen Widder von dem Angeklagten, welchen sie an der Stelle des Todtschlägers den Erinnyen des Erschlagenen und den Göttern der Unterwelt darbrachten. Durch die Verbannung hatte der Mörder Buße gethan, er hatte durch diese den Zorn der Götter und die Seele des Erschlagenen, die Erinnyen des Erschlagenen versöhnt; er hatte nun auch die Verwandten ausgesöhnt und durfte, nachdem die Reinigung an ihm von Reinigern aus dem Geschlecht der Phytaliden am Altar des Zeus Mellichios (des erweichten Zeus), der am Kephissos in der Nähe des Heiligthums der Demeter und Kore stand, vollzogen war, wieder frei im Lande verkehren²). In diesen Fällen des unvorsätzlichen Mordes konnte dem Mörder wenigstens späterhin die Verbannung erlassen werden, wenn der Getödtete dem Mörder vor dem Tode verziehen hatte oder die Zuverwandten des Ermordeten sich ohne Verbannung des Mörders mit dem Bußgelde zufrieden erklärten. Aber sie mußten einstimmig in diesem Beschlusse sein, denn sie vertraten das Recht und die Seele des Getödteten. Waren keine zur Blutrache berufenen Verwandten vorhanden, so hatten die angesehensten Phratoren zu entscheiden, aus welchen der Gerichtshof zehn für diesen Spruch bestimmte. Mit diesen wurde dann auch die Aussöhnung vollzogen. Die Strafe für versuchten Mord war Verbannung und Einziehung des Vermögens. Verbannung soll auch auf dem Mord des Nichtbürgers gestanden haben.

Vor dem Prytaneion wurde das Blutgericht vom Könige ab-

---

1) De legg. p. 868. 869. — 2) C. Müller Aeschylos, Eumeniden S. 144 Schömann griech. Alterth. 2, 320.

gehalten, wenn sich der Mörder nicht gestellt, wenn die zur Blutrache Verpflichteten des Mörders nicht habhaft geworden waren. In diesen Fällen mußte sich das Gericht begnügen, die Strafe über den Abwesenden oder unbekannten Mörder feierlich auszusprechen. Waren die Werkzeuge des Mordes aufgefunden und von den Verwandten des Erschlagenen zur Stelle gebracht, so wurden dieselben der Reinigung des Landes wegen, nach dem Ausspruche des Gerichtshofes, von den vier Stammkönigen über die Grenzen Attika's geschafft. Auch Balken oder Steine oder was sonst durch Zufall den Tod eines Menschen verursachte, wurde hier verurtheilt und außer Landes gebracht; auch die Thiere, durch welche jemand umgekommen war, wurden im Prytaneion zum Tode verurtheilt und aus dem Lande geschafft. Wenn ein wegen unvorsätzlichen Todtschlages zeitweise Verbannter eines zweiten Mordes während der Verbannungszeit angeklagt wurde, so sollte er, da er das Land nicht betreten durfte, zu Schiffe am Strande von Peiraeus erscheinen; hier in Peiraeus sollte der König mit den Blutrichtern über Fälle dieser Art entscheiden.

War ein Fremder ermordet, so konnte sein Gastfreund, war ein Sklave ermordet, so konnte der Herr die Verfolgung des Mörders übernehmen, aber er war dazu nicht verpflichtet. War ein Mann, der nicht zur Familie oder zum Hausstande gehörte, in einem Hause erschlagen worden, so hatte der Hausherr die Leiche zu bestatten, den Mord am Grabe zu verkünden und auf dasselbe eine Lanze zu stecken, damit der nächste Verwandte des Ermordeten diese Lanze, das Zeichen der Verfolgung des Mörders aufnehme[1]).

Die Fürsorge für das Familienrecht konnte der Adel dem Wahlkönige nicht allein überlassen, da es die Grundlage und die Bedingung für die rechtliche Stellung des Edelmannes war. Von der Zugehörigkeit zum Geschlecht hing der Antheil an der Regierung ab. Die Geschlechter und Phratrien übten demnach eine Ueberwachung des Eherechts. Alle zwölf Phratrien verehrten den Zeus Herkeios, d. h. den herdschützenden Zeus, dessen Altar auf der Akropolis stand, und den Apollon Patroos, dessen Heiligthum unter der Burg, an der Ostseite des Marktes, unweit der „Halle des Königs" lag.

---

1) Schömann griech. Alterthümer I. S. 471 figde. Hermann Staatsalterthümer §§. 104. 105. Müller Aeschylos, Eumeniden S. 161 figde.

Diesem, dem väterlichen, stammschützenden Gotte feierten die Geschlechter alljährlich im Pyanepsion drei Tage hindurch das Fest der Apaturien, d. h. der gemeinsamen Abstammung[1]). Das Fest begann am ersten Tage mit Opfern und einem gemeinsamen Abendschmause der Phratoren, am folgenden Tage wurde dem Apollon Patroos und dem Zeus Herkeios geopfert. Es war Sitte in Attika, daß die Kinder gleich nach der Geburt, sobald der Vater sie anerkannt hatte, um den Heerd des Hauses getragen wurden. Damit waren sie in die Familie aufgenommen, unter den Schutz des Hephaestos, des Gottes des Heerdes, gestellt, und der Vater hatte von diesem Augenblick keine Gewalt mehr über das Leben der Kinder. Jetzt handelte es sich um die Aufnahme in das Geschlecht und die Phratrie. So wurden nun die seit dem letzten Apaturienfeste in den Geschlechtern der Phratrie gebornen Kinder an den Altar des Apollon Patroos getragen; einer aus der Mitte der Anverwandten verrichtete das Gebet und brachte das Opfer. Danach wurden dem Hephaestos Lobgesänge gesungen, dessen Feuer die Familie gegründet und um den Heerd versammelt hatte. Am dritten Tage versammelten sich die Phratoren, den Zeus Phratrios und die Athene Phratria anzurufen. Es war an diesem Tage, daß der Zuwachs der Phratrie feierlich in die Geschlechter eingeführt wurde. Der Vater führte ein Schaaf oder eine Ziege zum Altar. Wer die Aechtheit, die rechte Geburt des Kindes aus rechter Ehe bestritt, mußte das Opferthier vom Altar zurückziehen und seine Beweise vor dem Vorsteher der Phratrie, dem Phratriarchen, geltend machen. Unter dem Vorsitz des Phratriarchen entschieden die Vorsteher, die Häupter der dreißig Geschlechter, welche die Phratrie ausmachten, über die Aufnahme des Kindes. Wurde das Kind aufgenommen, so hatte der Vater eine Weinspende zum Besten zu geben. Ließ der Vater auch die Apaturien des dritten Jahres nach der Geburt des Kindes vorübergehen, ohne dasselbe den Phratoren vorzustellen, und die Aufnahme in das Geschlecht zu bewirken, so war dasselbe seiner Adelsrechte, seiner Bürgerrechte verlustig. Die Adoption von Söhnen — man ließ in Attika nicht gern eine Familie aussterben — war

---

1) ἀπατούρια wie ἄπαστις statt ὁμόπαστις mit verstärktem a. Die Geschichte von der ἀπάτη, welche König Melanthos im Zweikampfe gegen den Xanthos durch das schwarze Ziegenfell geübt habe, konnte erst entstehen, als der Name Apaturien unverständlich geworden war.

auf den Kreis des Geschlechts beschränkt¹); sie mußte ebenfalls vor dem Phratriarchen erfolgen; der Adoptirte trat in das Geschlecht und die Phratrie seines Adoptivvaters ein. Das Vermögen derer, welche ohne Leibeserben starben, fiel an die Geschlechtsgenossen. Hatten die Knaben das achtzehnte Jahr erreicht, so geschah nach erfolgter Prüfung ihrer Abkunft in der Versammlung der Phratrie durch den Phratriarchen ihre Mündigkeitserklärung. Wenn sie danach eine Frau heimführten, so hatten sie dieselbe, falls sie eine rechte Ehe schließen wollten, dem Phratriarchen und der Phratrie vorzustellen. Die Rechtsgültigkeit der Ehe bestimmte über das Erbrecht der Kinder. Der Neuvermählte brachte dabei ein Opfer und hatte den Opferschmaus für die Phratoren auszurichten¹).

Die Umgestaltung der attischen Verfassung hatte nicht blos der königlichen Gewalt Eintrag gethan. Mindestens ebenso viel hatte das attische Volk verloren. Freilich kam es nach wie vor zur Versammlung, wenn auch nicht mehr, um den Willen des Königs zu vernehmen, so doch um die Entscheidungen, welche der große Rath des Adels getroffen, durch den König verkündigen zu hören, um die Berathung und den Beschluß der Adelsversammlung mit anzuhören. Noch immer umstand das Volk den Wahlkönig, wenn er in der „Halle des Königs", auf der Südseite des Marktes Recht sprach, umgab es die Geronten, die Altermänner, denen der Wahlkönig den Rechtsspruch übertragen hatte. Aber der König war nicht mehr wie vordem in der Lage, den Interessen des Adels und des Volkes in gleicher Weise gerecht zu werden. Er mußte nach dem Willen des adligen Rathes, dem Macht und Vortheil seines Standes in erster Linie standen, regieren. Dennoch war auch der Wahlkönig noch stark genug, den Bauern einen gewissen Schutz und einen gewissen Anhalt gegen den Adel zu gewähren. Er besaß die Führung des Heeres, die richterliche Gewalt lag in allen Sachen des Familien- und des Erbrechts, in allen Sachen des Kultus und der Polizei, in allen Kriminalfällen, in denen es sich nicht um vergossenes Blut, um Vergehen gegen den Staat handelte, in allen Klagen über Mein und Dein in seiner Hand.³) Diese Gerichtsgewalt machte es ihm möglich, den Bauern Schutz gegen Uebergriffe des Adels zu gewähren; und wenn er zur

---

1) Plut. Solon. c. 21. — 2) Schömann griech. Alterth. I. S. 369. 366. 517. — 3) Es folgt dies aus der späteren Vertheilung der richterlichen Gewalt unter die Archonten.

Ausübung der Gerichtsbarkeit über das Eigenthum in den Bezirken des Landes Erellente ernannte, die dem Königshause, welches seit drittehalb Jahrhunderten in Attika herrschte, ergeben waren, so konnte auch das beschränkte Wahlkönigthum, auf die Gunst der Bauern gestützt, den neuen Rechten des Adels sehr gefährlich werden, so mochte es den Versuch wagen, seine alte Stellung wieder zu gewinnen. Die Gefahr war um so größer, als anzunehmen war, daß alle Mitglieder des alten Königsgeschlechtes, alle Nachkommen des Melanthos und Kodros, welchen von ihnen man auch wählte, von gleichem Interesse für die Wiedererhebung ihres Hauses beseelt sein würden, daß sie die gleiche, auf diesen Zweck gerichtete Politik befolgen würden.

Dem ersten Wahlkönig aus dem Hause des Melanthos, dem Charops, waren Aesymedes, Kleidikos und Hippomenes gefolgt. Diese vier zu zehnjähriger Regierung gewählten Glieder des alten Königshauses genügten, den Adel die Erfahrung machen zu lassen, daß diese Gewalt, von der mächtigen Wirkung der Tradition, welche ihr zur Seite stand, unterstützt, zu stark sei, als daß man sich der errungenen Rechte in Sicherheit zu freuen vermöge. Man mußte die Hand an die Wurzel des Baumes legen, man mußte sich trotz aller religiösen Bedenken entschließen, das Recht der Melanthiden auf die zehnjährige Vorsteherschaft des Staats zu beseitigen. Um dieselbe Zeit, als die Spartaner die Unterwerfung Messeniens vollendeten, erfolgte in Athen der völlige Sturz des alten Königshauses. Das zehnjährige Wahlkönigthum wurde für den gesammten Adel zugänglich erklärt, und nach Ablauf der Amtszeit des Hippomenes, im Jahre 712, wurde Leokrates, aus einem Geschlechte des Adels, als zehnjähriger König an die Spitze des Staates gestellt.

Die Anekdote, durch welche die attische Tradition den Fall der Melanthiden motivirt, ist wie alle Geschichten, welche über die Zeit der Königs- und Adelsherrschaft nachmals in Attika umgingen, von dem Gefühl der herrschenden Demokratie gegen despotische und aristokratische Willkür diktirt. Hippomenes habe, so heißt es, als seine Tochter Leimone von einem attischen Manne entehrt worden sei, den Uebelthäter an einen Wagen gebunden und von den Pferden zu Tode schleifen lassen. Seine Tochter habe er ebenfalls einem Rosse überlassen, mit welchem er sie, ohne dem Thiere Nahrung zu reichen, eingesperrt habe, bis dasselbe das Mädchen verzehrt hätte. Diese Grausamkeit habe die Athener erzürnt, sie hätten das Haus des

Hippomenes dem Boden gleich gemacht, und beschlossen, die Königswahl nicht mehr auf die Nachkommen des Kodros zu beschränken, sondern allen edlen Geschlechtern zugänglich zu machen[1]). Die Namen Hippomenes d. h. Roßstark und Leimone d. h. Wiese erklären den Ursprung dieser Geschichte.

Dem ersten Wahlkönig aus dem gesammten Adel, dem Leokrates, folgten Apsandros und Eryxias. Auch diese von dem Zauber der Gewohnheit und Erinnerung entkleidete Gewalt dünkte dem Adel schon nach dieser kurzen Erfahrung noch zu übermächtig. Konnte nicht ein unternehmender und ehrgeiziger Mann in einer zehnjährigen Amtsführung sich auf dem Königsstuhl so festsetzen, daß er ihm nicht wieder freiwillig entsagte, konnte nicht auch ein solcher Wahlkönig durch die Art der Ausübung der richterlichen Gewalt, durch die von ihm ernannten Unterrichter, die Gunst des Landvolkes gewinnen und die Herrschaft des Adels dadurch gefährden? War es nicht, nachdem man doch einmal dem alten Königthum abgesagt hatte, folgerichtig, auch dem bedenklichen Namen und allen Ansprüchen, welche in diesem lagen, ein Ende zu machen? Lag es denn nicht im Wesen der Adelsherrschaft, so viel Mitgliedern des Adels als möglich den Zugang zur obersten Gewalt zu gewähren? Man vermied eine große Gefahr und befestigte die Herrschaft des Adels, indem man keinem Mitgliede dieses Standes mehr eine, wenn auch vorübergehende, dynastische Gewalt anvertraute, wenn man die höchste Würde jährlich wechseln ließ und die Befugnisse derselben unter mehrere Personen vertheilte. In Korinth standen schon lange jährlich wechselnde Prytanen an der Spitze des Staats.

Diese neue Reform wurde im Jahre 682 v. Chr. durchgeführt. Nachdem der attische Adel mäßiger begonnen hatte, war er weiter gekommen, als der korinthische, ging er nun weit über denselben hinaus. Von einer zehnjährigen Prytanie des alten Königshauses war er in einem Zeitraume von nur siebzig Jahren zu einer freien, jährlich wechselnden Prytanie gelangt. Und auch diese wurde nun durch Zerlegung ihrer bisherigen Befugnisse wesentlich geschmälert. Statt eines Königs sollten jährlich nicht blos ein oberster Beamter, sondern neben diesem noch acht andere höchste Beamte (zwei für jeden

---

[1] Heracl. Pont. I, 3. ed. Müller. Nicol. Damasc. Fragm. 51. ed. Müller. Pausan. I, 3, 2. Syncell. p. 169.

Stamm) vom Adel gewählt werden. Der Name des Königs sollte aufhören; nur für die religiösen Funktionen des neuen getheilten und jährlich wechselnden Königsamtes sollte derselbe fortdauern. Die neuen Beamten, welche den Wahlkönig ersetzten, hießen, nicht blos der erste von ihnen, sondern alle, Archonten; es gab keinen ausschließenden Titel mehr. Der erste Archon — Kreon wurde der erste Inhaber dieser Würde — war der Präsident der Republik. Er führte den Vorsitz im großen Rathe des Adels, in der Versammlung des Adels auf dem Markte. Er war der Erbe der königlichen Gerichtsgewalt über das Familien- und Erbrecht; er richtete, wie der König vor ihm, am Markte in der „Halle des Königs". Er verkündigte alle Gesetze und Verordnungen dem Volke (nachmals wurden diese in seinem Namen erlassen), er führte die Schlüssel der Burgthore und des Staatsschatzes, späterhin auch das Siegel des Staats, welches das Haupt der Gorgo zeigte. Auf den zweiten Archon, den Archon-König, gingen die religiösen und priesterlichen Funktionen über, welche den Erb- und Wahlkönigen bisher für das Gemeinwesen obgelegen hatten. Der Archon-König hatte demnach außer der Darbringung der gewohnten Opfer, zu denen namentlich die Feier der Feste der Demeter und das Frühlingsfest des Dionysos gehörten, den Vorsitz bei allen öffentlichen Wettkämpfen, welche den Opfern folgten, den Vorsitz in allen Prozessen, welche sich auf religiöse Dinge, auf Gottlosigkeit, auf die Unterlassung heiliger Handlungen u. s. w. bezogen, den Vorsitz bei allen Klagen wegen vergossenen Blutes, weil diese nur unter den hergebrachten religiösen Cerimonien abgeurtheilt werden konnten, weil sie mit gewissen Opfern und Reinigungen verbunden waren. Neben dem Namen des Königs blieb diesem Archon die alte auszeichnende Tracht, welche die Könige Athens bis dahin getragen, der Kranz auf dem Haupte und die königlichen Schuhe (βασιλίδες) an den Füßen[1]. Auch die Frau dieses neuen jährlich gewählten Titularkönigs trat an die Stelle der Königin der alten Zeit. Am dritten Tage des Frühlingsfestes, der Anthesterien, wurde sie, von dem Hierokeryx und vierzehn ausgewählten Frauen des attischen Adels begleitet, in dem Heiligthum des Dionysos, in der Niederung unter der Burg, in dem Lenaeon, diesem Gotte vermählt, damit derselbe auch in diesem Jahre seinen

---

[1] Pollux l. c. 7, 85.

Fruchtsegen dem attischen Lande spende. Ihre Begleiterinnen gelobten, die Feste des Dionysos stets feiern zu wollen. Die Anführung im Kriege, welche dem Erb- und Wahlkönigthum zugestanden hatte, ging sammt der Verwaltung des Kriegswesens, auf den dritten Archon über, der den Titel des Kriegsherrn (Polemarchos) erhielt. Mit seinem Amte war der Dienst der Götter des Krieges verbunden; er holte die Opfer, welche dem Ares und der Artemis Agrotera gebührten, darzubringen. Die übrigen sechs Archonten erhielten aus den Spolien des Königthums die richterliche Gewalt, so weit sich dieselbe nicht auf das Blutrecht und das Familienrecht bezog. Statt des Königs führten sie den Vorsitz im Rathe, sobald es sich nicht um die Regierung des Landes, sondern um Ausübung der hohen Strafgewalt, um Aufrechthaltung des Friedens im Gemeinwesen, um die letzte Entscheidung in peinlichen Klagen gegen Edelleute, bei Freveln gegen den Staat handelte. In allen übrigen peinlichen Klagen entschieden sie selbständig; alle Prozesse über Mein und Dein gehörten ihrem Forum an. Diese sechs Archonten führten den gemeinsamen, von ihren Funktionen hergenommenen, Namen Thesmotheten d. h. Feststeller des heiligen Rechts. Sie erhielten ein gemeinsames Amtshaus, das Thesmotheston, in welchem sie auch mit einander speisten.¹).

Mit dieser neuen Ausdehnung der Macht der Aristokratie nach oben, mit dieser Vertheilung derselben unter die Standesgenossen, welche die Einmüthigkeit des Adels fördern und die Gemeinschaft und Solidarität seiner Interessen stärken mußte, war, wie es scheint, zugleich eine Erweiterung der Adelsherrschaft nach unten verbunden. Die Stärke des Erbkönigthums hatte in der Regierung über die Bauern gelegen; in dem Schutz und der Begünstigung dieser großen Masse der Bevölkerung gegen den Adel hatten auch die Wahlkönige, aus dem Geschlechte des Melanthos, wie die aus dem gesammten Adel erkorenen, eine starke Stütze dem Adel gegenüber finden können. Wenn nun auch die Centralgewalt jährlich wechselte und unter mehrere Beamten getheilt war, wenn es auch kaum mehr gefährlich erscheinen konnte, dem ersten Archon und den Thesmotheten die Regierung und das Gericht über die Bauern zu

---

1) Poll. Onom. 8, 9, 88. Hesych. und Harpokrat. γέραιραι Demosth. c. Neaeram p. 1371.

überlassen, so gaben Befugnisse dieser Art doch auch diesen Beamten eine exceptionelle Stellung, so kamen doch auch diese neuen Beamten durch eine ihnen allein angehörige Herrschaft über die Bauern in eine besondere und ausschließliche Beziehung zum Volke. Eine solche widersprach der Tendenz, welche die attische Aristokratie getrieben hatte, das Königthum in das Archontat zu verwandeln. Es war die Absicht gewesen, möglichst viele Edelleute bei der Executivgewalt zu betheiligen, die Herrschaft des Adels möglichst gleichmäßig auf alle Glieder des Standes zu vertheilen. Man blieb in dieser Richtung, wenn das niedere Gericht über die Bauern der Centralgewalt entzogen, und den Geschlechtshäuptern übertragen wurde. Diese Geschlechtshäupter bildeten den großen Rath des Adels. Warum sollte nicht auch jeder für sich Hoheitsrechte über seine Geschlechtsgenossen, über eine Anzahl Bauernfamilien, welche seinem Geschlechte zugetheilt werden konnten, ausüben? Es war gewiß für die Bauern ein Gewinn, wenn sie nicht um jeder Klage, um jeder Verletzung willen nach Athen zu ziehen brauchten. Zudem hatte man die Bauern zu entschädigen für die vollständige Abschaffung des Königthums, dessen Fall sie gewiß als einen schmerzlichen Verlust empfinden mußten. Die Bauern Attika's und die Theten, welche um Lohn und Kost auf den Gütern der Ritter und Bauern arbeiteten und ihre Heerden hüteten, waren keine eroberte, keine unterworfene Masse anderen Stammes und Blutes. Wenn man sie in die Stämme aufnahm, d. h. sie als Klienten den Geschlechtern zuwies, so gab man ihnen eine ehrenvollere Stellung als bisher, so erhielten sie an den Geschlechtshäuptern derselben die Patrone und Schutzherren, welche sie in dem Erbkönigthum und Wahlkönigthum besessen aber verloren hatten; während man sie anderer Seits unter die Herrschaft der Geschlechtshäupter stellte und den gesammten Adel statt des Königthums und der Centralgewalt mit der Regierung der Bauern betraute. Es war die leichteste und einfachste Art der Verwaltung, wenn man das Volk in kleine Gemeinden vereinigte und diese den Adelsgeschlechtern anschloß und unterordnete. Vielleicht zehn bis fünfzehn Bauernhöfe wurden einem Adelsgeschlecht als Hintersassen überwiesen[1]). Diese Ueberweisung war möglich, da die

---

[1]) Die Zahl der Adelsgeschlechter betrug 360. Die Kriegsverfassung Attika's im siebenten Jahrhundert setzt nach der Zahl der Schiffe über 10,000 waffen-

Adelscorporationen der Stämme lokal getrennten Bezirken des Landes angehörten; jedem Stamme konnte somit eine ungefähr gleiche Anzahl von Bauernfamilien zugewiesen werden. Die Zutheilung geschah ohne Zweifel in der Art, daß die Lage des Stammgutes der ältesten und angesehensten Familie des Geschlechts, oder die Lage des Heiligthums des Geschlechts dabei maßgebend war. Es waren die diesem oder jenem benachbarten Bauerhöfe, welche dem Geschlechte zugetheilt wurden[1]). Der Rechtsspruch und die Aufsicht, die polizeiliche Gewalt über die Bauern, mit welcher der Erbkönig oder der Wahlkönig Edelleute nach seiner Wahl betraut hatte, ging nun ein für alle mal auf das Geschlechtshaupt, auf den Geschlechtsvorsteher über, der in den Familienhäuptern seines Geschlechts natürliche Beisitzer seines Gerichts finden konnte. Von dem Spruche des Geschlechtshaupts konnten die Bauern wohl Berufung bei den Thesmotheten einlegen; in Klagen wegen Mordes, in Sachen des Familien- und Erbrechts sowie nur der Archon Basileus und der erste Archon sprechen. Aber die Geschlechtshäupter des Adels waren von nun an die Obrigkeiten der Bauern. Gegen diese Abhängigkeit erlangten die Bauern anderer Seits auch gewisse Vortheile. Da jedes Geschlecht seine Angehörigen zu schützen hatte, so lag dem Geschlechtshaupt nun auch eine Schutzpflicht für die ihm untergebenen Bauern ob. Diese wohnten fortan den Opfern des Geschlechts bei, wenn auch nur der Adel diese darbringen durfte. Jedes Geschlecht verehrte einen Heros als seinen Schutzpatron oder Stammvater, und besaß zu diesem Ende ein Heiligthum desselben. Die Bauern waren fortan die Opfergenossen, die Orgeonen des Adels, aber nicht die Genossen seines Stammes und Blutes, nicht seine Genneten. Das Geschlecht bestand nun aus zwei Abtheilungen, aus den Familien der Herren und den Familien der Gemeinen, denen die Würden und Hoheitsrechte der Geschlechter in keiner Weise zugänglich waren. Aus Edelleuten und Gemeinen zusammengesetzt, war das Geschlecht in sich selbst doch durch gemeinsamen Kultus und gemeinsame Opfer, durch die Pflicht gegenseitiger Hülfe und Unterstützung bei Verletzungen

---

fähige Edelleute und Bauern im Lande voraus. Die Zahl der attischen Familien kann nicht sehr viel geringer gewesen sein.

1) Noch die Demen des Kleisthenes, d. h. die hundert Sammtgemeinden des Landes, sind nach den Geschlechtern genannt, deren Güter in ihrer Gemarkung lagen, z. B. Butadae, Thymoetadae, Perithoedae, Semachidae u. s. w.

vereinigt. Das Geschlecht war damit die unterste Gemeinde im Staate geworden. Eine nicht allzu große Anzahl von Familien war unter einem adligen Vorsteher vereinigt, welcher zugleich Priester und Richter dieser Gemeinde war¹).

Der Anschluß der kleinen Bauerngemeinden an die Geschlechter war die Vollendung der attischen Adelsherrschaft, die Durchführung

---

1) Daß die Geschlechter und Stämme ursprünglich nur aus dem Adel bestanden und bestehen konnten, bedarf keines Beweises. Nichts desto weniger finden wir die Bauern und Bürger zur Zeit Solons in denselben. Hätte erst Solon diese Verschmelzung bewerkstelligt, so könnten wir nicht ohne Bericht darüber sein. Vielmehr ist aus gewissen Einrichtungen Solons zu entnehmen, daß er die Gewalt der Geschlechtsvorsteher über die Bauern zu mindern trachtete. Er organisirte lokale Landgemeinden neben den Gemeinden der Geschlechter und ließ die Vorsteher derselben, die Demarchen, wählen, welche die Polizei in der Gemeinde zu üben hatten, er führte die Gemeindeberichter ein (δικαστάί κατά δήμους); Beamte, welche bis dahin nicht vorhanden waren, die aber doch eben so wenig in Attika hatten entbehrt werden können, als in Sparta die Landleute der Perioekenbezirke. Vor Solon müssen demnach andere Beamte diese Gewalt geübt haben, und diese können nur die Geschlechtshäupter gewesen sein. Die Veränderung, welche Solon einführte, bestand in der Gleichstellung des Adels und der Altenaten, der Gemeinen, in den Geschlechtern, in der Ertheilung des gleichen Rechts an alle, welche das Geschlecht umfaßte, vorbehaltlich der durch die Schätzung bestimmten Unterschiede. Diese Gleichstellung wäre eine unerhörte Revolution gewesen, wenn Solon die Bauern überhaupt erst in die Geschlechter gebracht hätte. Trotz alle dem, trotz der Beschränkung der Geschlechtsvorsteher durch die Demarchen und die Dikasten der Demen, trotzdem, daß die Wahlen nicht nach Geschlechtern vollzogen wurden, war der religiöse und patriarchale Einfluß der Adels als Corporationsvorsteher auf die Bauern so groß (er war allerdings in anderer Richtung durch die Gleichstellung der Bauern und Edelleute in den Geschlechtern, da hierdurch die Adelsleute derselben mit über die legitime Geburt, die rechte Ehe und das Bürgerrecht jedes Mitgliedes zu entscheiden hatten — Dinge, auf welche es bis dahin nur bei den Adligen angekommen war — gewachsen), daß Kleisthenes denselben nicht anders zu brechen, der eingewurzelten Unterordnung der Bauern unter die Geschlechtshäupter nicht anders ein Ende zu machen wußte, als durch die vollständige Beseitigung der alten Stämme, als durch Trennung der Bauern von den bisherigen Geschlechtshäuptern, indem er neue Stämme aus rein lokalen Gemeinden, und zwar größerer Art als bisher, bildete, und die Phratrien nur zur Fortführung der Geburts- und Ehregister bestehen ließ. Um sich die Stellung der Bauern zu den Edelleuten in den Geschlechtern in der vorsolonischen Zeit zu vergegenwärtigen, kann die Analogie dienen, welche in der späteren Zeit das Verhältniß der neu aufgenommenen Bürger zu den alten Geschlechtsgenossen bietet; Poll. 3, 52, Philochor. ap. Suidam II. p. 708 ed. Bernhardy. Der Unterschied der Cleobuladen und der Butaden zeigt den festgehaltenen Unterschied zwischen dem eupatridischen und demotischen Bestandtheilen der Geschlechter auch in der späteren Zeit. Der Zeitpunkt, in welchem die Zutheilung der Bauerngemeinden an die Geschlechter stattfand, läßt sich nur vermuthen. Sie bestand zu Solons Zeit und sie wurde schwerlich gleich mit der Reform der Stämme bei der Einführung des Wahlkönigthums vorgenommen. Sie wird deshalb am besten in die Zeit verlegt, wo die völlige Beseitigung des Königthums die Regierung über die Bauern auf eine neue Weise zu ordnen nöthigte.

derselben nach unten hin. Dem Gericht und der Polizei der Edelleute vollständig und überall unterworfen, war die Bauerschaft außer Stande, irgendwo eine Anlehnung, einen Schutz gegen die Macht des Adels zu finden. Diese Gewalt benutzte der Adel bald im ausschließlichen Interesse seines Standes. Wenn sich seine Vorrechte, die Stellung, welche er errungen hatte, neben gewissen priesterlichen Funktionen wesentlich darauf begründeten, daß er den Waffendienst, den Schutz des Landes an Stelle der Bauern übernommen, so begann er um die Mitte des siebenten Jahrhunderts sich diese Last zu erleichtern, indem er auch die Bauern zu derselben heranzog.

Die emporsteigende Macht der Nachbarn Attika's, die Kraft und die Blüthe, zu welcher die euboeischen Städte Chalkis und Eretria gelangt waren, noch mehr die rasche Entfaltung der Seemacht von Korinth und Megara mußten es in Athen für die Sicherheit des eigenen Landes geboten erscheinen lassen, ein zahlreicheres Heer als bisher aufstellen, insbesondere aber auch für Attika über eine Flotte verfügen zu können. Es kam darauf an, die ganz neue Leistung der Stellung und Bemannung der Schiffe zweckmäßig zu vertheilen. Vermittelst der bestehenden Organisation nach Stämmen und Geschlechtern war dies unmöglich. Man konnte ohne die Bauern keine Schiffe bemannen, und die Stellung der Schiffe und Mannschaften nach Phratrien und Geschlechtern hätte eine sehr ungleichmäßige Vertheilung und theilweise Schiffsmannschaften von vollständig binnenländischer Lebensweise und Art ergeben. Man entschloß sich zu diesem Ende das gesammte Land in achtundvierzig lokale Bezirke zu zerlegen, denen die Adels- und Bauernfamilien nicht nach den Geschlechtern sondern nach der Lage ihrer Güter angehörten. Nach diesen Bezirken wurde nun nicht blos das Schiffswesen, sondern das gesammte Kriegswesen geregelt. Für den Landkrieg hatte jeder derselben zwei Ritter mit ihren Knechten aus den Adelsfamilien zu stellen, nebst einer angemessenen Anzahl schwer gerüsteten Fußvolks. Für den Seekrieg ward jedem Bezirk die Herstellung und Unterhaltung und im Kriegsfalle die Bemannung eines Dreiruderers aufgelegt. Für die Aufbringung der erforderlichen Kosten mußte jeder Bezirk einen Steuersammler, einen Kolakreten, ernennen. Die Edlen des Bezirks giengen als Krieger an Bord des Schiffes; die Fischer der Küste als Matrosen, die Bauern und Hirten als Ruderer. Die neuen Bezirke des Landes hießen nach diesen Leistungen Naukrarien d. h. Schiffsherrschaften¹).

Diese neue Eintheilung des Landes zum Zwecke des Krieges, diese neue Heeresverfassung blieb nicht ohne Folgen für die Verfassung und die Verwaltung des Landes. Wohl blieben die Stämme, die Phratrien und die Geschlechter neben der neuen Eintheilung bestehen. Aber es hatte sich doch gezeigt, daß diese Organisation nicht für die Zwecke und die Bedürfnisse des Staates ausreichte, und die Bezirke, welche die Lasten des Staates tragen sollten, hatten auch ein Recht, im Rathe des Staates gehört zu werden. Der große Rath des Adels, welcher aus den 360 Geschlechtshäuptern bestand, war zahlreich und dadurch schwerfällig. Außerdem gab er dem Adel selten Gelegenheit, sein Wahlrecht für denselben auszuüben. Die Geschlechtshäupter behielten ihren Sitz bis an ihr Ende. Der Adel wünschte einen stärkeren Einfluß auf diese Behörde zu üben, und nachdem die obersten Beamten alljährlich gewählt wurden, warum sollte nicht auch der Rath jährlich wechseln? So kam man dazu, einen neuen kleineren Rath neben dem alten großen Rath auf Grundlage der neuen Bezirkseintheilung zu bilden. Die adligen Einsassen jeder Naukrarie wählten alljährlich einen Repräsentanten aus ihrer Mitte, einen Prytanen. Dieser, zuerst dazu bestimmt, das Kontingent des Bezirks zu befehligen, den Dreiruderer, welchen derselbe stellte, als Schiffsherr (Naukleros) zu führen, sollte nunmehr die Interessen seines Bezirks in dem neuen Rath vertreten. Diese achtundvierzig Vertreter des attischen Adels bildeten jetzt den regierenden Rath, welcher das Land unter dem Vorsitz des ersten Archon leitete, welcher unter dem Vorsitz der Thesmotheten die Strafgewalt ausübte und das Recht fand. Die Prytanen speisten mit dem ersten Archon in dem Prytaneion, am ehemaligen Herde des Königs, an dem Altar der Herdgöttin, der Hestia. Hier wurden unter dem Vorsitz des ersten Archon die Rathssitzungen abgehalten, vor dem Prytaneion wurden unter dem Vorsitz des Archon-König die aufgefundenen Mordwerkzeuge verurtheilt und das Urtheil über entwichene Mörder verkündet. Die gewöhnlichen Gerichtssitzungen hielten die Prytanen im Thesmotheson ab, die Blutgerichte unter dem Archon-König hiel-

---

1) Böckh Staatshaushalt I, 358. Naukraria von ναύκληρος. Eine Naukraria Kollas bei Phot. p. 196. Poll. 8, 108. Nach Hesychios (ναυκραρία) wählte jede einen Prytanen.

ten sie auf den alten Malstätten, auf dem Areiopag, vor dem Delphinion, vor dem Palladion am Ilissos. Neben den achtundvierzig Prytanen behaupteten die vier Stammkönige ihren Sitz im Rath und Gericht der Prytanen, aber in wichtigen Dingen mußte der Archon ohne Zweifel nach wie vor die Zustimmung des großen Rathes einholen¹).

Schritt vor Schritt hatte der attische Adel die Befugnisse des Königthums vernichtet und unter seine Standesgenossen vertheilt. Die gesammte Staatsverwaltung im Rath und Gericht war in seinen Händen; nur die Edelleute kannten das heilige und das profane Recht, nur sie sprachen es; nur sie vermochten den Göttern wohlgefällige Opfer für das Geschlecht, die Phratrie, den Stamm, das Gemeinwesen darzubringen. Für den Richterspruch hatten die Streitenden Ehrengeschenke zu geben, zu den Opfern hatte das Volk seine Beiträge zu leisten²). Jetzt zog der Adel die Bauern, welche er nicht blos seiner centralen Regierung, sondern auch der Administration und Jurisdiktion seiner Geschlechtshäupter unterworfen hatte, sogar zum Kriegsdienst heran, jetzt besteuerte der Adel das Volk auch zum Behufe des Schiffbaues, zur Unterhaltung der Kriegsflotte, und verwendete es zum Seedienst. Und doch genügte die Abwesenheit auf einem einzigen längeren Feldzuge, eines wenig

---

1) In dem wörtlichen Citat aus dem achten Gesetz der dreizehnten Tafel Solon's (Plut. Solon c. 19.) werden „die Könige" als Richter im Prytaneion über Mord, Meuchelmord und Tyrannis genannt. Eine weitere Bestätigung erhält dies dadurch, daß die vier Phylobasileis auch noch in später Zeit Funktionen bei den Gerichten über Mord zu erfüllen haben; Poll. 8, 111. 120. Daß der Rath der Prytanen bereits zu Drakon's Zeit, d. h. vor dem Jahre 620, bestand, folgt daraus, daß Drakon das Gericht über Mord den Prytanen nimmt und Epheten einsetzt. Deren Zahl wird zwar auf einundfunfzig angegeben, aber es waren offenbar zweiundvierzig d. h. achtundvierzig nämlich alle Prytanen, mit dem Basileus an der Spitze. Die Zahl einundfunfzig ist die spätere, durch des Kleisthenes zehn Stämme und funfzig Naukrarien gegebene Zahl. Ferner giebt Herodot (b. 71.) an, daß die Prytanen der Naukrarien im Jahre 612 in Funktion gewesen, folglich bestand diese Einrichtung bereits vor dieser Zeit. Da nun Aristoteles (pol. 2, 9, 9.) sagt, daß Drakon keine Neuerung mit der Verfassung vorgenommen, so scheint es hinlänglich gerechtfertigt, die Einführung der Prytanen und der Naukrarien in die Mitte des siebenten Jahrhunderts zu setzen, wo den Gründungen von Chalkis, Eretria, Megara, dem Kypselos von Korinth gegenüber den Attikern die Nothwendigkeit, Kriegsschiffe zu besitzen, sehr sichtbar geworden sein mußte. Daß auch der große Rath in gewissen Fällen zu fungiren fortfuhr, folgt aus der Einrichtung des Rathes der 400 durch Solon, in welchem die βουλὴ κρουτανεύουσα den Rath der Prytanen ersetzte und dem besonderen Gericht der 300, welches eingesetzt wird, nachdem die Prytanen den Megakles nicht verurtheilt hatten. — 2) Daher der Name Kolakreten d. h. Schinkensammler für die Steuerbeamten der Naukrarien.

begüterten Bauern Haus und Hof herunterzubringen und die Familie wirthschaftlich zu vernichten. Das Bergland in Attika war wenig fruchtbar, der Acker gab auch in den übrigen Distrikten keinen besonders reichlichen Ertrag. Da Grundbesitz und Ackerbau neben einigem Fischfang die alleinigen Quellen der Subsistenz in Attika waren, mußte der Bauer bei zunehmenden Lasten und zunehmender Bevölkerung bald verarmen. Der attische Adel hatte mit diesen Leiden der Bauern wenig Mitgefühl. Stolz auf seine Abkunft, auf sein edles Blut, auf seine Waffen und seinen Besitz, seines näheren Verhältnisses zu den Göttern sich bewußt, in freier Muße dem Staate und der Uebung in den Waffen lebend, sah er im Gefühl seiner Ritterlichkeit, seiner höheren Gesinnung auf die Menge herab, welche im Schweiß ihres Angesichts sich abmühte, ihr Brot zu gewinnen. Diese aristokratische, auf das edlere Blut und den edleren Beruf, die edlere Erscheinung und die bessere Gesinnung gestützte Haltung des Staatswesens war so fest in Attika gegründet, daß ein attischer Dichter gegen das Jahr 640 der bedrängten Aristokratie von Sparta beispringen, das wahre Ritterthum, die wahre edelmännische Art und Handlungsweise ihr wieder in's Gedächtniß rufen, daß er den spartanischen Adel durch seine Gesänge wie durch seine Thaten aus schwerer Bedrängniß erretten konnte. Der Staat, an welchem Attika seinen schlimmsten Gegner finden sollte, wurde durch einen Athener wieder aufgerichtet.

Je durchgreifender der Adel in Attika gebot, je ausschließlicher die Regierung nur das Interesse dieses Standes verfolgte, und nach ihrer Zusammensetzung, nach ihrer gesammten Organisation nur dieses verfolgen konnte, um so bedrängter wurde die Lage der Bauern. Die Lasten des neuen Kriegs- und Flottendienstes mußten schwer auf die Bauern drücken[1]). Dazu hielt es der Edelmann für seines Amtes im Gericht, den Bauer, wo er sich verfehlte, schwer büßen zu lassen. An harter Ausübung des Schulzrechts, an willkürlicher Anwendung des Herkommens, an Vergewaltigung der Kleinen wird es nicht gefehlt haben. Viele Bauerngüter kamen allmählig in die Hände der Junker, aus freien Eigenthümern wurden zinspflichtige Bauern des Adels, deren Abgaben ihre harten Herren allmälig weit

---

[1]) Daß die Bauern schon vor Solon auch zum Hoplitendienst herangezogen wurden, dafür genügt seine Klasseneintheilung als Beweis.

über den Satz steigerten, welchen die Heloten in Sparta zu geben hatten, bis auf fünf Sechstheile der Erndte. Es gewann den Anschein, daß die gesammte freie Bevölkerung in Attika, ohne von ihren Stellenten erobert zu sein, in zinspflichtige und gutshörige Hintersassen derselben verwandelt werden würde, daß sie zu den Heloten eines Adels herabsinken würde, der, wie sich bald zeigen sollte, nicht im Stande war, die Grenzen gegen viel schwächere Nachbarn zu bewahren und die Waffenehre des Landes aufrecht zu erhalten.

6. Die Jonier auf Euboea und den Kykladen.

Die Kolonisation und die Seefahrt der Dorer waren von Argos ausgegangen. Als Argos nach den Zeiten des Königs Pheidon zu sinken begann, traten Korinth und Megara an die Spitze der dorischen Seemacht und breiteten durch ihre Pflanzungen den Verkehr dieses Stammes nach Sizilien und dem Bosporos aus. Die Marine des Theiles der Jonier, welcher in der Heimath geblieben war, beruhte auf den Städten Euboea's. Von hohen und im Inneren sehr schwer zugänglichen Gebirgen durchzogen, besaß Euboea zwar ausgedehntes und zum Theil treffliches Weideland (der Name der Insel ist von diesen Triften entlehnt), aber wenig für den Pflug geeigneten Boden. Im Westen der Insel, da wo deren Küste dem Gestade Boeotiens am nächsten tritt, lag die einzige größere Ebene des Landes, welche der Lelantos tränkte. Sie war reich an Wein und Oelbäumen. Dies „lelantische Feld", das Gartenland Euboea's, war zwischen Chalkis und Eretria getheilt, den beiden bedeutendsten der fünf bis sechs Kantone[1]), in welche die langgestreckte Insel zerfiel. Am nördlichen Saume des lelantischen Feldes, auf den Anhöhen der Küste, von schattigen Wäldern umgeben[2]), lag Chalkis; Eretria am südlichen Rande dieser Ebene.

Der Name der Stadt Chalkis weist auf die Erze, welche sich in den benachbarten Bergen vorfanden. Es war Kupfer- und Eisen-

---

1) **Skylax** c. 58. Zu Karystos und Histiaea, welche Skylax nennt, müssen wol noch Styra, Coehlae und vielleicht Dystos gerechnet werden. — 2) **Dicaearch.** Fragm. 66. ed. Müller.

erz. Sie müssen frühzeitig zu Tage gefördert und bearbeitet worden sein, sonst wäre schwerlich der Name der Stadt von ihnen entlehnt worden. Chalkidische Schwerter und chalkidische Becher waren bei den Hellenen geschätzt[1]). Den ersten Herrscher von Chalkis nennt die Sage Abas; sie personificirt den ionischen Stamm der Abanten, welcher die Insel Euboea inne hatte, dessen Zweig die Chalkidier waren. Der Name des Sohnes des Abas, Chalkodon d. h. Erzzahn, ist dagegen von dem Namen der Stadt Chalkis genommen. Ein Nachkomme dieses Chalkodon, Elephenor, sollte vor Ilion gefochten haben[2]). Elephenor's Nachfolgern gehörte jener König Amphidamas von Chalkis an, bei dessen Leichenspielen Hesiodos mit seinem Hymnos den Dreifuß gewann[3]). Die Weidestrecken der Berge des Gebiets von Chalkis bildeten den Besitz der begüterten Familien der Stadt Chalkis. Sie nährten zahlreiche Heerden von Rossen, so daß nachmals die Edlen von Chalkis, die ihre Triften vorzugsweise zur Zucht von Kriegsrossen benutzten, mit dem Namen der Rossezüchter (Hippoboten) bezeichnet werden konnten. Auch in Chalkis erwuchs ohne Einwanderung und Eroberung ein mächtiger Adelsstand, dem es gelang, das Königthum zu stürzen. Es wird um die Mitte des achten Jahrhunderts gewesen sein, daß ein von der Aristokratie ernannter Rath, zu welchem nur Männer über funfzig Jahre wählbar waren, eine Gerusie, die Regierung des Gemeinwesens von Chalkis in die Hand nahm[4]).

Der Seefahrt mußten die Chalkidier in dem ungefährlichen Sunde seit alter Zeit kundig sein, der Fischfang in demselben war ergiebig; die Abanten hatten Theil genommen an der Auswanderung der Jonier nach Asien, Abanten unter Amphikles hatten die Insel Chios besetzt. Die Erze der chalkidischen Berge konnten roh oder verarbeitet ausgeführt werden, und die Stadt Chalkis besaß einen vortrefflichen Hafen, der unmittelbar an den Markt stieß[5]). Wir sahen, wie lebhaft der Verkehr der Jonier seit dem Jahre 800 auf dem aegaeischen Meere war. Daß Chalkis und mit ihm Eretria bereits vor der Mitte des achten Jahrhunderts in einem nahen und

---

1) Alcael fragm. 7. ed. Bergk. Straben p. 446. Böch Staatshaushalt 2, 160. — 2) Ilias 4, 464. 2, 536. Soph. Philoct. 589, Apollod. 3, 10, 9. Pausan. 6, 21, 7. 8, 15, 3. Es gab in Athen am petraeischen Thor ein Heroon des Chalkodon; Plut. Thes. 27. — 3) Oben S. 282. — 4) Herodot 5, 77. Aristot. pol. 4, 3, 2. Heraclid. Pont. c. 31. — 5) Dicaearch fragm. 59. ed. Müller.

regelmäßigen Verkehr mit ihren Stammgenossen in Asien waren, erhellt unwiderleglich aus dem Umstande, daß Gewicht und Münze, deren sich die ionischen Staaten bedienten, mit dem Namen des euboeischen Fußes bezeichnet werden. Wie Pheidon von Argos den dorischen Städten Maaß und Gewicht bestimmt hatte, so stellten Chalkis und Eretria Münze und Gewicht für die ionischen Städte Euboea's, für Attika fest. Die Einführung dieser Münze kann nicht später als Pheidon's Münzprägung gesetzt werden. Gewiß hätten auch die Städte Euboea's und Attika die pheidonischen Münzen und Maaße angenommen, wenn sie nicht selbst bereits im Besitz eines Münzfußes gewesen wären. Das chalkidische oder euboeische System ging, wie das des Pheidon, von der Einheit des Talentes aus. Aber das euboeische Talent war kleiner als das pheidonische; es betrug nur fünf Sechstheile des argivischen Gewichts. Wenn das pheidonische Talent über zweiundneunzig Pfund unseres Gewichts enthielt, so wog das euboeische nur etwa siebenundachtzig; die argivische Mine wog etwas über anderthalb Pfund, die euboeische nur ein und ein viertel Pfund. Das argivische Silbertalent hatte einen Werth von etwa 2500, das euboeische von etwa 2080 Thalern; die argivische Silbermine von einundvierzig und zwei drittel, die euboeische von vierunddreißig und zwei drittel Thalern. Die pheidonische Drachme betrug nach unserm Gelde etwa zwölf und ein halb, die euboeische etwas über zehn Silbergroschen. Wie den Dorern von Argos ihr Gewicht und Maaß durch den Verkehr mit den dorischen Städten auf Kreta und Rhodos zukam, so waren die Chalkidier durch den Verkehr mit den ionischen Städten in Anatolien zu ihrem Fuße gelangt. Die Dorer entlehnten ihr Talent direkt von den phoenikischen Städten auf Kreta, von den Phoenikern auf Rhodos; die ionischen Städte in Asien hatten das ihrige von den Lydern entlehnt. Auch den Maaßen und Münzen der Kleinasiaten lag das babylonische System, welches die Phoeniker angenommen hatten, zu Grunde. Aber die Lyder, welche frühzeitig ein industrielles und handeltreibendes Volk waren, hatten das babylonische Talent allem Anschein nach in der Weise reducirt, wie es die Jonier in Asien annahmen. Dieses Gewicht hatten sich die Chalkidier und Eretrier durch den Verkehr mit ihren auf der lydischen Küste angesessenen Stammesgenossen angeeignet und verpflanzten es auf die Halbinsel. Da es Euboeer waren, welche dasselbe auf die griechische Halbinsel brachten, welche es am frühsten gebrauchten, wurde und blieb ihm der Name des euboeischen Fußes¹).

Chalkis hatte ein Interesse, den Markt für seine Erze und Eisenwaaren auszudehnen. Am meisten bedurften des Eisens und der Waffen die uncivilisirten Stämme an entfernten Küsten. Aber ein solcher Handel erforderte Stützpunkte, Stationen und Faktoreien. Die Lust an weiter Seefahrt, an Unternehmungen in entfernte Gebiete wird durch den Verkehr mit der asiatischen Küste in den Chalkisiern wach und lebendig gewesen sein. Doch wandte sich die Kolonisation der Chalkidier zunächst nicht in das aegaeische Meer. Wir sahen bereits, daß ein Mann von Chalkis, Theokles, mit seinem Fahrzeug durch Sturm nach Sizilien verschlagen wurde. Dieser Zufall hatte den Chalkidiern den Weg gezeigt, „zu dem schafreichen Eiland, wie Pindar sagt, welches der Herr des Olympos der Persephone gab (der Westen gehörte den Göttern der Unterwelt), ihr zuwinkend mit den Locken, das erste an fruchttragendem Land und Fett, um mit prangenden Giebeln vieler Städte geschmückt zu werden²)." Theokles hatte die ersten Ansiedler nach Sizilien geführt; er war an dem Berge Tauros gelandet und hatte am Abhange desselben die Stadt Naxos gegründet (ob. S. 412). Acht Jahre darauf (730 v. Chr.) war Theokles, wol durch neuen Zuzug verstärkt, bereits im Stande, von hier aus neue Gründungen anzulegen. Auf dem Abhange des Aetna, „der Säule, welche den Himmel hält, wie Pindar sagt, des Ernährers des Schnee's, der die Quellen des Hephaestos, des glühenden Rauches Ströme emporsendet, dessen rothe Flamme die Felsen weit hinaus in die Meersluth schleudern"³), gründete Theokles mitten in Eichenwäldern und Rebengeländen die Stadt Katane, und weiter südwärts Leontini (nicht allzuweit von Syrakus, der eben errichteten Anlage der Korinther auf Ortygia), und vertrieb die Sikeler aus diesen Gebieten⁴). Bald folgten weitere Anlagen der Chalkisier auf Sizilien. An dem engen fischreichen Meereskanal, welcher die Insel von der Südwestspitze Italiens trennt, an den Strudeln der Charybdis, soll Krataemenes, der einen Zug Auswanderer von Chalkis und anderen euboeischen Städten nach Sizilien führte, bereits auf eine Ansiedlung aus dem

---

1) Herodot 1, 94. — 2) Pindar. Ol. 1, 20. Nem. 1. — 3) Pindar. Pyth. 1, 40. — 4) Thukyd. 6, 3. Polyaen 5, 5, 1.

italischen Kyme gestoßen sein, sich aber mit diesen Kymäern vereinigt und gemeinsam mit ihnen die Stadt Zankle gegründet oder erweitert haben; wenn diese Nachricht nicht darauf beruht, daß Kyme selbst um diese Zeit durch chalkidische Einwanderer verstärkt worden war, welche dieser Stadt zu einer wachsenden Bedeutung verhalfen[1]). Zankle gegenüber, auf der Küste Italiens an den steil aufsteigenden Basaltfelsen, um welche die Fluth sich treibend bewegt, in deren Spalten die Skylla gehaust haben sollte, dem Strudel der Charybdis nahe, erbauten Chalkidier, von Artimedes geführt, eine zweite Stadt, die sie nach dem Meeresarm, welcher sie von den Zankläern trennte, Rhegion d. h. den Durchbruch nannten[2]). Bei den Chalkidiern in Rhegion fanden jene Messenier Aufnahme, welche Alkamidas im Jahre 710 nach dem Fall von Ithome aus dem verlorenen Lande der Väter führte (ob. S. 392.). Nach der Gründung von Leontini, Katane, Naxos, Zankle und Rhegion waren die Chalkidier im Besitz des nordöstlichen Theils von Sizilien. Aber auch die dorische Kolonisation auf Sizilien erhielt Verstärkungen. Dorische Auswanderer von Rhodos und Kreta hatten im Jahre 690 auf der Südküste Siziliens an der Mündung des Gelas die Stadt Gela gebaut, und als dann die Dorer von Syrakus ihre Besitzungen nach Westen hin ausdehnten und Enna in der Mitte der Insel gründeten (665 v. Chr.; eben S. 415.), schoben auch die Chalkidier ihre Herrschaft in derselben Richtung vor. Im Jahre 650 gründeten die Zankläer auf der Nordküste, an der Mündung des Flusses Himeras, die Stadt gleichen Namens, fast in unmittelbarer Nachbarschaft der phönikischen Stadt Soloeis[3]). Zwanzig Jahre darauf rückten auch an der Südküste der Insel die griechischen Pflanzungen den Phönikern, die bisher im Westen der Insel ungestört geschaltet hatten, auf den Leib. Es waren die dorischen Megarer von Sizilien, welche hier im Jahre 628 die Stadt Selinus anlegten (ob. S. 423.).

Diese Gründungen brachten den besten Theil der weiten und reichen Insel in die Hände der Griechen. Ihre Städte lagen auf

---

1) Thukyd. 6, 4. Vgl. Pausan. 4, 23, 7. Ob. S. 411. — 2) Dionys. Hal. fragm. lib. 17. Aus Strabon p. 257. Heraci. Pont. c. 25. ed. Müller und Pausan. a. a. O. folgt doch nur, daß Rhegion stand, als der erste messenische Krieg zu Ende war, daß die Stadt während dieses Krieges gegründet wurde, also zwischen 730 und 710. — 3) Diodor. 13, 62. Thukyd. 6, 5. Scymn. Ch. v. 286.

den Abhängen, in den Thälern der Lüfte, „wo weder der Wintersturm die gewaltig strömenden Wolken herantreibt, ein unerbittliches Heer lautbrausenden Gewölks, noch der Wirbelwind alles hinwegreißt und in die Buchten des Meeres treibt"¹). Das innere Hochland der Insel, wo Stürme und Regenfluthen dieser Art noch heute wüthen, überließen die Griechen den Sikelern, aber sie machten diese in weitem Umkreis ihren Städten tributpflichtig; wie denn Syrakus bereits die Burg Enna zu ihrer Niederhaltung mitten im inneren Lande angelegt hatte.

Während eine Gründung von Chalkis der anderen am Westmeer folgte, ließen die Chalkidier auch das Ostmeer nicht außer Augen. Im Umkreise des aegaeischen Meeres bot nur die Nordküste, das Gebiet der rohen thrakischen Stämme, einen Markt und einen geeigneten Platz für neue Anlagen. In Sizilien waren die Auswanderer auf eine schwache und friedfertige Bevölkerung gestoßen; hier trafen die Chalkidier auf die zwar vereinzelten, aber wilden, kriegslustigen und blutdürstigen Stämme der Thraker²). Die ersten Kolonieen, welche von Chalkis in diese Gebiete gesendet wurden, sollen ungefähr gleichzeitig mit denen in Sizilien im letzten Drittheil des achten Jahrhunderts gegründet worden sein (etwa um das Jahr 720 v. Chr.³). Sie wurden ostwärts von der Mündung des Axios angelegt, auf der großen Halbinsel, mit welcher das Festland hier in das aegaeische Meer hineintritt, auf den drei Landzungen, in welche diese Halbinsel ausläuft. Hier saßen die thrakischen Stämme der Krestonaeer, Bisalten und Edonen, hier lagen aber auch jene kleinen Orte und Thürme, welche die Auswanderer aus dem Lande des Peneios, die sich vor dem Einbruch der Thessaler geflüchtet, bereits seit mehr als zwei Jahrhunderten bewohnten⁴). Die Chalkidier erbauten auf der mittleren Landzunge, Sithonia genannt, die Städte Mekyberna, Sermyle, Sarte und Torone⁵). Die östliche Landzunge streckt sich, etwa eine Meile breit, sechs Meilen lang, in das Meer hinaus. Sie ist von einer waldigen Gebirgskette durchzogen, welche am Halse der Landzunge nur einige hundert Fuß hoch, sich höher und höher hebt, bis sie mit dem mächtigen Vorgebirge Athos in einem steilen Abhang

---

1) Pind. pyth. 6, 10. — 2) z. B. Thukyd. 7, 29. 30. — 3) Plut. amat. narrat. p. 760. — 4) Herodot 1, 57. Thukyd. 4, 109. Oben S. 206. — 5) Thukyd. 4, 110.

von 6500 Fuß plötzlich in das Meer herabfällt. Die Wogen prallten von diesem weit vorspringenden Felsen, von dessen Gipfel man, wie Strabo bemerkt, die Sonne drei Stunden früher erblickt als am Fuße¹), mit besonderer Gewalt zurück, die Winde brachen sich an diesem mächtigen Berghaupt. Wegen dieses hohen Wellenganges und der gewaltigen Windstöße war dieses Vorgebirge von den griechischen Seeleuten noch mehr gefürchtet, als das Vorgebirge Malea, und ist es noch heute von den Küstenfahrern und den Fischern der Umgegend²). Auf dieser Halbinsel des Athos lagen die meisten der kleinen Orte und Thürme der tyrrhenischen Pelasger, Thyssos, Kleonae, Akrothoon, Olophyxos und Dion; die Chalkidier gewannen auch hier allmählig das Uebergewicht³), und gründeten nach und nach so zahlreiche Ansiedelungen auf diesen Landzungen — man zählte endlich zwei und dreißig Orte meist chalkidischen Ursprungs — daß dies gesammte Gebiet den Namen „Chalkidike" erhalten konnte⁴).

Eretria war dem Vorgange der Chalkidier gefolgt, so weit seine Kraft reichte. Das Gebiet der Eretrier erstreckte sich vom lelantischen Felde, auf der Westseite der Insel, südwärts bis über Tamynae hinaus⁵). Wenn die Chalkidier ihr Gebiet quer durch die Insel nach Osten bis zur Hafenstadt Kerinthos ausgedehnt hatten, so herrschten auch die Eretrier über das Gebirge hinweg bis zur Ostküste⁶). Strabon erzählt von einer Säule im Heiligthum der Artemis zu Amarynthos, einem Flecken im Gebiet Eretria's, südwärts der Stadt, deren Inschrift bezeuge, daß die Eretrier einst die Processionen nach diesem Artemistempel mit dreitausend Hopliten, sechshundert Rittern und sechzig Wagen abgehalten hätten⁷). Die Schiffe der Eretrier wendeten sich nach der westlichen Landzunge jener thrakischen Halbinsel, nach Pallene; sie gründeten hier neben den Anlagen der Chalkidier die Städte Neapolis, Aege, Therambo und Sane⁸). Die Chalkidier hatten die kleinen Inseln an der Nordspitze Euboea's: Sciathos, Peparethos und Ikos⁹) unterworfen oder kolonisirt; die Eretrier machten die der Südspitze von Euboea zunächst gelegenen Eilande Andros, Tenos und Keos abhängig¹⁰).

---

1) Strabon p. 838. — 2) Oberst Leake (travels in northern Greece III. p. 145) versichert, daß es ihm unmöglich gewesen sei, ein Boot zur Umschiffung des Athos zu erhalten. — 3) Thukyd. 4, 109. — 4) Thukyd. 4, 103. Demosth. philipp. 3. p. 218. ed. Reiske. — 5) Herodot 6, 101. — 6) Theogn. fragm. v. 890. ed. Bergk. Strabon p. 447. — 7) Strabon p. 448. — 8) Thukyd. 4, 120—123. — 9) Scym. Ch. v. 585. — 10) Strabon p. 447.

Hart an der Südspitze Euboea's erhebt sich die Reihe der kykladischen Inseln mit ihren hohen, scharfgezeichneten Fels- und Bergwänden aus dem blauen Meer. Am höchsten steigt die Bergspitze von Naxos empor. Von dem Gipfel derselben, welcher eine Höhe von dreitausend Fuß erreicht, sind sowol die Ufer Asiens als die Europa's zu erblicken. Naxos war das größte und fruchtbarste Eiland der Kykladen; es war berühmt durch seinen Reichthum an Korn, Wein und Oel. Aber auch auf den übrigen Inseln erhoben sich hinter den Felsen der Gestade Oelbäume, Feigen und Reben, Lorbeer- und Cypressenhaine, und selbst wo die Natur den Anbau versagt zu haben schien, wußte der Fleiß der ionischen Bewohner reiche Ernten zu gewinnen. Bis zu den Gipfeln der Berge hinauf wurde die Rebe gepflegt, wurden die Abhänge durch künstliche Terrassen in Saalfelder umgewandelt. Wo es an Quellen fehlte, wurde das Regenwasser in Cisternen aufgefangen und über die Felsen geleitet. So konnten Klippen, auf denen heute nur Schafe und Ziegen eine schmale Weide finden, in jener Zeit Burgen und Städte tragen[1]. Auf Keos, Kythnos und Seriphos fand sich Eisen[2], in Siphnos Silber und Gold in ansehnlicher Menge[3]. Paros war schon im sechsten Jahrhundert durch die Reinheit und Weiße seines Marmors berühmt. Die ionischen Ansiedler auf diesen Eilanden hatten die karisch-phönikischen Kulte, welche sie hier und dort vorfanden, beibehalten. So verehrten die Naxier die Ariadne, sowol in der Gestalt, nach welcher sie der Fruchtbarkeit abgewendet und feindlich ist, wie in der Gestalt der fruchtspendenden Geburtsgöttin, und feierten die heilige Hochzeit der Göttin mit dem Dionysos, dem Spender des Weins und der Baumfrüchte, welchem Naxos in der That eine besondere Verehrung schuldete (ob. S. 71.). Zu Paros blühte der Dienst der Demeter, welchen die Ionier aus Attika mitgebracht. Das steinige Eiland Seriphos verehrte den Perseus-Apollon. Als aus dem Gotte ein Heros geworden war, ließ man ihn von Argos nach Seriphos vertrieben werden (ob. S. 85.). Siphnos weihte jährlich den Zehnten des Ertrages seiner Gruben in den Tempel des Apollon nach Delphi, so daß die Siphnier im sechsten Jahrhundert das reichste Schatzhaus

---

1) Curtius Naxos S. 14. — 2) Fiedler Reisen 2, 88. 118. 562. —
3) Herodot 3, 57.

in Delphi besaßen. Als die Minen des Eilands im fünften Jahrhundert erschöpft waren, erzählte man bei den Griechen, daß Apollon, da ihm die Siphnier einst seinen Zehnten vorenthalten, zornig das Meer in ihre Gruben getrieben hätte, so daß diese völlig verschwunden wären[1]. Aber nicht blos Seriphos und Siphnos, alle Inseln zollten dem Lichtgott, welcher ihre Klippen so hell aus dem Meere hervorleuchten ließ, die größte Verehrung. Delos war der Mittelpunkt dieses Kultus, die Geburtsstätte des Gottes geworden. Und nicht blos die Jonier von der Küste Anatoliens, von Euboea und Attika, nahmen an diesem Kultus Theil. Der Glanz des Festes von Delos wuchs mit der Ausbreitung des ionischen Stammes. Nachdem ionische Männer in Sizilien, an den Ufern des schwarzen Meeres blühende Städte gegründet, trafen die weit zerstreuten Glieder dieses Stammes auf dem heiligen Felsen zusammen. Von Südwest wie von Nordost, von den Gestaden Siziliens wie von der Mündung der Donau, von Himera wie von Trapezunt kamen die Schiffe der Festgesandtschaften und brachten die Opfergaben der Städte; ihnen folgten die Schiffe der Wallfahrer, die Schiffe der Kaufleute.

Durch den fleißigen Anbau ihrer Eilande, durch die Ausbeutung ihrer Bergwerke, durch den Handel und Verkehr des gesammten ionischen Stammes, der sich auf ihren Eilanden begegnete, gelangten die Jonier der Kykladen zu Blüthe und Macht. Auch sie wurden zahlreich und stark genug, neue Pflanzungen zu gründen. Mit den Chalkidiern ausgewanderte Naxier waren es, welche der ältesten Griechenstadt auf Sizilien im Jahre 738 den Namen ihrer Heimath gegeben hatten. Die Insel Naxos vermochte im sechsten Jahrhundert 8000 Hopliten in's Feld zu stellen[2], eine Zahl, welche Sparta und Athen zu derselben Zeit nur wenig überbieten konnten. Die Kolonisation der Kykladen nahm dieselbe Richtung, wie die von Eretria; sie ging wesentlich nach der Küste von Thrakien. Die Insel Andros gründete nördlich über der Halbinsel Chalkidike Argilos, unweit der Mündung des Strymon, weiter südwärts Stageira und noch weiter hinab, wenig oberhalb des Halses der Landzunge des Athos,

---

1) Herodot 3, 57. Pausan. 10, 11, 2. Aus der angeführten Stelle Herodot's geht hervor, daß die Siphnier um 520 noch im Besitz ihrer Silbererträge waren, da ihnen die vertriebenen Samier zu dieser Zeit eine Kontribution von hundert Talenten abnehmen konnten. — 2) Herodot 6, 30.

Akanthos. Akanthos und Stageira wurden im Jahre 654 angelegt¹).

Paros hatte ein halbes Jahrhundert früher eine Ansiedlung von größerer Bedeutung an der thrakischen Küste gegründet. In der zweiten Hälfte des achten Jahrhunderts lebte auf dieser Insel ein Mann Namens Telesikles, welcher einer angesehenen, aber, wie es heißt, wenig begüterten Familie angehörte²). Sein schmales Besitzthum soll ihn zu der Absicht gebracht haben, auszuwandern. Eine Anzahl seiner Landsleute war bereit, mit ihm Paros zu verlassen. Als er den Apollon zu Delphi befragte, wohin er sich wenden solle, wurde ihm die Antwort: „Melde den Pariern, daß ich dir gebiete, auf der Insel Eeria eine prangende Stadt zu erbauen." Der Spruch wurde dahin ausgelegt, daß der Gott mit dem Eilande Eeria, d. h. dem dunklen, die waldbedeckte Insel Thasos angezeigt habe³). Um das Jahr 708 segelte Telesikles nach jenem goldreichen Eilande, dessen Schätze die Phoeniker wohl schon fünfhundert Jahre zuvor aufgedeckt hatten. Telesikles war von seinem Sohne Archilochos begleitet. Archilochos hatte den Göttern von Paros, der Demeter und dem Dionysos, Hymnen gesungen und den Wein von Naxos mit dem Tranke der Götter, dem Nektar verglichen. „Ich ehre, so sagt er von sich selbst, das Opferfest der heiligen Demeter und der Kore; ich weiß das schöne Lied des Herrschers Dionysos anzustimmen, den Dithyrambos, wenn der Blitz des Weines die Sinne durchzuckt"⁴). Die Ansiedler von Paros verpflanzten den Kultus der Demeter in ihre neue Heimath, eine Priesterin der Demeter hatte die Auswanderer begleitet⁵), und Archilochos konnte auch hier fortfahren, diese Gottheit zu feiern.

Neben dem Preis der Götter lagen dem Archilochos andere Dinge

---

1) Clinton fast. hell. s. h. a. — 2) Aelian. var. hist. X. 13. Aelian beruft sich in seinen Notizen über das Leben des Archilochos auf dessen Gedichte selbst. Ueber die Vermögensverhältnisse vergleiche indeß Archiloch. Fragm. 2. ed. Bergk. Die Zeit des Archilochos stellt sich durch Herodot (1, 12.) fest, der ihn einen Zeitgenossen des Königs Gyges nennt, welcher 719—680 regierte, und durch die Aera von Thasos, welche Xanthos der Lyder auf das Jahr 708 setzt; Clemens Stromat. 1. p. 333. Kyrillos (adv. Jul. p. 12) setzt ihn in Olymp. 23. d. h. 688 v. Chr., Eusebios an. 1351 d. h. 665 v. Chr., Hieronymus an. 1354 d. h. 662. Da Archilochos an der Kolonie nach Thasos Theil nahm, muß er gewiß gegen 730 geboren worden sein und könnte bis um 660 gelebt haben; wahrscheinlich fand er aber bereits viel früher den Tod. — 3) Aelian. var. hist. 10, 13. Euseb. praep. evang. 7. p. 256. — 4) Fragm. 119. 79. Fragm. 150. — 5) Pausan. 10, 28, 3.

am Herzen. Seine Schickſale und seine Art gewähren einen Blick in das
bewegte Leben und Treiben jener Zeiten. Archilochos hatte bereits vor
der Fahrt nach Thaſos die Geſtade des tarentiniſchen Golfes geſehen,
und auf Paros unglücklich geliebt. Neobule, die Tochter des Lykambes,
war der Gegenſtand dieſer Neigung geweſen. „Mich beherrſcht, o
Freund," ſagt Archilochos in ſeinen Verſen, „das Verlangen, welches
die Glieder löſet; ſeelenlos liege ich, von Sehnſucht verzehrt, bis auf
die Knochen von herben Schmerzen durchbohrt¹). Solche Liebe
hat mein Herz umſchlungen, daß Dunkel meine Augen umgiebt; ſie
hat mir den muthigen Sinn aus der Bruſt geſtohlen²). Wenn es
mir einmal gelänge, Neobule's Hand zu berühren³)! Sie hat den
ſproſſenden Wuchs der Myrte, die ſchöne Blüthe der Roſe, ihr Haar
beſchattet ihre Schultern und ihren Nacken"⁴). Lykambes hatte dem
Archilochos bereits ſeine Tochter verſprochen, als er anderen Sinnes
wurde, und dem Archilochos einen begüterten Schwiegerſohn vorzog.
Archilochos wußte ſich zu rächen. Er benutzte die bäueriſche Luſtig-
keit, mit welcher ſeit aller Zeit (oben S. 64.) die Ernde und die
Weinleſe, die Hauptfeſte der Demeter und des Dionyſos, gefeiert
wurden, um unter der hergebrachten Freiheit der Scherze, der dreiſten
Neckereien und derben Verhöhnungen den Lykambes und deſſen Haus
mit den heftigſten Spottverſen zu überhäufen. „Ein Großes ver-
ſtehe ich, ſagt er, dem, der mir Uebeles zugefügt, mit ſchlimmeren
Uebeln zu begegnen⁵). Viel weiß der Fuchs, der Igel nur Eines"
(ſich zuſammenzuziehen und zu ſtechen⁶). „O Zeus, o Vater Zeus,
du herrſcheſt im Himmel, du ſiehſt auch auf die Thaten der Menſchen, die freylen und die rechten, auch der Thiere Uebermuth und
Recht liegt dir am Herzen⁷). Vater Lykambes, wie ſoll ich es aus-
ſprechen, wer überhob dein Herz? Du hatteſt mir einen großen Eid
geſchworen und das Salz und die Mahlzeit (die Zeichen der Aufnahme in das Haus) gegeben⁸)! Aber es giebt nichts, was nicht
für Geld geſchehen könnte, wenn es auch unerwartet und eidbrüchig
iſt"⁹). Es iſt eine Rede unter den Menſchen, wie der Fuchs und
der Adler ein Bündniß beſchworen"¹⁰). Archilochos erinnert den
Lykambes an den Verlauf dieſer Fabel. Der Adler fraß dem Fuchs
die Jungen, der Fuchs konnte ihn nicht erreichen, aber er rief die

---

1) Fragm. 85. 84. — 2) Fragm. 101. — 3) Fragm. 73. — 4) Fragm.
26. — 5) Fragm. 67. — 6) Fragm. 117. — 7) Fragm. 87. — 8) Fragm. 94.
9) Ariſtot. rhet. 3, 17   10) Fragm. 88.

die Straße der Götter auf den Adler herab. Als der Adler nun von dem Opferaltar Fleisch raubte, trug er Funken in sein Nest, und das Nest sammt den Jungen verbrannte: — so werde es ihm ebenfalls ergehen. Es gelang dem Archilochos, den Lykambes zum Spott der Insel zu machen. In einem Bruchstücke sagt er siegesstolz: „Nun bist du Lykambes den Bürgern ein großes Gelächter"[1]). Die scharfen, leidenschaftlichen, zum Theil cynischen Schmähungen des Archilochos, von welchen die wenigen und zerrissenen Fragmente, die uns allein übrig sind, nur Andeutungen geben, sollen den Lykambes und seine Töchter in Verzweiflung gebracht haben. Die Griechen erzählen, daß beide sich erhenkt hätten[2]); ihre Tradition liebt es, die Wirkung der Dichtung in starken Zügen anschaulich zu machen.

Lykambes und sein Haus waren nicht die Einzigen, welche Archilochos mit seinen Spottversen verfolgte: „Wie der Feigenbaum auf dem Felsen viele Krähen ernährt, so nimmt Pasiphile, heißt es in einem Bruchstücke, freundlich alle Gäste auf"[3]). „Nicht blüht deine Haut mehr, ruft er einer Anderen zu, aber du wirst dich noch salben, auch wenn du ein altes Weib bist"[4])! „Singe den Glaukos, spottet er in einem Fragmente, mit dem gehörnten Haarschmuck"[5]). Einem anderen sagt Archilochos: „Du hast keine Galle in deiner Leber"[6]); einen dritten, der sich zum gemeinsamen Schmause drängt, begrüßt er: „Viel ungemischten Wein trinkend und viel essend, wovon du nicht einen Bissen mitgebracht, kamst du ungerufen, als ob du ein Freund wärest; der Bauch hat dir Herz und Sinn zur Schamlosigkeit verführt"[7]).

Die Insel Thasos gefiel dem Archilochos wenig. „Wie eines Esels Rücken, sagt er, steht sie da, mit wildem Wald gekrönt; hier giebt es keine so schöne, keine milde und begehrenswerthe Flur, wie an den Strömungen des Siris". Der Siris floß am Südufer Italiens, an der Grenze des Gebietes von Sybaris. Die Ansiedler von Paros hatten auf Thasos selbst, oder auf der gegenüberliegenden Küste von Thrakien, wo es im „Grubenwalde" noch reichere Goldminen gab, als auf der Insel, Kämpfe mit dem thrakischen Stamme der Saier zu bestehen. „Zugleich bin ich, ruft Archilochos aus, ein

---

1) Fragm. 92. — 2) Vgl. Fragm. 34. Die Nachtheil dieser Schmähungen veranschaulichen die Fragm. 136-137. — 3) Fragm. 18. — 4) Fragm. 93. 30. — 5) Fragm. 59. — 6) Fragm. 130. — 7) Fragm. 103.

Dienstmann des Herrschers Enhalios (Ares) und kenne die liebliche Gabe der Musen"¹). „In der Lanze ist mein Brot mir geknetet, in der Lanze ist mir ismarischer Wein, ich trinke ihn an die Lanze gelehnt"²). Der rothe Wein, welcher an der thrakischen Küste an den Ufern des Ismaros, der ostwärts von Thasos in's Meer fällt, wuchs, galt schon in den Homerischen Gedichten für einen der besten und stärksten Weine³). Dem Schenken ruft Archilochos zu: „Auf, gehe mit dem Becher durch die Bänke des schnellen Schiffes, nimm die Deckel von den bauchigen Krügen, und schütte den rothen Wein bis auf die Hefen aus; wir können diese Wache nicht nüchtern bestehen"⁴). „Ich liebe, heißt es in einem andern Bruchstück, keinen langgewachsenen Anführer von schlottriger Haltung, mit trotzigen Locken und wenig beschorenem Bart; ein kleiner, mit gebogenen Schienbeinen, der fest auf seinen Füßen steht und voll von Muth ist, wäre mir lieber"⁵). Den Ausgang eines Treffens, an welchem er selbst Theil genommen, verspottet er in folgenden Worten: „Sieben Todte gab es, die unter die Füße getreten wurden, und wir waren tausend Mörder"⁶)! In einem Gefecht mit den Saiern verlor Archilochos seinen Schild auf der Flucht. Er wußte sich über dessen Verlust zu trösten. „Einer von den Saiern prahlt wol jetzt mit meinem untadligen Schilde, welchen ich unfreiwillig im Dickicht zurückließ. Ich selbst aber entging dem Schicksal des Todes. So fahre dahin denn jener Schild, ich bekomme wol wieder einen, der nicht schlechter ist"⁷).

Die Ansiedler auf Thasos wurden, wie es scheint, von ernsthaften Unfällen betroffen. Archilochos suchte auch diesen gegenüber des Gleichmuth zu bewahren. „Wir seufzen in schweren Sorgen, Perikles", heißt es in einem Fragmente, „weder die Stadt, noch einer der Bürger gedenkt der Freude, denn die Woge des rauschenden Meeres hat die besten Männer verschlungen; unsere Brust ist von Schmerzen geschwollen. Aber, o Lieber, die Götter haben unheilbarem Uebel ein Mittel geschaffen, die starke Standhaftigkeit. Jetzt hat sich jenes gegen uns gewendet und wir beweinen den blutigen Schlag; bald wird es auf andere fallen. Darum ertrage es und

---

1) Fragm. 1. — 2) Fragm. 3. — 3) Ismaros gehört beim Homer den Kikonen; Odyss. 9, 40. 205; der ismarische Wein wird hier roth genannt, wie bei Archilochos. — 4) Fragm. 6. — 5) Fragm. 60. — 6) Fragm. 61. — 7) Fragm. 6.

werfet rasch die weibische Trauer von euch"¹). „Man muß den Göttern alles anheim stellen, oftmals richten sie die Männer wieder auf, welche auf der schwarzen Erde liegen, oft stürzen sie die, welche stark und stolz daherschreiten, kopfüber hinab. Es geschieht ja viel Unheil und trifft wider Boraussicht und gegen den Wunsch²). Weder werde ich durch Thränen geheilt, noch mache ich das Uebel schlimmer, wenn ich mich zu Freude und Lust wende"³). Endlich aber hielt auch der Gleichmuth des Archilochos nicht gegen die inneren Zerwürfnisse unter den Ansiedlern, nicht gegen das Unheil Stand, welches von Außen über die neue Stadt hereinbrach. Zudem hatte sich Archilochos, wie erzählt wird, auf Thasos alle zu Feinden gemacht, indem er Freunde wie Gegner mit seinen Spottversen verfolgte⁴). Er muß sich selbst zu Muth und Besonnenheit ermahnen: „Herz, mein Herz, ruft er aus, von ungestümen Sorgen erschüttert, sei ruhig! Wirf den Feinden zur Abwehr grade die Brust entgegen, tritt nahe und dreist heran an den Hinterhalt der Feinde. Freue dich des Sieges nicht zu laut noch weine besiegt zu Hause; freue dich im Glücke nicht zu sehr und betrübe dich nicht zu stark im Unglücke; erkenne, welche Strömung das Treiben der Menschen beherrscht"⁵)! Er gesteht, „daß ihm weder die Jamben noch anderer Scherz mehr am Herzen liege⁶)"; nicht das Unheil anderer, „nicht das Unheil der Magneten (sie hatten eine schwere Niederlage durch die Treren erlitten), das Unheil von Thasos beweine er"⁷). „Der Stein des Tantalos sei über Thasos aufgehängt⁸), der Jammer des gesammten Hellas sei in Thasos zusammengeströmt⁹)." „O Thasos, ruft er aus, dreimal unglückselige Stadt"¹⁰)! „Nicht des Gyges Schätze liegen mir am Herzen, noch treibt mich der Ehrgeiz, noch trachte ich, mit den Werken der Unsterblichen zu wetteifern, noch strebe ich, nach großer Herrschaft — das Alles ist weit von meinen Augen¹¹)!" Archilochos verließ Thasos und kehrte nach Paros zurück. Er fand seinen Tod in einem Treffen der Parier mit den Naxiern, von der Hand des Naxiers Kalondas (um 670). Als dieser nachmals nach Delphi kam, den Gott zu befragen, soll ihn die Pythia mit den Worten zurückgewiesen haben: „Du hast den Diener der Musen erschlagen, welcher aus dem Tempel"¹²)!

1) Fragm. 9. — 2) Fragm. 56. — 3) Fragm. 13. — 4) Aelian. var. hist. 10, 13. — 5) Fragm. 66. — 6) Fragm. 21. — 7) Fragm. 19. — 8) Fragm. 65. — 9) Fragm. 54. — 10) Fragm. 139. — 11) Fragm. 24. — 12) Suidas Ἀρχίλοχος.

Des Archilochos Ruhm lebte unter den Griechen fort. Die griechische Poesie, einst ausschließlich mit dem Preis der Götter und Helden beschäftigt, war in dem Gedichte Hesiod's zur Belehrung über die Pflichten des redlichen Mannes und die Arbeit des Bauern übergegangen, zur moralischen Ermahnung. In höherem Ton, mit größerem Schwunge hatte danach Kallinos von Ephesos in seinen Elegieen seine Mitbürger zu Muth und Tapferkeit aufgerufen. Nun hatte Archilochos die Dichtung mit großer Kühnheit in den Kreis des täglichen Lebens eingeführt und sie in dessen Stimmungen und Kämpfe verwickelt. Das jambische Gedicht verdankt dem Archilochos seinen Ursprung. Es wurde sprüchwörtlich bei den Griechen, jedem Spötter zu sagen: „Du plünderst den Archilochos"[1]). Der Reichthum seines Geistes, die mannichfachen Formen der Dichtung, in welchen Archilochos sich mit gleicher Freiheit bewegte; die drastische Kraft seines Ausdrucks, die Schärfe seines Spottes, die leidenschaftliche Gluth der Seele, der er zuerst einen unmittelbaren und direkten Ausdruck zu geben wagte, haben die Griechen den Archilochos, und so viel wir aus den Trümmern seiner Werke sehen können, mit Recht, stets zu ihren größten Dichtern zählen lassen. Sie nennen ihn neben Homeros.

Die Ansiedler auf Thasos überwanden die Unfälle, welche Archilochos beweint hatte. Wir finden die Thasier im sechsten Jahrhundert v. Chr. im blühendsten Zustand. Außer den Bergwerken auf ihrer Insel hatten sie die Minen im „Grubenwalde" auf der gegenüberliegenden Küste erworben. Sie besaßen ferner auf dem thrakischen Ufer einige andere Plätze, Galepsos, Oesime und Stryme, über welches sie mit den Chiern, die zu Maroneia, am Ismaros, eine Kolonie angelegt hatten, kämpfen mußten[2]). Diese Häfen waren dazu bestimmt, den gewinnbringenden Verkehr mit den thrakischen Stämmen zu betreiben und den Reichthum der Küste an Wein und Holz zum Schiffbau auszubeuten. Herodot versichert, daß der Ertrag der Goldminen der Insel und derer auf der thrakischen Küste sammt anderen Gefällen der Gemeinde der Thasier so viel eintrug, daß, nachdem sie den Aufwand ihres Gemeinwesens davon bestritten, ohne daß irgend ein Bürger Steuern zahlte, für die Gemeinde ein jährlicher Ueberschuß von zweihun-

---

1) Suidas l. a. — 2) Scymn. Ch. 675—677. Hesych. Στρύμη.

dert bis dreihundert Talenten (400,000 bis 600,000 Thaler) geblieben sei[1]).

Chalkis und Eretria waren beide von kriegerischen Edelleuten regiert. Beide hatten denselben Weg des Aufschwungs eingeschlagen. Sie besaßen jeder einen Theil der Fruchtebene der Insel Euboea, sie wetteiferten hier in der Ausdehnung ihrer Grenzen, in der Unterwerfung der nahe gelegenen Eilande, sie rivalisirten in ihrem Verkehr auf dem aegaeischen Meere, und ihre Kolonieen begegneten sich auf den Landzungen Thrakiens. Unter solchen Umständen kann es an gegenseitiger Eifersucht, an Veranlassung und Stoff zum Hader unter diesen beiden Nachbarn nicht gefehlt haben. Den hauptsächlichsten Streitpunkt bildete jedoch das lelantische Feld, welches sowol Chalkis als Eretria in seinen ausschließlichen Besitz zu bringen suchte. Man kam gegenseitig überein, in diesen Kämpfen niemals Wurfwaffen zu gebrauchen, sondern sich nur mit den Handwaffen anzugreifen und zu vertheidigen[2]). Es war eine förmliche Absage, die die Chalkidier und Eretrier um das Jahr 700 gegen die Fechtart mit der Wurflanze richteten, welche die alten Stämme Thessaliens, die Akarnanen und Aetolier beibehalten hatten; es war ein Verzicht auf den Gebrauch leichtbewaffneter Krieger, welche die Spartiaten doch noch im siebenten Jahrhundert neben ihren Hopliten anzuwenden keineswegs verschmähten (unt. Kap. 8.); es war ein Vertrag, daß die Edlen von hüben und drüben ihre Kriege allein ausfechten wollten. Nur die Ritter und Hopliten, die schwerbewaffneten Streiter in kostbaren Rüstungen begegneten fortan einander in der Schlacht. Archilochos sagt von den Kämpfen der Eretrier und Chalkidier: „Da werden nicht viel Bogen gespannt, noch fliegen die Schleudersteine dicht, wenn Ares die Schlacht zusammenführt im Gefilde. Den Schwertern gehört die vielbeklagte Arbeit. Kundige dieses Kampfes sind die lanzenberühmten Herren Euboea's"[3])! Archilochos war indeß längst nicht mehr unter den Lebenden, als der Krieg zwischen Chalkis und Eretria um das Jahr 640 am heftigsten entbrannte. Der Kampf blieb diesmal nicht auf die feindlichen Schwesterstädte beschränkt. Die Chalkidier wurden von ihren Pflanzorten in Thrakien, von der thessalischen Ritterschaft

---

1) Herodot 5, 46. 6, 28. 7, 108. 118. Thukyd. 4, 107. Böckh Staatshaushalt I, 423. — 2) Strabon p. 448. nach einer Inschrift im Amarynthischen Tempel. — 3) Fragm. 4. ed. Bergk.

unterstützt; aber auch vom anderen Ufer des aegaeischen Meeres, von der Insel Samos, kam ihnen Hülfe; wogegen die Eretrier von der damals mächtigsten ionischen Stadt, welche die größte Marine besaß, von Milet Unterstützung erhielten¹). Die Eretrier sollen den Pferdezüchtern von Chalkis im Reitergefecht überlegen gewesen sein. Dieser Ueberlegenheit machten die thessalischen Ritter ein Ende. Kleomachos von Pharsalos führte die Thessalier, welche den Chalkidiern zu Hülfe zogen. An der Spitze der besten Ritter aus der Schaar seiner Landsleute warf er sich auf das Geschwader der Eretrier. Er brachte die Reiter in Unordnung und warf sie; auch die Hopliten wurden in die Flucht getrieben, und die Chalkidier erfochten einen glänzenden Sieg, welcher indeß dem Kleomachos das Leben kostete. Dankbar errichteten ihm die Chalkidier auf dem Markte ihrer Stadt ein Grabmal, welches eine hohe Säule zierte²). Thukydides bemerkt, daß dieser Krieg der erste gewesen, an welchem die Hellenen in größerer Zahl sich betheiligt, da die früheren Kriege sich auf die Einzelkämpfe der Nachbarstaaten beschränkt hätten³). Das Ende dieses Krieges war, daß die Eretrier unterlagen (gegen 680); das gesammte lelantische Feld kam in den Besitz der Chalkidier⁴). Es war groß genug, um viertausend Bauerhöfe reichlich mit Land auszustatten⁵); indeß zogen es die Hippoboten vor, dasselbe in ihren Besitz zu nehmen und durch Sklaven bewirthschaften zu lassen. Obwol die Chalkidier als Sieger aus dem Kampfe hervorgingen, scheinen doch auch sie in demselben schwere Wunden empfangen zu haben. Im sechsten Jahrhundert ist die Blüthe von Chalkis und Eretria vorüber, wenn auch Eretria noch wohlhabend und angesehen, Chalkis noch tüchtig und streitbar ist und einen lebhaften Verkehr unterhält⁶).

---

1) Herodot 5, 99. — 2) Plut. amat. narrat. p. 760. Ob. S. 504. — 3) Thukyd. 1, 15. — 4) Dies folgt daraus, daß das lelantische Feld bei der Besiegung von Chalkis durch die Athener sich im Besitz der Chalkidier befindet. — 5) Soviel Kleruchen siedelten die Athener im Gebiete von Chalkis an, und es ist nicht anzunehmen, daß das schlechte Land des chalkidischen Gebiets dazu verwendet wurde. Weibestreiten brauchten die attischen Husner nicht; außerdem wurde noch chalkidisches Land für den Staat und die Tempel zurückbehalten; Aelian. var. hist. 6, 1. und Bd. IV. — 6) Die Zeit des Krieges zwischen Chalkis und Eretria ist schwer zu bestimmen. Es ist offenbar, daß zu verschiedenen Zeiten verschiedene Kriege zwischen Chalkis und Eretria geführt worden sind, gewiß auch schon zu der Zeit, da das Königthum in Chalkis noch bestand. Indeß handelt es sich um den letzten dieser Kriege, um den großen Kampf, für welchen beide Städte Bundesgenossen fanden. Die äußerste Grenze ist durch die Notiz Plutarch's bestimmt, daß den Chalkidiern ihre Kolonieen in Thrakien Hülfe

Die Richtung der Kolonisation in das Westmeer, zu welcher Chalkis den Anstoß gegeben hatte, fand nicht blos bei den Dorern von Korinth und Megara, wie wir oben sahen, eifrige Nachfolge, auch die übrigen Anwohner des korinthischen Golfes folgten derselben. Gewährte nicht die Fruchtbarkeit und der Heerdenreichthum jener westlichen Gestade sowol dem Landmanne, der dort seinen Hof gründen wollte, als dem Kaufmann, der diesen Ueberfluß ausführte, und den Sikelern griechische Kunstarbeiten brachte, treffliche Aussichten? Auch die Achaeer, welche die Einwanderung der Dorer einst aus dem Gebiet von Argos und Mykene getrieben, die jetzt auf der hohen felsigen Küste westwärts von Sikyon wohnten, sendeten Züge von Auswanderern nach Westen. Wol auf der Fahrt nach Sizilien begriffen, landete ein achaeischer Zug, der von einem Manne aus Helike geführt wurde, im Jahre 720 auf der Westseite des großen und breiten Golfes, welcher die Südspitze Italiens in zwei Landzungen theilt, an der Mündung des Flusses Krathis. Warum sollte man weiter steuern, da diese Küste alles in Fülle zu gewähren versprach, was die Auswanderer begehren konnten? Unten am Meere die fruchtbarsten Niederungen, weiter die Berge hinauf Weiden und Triften, Wälder, deren höchste Gipfel die Rebe überrankte, Rinder und Schafe in großer Zahl. So legten die Achaeer hier den Grund zur Stadt Sybaris[1]). Zehn Jahre darauf siedelte sich eine zweite achaeische Schaar aus Aegae, von Myskellos geführt, südwärts von der Mündung des Krathis am Aesaros an und erbaute unweit des lakinischen Vorgebirges Kroton[2]).

---

gesendet. Demnach fällt der Krieg nach dem Jahre 720. Thukydides (1, 15.) bezeichnet denselben als einen Krieg der alten Zeit. Nach diesen Worten des Thukydides ist es unstatthaft, den großen Krieg später zu legen, als die Tyrannen in Griechenland emporkamen, welche nach der Anschauung des Thukydides nicht mehr zur alten Zeit gehören d. h. demselben etwa hinter das Jahr 630 zu verlegen. Von 632 an waren die Milesier erst durch den Einfall der Treren, dann durch einen elfjährigen Krieg mit den Lydern, in welchem sie große Niederlagen erlitten, beschäftigt und deswegen schwerlich im Stande den Eretriern Hülfe zu leisten. Auch regierte etwa seit 630 der Tyrann Thrasybulos in Milet, welcher letzte Veranlassung hatte, sich für die Aristokraten Eretria's zu erhitzen. Die allgemeine Bemerkung Herodot's (6, 127.), daß Eretria zur Zeit des Alithernes von Sikyon in Blüthe gewesen, kann hiergegen nicht in Betracht kommen, da sie im Vorhergehen gemacht wird und den damaligen Zustand Eretria's gegen den zu Herodot's Zeit contrastirt. Die Annahme im Text wird hiernach gerechtfertigt sein.

1) Strabon p. 262. Ueber die Zeit der Gründung Clinton fast. hell. z. 710. Saym. Ch. 360; vgl. Bd. IV. — 2) Strabon a. a. O. Dion. Halic. 2, 59.

Auch vom Nordufer des korinthischen Busens zogen Auswanderer nach dem Westen. Hier bei den Lokrern war die Aristokratie ebenfalls an das Ruder gelangt. Die edlen Familien des Landes hatten sich eine Organisation gegeben, sie hatten sich in hundert Geschlechtsverbände, in „hundert Häuser" eingetheilt. Die Vertreter dieser Verbände regierten das Gemeinwesen. Niemand sollte fernerhin Aufnahme in diese hundert Häuser finden und den edlen Genossen der Geschlechtsverbände war das Konnubium mit dem Volk untersagt worden. In der schroffsten Weise schloß sich der herrschende Stand gegen das beherrschte Volk desselben Blutes und Stammes ab. Als nun dennoch, so wird erzählt, Weiber des Adels Ehen mit Männern aus dem Volke geschlossen hatten, und den Sprößlingen dieser Ehen die Aufnahme in den Adel verweigert wurde, gingen diese Familien mit allen, welche den Druck der Adelsherrschaft nicht ertragen wollten, zu Schiffe. Sie nahmen dieselbe Richtung, welche die Achaeer eingeschlagen hatten und gründeten südwärts von Kroton, nicht weit über dem Vorgebirge Zephyrion, um das Jahr 700, eine Stadt, welche sie nach dem Namen ihres Volkes Lokri nannten[1]). Einige Jahre vor ihnen (708) hatte Phalanthos jene unzufriedenen Spartaner, welche nach dem ersten messenischen Kriege auswanderten, nach diesen Gebieten geführt. Den Städten der Achaeer gegenüber, in der Nordostspitze des Golfes, an der Mündung des Galaesos hatte er sich niedergelassen. Eine vorspringende Landzunge war dem Phalanthos zum Anbau am passendsten erschienen; ein Felsen derselben trug den Anfang, nachmals die Akropolis der Stadt Tarent. In einer weniger begünstigten Umgebung hatten die Tarentiner den besten, eigentlich den einzigen guten Hafen des ganzen Golfes gefunden. Sybaris, Kroton und Lokri waren durch breite Lagunen vom Meere getrennt; die Ansiedler hatten es nicht auf den Handel, sondern auf den Besitz des reichen Landes abgesehen.

Durch diese Ansiedlungen der Achaeer, Spartaner und Lokrer hatten die Hellenen nun auch auf den südlichen Gestaden Italiens Fuß gefaßt. Die einheimische Bevölkerung vermochte es nicht, diesen Ansiedlungen größere Schwierigkeiten entgegenzustellen, als die Sikeler den Niederlassungen auf den Küsten ihrer Insel.

---

1) Strabon p. 259. Vgl. Clinton fast. hellen. a. 673.

Die alten Gründungen der Griechen an der Küste Kleinasiens waren in den Gebieten kriegerischer Stämme angelegt worden, welche den landenden Hellenen an Bildung voraus waren. Hier war man genöthigt gewesen, sich mühevoll und langsam durchzukämpfen, hier hatte man zu lernen gehabt und hatte gelernt von der alten Bevölkerung. Anders an der Küste Siziliens, an den Ufern des Golfes von Tarent. Es waren schwache Hirtenstämme, welchen die Griechen die Erzeugnisse vorgeschrittener Technik brachten, denen sie mit und durch die Unterwerfung die Keime der Gesittung einpflanzten. Unter solchen Verhältnissen, in so überaus fruchtbaren und ergiebigen Gebieten konnte den Städten der Hellenen ein rasches und ziemlich müheloses Emporblühen nicht fehlen. Dem Phalanthos hatte das delphische Orakel verkündet: er werde den Japygen Verderben bringen; ebenso wenig vermochten die Stämme der Oenotrer den Sybariten, den Krotoniaten, den Lokrern zu widerstehen. Sybaris gedieh durch die üppige Fruchtbarkeit seiner Küste, die Aecker seines Gebiets sollen hundertfältige Frucht getragen haben[1]), und konnte seine Grenzen nachmals am weitesten ausdehnen; ihm zunächst hielt sich die Nachbarstadt Kroton; an Umfang und Volkszahl blieb Lokri der kleinste der neuen Staaten. Dennoch gab gerade Lokri dem politischen Leben dieser Städte Anstoß und Richtung.

Die Auswanderer nach Italien und Sizilien waren nicht mehr wie einst die Auswanderer nach Anatolien von Sprößlingen der alten Königshäuser geführt worden. Das Königthum war im Mutterlande gefallen. Die Japygen, die Oenotrer waren den Ansiedlern nicht gefährlich genug, um auf die Nothwendigkeit kriegsmäßigen Zusammenhaltens, auf das Bedürfniß einer energischen Heerführung ein neues Königthum zu begründen. Das Leben der neuen Pflanzstädte mußte auf anderen Grundlagen geordnet werden. Es war eine gemischte Bevölkerung, welche sich in denselben zusammengefunden hatte, aus verschiedenen Ständen, mit verschiedenen Ansprüchen; sie brachten abweichende Gewohnheiten und Herkommen mit, oder besaßen, unedler Abkunft, gar keine Kenntniß der heimischen Weisthümer. Am wenigsten konnten diejenigen, welche der Druck der alten Verhältnisse aus der Heimath getrieben hatte, ge-

---

[1] Varro de re rustica I, 44.

neigt sein, das neue Gemeinwesen nach dem Rechte des alten Staates, welchem sie eben entflohen waren, zu ordnen.

So lagen die Dinge bei den Lokrern. Wenn auch die Angabe, daß viel ruchloses Gesindel unter ihnen gewesen, nicht fest stehen mag, so wird der Ueberlieferung nicht bestritten werden dürfen, daß die Ansiedlung in große Zerwürfnisse gerathen sei. Offenbar bedurfte eine solche Anlage der Aufrichtung einer festen Ordnung, einer durchgreifenden Regelung der neuen Verhältnisse, eines neuen Rechtes für den Schutz des Friedens und des Eigenthums, bevor sie zu Ruhe und Gedeihen zu gelangen vermochte. Eine solche Ordnung war ohne Kämpfe, ohne Ausgleichung der Ansprüche nicht zu erreichen. In den Nöthen ihres inneren Haders hätten sich die Lokrer nach Delphi gewendet, so wird berichtet; der Gott habe ihnen geboten, „sich Gesetze zu geben", worauf sie den Zaleukos, einen Mann von edlem Geschlecht[1]), zum Gesetzgeber gewählt hätten; da diesem die Athene (es war die Göttin, welcher die Lokrer vorzugsweise dienten[2]), im Schlafe erschien und ihm offenbarte was dem Gemeinwesen recht und heilsam sei. So gab Zaleukos vierzig bis fünfzig Jahre nach der Gründung der Stadt um das Jahr 660 den Lokrern viele und gute Gesetze[3]).

Die Gesetze des Zaleukos waren die ersten der Hellenen, welche schriftlich aufgezeichnet wurden. Es galt nicht, ein altes Herkommen mit Pietät in treuem Gedächtniß zu bewahren, sondern eine neue Ordnung aufzurichten und ein neues Recht zu gründen, nach welchem sich alle zu richten hatten. Dennoch ist unsere Kenntniß von diesen Gesetzen äußerst gering. Aber wenn auch Zaleukos den Umkreis der bei den Hellenen zur Geltung gelangten aristokratischen Regierungsform nicht überschritt, noch in jenen Tagen überschreiten konnte, so war es doch eine bedeutsame Modifikation derselben, so war es doch ein entschiedener Fortschritt, welchen seine Verfassung ins Leben rief. Er setzte das Vorrecht des Vermögens an die Stelle des Vorrechts der Geburt, er schuf aus den Familien der größten Grundbesitzer einen neuen Adel. Die tausend höchst begüterten Familien der Stadt sollten fortan der Adel der Stadt sein und ihre Vertreter

---

1) Diodor 12, 20. Nach Aristoteles (Schol. Pindar Olymp. 11, 17.) war Zaleukos ein Sklave bei der Heerde. — 2) Die lokrischen Münzen zeigen das Pallashaupt; vgl. Liv. 29, 18. — 3) Strabon p. 259. Polyb. 12, 5. Diodor a. a. O.

ten regierenden Rath der Stadt bilden. Aber nur der Grundbesitz, nicht der Geldbesitz kam bei dieser Schätzung in Betracht. Wer großen Landbesitz erwarb, fand Eintritt in den Kreis dieser tausend Familien, wer herabkam und seine Güter veräußern mußte, wurde ausgeschlossen. Den Kern dieses neuen Adels bildeten die Nachkommen der ersten Ansiedler, welche die Gemarkung unter sich getheilt hatten, und diejenigen, welche dazu gelangten bei der Ausdehnung des Stadtgebiets größere Landstrecken zu erwerben, welche durch Knechte bearbeitet oder als Weidestrecken benutzt wurden, während der Aermere sich mit einem Landstück vor den Thoren begnügen mußte. In dem Körper dieses neuen Adels der tausend höchst begüterten Familien bewahrten die Abkömmlinge des alten Adels des Mutterlandes, die Sprößlinge „der hundert Häuser", nur gewisse religiöse Vorrechte[1]). Der Rath der Tausend war die Regierung und das höchste Gericht, der Souverän der Stadt. Den Vorsitz dieses Rathes führte der „Stadtordner" (Kosmopolis). Zaleukos verbot den Verkauf der Erbgüter, außer in Fällen der höchsten Noth[2]); er machte, wie es scheint, auch das passive Bürgerrecht von dem Besitz eines Erbgutes abhängig.

Der ethische Charakter der Legislation des Zaleukos erhellt aus mehreren Zügen der spärlichen Ueberlieferung. Eine besondere Behörde, „die Wächter der Gesetze" (νομοφύλακες) hatten die Sittencensur zu üben[3]). Der Ueberfluß des neuen Gebietes stand in scharfem Gegensatz zu der Armuth der Gebirgsgaue, aus welchen die Lokrer herübergekommen waren. Die alte Einfachheit der Lebensart aufrecht zu halten, soll Zaleukos mehrere Bestimmungen getroffen haben. Wenn es wahr ist, daß er den Männern Lokri's verbot „milesische Kleider" zu tragen, so folgt hieraus, daß der Verkehr Milets schon um das Jahr 650 an den Gestaden des tarentinischen Golfes lebhaft war. Wollengewebe waren ein Haupterzeugniß der Industrie Milets. Außerdem soll Zaleukos den Männern untersagt haben, goldene Ringe zu tragen, und, angeblich bei Strafe des Todes, ungemischten Wein zu trinken. Auch die Weiber sollten sich des Schmuckes enthalten und nur in weißen Kleidern und niemals von mehr als einer Sklavin begleitet ausgehen[4]). Der

---

1) Polyb. 12, 5. — 2) Aristot. pol. 2, 4, 4. — 3) A. L. var. hist. 2, 37. — 4) Suidas Ζάλευκος. Diodor a. a. O.

Bauer sollte seine Produkte ohne Zwischenhändler verkaufen und niemals sollte ein Bürger gegen den andern von unversöhnlicher Feindschaft erfüllt sein[1]). Es handelte sich jedoch nicht blos um eine Verfassung und um eine gute Sittenzucht. Lokri bedurfte eines Gesetzbuches. Es wird berichtet, daß Zaleukos zuerst den Richtern bestimmte Normen für ihre Entscheidungen vorgeschrieben und die Strafsätze genau bestimmt habe[2]); und es scheint sicher zu sein, daß Zaleukos auch gewisse Grundsätze für die Prozesse über das Mein und Dein aufstellte, und die Rechte, welche aus Verträgen entspringen, festsetzte[3]). Daß die Bestimmungen des Zaleukos über Friedensbrüche und Bußen von großer Härte gewesen seien, haben wir keinen Grund zu bezweifeln. Den Magistraten soll er eingeschärft haben, ihre Aemter ohne Hochmuth und Ueberhebung zu verwalten und Niemanden zu Liebe oder zu Leide Recht zu sprechen. Wie er die Strenge seiner Gesetze auch gegen sein eigenes Fleisch und Blut zur Geltung gebracht habe, davon wußten die Griechen, wie immer in solchen Fällen, eine Geschichte zu erzählen. Sein Gesetz schrieb vor, daß der Ehebrecher auf beiden Augen geblendet werden solle. Dieses Verbrechens überführt, sollte des Zaleukos Sohn die Augen verlieren, aber der Rath wollte den Sohn des Vaters willen begnadigen. Zaleukos nahm den Erlaß der Strafe nur unter der Bedingung an, daß seinem Sohn und ihm selbst jedem ein Auge ausgerissen wurde. Es war die Absicht des Zaleukos, seine Gesetze so dauerhaft als möglich zu machen, so lange als möglich zu erhalten. Er hatte deshalb verordnet, daß Jeder, der auf die Abschaffung eines seiner Gesetze vor dem Stadtordner und dem Rathe der Tausend antrage, vor diesen mit einer Schlinge um den Hals zu reden habe. Gewinne sein Vorschlag nicht die Mehrzahl der Stimmen, so sollte der Strick angezogen und der Antragsteller erdrosselt werden. Es wird berichtet, daß dieses Gesetz wirklich vollzogen worden sei.

In der That hat die Gesetzgebung des Zaleukos lange Zeit hindurch in Lokri bestanden, ja es wird behauptet, daß dieselbe im Verlauf von zweihundert Jahren nur eine einzige Aenderung erfahren hätte[4]), und wir haben keinen Grund zu bezweifeln, daß die Lokrer

---

1) Heracl. Pont. Locr. resp. — 2) Strabon p. 260. — 3) Polyb. 12, 16. Diodor 12, 21. — 4) Heracl. l. c. Polyb. a. a. O. Demosth. c. Timocrat. p. 743.

sich wohl bei derselben befunden hätten¹). Auch Krotonund Sybaris nahmen die Verfassung und die Gesetze des Zaleukos an; auch hier regierten fortan die Räthe der tausend Höchstbegüterten, und das Gesetz des Zaleukos soll auch in Sybaris einen guten und geordneten Zustand erhalten haben²).

Wie die neuen Verhältnisse eines unlängst gegründeten Gemeinwesens die Lokrer gezwungen hatten, ihre Verfassung zu ordnen und Gesetze aufzeichnen zu lassen, die Richter in einer bisher den Hellenen unbekannten Weise an feststehende gesetzliche Bestimmungen zu binden, so befanden sich die Chalkidier in Sicilien bald unter derselben Nöthigung. Ohne jene Greise und Richter aus dem Adel, welche daheim das Recht aus der Tradition der Väter, aus eigener Erfahrung kannten und fanden, war man auch hier gezwungen, bestimmte Regeln für den Frieden und die Ordnung der neuen Gemeinschaften, für den Schutz der Personen und des Eigenthums aufzustellen. Nicht lange nachdem Zaleukos in Lokri seine Gesetze verkündigt unternahm es Charondas in Katane am Aetna, seinen Landsleuten das Recht zu ordnen (um 640³). Es war nicht sowol die Aufstellung einer Verfassung als die Abfassung eines Gesetzbuches, welche Charondas unternahm. Die ethische Tendenz ist auch den Gesetzen des Charondas nicht fremd. Umgang mit schlechten Gesellen (κακομιλία) sollte von Staats wegen verfolgt und bestraft werden. Solche, die falscher Anzeberei überführt wären, sollten mit Tamarisken gekränzt, als ob sie den Preis der Schlechtigkeit errungen hätten, öffentlich umhergeführt werden; wer die Schlachtreihe verlassen, sollte drei Tage hindurch in weiblicher Kleidung auf dem Markte ausgestellt werden. Wer Kinder habe und zum zweiten Male heirathe, solle zu keinem öffentlichen Amte Zutritt erhalten, weil der, welcher durch eine Stiefmutter schlecht für seine Kinder sorge, auch der Gemeinde ein schlechter Rathgeber sein werde. Bei Vormundschaften Unmündiger sollten die Verwandten der väterlichen Seite das hinterlassene Vermögen verwalten, die Kinder aber von den Verwandten der mütterlichen Seite erzogen

---

1) Strabon p. 259. Demosth. l. c. — 2) Scymn. Ch. v. 341. sqq. vgl. Athen. p. 508. — 3) Zaleukos und Charondas werden stets zusammen genannt, z. B. Aristot. pol. 2, 9, 5. Da nun des Zaleukos Gesetze die ersten schriftlichen der Hellenen waren, die des Charondas aber ebenfalls schriftlich verfaßt waren, so muß dieser etwas später fallen.

werden. Hinterlassene Erbtöchter sollte der nächste männliche Verwandte heirathen, oder wenn sie arm wären, mit fünfhundert Drachmen ausstatten, eine Vorschrift, welche Solon nachmals in ähnlicher Weise in seine Gesetzgebung aufnahm. Für die Zucht und Bildung der Jugend durch das Gemeinwesen und auf Kosten desselben soll Charondas besondere Sorge getragen haben. Ueble Behandlung der Eltern durch die Kinder sollte die Gemeinde ahnen. Es ist ferner überliefert, daß Charondas der erste gewesen sei, welcher geboten habe, die Waffen in der Versammlung der Gemeinde abzulegen und unbewaffnet zu berathen¹).

Das Strafgesetz des Charondas war dem Anschein nach wesentlich auf das Recht der Wiedervergeltung gegründet²); indeß erfahren wir zugleich, daß Charondas wenigstens bei Geldstrafen Rücksicht auf das Vermögen nahm, und in gewissen Fällen den Reichen sehr bedeutende, den Armen leichte Summen auferlegte³). Aristoteles bemerkt, daß Charondas durch Schärfe der Distinktion und detaillirte Bestimmungen die Gesetzgeber der späteren Zeit übertreffe; doch hätte seine Gesetzgebung sonst nichts Eigenthümliches, als das Verfahren gegen falsche Zeugen. Er habe zuerst die Einsprache gegen den Zeugen (ἐπίσκηψις) eingeführt⁴), welche danach eines der wichtigsten Rechtsmittel im griechischen Prozeß wurde.

Platon bemerkt, daß Sizilien den Charondas feiere, wie Sparta den Lykurg und Athen den Solon. Und die Griechen wußten auch von Charondas eine Geschichte zu erzählen, wie derselbe seine Gesetze, deren strenge und buchstäbliche Befolgung er vorgeschrieben, an sich selbst am schärfsten und unerbittlichsten zur Ausführung gebracht habe. Eines Tages sei er aus Vorsicht gegen die Räuber mit dem Schwert umgürtet draußen auf seinem Acker gewesen. Als er zurückkehrte war die Gemeinde auf dem Markte versammelt, und wie er von Ferne lautes Geschrei und Getümmel vernahm, eilte er dort hin. Da ihm nun zugerufen wurde, daß er sein eigenes Gesetz verletze, antwortete er: er wolle dessen Herrschaft beweisen, und stürzte sich selbst in sein Schwert⁵). Der Kodex des Charondas wurde auch von den übrigen Städten der Ionier in Sizilien und

---

1) Diodor 12, 19. Vgl. Thukyd. 1, 6. — 2) Diod. 12, 12 Febr. — 3) Aristot. pol. 4, 10, 6. — 4) Aristot. l. c. 2, 9, 8. — 5) Diod. a. a. O.

Italien, von Naxos, Leontini, Zankle, Rhegion und Himera ausgenommen[1]).

Die beiden südlichen Inseln der Kykladen, Melos und Thera, waren von der Küste Lakoniens aus besetzt worden. Die Ansiedler auf Thera bestanden hauptsächlich aus Minyern. In den Zeiten der Wanderung aus Jolkos und Orchomenos vertrieben, hatten sich diese zuerst nach Attika gerettet, und danach von hier aus auf den Küsten des Peloponnes, zum Theil in Triphylien auf der Westküste, zum Theil auf der Ostküste Lakoniens oder auf dem Vorgebirge Taenaron neue Sitze gesucht[2]). Der Theil, welcher nach der Küste Lakoniens geflüchtet war, hatte diese wieder verlassen und endlich auf der Insel Thera einen dauernden Wohnsitz gefunden. Mit den Phoenikern, welche sie auf dieser Insel vorfanden, einigten sich die Ankömmlinge freundlich; jene verschwanden allmählig unter den neuen Bewohnern. Die Könige der Insel Thera leiteten ihr Geschlecht von Theras ab, der die Minyer von der Küste Lakoniens hierher geführt und der Insel den Namen gegeben habe; Theras aber sei ein Abkömmling des Oedipus, der Sohn des Urenkels des Polyneikes gewesen[3]). Als König Grinos, des Aesanios Sohn, über die Insel gebot, wurde dieselbe durch eine lange Dürre heimgesucht[4]); es wurde beschlossen, daß ein Theil der Theraeer auswandern müsse. Da geschah es, wie Herodot erzählt, daß ein angesehener Mann von Thera, der sein Geschlecht von dem Minyer Euphemos, einem der Argonauten (S. 42. 43.), ableitete, Battos, des Polymnestos Sohn[5]), der siebzehnte Nachkomme des Euphemos, nach Delphi ging, den Gott zu befragen, "wie er Lösung fände von

---

1) Aristot. polit. 2, 9, 8. Thukyd. 6, 5. spricht von der Einführung der chalkidischen Gesetze in Himera. Diodor 12, 9. Heracl. Pont. c. 25. ed. Müller. — 2) Eben S. 207. Kamen die Theraeer vom Vorgebirge Taenaron nach Thera, wie Pindar und Herodot wollen, so konnten keine Dorer mit ihnen ziehen, weil diese erst nach 800 die Küste des lakonischen Golfs in Besitz nahmen. — 3) Eben S. 229. Auch die Aegiden in Sparta leiteten sich von Theras ab. Nach Herodot's Darstellung war Theras bereits Vormund der Zwillinge des Aristodemos gewesen; sein Sohn Oeolykos blieb nach der Auswanderung des Theras mit den Minyern in Sparta zurück und dessen Sohn Aegeus wurde Stammvater des spartanischen Geschlechts der Aegiden. Nach Pindar kamen aber die Aegiden erst von Theben, um den Spartanern bei der Einnahme Amyklae's zu helfen. — 4) So Herodot; nach anderen war Zwist im Gemeinwesen der Grund des Auswanderungsbeschlusses. Schol. Pind. Pyth. 4. — 5) Herodot bemerkt, daß Battos König bei den Libyern bedeute, und Herakleides von Pontos (de rep. 4.) sagt, der Sohn des Polymnestos habe Aristoteles geheißen. Es wird richtig sein, daß des Polymnestos Sohn erst in Libyen den Namen Battos erhalten hat.

seiner schweren Zunge"¹); er stammelte. Die Pythia antwortete ihm: „Battos, du kommst wegen deiner Stimme, aber der König Phoebos Apollon schickt dich als Gründer nach dem schafnährenden Libyen"¹). Battos und die Theraeer erschraken über die gefährliche Aufgabe, welche der Gott ihnen stellte. Sie fürchteten die entfernten, unbeschifften und ihnen völlig unbekannten Gestade, auf welche sie der Spruch von Delphi verwies. Wie Herodot berichtet, fanden die Theraeer erst nach langem Suchen zu Itanos auf Kreta einen Mann, der die Fahrt nach Libyen schon gemacht und ihnen als Steuermann dienen konnte. So konnte Battos endlich, um einen geeigneten Platz auszusuchen, mit zwei Funfzigrudern nach Libyen segeln. Er besetzte da, wo die Nordküste Afrika's am weitesten (bis auf funfzig Meilen) gegen Kreta vorspringt, eine kleine Insel Platea an der libyschen Küste. Hierauf bestimmten die Theraeer aus den sieben Bezirken ihres Eilandes (S. 223. N. 2.), aus jeder Familie, welche mehrere Söhne hatte, einen durch das Loos zur Auswanderung²). Die Ansiedlung wurde von Platea auf das gegenüberliegende Festland in ein gutbewässertes Thal, nach Aziris verlegt. Endlich fand sich ein noch besserer Platz weiter westwärts auf der Küste, welchen die Theraeer, wie es heißt, in freundlichem Einverständniß mit den Nomadenstämmen der Umgegend in Besitz nahmen, um hier den Grund zur Stadt Kyrene zu legen (gegen 630³).

Die delphische Priesterschaft hatte in der zweiten Hälfte des achten Jahrhunderts die Auswanderung nach Sizilien und Unteritalien befördert. Nachdem der Pharao Psammetich den Griechen die Häfen Aegyptens geöffnet hatte und der Verkehr sich gewinnbringend zeigte, muß dieser neue Zug des griechischen Handels die Priester von Delphi auf den Gedanken gebracht haben, daß Ansiedlungen an der Küste Afrika's, daß ein direkter Verkehr mit den Nomadenstämmen Libyens, wie ihn die Aegypter an den Grenzen

---

1) Pindar. Pyth. 4, 63. — 2) Herod. 4, 155. — 3) Herod. 4, 153. 4) Diese Zeitangabe für Kyrene steht ziemlich fest. Herodot läßt den ersten Battos und den ersten Arkesilaos fiebundfunfzig Jahre über Kyrene regieren. Unter dem dritten Battos erfolgt der Angriff der Aegypter, über welche Hophra herrscht. Hophra wird im Jahr 570 gestürzt. Da nun die Ansiedlung in Aziris sieben Jahre gedauert haben soll, muß die Gründung von Kyrene gegen 630 fallen. Hiermit stimmen auch die Chronographen Eusebios, Hieronymos und Synkellos, welche die Erbauung Kyrene's 631, 630 und 627 ansetzen; vgl. Schol. Pind. Pyth. 9.

ihres Fruchtlandes, auf den nächsten Oasen betrieben, von der Küste aus, den Griechen Vortheile gewähren müsse. Die Lage der neuen Gründung war äußerst glücklich gewählt. Pindar preist den Reichthum des Gebiets von Kyrene an Schafen und Früchten¹), und Herodot erzählt: „Die Kyrenaeer haben acht Monate im Jahre Ernte. Zuerst reist das Korn und der Wein unten an der Küste. Sind diese eingebracht, so ernten sie in dem mittleren Strich, welchen sie die Hügel nennen. Sobald hier die Ernte und Weinlese vorüber ist, reist die Frucht oben auf dem höchsten Lande"²). Isokrates hebt einen weiteren Vorzug der Lage Kyrene's hervor, „daß sie in der Nähe von solchen erbaut sei, welche leicht zu Knechten gemacht werden könnten und fern von denen, welche sie hätten beherrschen können"³).

Das Bergplateau, welches den Nordrand Afrika's ostwärts von der tiefen Einbiegung, welche die Griechen die große Syrte nennen, ausfüllt, sinkt in steilen Terrassen zum Meere ab. Oben auf der luftigen Höhe dieses Tafellandes, etwa zwei Meilen vom Meere entfernt, aber von diesem aus weither sichtbar⁴), zweitausend Fuß über dem Strand, lag die neue Griechenstadt an einer üppig sprudelnden Quelle, Kyre, welche die Theraeer in die Quelle des Apollon umnannten, da Apollon sie in dieses Land gewiesen. Unten an der Küste war eine kleine aber gut geschützte Bucht, welche die Theraeer als Hafen benutzten; sie nannten denselben ebenfalls nach dem Apollon. Von den Terrassen strömen in der Umgebung von Kyrene eine Menge von Wasseradern zum Meere hinab und geben dem Kalkboden, welchen sie durchfließen, in Verbindung mit dem überaus reichlichen Regen, welcher im Winter an dieser Küste fällt, jene üppige Vegetation, welche Afrika's Sonnengluth stets da sprießen läßt, wo das Wasser nicht fehlt. Auf dem Plateau südwärts von der Stadt dehnen sich treffliche Triften aus, bevor weiter in das innere Land hinein der breite Sand- und Felsgürtel der großen Wüste beginnt. Auf diesen Weiden wuchs das Silphion, auf dessen Besitz die Kyrenaeer stolz waren⁵). Die Griechen hielten dies Kraut für das beste Futter für Thiere, und dessen Saft auch den Menschen für höchst heilsam. Die wandernden Stämme der Libyer, die

---

1) Pind. Pyth. 9, 6. 7. — 2) Herod. 4, 199. — 3) Isocrat. Phil. init. — 4) Strabon p. 837. — 5) Vgl. Suidas Βάττου σίλφιον. Schol. Aristoph. Plut. 925.

Nasamonen, diese „in Ziegenfelle gekleideten Fleischesser und Milchtrinker"[1]), welche hier in den Oasen der Wüste ihr Wesen trieben und im Sommer des Wassers und der Weide wegen an die Küste kamen, waren nicht stark genug, die Niederlassung der Hellenen zu hindern. Die nächsten Stämme wurden unterworfen und theils zu Sklaven, theils zu tributpflichtigen Perioeken gemacht. Den freien Libyern konnten die Kyrenaeer weithin Geräth und Waffen, Fische und Korn verkaufen und dafür Datteln und jene feurigen und ausdauernden Pferde eintauschen, welche die „roßliebenden Nomaden", wie Pindar sie nennt[2]), zogen. Diese Rosse haben den Fürsten und Edlen Kyrene's manchen Siegeskranz von Olympia, von den pythischen Spielen heimgebracht.

Indeß waren diese Libyer keineswegs unkriegerischer Art. Die Nothwendigkeit, gegen dieselben auf der Hut und gerüstet zu sein, trug wol ebenso viel als die Verfassung der Heimath dazu bei, daß der Gründer Kyrene's, Battos, mit der Stadt, welche er anlegte, zugleich die Königsherrschaft seines Geschlechts begründen, daß seine Nachkommen diese Würde, wenn auch nicht unverkürzt und nicht ohne einige Unterbrechung, acht Generationen hindurch behaupten konnten. Dem ersten Battos (630 bis 590) folgte sein Sohn Arkesilaos, diesem im Jahre 575 der zweite Battos[3]). Um die Zahl der Kolonisten zu mehren, versprach dieser jedem Griechen, welcher bis zu einem bestimmten Termin nach Kyrene käme, ein Landstück zuzuweisen, und die Priester von Delphi unterstützten diese Aufforderung, indem sie die Pythia den Ausspruch thun ließen: „Wer die Landaustheilung im vielgepriesenen Libyen versäumt, dem sage ich, daß es ihn bald gereuen wird." Die Aufforderung des Battos von diesem Orakel gehoben und auf allen Festversammlungen der Griechen verkündigt, brachte eine Menge neuer Ansiedler nach Kyrene. Um die Neuaustheilung auszuführen wurde den benachbarten Libyern ein großes Stück Land entrissen; sie wendeten sich Hülfe bittend an Hophra, den König von Aegypten. Der Pharao zog aus, eine Stadt zu unterwerfen oder zu zerstören, deren Gedeihen man in Aegypten schwerlich mit günstigen Augen ansah. Aber die Kyrenaeer, durch den neuen Zuzug verstärkt,

---

1) Herod. 4, 166. 190. — 2) Herod. 4, 172. Pind Pyth. 9, 217. — 3) Herodot 4, 159.

erfochten östlich von ihrer Stadt, an der Quelle Thefte, einen glänzenden Sieg über die Aegypter (Bd. I. S. 608).

Unter den Königen aus dem Stamme des Battos, die abwechselnd stets die Namen Battos und Arkesilaos führten, bildeten die Nachkommen der ersten Ansiedler die Vollbürger d. h. den Adel der Stadt, welcher es indeß keineswegs verschmähte, Weiber libyschen Blutes heimzuführen¹). So viele Kolonisten der Einladung des zweiten Battos gefolgt waren, so viele auch noch nach dieser Landvertheilung durch die günstige Lage und das Gedeihen der Stadt dorthin gezogen wurden, alle diese Ankömmlinge waren und blieben von der Leitung des Gemeinwesens ausgeschlossen. Nur den Nachkommen der ersten Ansiedler kamen die Tribute der libyschen Periöken zu Gute. Unter dem zweiten Arkesilaos (zwischen 560 bis 550) dem Nachfolger des zweiten Battos, kam es zu inneren Zwistigkeiten, welche auch durch die Auswanderung der Unzufriedenen — sie gründeten eine neue Stadt Barka, zwanzig Meilen westwärts von Kyrene — nicht vollkommen beseitigt wurden. Nachdem die Regierung dieses Arkesilaos damit geschlossen hatte, daß siebentausend Hopliten von Kyrene in einer unglücklichen Schlacht gegen die Libyer geblieben waren²), mußte sich der dritte Battos (zwischen 550—540) in die Umwandlung der Verfassung fügen, welche die Ansprüche, die der Adel gegen die Monarchie, die die Gemeinen gegen den Adel erhoben, unabwendbar machten. Demonax von Mantineia wurde mit der neuen Ordnung derselben beauftragt. Er theilte die gesammte Bevölkerung in drei Stämme, deren ersten die Nachkommen der ersten Ansiedler sammt allen Kolonisten theraeischer Abkunft ausmachten; der zweite Stamm bestand aus denen, welche aus Kreta und dem Peloponnes übergesiedelt waren, der dritte aus den Ansiedlern aller übrigen hellenischen Gauen. Jeder der drei Stämme erhielt einen gleichmäßigen Antheil an der Leitung des Gemeinwesens; jedoch blieben die libyschen Periöken in dem hergebrachten ausschließlichen Verhältniß zum ersten Stamme; sie waren diesem durch Demonax ausdrücklich bestätigt worden. Das Königshaus behielt seine Domänen, die Vollziehung der heiligen Handlungen und die erbliche Präsidentur der Republik³).

1) Herod. 4, 186—189. Pind. Pyth. 9, 126 seqq. — 2) Nicol. Damasc. Fragm. 52. ed. Müller. — 3) Herodot 4, 161.

7. Die Jonier in Asien.

Milet und Ephesos, Kolophon und Smyrna standen an der Spitze der Städte, welche die Jonier in Asien gegründet hatten. Unter ihren Königen aus dem Geschlechte des Neleus hatten sie den Karern und Lydern die Gestade abgerungen, auf welchen sie lebten, hatten Ephesos und Kolophon ihre Gebiete in das innere Land hinein erweitert. Neben der Viehzucht und dem Anbau des Ackers hatten sie sich der Seefahrt ergeben, neben den Kämpfen, welche sie gegen die alten Einwohner zu bestehen hatten, suchten sie die Abenteuer des Meeres. Am Berge Mykale brachten sie dem Poseidon gemeinsame Opfer dar, auf Delos opferten sie dem Apollon im Verein mit den Stammgenossen auf den Kykladen und denen der alten Heimath. An ihren Fürstensitzen haben die ionischen Städte den Heldengesang, das homerische Epos erblühen sehen; im Verkehr mit den Lydern lernten sie jene Münzen, jenes Maaß und Gewicht kennen, welches ihre Stammgenossen auf Euboea von ihnen empfingen und nach dem Mutterlande verpflanzten. Während die Kolophonier in ihren Kämpfen mit den reisigen Lydern früher, als der thessalische, boeotische und euboeische Adel den Kampf zu Rosse lernten (etwa seit dem Jahre 800), pflegten die Milesier mit noch größerer Energie vor allen Städten ihres Stammes die Seefahrt[1]).

Unsere Kunde von den Schicksalen der ionischen Pflanzstädte an der Küste Kleinasiens ist die dürftigste. Gegen die Mitte des achten Jahrhunderts hatten sie eine schwere Prüfung zu bestehen. Vom Nordufer des Pontos waren die Trerer (die Kimmerier), von Ilinos und Kolopitos geführt, in Kleinasien eingebrochen. Sie überwältigten Phrygien, dessen König Midas sich selbst den Tod gab, sie nahmen Sardes, die Hauptstadt der Lyder, und drangen bis an die Westküste vor. In Milet hatte Arktinos zur Zeit der ersten Olympiaden dem homerischen Epos die Kämpfe mit den Amazonen und den Aethiopen, die Einnahme Ilions hinzugefügt (S. 131.); jetzt rief in Ephesos Kallinos, der erste Grieche, welcher im elegischen Maaße dichtete, den Zeus um „Erbarmen für die Ephesier"

---

1) Vgl. hymn. in Apoll. v. 160.

an, „er möge der schönen Schenkel der Stiere gedenken, welche sie ihm verbrannt hätten;" und trieb seine Mitbürger, den Feinden, welche „gewaltige Thaten verrichteten"¹), muthig entgegen zu gehen und den Tod nicht zu scheuen. „Wie lange wollt ihr stillsitzen, rief er seinen Landsleuten zu, wann wird der starke Muth euch kommen, ihr Jünglinge? Schämt ihr euch nicht vor den Nachbarn, so lässig zu liegen, als ob ihr im Frieden wäret, und doch hat der Krieg die ganze Erde ergriffen"²)! „Ehrenvoll und ruhmreich ist es dem Mann, gegen die Feinde zu streiten, für sein Land, für die Kinder und für sein jugendliches Weib. Der Tod wird kommen, wenn die Moeren den Faden abspinnen. Gehe nur gerade darauf, die Lanze erhoben und das muthige Herz an den Schild gedrückt, sobald das Getümmel der Schlacht sich mischt. Im Tode schleudre der Fallende noch die Lanze! Keinem Menschen ist es bestimmt, dem Tod zu entfliehen, auch dem nicht, welcher von unsterblichen Ahnen stammt. Wer dem Kriege entfloh und dem Sausen der Speere, den erreicht im Hause das Geschick des Todes. Aber dieser ist nicht vom Volke geliebt und ersehnt; jenen beseufzt der Kleine und der Große, wenn er fällt; das ganze Volk klagt um den Tod des starkherzigen Mannes, und im Leben wird er einem Halbgott gleich geachtet; denn er, der die Thaten vieler allein vollbracht hat, steht ihnen wie ein Thurm vor Augen"³)!

Die Griechen von Magnesia am Maeandros, welche am weitesten von der Küste entfernt waren, erlitten eine gewaltige und bei den Hellenen vielbeweinte Niederlage durch die Treren. Ephesos blieb verschont, sei es, daß die Ephesier die Treren abzuwehren wußten, oder daß der Sturm an ihnen vorüberbrauste. Im Norden nahmen die Treren den Achaeern die Stadt Antandros. Danach wendeten sie sich nach Osten zurück, und ließen sich auf und an der Halbinsel von Sinope nieder, nachdem sie diese Stadt, welche die Milesier nicht lange zuvor gegründet, genommen hatten⁴).

---

1) Fragm. 3. ed. Bergk. — 2) Fragm. 1. — 3) Es scheint erlaubt zu sein, diese Ermahnungen des Kallinos auf den Kampf gegen die Treren zu beziehen. Der „Krieg hat die ganze Erde ergriffen", kann kaum auf ein anderes Ereigniß gedeutet werden. Die Verachtung des Todes, eine den Griechen sonst nicht gewöhnliche Lehre, welche Kallinos bekennt, scheint ebenfalls auf eine große Gefahr zu deuten, wie die Hinweisung auf Weiber und Kinder; auch die unsterblichen Ahnen und die Wurflanze sprechen für eine alte Zeit. —
4) Str. I. S. 47 flgde. Daß die Magnesier damals einen großen Unfall erfahren haben, geht aus dem Trimeter des Archilochos hervor: „Ich beweine

Der Fall des Königthums.

Auch in den ionischen Städten Asiens erlag das Königthum in der zweiten Hälfte des achten Jahrhunderts dem Adel. Die Herrschaft der Neliden wurde beseitigt. In Milet wurde dieselbe durch eine Revolution gestürzt. Vom Adel erwählte, jährlich wechselnde Prytanen traten an die Stelle des Königs, der Rath des Adels regierte. Auch in Ephesos gewann die Gerusie, der Rath des Adels, die Regierung. Aber die Könige aus dem Stamme des Neleus bewahrten hier wenigstens gewisse Ehrenrechte. Sie trugen Zepter und Purpur, hatten den Vorsitz bei den öffentlichen Spielen und leiteten die Feste der Demeter von Eleusis. In Samos fiel das Königthum auf gewaltsame Weise. Die Edelleute, welche seitdem die Insel regieren, werden mit dem Namen der Geomoren, der Grundbesitzer, bezeichnet (s. Br. IV.).

Jenem vorübergehenden Ansturm barbarischer Schaaren waren die Griechenstädte entgangen. Eine ernstere, wenn auch für den Augenblick weniger bedrohlich erscheinende Gefahr entstand ihnen, als im Jahr 719 v. Chr. mit König Gyges eine neue kräftige und kriegslustige Dynastie den Thron Lydiens bestieg, als Lydien unter Gyges und seinen Nachfolgern sich anschickte, sein verlorenes Küstenland zurückzuerobern, als dieses Reich sich zur ersten Kriegsmacht, zum herrschenden Reiche in Kleinasien emporhob. Die Jonier hatten seitdem einen mächtigen Feind unmittelbar vor ihren Thoren; doch waren ihre Städte, wenn auch vereinzelt, tüchtig und streitbar genug, um sich ohne erhebliche Einbuße gegen die große Uebermacht der Lyder zu behaupten. Milet und Smyrna widerstanden den

---

das Unheil der Thasier, nicht das der Magneten" (obcn S. 466.). Plinius (35, 34.) erzählt, daß König Kandaules, des Myrsos Sohn, welcher im Jahre 719 von Gyges gestürzt wurde, ein Gemälde gekauft habe um vieles Geld, welches die „Schlacht der Magneten" darstellte. 7, 39. sagt er freilich, daß das Bild „exitium Magnetum" darstelle. Wie Sardes sowol beim ersten als beim zweiten Vordringen der Trerer an die Küste eingenommen und zerstört wurde, ebenso könnte dies auch den Magneten widerfahren sein. Wenn Straben (p. 647. vgl. Clemens strom. p. 333.) bemerkt, daß „Kallinos die Magneten als noch im guten Zustande zur Zeit ihres Krieges mit den Ephesern befindlich und siegreich gegen diese erwähne", so könnte dieser Krieg eben vor der Ankunft der Trerer stattgefunden haben. Indeß genügt die Annahme vollkommen, daß die Magneten damals eine große Niederlage erlitten, und das exitium bei Plinius wäre entweder diese Niederlage, oder eine Uebertragung der im Jahre 633 erfolgten Zerstörung Magnesia's durch die Trerer, auf die Ereignisse um 750. Athenaeos (12. p. 525.) behauptet freilich, daß Kallinos in den Elegien und Archilochos den Untergang Magnesia's erwähnten, und fügt hinzu, derselbe sei durch die Ephester erfolgt; indeß steht dieser Noth die genauere des Straben entgegen.

Angriffen des Gyges; die Smyrnaeer trieben die Lyder, die einmal bis in ihre Thore gedrungen waren, glücklich wieder hinaus. Aber die Macht der Kolophonier wurde in diesen Kämpfen allmählig aufgerieben, und das Gebiet von Ephesos ohne Zweifel erheblich geschmälert. Im Jahre 633 warf ein zweiter Einfall der Treren, welche durch den Einbruch der Skythen in Kleinasien aus ihren Sitzen bei Sinope wieder aufgescheucht worden waren, die lydische Macht vorübergehend zu Boden; aber er fügte auch den Griechenstädten nicht unbedeutende Verluste zu. Sardes wurde zum zweiten Male von den Treren, welche Lygdamis führte, eingenommen; doch behaupteten sich die Lyder diesmal im Besitze der Citadelle. Magnesia am Maeandros, schon beim ersten Einbruche von den Treren schwer geschädigt, fiel jetzt in ihre Hand und wurde zerstört. Die Ephesier schrieben ihre Rettung dem besonderen Schutze ihrer Göttin, der Artemis, zu. „Es war nur ein Raub im Anlauf, sagt Herodot, keine Eroberung der Städte." Magnesia wurde von Ephesos oder von Milet aus wieder bevölkert, aber die alte Blüthe und Kraft dieser Stadt war unwiederbringlich dahin[1]).

Während die Achaeer von Lesbos und Kyme sich damit begnügt hatten, die Küsten von Troas, das Gebiet und die Städte des Ida den Teukrern zu entreißen, während sie auf der Stätte des alten Ilion das aeolische Ilion erbauten (S. 216. 220.), waren die Schiffe der Milesier schon um das Jahr 800 v. Chr. durch den Sund von Sestos und weiter nach Osten gesteuert. Der Hellespont d. h. das Meer der Helle, des Sonnenaufgangs, welcher beim Homer noch „endlos" heißt und das gesammte östliche Meer umfaßt, schwand zu einer engen Meeresstraße, dem ein geschlossenes Seebecken folgte, zusammen. Hinter dem Bosporos thaten sich die Küsten des schwarzen Meeres auf; nicht lange Zeit verlief und dieselben trugen Pflanzstädte von Milet. Auf der Nordküste Kleinasiens, westlich von der Mündung des Halys, im Gebiet der „Syrer edlen Stammes", auf einer weit vorspringenden Landzunge, welche ostwärts und westwärts einen guten Hafen bot, legte Ambron von Milet in den ersten Jahrzehnten des achten Jahrhunderts den Grund zur Stadt Sinope[2]). Die äußerste Spitze dieser Landzunge nannten die Griechen das

---

1) Bd. I. S. 580 flgde. — 2) Ueber den Hafen Armene bei Sinope Bd. I. S. 232. Anm. 5. Sinope soll nach Skymnos von einer Amazone den Namen haben; Bd. I. S. 234. Anm. 6. Skymn. Ch. v. 940 seqq.

Vorgebirge Syrias; die Breite des Landrückens, welcher die Halbinsel mit dem Festlande verband, betrug nur zwei Stadien[1]). Dieser schmale Raum wurde durch die südliche Stadtmauer leicht gesperrt und vertheidigt. Schon im Jahre 766 war Sinope im Stande, viel weiter ostwärts, im Gebiete der Makronen, in der Nähe der Silber- und Erzgruben der Chalyber, eine Handelsniederlassung zu gründen, aus welcher die Stadt Trapezus erwuchs[2]). Um dieselbe Zeit nahmen die Milesier, wol in der Absicht ihren Schiffen, bevor sie in das schwarze Meer einsegelten, eine sichere Station zu gewähren, eine ziemlich ausgedehnte, kreisförmige Halbinsel in Besitz, welche von der asiatischen Küste in die Propontis hinausragt und nur durch einen sehr schmalen Hals mit dem Festlande zusammenhängt (die Griechen hatten ihr den Namen der „Bäreninsel" gegeben), und legten auf derselben unmittelbar dem Festland gegenüber, auf jenem schmalen Halse, der nachmals durchstochen wurde, die Stadt Kyzikos an[3]). Die alten Einwohner der Bäreninsel, welche dem mysischen oder phrygischen Stamme der Dobryker angehörten, fanden, wie es scheint, zum Theil Aufnahme in die Reihen der Ansiedler von Milet. Es bestanden wenigstens in Kyzikos statt der vier attischen, der vier ionischen, sechs Stämme. Neben den Geleonten, den Hopleten, den Argadeis (den Arbeitern) und den Aegikoreis (den Ziegenhirten) wird ein fünfter Stamm, die Boreis d. h. die Pflüger und ein sechster, die Oenopes d. h. die Winzer genannt. Die Namen Pflüger und Winzer reihen sich schicklich an die Namen der Arbeiter und Ziegenhirten; das Gebiet von Kyzikos trug neben der Ackerfrucht Trauben. Wir erinnern uns, daß auch die Ionier des Androklos, welche Ephesos gründeten, einen Theil der alten Bevölkerung als besonderen Stamm unter ihre Stämme aufgenommen hatten; aber es ist ebenso gut möglich, daß die Boreis und Oenopes aus späterhin zugewanderten Ioniern oder Griechen anderen Blutes bestanden[4]). Funfzig Jahre nach der Gründung von Kyzikos (um 700) nahmen die Milesier auch die nahe bei Kyzikos gelegene Insel Prokonnesos in Besitz und legten, um sich die Einfahrt in die Propontis zu

---

1) Polyb. 4, 66. Strabon p. 545. — 2) Xenophon Anab. 4, 8, 22. Clinton fast. hell. a. 756. Bd. I. S. 231. Bd. II. S. 468. 464. — 3) Strabon p. 635. p. 575. 4) Boeckh. Corp. Inser. II. p. 925 sqq. Durch diese Inschrift sind auch die Angaben widerlegt, welche Kyzikos zu einer Kolonie von Megara machen; Joh. Lyd. de magist. 3, 70.

sichern, Abydos und Parion am Hellespont an¹). Diese Herrschaft über den Hellespont wurde wiederum funfzig Jahre später noch dadurch verstärkt, daß zwischen Abydos und Parion an der Mündung des Hellespont in die Propontis eine dritte milesische Stadt erbaut wurde (um 650), welche von den Fichtenwäldern der Küste, auf welcher sie stand, zuerst Pityusa, nachmals Lampsakos genannt wurde²). Kyzikos blieb jedoch die Hauptstation für den Handel Milets im schwarzen Meer und wurde dadurch eine bedeutende und reiche Stadt.

Diese Pflanzstädte der Milesier rühmten sich, daß der Boden, welchen sie in Besitz genommen hatten, bereits in alter Zeit durch die Landungen und Thaten der Argonauten geweiht worden sei. Die Sage von der Fahrt der Argonauten hatte die griechischen Seeleute an die Gestade des schwarzen Meeres begleitet. Die Richtung der Argofahrt war nach dem Sinn der Sage nach Osten gerichtet gewesen; sie mußte mithin in das schwarze Meer gegangen sein. Mit den Fahrten, mit der Ansiedlung der Milesier an diesen Gestaden wurde die Sage von dem Sturze der hellen Wolkentochter in den Sund, welcher von ihr den Namen empfangen, erfunden. Die beweglichen Felsen erhielten ihren Platz an der gefährlichen Ausfahrt aus dem Bosporos in das schwarze Meer. Das Land des Sonnengottes wurde an der Morgenseite, am Ostufer des schwarzen Meeres, in dem feuchten, waldigen, von fruchtbaren Kräutern erfüllten und durch seinen Verkehr mit dem Osten goldreichen Lande unter dem Kaukasus, an der Mündung des Phasis aufgefunden (Bd. I. S. 472.). Die Trapezuntier wiesen bei ihrer Stadt das Grab des Apsyrtos, die Bewohner von Sinope zeigten an ihren Gestaden die Ankerplätze der Argo und nannten einen Argonauten, den Autolykos, als ersten Gründer ihrer Stadt. Die Kyzikener behaupteten, daß Jason das Heiligthum der großen Mutter, welches in ihren Mauern stand, errichtet habe (S. 46.). Es war freilich

---

1) Strabon p. 587. 590. Er giebt als Zeit der Gründungen von Proikonnesos und Abydos die Regierung des Gyges an, welcher von 719—683 herrschte. Die Gründung von Parion wird 710 und 708 angesetzt; nach Einigen nahmen Parier und Erythraeer Antheil an derselben. — 2) Clinton fast. hellen. I. 654. Herodot 6, 37. 38. Steph. Byzant. Λάμψακος. Nach Andern war Lampsakos eine Gründung der Phokaeer (Charon. Lamps. fragm. l. ed. Müller) aber der Name Πιτυοῦσα spricht für milesische Gründung; Steph. Byzant. Μίλητος.

ein alter Kultus; die Syziener hatten denselben bei der einheimischen Bevölkerung vorgefunden. An den Mündungen des Halys, des Iris und Thermodon, wo im Gebiet der Syrer zahlreiche Hierodulen der Göttin Ma oder Mene mit Waffentänzen dienten, meinten die Milesier im Vaterlande der Amazonen zu sein. So kam die Sage auf, daß Herakles hierher an den Thermodon zu den Amazonen gezogen sei, der Königin der Amazonen den Gürtel zu lösen. Die Griechen in Anatolien hatten aus dem Dienst der kriegerischen Jungfrau Lydiens die Sage vom Herakles und der Omphale gebildet. Diese Omphale legte in jener Verschmelzung der weiblichen und männlichen Götter, durch welche die semitischen Stämme Vorderasiens das Wesen der Gottheit zu erschöpfen suchten, die Löwenhaut und die Waffen des löwenbändigenden Sonnengottes, des Sandon, an, während Sandon selbst die Kleider des Weibes trug. Und da sich die jungfräuliche Kriegsgöttin Kleinasiens dem Sonnengotte nach langem Sträuben ergeben hatte, so sollte nun auch der löwenmuthige Herakles der Königin der Amazonen d. h. eben dieser Göttin den Gürtel gelöst haben. Die Milesier wollten dem Heros ihres Stammes, dem Theseus, die Ehre einer ähnlichen That gewähren, und da eine Tradition von Kämpfen des Theseus gegen die Amazonen d. h. gegen syrische Dienste, welche die Phoeniker einst nach Attika getragen, bestand, so ließ man ihn nun eine Amazone vom Thermodon rauben und erklärte dadurch den Zug der Amazonen gegen Athen.

An dem Nordufer des schwarzen Meeres fanden die Seeleute Milets einen viel härteren Winter als in ihrer Heimath. Hier im Norden, wo das Meer längs der Küste zu Eis erstarrte, wo häufige und dichte Nebel Meer und Land einhüllten, wo auf der niedrigen Halbinsel Taman unterirdische Flammen heißen Schlamm emporwarfen, glaubten die Milesier das Ende der Welt und das Land der winterlichen Kimmerier, „elender Menschen, die in Nebel, Finsterniß und Nacht gehüllt sind und niemals von der Sonne beschienen werden", entdeckt zu haben, welche Homer in den äußersten Westen, in das Gebiet des Sonnenuntergangs gesetzt hatte. Als sich hinter dem schwarzen Meere eine neue Wasserfläche (das Meer von Asow) öffnete, meinte man endlich den erdumströmenden Okeanos erreicht zu haben; von der gewaltigen Masse des Kontinents hinter der Maeotis hatten die Griechen keine Ahnung, und auch nachdem diese Kunde wenigstens zum Theil erlangt war, blieb man doch lange und hartnäckig bei jener ersten Vorstellung. Die Einfahrt in die Maeotis erhielt den Namen des Bosporos der Kimmerier. An der hohen Felsenküste der Krim opferten die barbarischen Taurer die schiffbrüchigen und verschlagenen Fremden, welche in ihre Hand fielen, einer jungfräulichen Göttin. Die Griechen, welche bereits in der jungfräulichen Kriegsgöttin Anatoliens ihre Artemis erkannt hatten, meinten auch in der mit Menschenopfern verehrten Jungfrau der Taurer dieselbe Gottheit, ihre zürnende Artemis, wiederzufinden. Nach Taurien, wo „Jungfrauen, denen nie die Hochzeitsfackel leuchtete", den Dienst der jungfräulichen Göttin versahen[1]), sollte die Artemis die Iphigeneia versetzt haben; von hier hatte nun Orestes seine Schwester zurückgeholt sammt dem Bilde der Göttin, und dieses im Heiligthum der Artemis Orthia zu Sparta in den Sümpfen, oder zu Brauron auf der Ostküste von Attika aufgestellt[2]). An den Gestaden der Westküste des Pontos lag unweit der Donaumündungen eine Insel, deren weiße Kalksteinklippen weithin leuchteten. Die Griechen nannten sie die „Weiße" (Leuke) und meinten, daß die Seefrauen den Achilleus an diese neblige Küste versetzt hätten, damit die göttliche Mutter sich noch ferner des raschen Sohnes erfreuen könne. Am Ufer des Festlandes, im Nordwesten von Leuke, auf dem ebenen von den Wogen festgeschlagenen Dünensand glaubte man die Laufbahn zu erkennen, auf welcher der schnelle Held sich in ritterlichen Spielen ergötzte; es ist die lange Dünenstrecke, welche sich südwärts von der Landzunge von Kinburn in das todte Meer hineinzieht[3]). Die griechischen Seeleute späterer Zeit weihten dem Achilleus hier Inschriften zum Danke, daß der Held sie aus den Gefahren des schwarzen Meeres gerettet[4]). Arktinos von Milet war es, der zuerst von der Entrückung des Achilleus an diese Gestade sang; wie er zuerst die Amazonen vom Thermodon her den Troern zu Hülfe ziehen ließ. Eumelos von Korinth, welcher im Jahre 735 den Archias zur Gründung von Syrakus begleitete, nannte den Phasis bereits als Ziel der Argofahrt und Kolchis als das Gebiet des Aeetes (S. 45. 414.).

---

1) Bd. I. S. 464. Ovid. epist. 3, 2. v 65—68. — 2) Eb. S. 155. 344. 3) Herod. 4, 55. Eurip. Iphig. v. 406—422. Schol. Apoll. Rhod II 2, 658. Neumann, Hellenen im Skythenlande S. 367. — 4) Neumann a. a. C. S. 875.

Die Sage von der Entrückung der Iphigeneia nach Taurien erwähnen, so weit unsere Kunde reicht, zuerst die Coeen; ausführlicher wissen die Kyprien davon zu erzählen; den Lyrikern des sechsten Jahrhunderts ist diese Sage dann vollkommen geläufig.

Sinope war, wie oben erwähnt ist, nicht allzulange nach seiner ersten Gründung den Treren erlegen. Erst als diese das Gebiet von Sinope verlassen hatten, um Kleinasien zum zweiten Male zu plündern (sie fanden auf diesem Zuge nachmals den Untergang), wurde die Stätte der alten Niederlassung von den Milesiern unter der Leitung des Kos und Kretines wieder in Besitz genommen, wurde die Stadt zum zweiten Male erbaut (630[1]). Zu derselben Zeit gründeten die Milesier an der Westküste des schwarzen Meeres, im Lande der Thraker Tomi, und südwärts von den Mündungen der Donau eine zweite Stadt, welche sie nach diesem Flusse Istros nannten; eine dritte Stadt, die sie noch weiter südwärts im Jahre 610 auf derselben Küste anlegten, erhielt nach dem Apollon den Namen Apollonia[2]). Nicht lange danach wagten sie es, auf den Küsten der Skythen, mit welchen sie längst in Verkehr waren, feste Niederlassungen zu errichten. An der Einfahrt in die Maeotis, am kimmerischen Bosporos, erbauten sie auf den Höhen des westlichen Ufers die Stadt Pantikapaeon (Kertsch), welche sich im sechsten Jahrhundert zu großer Blüthe erhob (um 600[3]). In der ersten Hälfte dieses Jahrhunderts (600—560) schloß sich der Kranz von Städten, mit welchem die Milesier die Küsten des schwarzen Meeres umsäumten, ohne deren Zahl zu erschöpfen. In dieser Periode wurden Olbia am rechten Ufer des Bug, an dessen Mündung in den Liman des Dnieper, Odessos am Ausfluß des Axiales (Tellgul), Tyras (Akjerman) in dem weidereichen Lande des Dniester, am fischreichen Liman dieses Flusses, und Dioskurias (Suchum Kale[4]) unter den Abhängen des Kaukasos erbaut. Die Thesmophorien der Demeter

---

1) Scymn. Ch. v. 908 seqq. Euseb. Chron. Olymp. 37, 4. d. h. 629 v. Chr. — 2) Tomi und Istros wurden zur Zeit des Skytheneinfalls gegründet: Scymn. Ch. v. 767; über Apollonia Scymn. Ch. v. 730. — 3) Pantikapaeon heißt die Mutterstadt d. h. die älteste Stadt an der Nordküste des schwarzen Meeres. — 4) Olbia wurde nach Scymn. v. 809, zur Zeit der Herrschaft der Meder, also zwischen 606 und 560 gegründet; Odessos nach v. 748, zur Zeit des Astyages; die Gründungszeit von Dioskurias ist unbekannt. Diese Angaben werden dadurch bestätigt, daß in der ersten Hälfte des sechsten Jahrhunderts eine genauere Kenntniß der Küsten des Nordostens bei den Griechen beginnt. Aristeas von Prokonnesos lebte um 550.

wurden nun am Strande des asowschen Meeres wie an der stillen Bucht von Eleusis von ionischen Weibern gefeiert¹). Man rechnete im Alterthum fünfundsiebzig bis achtzig Pflanzstädte, welche Milet gegründet hatte²).

Der Handel, welchen die Städte der Milesier mit den Skythen trieben, war für die Griechen sehr gewinnreich. Für Geräthe, Gewebe und Spielereien tauschten sie von diesen rohen Stämmen bei weitem werthvollere Erzeugnisse des skythischen Landes ein. Der Reichthum der Skythen bestand in ihren Heerden und Häuten, in der Beute ihrer Jagd, in Pelzwerk, in dem Ertrage der Bienenzucht und der Fischerei auf ihren Flüssen und an den Mündungen der skythischen Ströme, in den guten Ernten, welche der Acker hier gewährte³). An den Küsten fanden die Griechen überdies reichliche Salzniederschläge; sie waren im Stande, neben Sklaven, Häuten und Pelzwerk, neben Wachs und Honig, auch Korn und eingesalzene Fische in großer Menge an die anatolische Küste, in die Häfen der griechischen Halbinsel zu führen. Dazu kam, daß die Skythen in ziemlich lebhaftem Verkehr mit den nordöstlichen Stämmen standen, durch welchen die Producte des Ural, die Pelze der Biber und Fischottern Sibiriens an das Nordufer des schwarzen Meeres gelangten (bis zu den Argippaeern brauchten die Skythen nach Herodot's Versicherung sieben Dolmetscher⁴); daß die Erzeugnisse des Ostens, die Erzeugnisse Indiens und Baktriens den Oxus hinab über das kaspische Meer, über die Wasserscheide des Kur und des Rion nach Kolchis gelangten⁵). Milet's eigene Ausfuhr bestand vorzugsweise in Wollengeweben, wozu eine ausgedehnte und vortreffliche Schafzucht den Rohstoff lieferte. Milesische Gewande waren im schwarzen Meere wie an den Küsten Sizilien und Italiens gesucht. Zaleukos hatte sie den Lokrern um das Jahr 650 verboten (ob. S. 474.). Für den Unternehmungsgeist, für die Thatkraft und Ausdauer der Milesier spricht nicht blos der alte Ruf ihrer Tapferkeit, sondern auch die Kühnheit, mit welcher sie das schwarze Meer aufschlossen und dessen bis dahin unwirthliche Küsten mit ihren Städten bedeckten; und Athenaeos bezeugt, daß die Milesier „die Skythen besiegt hätten", bis sie in späterer Zeit dem Reichthum, der sich in ihren

---

1) Neumann, Hellenen im Skythenl. S. 485. — 2) Plin. hist. natur. 5, 29. Seneca ad. Helv. c. 6. — 3) Bd. I. S. 468. — 4) Bd. I. S. 472. — 5) Herod. 4, 24. Bd. I. S. 471.

Städten anhäufte, erlagen¹). Eine einzelne Stadt hatte Milet im Verlauf von zwei Jahrhunderten eine Schaar von Pflanzstädten aus seinem Schooße hervorgehen lassen, und die Bucht von Milet war im siebenten Jahrhundert der Mittelpunkt eines Verkehrs geworden, der von Pantikapaeon im Osten bis nach Sybaris im Westen reichte. Sybaris war im Westmeer der Hauptstapelplatz des milesischen Handels.

Der Seefahrt und dem Handel der ionischen Städte war ein neues Gebiet erschlossen worden, als König Psammetich mit ionischen Seeleuten, welche die Küste Aegyptens auf Raub angelaufen waren, in Verbindung getreten, als er mit Hülfe ionischer Krieger im Jahre 670 v. Chr. die Alleinherrschaft über Aegypten gewonnen hatte. Er stützte seinen neuen Thron auf ionische und phoenikische Söldner, er vertraute den Joniern die Bewachung der syrischen Grenze bei Pelusion an, sie begleiteten ihn nach Nubien und schrieben ihre Namen auf die Piedestale der Ramsesbilder von Abu Simbel²); er focht seine langen Kämpfe gegen die Philister vorzugsweise durch ionische Schaaren aus. Um sich die Unterstützung der ionischen Städte dauernd zu sichern, öffnete er die Häfen Aegyptens den ionischen wie den phoenikischen Schiffen. Die Milesier sendeten alsbald dreißig Schiffe in die kanopische Mündung des Nil, um hier eine Faktorei und ein Fort zu Naukratis zu errichten; neben den ionischen Söldnern, welche Psammetich in Aegypten ansiedelte, waren dies die ersten nicht aegyptisch redenden Menschen, welche sich auf dem schwarzen Boden des Nilthals niederließen³).

In dieser neuen Richtung der ionischen Schifffahrt erhielt Milet indeß Nebenbuhler an den Landsleuten von Samos und Phokaea, welche die Milesier auf dem Westmeere überholten. Samos wird sich der Schifffahrt und dem Handel nicht viel später zugewendet haben als Milet. Die Insel erzeugte Oel in besonderer Menge, welches man ausführen konnte, und Wein, der indeß nicht von vorzüglicher Qualität war. Um so berühmter waren die Thongefäße, welche man in Samos zu verfertigen verstand⁴). Milet hatte freilich schon Sinope, Trapezus, Kyzikos, Abydos und Parion gegründet, als Samos noch ohne Kolonialstädte war. Aber im

---

1) Aristoph. Plut. 1003. Diodor 10, 25. Athen. 12, 25. — 2) Roß in den N. Jahrb. für Philolog. Jahrg. 69. S. 528. — 3) Herodot 2, 154. 178. Strabo p. 801. — 4) Panofka de reb. Sam. p. 16. 17.

Jahre 704 ließen sich die Samier von dem Korinther Ameinokles Dreiruderer bauen; sie selbst erfanden eine neue Art von Kauffahrern, welche große Lasten aufnehmen konnten, da sie weitbauchig gebaut waren. Trotz dem vermochten sie durch ihren eigenthümlichen Schnitt (sie hatten aufwärts gekrümmte Schnäbel, welche einem Saurüssel ähnlich sahen und ein Hintertheil, welches dem Fischschwanze glich) rasche Fahrten zu machen[1]). Samos muß nun um diese Zeit bereits durch seinen Handel wohlhabend gewesen sein. Es war das Vaterland des Kreophylos, den die Sage mit dem Homer in Verbindung brachte (ob. S. 266.). Die Kreophyliden von Samos pflegten den Heldengesang wie die Homeriden von Chios; und wenn Milet des Arktinos, Ephesos des Kallinos sich rühmte, so konnte ihnen Samos den Dichter Asios, des Amphiptolemos Sohn, entgegenstellen. Dieser Dichter, welcher in der zweiten Hälfte des achten Jahrhunderts lebte, sagt von seinen Landsleuten: „Sie zogen in den Tempel der Hera (der Schutzgöttin von Samos; ob. S. 325.), nachdem sie die Locken gestrählt hatten, in schöne Gewänder gekleidet. Die schneeweißen Hemden fielen bis auf die breite Erde herab, das Haar wehte im Winde von goldenem Stirnband gehalten, auf dem Scheitel hielten es goldene Nadeln, die wie Cikaden aussahen, und um die Arme trugen sie kunstvolle Armbänder"[2]). Nach der Oeffnung Aegyptens warfen sich die Samier eifrig in diesen Verkehr; Wein und Oel waren dort begehrte Waaren. Ein Zufall führte die Samier von hier aus weit in den Westen des Mittelmeers, und gab ihnen Gelegenheit, den Griechen ein Handelsgebiet zu zeigen, welches die Phoeniker seit fast fünfhundert Jahren ausschließlich und eben deshalb mit den ungeheuersten Vortheilen ausgebeutet hatten. Um die Zeit als Battos mit den theraeischen Schiffen zuerst auf der Insel Platea gelandet war (zwischen 640 und 630; S. 479.), wurde ein samisches Schiff, welches dem Kolaeos gehörte und von ihm geführt wurde, auf der Fahrt nach dem Nil westwärts an die libysche Küste, nach jener Insel verschlagen. Kolaeos ging von Platea wieder in See, um Aegypten zu erreichen,

---

1) Hesych. Σαμιακὸς τρόπος. — 2) Athen. 12. p. 525. Asios wird stets mit Eumelos und Kinaethon zusammen citirt und von Athenaeos als ὁ παλαιὸς ἐποποιός bezeichnet. Da er elegisches Maaß anwendet, muß er später sein als Kallinos. Er gehört demnach in die Zeit von 730—700, gleichzeitig mit Eumelos und wol etwas älter als Archilochos; vgl. die Probe des Spottes des Asios bei Athen. p. 125.

aber das Schiff ward zum zweiten Male vom Oſtwinde gefaßt, welcher zu einem heftigen Sturme anwuchs, der das Fahrzeug „durch Führung der Götter", wie Herodot ſagt, durch die ganze Länge des Mittelmeeres, endlich aus den Säulen des Herakles hinaustrieb. Kolaeos landete auf der Küſte von Tarteſſos, verhandelte ſeine Ladung, und machte einen Gewinn von ſechzig Talenten (über 120,000 Thaler). Von dem Zehnten dieſes Gewinnes weihte er in den Tempel der Hera von Samos ein gewaltiges mit Greifenköpfen verziertes Becken von Erz, welches von drei ehernen Koloſſen, die auf den Knieen lagen, aber dennoch ſieben griechiſche Ellen hoch waren, getragen wurde[1]). Solcher Gewinn mußte unternehmende Kaufleute mit unwiderſtehlicher Gewalt in das ferne Weſtmeer locken.

Wie eine Griechenſtadt der anatoliſchen Küſte, das achaeiſche Kyme, einſt vor dem Beginn der Olympiaden die Seefahrt nach dem Weſten eröffnet und hier gleich zu Anfang die entfernteſte Pflanzſtadt, Kyme in Kampanien, gegründet, ſo war es jetzt wieder eine griechiſche Stadt der anatoliſchen Küſte, das ioniſche Phokaea an der Mündung des Hermos, welches Samos, welches die Pflanzſtädte von Megara und Korinth, welches die Städte der Chalkidier auf Sizilien in dem Verkehr im Weſten, in welchem ſie durch ihre Lage hätten vorausſtehen müſſen, bei weitem überholte, und es verſuchte, in der Weſthälfte des Mittelmeeres mit den Phoeniken und Karthagern zu rivaliſiren. Was die griechiſchen Städte Unteritaliens nicht wagten, erſchien den Steuermännern von Phokaea nicht zu kühn; ſie waren es vorzugsweiſe, welche der Straße folgten, die Kolaeos geöffnet hatte. „Die Phokaeer, ſagt Herodot, waren die erſten unter den Hellenen, welche weite Seereiſen unternahmen. Sie bedienten ſich dazu nicht der Kauffahrteiſchiffe, ſondern der Funfzigruderer. Sie zeigten den Griechen das adriatiſche Meer und das Land der Etrusker und Iberien und Tarteſſos. In Tarteſſos gewannen ſie die Gunſt des Königs Arganthonios, welcher ſie einlud, nach ſeinem Lande überzuſiedeln, und da ſie dies ablehnten, gab er ihnen ſehr reichliche Schätze, ihre Stadt in Ionien zu befeſtigen"[1]). In entfernte und unſichere Meere, an die Küſten fremder Stämme durfte man ſich ohne bewaffnete Schiffe nicht wagen; es war natürlich,

---

1) Herodot 4, 152. — 2) Herodot 1, 163.

daß die Phokaeer das alte Kriegsschiff, den langen Fünfzigruderer, für diese Reisen dem Lastschiff vorzogen. Wenn Herodot die Phokaeer das adriatische Meer entdecken läßt, so will das sagen, daß die Schiffe der Phokaeer zuerst nordwärts über Kerkyra, d. h. über das ionische Meer hinaus steuerten, und den Verkehr der Griechen an diesen Küsten eröffneten; sie werden zuerst die Handelsplätze der Etrusker an den Mündungen des Po, Spina und Atria, von welcher dieses Meer seinen Namen empfangen hat, erreicht haben. Der König der Tyrrhener, Arjmnestos oder Arimnos, soll der erste Herrscher der Barbaren gewesen sein, welcher den Zeus von Olympia beschenkte; er sendete ihm seinen Thronsitz. Es war vielleicht der König von Ariminum an der Küste der Ombriker[1]. Diese Fahrten der Phokaeer fallen in die erste Hälfte des siebenten Jahrhunderts (700—650[2]). An der Westküste der italischen Halbinsel waren die Griechen bisher nicht weit über Kyme hinausgekommen; sie fürchteten die Küste nordwärts vom Vorgebirge Kirkeion wegen des Seeraubes, welchen die Tyrrhener d. h. die Etrusker betrieben. Die Phokaeer ließen sich nicht schrecken. Im Jahre 600[3]) gründeten sie jenseit der Etrusker, an der Küste der Salyer, eines Stammes der Ligyer (Ligurer), ostwärts von der Mündung der Rhone, auf einer in's Meer hinausragenden, nur durch eine fünfzehnhundert Schritt breite Landzunge mit dem Festlande zusammenhängenden Halbinsel, „des Handels wegen", wie Aristoteles sagt, eine bleibende Niederlassung — Massalia[4]). Das Verhältniß der Ansiedler zu den Eingeborenen war zuerst freundlich. Die Tochter des Häuptlings derselben, des Nannos, soll dem Euxenos, dem Führer der Phokaeer, im Hause ihres Vaters den mit Wein gefüllten Becher kredenzt und ihn damit nach der Sitte ihres Landes zu ihrem Gatten erkoren haben. Euxenos führte die Jungfrau heim. Aber die Karthager waren nicht Willens, Griechen und griechische Ansiedlungen im Westen Siziliens zu dulden. Ihr Versuch, die Ansiedlung zu verhindern, schlug indeß fehl; ihre Flotte ward von den Schiffen der Phokaeer in die Flucht getrieben. Die Burg der neuen Stadt sperrte den

---

1) Pausan. 5, 12, 5. Mommsen römische Geschichte 1, S. 97. Die Geschenke des Midas von Phrygien und des Gyges von Lydien an den delphischen Gott (zwischen 750—720) sind bedeutend älter. — 2) Nachdem Epidamnos im Jahre 627 gegründet war, konnte von einer Entdeckung des Adrias doch nicht wohl mehr die Rede sein. 3) Clinton fast. hellen. a. h. a. — 4) Strabon p. 181 flgde.

Isthmos gegen das Festland; innerhalb der Burgmauer erhoben sich die Tempel der Athene, des delphischen Apollon, der Artemis von Ephesos, welcher die Massalioten eine besondere Verehrung zollten; auf dem Südrande der Halbinsel öffnete sich ein trefflicher, von Felshöhen eingeschlossener und durch diese geschützter Hafen[1]). Die Stadt wuchs unter der Herrschaft ihres Adels in Waffenübung und Seefahrt, trotz ihrer weiten Entfernung von den Stammgenossen, trotz der häufigen und erbitterten Anfälle der Ligyer, welche das Gedeihen der Fremden auf ihrer Küste bald mit Neid erfüllt hatte. Die Schiffe der Massalioten verkehrten an den Küsten Liguriens und Iberiens. Inzwischen hatten die Schiffe der Phokaeer auch die Säulen des Herakles aufgefunden und machten an den Gestaden des Silberlandes dem Monopol der Phöniker eine sehr unerwünschte Konkurrenz (zwischen 630 und 570). Der König eines iberischen Stammes an der Mündung des Baetis, jener Arganthonios, unterstützte die neuen Ankömmlinge, gewiß aus keinem anderen Grunde, als um an ihnen eine Stütze und ein Gegengewicht gegen die lästige Uebermacht, welche die Phöniker seit so langer Zeit an diesen Gestaden ausübten, zu gewinnen[2]). Aus derselben Ursach wird er die Uebersiedlung aller Phokaeer nach Tartessos gewünscht haben. Um dem Verkehr im Westen des Mittelmeers, namentlich der Verbindung zwischen Phokaea und Massalia, in den gefährlichen Gewässern der Etrusker eine Stütze, den von etruskischen Seeräubern bedrängten Schiffen eine Zuflucht zu gewähren, ersahen sich die Phokaeer einen geeigneten Hafen auf der Ostseite der Insel Kyrnos (Korsika), der Küste der Etrusker gerade gegenüber, besetzten ihn und legten hier im Jahre 568 die Stadt Alalia (nachmals Aleria) an. Die Insel Aethalia (Elba) mit ihren reichen Eisengruben lag in der Nähe dieser neuen Gründung[3]).

Ueberall sahen sich die Phoeniker und Karthager von dem Vordringen der Griechen, von dem Strome ihrer Auswanderung,

---

1) Aristoteles bei Athen. 13. p. 576. Justin 43, 3—5. Thukyd. 1, 13. Pausan. 10, 8, 6. — 2) Herodot 1, 163 figde. Vgl. Applan. de reb. hisp. c. 2. Die Zeit bestimmt sich dadurch, daß Herod. (I, 165) bemerkt, Arganthonios sei zur Zeit der Gründung Alalia's nicht mehr am Leben gewesen. Die Gründung Alalia's fällt zwanzig Jahre vor die Einnahme Phokaea's durch Harpagos, welche zwischen 546 und 545 erfolgte, also um 565. Eusebius setzt zum Jahre 575 eine phokaeische Seeherrschaft von 44 Jahren; wahrscheinlich ist dieselbe von diesem Jahre bis zur Gründung von Elea berechnet. — 3) Alsalh wird schon bei Hekataeos genannt; Steph. Byz. s. h. v.

von dem Emporwachsen ihrer Städte, von der Konkurrenz ihrer Kaufleute bedroht. In Aegypten konnte der phönikische Handel dem der Griechen, deren militärische Stellung in Aegypten, deren politischer Einfluß auf Psammetich und dessen Nachfolger immer bedeutender wurde, nicht das Gleichgewicht halten. Gegen das Jahr 630 hatten die Griechen dann auch auf der libyschen Küste Fuß gefaßt. Mit der Gründung von Barka (S. 482) rückten die Griechen den Karthagern wiederum ein Stück näher und bedrohten den Handel, welchen diese bisher allein mit den libyschen Stämmen geführt, in immer weiterem Umfange. Im Osten waren diese Griechen keck genug, hart vor der phönikischen Küste auf der Insel Kypros, der ältesten Besitzung der Phöniker, Fuß zu fassen. Die Kämpfe Aegyptens und Babylons über den Besitz von Syrien, die Unterwerfung der phönikischen Städte unter die Herrschaft Nebukadnezar's nach langem Widerstande, hatte deren Macht und Blüthe erschüttert und ihre Verbindung mit Kypros gelockert. Griechische Auswanderer ließen sich seit dem Jahre 600 auf Kypros nieder, sie gewannen Einfluß; alte phoenikische Orte, wie Salamis, wurden hellenisirt. Der Umschwung der Dinge war vollständig. Hatten die Phöniker einst um die Mitte des dreizehnten Jahrhunderts die Inseln an der griechischen Halbinsel besetzt, so setzten die Griechen sich jetzt vor der Küste der Phoeniker fest. Im Westen des Mittelmeeres war nicht blos die Ostküste Siziliens in ihre Hände gefallen; bereits um das Jahr 630 hatten sie auch im Westen dieser Insel Selinus und Himera gegründet. Nun waren diese Griechen sogar über Sizilien hinaus gegangen, die Gründung von Massalia hatten die Karthager vergebens zu hintern gesucht, griechische Schiffe landeten neben den phönikischen in der Nähe von Gades, und der Handel der Hellenen genoß hier bereits des Schutzes eines einheimischen Fürsten; selbst an der Mündung des Baetis empfanden die Phoeniker die Konkurrenz der Jonier. Endlich hatten diese jetzt auch noch den besten Hafen auf Korsika in Besitz genommen. Voraussichtlich ging es auf Korsika und Sardinien wie in Sizilien; es war zu erwarten, daß auch hier eine griechische Gründung der andern folgte, daß auch diese Inseln den Griechen in die Hände fallen würden.

Mit der Ausdehnung ihrer Schifffahrt und ihrer Kolonisation nach dem Westen, trugen die Griechen auch ihre Sagen in diese Gebiete. Ihre poetische Phantasie fand überall, wo sie landeten, in

Gebräuchen, Sagen, Sitten und Kulten, auf welche sie trafen, Anknüpfungen für die hellenischen Götter und Heroen. Wie die Städte am Pontos die Argofahrt, so hatten die Städte, welche die Griechen in Unteritalien und Sizilien gegründet, die Sage von der Rückfahrt von Ilion zum Ruhme ihres neuen Bodens verwendet. Die älteste Griechenstadt Kyme hatte die Fahrten des Odysseus an ihren Gestaden fixirt; die Lokrer ließen den Ajas, die Tarentiner den Diomedes an ihre Küste verschlagen worden sein. Es war ein Grieche aus der neugegründeten Stadt Himera, in der ersten Hälfte des sechsten Jahrhunderts, welcher unsers Wissens zuerst auch den Aeneias in das Abendland gelangen ließ. Die Heiligthümer der Göttin Aschera, welche in den phönikischen Städten Siziliens, in Soloeis, Panormos, auf dem Eryx in der Nähe von Himera bestanden, mochten ihn auch schon die Richtung bestimmen lassen, welche die Irrfahrten des Günstlings der Aphrodite genommen (oben S. 151.). Nachdem die Mündungen des Nil den griechischen Schiffen geöffnet waren, als die Griechen den Dienst der kuhgestaltigen Isis in Aegypten kennen gelernt, ließen sie ihre wandelnde Mondgöttin von Argos nach Syrien und Aegypten gelangen. Die Kolonisten von Megara am Bosporos, die Byzantiner und Chalkedonier bestanden darauf, daß die Mondkuh bei Byzanz gerastet und zwischen ihren Städten durch den Bosporos nach Asien geschwommen sei. In Aegypten mußte dann die Io die Herrscher der beiden Länder, welche die Mondgöttin verehrten, den Danaos und den Aegyptos gebären (ob. S. 82.). Die Kyrenaeer, welche von den alten Seefahrern, den Minyern, abstammen, deren Herrscher sich von dem Argonauten Euphemos ableiteten, ließen die Argonauten ihr Schiff aus dem Okeanos quer durch Libyen tragen, um von dem Hafen Kyrene's die Rückfahrt nach Iolkos zu beginnen. Aus dem Beinamen der Athene, Tritogeneia, und der Verehrung, welche die libyschen Nomaden einer weiblichen Gottheit an einem See der kleinen Syrte zollten, folgerten die Kyrenaeer und Barkaeer, daß die Göttin Pallas das Licht an jenem See erblickt habe, welchem sie den Namen des Tritonsee's gaben[1]), und Herodot leitet demgemäß die Aegis der Pallas aus den Panzern von Ziegenfellen her, welche die Weiber der Libyer tragen[2]). An diese Sitte wurde dann wieder die Sage

---

1) Herodot 4, 187. Schol. Apoll. Rhod. 1, 109. 4, 1311. —
2) Herodot 4, 189. Vgl. oben S. 20.

geknüpft, daß die kriegerischen Weiber Asiens, die Amazonen, auch einst am Tritonsee gewohnt und geherrscht hätten. Die Kämpfe der Athene und des Perseus gegen die Geister des Dunkels, die Gorgonen, deren Reich immer in der diesen Dämonen geziemenden Gegend, im Abend gedacht worden war, wurden nun ebenfalls an den Tritonsee verlegt[1]).

Die größte Bereicherung erfuhren die Fabeln vom Herakles. Nicht blos, daß die an den Küsten des Pontos angesiedelten Milesier den großen Bogenschützen Herakles zum Stammvater der Skythen machten, weil die Skythen gute Bogenschützen waren und einen bogenschießenden Gott verehrten[2]); auch in irgend einem ägyptischen Gotte wollten die Griechen ihren Herakles erkennen[3]) — sie ließen ihn dann hier den Fremdentödter Busiris erschlagen, eine Erzählung, welche in der alten Abgeschlossenheit Aegyptens und der besondern Sprödigkeit, welche die Busiriten wegen ihres Osirisgrabes gegen die Griechen zeigten, ihren Grund hat (Bd. I. S. 69.). Die Kyrenaeer erzählten, daß Herakles auf ihrem Gebiete zu Irasa den Riesen Antaeos, den Sohn der Erde überwunden habe[4]), wobei wohl irgend eine libysche Sage zu Grunde liegt. Die Säulen, welche den Himmel und die Erde auseinander halten, welche beim Homer der Riese Atlas, d. h. der Tragende hält, erkannten die phokaeischen Seeleute in Uebereinstimmung mit einer libyschen Sage, wie versichert wird, in den hohen Gipfeln des Gebirges am Nordrande Afrika's, in der Nähe der Straße von Gibraltar[5]). Mit dem Sonnengott der Phoeniker identificirt, mußte Herakles nun auf dem Sonnenbecher den Okeanos durchschiffen, mußte er von Aegypten aus Libyen durchziehen, um aus dem fernen Westen die Aepfel der Hesperiden, die Aepfel der lebengebenden Aschera, die von den Töchtern des Abends behütet wurden, das Pfand ewigen Lebens und Gedeihens, dem Eurystheus nach Mykene zu bringen. Der Garten der Hesperiden lag nahe beim Atlas. Herakles sollte auf diesem Zuge dem Atlas eine Zeitlang die Last jener Säulen, auf welchen der Himmel ruhte, abgenommen haben[6]), und die Säulen, welche

---

1) Diodor 3, 52 flgde. — 2) Herodot 4, 8—10. 59. — 3) Herodot bestreitet, daß der ägyptische und griechische Herakles dieselben wären; 2, 42. 145. — 4) Herodot 4, 158. — 5) Herodot 4, 184. Aeschyl. Prometh. 347. Pindar. Pyth. 1, 40.; vgl. oben S. 456. — 6) So schon auf dem Kasten Kypselos; Pausan 5, 18, 1.

seinen Namen trugen (es waren die dem lyrischen Sonnengott geweihten Berge Kalpe und Abhlyx) als Wahrzeichen seines Zuges gesetzt haben. Die Insel Erytheia, von welcher Herakles die Rinder des Sonnengottes nach Mykene getrieben haben sollte, wurde nun ebenfalls an das äußerste Westmeer gesetzt, durch Iberien und das Keltenland, bei Massalia vorüber, trieb Herakles diese Rinder zurück nach Italien. Als ihn die wilden Ligyer an der Mündung des Rhodanos überfielen und Herakles keinen Pfeil mehr in seinem Köcher hatte, ließ Zeus eine Masse Kieselsteine herabregnen, mit welchen er die Ligyer zu Tode schleuderte. Ein Theil der Ebene zwischen dem Rhodanos und Massalia war dicht mit Kieselsteinen bedeckt (wahrscheinlich der Boden eines ehemaligen See's); hieraus bildeten die Massalioten diese Erzählung[1]). Seit den Fahrten der Phokaeer kannten die Griechen auch die obere Hälfte der Westküste Italiens. Die Theogonie nennt den Agrios und den Latinos die Herrscher sämmtlicher Tyrrhener (Etrusker). Sie mußten natürlich Söhne des Odysseus sein, welcher zuerst von den Griechen in das ferne Westmeer gelangt war, welcher auf dem Vorgebirge Kirkeion bei der Kirke gehaust hatte. Hier hatte er mit ihr die Stammväter der italischen Völker erzeugt (oben S. 149. 411.). Den seeräuberischen, grausamen Etruskern wird Agrios, d. h. der Wilde, zum Stammvater gegeben; der Stamm der Latiner, welcher keinen Seeraub trieb und die Schiffe der Fremden an seiner Küste duldete, erscheint unter seinem wahren Namen. Aber die Latiner werden zugleich noch unter dem Gesammtnamen des mächtigeren Volks, unter dem der Etrusker mit einbegriffen. Durch das Land der Tyrrhener und Latiner muß Herakles seine Rinder nach der alten Griechenstadt, nach Kyme im Lande der Opiker, hinabtreiben, und dann über die Meerenge nach Sizilien gehen. Denn hier hatte er ja alle die Städte erbaut, in welchen die Phoeniker den Melkart verehrten, sowol Eryx auf dem hohen Berge der Westspitze, als die Stadt Minoa auf der Südküste, welche die Griechen nach dem Herakles und Minos zugleich Herakleia Minoa nennen. Längs der Ostküste Italiens führte Herakles die Sonnenrinder um die Adria herum, zurück nach Apollonia, Epeiros und Mykene. So hatte der arbeitende und überwindende Held denn alle Küsten besucht und alle Gebiete um-

---

1) Aeschylos bei Strabon p. 183.

schritten, welche den Hellenen gegen das Ende des siebenten Jahrhunderts bekannt geworden waren. Durch Thrakien und das Land der Skythen war er zum Kaukasus gegangen, den dort gefesselten Prometheus zu befragen, wo er die Aepfel der Hesperiden finden und sie gewinnen könne; von der Mündung des Thermodon hatte er den Gürtel der Amazonenkönigin heimgebracht, in Lydien hatte er der Omphale gedient, in Phoenikien prangten seine uralten goldenen Heiligthümer, von Aegypten her hatte er das ganze Mittelmeer sammt der Adria umschritten.

8. Der Aufstand der Messenier.

In rascher Folge hatten die Pflanzstädte der Ionier und Dorer die Küsten des schwarzen Meeres, die Küsten Thrakiens, Siziliens und Unteritaliens bedeckt. Istros und Tomi, Chalkedon und Byzanz, Epidamnos und Kyrene, Himera und Selinus wurden um die Mitte desselben Jahrhunderts gegründet. Diese stetig wachsende Ausbreitung des hellenischen Volkes, der Verkehr dieser Pflanzstädte mit den rohen Bevölkerungen der Gestade, auf welchen sie errichtet waren, konnte nicht ohne Rückwirkung auf das Mutterland bleiben. In gleichem Maaße mit dem fortschreitenden Kolonialsystem mußte sich die Seefahrt, die Industrie des Mutterlandes heben. Dem regierenden Adel waren Arbeit und Erwerb niedrige und schimpfliche Beschäftigungen; aber aus dem Bauernstande ließen diese neuen Verhältnisse in den Hafenstädten des Mutterlandes die Anfänge eines betriebsamen Bürgerstandes erwachsen. In den Kantonen des Peloponnesos, welche von den Dorern erobert worden waren, bestand der Bauernstand, der eben sich bildende Bürgerstand, aus der alten Bevölkerung. Er befand sich nicht blos wie in Attika in dem Verhältniß des beherrschten Standes zu dem herrschenden Stande, er befand sich hier auch in dem Gegensatze des einheimischen Stammes zu fremden eingedrungenen Herren. Das Aufwachsen des Bürgerstandes verstärkte die Kraft der Unterworfenen und gewährte ihnen Aussicht, sich der Herrschaft des dorischen Adels zu entledigen. In den Kantonen der Dorer, welche sich am eifrigsten der Seefahrt zugewendet hatten, kam es noch vor der Mitte des siebenten Jahrhunderts zu Auflehnungen des Volkes gegen den Adel. Nachdem Sikyon im Jahre 665 das Beispiel gegeben, wurde in Korinth im Jahre 656 die Herrschaft des Adels beseitigt. Die alte Bevölkerung des Peloponnes gerieth in Bewegung. Die Pisaten, welche schon im Jahre 748 mit Hülfe König Pheidons von Argos die Herrschaft der Eleer abzuwerfen versucht hatten, erhoben sich von Neuem. Um das Jahr 660 stellten sie ein einheimisches Fürstenthum an ihre Spitze[1]. Es gewann den Anschein, als sollten die Eroberungen der Aetoler und Dorer auf dem Peloponnes rückgängig werden.

In schlimmerer Lage als die alte Bevölkerung jener Kantone befand sich ein dorischer Stamm, befanden sich die Messenier, welche den Waffen der Spartauer erlegen, welche von den Spartanern nicht blos zu einem beherrschten Bauernstande herabgedrückt, sondern trotz ihres dorischen Blutes zu Heloten gemacht worden waren. Seit der Einnahme Ithome's waren mehr als sechzig Jahre verstrichen, aber die Erinnerung an die alte Zeit, an die Zeit der Freiheit konnte in den Messeniern um so weniger erloschen sein, je härter der Druck war, unter welchem sie seufzten. „Wie Esel von schweren Lasten gedrückt", versuchten sie das harte Joch abzuwerfen, welches ihnen ihre Stammgenossen auferlegt hatten (645). Die Erhebung Messeniens ging, wie es scheint, von einem Gebirgsgau im Norden, unmittelbar an der Grenze Arkadiens, von Andania aus, welcher sich wohl von der Herrschaft der Spartaner frei zu erhalten gewußt hatte. Die Pisaten, von König Pantaleon, Omphalions Sohn, geführt, eilten den Messeniern zu Hülfe[2]. Es galt die gemeinsame Sache der unterdrückten Stämme und die Spartaner waren die Verbündeten der Eleer. Die achaeischen Orte der messenischen Westküste, die Bewohner von Methone und Pylos, welche wie ehedem von der messenischen so auch von der spartanischen Herrschaft frei geblieben waren, schlossen sich dem Aufstande an[3]. Auch Arkadier unterstützten die Erhebung der Messener. Es konnte nicht fehlen, daß die Versuche der Spartaner, ihre Grenzen in die arkadischen Berge vorzuschieben (ob. S. 402), die Bewohner der Grenzgebiete, die Kantone von

---

1) Strabon p. 355 flgd. nach Olympias 26, also nach 676. Die Chronologen setzen den Abfall der Pisaten aber erst 660. 2) Strabon p. 362. — 3) Pausan. 4, 18, 1.

Phigalia, Trapezus und Oresthasion beunruhigt hatten, daß sie in der Sache der Messenier die Sache ihrer eigenen Sicherung sahen, und wenn die Arkadier von Orchomenos wirklich auf der Seite der Messenier gefochten haben (S. 611), so würde dies eine weit ausgedehnte Theilnahme der Arkadier an diesem Kriege beweisen.

Die Spartaner unterlagen den Waffen der aufgestandenen Messenier, der Achaeer, der Pisaten und Arkadier. Es fehlten ihnen Könige wie Theopomp und Polydoros, welche der Gefahr der Lage gewachsen waren. Die Fürsten, welche in dieser Krisis zu Sparta an der Spitze standen, waren so unbedeutend, daß die Tradition nicht einmal die Namen der Könige zu nennen weiß, welche zur Zeit des Aufstandes der Messenier regierten. Wir müssen uns begnügen, zu wissen, daß in der zweiten Hälfte des siebenten Jahrhunderts Anaxandros und der zweite Eurykrates aus dem Hause des Agis, Anaxidamos und Archidamos aus dem Hause des Eurypon herrschten. König Pantaleon von Pisa konnte im Jahre 644 den Eliern die Leitung des olympischen Festes entreißen, und den Spartanern ging die gesammte Frucht des zwanzigjährigen Krieges um Ithome verloren; sie mußten aus Messenien weichen. Die Messenier benutzten ihre Erfolge, sie gingen zum Angriff auf das Eurotasthal über; es litt unter ihren Einfällen und es soll in Sparta selbst Mangel geherrscht haben[1]). Der Bau der spartanischen Herrschaft wankte in seinen Grundfesten. Die Heloten, die Perioeken des Eurotasthales mußten nach solchen Erfolgen bald dem Beispiel der Heloten und Achaeer von Messenien folgen. Zu dieser Bedrängniß von den Feinden kam eine heftige innere Partheiung. Die Spartaner, welche durch den Aufstand der Messenier ihre Güter im Gebiete des Pamisos verloren hatten, waren der Mittel des Unterhalts beraubt, in äußerster Noth. Sie fanden es unbillig, daß der Verlust des Krieges von ihnen getragen werden solle, und sie mußten mit ihren Familien leben. Sie verlangten eine neue Vertheilung der Güter[2]) d. h. die Anweisung von Aeckern im Eurotasthale. Diese konnte nur geschehen durch eine Verkleinerung der hier belegenen Rittergüter oder durch eine in starkem Maßstabe ausgeführte Konfiskation der Aecker der Perioeken, welche diese unfehlbar zum Aufstande brachte.

In dieser verzweifelten Lage wendeten sich die Spartaner an

---

1) Pausan. 4, 18. — 2) Aristot. pol. 5, 6.

das Orakel zu Delphi. Die Antwort des Gottes war, „die innere Zwietracht werde sich aussöhnen, wenn Terpandros' Kithara in Sparta ertöne"¹). Terpandros war ein Hymnensänger von Antissa auf Lesbos. Er hatte bei den Mahlen der Lyder ein Saiteninstrument, die Pektis gehört, welches voller und höher als die griechische Kithara tönte²) Nach dem Vorbilde dieser Laute hatte Terpander der griechischen Kithara drei neue Saiten hinzugefügt. „Wir haben den viersaitigen Gesang verschmäht und werden zur siebensaltigen Kithara neue Hymnen anstimmen," sagt er selbst³). Durch diese Verbesserung des Instrumentes war es möglich, dem Hymnengesang, dem Chorgesang eine bessere musikalische Grundlage zu geben, ihn zu tragen und zu heben, zu künstlicheren Versmaßen und Rhythmen zu gelangen⁴). So wurde Terpander der eigentliche Gründer des Chorals, des Kirchenliedes und der Kirchenmusik der Hellenen. Er sang seine Hymnen in vollen und schweren Maßen, in Spondeen, in feierlichen, einfachen und ernsten Weisen. So heißt es in einem Bruchstück: „Zeus, Anfang von Allem, Führer von Allem, Zeus, Dir sende ich dieser Hymnen Anfang!" Bei dem ersten Wettgesange, welchen die Spartaner an den Karneien abhalten ließen im Jahre 676, hatte Terpander den Sieg davon getragen, bei den Wettgesängen, welche bei dem großen Opfer des Apollon zu Delphi in jedem achten Jahre abgehalten wurden, sollen Terpander's Hymnen viermal hinter einander den Preis erhalten haben, (zwischen 676 - 644 v. Chr.⁵).

Es kann nicht Wunder nehmen, daß die delphischen Priester einen Sänger, welcher Delphi so nahe stand und in Sparta nicht unbekannt war, nannten, um dem Zwist, welcher dem Staate von Sparta den letzten Rest zu geben drohte, zu hemmen. Der feierliche Ton Terpanders, die würdigen Vorstellungen von den Göttern, welche seine Gesänge ausdrückten, die ernsten Weisen, mit denen er sie begleitete, konnten nicht ohne Eindruck auf die Spartaner bleiben, sie konnten ihre Geister und Herzen mächtig bewegen, sie konnten die niedergeschlagene Stimmung aufrichten, das Selbstvertrauen und

---

1) Diodor bei Tzetzes hist. I, 16. — 2) Pindar. fragm. 102 ed. Bergk. — 3) Fragm. 8 ed. Bergk. Die Geschichte bei Plutarch, daß die Ephoren dem Terpander eine Saite abgeschnitten, ist aus späteren Berichten auf Terpander übertragen. — 4) Plut. de mus. c. 3, 4. — 5) Plut. l. c. Pausan. 10, 7.

den Muth wieder heben, und die Götter den Spartanern gnädiger stimmen. Es gab in jenen Zeiten keine andere Art der Einwirkung auf die öffentliche Meinung als die, welche die Worte, die Ermahnungen des Sängers, von den Tönen seiner Kithara unterstützt, ausübten, es gab kein anderes Mittel der Erziehung und Bildung, als die Sprüche und Lehren des Dichters. Die Macht des Dichterwortes, des Gesanges, der Musik auf so empfängliche und frische Gemüther wie die der Hellenen, war groß; die Verse Solon's übten fünfzig Jahre später den mächtigsten und unmittelbarsten Einfluß in Athen. Von den Spartanern eingeladen, kam Terpander im Jahre 644 nach Sparta[1]). Es soll seinen Mahnungen gelungen sein, die Parteiung des Adels zu endigen. Die Macht seiner Töne zu feiern, erzählt die Tradition der Griechen, daß die Hadernden sich umarmt und unter Thränen geküßt hätten[2]). Seine Chorale wurden ohne Zweifel eifrig gelernt und gesungen, den Zorn der Götter zu sühnen, und ihre Gnade der bedrängten Stadt wieder zuzuwenden, und das Kastoreion, d. h. das Preislied, die Anrufung der Dioskuren, der Schutzgötter von Sparta, welches die Hopliten sangen, nachdem der König vor der Schlacht geopfert und die ersten Glieder der Hopliten die Lanzen zum Angriff fällten, wurde nun von der Kithara Terpanders begleitet. Es ertönte, wie Pindar sagt, „auf den aeolischen Saiten der siebentönigen Kithara"[3]), und Alkman konnte nicht lange nach Terpander singen, daß in den Schlachten der Spartaner „das schöne Kitharaspiel dem Eisen entgegen ziehe." Nachmals sollen die Spartaner auch dem Eros und den Musen vor der Schlacht geopfert haben, jenem, damit er die verbrüderten Kämpfer in Liebe zusammen stehen lasse, diesen, damit sie dem Heere Rhythmus und Ordnung erhielten, und den Kämpfern die Sprache der Dichter in's Herz riefen[4]).

Die Beilegung des inneren Zwistes war ein großer Gewinn. Wenigstens war der Boden wieder gewonnen, von welchem dem Verderben Halt geboten werden konnte. Doch waren Selbstvertrauen und Muth noch nicht wieder gewonnen, doch herrschte noch tiefe Niedergeschlagenheit. Wenn einige bereits verzweifelt mit den Ihren aus dem Lande gezogen waren, so dachten andere noch jetzt an Flucht, und der Erfolg hatte sich den Waffen der Spartaner noch nicht wieder zugewendet. Die Holzbilder der Dioskuren zogen wohl mit dem

---
1) Marmor. par. ep. 34 — 2) Diodor bei Tzetzes hist. 1, 16. — 3) Pindar. Pyth. 2, 127. — 4) Athenaeos 13. p. 561.

Heer der Spartaner in's Feld, aber sie gewährten keine Siege. Es kam darauf an, die Gunst dieser ritterlichen Schutzgeister Sparta's, der Helfer in der Schlacht, wieder zu gewinnen. Wiederum wandten sich die Spartaner nach Delphi. Das Orakel hieß sie: „den Berather und Führer von den Athenern zu holen[1]". Wie im Thale des Eurotas gab es zu Aphidnae in Attika einen alten Kult der Dioskuren. Die Sage verknüpfte diese Kultusstätten in der Weise, daß sie erzählte, als Theseus zuerst die Helena entführt und in Aphidnae verborgen gehalten habe, hätten die benachbarten Dekeleer den Tyndariden, welche ihre Schwester suchten, den Ort angezeigt, wo Theseus dieselbe verborgen, die Aphidnaeer hätten ihnen die Thore geöffnet, und König Aphidnos, der Herr von Aphidnae, habe die Dioskuren an Sohnes Statt angenommen[2]). Hier zu Aphidnae lebte ein attischer Mann, ein Sänger, Tyrtaeos, welcher die Dioskuren anzurufen verstand. Wenn es sich darum handelte, die verlorene Gunst der Dioskuren wieder zu erlangen, so geschah dies am Besten durch den Sänger einer Kultusstätte, welcher die Dioskuren ihre Gnade nicht entzogen hatten. Tyrtaeos folgte der Einladung der Spartaner.

Zu unberechenbarem Glücke für Sparta war dieser Mann, der wohl den Reihen des attischen Adels entstammt war, von kriegerischem Geiste beseelt und durchdrungen und nach dem Vorbilde der Götter, deren Preis er sang, selbst ein tüchtiger Kriegsmann, der die Spartaner nicht blos durch seine Lieder, sondern auch durch sein Beispiel zum muthigsten Kampfe zu begeistern wußte[3]). König

---

1) Diodor. lib. 8. fragm. 27. ed Dind. — 2) Herodot IX, 73. Plut. Thes. 31. 32. Daß diese Dinge den Spartanern geläufig waren, s. Alcm. fragm. 3 seqq. ed. Bergk. Pausan. 1, 41. — 3) Strabon p. 362. Philochor fragm. 55. ed. Müller. Diodor 15, 66. Lyc. c. Leocr. p. 182. Pausan. 4, 15. Justin 3, 5. Die Erzählung bei Pausanias und Justin, daß die Athener, um dem Orakel Gehorsam zu leisten und doch den Spartanern nicht zu helfen, ihnen den lahmen Schulmeister von Aphidnae geschickt hätten, ist eine Erfindung späterer Zeiten. Sie überträgt das feindselige Verhältniß späterer Zeit auf jene Jahre und hat eine verhöhnende Tendenz. Um nach Sparta zu gehen, bedurfte Tyrtaeos keiner Staatserlaubniß, wird solche auch schwerlich eingeholt haben, und die Aristokratie von Athen hatte damals nicht den geringsten Grund, der Aristokratie von Sparta feindlich zu sein. Tyrtaeos' Lahmheit ist ein symbolischer Ausdruck für das elegische Maaß, für den geheimen ten Schritt des Pentameters neben dem Fortschreiten des Hexameters, und ein Schulmeister kann Tyrtaeos nur in dem Sinne genannt worden sein, als ein Unterricht der Jugend, außer Gesang und Musik, überhaupt nicht stattfand.

Leonidas, der Held von Thermopylae, ein vollgültiger Zeuge, sagte von ihm, daß er wohl geeignet gewesen sei, „die Seelen der Jugend zu entflammen"¹). Wie Kallinos von Ephesos zuerst gethan, sang er seine Ermahnungen im elegischen Maaße. Er wies die Spartaner darauf zurück, „daß die Götter ihnen einst ihr Land gegeben, daß ihre Verfassung von den Göttern geordnet sei; solche Stadt könne nicht untergehen. Jeder möge vielmehr der Thaten gedenken, welche der Vater seines Vaters im ersten messenischen Kriege gethan." „Kronion selbst, so sagt Tyrtaeos in den wenigen übriggebliebenen Resten seiner Elegieen, der Gemahl der schönbekränzten Hera, gab den Herakliden diese Stadt, mit denen wir, das windige Erineos (ob. S. 191.) lassend, nach Pelops weiter Insel kamen! Und jene, welche Sparta das Gesetz gaben, brachten Phoebos' Worte vernehmend, von Pytho die Weisung des Gottes und das vollendete Wort nach Hause zurück. Denn so sprach der goldlockige König, der Ferntreffer mit dem silbernen Bogen aus seinem reichen Allerheiligsten: Herrschen sollten im Rath die gottgeehrten Könige, welchen Sparta's preiswürdige Statt zur Pflege vertraut ist, dann die altwürdigen Geronten, nach ihnen die Männer des Volks, welche den geraten Spruch gerade erwiedern. Schönes solle gesprochen und gerecht gethan und der Stadt nichts Schlimmes gerathen werden: dann werde dem Volke Sieg und Kraft sein, so hat es Phoebos verkündigt"²).

Wie tief herabgebracht und entmuthigt die Spartaner waren, zeigt folgendes Bruchstück des Tyrtaeos: „Schön ist's, wenn der tapfere Mann unter den vordersten Streitern für's Vaterland fällt. Aber seine Stadt und die fetten Aecker verlassen, um in der Fremde zu betteln, das ist das Schmählichste. Mit der lieben Mutter und dem alten Vater, den kleinen Kindern und der jugendlichen Gattin ziehst du umher, wohin du kommst, ist der verhaßt, welchen Mangel und Armuth drückt. Ein solcher beschimpft sein Geschlecht und widerlegt selbst seine stattliche Gestalt, jede Schmach und Schande folgt ihm. Wenn aber dem umherschweifenden Manne keine Gunst und keinerlei Achtung, weder Scheu noch Mitleid zu Theil wird: dann laßt uns muthig für dieses Land und für die Kinder kämpfen und sterben, unseres Lebens nicht schonend!"³)

---

1) Plut. Cleomen. c. 2. — 2) Tyrtaei fragm. 2—4. ed. Bergk. — 3) Fragm. 10, 1—14.

„Auf! ihr seid das Geschlecht des unbesiegten Herakles, heißt es in anderen mahnenden Elegien des Tyrtaeos, habt Muth, noch hat Zeus nicht zürnend den Rücken gewandt. Fürchtet die Zahl der Feinde nicht, noch flüchtet; den Vorkämpfern strecke der Mann den Schild gerade entgegen. Feindlich seinem Leben gesinnt, begrüße er die schwarzen Loose des Todes, als ob es die freundlichen Strahlen der Sonne wären. Ihr versteht ja das vernichtende Werk des thränenvollen Ares; ihr habt des grausen Krieges Zürnen wohl kennen gelernt und seid bei den Fliehenden und bei den Verfolgern gewesen, ihr Jünglinge, in beiden seid ihr gesättigt. Die es gewagt, bei einander bleibend in's Handgemenge und gegen die Vorkämpfer zu gehen, die sind selten gefallen und haben das Volk hinten geschützt; aber die zagenden Männer verlieren jede Tugend, und keiner vermöchte dir alles Unheil zu berichten, welches solche trifft. Denn schmählich ist die Verwundung des aus der Schlacht flüchtenden Mannes hinten im Nacken; schmachvoll ist es, wenn ein Todter im Staube liegt, dem die Lanze durch den Rücken gestoßen ist. Darum pflanze jeder in geschlossener Reihe beide Füße in den Boden und halte so Stand und beiße den Zahn auf die Lippe. Schultern, Brust, Schenkel und Schienbein decke er mit dem Bauche des weiten Schildes; mit der Rechten handhabe er kräftig die mächtige Lanze, und drohend flattre der Helmbusch über dem Haupt. So lerne er kämpfend gewaltige Thaten verrichten. Kein beschildeter Mann wende sich aus dem Bereich der feindlichen Geschosse; nahe herangehend, Mann gegen Mann, mit der langen Lanze oder dem Schwert muß er im Handgemenge den Feind erlegen. Fuß gegen Fuß gesetzt, den Schild gegen den Schild stoßend, Helm gegen Helm, Busch gegen Busch und Brust gegen Brust gedrängt, so kämpft mit dem Gegner, den Griff des Schwertes oder die Lanze in der Hand! Ihr leichtes Volk aber, versteckt euch hier und dort hinter den Schilden und schleudert mit großen Steinen und werft die glatten Wurfspieße hinüber, immer nahe bei den Schwerbewaffneten stehend[1]). So streitet denn, ihr Jünglinge, bei einander bleibend, und beginnt nicht Schrecken und schimpfliche Flucht, sondern macht den Muth in der Brust groß und stark, und liebt gegen Männer stehend nicht das Leben; laßt nicht fliehend die älteren Genossen

---

1) Fragm. 11.

zurück, deren Knie nicht mehr gelenkig sind, und die Greise. Denn es ist schimpflich, wenn in der ersten Reihe, vor den Jünglingen gefallen, der ältere Mann daliegt, dem das Haupt schon weiß und der Bart grau ist, der seine tapfere Seele im Staube aushaucht; es ist schmachvoll den Augen zu schauen und wird seine Strafe finden, wenn er entblößt in seinem Blute liegt, die Scham mit den lieben Händen bedeckt. Das alles ziemt dem Jüngling, so lange er die schöne Blüthe der prangenden Jugend hat, herrlich den Männern zu schauen und geliebt von den Weibern, so lange er lebt, und schön, wenn er im vordersten Kampf fiel[1]). Dessen würde ich weder gedenken, noch ihn achten, der nicht ein wackerer Mann im Kriege gewesen ist, weder wegen der Schnelligkeit seiner Füße, noch wegen seiner Ringkunst, noch wenn er der Kyklopen Größe und Kraft hätte, noch wenn er den thrakischen Boreas (den aus Thrakien wehenden Nordwind) im Laufe überwände, noch wenn seine Gestalt anmuthvoller wäre als die des Tithonos, noch wenn er größere Schätze besäße als Midas und Kinyras, noch wenn er ein mächtigerer König wäre als Pelops, des Tantalos Sohn, noch wenn er die süßtönende Rede des Adrastos hätte, noch wenn er jeglichen Ruhm besäße — außer der Gewalt des Krieges; wenn er es nicht wagte, dem blutigen Tod in's Auge zu sehen und sich nicht erhöbe, dem Feinde nahe zu stehen. Das ist die herrlichste Tugend, das ist der schönste Kampfpreis, die der jüngere Mann unter den Menschen erwirbt. Ein gemeinsames Gut für die Stadt und das ganze Volk ist der Mann, welcher unablässig andringend unter den Vordersten ausharrt, der schimpflichen Flucht auf immer vergißt und sein Leben daran setzt und auch den Nebenmann mit seinen Worten ermuthigt. Das ist ein tüchtiger Kriegsmann, und oft hat ein solcher, des Löwen Muth im Herzen[2]), die dichten Schaaren der Feinde gewendet und die Woge der Schlacht mit Eifer gehemmt. Wenn er das liebe Leben verlor in der ersten Reihe, ruhmreich für die Stadt und das Volk und den Vater, oft von vorn durch den Schild und den Panzer und die Brust gestochen; dann beweinen ihn zusammen Junge und Alte; die ganze Stadt trauert um ihn; sein Grab, seine Kinder und Kindes Kinder und noch sein spätes Geschlecht wird geehrt. Sein edler Ruf und sein Name

---

1) Fragm. 10, 14—30. — 2) Fragm. 13.

gehen nicht unter. Wiewol unter der Erde, ist der unsterblich, welcher im tapfersten Kampf für sein Land und seine Kinder ausharrend, vom wilden Ares gefällt wurde. Aber wenn er dem Loos des lang hinstreckenden Todes entging und siegend den hehren Ruhm der Lanze erwarb, dann ehren ihn Alle, Junge und Alte, und nachdem er viel Freude erlebt, geht er in den Hades. Alternd ragt er unter den Bürgern hervor, niemand will ihn an Recht und Ehre kränken. Alle, die jungen und die gleichaltrigen und auch die älteren Männer stehen vom Sitze auf, wenn er naht. Solcher Tugend Gipfel zu erreichen, strebe im Herzen und laß nicht ab vom Kriege¹)!"

Tyrtaeos dichtete den Spartanern nicht blos zum Kriegsmuth ermahnende Elegieen, sondern auch kurze Marschlieder, welche beim Vorgehen zum Angriff gesungen wurden, und auf empfängliche Gemüther von größter Wirkung gewesen sein müssen. Die Spartaner nannten diese Lieder späterhin messenische, weil sie aus der Zeit dieses messenischen Krieges stammten²). Nur eins von diesen Liedern des Tyrtaeos ist uns erhalten: „Auf, ihr des männlichen Sparta Söhne tapferer Väter! Mit der Linken werft den Schild vor, stoßt kühn mit der Lanze; seid nicht besorgt um das Leben; das ist nicht Sparta's Brauch³)!"

Die Messenier hatten die den Spartanern wieder gewonnene Gunst der Dioskuren, bey wieder erhobenen Muth Sparta's zu empfinden. Noch vor dem Jahre 640 wendete sich das Glück der Waffen⁴). Die Koalition der Arkadier, Pisaten und Messenier zerbrach vor diesem neuen Anschwunge Sparta's. König Aristokrates von Orchomenos in Arkadien soll die Messenier mitten im Treffen verlassen haben. Diesen Verrath sollen die Orchomenier geahndet haben, indem sie den Aristokrates sammt seinem Sohne Aristodemos und seinem gesammten Hause erschlugen⁵). Und wenn es auch den Pisaten gelang, ihre Freiheit gegen die Eleer zu behaupten, die Messenier wurden gezwungen, in den entferntesten Bergen ihres Landes Schutz zu suchen. Im ersten Kriege hatten sie den Ithome

---

1) Fragm. 12. — 2) Müller, Dorier 2, 375. — 3) Fragm. 15. ed. Bergk. — 4) Dies muß zunächst daraus geschlossen werden, daß die Eleer 640 das olympische Opfer bringen konnten. — 5) Heracl. Pont. ap. Diog. Laert. 1, 94. Polyb. 4, 33. Diodor 15, 66. Strabon p. 362. Die Tochter des Aristokrates, welche als das Weib des Tyrannen Prokles von Epidauros genannt wird, konnte schon vor dieser Ermordung verheirathet gewesen sein.

in der Mitte ihres Landes behaupten können, jetzt mußten sie bis an die Grenzen Arkadiens zurückweichen. Hier erhebt sich weit von der Ebene, nordwestwärts von Stenyklaros und Andania, an der äußersten Grenze des messenischen Landes in der Nähe von Phigalia, das Gebirge, welches die schäumende Neda von Arkadien trennt, zu einer Höhe von mehr als viertausend Fuß. Zwei Bäche, die nordwärts zur Neda hinabströmen, umgeben einen steilen, an seinen Abhängen nicht verwachsenen Gipfel, Eira, welcher eine natürliche Festung und eine Zufluchtsstätte darbot, deren Stärke und Haltbarkeit die Nähe Arkadiens vermehrte. Hierhin flüchteten die Messener mit ihrer Habe und ihren Heerden. Die Zugänge zu diesem Berggebiete waren leicht zu vertheidigen; die Höhe des Eira wurde durch eine Ummauerung befestigt, deren eilfertigen Bau die Trümmer noch heute verrathen. Diese Felsburg einzuschließen, war ebenso schwierig, als sie zu stürmen, und die Ueberlieferung wird Recht haben, wenn sie behauptet, daß die Messener auf dem Eira noch elf Jahre lang den Angriffen der Spartaner Trotz boten. Der kriegerische Aufschwung, welchen sie den Liedern des Tyrtaeos verdankten, war nachhaltig genug, ihnen die Ausdauer und Zähigkeit für eine so langwierige und harte Kriegführung zu geben. Sie erreichten endlich das Ziel; der Rest der Messenier verließ auf die Bedingung freien Abzugs das Land (630). Sie zogen nach Arkadien hinüber und gingen dann von der Westküste des Peloponnes zu ihren Landsleuten über das Meer nach Rhegion. Hier hatte schon nach der ersten Unterwerfung Messeniens eine flüchtige Schaar der Messener Aufnahme gefunden[1].

---

[1] Pausan. 3, 3. 4, 18, 23. Pausanias setzt den zweiten messenischen Krieg zwischen 685 und 668 an. Obwol er dessen Gesammtdauer auf siebzehn Jahre angiebt, zählt er im Detail doch nur die Ereignisse von drei Jahren auf und giebt dann nach Rhianos an, daß die Belagerung elf Jahre gedauert. Wir werden uns demnach an die Einzelangaben zu halten und die Dauer des Krieges auf vierzehn Jahre zu beschränken haben. Wenn andere von einer zwanzigjährigen Dauer sprechen, so ist dies offenbar dem ersten Kriege nachgebildet. In welche Zeit diese vierzehn Jahre fallen, weiß Pausanias selbst nicht bestimmt; er gesteht offen ein (4, 15.), daß er die Könige von Sparta, welche den Krieg führten, nicht kenne, und den Ansatz seiner Meinung nach gemacht habe. Auch die anderweitigen Angaben über den Anfang des zweiten Krieges variiren zwischen 713 und 613. Wenn Pausanias (4, 24) sagt, daß Aristomenes nach dem Kriege zu König Ardys von Lydien und Phraortes von Medien habe ziehen wollen, so werden wir damit auf die Zeit von 681 bis 633 (Thl. II. S. 476. 516) verwiesen. Wenn Pausanias ferner (4, 24, 6. 7.) angiebt, daß Diagoras, welcher 464 zu Olympia siegte, ein Nachkomme des Aristomenes, und nur durch

Die Tradition der Messenier über diesen Aufstand liegt uns in dem Auszuge aus einem Heldengedicht vor, welches der Dichter Rhianos etwa im dritten Jahrhundert v. Chr. verfaßte. Es handelte wesentlich von den Thaten, welche die Messenier von einem Helden erzählten, den sie nach der Wiederherstellung ihres Staates als den Heros desselben verehrten. Wie im ersten Kriege Messenien im Felde siegreich dem unabänderlichen Rathschluß der Götter erlegen sein sollte, so war es diesmal der Zorn der Dioskuren, welche, den Messeniern anfangs günstig, dann von deren Führer beleidigt, Messenien verderbt hatten[1]). Die Dioskuren waren in Sparta wie Messenien seit Alters verehrt worden, dort unter dem Namen Kastor und Polydeukes, hier unter dem Namen Idas und Lynkeus (ob. S. 24.), und wenn die Tradition die Dioskuren Messeniens, den Idas und Lynkeus, mit den Dioskuren Sparta's, dem Kastor und Polydeukes, streiten und jene unterliegen ließ, so wurde in dieser Sage nur das Unterliegen Messenien's abgespiegelt. Nachdem die Dioskuren auf die Seite Sparta's getreten sind, läßt das Gedicht des Rhianos Messenien durch den Verrath des Aristokrates und den Verrath eines Sklaven untergehen.

---

drei Generationen (Damagetos, Toricus, Damagetos) von diesem getrennt sei, so könnte der Krieg erst nach 600 gerathen haben. Indeß ist auf diesen Stammbaum wenig zu geben. Das Kriterium, von welchem Pausanias selbst ausgeht, sind die Worte des Tyrtaios, „daß die Väter unserer Väter um Ithome gestritten." Hiernach bestimmt Pausanias den Zwischenraum zwischen dem ersten und dem zweiten Krieg auf achtunddreißig Jahre. Dies ist offenbar zu wenig. Wir können heute nicht sagen, daß die Väter unserer Väter bei Leipzig gesiegt, obwohl mehr als vierzig Jahre dazwischen liegen, wir können dies aber etwa von der Schlacht bei Pirmasens (1794) sagen. Wir haben zudem ein bestimmtes Datum, welches den zweiten Krieg fünfundsechzig Jahre von dem ersten entfernt. Wir wissen, daß Panteleon, Omphalion's Sohn, von Pisa den Messeniern Hülfe leistete, daß er den Eleern die Agonothesie der olympischen Festes 644 entriß (oben S. 603.). Dies kann nur zu einer Zeit geschehen sein, wo die Bundesgenossen der Eleer, die Spartaner nämlich, im Nachtheil waren; wie in den ersten Jahren des Krieges. Daß die Eleer die Agonothesie schon 640 wieder in Besitz hatten, beweist, daß die Spartaner inzwischen in Vortheil gekommen waren. Man muß deshalb den Krieg zwischen 645 und 630 ansetzen; was auch dadurch bestätigt wird, daß der parische Marmor Terpanders' Musikeinrichtungen auf das Jahr 644 setzt, was sich trotz der Verstümmelung der Stelle doch nur auf Sparta beziehen kann; vgl. Plut. de mus. c. 9. Auch Eusebios stimmt mit diesem Ansatz. Wenn der Abfall der Pisaten von Elis entweder im Jahre 676 erfolgte oder 660, so konnten die Pisaten den Messeniern nicht helfen, wenn diese schon im Jahre 655 aufstanden. So ist der Nachfolger des Königs Omphalion von Pisa, welcher an der Seite der Messenier kämpft, es kann der Ausbruch des Aufstandes der Messenier also erst nach 660 liegen.

1) Paus. 4. 26, 11.

Aristomenes, des Nikandros Sohn, aus dem alten Königshause Messeniens, aus dem Geschlecht des Aepytos (ob. S. 388.) rief die Jugend Messeniens zu neuem Kampfe, zur Zerbrechung des spartanischen Joches. Die erste Schlacht blieb unentschieden, aber Aristomenes schlich sich nach Sparta und hing nächtlicher Weile seinen Schild als Zeichen seines Sieges über die Spartaner in dem Tempel der Athene auf dem Burghügel auf[1]). Im folgenden Jahre trafen die Heere in der Nähe von Stenyklaros beim „Male des Ebers"[2]), wo Herakles einst beim Opfer eines Ebers mit den von ihm überwundenen Söhnen des Neleus einen Vertrag geschlossen und einen Stein zum Andenken auf die Opferstätte gewälzt hatte, zusammen. Mit achtzig auserlesenen Altersgenossen entschied Aristomenes den Sieg für die Messenier; die fliehenden Spartaner wurden weit verfolgt. Siegprangend kehrte Aristomenes nach Andania (S. 303) zurück. Die Weiber von Andania warfen ihm Binden und Blumen zu und empfingen ihn mit dem Siegesliede: „Bis mitten auf das Stenyklarische Feld, bis zu den Gipfeln der Berge (des Taygetos) hat Aristomenes die Lakedaemonier verfolgt!" Er selbst brachte dem Zeus von Ithome eine Hekatomphonie d. h. ein Dankopfer für hundert getödtete Feinde[3], und weihte seinen Schild, auf welchem ein Adler mit ausgebreiteten Flügeln zu sehen war, in das Heiligthum des Trophonios nach Lebadeia in Boeotien, wo ihn Pausanias noch gesehen haben will[4]). Das Gebiet von Sparta lag offen und unvertheidigt, Aristomenes streifte bis in die Nähe der Hauptstadt, plünderte Pharae (auf dem östlichen Abhang des Taygetos), wenige Stunden südlich von Sparta, und entführte von Karyae die spartanischen Jungfrauen, welche hier das Fest der Artemis durch Reihentänze begingen. Gegen große Lösung gab er sie unverletzt ihren Vätern wieder zurück.

Aber schon hatte Aristomenes gegen die Dioskuren gefehlt. Als er die Spartaner nach der Schlacht am Ebermale verfolgte, waren sie erschienen, die fliehenden Spartaner zu schirmen. Im Eifer des Sieges hatte Aristomenes ihrer nicht geachtet und war an ihnen vorbeigestürmt. Als nun im dritten Jahre des Krieges die Messenier mit den Arkadiern verbündet am „großen Graben"

---

1) Pausan. 4, 15. — 2) Pausan. 4, 27. — 3) Pausan. 4, 19. Vgl. Plut. sept. sap. conviv. p. 159. — 4) Pausan. 4, 16.

auf die Spartaner trafen, floh König Aristokrates, von den Spartanern bestochen, mit den Arkadiern mitten durch die Reihen der Messenier und brachte diese dadurch in Unordnung. Es war vergebens, daß Aristomenes seine ganze Tapferkeit aufbot; die besten Kämpfer der Messenier fielen, die Spartaner richteten ein großes Gemetzel unter den Messeniern an. Man konnte das Feld nicht mehr halten und Aristomenes zog sich mit dem Reste des Heeres auf den Berg Eira zurück. Elf Jahre hindurch lagerten die Spartaner, wie Rhianos sagte, „in den Fällen des schneeschimmernden Berges Sommer und Winter." Aber Aristomenes entging durch die Schluchten und Bergpfade sehr häufig ihrer Wachsamkeit, verwüstete die spartanischen Aecker und führte mit einer erlesenen Schaar von dreihundert Streitern die kühnsten Streifzüge aus. Noch zweimal konnte er dem Zeus auf dem Ithome Hekatomphonien opfern. Einst zog er gegen Abend vom Berge Eira aus, überfiel bei Sonnenaufgang Amyklae, und plünderte den Flecken, ehe die Spartaner aus ihrer nahen Hauptstadt zu Hülfe herbeikommen konnten. Bei einem solchen Streifzuge ward er gefangen. Als in der Nacht seine Wächter um das Feuer, das sie angezündet, einschliefen, wälzte er sich an's Feuer, brannte die Riemen durch, mit welchen sie ihn gefesselt, und entkam[1]). Eben so glücklich entrann er ein anderes Mal; endlich aber traf ihn im Gefecht ein Steinwurf am Kopf, bewußtlos sank er zur Erde. Die Spartaner warfen sich auf ihn und führten ihn mit funfzig anderen Messeniern gefangen fort. Er wurde mit den übrigen an den Abgrund (den Kaeadas) geführt, in welchen in Lakedaemon die zum Tode Verurtheilten gestoßen wurden, und wirklich hinabgestürzt. Alle seine Gefährten fanden unten den Tod, nur Aristomenes blieb unverletzt. So lag er drei Tage in dem finstern Schlund und erwartete sein Ende, als er einen Fuchs gewahrte, der an den Leichnamen nagte. Er folgte dem Thiere, als es sich wieder entfernte, bis er eine kleine Spalte erblickte, durch welche Licht schimmerte. Der Fuchs schlüpfte hindurch, Aristomenes mußte das Loch mit den Händen erweitern, aber er hatte den Ausweg gefunden; und jubelnd empfingen die Messenier den todtgeglaubten Helden auf Eira.

Im elften Jahre der Belagerung fiel Eira. Der Helot eines

---

[1] Polyaen 2, 31, 3. Plin. hist. nat. 10, 70. Valer. Max. 1, 8.

Spartaners war zu den Messeniern übergelaufen. Er gewann die
Liebe eines messenischen Weibes auf Eira und ging zu dieser, wenn
deren Mann zur Nachtzeit die Mauer bewachen mußte. Da geschah es, daß die Wächter in einer stürmischen Gewitternacht ihre
Posten verließen, überzeugt, daß der Feind bei solchem Unwetter
nichts unternehmen werde. Auch der Mann jenes Weibes kam un-
erwartet heim; der Helot verbarg sich und hörte, wie jener seiner
Frau erzählte, daß der Regen ihn und seine Gefährten von der
Mauer getrieben. In Erwartung eines großen Lohnes eilte der
Helot heimlich hinaus zu den Spartanern, ihnen diese Botschaft zu
bringen. Sogleich brachen die Spartaner auf und erstiegen die un-
vertheidigten Mauern. Erst das Bellen der Hunde verkündete den
Messeniern, daß der Feind innerhalb der Thore sei. Alle, auch die
Weiber eilten zur Gegenwehr; aber es war zu spät. Noch kämpften
sie drei Tage und drei Nächte wie Verzweifelte, bis ihre Kräfte erschöpft waren. Eira war „unter Donner und Regensturm gebändigt"[1]). Da sammelte Aristomenes die, welche noch übrig waren,
nahm die Weiber und Kinder in die Mitte, und gab, indem er das
Haupt neigte und seine Lanze senkte, zu erkennen, daß er freien Abzug verlange. Die Spartaner öffneten ihre Reihen und ließen den
Rest des messenischen Volkes ungestört hindurchziehen.

Das Gedicht häuft die größten Thaten in der Schlacht, die
kühnsten und verwegensten Anschläge, die schlaueste List, welche überall einen Ausweg findet, auf den Aristomenes zusammen, der dreimal gefangen, dreimal wieder befreit wird, der dem Zeus auf
Ithome dreimal das Dankopfer für hundert getödtete Feinde darbringt. Wie unsicher der historische Gehalt dieses Gedichtes ist,
beweist am stärksten, daß die Ueberlieferung den Aristomenes bald
zum Helden des ersten, bald zu dem des zweiten Krieges machte.
Das Gedicht des Rhianos setzt ihn freilich in den zweiten Krieg,
aber in Messenien selbst wurde erzählt, daß Aristomenes den König
Theopomp von Sparta getödtet habe (nach der Erzählung der Spartaner hatte er ihn nur verwundet[2]), wonach Aristomenes in den
ersten Krieg gehören würde. Myron von Priene, der ebenfalls im
dritten Jahrhundert v. Chr. über die messenischen Kriege schrieb,

---

1) Nach dem Verse des Bakis bei Pausan. 4, 27. — 2) Plut. Agis
c. 21. Vgl. Clem. Alexandr. Protrept. p. 86.

berichtet dasselbe¹); auch Diodor setzt den Aristomenes in den ersten Krieg, wobei er indeß bemerkt, daß es zweifelhaft sei, ob Aristomenes in den ersten oder zweiten Krieg gehöre²). Pausanias, der uns den Auszug aus dem Gedicht des Rhianos aufbewahrt hat, begnügt sich zu sagen, daß Aristomenes „seiner Meinung nach, dem späteren Kriege angehöre", und läßt den Aristomenes auf Rhodos sterben³).

Die Weisen eines aeolischen und eines ionischen Dichters hatten Sparta wieder aufgerichtet. Terpandros und Thrtaeos hatten den spartanischen Adel an die geheiligten Grundlagen seines Gemeinwesens und an die Pflichten des Edelmannes erinnern müssen. Sie hatten einen moralischen Aufschwung hervorgerufen, welcher die Kräfte Sparta's in einträchtiger Anspannung zusammenfaßte. Nach hartem Kampfe gelang es dann, die Messenier wieder zu unterwerfen und damit zugleich der Erhebung der alten Bevölkerung des Peloponnes Einhalt zu thun. Die Kraft der Messenier war durch diesen vierzehnjährigen Krieg gebrochen. Die Spartaner dehnten die Eroberung nun auch über die Westküste Messeniens aus. Die Achaeer von Pylos und Methone zogen die Auswanderung der Unterwerfung vor; sie schlossen sich den Messeniern auf deren Zuge nach Rhegion an. Der gesammte Süden der peloponnesischen Halbinsel von Prasiae im Osten bis zur Mündung der Neda im Westen gehorchte den Spartanern. Es gab Land genug zu vertheilen, um die Verluste, die der Krieg den in Messenien angesessenen Adelsfamilien zugefügt, zu vergüten, die nachgeborenen Söhne auszustatten. Den Bewohnern von Nauplia, welche König Demokratidas von Argos vor nicht langer Zeit vertrieben, weil sie die Partei Sparta's gegen Argos genommen hatten (ob. S. 401.), wurde das verlassene Methone zur Ansiedlung gewährt⁴). Dankbar und eifrig lagen die Spartaner der Uebung des neuen Choralgesanges, der Pflege der Hymnen Terpanders, der Elegieen und Embaterien des Thrtaeos ob, welche den Staat gerettet hatten. Und Terpander, welcher wohl das Ende des Krieges erlebte, konnte von Sparta singen: „Hier blüht die Lanze der Jugend

---

1) Pausan. 4, 6. — 2) Diodor. Fragm. lib. 8. Diodor erzählt hier nach einer poetischen Quelle sehr weitläufig einen Streit um den Preis der Tapferkeit zwischen Aristomenes und Alcannis; vgl. 15, 66. — 3) Pausan. 4, 23, 1. — 4) Paus. 4, 24, 4. 27, 8. 35, 2.

und die hellklingende Muse und das weitherrschende Recht, welches zu allen schönen Thaten verhilft"¹).

9. Die Weissagung von Delphi und die Stimme der Griechen.

Die Griechen waren ein Volk von eifriger und ängstlicher Religiosität. Sie hielten darauf, daß den Göttern die hergebrachten Ehren und Opfer niemals vorenthalten würden, sie wachten darüber, daß keiner der heiligen Gebräuche, welche seit Alters üblich waren, welche die Vorfahren beobachtet hatten, von den Nachkommen vernachlässigt oder entweiht werde. Die Darbringung und Leitung gewisser Opfer gehörte den Familien an, deren Vorfahren diese bereits dargebracht hatten, weil deren Mitglieder sich allein auf die Beobachtung des dabei zu beachtenden Rituals verstanden; andere waren im Besitz von allen Hymnen, welche bei gewissen Festen gesungen werden mußten, die sie durch mündliche Tradition von Geschlecht zu Geschlecht überkommen hatten; endlich war das Priesterthum, der Schutz und die Aufsicht einer Kultusstätte, eines Tempels in manchen Familien erblich, so daß diese aus ihrer Mitte den fungirenden Priester oder die Priesterin stellten, welche dann ihres Amtes lebenslänglich zu warten hatten. Die Griechen glaubten, daß die Götter durch Donner und Blitz und den Flug der Vögel, durch Zeichen beim Opfer, den Menschen ihren Willen anzeigten. Fester als bei vielen anderen Völkern stand bei ihnen die Meinung, daß kein Unternehmen ohne günstige Zeichen begonnen werden dürfe. Sie ehrten die Weissagungen der Götter, die Zeichendeuter und die Opferpropheten, und lebten des Glaubens, daß gewissen Familien (den Jamiden, den Telliaden und anderen) eine besondere Anlage für die Auslegung der Götterzeichen, für die Wahrsagung beiwohne.

---

1) Fragm. 4. ed. Bergk. Terpander war jünger als Archilochos nach Phanias von Eresos bei Clem. Alex. Strom. p. 398. Nach Hellanikos (Fragm. 133 ed. Müller.) siegte er bei den Karneien 676. Nach Plutarch de musica. a. 4. siegte er viermal hintereinander bei den Pythien; diese Siege müssen demnach, da er nach dem parischen Marmor und Eusebios die Musik in Sparta 644 errichtete (S. 513) in den 32 Jahren, welche zwischen 676 und 644 liegen, erfolgt sein. Terpander muß demnach gegen 700 geboren sein und kann sehr wohl bis 630 gelebt haben.

Es wäre immer möglich gewesen, daß wie bei anderen Völkern, so auch bei den Griechen aus diesen Familien der Hymnensänger und Opferbringer, der Opferschauer und Zeichendeuter, der Hüter der Heiligthümer ein zusammenhängender Stand mit besonderen Rechten und Interessen erwachsen wäre. Indem dieser Priesterstand das Ritual festsetzte und die Lehre von dem Wesen der Götter zu seinem ausschließlichen Eigenthum machte, indem er die Zeichendeutung zu einem bestimmten, nur seinen Genossen zugänglichen System erhob, würde er sich durch eine besondere Kenntniß des Himmels und der heiligen Gebräuche, durch den Besitz der Mittel, welche die Götter gnädig stimmten, über die Reihen des Volks und des kriegerischen Adels erhoben haben; er würde eine höhere Kunde und Weisheit, als dem Volke zu Gebote stand und erreichbar war, in seinen geschlossenen Kreisen entwickelt und die Religion der Hellenen in einem priesterlichen System zum Abschluß gebracht haben. Das Leben und die Kultur der Hellenen würden damit vollständig andere geworden sein. Aber der alte Hymnengesang, die priesterliche Poesie war bei den Hellenen durch den Heldengesang überflügelt worden; die profane Dichtung hatte über die heilige Dichtung gesiegt. Der Heldengesang mit seinem großen Abschluß in dem homerischen Epos hatte den Göttern eine neue Gestalt gegeben, er hatte die großen, aber verschwimmenden und nebelhaften Umrisse der alten Anschauungen von den Göttern zu lebensvollen Formen ausgeprägt, die Götter nach dem Bilde der Menschen, der Helden und Könige umgeformt und sie mehr mit der Regierung der Menschen, als mit der Bewegung des Naturlebens beschäftigt. Die Poesie war der Religion, die Dichtung war dem Priesterthum zuvorgekommen; die Offenbarung, welche den Griechen über das Wesen der Götter zu Theil wurde, war aus poetischer, nicht aus priesterlicher Inspiration entsprungen. Was konnten priesterliche Dichtungen, was priesterliche Auffassungen der Götter wirken, nachdem einmal das homerische Epos das Wesen der Götter in so lebendiger, eindrucksvoller und greifbarer Weise enthüllt hatte? Alle priesterlichen Offenbarungen über die Natur und den Willen der Götter waren damit in einem hohen Grade erschwert, ja so gut wie unmöglich geworden. Wenn es die Grundlage für die Bildung eines Priesterstandes, einer hierarchischen Regelung des Lebens ist, daß die alten Opfergesänge, die Ritualien, die religiösen Traditionen zusammengefaßt und mit dem Stempel göttlicher Eingebung und Offenbarung versehen werden, so war eine solche Basis nach dem homerischen Epos bei den Griechen nicht mehr zu gewinnen. Wenn es eine unerläßliche Bedingung für die Ausscheidung und die Erhebung des Priesterstandes über die Edlen und das Volk ist, daß die Kenntniß des göttlichen Wesens und Willens nur durch die Tradition priesterlicher Geschlechter, nur durch Aufnahme in priesterliche Familien, nur durch das Studium der heiligen Schriften erworben werden kann, so hatte das Epos dem gesammten Volke eine wenigstens sehr anschauliche Kenntniß des Himmels gegeben. Warum sollte man in Priesterfamilien eintreten, um das nicht mehr verborgene Wesen des Himmels kennen zu lernen? Nachdem die Opfer an den großen Festen gebracht waren, verkündeten die Rhapsoden der ungeweihten Menge, welche weder zu schreiben noch zu lesen verstand, mit den Thaten der Helden auch den Zorn des Apollon und den hülfreichen Beistand der Athene, die Gewalt des Erderschütterers Poseidon und die Listen der Hera, den Rathschluß des Zeus und die Arbeiten des Hephaestos, zeigten sie ihnen den Schmerz und die Lust der Götter auf dem hohen Olympos. Wenn endlich die Herrschaft des Priesterstandes darauf beruht, daß das Wesen der Götter ein anderes ist, als das der Menschen, daß jenes mit diesem in einem gewissen Widerspruch steht, daß es demnach einer Regulirung der menschlichen Natur und des menschlichen Lebens bedarf d. h. eines völligen oder partiellen Abthuns der natürlichen Neigungen und Triebe des Menschen, oder einer partiellen oder totalen Versenkung in diese, um dem Wesen und Willen der Götter gerecht zu werden; wenn es bei solcher Stellung der Götter und Menschen besonderer Anstrengungen und einer besonderen Vermittelung bedarf, die Götter gnädig zu stimmen, den Menschen mit dem Himmel zu versöhnen, und ihn nach seinem Tode in den Schooß der Götter zu führen, so war nach dem homerischen Epos das Wesen der Götter kein anderes, als das potenzirte, das vollendete Wesen des natürlichen Menschen. Um diesem Himmel gerecht zu werden, hatte man nicht nöthig, eine übernatürliche Reinheit an sich darzustellen und sich die Vorschriften eines ascetischen Lebens von den Priestern dictiren zu lassen, hatte man nicht nöthig, das Fleisch zu vernichten, das eigene Selbst auszulöschen, oder sich in den wüstesten Taumel der Sinne zu stürzen, um den Göttern zu gefallen. Es wurde hier nichts von dem Menschen verlangt, als seine Leidenschaften zu mäßigen und seine sittlichen Instinkte auszuleben; um die Götter günstig zu stimmen, nichts, als sie durch Opfer und Gaben zu ehren. Um das Leben nach dem Tode trug man wenig Sorge. Im Epos sind die alten arischen Vorstellungen von dem Schattenleben der Geisterschaaren der Ahnen fast unberührt erhalten. Es war ein trauriges, armseliges, bewußtloses Leben, weil es ein Leben im Dunkel war, es war nur ein Schein des Fortlebens. Nur ganz besondere Frevel an den Göttern sollten in dieser Schattenwelt ihre Strafe finden, nur ganz besondere Gnade der Götter konnte ein glücklicheres Fortleben gewähren.

Aus der alten Volksreligion war eine poetische Religion geworden, keine priesterliche. Wie breit, wie mächtig der Kultus mit seinen althergebrachten Gebräuchen, mit seinem das Wesen der Götter andeutenden Cerimoniell neben dem Epos stand, der poetisch religiöse Kanon des Epos sperrte doch einem priesterlichen Kanon der Religion den Weg. Es kam dazu, daß die priesterlichen Familien in den einzelnen Staaten, daß die Familien der Hymnensänger und Zeichendeuter auf ihren heimathlichen Kanton beschränkt blieben. Sie wären trotz des Epos von einer größeren Bedeutung geworden, sie hätten auf die religiösen Bedürfnisse des Gemüths, welche wir successiv in der weiteren Entwickelung der Hellenen hervortreten sehen, gestützt, dennoch eine viel eingreifendere Stellung gewinnen können, wenn sie durch den Zusammenhang eines großen Staates einander näher gerückt und in Verbindung gebracht worden wären. Auf den Kanton beschränkt, waren die priesterlichen Geschlechter desselben auf sich allein angewiesen, blieben sie in nächster ununterbrochener Berührung mit dessen Schicksalen, mit dessen bürgerlichem Leben. So traten alle diese Hüter der Heiligthümer, alle diese Hymnensänger und Opferbringer, diese Zeichendeuter und Opferpropheten nicht aus dem Kreis des Gemeinwesens, des Staatslebens heraus. Sie lebten wie die anderen, freiten wie die anderen, verwalteten die Staatsämter wie andere, und kämpften wie andere, wenn ihr Kanton im Kriege war. Es war der König und nach ihm der regierende Adel, welcher die Dienste dieser priesterlichen Familien, seiner Genossen, in Anspruch nahm, welcher ihre Funktionen verlangte und sie in der ausschließlichen Uebung gewisser liturgischer Handlungen schützte. Die Priester blieben auf die Obhut und den Schutz ihrer

Heiligthümer beschränkt. Niemals machten sie einen Versuch, den directen Verkehr der Könige, des Adels und des Volks mit den Göttern zu hemmen, die heiligen Handlungen ausschließlich in ihre Hand zu nehmen. Sehr selten waren geheimnißvolle Verrichtungen nöthig, den Göttern zu nahen. Niemandem war die Vollziehung von Opfern und Spenden für sich und die Seinen untersagt. So blieb die religiöse Entwickelung der Griechen wesentlich auf dem Wege, welchen das Epos geöffnet hatte; die Eingebungen der poetischen Anschauung behaupteten das Gebiet, welches sie der priesterlichen Meditation entrissen hatten. Die Sänger und Dichter standen in höherem Maaße als die Priester an der Spitze der religiösen Entwickelung der Hellenen, sie waren die eigentlichen Priester und Propheten der Götter, der eigentliche Priesterstand derselben geworden.

Mit dieser Gestaltung der Dinge war die Gefahr einer Hierarchie, die Gefahr eines engherzigen, priesterlichen Systems, einer Einzwängung und Zurückhaltung des freien Lebensprozesses für die Griechen vorüber. Aber man konnte an den entgegengesetzten Klippen scheitern. Wenn die Dichtung auf dem Wege des Epos weiter ging, wenn sie diese naiven Vorstellungen vom Wesen der Götter ernsthaft nahm und weiter ausbildete, so mußte endlich eine Verweltlichung der Religion eintreten; ein heiteres Spiel wäre an die Stelle des religiösen Ernstes und der religiösen Sammlung, an die Stelle des Wesens der Religion getreten. Es war die religiöse Anlage und Grundstimmung des hellenischen Volkes, es waren die alten geheiligten und feststehenden Formen des Kultus, es war die sakramentale und rituale Seite der Religion, welche ein starkes Gegengewicht gegen diese Gefahren bildete und den Gang der hellenischen Bildung vor solchen Abwegen bewahrte. Wie mächtig die homerischen Gesänge Geist und Gemüth der Hellenen treffen mochten, niemals und in keinem Falle vermochten sie dem Kultus und den alten und großen Anschauungen von den Göttern, welche in dessen Formen angedeutet waren, Eintrag zu thun. Dazu kam, daß der Adel die Pflichten, welche ihm nach dem Sturze des Königthums durch die Uebernahme der Regierung der Gemeinwesen erwuchsen, sehr ernsthaft nahm. Er suchte in einem innerlicheren und erbaulicheren Kultus Anregung und Stärkung für diese Pflichten, er suchte in der Anschauung der Götter die sittlichen Musterbilder, denen er nachzustreben hätte. Mit den intensiveren sittlichen Impulsen mußte dem naiven und unbefangenen Gebahren des Epos mit den Göttern eine tiefere Anschauung entgegentreten. Die Phantasie der Dichter folgte diesem Zuge des sittlichen Lebens, ja sie trat bald an die Spitze desselben. Die Gestalten der Götter wurden allmählich zu den Trägern sittlicher Hoheit, zu den erhabenen Vorbildern einer ernsthaften ethischen Arbeit umgewandelt. Der Kultus wollte sich nicht mehr mit dem Schlachten des Opferthieres, mit dem Verbrennen der Opferstücke, mit dem behaglichen Genuß des Opferbratens begnügen. Er mußte es versuchen, den Gefühlen der Andacht und Erhebung zu den hehren und reinen Mächten des Himmels Ausdruck zu geben. So trat der Hymnos des Sängers beim Opfer wieder mit verstärkter Kraft hervor. Die gemeinsamen Opfer, welche die nördlichen Stämme der Demeter zu Anthela, welche die Spartaner und Eleer zu Olympia am Alpheios, welche die ionischen Städte Asiens am Mykale, die dorischen auf dem Vorgebirge Triopion darbrachten, förderten diese Entwickelung. Nicht bloß Opferthiere kamen aus den verschiedenen Gauen, auch ihre Sänger schlossen sich den Abordnungen zu diesen Opfern an. Sie wetteiferten, wer den Gott am besten zu preisen vermöchte, und wir haben schon gesehen, daß es eine alte Vorstellung bei den Griechen war, daß das beste Loblied des Gottes diesen am gnädigsten stimmte. Aber man begnügte sich nicht mehr, den Preis des Gottes aus dem Munde des Sängers zu hören; alle wollten das Lob des Gottes aussprechen, dessen ihr Herz voll war. Die Gemeinde wollte Theil nehmen am Kultus und ihren Sinn und Geist zu dem Gotte erheben, welchem das Opfer galt. So wurden neben den Hymnen der Sänger aus kurzen Anrufungen und Paeanen, welche schon frühzeitig stattgefunden hatten, und wenigstens beim Kultus des Apollon in den homerischen Gedichten erwähnt werden, allmählig Chorlieder. Wie die Kitharöden der Kantone, welche an solchem Opfer Theil nahmen, so wetteiferten auch die Chöre der Festgesandtschaften, der Wallfahrer aus den verschiedenen Gauen mit ihren Gesängen, während sie in feierlicher Ordnung zum Altare zogen, mit den Festreigen und Tänzen, welche sie zu Ehren des Gottes um den Altar aufführten. Es war das Verdienst Terpanders, diesem neuen Bedürfniß des Kultus, dem Chorlied durch seine Verbesserung der Kithara entgegenzukommen, und durch seine eigenen Chorlieder dem Kirchengesang der Hellenen eine sichere Grundlage zu geben. Und wir sahen bereits, wie mächtig die praktische Wirkung seiner Gesänge war.

Während das siebente Jahrhundert diese neue Entwickelungsstufe des Kultus der Hellenen in den Vordergrund treten läßt, hatte die mythische und überirdische, die rituale und sakramentale Seite der Religion schon im Laufe des achten Jahrhunderts einen Mittelpunkt und eine selbständige Pflege gefunden, welche diesen Elementen das gebührende Gewicht zu sichern vollkommen ausreichte und einem vorwiegend priesterlichen Kreise einen weit greifenden Einfluß gewährte.

An einer seit Alters dem Apollon geheiligten Stätte unter den Gipfeln des Parnassos bestand — so sahen wir oben — seit der ersten Hälfte des neunten Jahrhunderts eine Weissagung. Sie war aus einer frühzeitigen Rückwirkung der Ansiedlungen auf Kreta hervorgegangen. Das Heiligthum zu Pytho gehörte dem Gemeinwesen der Delpher, welches sich erst um und durch dasselbe gebildet hatte[1]). Auch hier gebot der Staat über die Kirche. Die Gemeinde von Delphi stand unter der Herrschaft des Adels; die edlen Familien der Thrakiden, der Laphriaden und andere Geschlechter[2]) führten das Regiment. Aus seiner Mitte erwählte dieser delphische Adel ein Kollegium von fünf Männern, welchem die Aufsicht und die Leitung des Heiligthums zustand. Diese fünf Männer, welche „aus den ältesten Familien" erkoren wurden, führten den Titel der „Heiligen", sie bekleideten ihr Amt lebenslänglich und wurden mit besonderen Opfern bei ihrem Eintritt eingeweiht[3]). Das Kollegium der Fünf bestellte seinerseits die beiden Priester des Tempels wie die Propheten und wählte die Jungfrau, die Pythia, welche im Namen des Gottes zu sprechen hatte, aus einer ehrbaren delphischen Familie[4]). Sie blieb zu strenger Keuschheit verpflichtet, sie hatte nach ihrem Eintritt in den Tempel ein stilles zurückgezogenes Leben zu führen und blieb bis an ihr Ende der Mund des Gottes. Es gab demnach hier einen ständigen Körper von religiösem Charakter, es gab hier bei diesen Priestern und Propheten des Tempels eine ununterbrochene priesterliche Tradition, deren Ausbildung durch zahlreiche Anfragen aus allen Kantonen, wie der in gewissen Unglücks-

---

1) Justin 24, 6. — 2) Diodor 16, 24. Hesych. Ἀμφικτύονες; vgl. Herodot 5, 66. — 3) Plut. quaest. graec. 9. cf. de defectu oraculorum. —
4) Euripid. Jon 1357. Plut. de Pyth. orac. c. 22.

fällen zu Tage getretene Zorn dieses oder jenes Gottes zu sühnen, ob diesem oder jenem Gotte und in welcher Weise zu opfern sei, wie dieser oder jener Frevel getilgt werden könne, eine beständige Förderung erfahren mußte.

Der Gott sprach in alter Zeit nur einmal im Jahre. Nur am siebenten Tage des delphischen Frühlingsmonats, des Bysios, der um die Zeit der Tag- und Nachtgleiche fiel (an diesem sollte der Gott nach delphischer Sage geboren sein; in Delos war der sechste Thargelion das Geburtsfest des Gottes[1]), bestieg die Pythia den Dreifuß. Späterhin geschah dies an jedem siebenten Monatstage, ja sogar noch öfter, sobald der Tag kein verbotener und die Zeichen günstig waren. Nicht blos der siebente Tag, an welchem die Sprüche erfolgten, auch die Einrichtung des Orakels weist auf die morgenländische Heimath. Bei der Weissagung des Sonnengottes, welche die Ionier, die Milet gründeten, vorgefunden und in den Händen der Branchiden gelassen hatten, sprach eine Priesterin im Namen des Gottes, nachdem sie aus der heiligen Quelle, welcher die Kraft der Erleuchtung beiwohnte, getrunken oder deren Dämpfe eingeathmet hatte; indem sie den Willen des Gottes verkündigte, saß sie auf einer runden Scheibe und hielt einen Stab in der Hand[2]). Aehnlich war das Verfahren zu Delphi. Wer den Gott zu befragen kam, hatte sich mehrere Tage hindurch vorzubereiten. Nachdem er die Reinigung mit dem Wasser des kastalischen Quells vollzogen, trat er in das Megaron des Tempels, in dessen Zelle der alte kegelförmige Stein des Apollon (S. 301) neben dem Hauptaltar, „dem wahrsagenden Heerde von Hellas" stand. Mit Lorbeer bekränzt, hatte der Fragende dem Apollon ein Opferthier darzubringen. Fanden die Priester dasselbe fehllos, waren die Zeichen günstig, so durfte der Fragende die Stufen hinabsteigen, welche in einen finstern Gang leiteten, der mit Weihrauchdüften erfüllt war. Dieser führte, so war wenigstens die Einrichtung des in der zweiten Hälfte des sechsten Jahrhunderts erneuerten Tempels, in die Ueberbauung des Erdschlundes, in eine durch fünf große Steinblöcke gebildete Kammer. Hier stand neben einem Lorbeerbaum ein mit Lorbeerzweigen bedeckter eherner Dreifuß, das heilige Geräth des Apollon, über dem

---

1) Oben S. 308. Opp. et dies v. 772. — 2) Jamblich. de myster. 3, 11. Oben S. 301.

Erdschlund, „dem Mund der Erde" wie die Griechen sagen. Eine Schaale zwischen dem Gestell des Dreifußes aufgehängt, enthielt Zähne und Knochen, die angeblichen Reliquien des Drachen. Der Fragende setzte sich auf die Schwelle und erwartete in tiefem Schweigen den Spruch der Pythia. Auch diese hatte sich durch Baden und dreitägiges Fasten vorbereitet. Sie verbrannte Gerstenmehl auf dem Altar am Stein des Apollon, trank aus dem kassotischen Quell, der in den Tempel geleitet war und im Adyton verschwand, nahm Lorbeerblätter in den Mund und bestieg den Dreifuß. Der Prophet trat neben den Dreifuß. Allmählig brachten die aufsteigenden Dämpfe die Pythia in Ekstase. Schäumend unter krampfhaften Zuckungen stieß sie einige deutliche Worte oder unverständliche Töne aus, welche der Prophet auffing und zu einem Spruche ausgeführt dem Fragenden verkündigte. „Mit rasendem Munde, sagt Herakleitos von Ephesos, verkündet die Pythia ungesalbte Reden, aber des Gottes voll"[1]). Seit Anfang des siebenten Jahrhunderts, vielleicht noch früher, wurde es üblich, daß die Propheten die Sprüche des Gottes in Verse, meist in Hexameter faßten.

Das Hauptopfer wurde dem Apollon in dem delphischen Monat Bukatios d. h. Stiertödtung dargebracht. Auch dieser Monat fiel wie es scheint in den Frühling oder in den Frühsommer[2]). Wie zu Delos die Geburt des Gottes, so wurde in Delphi der Sieg über den Drachen gefeiert. In Delphi war der Lichtgott vorzugsweise der Kämpfer, der Ueberwinder; hatte er doch hier die dunkle Schlange, „die finstern aus der Erde aufsteigenden Dämpfe", welche das Licht verhüllen wollten, bezwungen, das Hauptopfer galt dem Siege des Gottes über den Drachen. In jedem achten Jahre d. h. mit dem Ablauf des alten achtjährigen Schaltcyklus der Griechen (ob. S. 316.) wurde dieses Fest mit besonderer Feierlichkeit began-

---

1) Plut. de Pythiae oraculis c. 6. — 2) Die Inschrift bei Boeckh corp. inscript. Nr. 1688. legt die pythischen Spiele in den Monat Bukatios. Indeß folgt daraus, daß bei den Boeotern der Bukatios nach der Winterjonnenwende lag, nicht, daß auch der Bukatios der Delpher der Januar gewesen wäre. Die Delpher konnten ihr Jahr mit der Frühlings- Tag- und Nachtgleiche beginnen. Lag der Monat aber wirklich in Delphi wie in Boeotien, so hätte man in Delphi den Frühling gleich in dessen Ursache, in die Wendung der Sonne gesetzt, und die Hoffnung des neuen Jahres in dieser Wiederkehr des Apollon wie in der Drachentödtung gefeiert. In Athen wurden die Delphinien am 6. Munychion d. h. gegen Ende März gefeiert. Da in Delphi im Herbst die ἀναδαψμὸς des Gottes gefeiert wurde, so konnte dann vom Drachensiege nicht wol die Rede sein.

zen¹). Die Erneuerung dieses Zeitraums, des „großen Jahres", war ein bedeutungsvoller und geheiligter Augenblick, weil mit dem Beginn desselben alles wieder zu seiner natürlichen Ordnung zurückgekehrt war. Die Wiederkehr der Uebereinstimmung des Sonnenlaufs mit den Mondumläufen war für den Gott des Lichts, welcher den Sonnenlauf beherrschte, wie seine Schwester Artemis den des Mondes, von besonderer Wichtigkeit, und mußte durch eine besondere Feier verherrlicht werden. So wurde das große achtjährige Opfer, die Pythien, schon frühzeitig durch einen Wettgesang der Kitharöden ausgezeichnet, welche Paeane und Hymnen zum Preise des Gottes vortrugen. Festlieder der Chöre folgten, und der Reigen der um den Altar tanzenden Knaben stellte den Drachenkampf des Apollon dar. Am Fuße des Götterberges wurden Orpheus und Thamyris als die ältesten Sänger gefeiert, in Attika Musaeos, Pamphos und Eumolpos; auch Delphi besaß seine alten Dichternamen, welche das hehre Fest des Gottes bereits in uralter Zeit verherrlicht haben sollten. Ein Kreter, eben wegen jenes Zusammenhanges zwischen Delphi und Kreta, Chrysothemis, sollte es gewesen sein, welcher den ersten Hymnos zu Ehren des Apollon gesungen hätte, nach ihm sollte Philammon den ersten Chor der Jungfrauen zum großen pythischen Feste eingeübt haben¹). Wir haben gesehen, daß Terpander in der Mitte des siebenten Jahrhunderts vier Mal bei diesen großen pythischen Festen mit seinen Hymnen siegte (S. 506).

Seit dem Jahre 800, seitdem Apollon dem Lykurgos vorgeschrieben hatte, wie er die Verfassung von Sparta zu ordnen habe, war das Ansehen der delphischen Weissagung in beständigem Steigen. Nicht lange nach den Zeiten Lykurgs wurde das attische Blutrecht von Delphi aus umgestaltet und sanktionirt (S. 427. 435.), und um die Mitte des achten Jahrhunderts erhielt die neue Ordnung der attischen Stämme, wie es scheint, von Delphi aus ihre Bestätigung (S. 433). Um dieselbe Zeit wird es gewesen sein, daß die Pythia der thessalischen Ritterschaft Aleuas den Rothkopf als Herrscher bezeichnete (S. 204.). Wenigstens ist es gewiß, daß der Ruf des delphischen Orakels damals bereits über die Grenze der griechischen Kantone hinausgedrungen war. König Midas von Phrygien weihte gegen das Jahr 750 seinen Thronsessel dem delphischen Gotte.

---

1) Pausan. 10, 7, 2. Müller, Geschichte der griech. Literatur 1, 40.

Noch bestimmter tritt der Einfluß des Orakels bald danach bei der Ausführung und Anlegung der neuen Pflanzstädte, in der Leitung der Kolonisation hervor. Mit souveräner Machtvollkommenheit dirigirten die Priester von Delphi die griechische Auswanderung, und man muß zugeben, daß sie diese Aufgabe mit Einsicht und Geschick lösten und sich in dieser Beziehung nicht unwürdig zeigten, an der Spitze des griechischen Volkes zu stehen. Im Jahre 738 wiesen die Priester von Delphi den Theokles nach Sizilien. Zum Danke für diese Anweisung erbaute dieser dann dem „Erzführer Apollon" jenen Altar auf dem Berge Tauros. Drei Jahre darauf wurde Archias von Korinth nach dem Eiland Ortygia gewiesen. Im Jahre 710 suchte König Gyges von Lydien die Bestätigung seiner usurpirten Königswürde in Delphi nach. Das Orakel war kurzsichtig genug, die Begründung einer Dynastie in Lydien zu begünstigen, welche den Griechen in Asien bald sehr gefährlich werden sollte. Dafür erhielt es denn zum Danke vom König Gyges eine große Menge silberner Gefäße und sechs goldene Mischkessel, welche dreißig Talente schwer waren[1]. Im ersten messenischen Kriege übertrug das Orakel den Königen von Sparta, Polydoros und Theopompos, eine diktatorische Gewalt. Die unzufriedenen Spartaner wurden von der Pythia nach Tarent gewiesen; die auswandernden Achaeer nach Kroton[2]. Dem Telesikles von Paros gab die delphische Priesterschaft auf, die „finstere Insel" zu kolonisiren (S. 462); den Megarern wurde geboten, sich den Blinden gegenüber am Bosporos anzusiedeln (S. 422.). Den Lokrern in Italien gebot das Orakel, sich Gesetze zu geben (660). Beim Beginn des zweiten messenischen Krieges wurde den Spartanern gerathen: Terpandros' Leier, welche man in Delphi noch besser kannte als in Sparta, in Sparta ertönen zu lassen und den Berather von Athen zu holen. Den Theraeern wurde das Gebot, sich in dem schafreichen Libyen niederzulassen, so oft wiederholt, bis sie endlich gehorchten; ja die Priester von Delphi standen sogar nicht an, den Pholaeern um das Jahr 600 für eine Niederlassung in dem ganz unbekannten Westen (es handelte sich um die Gründung Massalia's) einen guten Rath zu ertheilen[3].

---

1) Bd. I. S. 680. — 2) Steph. Byz. Συρακοῦσαι. Cb. S. 400. 470. — 3) Strabon p. 199. 601. Oben S. 496.

Gestützt auf die religiöse Ehrfurcht, auf den frommen Sinn der Griechen, der nach einer übernatürlichen Anlehnung suchte, gehoben durch den Trieb, die Entscheidung für schwere Entschlüsse den Göttern zuzuschieben und den Ausgang der Ereignisse im Voraus zu kennen, hatte das delphische Orakel großen politischen Einfluß gewonnen. Delphi war nicht blos die kirchliche, sondern in diesen Jahrhunderten auch in gewissem Sinne die politische Hauptstadt der Hellenen. Es hatte mehr als einem Staate befohlen, sich Verfassung und Gesetze zu geben, es hatte die gesammte Kolonisation geleitet, es hatte Entscheidungen in inneren Streitigkeiten erlassen. Wie viel Orakelsprüche und Wahrsagungen auch bei anderen Völkern gegolten und gewirkt haben, niemals ist von einer bestimmten Orakelstätte aus ein solcher Einfluß geübt worden, als im achten, siebenten und sechsten Jahrhundert von Delphi aus auf die Griechen. In dieser Zeit seiner Macht und Größe sagte das delphische Orakel nicht sowohl voraus, was geschehen werde, als daß es die Gebote des Gottes, die Ordnungen (θέμιστες) des Zeus verkündete; d. h. es erklärte, was unter den vorhandenen Umständen geschehen müsse. „Der König, des die Weissagung von Delphi ist, sagt Herakleitos von Ephesos, sagt weder, noch verbirgt er, sondern er zeigt an"[1]). Es waren viel mehr Befehle des Gottes, welche den Menschen gegeben als Prophezeihungen, die ihnen verkündet wurden. Frei von den Interessen, welche die einzelnen Kantone bewegten und erfüllten, über den Streitenden stehend und im Ueberblick über die gesammte Lage von Hellas, waren die Priester von Delphi gewiß im Stande, manchen zweckmäßigen Rathschlag als Befehl des Gottes zu verkünden. Und wenn sie sich ernsthaft in die Anschauung der Wesenheit ihres Gottes versenkten, durften sie sich schon für die auserwählten Gefäße und die berufenen Ausleger des göttlichen Willens halten; wie die, welche Aussprüche dieser Art empfingen, dieselben als den Ausfluß göttlicher Weisheit verehren mochten. Es wäre heilsam für das griechische Volk gewesen, wenn sich die Priesterschaft von Delphi stets in diesem Ernst und in diesen Grenzen gehalten hätte.

Weit über die politische Wirksamkeit hinaus reichte der religiöse Einfluß Delphi's. Die delphische Priesterschaft hielt die Scheu vor den Göttern, die liturgische und rituelle Seite der Religion

---

1) Plut. de Pyth. orac. c. 21.

aufrecht, und bildete dieselbe fort. Sie wachte über den alten Gebräuchen der Reinigung und Sühne, und es gelang ihr frühzeitig, eine Auffassung der Mordsühne zur Geltung zu bringen, welche die Scheu vor vergossenem Blute mehren und dadurch friedlichere Zustände anbahnen mußte.

Die Griechen waren in der alten Zeit eben so besorgt, sich vor Befleckungen zu wahren, als die Arja in Iran und am Indus. Auch bei ihnen galt die Meinung, daß das Dunkel und mit dem Dunkel der Schmutz und der Unrath den bösen Geistern gehöre und diesen Macht über die Menschen gäbe. Aber die bösen Geister kämpften bei den Griechen nicht mehr gegen die lichten und reinen Götter des Olympos — sie waren besiegt. So viel sich indeß von diesem Glauben auch verloren hatte; auch nach dem Epos schreitet niemand, ohne sich gereinigt und rein gekleidet zu haben, zum feierlichen Gebet oder zum Opfer; es war eine Sünde, mit ungewaschenen Händen den Göttern Wein zu sprengen, und wenn man aus demselben Becher erst dem einen, dann dem andern Gotte sprengen wollte, mußte derselbe dazwischen sorgfältig gereinigt werden[1]). Nach überstandener Krankheit reinigte man sich, indem die alten Kleider in's Meer geworfen und Waschungen mit Meerwasser vorgenommen wurden. Auch nach den Mahnungen des Gedichts von "Werken und Tagen" darf niemand dem Zeus und den unsterblichen Göttern in der Frühe den dunklen Wein mit ungewaschener Hand sprengen, sich ungereinigt dem Heerde nahen, noch durch den Fluß waten, ehe er zur Fluth betend die Hände gewaschen. Wir sahen schon oben aus demselben Gedicht, wie ängstliche Gebräuche dieser Art auch für die Verrichtung der Bedürfnisse, für das eheliche Lager in den Kreisen der Bauern fortlebten. Was an Observanzen dieser Art übrig war, wurde in Delphi zu einem Systeme von Reinigungen und Sühnungen zusammengefaßt. Apollon war der Gott des Lichts und der Reinheit. Es verstand sich von selbst, daß im Dienste dieses Gottes die Erhaltung und Wiederherstellung der Reinheit besondere Pflege und Ausbildung erhalten mußten. Der Beischlaf, das Kindbett, die Berührung eines Todten, das Betreten des Hauses, in welchem ein Todter lag, die Theilnahme an einer Bestattung, war bei den Griechen wie in Iran verunreinigend.

---

1) Il. 6, 266. Od. 4, 750. Il. 1, 314. Od. 22, 480.

Die Berührung mit Wöchnerinnen wurde vermieden. Die Reinigung der Wöchnerin wie derer, welche sie bei der Geburt unterstützt hatten, und des neugebornen Kindes, fand am fünften oder neunten Tage nach der Geburt statt; aber die Wöchnerin mußte sich vierzig Tage von den Tempeln fern halten. Es war eine Streitfrage, wie viele Tage eine Frau nach dem ehelichen Lager das Heiligthum der Demeter Thesmophoros nicht betreten dürfe. Nach dem Leichenbegängniß mußten sich alle Angehörige des Todten einer Reinigung unterziehen. Vor jedem Sterbehause standen Gefäße mit Weihwasser, welches aus einem andern Hause herbeigeholt werden mußte, mit dem die Herausgehenden sich besprengten[1]. Gräber mußten von den Heiligthümern entfernt liegen; Sterbende verunreinigten die Tempel. Eine kräftigere Reinigung als frisches Quellwasser gewährte das Meerwasser, welches durch Beimischung von Salz oder Opferasche vom Altar noch verstärkt wurde. Andere Reinigungsmittel bestanden in Räucherungen mit Weihrauch oder dazu geeigneten Holzarten, namentlich Lorbeerholz, insbesondere galt die althergebrachte Reinigung durch Räucherung mit Schwefel[2]. Von dieser Kraft hieß der Schwefel schlechtweg „das Göttliche." Nach solcher Räucherung wurde dann eine Besprengung, womöglich mit dem reinen, fließenden Wasser der Ströme, oder mit Salz- oder Meerwasser vorgenommen[3]. Die kräftigste Reinigung brachte ein Lorbeerzweig, der in Reinigungswasser getaucht war, besonders ein Zweig aus dem Lorbeerhain des Apollon von Delphi; diesem wurde eine ganz besondere entsühnende Kraft zugeschrieben. Am Eingange der heiligen Bezirke der Götter waren Reinigungsgefäße mit Wasser für die Eintretenden aufgestellt; es war durch Eintauchung eines Feuerbrandes vom Altar geweiht. Die Thiere, namentlich die Hunde, waren von den heiligen Orten ausgeschlossen. Jede Verunreinigung wehrte dem Verkehr mit den Göttern. Es war eine Sünde, in Flüsse oder Quellen, oder in den heiligen Bezirken der Götter zu harnen, auszuspeien oder die Nase zu schneuzen. Nur in neuen oder neugewaschenen Gewändern, unbefleckt, mit glänzender Haut, gesühnt und geheiligt, mit reinem Leib und reinem Sinn sollte man vor die reinen Götter treten, und mit dem rechten Fuß zuerst den Boden des Tempels beschreiten.

1) Schömann griech. Alterth. II., 325. — 2) Il. 16, 228. Od. 22, 480. — 3) Eurip. Electr. 799. Theocrit. 24, 94. — 4) Hermann gottesd. Alterth. §. 23. Poll. Onom. 1, 25.

Bei schweren Verunreinigungen mußte die Reinigung durch ein Reinigungs- und Sühnopfer verstärkt werden. Junge Ferkel waren die gebräuchlichen Opferthiere für die Fälle, bei denen es darauf ankam, eine schwere Unreinheit, welche den Göttern mißfällig war, abzuthun; sollte jedoch der Zorn der Götter abgewendet, d. h. ein eigentliches Sühnopfer gebracht werden, so wurde meist ein Widder, und zwar in der Regel dem Zeus dargebracht. Kein Fest wurde begonnen, keine Versammlung wurde eröffnet, ohne daß nicht zuvor das Unreine, welches vorhanden sein konnte, hinweg geschafft worden wäre. In Athen wurden zu diesem Zwecke ein paar Ferkel geopfert, und der Platz mit ihrem Blute, dem die Kraft zugeschrieben wurde das Unreine hinweg zu nehmen, besprengt[1]). Denn nicht bloss die Einzelnen, auch die Staaten hatten für ihre Reinheit zu sorgen; sie konnten durch die Schuld ihrer Angehörigen befleckt und dem Zorn der Götter ausgesetzt werden. Sie begingen regelmäßige Sühnfeste, an welchen wie in Athen an den Thargelien, welche dem Apollon gefeiert wurden, stellvertretende Opfer die Sünden des Landes auf sich nehmen mußten, und das Fell eines dem Zeus geopferten Sühnwidders (Διὸς κώδιον) umhergetragen wurde, um alle Unreinheit auszutilgen. Außerordentliche Frevel und Sünden konnten jedoch nur durch außerordentliche Reinigungen und Sühnungen von den Staaten abgewendet werden.

Das größte Gewicht legte die delphische Priesterschaft auf die Verunreinigung durch vergossenes Blut. Nach den homerischen Gedichten hat der Mörder nichts zu fürchten, als die Rache der Verwandten, welche er ablaufen oder welcher er sich durch die Flucht entziehen kann; nach der ernsteren, sittlich tieferen Anschauung der Priester von Delphi (deren Grundlagen wol ebenfalls schon in alter Zeit liegen) hatte der Mörder nicht bloß die schlimmste aller Verunreinigungen auf sich geladen, er hatte nicht bloß sich, sondern auch seine Stadt und sein Land befleckt, er hatte durch diese Befleckung den finstern Gewalten der Unterwelt und des Todes Macht über sein Volk gegeben und es des Schutzes der lichten und reinen Götter beraubt; er selbst war den dunkeln Geistern, den Erinnyen verfallen, welche durch das Blut, mit dem er besprützt ist, Gewalt über ihn haben und ihn zu sich hinabziehen wollen in das Reich der Nacht

---

1) Eurip. Electr. 799. Theocrit. 24, 94

Die Reinigung des Mörders.

und des Grauens. Darum muß nach der Anschauung der delphischen Priester der Blutbefleckte, gleichviel ob er mit Recht oder Unrecht einen Menschen erschlagen, in Absicht oder durch Zufall — seine Befleckung ist der Makel, auf den es wesentlich ankommt — der seine Unreinheit auf Alles überträgt, was er berührt, ausgestoßen werden aus der Gemeinschaft seiner Familie und seines Volkes; niemand soll den Mörder aufnehmen; er soll sich fern halten von „den Gefäßen mit Weihwasser, von den Weihegüssen, von den Bechern, von den heiligen Handlungen und von den Heiligthümern, vom Markte"[1]). Die Verbannung jedes Todtschlägers war das erste, was die delphischen Priester unbedingt forderten, wenn das Land nicht durch seine That unrein bleiben solle. In dem Lande selbst, welches der Mörder durch seine That befleckt hat, kann derselbe nicht gereinigt werden; aber im Auslande kann das an seinen Händen klebende Blut von ihm genommen werden, kann der Mörder wenigstens körperlich von diesen Blutflecken rein gewaschen werden. Hier konnte diese Reinigung durch jeden vollzogen werden, welcher der flehenden Bitte des Mörders zu willfahren sich geneigt fand. Der Reiniger opfert ein saugendes Ferkel vermittelst eines Schnittes in die Kehle, und läßt das Blut aus diesem Einschnitt über die Hände des Mörders hinablaufen, wobei der Reinheit verleihende Zeus, der durch das Flehen des Schuldigen erweicht wird (Zeus Katharsios und Meilichios) angerufen wurde. Danach wurden die Hände des Mörders mit Weihwasser gewaschen, das durch das Blut verunreinigte Wasser an einen abgelegenen Ort geschafft, Opferkuchen und andere Sühnmittel verbrannt, und Spenden von Wasser und Milch unter dem Gebet an den Zeus ausgegossen, daß er die rächenden Erinnyen hemmen und dem Schuldbeladenen gnädig sein möge. Die befleckten Gewande und Waffen wurden ins Meer geworfen oder vergraben. Erst nach dieser Reinigung konnte der Mörder wieder mit Menschen verkehren.

Genügte die Ausstoßung des Mörders, das Land vor weiterer Befleckung zu wahren, so hatte der Mörder selbst durch diese Verbannung eine Buße auf sich genommen, welche die Götter zu versöhnen und die Macht, welche die finsteren Geister, die Erinnyen, über ihn haben, zu wenden geeignet war. Nur mußte dieselbe eine

---

[1] Demosth. adv. Lept. p. 505. ed. Reiske.

längere Zeit währen, nur wurden die Götter wie die Seele des Erschlagenen besser versöhnt, wenn der Mörder in der Verbannung sich außerdem freiwillig Büßungen auferlegte. Danach hatte der Mörder endlich die Aussöhnung mit den Verwandten des Erschlagenen zu suchen. Erst wenn diese geschehen war, durfte er in sein Vaterland zurückkehren. Hier hatte er dann die letzte Entsühnung zu bestehen. Der Mörder mußte mit dem linken Fuß auf das Fell eines Sühnwidders treten; in dieser Stellung erhielt er die Reinigung. Danach mußten für die Lösung der Seele des Mörders den Unterirdischen Opfer von schwarzen Thieren dargebracht und Weihegüsse für die Seele des Erschlagenen in Gruben oder Schlünde hinabgegossen werden[1]).

Diese Gebräuche der Mordsühne einzuschärfen, erzählten die Priester von Delphi, daß Apollon selbst sich durch Blut befleckt habe, als er den Drachen getödtet. Er sei nach Tempe geflohen (es gab hier eine alte Kultusstätte des Apollon, nach einer anderen Version der Sage nach Kreta[2]), um seine Hände vom Blut reinigen zu lassen. Karmanor, der Vater des Chrysothemis, habe hier die Reinigung an dem Gott vollzogen. Danach habe er dem Admetos von Pherae acht Jahr hindurch (ein großes Jahr) als Knecht die Heerden gehütet, den Mord, welchen er begangen, zu sühnen[3]). Der Knabe, welcher bei dem großen achtjährigen Opfer zu Delphi bei den Tänzen um den Altar den Gott vorstellte, mußte als ein Verunreinigter von Delphi nach Tempe entweichen, um dort gereinigt zu werden[4]). Er ging denselben Weg, den Apollon gegangen, und kehrte, nachdem er dort den Zweig eines heiligen Lorbeerbaumes gebrochen, gereinigt auf derselben Straße zurück, d. h. auf der heiligen Straße, auf welcher die Festgesandtschaften und die Wallfahrer von Thessalien nach Delphi gingen. Der Knabe wurde von einer Prozession unter

---

1) Apoll. Rhod. 4, 693 seqq. Plut. quaest. Rom. 66. O. Müller Aesch. Eumeniden S 114 flgde. — 2) Dem Tempethal gehört die Inschrift απλουν πεμπετω — 3) Hesiod in Schol. Eurip. Alc. Die Erwähnung der Sage des Knechtsdienstes des Apollon in einem dem Hesiod zugeschriebenen Gesange beweißt wenigstens, daß sie bereits im siebenten Jahrhundert bestand. — 4) Die Septerien, welche alle acht Jahre gefeiert werden, können doch nur in so weit von den Pythien verschieden gewesen sein, daß sie einen Theil derselben bildeten; Plut. quaest. graec. 12. de def. oracul. 14. 16. 21. In der Ilias weidet Apollon dem Admetos die Stuten, dem Laomedon die Rinder (Il. 2, 776. 21, 448), womit wohl nichts weiter als ein besonderer Schutz der Heerden, denen der Lichtgott Gedeihen gewährte, angedeutet sein soll. Der Gott der Sonne führte und hütete die Wolkenheerde des Himmels.

Freudengesängen nach Delphi zurückgeleitet. Der Gott des Lichts und der Reinheit hatte demnach um sich von rechtmäßig vergossenem Blute zu heilen, die Gestalt des Knechts angenommen, er hatte an sich selbst das Gesetz der Mordsühne vollzogen. Er war nun nicht mehr blos durch seine Natur, sondern auch durch seine Thaten der reine und gereinigte Gott, welcher die Unreinheit und die Sünde an sich selbst überwunden hat. So konnte er auch den Menschen zur Reinheit verhelfen und ihre Sünden auslöschen, so konnte er der Retter und Heiland (σωτηρ) für alle unreinen, schuldbeladenen, blutbefleckten Menschen werden. Auch die Knechtschaft des Herakles beim Eurystheus und der Omphale wurde nun durch die Mordsühne motivirt; der Held muß zuerst für den Mord seiner Kinder, dann für den des Iphitos zwei große Jahre hindurch als Knecht dienen.

In diesem Sinne wurden jene Satzungen des attischen Blutrechts, welche wir oben kennen gelernt haben, im Anfange des achten Jahrhunderts von Delphi aus geordnet (Attila war wol der erste griechische Kanon, der diese Vorschriften annahm), und wenn die Sage nun den Muttermörder Orestes, dessen That Homer ganz unbefangen gepriesen hatte, am Altar des Apollon zu Delphi Hülfe suchen läßt, so konnte ihn der Gott vor das Blutgericht von Athen, vor das Gericht auf dem Areiopag weisen. Nachdem Orestes hier seine Freisprechung gefunden, reinigt ihn Apollon selbst vor seinem Altare zu Delphi, indem er das Blut des Sühnferkels über seine Hände hinablaufen läßt, und ihn mit dem heiligen Lorbeerzweig besprengt und ablehrt. Wir haben gesehen, daß diese Sühngebräuche bereits um die Mitte des achten Jahrhunderts auch in die epische Poesie, in die Gesänge des Arktinos Eingang fanden (ob. S. 131. 139.).

So hatte es die Priesterschaft von Delphi schon in der ersten Hälfte des achten Jahrhunderts erreicht, einem Systeme der Reinigungen und der Mordsühne Geltung zu schaffen, welches seitdem kaum wieder erschüttert worden ist. Noch die Bücher von den Gesetzen verlangen für den idealen Musterstaat, dessen Bild sie zeichnen, daß es mit den Reinigungen nach der delphischen Regel gehalten werden solle[1]. Auch über die Reinhaltung des Feuers wurde ängstlich gewacht. Ein Todesfall im Hause verunreinigte das Feuer

---

[1] De legg. p. 865.

des Heerdes. Auf Lemnos wurden alle Feuer alljährlich ausgelöscht, weil sie durch die Sünden des Jahres verunreinigt seien, und neues Feuer vom Altare des Apollon von Delos herbeigeholt. Das spartanische Heer nahm Feuer von den heimischen Altären mit ins Feld und die Auswanderer führten heiliges Feuer aus den Prytaneen der Mutterstädte hinüber in ihre neuen Wohnsitze. Es war vorgeschrieben, welche Holzarten das geeignete Feuer zu den Opfern dieser oder jener Gottheit gewährten, und die heilige Lampe der Athene im Erechtheion zu Athen durfte nur mit dem Oele der der Göttin gehörigen Oelbäume genährt werden. Das beste und reinste Feuer gewährte der Altar des reinen Gottes zu Delphi[1]). Der sehr detaillirte Opferbrauch, welchen wir bei den Hellenen in Kraft finden, die genauen Observanzen über die Beschaffenheit der Opferthiere, die Sitte, bekränzt zu opfern, welche den Opfernden unter den Schutz der Gottheit stellte, der das Opfer gebracht wurde — ein Ritus, welcher dem Epos unbekannt ist — scheinen, wie die gleichfalls den homerischen Gedichten fremde Eingeweideschau, bei welcher es vornehmlich auf die Leber des Thieres ankam, in Delphi ihre Regel und Ausbildung empfangen zu haben. Die Zeichen des Opfers wurden sehr ängstlich beobachtet, und es galt für unbedingt nothwendig, bei wichtigen Unternehmungen, z. B. vor der Schlacht, so lange zu opfern, bis günstige Zeichen erreicht waren. Wenn neben alle dem die delphische Priesterschaft die einzelnen Kantone häufig anzuweisen Gelegenheit hatte, durch welche Mittel der Zorn der Götter, der in diesem oder jenem Unfall erkannt wurde, der von dieser oder jener That befürchtet wurde, abzuwenden sei; wenn sie Belehrungen ertheilte, welche Götter und welche Art der Verehrung den Sieg in diesem oder jenem Kriege verleihen würden, so wird niemand in Abrede stellen können, daß Delphi in weitem Umfang ordnend, erweiternd und befestigend in den Kultus der Hellenen eingegriffen habe.

Noch wichtiger war, daß Delphi jener tieferen und idealeren Auffassung der Götter, welche seit dem Beginn des siebenten Jahrhunderts bei den Griechen hervortritt, eine wirksame Unterstützung lieh, wenn diese ganze Umwandelung nicht ihren Anstoß von Delphi erhielt. Keine Gestalt der hellenischen Götterwelt war für den Pro-

---

1) Plut. Aristid. c. 20. Schömann griech. Alterth. 2, 198.

zeß einer ethischen Idealisirung geeigneter als die des Apollon, des Gottes des Lichts und der Reinheit. Dem allessehenden Lichtgott konnte kein Frevel, keine Verunreinigung entgehen — der Gott der Reinheit hatte den Frevel zu strafen. Ein rächender und strafender Gott war Apollon der alten Zeit, den homerischen Gedichten. Sobald die alten Vorschriften der Reinhaltung zu erneuter und erweiterter Geltung kamen, mußte Apollon mehr und mehr in den Mittelpunkt des religiösen Bewußtseins treten. Sobald dann die Reinheit, die Freihaltung von Befleckung nicht bloes auf die Hände, sondern auch auf das Herz bezogen wurde, mußte Apollon der sündlose Gott, der Gott der sittlichen Reinheit, der höchste Ausdruck sittlicher Klarheit und Hoheit werden. Er sah alle Vergehen, auch die, welche in stillem Geheimniß begangen waren. Der lichten Natur dieses Gottes war jede Unreinheit des Körpers und der Seele zuwider, er mußte durch diese seine Natur gezwungen, solche Befleckungen, er mußte den Frevel strafen, wie er einst die Frevler an seinem Heiligthum, die Phlegyer, die Aloiden gezüchtigt, wie er den Tityos gezüchtigt hatte[1]). Er war ein thätiger, die Sünde verfolgender, das Sittengebot durch seine Strafen aufrecht haltender Gott und damit der Hüter des sittlichen Lebens. Wie Apollon ein kämpfender Gott war, der im Kampfe gegen den Drachen unverzagt gestanden, der das finstere Ungeheuer siegreich überwunden, so hatte auch der Mensch die wilden und dunklen Gewalten, die Leidenschaft und die Verblendung des Sinnes neben sich und in sich selbst wieder zu kämpfen. Durch keine Leidenschaft, durch keine Unruhe der Begier, durch keine Schuld in seinem lichten und reinen Wesen getrübt, hatte Apollon den Flecken, der auf sein Wesen gefallen, durch eigene Buße selbst getilgt, er hatte sich selbst gereinigt, er hatte das Gesetz der Reinigung an sich selbst vollzogen. Nach dem Vorbilde des Gottes hatte der Mensch sich von seinen Flecken und Sünden wieder zu reinigen; er hatte die Buße auf sich zu nehmen und die Sünde von sich zu thun. Dazu half ihm denn der „wahre und reine Phoebos" an seinem Altar mit dem Sühnzweig des delphischen Lorbeers. Sobald die Reinigung und die Entsühnung vollzogen war, verscheuchte die siegreiche Klarheit des Gottes die Erinnyen, die rastlosen Geister, welche jedem Sünder und Verbrecher aus

---

1) Eben S.'55. Od. 11, 304. 575. Strabon p. 423.

seiner Verschuldung aufsteigen¹); das helle Wesen Apollons nahm die finstern Qualen des Schuldbewußtseins von dem Sünder, es gewährte ihm Lösung von der Schuld, versöhnte ihn mit dem Himmel und gab seinem unruhigen Herzen Ruhe und Frieden zurück. Wie der freundliche Strahl des Lichtgottes die wilden Wogen des stürmischen Meeres beruhigte, so goß er auch heiteren Frieden in das unruhige Herz der Menschen, so besänftigten die Töne der ihm geheiligten Kithara die wilden Regungen der Leidenschaft. So war Apollon ein Gott des Friedens und der Versöhnung, und nur den unbußfertigen Sündern drohten seine Pfeile. Wie er regelmäßig die Zeiten durch sein Licht ordnete, wie der Kreislauf des Jahres und der Monate unverrückbar wiederkehrte, so war Apollon auch ein Gott des festen Maßes, des unerschütterlichen Gesetzes, der heiligen Ordnung. Apollon war nun den Griechen das hehre Vorbild eines reinen, sündlosen und die Sünde überwindenden Lebens, der Hort einer ernsten, thätigen, das Böse vernichtenden Sittlichkeit, ein Gott der strafenden Ahndung aber auch der heilenden Versöhnung, ein siegreich waltender Gott der Reinheit und der heiligen Ordnung geworden. Neben ihm wurde der alte Himmelsgott, wurde Zeus zum Bewahrer und Schirmherrn des ewigen Rechts, zu dem hochgebietenden, in Gerechtigkeit waltenden König der Götter und Menschen, wurde die alte Gewittergöttin Athene zum Ideale jungfräulicher Reinheit, zum Vorbild des besonnenen Rathes, des maaßhaltenden Sinnes, der unverzagten, energischen Thatkraft in allen Kämpfen des Lebens. Diese drei Gestalten hatten immer an der Spitze der hellenischen Götterwelt gestanden (ob. S. 22.). Während aber der König des Himmels in unnahbarer Majestät im Hintergrunde bleibt, ist Apollon den Menschen näher gekommen, ist er der Vermittler zwischen dem Himmel und der Erde geworden. Der lichte, alles schauende und wissende Gott verkündigte den Menschen den Willen, den Rathschluß der Götter, die ewigen Ordnungen (θέμιστες) des Zeus und versöhnt die, welche Sünde und Schuld auf sich geladen haben, mit den himmlischen Mächten.

Wir kennen das gemeinsame Opfer, welches die alten Stämme Thessaliens in Verbindung mit den Phokiern und Lokrern, den alten

---

1) Erinnys ist im Sanskrit Saranyu von sarana gehend, bewegend; s. Kuhn in seiner Zeitschrift I, 439.

Bewohnern Boeotiens und den Joniern von Euboea der Demeter zu Anthela, an den warmen Thoren seit langer Zeit darzubringen gewohnt waren. Wir haben gesehen, wie mit dem Eintreten friedlicherer Zustände die neuen Herren Thessaliens und Boeotiens diesem Opfer sich anschlossen. Die Opfergemeinschaft bestand nun aus den Perrhaebern, Magneten, Phthioten, den Oetaeern, den Maliern, den Photiern, den Lokrern, den Joniern, den Boeotern und den Thessaliern. Auch die Dorer vom Pindos gehörten derselben als ein Stamm der alten thessalischen Bevölkerung an. Die Thessaller konnten keinen Anspruch erheben ein Opfer zu leiten, welches nicht von ihnen ausgegangen war, aber sie konnten sich auch den ihnen unterworfenen Stämmen nicht unterordnen, sie konnten die Leitung des Opfers nicht etwa den Maliern, auf deren Boden es dargebracht wurde, überlassen. So blieb das Opfer an den Thoren ohne eine bestimmte Vorstandschaft; gemeinsam wurde es von den theilnehmenden Stämmen geordnet, gemeinsam wachte man über den Schutz der Gesandtschaften, über den Frieden des Festes. Maßnahmen solcher Art, welche Alle binden sollten, mußten in gemeinsamer Berathung festgestellt werden. Diese Berathung lag naturgemäß den zur Feier des Opfers abgeordneten Festgesandtschaften ob. Diese Gesandten hatten ihre Staaten zu vertreten und deren Meinung zur Geltung zu bringen. So war es nicht blos das Opfer, sondern auch die Berathungen der Nachbarn (der Amphiktyonen), welche an den Thoren (Pylae) abgehalten wurden. Die Versammlungen der Festgesandten hießen von dem Orte, an welchem sie opferten und tagten Pylaea, die Gesandten selbst Pylagoren, wie die Demeter von Anthela, der das Opfer galt, den Beinamen der Amphiktyonis erhielt, während Amphiktyon zum Stifter des Opfers und des Opfervereins gemacht wurde. Man unterschied dann in den Festgesandtschaften den Abgeordneten, welcher für die Verrichtung der hergebrachten heiligen Bräuche zu stehen hatte, den Hieromnemon, von den übrigen, welche an den Berathungen über den Schutz und den Frieden des Festes Theil zu nehmen hatten, von den Pylagoren.

Der Mangel einer oberen Leitung, einer Vorstandschaft des Opfers hatte die Opfergenossen von Anthela frühzeitig zu einer eigenthümlichen Form ihrer Gemeinschaft, zu einer Art von Bundesverfassung geführt. Die Zeit, in welcher sich diese bildete, ist nicht zu bestimmen, doch kann die Feststellung dieser Formen nicht später als in den Anfang des achten Jahrhunderts fallen. War der Zutritt der Thessalier zu diesem Opfer der alten Stämme das Zeichen des Eintretens friedlicherer Zustände, so erhöhte die gemeinsame Begehung desselben, die geordnete Rathschlagung an den Thoren, das Gefühl der Gemeinschaft und Brüderlichkeit innerhalb des Verbandes. Die Genossen einer solchen Gemeinschaft konnten sich in keinem Falle mehr als Todfeinde gegenüberstehen. So vereinigte man sich zu der feierlichen Satzung: „keine amphiktyonische Stadt zu zerstören, keiner das Trinkwasser abzuschneiden, im Kriege so wenig als im Frieden; so eine Gemeinde dawider handelt, sollen die übrigen gegen sie ausziehen und sie vertilgen." Eide der Bundesglieder bekräftigten diese Satzung.

Die wachsende Theilnahme, welche mit dem steigenden Einfluß des Orakels das delphische Opfer, die Pythien, fanden, bewegte die Genossen des Opfers zu Anthela, auch an diesem großen Opfer, das in dem Heiligthum, auf dem Boden eines Stammes (der Phokier) dargebracht wurde, welcher der Verbindung der Amphiktyonen angehörte, gemeinschaftlich Theil zu nehmen. Es wird nicht lange nach dem Anfang der Olympiaden, es wird spätestens um die Mitte des achten Jahrhunderts gewesen sein, daß die Amphiktyonen, wie an den Thermopylen im Herbste, nun auch im Frühjahr zu Delphi gemeinschaftlich opferten, daß sie neben dem Frieden des Demeterfestes auch den des pythischen Festes unter die Obhut ihres Verbandes nahmen[1]). Wie im Herbste an den Thermopylen tagten die Hieromnemonen und Pylagoren nun auch im Frühjahr zu Delphi nach dem Opfer. Ihre Gemeinschaft erhielt durch die zwiefache

---

1) Wenn Aeschines (de falsa leg. p. 43.) die Erbauung des delphischen Tempels und die erste Versammlung der Amphiktyonen gleichzeitig setzt, so hat das natürlich nichts zu bedeuten. Daß die Föderation der Amphiktyonen zuerst auf das Demeterfest von Anthela beschränkt war, folgt aus dem Namen Pylaea, welchen auch ihre delphischen Versammlungen führen; wie aus dem alten Titel Pylagoren, der nichts mit Delphi zu thun hat. Aus dem Namen der Pylagoren erhellt auch, daß die Opfergemeinschaft von Anthela bereits eine feste Form angenommen hatte, ehe die Verbindung mit Delphi eintrat; vgl. Schol. Eurip. Orest. v. 1087. Daß die Versammlung zu Delphi im Frühjahr gehalten wurde, ergiebt sich aus Böckh corp. inscript. Nr. 1694. und den Vorfällen des Jahres 339 v. Chr., meiner Meinung nach, mit ausreichender Evidenz. Da Archilochos den Namen Panhellenen braucht, da dessen Gebrauch wesentlich von Delphi ausgegangen ist, wie die Rhetra des Lykurg beweist, da die Geltendmachung desselben wesentlich auf dem Anschluß der Amphiktyonen an Delphi beruht, so kann dieser Anschluß nicht wohl später, als zur oben angegebenen Zeit stattgefunden haben.

Wiederkehr der Opfer und Versammlungen ein festeres Band[1]) und an der delphischen Priesterschaft ebenso eine Stütze, wie dieser der Anschluß der Amphiktyonen willkommen sein und wesentlich nicht blos zur Sicherung Delphi's, sondern auch zur Erhöhung ihres Ansehens, zur Mehrung ihres Einflusses beitragen mußte. Dem alten Eide der Amphiktyonen wurde die neue Satzung hinzugefügt: „So einer das Heiligthum des delphischen Gottes beraube, oder Mitwisser und Mitberather zu einer Unternehmung gegen das Heiligthum sei, solchen zu strafen mit Hand und Fuß, mit dem Wort und aller Macht." Auf eine Erzplatte gegraben, wurde dieser Eid am Versammlungsplatz der Amphiktyonen zu Delphi, welcher sich im Bezirk des Tempels befand — der Blick von diesem Bezirk reichte weit hinab über die Ebene von Krissa und den korinthischen Golf — aufgestellt. Es war die Pflicht der Opfergenossen, „dem Gotte zu helfen", wenn er bedroht war, und die, „welche lässig wären, den Apollon, die Artemis, die Leto und die Athene Pronaea (die Gottheiten von Delphi) zu vertheidigen, deren Opfer sollten ohne Erfolg und Frevel gegen den Gott sein"[2]). Die Leitung und Aufsicht des Heiligthums und des Orakels blieb der Gemeinde der Delpher, dem Adel von Delphi. Der Verband der Amphiktyonen begnügte sich, den Schutz und die Fürsorge für den Tempel und das pythische Opfer zu übernehmen, aus welchen späterhin die Leitung dieses Festes und die Preisvertheilung bei den musischen und ritterlichen Wettkämpfen, welche demselben nachmals hinzugefügt wurden, Seitens der Amphiktyonen hervorging.

In dieser Verbindung mit dem delphischen Heiligthum erhielt der Verein der Amphiktyonen eine festere Ordnung. Man blieb bei der bisherigen Zahl der theilnehmenden Stämme stehen, oder stellte diese erst jetzt fest. Wie der Opferverein der Ionier in Asien sollte der Verband der Amphiktyonen nicht mehr als zwölf Mitglieder zählen. Jeder dieser zwölf theilnehmenden Stämme sollte zwei Stimmen in der Rathsversammlung der Amphiktyonen an den Thoren und zu Delphi führen. Er hatte zu diesem Ende zwei Hieromnemonen zu senden, deren jedem eine Stimme zustand. Diese Hieromnemonen konnten von Pylagoren in unbestimmter Zahl begleitet

---

1) Nachmals scheinen die Versammlungen jedesmal zuerst in Anthela, dann in Delphi getagt zu haben; s. Schömann griech. Alterth. 2, 33. — 2) Aeschin. adv. Ctesiph. p. 69—71. de falsa legat. p. 33. Tlabor 14, 28.

werden. Sie hatten die Hieromnemonen zu unterstützen, sie hatten das Recht, an den Berathungen Theil zu nehmen und in denselben das Wort zu ergreifen, aber sie besaßen kein Stimmrecht in denselben[1]). Die Berathung und Entscheidung der Amphiktyonen war öffentlich vor den Wallfahrern, welche zum Opfer gekommen waren, vor dem Volke zu Delphi, welches wie jene nachmals zuweilen ausdrücklich zur Versammlung der Amphiktyonen berufen wurde.

Durch den Anschluß der Opfergenossen von Antheia war ein großer Theil der Bevölkerung der griechischen Halbinsel, alle Stämme der Osthälfte vom Olympos bis zum Kithaeron in eine unmittelbare Verbindung mit dem Heiligthum von Delphi, mit dem Apollon von Delphi getreten. Apollon gehörte zu den ältesten und höchsten Gestalten des griechischen Himmels. Von allen Stämmen wurden diesem Gotte besondere Ehren erwiesen. Die Ionier brachten ihm gemeinsame Opfer auf Delos, den Milesiern und Kolophoniern weissagte er in dem Heiligthum der Branchiden und in dem Hain von Klaros. Die dorischen Städte in Anatolien waren durch das Fest, welches sie dem Apollon auf dem Vorgebirge Triopion feierten, verbunden. Die Föderation von Argos beruhte auf dem gemeinsamen Opfer, welches dem Apollon an der Larissa gebracht wurde. Die Dorer auf dem Peloponnes feierten ihm die Karneien und waren, seitdem der delphische Apollon ihre Kolonieen leitete, auch der Meinung, daß es der Gott von Delphi gewesen sei, welcher sie einst in den Peloponnes geführt habe. Sparta und Athen standen, jenes durch die Einrichtungen Lykurg's, dieses durch seine Geschlechtsverfassung und sein Blutrecht, in nahem Verhältniß zu Delphi. In Boeotien hatte Apollon Weissagungen in seinem Tempel am Ismenos bei Theben wie auf dem Ptoon; in Thessalien hatte er ein altes Heiligthum am Fuße des Götterberges im Thale von Tempe, ein anderes zu Pagasae. Nachdem nun dieser von allen Kantonen mit gleichem Eifer verehrte Gott eine Tempelstätte gefunden, welche alle anderen überragte, in welcher alle Griechen Entscheidungen über die wichtigsten Fragen einholten, war es natürlich, daß alle Kantone dem Gott an diesem Altar ihre Ehrfurcht zu bezeigen trachteten, daß sie bei dem großen pythischen Opfer durch Festgesandtschaften

---

1) Schömann, griech. Alterth. II. S. 34.

vertreten sein wollten, daß sie, nachdem die Amphiktyonen dieses
Heiligthum und dieses Opfer unter ihren Schutz genommen, danach
trachteten, an der ehrenvollen Pflicht, das größte Heiligthum der
Nation zu schirmen, Antheil zu haben. Der Weg zum Eintritt in
den Verband der Amphiktyonen fand sich für die bedeutendsten Staaten
leicht. Die Dorer vom Oeta, ionische Orte von Euboea waren
altberechtigte Mitglieder dieser Opfergemeinschaft. Bei den Hellenen
galt das Blut und die Stammverwandtschaft; war ein Theil des
ionischen, ein Theil des dorischen Stammes vertreten, so hatte damit der gesammte Stamm das Recht der Theilnahme. Alle dorischen, alle ionischen Städte konnten, ohne Einrede zu fürchten, auf
diesen Anspruch hin ihre Festgesandtschaften schicken; schwieriger war
es, den Antheil am Rathe und am Beschluß der Amphiktyonen für
die große Zahl dieser Theilnehmer zu ordnen. Das Recht jedes
Theilnehmers, zwei Stimmen im Rathe der Amphiktyonen durch
seine Hieromnemonen abzugeben, blieb unverändert; die Städte desselben Stammes, welche im Laufe des achten Jahrhunderts eintraten[1]), hatten sich über die Führung dieser beiden Stimmen zu
vereinbaren. Sie konnten in der Führung derselben abwechseln,
wenn nicht ein besonders hervorragender Staat von den Stammgenossen Vollmacht erhielt, die beiden Stimmen desselben dauernd
für alle stammverwandten Orte zu führen. Im ionischen Stamme
war nachmals wenigstens die Einrichtung die, daß Athen die eine,
die übrigen ionischen Städte abwechselnd die andere Stimme führten
und zwar in der Weise, daß Athen einen der beiden Hieromnemonen
ernannte, welche die beiden Stimmen der Ionier zu führen hatten.
Wie viele Pylagoren und Theoren jeder Staat senden wollte, war
seine Sache[2]). Statt kleiner Stämme und einzelner Kantone waren
es nun zum Theil große Komplexe verwandter Staaten, welche im
Verbande der Amphiktyonen Platz genommen hatten. Diese Komplexe bildeten Kurien, welche die Stimmen im Rathe der Amphiktyonen, in den Pylaeen, wie deren Versammlungen auch in

---

1) Daß der Zutritt der dorischen und ionischen Staaten zu der Amphiktyonie
spätestens im siebenten Jahrhundert statt fand, folgt aus dem krissaeischen Kriege,
aus der Theilnahme Sikyons und Athens an diesem; Sparta und Athen waren
gewiß schon im achten Jahrhundert im Verbande. Die Spartaner wurden im
Jahre 346 v. Chr. ausgeschlossen von ihrem Antheil an der Führung der beiden
Stimmen des dorischen Stammes; Pausan. X, 8, 2. — 2) Aeschin. de
falsa leg. p. 43.

Delphi hießen, nach besonderm Brauch und Uebereinkommen unter sich vertheilt hatten¹).

Der Bund der Amphiktyonen war durch den Zutritt der meisten hellenischen Kantone zu einer großen Gemeinschaft erweitert worden, welche die Nation bis auf die Aetoler, die Akarnanen, die peloponnesischen Achaeer, die Eleer, Pisaten und Triphylier und einige andere kleine Stämme umfaßte. Es kann nicht Wunder nehmen, wenn die naive Anschauung der Griechen bei der Lage ihrer Kantone und Pflanzstädte, welche sich in Nord und Süd, im Osten und Westen rings um Delphi ausbreiteten, diesen Ort, an welchem sich Himmel und Erde berührten, an welchem eine fortgesetzte Offenbarung der Götter stattfand, wo fast alle ihre Stämme und Staaten opferten und die Entscheidungen des Zeus durch den Mund des Apollon einholten, für den Mittelpunkt der Erde erklärte. Zeus hatte zwei Adler von Aufgang und Niedergang gleichzeitig fliegen lassen, so sagen die Dichter; über Delphi waren sie zusammengetroffen. Zu Pindar's Zeit standen zwei goldene Adler neben dem alten Stein des Apollon, welcher nun längst nicht mehr das Bild des Gottes war, sondern den Nabel der Erde bezeichnen sollte²). Indeß wurde diese Vorstellung schon zu Anfang des sechsten Jahrhunderts bestritten; und andere meinten, daß dieser Stein der sei, welchen die Rheia dem Kronos statt des Zeusknäbleins gereicht habe (unten Kap. 11.).

Aber es fehlte sehr viel, daß dieser Mittelpunkt, wenn auch nicht der Erde doch der hellenischen Landschaften, daß der Bund der Amphiktyonen das nationale Leben der Hellenen zusammengenommen, daß er die Nation geeinigt und diese Einheit bethätigt hätte. Der Bund der Amphiktyonen war und blieb in der Praxis nichts als eine sehr lose Andeutung der nationalen Einheit, er blieb auf dem Gebiete der Religion stehen, er blieb auf den Schutz des Tempels und der Wallfahrer, auf den Frieden des Festes beschränkt; er überschritt niemals die Grenzen des heiligen Rechtes. Nur in Folge religiöser Fragen kam er zu einigen politischen Aktionen, welche meist unglücklich waren. Die Versammlung der Amphiktyonen übte keine anderen Rechte, als die Häupter und Vorsteher anderer Opfergemein-

---

1) Aeschin. adv. Ctesiph. p. 69. Demosthen. de falsa leg. p. 360. — 2) Aeschyl. Choephor. 1034. Pindar. Pyth. 4, 6. Plut. de def. orac. init. Strabon p. 419. 420.

schaften; nur daß diese selbständig von sich aus, die Amphiktyonen auf den Beschluß der Gemeinschaft, der Mehrzahl handelten. Wie die Argiver, die an der Spitze des apollinischen Opfers zu Argos standen, sich das Recht beilegten, im gemeinsamen religiösen Interesse der Föderation zu handeln und wegen Verletzungen des heiligen Rechtes Strafen, später namentlich Geldstrafen gegen die Theilnehmer der Opfergemeinschaften auszusprechen; wie die Eleer kraft ihrer Leitung des olympischen Opfers ähnliche Rechte in Anspruch nahmen, so verstanden auch die Amphiktyonen ihre Befugniß. Sie trafen Veranstaltungen zum Besten des Tempels, ehrten und belohnten den Schutz desselben und straften den Frevel an demselben. Jedem der stimmführenden Stämme und Staaten stand es zu, Klagen wegen Verletzungen des heiligen Rechts bei der Versammlung anzubringen; die Versammlung wies sie ab oder nahm sie an, sie legte Geldstrafen auf und beschloß Kreuzzüge gegen die, welche sie für Frevler am Heiligthum erklärt hatte. Aber es kam dann immer noch darauf an, ob ihre Beschlüsse freiwillig Nachachtung fanden, ob die Strafen, welche sie auflegte, dem Gotte bezahlt wurden, ob sich andern Falls amphiktyonische Staaten fanden, welche die Exekutionen auf sich nahmen. Eine nationale politische Thätigkeit übte die Versammlung der Amphiktyonen nicht; sie verhinderte die Kriege zwischen den zur Opfergemeinschaft verbundenen Staaten zu keiner Zeit, weder die Einbrüche der Thessaler gegen die Phoker und Böoter, noch irgend einen andern Zwist unter den Opfergenossen; sie machte niemals einen Versuch, als Schiedsrichter oder Vermittler zwischen ihnen aufzutreten. Die Amphiktyonen versuchten nicht einmal, ihre Orte nur überhaupt in einer nationalen Richtung zu erhalten, oder in späteren Zeiten gegen den Landesfeind zu vereinigen. Als die Thebaner endlich den Versuch machten, die Verhandlung religiöser Fragen vor den Amphiktyonen zu politischen Zwecken auszubeuten, führte dies bald die unglückseligsten Folgen herbei, und man kann sagen, daß niemand schuldiger sei an dem Untergang der hellenischen Freiheit, als die Versammlung der Amphiktyonen[1]).

---

[1]) Der religiöse Charakter der Amphiktyonen wird durch alle Thaten derselben, welche wir kennen, bestätigt. Die Auslegung eines Preises auf den Kopf des Ephialtes ist doch wesentlich dadurch motivirt, daß der Verrath des Ephialtes den Persern den Zugriff auf Delphi erlaubte. Die Errichtung des Denkmals für den Schuß und die Gefallenen von Thermopylai geht doch auch auf religiöse

Im achten Jahrhundert war es ein großes und glückliches Ereigniß, daß das delphische Heiligthum die Mehrheit des hellenischen Volkes um sich versammelt hatte. Die zerstreuten, die durch die langen Kämpfe der Wanderungen verfeindeten Stämme und Staaten hatten sich endlich hier wieder zusammengefunden; sie waren zu einer Opfergemeinschaft des delphischen Gottes, zum Schutze des delphischen Tempels und seines heiligen Rechts verbunden. Delphi konnte wirklich für den Mittelpunkt der hellenischen Kantone gelten; es war das religiöse Centrum ihrer Welt, ihre kirchliche, und, wie wir oben sahen, zum Theil auch ihre politische Hauptstadt. Die Stämme der Hellenen waren nun nicht mehr allein durch das gemeinsame Blut, durch die gemeinsame Sprache verbunden. Der Dienst der Götter, der ihnen freilich stets gemeinsam gewesen war, erhielt doch einen einheitlicheren Ausdruck durch die direkte Theilnahme an demselben Opfer und an demselben Kultus, und die gleiche Verpflichtung, das nationale Heiligthum zu schützen, steigerte das Gefühl der nationalen Zusammengehörigkeit und Einheit. Die wesentliche Bedeutung Delphi's und des amphiktyonischen Vereins liegt in dieser Erhöhung des Gefühls der nationalen Gemeinschaft, welche nun wenigstens einen bestimmten kirchlichen Ausdruck erhalten hatte.

Dies erhöhte Gefühl der Stammverwandtschaft gab sich in einer Sage kund, welche die Gruppen und Stämme des hellenischen Volkes auf einen gemeinsamen Ursprung zurückführte. Sie ging, wie es scheint, von Delphi aus und fand bald überall Anklang und Glauben. Die Zeiten der Wanderung hatten drei große Massen der hellenischen Bevölkerung an die Küste Kleinasiens gebracht. Neben den Kolonieen der Dorer und der Jonier lagen die nördlichen Städte, deren Bevölkerung aus einer Menge von Gauen und Orten zusammengeflossen war. Den Städten der Jonier und Dorer gegenüber durfte auch diesen ein gemeinsamer Name nicht fehlen. Sie wurden unter dem Namen der Aeoler, d. h. der Bunten, der Gemischten, zusammengefaßt. So standen nun dort unter gemeinsamen Namen und mit gleichem Rechte nebeneinander: die Gründungen, welche von einem kleinen Gebirgsstamme, den Dorern, denen sich allerdings mancherlei fremde Bestandtheile angeschlossen hatten, ausge-

---

Pflichten zurück; die Gefallenen waren übrigens wesentlich für die Vertheidigung Delphi's von Leis gefallen. Der Vorfall bei Plutarch (Cimon. a. a.) ist ebenfalls nicht ohne religiösen Charakter; vgl. Meier Schiedsrichter S. 35 figte.

gangen waren; die Städte, welche ein größerer Zweig des hellenischen Volkes, die Ionier, die seit Alters über mehrere Landschaften der mittleren Halbinsel verbreitet gewesen waren, errichtet hatten; endlich die Orte, deren Bevölkerungen fast allen Kantonen der Osthälfte der Halbinsel entsprossen waren. Da die Namen der Dorer und Ionier nicht blos den Städten von dieser Bevölkerung in Anatolien, sondern auch den Stammesgenossen auf der Halbinsel gehörten, wurde dann auch der Name der Aeoler auf die heimathlichen Stämme der aeolischen Städte, auf die Gesammtheit der griechischen Kantone, so weit diese weder dorisch noch ionisch waren, übertragen (ob. S. 310.). Als nun den Priestern von Delphi in den Fragen, welche aus allen Kantonen an ihre Weissagung gerichtet wurden, in der Verbindung der Amphiktyonen mit ihrem Heiligthum, in dieser großen Opfergemeinschaft, in welche die Mehrzahl der griechischen Kantone noch im Laufe des achten Jahrhunderts eintrat, der Verband und die Einheit des griechischen Volkes sehr lebendig entgegentraten, erschienen ihnen auch die drei großen Massen des hellenischen Volkes, die Aeoler, Dorer und Ionier durch die Abstammung von einem Stammvater verbunden. Einer der ältesten Namen, vielleicht der älteste, welchen die Sage der Griechen kannte, war Deukalion. Er sollte der Sohn des Prometheus Pyrphoros sein. Von dem Gotte, welcher durch die Gabe des Feuers den Menschen das Leben erst möglich gemacht hatte, welcher sie gelehrt hatte, Opfer zu bringen, und die Schenkel der Opferthiere den Göttern zu verbrennen, welcher sie um das Feuer des Heerdes versammelt und damit das Haus und die Familie gegründet, mußte auch der erste Mensch entsprossen sein[1]). Deukalion sollte das älteste Heiligthum der Hellenen, die alte Weissagung zu Dodona gegründet haben, wo die Heller aus dem Rauschen der Eiche den Willen des Zeus verkündigten; er hatte die Landschaft Hellas, in welcher Dodona gelegen war, beherrscht[2]). Als die Thessalier aus Epeiros auswanderten und das schöne Fruchtland am Peneios gewannen, hatten sie die Namen ihrer Stammsage, die Namen Deukalion und Hellas in ihre neue Heimath übertragen. Der Name Hellas war auf eine Landschaft, welche südwärts

---

1) Oben S. 14. Locri fragm. 30. ed. Göttl. Daß Prometheus die Menschen aus Wasser und Erde geschaffen, ist eine spätere Wendung dieser Auffassung; Apollod. 1, 7. — 2) Plut. Pyrrh. 1. Etym. magn. Δωδωναῖος; cf. Steph. Byz. Ἔφυρα. Aristot. meteorol. 1, 14.

an Phthiotis grenzte, übertragen worden. Deukalion sollte nun im phthiotischen Hellas geherrscht haben (ob. S. 292.); eine Stellung, welche allmählig zur Herrschaft Deukalions über ganz Thessalien erweitert wurde: er sollte bereits gethan haben, was die Thessalier wirklich vollbracht hatten, die Vertreibung der alten Einwohner des Peneiosthales[1]). Dodona lag in einem geschlossenen Thalbecken. Der Zeus von Dodona, welcher als regenbringender Gott verehrt wurde, sollte zu Deukalion's Zeit unendlichen Regen gesendet haben. Der Acheloos sei weit über seine Ufer getreten, von allen Menschen hätten sich nur Deukalion und dessen Weib Pyrrha gerettet, indem sie neun Tage lang umhertrieben, bis sie endlich auf dem Gipfel des Pindos gelandet wären und dem Zeus Phyxios d. h. dem Fluchtschirmer geopfert hätten. Fluthsagen dieser Art finden sich an allen größeren Strömen mit geschlossenen Thälern, und die griechischen Bergströme pflegen im Frühjahr und Herbst stark zu schwellen. Mit der Verpflanzung Deukalions war auch diese Sage von der dodonäischen Fluth auf den Thalkessel Thessaliens, dann auch auf die boeotische Niederung übertragen worden; und wenn Deukalion nun zunächst auf dem Gipfel des Othrys, über Phthiotis, so sollte er danach auf der höheren und heiligen Spitze des Parnassos gelandet sein. So geschah es, daß sich nicht bloß die Lokrer von Opus von dem Heros ableiteten, welcher allein der Fluth entgangen war, sondern auch die edlen Geschlechter von Delphi, welche die neue Weissagung hüteten, die die alte des Deukalion in Schatten stellte. Was lag näher, als alle Stämme der Hellenen auf den ältesten Namen der Ueberlieferung, auf den Gründer des ältesten Heiligthums und der ältesten Weissagung, auf den gottbegnadigten Helden, welcher der Fluth entronnen, von welchem das neue, das gegenwärtige Geschlecht allein ausgegangen sein konnte, zurückzuführen; als Deukalion für den Stammvater des griechischen Volkes zu erklären und den großen Gruppen, in welche das griechische Volk zerfiel, Söhne des Deukalion zu Ahnherren zu geben? Die nationale Gemeinschaft, von deren Gefühl man durchdrungen war, erhielt durch die Ableitung der drei Stämme (der Mittelglieder zwischen der Gesammtheit der Nation und den einzelnen Kantonen) von einem Urvater den angemessensten Ausdruck. Freilich gab es auch eine Sage, daß Deukalion

---

1) Dion. Halic. 1, 17.

und Pyrrha auf dem Gipfel des Pindos den Zeus um neue Menschen gebeten, daß sie die Weisung empfangen hätten, die „Knochen der Mutter" d. h. die Steine der Erde hinter sich zu werfen, und daß aus den Steinen, welche Deukalion geworfen, die Männer, aus denen der Pyrrha die Weiber entsprungen seien. Diese Sage wurzelte in der alten Vorstellung der Griechen, daß ihre Altvorderen Söhne der Erde gewesen seien, und war hier noch besonders motivirt durch den Gleichklang von Laos Volk, und Las Stein. Aber diese Erzählung war kein Hinderniß, dem Deukalion Söhne zu geben, wenn dieselbe überhaupt schon bestand¹). Ebensowenig ließ man sich in dieser Ableitung der Hellenen vom Deukalion durch die Sage Pelasgos, die bereits gegen das Jahr 700 bestand, irre machen; wenn nicht vielmehr gerade die neue Stammsage, welche an Einwanderer anknüpfte, Anlaß gab, die vor der Einwanderung liegenden Zeiten und Stämme zu einem besonderen Ganzen unter einem Gesammtnamen zusammenzufassen und ebenfalls zu genealogisiren. Man rechnete nicht ängstlich mit diesen Dingen, man folgte der Anschauung am willigsten, welche sich am frappantesten aufdrängte, welche die Vergangenheit dem gegenwärtigen Bedürfniß am gemäßesten erscheinen ließ.

Deukalion hatte die Landschaft Hellas beherrscht, die „Hellen" waren Priester an seinem Heiligthum — wir sahen, daß dieser Name auf den lichten Himmelsgott zurückging, welchem Deukalion gedient hatte. So mußte denn die Personifikation dieser Landschaft, dieses Namens, Hellen, der Sohn des Deukalion gewesen sein. Anderer Seits konnten die Stämme der Dorer, Ionier und Aeoler keine anderen Stammväter als den Doros, den Ion und den Aeolos

---

1) Diese Sage findet sich unter dem Namen Hesiods bei Straben p. 322. Danach bei Pind. Olymp. 9, 66. Hellania fragm. 15. ed. Müller. Aristot. Meteor. 1, 14. Ganz unabhängig steht neben dem Ursprung der Hellenen von Deukalion durch dessen Steine oder durch dessen Söhne, so wie von der Formung des Menschen durch den Prometheus die Sage von den Weltaltern, welche episodisch in die „Werke und Tage" eingeschoben zu sein scheint, indeß doch in der Grundstimmung mit dem alten Gedicht übereinstimmt. Die Geschlechter sind nach den Metallen genannt, um ihre Reihenfolge zu bezeichnen; um vom dem Zeitalter sittlicher Einfalt und ungestörten Glücks zur Zeit der Sorge und der Verderbtheit hinab zu gelangen; eine Reihenfolge, welche indeß nicht geradlinig fortläuft, sondern wieder durch Aufsteigungen unterbrochen ist. Die vier Weltalter der Inder sind nichts als ein abstractes Schema und die Iugalehre der Inder ist offenbar jünger als der Mythus der Griechen von den Weltaltern und dessen Darstellung in den Werken und Tagen. Die Gemeinschaft beruht nur in der gemein'samen Vorstellung von dem Sinken der Menschen, je weiter sie sich von ihrem göttlichen Ursprung entfernen; s. Roth der Mythus von den fünf Geschlechtern; Tübingen, 1860.

haben. Diese wurden nun zu Söhnen des Hellen gemacht. Da Aeolos die große Mehrzahl des Volkes, — Stämme, welche früher als die Ionier und bevor der Name der Dorer gehört worden war, berühmt gewesen waren, vertrat, mußte er, der „roßfreudige Aeolos," wie er im Hinblick auf die thessalischen und boeotischen Ritter in den Eoeen heißt[1]), der älteste Sohn des Hellen gewesen sein. Als zweiten Sohn erhielt Hellen den Doros, welchem Ion als dritter hätte beigegeben werden müssen. Die Ionier hatten aus ihren alten Sitzen weichen müssen, ihr Stammvater Ion mußte demnach auch ein Vertriebener gewesen sein. Indeß traf hier die Sage noch eine Abweichung. Es war um die Zeit, als diese sich bildete, gewiß noch lebhaft im Gedächtniß, nicht blos daß die Ionier durch die Dorer von der Nordostküste des Peloponnes vertrieben worden waren, sondern auch, daß die alten Bewohner von Argos die Achaeer, vor den Dorern hatten weichen müssen. Man faßte, des gleichen Schicksals wegen, Ionier und Achaeer zusammen, man gab diesen beiden, aus ihren alten Sitzen getriebenen Stämmen einen gemeinschaftlichen Stammvater, man nannte den dritten Sohn des Hellen Xuthos, d. h. der Verstoßene, der Vertriebene[2]), und ließ die Ionier und die Achaeer auf der Nordwestküste des Peloponnes von des Xuthos Söhnen, den Enkeln des Hellen, Ion und Achaeos abstammen. Nach den Stammesgruppen hätte man consequenter Weise die Achaeer auf dem Peloponnes, wie es mit den Achaeern in Phthiotis geschah, den Aeolern beizählen müssen, aber die Erinnerung eines großen historischen Ereignisses überwog die rationelle Auffassung der Verhältnisse. Auch mochte man den altberühmten Namen der Achaeer nicht gern unter der Zahl der griechischen Stämme vermissen; es mag auch sein, daß die Achaeer auf der Nordwestküste des Peloponnes, da eine Anzahl Ionier unter ihnen zurückgeblieben war und sich mit ihnen vermischt hatte, eine stärkere Abweichung von der Sprache der übrigen Aeoler zeigten.

So waren die griechischen Stämme, die Ionier, Dorer und Achaeer, denen die übrige Gesammtmasse als vierter Stamm hinzugefügt war, Abkömmlinge der Söhne des Hellen und durch diesen Nachkommen des Deukalion geworden; sie waren zu einem Stammvater hinaufgeführt. Die Institutionen, in welchen sich die Einheit

---

1) Hesiod. Eoeae fragm. 32. ed. Göttl. — 2) Von ξοuθεῖν; Pott Indogerm. Sprachstamm i. d. Uncykl. v. Ersch S. 65.

des griechischen Volkes ausdrückte, die Gemeinschaft der Amphiktyonen und das Fest von Olympia wurden mit gleichem Rechte wie der Ursprung der Stämme auf den Deukalion zurückgeführt¹). Der Amphiktyonen wegen erhielt Deukalion noch einen Sohn, den Amphiktyon, und Deukalions Tochter, die Protogeneia (d. h. die Erstgeborne) sollte dem Zeus den Aëthlios, d. h. den Wettkämpfer geboren haben. Auch der alte Name des hellenischen Volkes, der Name Graeken, welcher, wie wir wissen, Epeiros und den Umgebungen Dodona's, dem ältesten Sitze Deukalion's angehörte, mit welchem die italischen Stämme die Griechen stets bezeichnet haben, wurde dem Deukalion angeschlossen. Nach den Eoeen war Zeus auch zur zweiten Tochter Deukalions, zur Pandora herabgestiegen, und diese hatte ihm den Graekos geboren²).

Es blieb den Stämmen überlassen, die Söhne Deukalions in ihre Traditionen, in ihre lokalen Sagen einzureihen. Da die Söhne Deukalions jedoch ursprünglich fremd waren, da ihnen die ehrwürdige Kraft des Alters und damit eine naive poetische Behandlung fehlte, wurden sie niemals zu lebensvollen und eingreifenden Gestalten. Am wenigsten wußte man von Aeolos zu sagen, in welchem sich zu viele Kantone zu theilen hatten. Man ließ ihn, wie seinen Vater Hellen, dem Deukalion in der Herrschaft über das phthiotische Hellas folgen, und es gewährte wenigstens einige bestimmtere Züge, daß man den Hellenssohn Aeolos mit dem Windgott Aeolos, dem Ahnherrn der seefahrenden Könige von Jolkos und Korinth, dem Vater des Athamas, des Kretheus, des Sisyphos identificirte, eine Wendung, welche in den Gedichten vorliegt, welche unter Hesiod's Namen gehen³). Den Doros ließ man die Dorer vom Olympos an den Oeta und Pindos führen⁴). Am lebendigsten entwickelte die attische Sage den Xuthos und Jon. Xuthos wird von seinen beiden Brüdern, dem Aeolos und Doros aus Thessalien vertrieben; er flieht nach Herodot's Angabe in den Peloponnes; bei den Attikern kommt er als Flüchtling nach Attika, wird freundlich von Erechtheus, dem Nachfolger des Kekrops, aufgenommen⁵), und unter-

---

1) Apollodor 1, 7. 1, 3. — 2) Hesiod. fragm. 29. ed. Göttling.
3) Strabon p. 282. Hesiod. fragm. 39. Apollod. l. c. Pind. Pyth.
4, 108. — 4) Herodot 1, 56. Strabon a. a. O. — 5) Herodot 7, 94.
Pausan. 7, 1. Pausanias läßt den Xuthos zu den Aegialiern im Peloponnes gelangen.

stützt diesen in einem Kriege, welchen er gegen den König Chalkodon von Chalkis zu führen hat, so trefflich¹), daß ihm Erechtheus seine jüngste Tochter Kreusa zum Weibe giebt und ihm die Ostküste Attika's, Euboea gegenüber, überläßt. Damit war Iuthos denn zu dem Gründer der vier Orte von Marathon, eines der Sondergemeinwesen erhoben, aus welchen Attika zusammengewachsen war. Des Iuthos jüngerer Sohn Achaeos muß dann einen unvorsätzlichen Mord begehen, um nach dem Peloponnes fliehen und den Achaeern von Argos und Lakonien ihren Namen geben zu können²); der älteste Sohn des Iuthos, Ion, bleibt in Attika. Herodot nennt ihn den Herrführer der Athener³). Nach den ausgeführten Berichten hilft Ion seinem Großvater Erechtheus so nachdrücklich in jenem Kriege mit dem Eumolpos von Eleusis, daß ihn die Athener nach dem Tode des Erechtheus zu ihrem Könige machen. Die vier Söhne des Ion: Geleon, Hoples, Argades und Aegikores waren es dann, von denen nach Herodot's Bericht die vier Stämme der Attiker, die Geleonten, die Hopleten, die Argadeis und Aegikoreis ihre Namen erhielten; nach anderen hatte Ion selbst die Ionier, welche von ihm den Namen empfingen, auch in diese Stämme getheilt⁴). Wenn Euripides die Sage dahin verändert, daß Ion in Wahrheit der Sohn des Apollon und der Kreusa ist, welche der Gott unter dem Felsen der Akropolis umarmt hat, wenn er den Knaben, welchen die Kreusa dem Apollon geboren, durch den Hermes nach Delphi tragen, hier im Dienste des Tempels aufwachsen, und erst nachher den Iuthos nach Attika kommen, die Kreusa heimführen und den Ion zu seinem Sohn annehmen läßt; so liegt der Grund dieser Umwandlung in dem nahen Verhältniß, welches seit der Einführung des delphischen Blutrechtes in Attika, seit der Reorganisation der attischen Stämme zwischen Delphi und Athen bestand. Apollon war ein siegreicher überwindender Gott, die Athener ver-

---

1) Oben S. 454. Euripid. Jon. v. 69 seqq. — 2) Straben p. 383. Um die phthiotischen Achaeer in die Sage einzureihen, läßt Pausanias a. a. O. den Achaeos aus dem Peloponnes zurückkehren nach Thessalien und sein väterliches Erbe wieder einnehmen. — 3) Herod 8, 44. — 4) Herod. 5, 66; Straben p. 32L 383. Pausanias (7, 1.) läßt auch den Ion zu den Argiaeern im Peloponnes gehen und Hellike gründen, weil die Aegialeer ja auch Ionier waren. Die Spätern, an ihrer Spitze Hellanikos, reihen dann den Amphiktyon zwischen Kranaos und Erichthonios in die alte attische Königsreihe, da Attika zu den Amphiktyonen gehörte und die attische Königsreihe so hoch hinaufgeführt werden sollte als die von Argos; ob. S. 182.

ehrten ihn am Feste der Boëdromien, als den Gott, der im Schlachtgeschrei angerufen wird, als den siegverleihenden Gott. Da Iuthes
und Ion den Athenern zu Hülfe gekommen sein sollten, konnte man
sie sehr leicht mit diesem Gott zusammenbringen und den hülfebrin-
genden Ion zum Sohn des hülfreichen, sieggewährenden Gottes
machen. Zudem verehrten, wie wir sahen, die attischen Geschlechter, die Phratrien und die Stämme den Apollon Patroos d. h. den
väterlichen Apollon als ihren Schutzgott. Es lag sehr nahe, den
Urheber der Stämme, den Ion, von dem väterlichen Gott derselben
abzuleiten. Der hochgefeierte Gott von Delphi wurde durch diese
Aenderung auf das Engste in die attische Sage verflochten; die
attische und die delphische Sage, der attische und der delphische
Dienst wurden dadurch auf das Nächste verknüpft und die Abstammung der Athener durch unmittelbare Zurückführung auf den Apollon nobilitirt. Ion war auf diese Weise in die attische Königsreihe
zwischen Erechtheus und Pandion eingeschoben; indeß erlangte diese
Stellung niemals eine durchgreifende Anerkennung. Die Mittel,
wodurch man den Iuthos und Ion in die attische Sage verflocht,
die freundliche Aufnahme der Flüchtlinge und die Hülfe im Kriege,
welche sie den Attikern leisteten, waren dem historischen Faktum entnommen, daß die Flüchtlinge, welche aus Thessalien vor der Einwanderung der Thessaler gewichen waren, in Attika eine Zuflucht
gefunden hatten; daß die aus Pylos nach Attika verpflanzten Neliden den Attikern im Kampfe gegen die Arnaeer und Dorer wirksame Dienste geleistet hatten[1].

Aelter und werthvoller als diese Sagen war die Berlebendi-
gung der Zusammengehörigkeit und Einheit des griechischen Volkes
durch den gemeinsamen Stammvater Hellen. Wenn überhaupt vor den
Zeiten der Wanderung ein Gesammtname die Stämme des griechischen Volkes umschloß, wenn sich das homerische Epos zur Bezeichnung der Gesammtheit des vor Ilion fechtenden Heeres des Namens

---

1) Ἀπόλλων πατρῷος wird erklärt durch πατήρ des Ion; Müller Dorier
1, 244. Die Boëdromien wurden im Monat Boëdromion (September, October)
dem Apollon Boëdromios gefeiert. Suidas (Βοηδρόμια) und Etymologi-
cum m. (p. 202.) sagen, die Boëdromien wären zum Andenken an die Schlacht,
in welcher Ion gegen die Eleusinier Hülfe geleistet, gefeiert worden; andere
(Plut. Thes. c. 27.) behaupten, das Fest gelte dem Andenken des Sieges des
Theseus über die Amazonen. Es war ein altes Fest des Kämpfenden, gegen die
Unholde des Dunkels siegreichen und darum den Kämpfern Sieg gewährenden
Gottes (ob. S. 21.).

Achaeer bedient — Achaeer bedeutet wahrscheinlich die Edlen[1]) — so war dieser Name längst aus einem allgemeinen und umfassenden ein besonderer und lokaler, ein Stammname geworden. Er war haften geblieben auf der ausgewanderten Bevölkerung von Argos und auf den alten Bewohnern von Phthiotis. Ein Mal weil Argos und Jolkos in den alten Zeiten einen hervorragenden Platz eingenommen hatten und in der Tradition einnahmen, das andere Mal, weil die Bevölkerung von Phthiotis wie die der Nordwestküste des Peloponnes aus der geflüchteten Bevölkerung mehrerer Gauen zusammengewachsen war. Man konnte dieselbe darum, namentlich die Bevölkerung des Nordwestrandes des Peloponnes, nicht gut mit dem Namen eines einzelnen Stammes bezeichnen. Im Gegensatz zu den Lokalnamen der Gebiete, aus welchen sie zusammengekommen war, wurde diese Bevölkerung mit dem alten Gesammtnamen des griechischen Volkes bezeichnet. Aber die Zeiten der Achaeer waren längst dahin; jene alte Gemeinschaft zwischen den Kantonen und Stämmen, welche sich in dem Zuge gegen Ilion darstellte, war längst zerrissen. Eine lange Periode des Kampfes, in welchem neue Stämme über die alten, über die Achaeer den Sieg davon getragen hatten, war jener Gemeinschaft gefolgt. Nun waren aber auch diese Kämpfe vorüber, der Friede zwischen den Einwanderern und den alten Stämmen, so weit sich diese behauptet hatten, war geschlossen. Im Bunde der Amphiktyonen, an der Weissagung des delphischen Gottes, in den Wettkämpfen von Olympia hatten sich die lange zerrissenen Glieder desselben Volkes wieder friedlich zusammengefunden, und das Gefühl dieser neuen Gemeinschaft gab sich in der Bildung der Stammsage, in der Hinaufführung aller Stämme zu einem gemeinsamen Stammvater kund. Durfte der neuen Gemeinschaft ein neuer Gesammtname fehlen? Es konnte kein anderer als der des Stammvaters selbst, als der des Hellen sein. Gegen das Jahr 800 hatten die Priester von Delphi den Lykurgos angewiesen, dem Zeus Hellanios und der Athene Hellania Heiligthümer zu gründen; um das Jahr 700 sagt Archilochos, „daß der Panhellenen Jammer in Thasos zusammenfließe". Der Name Hellenen muß demnach im Laufe des achten

---

[1]) Pott, indogermanischer Sprachstamm in d. Encyclop. von Ersch und Gruber S. 65.

Jahrhunderts üblich geworden sein¹). Wenn Herodot die Thessaler und Dorer für die eigentlichen Hellenen hält, so ist dies in so weit unzweifelhaft richtig, als der Umsturz der alten Zustände, das Ende der alten Zeit durch die Eroberungen der Thessaler und Dorer herbeigeführt worden ist, als die neuen Entwickelungen, die neue Zeit von ihnen den Anstoß empfangen haben, als die Namen Hellas und Hellenen von den Thessaliern aus ihrer alten Heimath in die neue übertragen worden waren, als der neue Gesammtname des griechischen Volkes ursprünglich thessalisches Eigenthum war. Wenn jene Angabe Herodot's aber dahin verstanden werden soll, daß die Thessaler und Dorer die Griechen erst zu Griechen gemacht hätten, so ist sie unzweifelhaft falsch (ob. S. 13.).

Dem neuen Gesammtnamen des Volkes gegenüber war der alte Gesammtname der Achaeer ein besonderer, ein Stammesname geworden. Dasselbe geschah dem Namen, mit welchem man sich mindestens seit dem Ende des achten Jahrhunderts gewöhnt hatte, die älteste Zeit des hellenischen Volkes zu bezeichnen²). Ein kleiner Zweig des hellenischen Volkes war von der neuen Stammsage ganz ausgeschlossen. Ein Theil der alten Bevölkerung Thessaliens, die Bewohner des Gebietes an den Seen, und mit ihnen Minyer und Kadmeer, waren nach Attika entwichen; sie hatten von hier aus auf den Landzungen des Athos, auf Lemnos und Imbros ihre Thürme gebaut, nach denen sie Tyrrhener genannt wurden, und hier und dort an der Westküste Kleinasiens wenig bedeutende Niederlassungen gegründet. Ihre Burgen auf den Küsten Thrakiens und Anatoliens schützten sie gegen die alte einheimische Bevölkerung. Sie hatten sich eifrig dem Seeraub, danach dem Sklavenhandel ergeben. Sie trieben denselben zur Zeit der Gestaltung des homerischen Epos. Wenigstens läßt Homer den Achilleus die Söhne der Hekabe nach Lemnos, Imbros und Samothrake verkaufen. Ein Hymnos auf den Dionysos erzählt, „wie ein schöner Jüngling auf vorragendem Fels am Strande des öden Salzmeeres steht, einen Purpurmantel

---

1) Archil. fragm. 54. ed. Bergk. In den „Werken und Tagen" wird v. 653. das heilige Hellas für die gesammte Halbinsel gebraucht; v. 528. gehört einer fränkischen Einschiebung an; oben S. 288. Vgl. Strabon p. 370. und Hesiodi fragm. 32. ed. Göttl. — 2) Der älteste sichere Gebrauch des Namens Pelasger liegt in dem vom Pausanias aufbehaltenen Verse des Asios von Samos. Pelasgos, den die Erde herausgiebt, erscheint bei Asios schon als Stammvater des Geschlechts. Die Namen Pelasger und Hellenen scheinen mithin aus derselben Zeit zu stammen.

um die Schultern. Da ruderten Tyrrhener im schönbordigen Schiff schnell über die dunkle Fluth. Sie winkten einander zu, sprangen rasch an's Land, ergreifen den Jüngling und schleppen ihn frohen Herzens in ihr Fahrzeug; denn er schien ihnen ein Sohn zeusgeborener Könige zu sein. Ich hoffe, daß er nach Aegypten kommen wird, sprach der Führer des Schiffes, oder nach Kypros, oder noch weiter. Am Ende nennt er uns wol den Namen der Freunde und allen seinen Besitz und seine Brüder. Ein günstiger Gott hat ihn uns zugeworfen"[1]). Herodot berichtet, wie Tyrrhener von Lemnos mit einigen Fünfzigruderern auf der Küste von Attika landeten und die attischen Weiber raubten, welche das Fest der Artemis zu Brauron begingen[2]). An der karischen Küste, zwischen Myndos und Halikarnaß, soll auf dem Vorgebirge Termerion ein Kastell gelegen haben, in welchem die Tyrrhener die geraubten Menschen aufbewahrten. Das Andenken an das harte Loos, welches diese hier erfuhren, wurde von den Griechen in dem Sprichwort „termerisches Unheil" aufbewahrt[3]). Nun waren freilich wohl schon um die Mitte des achten Jahrhunderts die Niederlassungen der Tyrrhener auf der Küste von Anatolien mit unbedeutenden Ausnahmen vor dem Emporwachsen der aeolischen, dorischen und ionischen Städte verschwunden, und die aufblühende Seemacht der Jonier und Dorer wird ihrem Seeraub ein Ziel gesetzt haben. Aber noch standen ihre Burgen auf den Halbinseln des Athos; sie beherrschten die drei großen Inseln Lemnos, Imbros und Samothrake. Der Seeraub hatte sie in eine feindselige Stellung zu den übrigen Griechen gebracht, sie besuchten weder das olympische Fest, noch hatten sie Theil an der Opfergemeinschaft von Delphi. Die Stammsage hätte sie, die alten Stämme Thessaliens, dem aeolischen Stamme beizählen müssen; dies geschah in der That mit den Minyern, welche sich im Peloponnes, in Triphylien, niedergelassen hatten. Aber konnten Stämme, welchen die Zeichen der Gemeinschaft fehlten, der neuen Gemeinschaft des hellenischen Volkes beigezählt, konnten sie in den Stammverband aufgenommen werden? Auch ist es möglich, daß diese Insel und

---

[1] Hymn. in Bacchum v. 7 seqq. Apollodor 3, 5, 3. — [2] Herodot 4, 145. 6, 138. — [3] Suidas Τερμέρια κακά. Es wird freilich ιωριννοι gelesen, indeß muß ersichtlich τερμερίοι corrigirt werden. Termeros ist dann wie gewöhnlich ein Unhold geworden, den Herakles getödtet hat: Plut. Thes. c. 11. Ob die τερμήριοι δεσμοί bei Hesych. s. h. v. auf die Tyrrhener des argolischen Meeres oder auf die Etrusker gehen, steht dahin.

Küstenbewohner noch sonst abweichende Sitten zeigten. Die Bewohner von Lemnos und Imbros konnten phoenikische Elemente und Kulte, welche sie bei ihrer Ansiedlung vorgefunden, aufgenommen haben, wie dies unzweifelhaft in Samothrake geschah; während andererseits freilich gerade der Kultus von Lemnos vorwiegende und charakteristische Kennzeichen spezifisch griechischen Dienstes zeigt. Die Orte am Athos konnten sich mit ihren thrakischen Nachbarn vermischt haben, sie konnten in ihrer Isolirung alle Bräuche und alle Sprachformen festgehalten haben. Genug, dieser Theil ihres Volkes erschien den Hellenen fremdartig und mochte sie an die ältesten Zeiten gemahnen. Man unterschied ihn von der neuen Gemeinschaft, von dem neuen Stammverbande und den gegenwärtigen Zuständen durch den Namen Pelasger. Die Athener nannten die Burgmauer und die Thore, welche ihnen diese Minyer und Ratmeer zu der Zeit, da sie in Attika weilten, gebaut hatten, das Pelasgikon, jene Landschaft um die thessalischen Seen trug den Namen Pelasgiotis, und Asios von Samos hatte schon vor dem Jahre 700 den erdgeborenen Pelasgos zum ersten Menschen, zum Vater des griechischen Volkes gemacht. Der Name Tyrrhener blieb einer Anzahl kleiner Orte auf der Landzunge des Athos; sie werden noch um das Jahr 400 v. Chr. mit demselben bezeichnet[1]); während für die Bewohner einiger Orte an der Propontis, die Bezeichnung Pelasger bis zu derselben Zeit in Geltung ist[2]).

10. Der Staat der Kreter und das olympische Fest.

Seit den Zeiten der Wanderung waren die Hellenen in einem stätigen Fortschreiten, in beständiger Ausbreitung ihres Gebiets und ihrer Herrschaft geblieben. Die Kolonisation hatte die Wanderung der Stämme aufgenommen und fortgesetzt. Die Lust an der Seefahrt, an Abenteuern und Krieg, der erwachte Geist des Handels

---

1) Herod. 1, 57. Thukyd. 4, 109. — 2) Herod. 5, 26. 6, 137 sagt. Euseblos setzt nach Diodor eine Thalassokratie der Tyrrhener oder Pelasger von fünfundachtzig Jahren an (Chron. I, 36. Synkell. p. 181.), welche nach seiner Rechnung in das zehnte Jahrhundert v. Chr., also gleich um die

wie die inneren Verhältnisse der griechischen Staaten hatten gleichmäßig dazu beigetragen, den Kreis des hellenischen Lebens weit über das Becken des aegeischen Meeres hinaus zu erweitern. Ohne einen zwingenden Druck von Außen, mit einer Kraft und Schnelligkeit der Expansion, wie sie von keinem anderen Volke erreicht worden sind, hatten die Hellenen seit dem Beginn der Olympiaden nicht blos die thrakische Küste mit ihren Städten bedeckt, sondern auch die Gestade des schwarzen Meeres mit ihren Niederlassungen eingefaßt. Sizilien war bis auf die Westspitze gewonnen; die südwestliche Landzunge Unteritaliens war kolonisirt; den weiten Halbkreis des Golfes von Tarent beherrschten griechische Städte. Bereits erhoben sich in Aegypten, auf der Nordküste Afrika's griechische Niederlassungen. Der Handel der Hellenen erreichte die Mündungen des Po und die Säulen des Herakles. Sie waren daran, im ganzen Umfange des Mittelmeeres den Phöniziern das maritime Uebergewicht zu entreißen; denn auch jenseit Siziliens schienen die Phöniker und Karthager der Marine der Griechen zu erliegen, so altbegründet der phönikische Verkehr in diesen Gebieten, auf so wohlgewählte Stationen und Häfen derselbe gestützt war.

Bald nach dem Beginn der Olympiaden war das alte Königthum in den Gauen der griechischen Halbinsel ohne große Anstrengung vom Adel gestürzt worden. Der Adel regierte sowol in den Staaten, welche in den Zeiten der Wanderung erobert worden waren, als in denen, welche von deren Stürmen verschont geblieben waren oder sich derselben zu erwehren gewußt hatten. Es gab keinen Unterschied zwischen nicht eroberten und eroberten Gebieten

---

Zeit der Auswanderungen fallen würde. Herodot und Thukydides brauchen den Namen Tyrrhener nur von den Ansiedlungen der Pelasgloten aus Thessalien, welche einst in Attika gewohnt und sich dann auf der Landzunge des Athos und auf Lemnos niedergelassen hatten. Herodot läßt dann aber einen Theil der Lyder unter einem Fürsten Tyrrhenos nach Etrurien auswandern, und macht diese zu den Ahnen der italischen Tyrrhener d. h. der Etrusker. Diese Erzählung war gewiß bei den Joniern auf der lydischen Küste geläufig und beruht auf irgend einem Namensanklang, indem die Jonier die Tyrrhener zusammenbrachten mit dem Lydus des Atys, Torrhebos (Nic. Damasc. fragm. 22. ed. Müller.), oder einer Stadt Tyrrha, welche im Süden Lydiens gelegen haben soll. Xanthos, der Lyder, widersprach dieser Erzählung: Dionys. I, 28. Hellanikos und andere lassen nicht Lyder, sondern Pelasger aus Thessalien nach Italien übergehen und das dortige Tyrrhenien gründen, nachdem die Ausgewanderten in Italien den Namen Tyrrhener erhalten haben. Nicht besser fundirt ist die Annahme neuerer Forscher, welche statt der Lyder oder der Pelasger aus Thessalien "tyrrhenische Pelasger" zu Stammvätern der Etrusker machen.

der Halbinsel, als daß in einigen von diesen eine schärfere Kluft, eine wirkliche Trennung des Stammes und des Blutes den Adel vom Volke schied. Nicht anders stand es in den alten Pflanzorten aus der Zeit der Wanderung, wo das Königthum nicht minder der Aristokratie erlegen war, als im Mutterlande, in den neuen Niederlassungen, deren Verfassung nach dem Vorbilde der aristokratischen Mutterstädte geordnet wurde. Hier wie dort bildeten die Nachkommen der ersten Ansiedler, die Abkömmlinge der Mutterstadt, welche das Gebiet gewonnen und unter sich vertheilt hatten, den Grundstock des Adels, des regierenden Standes.

Bis zum Sturz des Königthums war der Monarch der Staat gewesen, jetzt war das Gemeinwesen in die Obhut des Adels übergegangen, der Adel war der Staat geworden. Zum ersten Mal in der Geschichte war der Staat der Sorge einer Gemeinschaft anvertraut, war seine Ordnung und Leitung, seine Erhaltung und sein Fortschreiten das Produkt einer gemeinsamen Thätigkeit. Die Theilnahme der Familienväter, der freien und wehrhaften Männer, der mächtigen Geschlechter eines Gaues am Rath und Gericht der Gemeinde ist bei Völkern von energischer Individualität auf den ersten Stufen der Entwickelung nicht ungewöhnlich — wir haben gesehen, daß solche Formen auch den Hellenen nicht gefehlt haben. Aber diese primitive Gestaltung wurde im Orient durch das Emporwachsen des Königthums herabgedrückt, um endlich in größeren Staatsbildungen der despotischen Herrschergewalt ganz zu erliegen. Auch bei den Griechen hatte das Königthum, welches sich aus dem Kriege erhob, die alte Gemeinschaft der Gaugenossen zurückgedrängt. Es herrschte mit selbständiger Gewalt und gewährte dem Adel nur das Recht des Beiraths; aber die weitere Entwickelung ließ bei den Hellenen jene alten Formen der Theilnahme am gemeinen Wesen in umfassender und geordneter Weise wieder aufleben. Bei den Griechen war es nicht die Selbstregierung der Gaugenossen, welche dem Königthum, sondern das Königthum, welches schließlich den Gaugenossen unterlag. Wenn die Regierung nun auch nicht der Gesammtheit derselben, sondern nur einem kleinen und bevorzugten Theile zufiel — immer war damit der Begriff des Gemeinwesens gegeben, welches bestimmte Rechte gab, dafür aber auch bestimmte Verpflichtungen auferlegte. Denn mit ihren Rechten wuchsen den Adelsfamilien auch bestimmte Leistungen für das Gemeinwesen zu. An die Stelle der natürlichen Anhänglichkeit an den heimischen Boden und die heimischen Götter trat ein Patriotismus in höherem Sinne, die Pflicht der Sorge für das Vaterland, für die Gemeinschaft, welche es umfaßte.

Das Bewußtsein der Zugehörigkeit zum Gemeinwesen, der Pflichten, welche dasselbe dem Einzelnen auferlegt, tritt mit dem Beginn der aristokratischen Herrschaft bei den Hellenen schärfer auf, als dies auf der analogen Entwickelungsstufe anderer Kulturvölker der Fall ist. Der Grund dafür liegt eines Theils in dem geringen und darum übersehbaren Umfang der griechischen Staaten, andern Theils in dem bei den Hellenen lebhafteren Trieb der Gemeinschaft, welcher freilich ebenfalls durch die Beschränktheit ihrer Staaten wesentlich begünstigt war. Der griechische Adel betrachtete die neue Herrschaft, welche er gewonnen hatte, als ein gemeinsames, allen seinen Mitgliedern zugefallenes Recht, als eine gemeinschaftlich auszuübende Thätigkeit.

Der Sieg der Aristokratie über die Monarchie führte zu den ersten Verfassungen. Der Adel mußte sich organisiren, um den Staat gemeinschaftlich regieren zu können; er theilte sich in seine Geschlechter und Stämme, denen ein gleichmäßiger Antheil an Regierung und Gesetzgebung zugewiesen wurde. Auf solchen Grundlagen ordnete Lykurgos gegen das Ende des neunten Jahrhunderts die Verfassung von Sparta; ein halbes Jahrhundert später traf der attische Adel ähnliche Einrichtungen, und die Anordnungen, welche Philolaos in Theben gegen Ende des achten Jahrhunderts machte, werden von analogen Grundlagen ausgegangen sein. In derselben Weise wurden die neugegründeten Pflanzstädte im Osten und Westen organisirt. In einigen der letzteren fand sich eine gemischte Bevölkerung aus verschiedenen Kantonen zusammen. Hier mußte man noch weiter gehen. Es gab keinen gebietenden Willen, keinen Fürsten, um Frieden und Ordnung aufrecht zu erhalten; die Rechtsgewohnheiten der Glieder der neuen Gemeinde stimmten nicht überein. Man mußte den Richtern Normen für ihre Entscheidungen vorschreiben; man mußte die Strafen und Bußen für den Bruch des Friedens nach einer neuen Regel feststellen und die Formen des Rechtsganges bestimmen, man mußte einen regierenden Stand ausscheiden. Der Grundbesitz trat hier an die Stelle der edlen Geburt. Die Aristokratie des Vermögens ersetzte die Aristokratie der Herkunft und Zaleukos setzte die Tausend Meistbeerbten an die Stelle der hundert Geschlechter des heimischen Adels der Lokrer. So kam es zu den ersten Gesetzbüchern bei den Griechen. Hundertundfünfzig Jahre nach Lykurgos gab Zaleukos den Lokrern, wenig später Charondas den Katanaeern die ersten schriftlichen Gesetze.

Das Recht auf seine Herrschaft begründete der griechische Adel auf das, was er vor dem übrigen Volke „voraus hatte"; auf sein besseres Blut, seinen Grundbesitz, der groß genug war, ihm ein Leben in freier Muße zu gewähren, auf seine Rüstung und Waffenübung, auf die Kenntniß der Opfergebräuche und Rechtsgewohnheiten, welche er von seinen Vätern ererbt hatte. Die edle Abstammung, der Reichthum und die Erziehung — das sind noch Aristoteles die drei Grundlagen der Aristokratie. Nach der Anschauung des griechischen Adels lag in ihm durch seine Abstammung von edlen Vätern der Keim zu einem schöneren Körper, zu einer edleren Seele, als in den Söhnen des Volks. Diese Anlagen sollten dann durch eine ernste und anhaltende Zucht und Uebung des Leibes und der Seele zu voller und schöner Entfaltung gebracht werden. Nicht nur zur Gewandtheit und Kraft des Leibes, zu Muth und Tapferkeit soll der junge Edelmann erzogen werden; nicht nur in Stärke, Furchtlosigkeit und Waffenübung soll er den Bauern, den Handwerker, den Kaufmann überragen, sondern auch durch seinen adligen Sinn. Der adlige Sinn ist bei den Hellenen kein anderer als der edle Sinn selbst. Der edle Sinn besteht nach ihrer Anschauung in Tapferkeit und Furchtlosigkeit, weiter aber in der Freiheit von allen niederen und gemeinen Regungen, von den Leidenschaften der Gewinnsucht und der Habsucht, in der Ehrfurcht vor den Göttern und den Satzungen der Väter, in dem festgewurzelten Willen, nicht für sich, sondern für die Gemeinschaft leben zu wollen.

Die Aristokratie sollte bei den Griechen wirklich, wie ihr Name besagt, sowol im Sinne des Adels als des Volkes die Herrschaft der Besten und Edelsten sein. Sein Muth und seine Tapferkeit setzt den Adel in den Stand, den Staat am kräftigsten zu schützen; die Tugend seiner Seele, die in den Adelsfamilien fortgeerbte Kenntniß der hergebrachten Weisthümer des Gerichts und der religiösen Satzungen befähigt den Adel, das Gemeinwesen wohl zu berathen, den Streit, welcher den Frieden im Lande stört, zu schlichten, die Opfer für dasselbe zu bringen. Niemals war der griechische Adel der Meinung, daß seine Rechte über das Gemeinwesen ihm keine gleichwiegenden Verpflichtungen für den Staat auferlegten. Sein „Voraushaben" in der Herrschaft war völlig verwachsen mit seinem Voraushaben an den Lasten und Leistungen, welche das Gemeinwesen erforderte. Die gesammte Zeit und die gesammte Kraft des Adels soll dem Gemeinwesen angehören. Er nimmt die Mühen der Aemter, der Regierung und des Gerichts ohne Vergeltung auf sich, er ist es, der den Staat mit seinen Waffen zu schützen hat und stets in der ersten Reihe ficht. Er leistet den kostspieligen Kriegsdienst zu Roß oder zu Fuß in schwerer Rüstung ohne Entgelt und läßt sich von seinen Knechten in's Feld begleiten. Wenn das Gemeinwesen Geld braucht, so ist er es, welcher die Steuern trägt. Wie die Vorrechte des Adels auf seiner durch gymnastische und ethische Bildung erreichten hervorragenden Kriegstüchtigkeit und Tugend begründet sind, werden sie anderer Seits aufgewogen durch die entsprechenden Pflichten, durch die Uebernahme des Schutzes wie aller Lasten und Mühen des Gemeinwesens.

Es war herrschende Meinung bei den Griechen in jener Zeit, daß die Arbeit auf dem Acker, die Arbeiten des Handwerks, das Leben des Krämers und des Kaufmanns mit edler Gesinnung unverträglich seien, und selbst die großen Philosophen des vierten Jahrhunderts, Platon und Aristoteles, theilen und verfechten diese Ansicht noch unbedingt. Nicht blos, daß den Bauern und Bürgern die von den Vätern ererbte edle Anlage, nicht blos, daß ihnen die Kenntniß des Opferbrauchs und der von den Vätern überkommenen Weisthümer fehlt; daß ihnen Muße und Mittel abgehen, sich selbst und ihren Söhnen die körperliche und ethische Bildung geben zu können, ohne welche die wahre Tüchtigkeit und Tugend des Mannes nicht erreicht werden kann; nicht blos, daß sie ohne solche Muße weder in der Lage sind, die Aemter und Lasten des Gemeinwesens zu übernehmen, noch Einsicht und Kenntniß von den Verhältnissen des Gemeinwesens und dem, was ihm noth thut, zu erlangen — nach der Ansicht jener Zeiten entehrte die Arbeit für den Unterhalt. Arbeit in den Waffen und für das Gemeinwesen ist edle Arbeit; Arbeit für den Unterhalt ist gemeine Arbeit. Gemeine Arbeit macht den Mann gemein, der sie treibt. Weder der Handwerker, noch der Krämer, noch der Kaufmann kann von Gewinnsucht frei bleiben; durch Gewinnsucht wird die Seele unausbleiblich unedel. Nur wer im Stande sei, ohne Sorge für seinen Unterhalt zu leben, wer nichts zu erwerben brauche und nichts erwerben wolle, könne ein edler Mann sein oder werden; nur in edler Muße, in der Beschäftigung mit Körperübung und Waffenübung, mit den Handlungen des Kultus und den weisen Sprüchen und Liedern der Dichter, in der ununterbrochenen Erfüllung der religiösen und politischen Pflichten könne der wahrhaft edle Mann gedeihen. So sahen die edlen Geschlechter, die „Besten," die „Eupatriden" (d. h. die Wohlgeborenen), die „Ritter", die „Rossezüchter", die „Grundbesitzer", die „Schönen und Guten", oder wie sie sonst genannt wurden oder sich nannten, aus ihrem abgeschlossenen Kreise stolz herab auf das Volk, welches im Schweiß seines Angesichts sein Brod aß, als auf eine feige, feile, gewinnsüchtige und darum unedle Menge. Konnte man diese nahrungsbedürftige Masse, konnte man den Ehrgeiz der emporstrebenden und begüterten unter ihnen nicht zurückhalten, so gestattete man die Auswanderung, so gab man denjenigen, welche die Gefahren der Seefahrt und der Kämpfe übernehmen wollten, Gelegenheit, in einer neuen Stadt die Stellung einzunehmen, welche ihnen das Vaterland versagte. Sie konnten dort an fernen Gestaden im Kampfe mit den Eingebornen tapfere Männer werden, Aecker und Sklaven mit der Lanze erwerben und damit wenigstens die Grundlage eines edlen Lebens gewinnen.

Die griechische Aristokratie war besser befestigt, sie war stärker als irgend eine andere, wenn man von den Patriciern Rom's absieht. Es war nicht blos ihr Besitz, welcher sie über die Menge emporhob, nicht blos ihre bessere Rüstung und wirksamere Fechtart; sie vereinigte das Uebergewicht einer kriegerischen Aristokratie mit dem einer geistlichen, die Vorzüge des Ritterstandes mit denen des Priesterstandes. Sie war zugleich die Inhaberin, die Quelle des heiligen und des profanen Rechts; sie verwaltete das Opfer und das Gericht, sie entwickelte im Gericht die Observanzen des religiösen wie des weltlichen Rechts — Aufgaben, welche im Orient der Priesterstand der weltlichen Aristokratie abgenommen hatte. Es gab bei den Hellenen keine Trennung des weltlichen und des geistlichen Adels, die Macht des Edelmanns und des Priesters war in einer Person vereinigt. Diese Religion der Hellenen, deren Träger der Adel war, stellte, wie wir sahen, keine Anforderungen, welche mit dem natürlichen Leben, mit dem Leben in dieser Welt unvereinbar gewesen wären; sie verlangte nicht, daß der Mensch für den Himmel und das Jenseit lebe, sie forderte nicht, daß der Mensch einer seiner Natur und seinem Wesen fremden Sphäre gerecht werde. Die religiöse Aufgabe war dieselbe für den Priester und für den Ritter, die Forderungen des Staats waren keine anderen als die der Religion, die Ethik des Staats und die Ethik der Religion waren nicht verschieden, sie deckten einander vielmehr vollkommen. Nicht für das Leben nach dem Tode, sondern für diese Welt, für sich selbst, für seine Familie, für das Gemeinwesen hatte der Mensch zu arbeiten. Die gesammte ethische Kraft war auf die diesseitige Welt concentrirt, auf die gegenwärtige Aufgabe des Einzelnen, sich zu einem edlen und tüchtigen Manne zu machen, auf die Forderungen, welche die Gemeinschaft und das Staatsleben stellten. Gestützt auf den althergebrachten Kultus, geführt von den Dichtern, war es der priesterlich ritterliche Adel der Griechen selbst, der die poetische Religion des Epos zu jener sittlich tieferen Auffassung der Götter hinüberführte, sobald ihm selbst seine Herrschaft über das Gemeinwesen ernstere Pflichten für die Regierung, die Erhaltung und Erhöhung desselben und damit für sein eigenes Leben auferlegt hatte; ein Fortschritt, in welchem er von dem kirchlichen Mittelpunkt der Halbinsel, von den priesterlichen Kreisen Delphi's wesentlich unterstützt worden war. Diese neue Auffassung der Götter wirkte dann wieder auf den Staat, auf das Verhalten des Adels in diesem zurück, sie half ihm, das ethische Ideal des „schönen und guten Mannes" an sich selbst, an allen seinen Mitgliedern zu realisiren. Jeder Edelmann sollte sich zu richtigem Maaß im Empfinden und Handeln, zu jener über Gewinnsucht und niedrige Selbstsucht erhabenen Gesinnung, zu treuer Erfüllung der Pflichten, welche das Gemeinwesen auferlegte, zu unbedingter Hingebung für dasselbe erziehen — dann war er ein den Göttern wohlgefälliger Mann und hatte ihre Gunst und Gnade zu hoffen. So fügte die griechische Aristokratie zu dem Prinzipat des Besitzes, der Waffen, der Religion und des Rechts noch das Prinzipat der hervorragenden Sittlichkeit und Tüchtigkeit, der edeln Gesinnung und der edeln That.

Der Kultus der Hellenen war in der Gestalt, welche er seit dem Beginn des siebenten Jahrhunderts angenommen hatte, der lebendigste Ausdruck dieser Vereinigung von Ritterthum und Priesterthum, von Religion und Staat, von religiöser und weltlicher Ethik.

An den größeren Opfern, welche den Göttern für das Gedeihen und das Wohl des Gemeinwesens dargebracht wurden, nahm die gesammte Gemeinde Theil. Die Zahl der Theilnehmer nöthigte dazu, den Zug zum Tempel oder zum Altar feierlich zu ordnen. Den geschmückten Opferthieren folgten die Priester, die Träger der Opfergeräthschaften, die Beamten des Staats mit den Zeichen ihrer Würde, der wehrhafte Adel, je nach der Feier im Waffenschmuck zu Fuß und zu Rosse, oder in reinen, weißen Gewändern, Zweige in der Hand, endlich die bejahrten Männer und die Greise. Während des Zuges erschallten aus den verschiedenen Abtheilungen desselben wechselnd feierliche Choräle, die Processionslieder, welche die Gemeinde zur Andacht stimmten. Wenn der Zug sich um den Altar geordnet und das Opfer emporbrannte, ertönte die Kithara des Hymnoden, die vollen Chöre der Männer und Greise, der Jünglinge und Jungfrauen. Die feierlichen Weisen, welche der Gründer der Kirchenmusik, welche Terpander die Griechen gelehrt, erhoben die Herzen zur Anschauung, zur Empfindung der Hoheit des Gottes, welchem die Feier galt. Der Hymnos der Kitharoden, das Chorlied gewährten die innerliche Betheiligung, die Erhebung und Erbauung, welche die griechischen Excellente im Kultus suchten. Zugleich schlangen sich tanzende Reigen um den Altar. In der rhythmischen, von der Musik geleiteten Bewegung derselben drückte sich die Stimmung aus, welche das Fest erregte, welche die Worte der Chorlieder auslegten. War es eine mythische That des Gottes, an welche sich das Fest knüpfte, so versuchte der Tanz dieselbe mimisch anschaulich zu machen; bei den pythischen Festen stellte der Tanz der Knaben den Drachenkampf des Apollon vor. Dem Opfer folgten der Wettgesang der Kitharoden, die Vorträge der Rhapsoden, die Wettspiele und Wettkämpfe, durch welche die Griechen seit den Zeiten ihres kriegerischen Königthums sich selbst und ihre Götter an großen Festtagen erfreuten. Wie der Staat im Aufzuge zum Feste die Zahl seiner Bevölkerung, seine Macht und Streitbarkeit zeigte, so stellte er nun im Wettlauf und im Ringen, im Springen und im Faustkampf seine stattlichsten und stärksten Männer gegeneinander. Er konnte den Göttern nicht besser dienen, ihr Wohlgefallen nicht besser gewinnen, als wenn er ihnen an ihren Festen zeigte, wie viele aus seiner Mitte durch ausdauernde Uebung und Anstrengung, dem

Wesen und Willen der Götter gemäß, zu edeln und tapfern Männern erwachsen wären.

Da die Edelleute eifrig bemüht waren, sich selbst zu „schönen und guten Männern" zu machen und das sittliche Ideal an sich selbst durch körperliche und ethische Arbeit herzustellen, mußten sie großes Gewicht auf die Erziehung ihrer Jugend legen, damit diese durch frühzeitige Uebung und Zucht zu tüchtigen und wackeren Männern und, was damit zusammenfiel, zu guten Mitgliedern des Gemeinwesens, zu einem den Göttern wohlgefälligen Geschlecht heranwachse. Der Adel hatte zu diesem Zwecke nichts weiter nöthig, als seine Knaben und Jünglinge zu frommen Männern zu machen, als ihnen das Wesen der Götter so anschaulich als möglich vorzuführen, den Willen der Götter so eindringlich als möglich in die Seele zu prägen. Dadurch mußten ihre Seelen richtig gestimmt, dadurch mußten sie mit der edelsten Gesinnung erfüllt werden und danach trachten, diesen edlen Sinn in ihrer Kraft und Gewandtheit, in der Schönheit und Stärke ihrer Körper zur Erscheinung zu bringen. Die Erziehung des griechischen Adels war eine religiöse; die religiöse Poesie, die Kirchenmusik waren die Erziehungs- und Bildungsmittel der griechischen Jugend. Aber Religion und Staat waren eben bei den Griechen nicht verschieden; der Staat war nichts als die Praxis der Religion selbst. Die Gestalten der Götter und Heroen, wie sie die Poesie in den Hymnen und Chorliedern feierte, mußten auf die Knaben einwirken; durch die Rhythmen dieser Choräle sollten sie zu Ordnung und Maaß, zur Männlichkeit und Tapferkeit gestimmt werden; durch die Worte derselben sollten ihnen die hehren und reinen Vorbilder der Götter, die sittliche Klarheit und Hoheit des Apollon, die ritterliche Tapferkeit der Dioskuren, der duldende Gehorsam und der wagende Muth des Herakles eingeprägt werden; die weisen Lehren, welche die Dichter in ihren Elegieen gegeben, sollten sie in sich aufnehmen. Was sie gelernt, kam unmittelbar zur Anwendung; die Choräle, welche den Knaben und Jünglingen eingeübt waren, trugen sie an den Festen der Götter vor, der Kultus selbst war ihre beste Schule. Neben der religiösen Musik stand die Orchestik. Der Tanz bei den Opfern, welcher zur Verherrlichung der Götter diente, bildete den Uebergang zur gymnastischen Erziehung der Jugend. Die Gymnastik der Hellenen hatte in dem natürlichen Instinkt, in der Freude und Lust an der Kraft und Gewandtheit des Körpers ihren Ursprung, sie war durch das bewegte und kriegerische Leben der Hellenen in den Zeiten der Wanderung und der Colonisation weiter entwickelt worden. Das Kriegsleben der Griechen hatte nicht wie bei andern Völkern in gewaltigen Zügen bestanden, welche durch einen gebietenden Fürsten, oder durch den Druck übermächtiger Feinde in Bewegung gesetzt waren. Es verlief in Seeraub und Abenteuern, in den Ueberfällen und Fehden der Kantone, es blieb beschränkt auf die Ueberwältigung kleiner Gebiete, auf die getrennten Kämpfe der einzelnen Ansiedlerschaaren; aber es war auf allen Punkten lebendig, und die geringen Dimensionen, in welchen sich dasselbe bewegte, gaben der Tüchtigkeit und Kraft jedes einzelnen Mannes einen großen Spielraum. So war auf die Uebung zum Kampfe sehr bald ein großes Gewicht gelegt worden. Indeß wurde die gymnastische Erziehung der adligen Jugend im siebenten Jahrhundert keineswegs mehr ausschließlich auf die Kriegstüchtigkeit des Adels, auf eine militärische Dressur gerichtet. Die Griechen trachteten seit dieser Zeit entschieden danach, der Seele des Menschen, dem Adel seiner Gesinnung den entsprechenden Ausdruck im Körper zu geben. Den niederen Mann erkannte man an seiner durch die Arbeit gedrückten und verkrümmten Haltung, der edle Mann mußte stolz und aufrecht daherschreiten, im Ebenmaß seiner Glieder, im Gleichgewicht aller seiner Kräfte. Es kam dazu, daß die griechische Anschauung Körper und Seele durchaus nicht zu scheiden vermochte, daß die edle Seele nicht ohne den edlen Körper sein konnte, daß das Ideal ihrer Ethik der „schöne und gute Mann" war, daß die Poesie den ewigen Vorbildern der Menschen, den Göttern, die edelsten plastischen Formen gegeben hatte. Die militärische Uebung war nur noch ein Moment in der Erziehung der Jugend; die Gymnastik hatte den ganzen Körper durchzuarbeiten, um ihn zum würdigen Ausdruck eines guten Mannes zu machen.

Die Wettspiele, welche den großen Opfern folgten, besonders solchen Opfern, welche mehrere Staaten gemeinsam darbrachten, wo dann die Kantone durch ihre Wettkämpfer um den Preis der Stärke und Schönheit rangen, gaben der Gymnastik der Hellenen eine wirksame Anregung. Diese mußte sich steigern, als die Wettkämpfe durch ein Opfer einen Mittelpunkt erhielten, welches die Stämme der Hellenen in noch weiterem Umfange, in viel zahlreicheren Vertretern vereinigte, als die Pythia von Delphi; welches dem kräftigen und schönen Mann gestattete, seine Kraft und Gewandtheit vor dem gesammten Volke der Hellenen zu zeigen.

Der delphische Gott hatte dem Lykurgos geboten, dem Zeus Hellanios ein Heiligthum zu bauen. Der Verehrung des Zeus war Lykurgos eingedenk gewesen, als er mit König Iphitos von Elis jenen Vertrag geschlossen hatte, welcher den Spartanern gestattete, an dem Opfer, welches die Eleer und Pisaten dem olympischem Zeus auf pisatischem Boden am Alpheios darbrachten, Theil zu nehmen. Der Vertrag stellte die Festgesandtschaften der theilnehmenden Staaten und wer sie begleitete, er stellte das Opfer selbst unter den Gottesfrieden. Mit freiem Geleit und befriedet sollten die Festgesandtschaften, die Wallfahrer der Opfergenossen kommen, feiern und gehen. Das Opfer kehrte nicht wie das pythische erst nach Ablauf des großen Jahres wieder, sondern bereits nach Verlauf eines halben großen Jahres. Die neunundneunzig Mondsmonate, welche das große Jahr ausmachten, theilten sich in zwei ungleiche Hälften von fünfzig und neunundvierzig Mondsmonaten, so daß das Opfer einmal nach fünfzig, das andere Mal schon nach neunundvierzig Monaten wiederkehrte. Es fiel in die Vollmondszeit nach der Sonnenwende des Sommers, in den letzten Monat des Jahres der Eleer, in den Parthenios, oder in den ersten des neuen Jahrs, in den Apollonios[1]). Dem Vorgange Sparta's waren andere Staaten des Peloponnes bald gefolgt; auch sie hatten sich dem Opfer des olympischen Zeus am Alpheios angeschlossen. Zuerst ohne Zweifel die Stammverwandten Sparta's, die übrigen dorischen Staaten des Peloponnes, die ein Recht der Theilnahme auf das gemeinsame dorische Blut begründen konnten. Schon bei der Feier des Festes, welche als die dritte gezählt wird (S. 377.), im Jahre 768, ist ein Messenier als Sieger im Wettlaufe verzeichnet[2]). Das Ansehen des Opfers muß sich sehr rasch gehoben, der Wunsch, an demselben Theil zu nehmen, muß sich bald verbreitet haben; und wie in Thessalien, wurde auch im Peloponnes der gemeinsame Dienst derselben Gottheit ein Band zwischen der zurückgedrängten älteren und der in der Macht befindlichen jüngeren Bevölkerung. Bei der sechsten Feier, im Jahre 756, siegte bereits ein Achaeer von Dyme[3]). Daß die Leiter des Opfers, die Eleer, die

---

1) Ideler Mondcyclen der Griechen S. 16. — 2) Euseb. Chron. I, 33. p. 143. — 3) Clinton fast. hell. a. h. a.

alte Bevölkerung des Peloponnes, den Stamm der Achaeer, in die Opfergemeinschaft eintreten ließen, beweist, daß der Gegensatz zwischen eingewanderten und alten Stämmen bereits um diese Zeit von seiner Schärfe verloren hatte. Die achte Feier des Opfers hielt König Pheidon von Argos im Jahre 748 ab. Weil Herakles dasselbe zuerst gebracht, weil die Könige von Argos die nächsten Nachkommen des Herakles seien, nahm König Pheidon das Recht der Vorstandschaft des Opfers in Anspruch und entriß, wie wir sahen, den Eleern die Leitung. Die Theilnahme der dorischen Staaten, deren Fürstenhäuser sich vom Herakles ableiteten, am olympischen Opfer hatte diesen Heros auch an den Altar von Pisa verpflanzt. Dies alte Opfer der Pisaten sollte Herakles nun gegründet, er sollte es dargebracht haben, nachdem er den Augeias von Elis besiegt hatte, d. h. nachdem er die Besiegung der Epeer, welche den Aetolern, dem jetzt in Elis herrschenden Stamm, gelungen war, schon im Voraus vollbracht hatte. In dieser Form konnten auch die Eleer den Dienst des Herakles annehmen; gründeten die Könige von Argos, Sparta und Messene ihr Recht auf die Abkunft von Herakles, so konnten die Eleer das ihrige auf die Eroberung von Elis durch den Herakles begründen[1]). Iphitos, so berichtet die Tradition, habe die Eleer bewogen, den Herakles zu verehren. Es soll bei dem Opfer des Jahres 748, welches König Pheidon darbrachte, gewesen sein, daß er die Länge der Bahn für die Wettläufer, des Stadions, feststellte; ein Messenier Antilles siegte damals im Laufe (ob. S. 383.). Zwanzig Jahre darauf (728) finden wir den ersten Korinther als Sieger verzeichnet[2]). Bei der funfzehnten Feier, im Jahre 720, liefen die Wettläufer nach Ablegung der Gürtel, welche sie bisher getragen, zum ersten Male ganz nackt; Orsippos von Megara war Sieger (ob. S. 421.). Bei der zunächst folgenden Feier (716) trug zum ersten Mal ein Lakone, — die Kränze Sparta's wurden erst im siebenten Jahrhundert häufig — in den beiden nächsten Männer von Epidauros und Sikyon den Preis davon. Die Ausdehnung der olympischen Opfergemeinschaft über die Grenzen des Peloponnes hinaus scheint nicht lange vor dem Jahre 700 erfolgt zu sein; der erste Sieger, welcher nicht dem Peloponnes angehört,

---

1) Daß die Sage von der Bezwingung des Augeias durch Herakles in Elis um 700 bestand, beweisen die Verse des Archilochos auf den Schönsieger Herakles; fragm. 118 ed. Bergk. — 2) Aristot. pol. 2, 8, 7.

der Athener Pantakles errang in den Jahren 696 und 692 den
Oelkranz; 688 siegte ein Jonier aus Smyrna im Faustkampfe[1]).
Im Jahre 680 trug der erste Thebaner einen Preis davon[1]); im
Jahre 648 finden wir Männer aus Thessalien und Syrakus als
Sieger verzeichnet[2]).

Später als Herakles wurde Pelops in die Sage des olympischen Opfers, in die Sage von Elis verflochten. Es geschah erst
in Folge der Einführung des Wagenrennens bei den Wettspielen des
Opfers, welche im Jahre 680 Statt fand, daß der als Rossebändiger beim Homer genannte Pelops, zum Vorbild der Wettfahrer,
zum ersten Sieger mit dem Viergespann in Olympia erhoben
wurde. Nachdem dann um das Jahr 670 das delphische Orakel
den Eleern geboten hatte, die Knochen des Pelops aufzubewahren,
wurde Pelops von den Eleern zu ihrem Landesheros gemacht; er sollte
nun den ältesten Fürsten, dessen Namen die Sage von Elis kannte,
den Oenomaos im Wagenrennen überwunden und damit dessen Tochter
Hippodameia sammt der Herrschaft über Elis gewonnen haben.
Nachdem die athletischen Spiele auf den Herakles zurückgeführt
waren, durfte auch den ritterlichen ein heroischer Urheber nicht fehlen. Die Fürsten von Mitylene und Kyme hatten den Pelops,
ihren Ahnherrn, bereits vor der Mitte des achten Jahrhunderts zum
Abkommen der alten Landeskönige Myllens, zum Sohne des Tantalos gemacht, um ein gleiches Anrecht auf ihre neuen Gebiete zu
besitzen, wie die Herrscher der Dorer in Argos; sie hatten den
Pelops dann von Mysien nach der Halbinsel auswandern lassen.
Nun war der Name des Pelops auch im Mutterlande, auf der entgegengesetzten Küste der Halbinsel wieder hervorgetreten, und der
herrschende Stamm in Elis hatte den Einwanderer aus Asien,
welcher den alten König von Elis besiegt hatte, zum Heros angenommen, da auch er in Elis eingewandert war und die alte
Bevölkerung überwunden hatte. Es wurde seit der Mitte des
siebenten Jahrhunderts üblich, die südliche Halbinsel des griechischen Landes mit dem Namen der Insel des Pelops zu bezeichnen,
ein Gebrauch, der wohl von den anatolischen Städten ausgegangen
ist[4]). Daß ein in Elis, im Sagenkreise des olympischen Opfers her-

---

1) Pausan. 5, 8, 3. — 2) Pausan. 5, 8, 3. — 3) Paus. a. a. O. African.
ap. Euseb. p. 145. — 4) Oben S. 106. Es sind die Kyprier und Tyrier,
in welchen wir dem Namen Peloponnes zuerst begegnen.

vorgetretener Name solches Gewicht erlangen konnte, zeigt, wie weit verbreitet der Ruhm Olympia's und die Theilnahme an diesem Opfer Mitte des siebenten Jahrhunderts war.

Seit dem Beginn des siebenten Jahrhunderts war das Opfer des Zeus am Alpheios unzweifelhaft eine Feier aller Stämme und Staaten der Halbinsel sowohl, als der alten wie der neuen, der nahen wie der entfernten Pflanzstätte. Es hatte keinen störenden Einfluß auf die Entwickelung des Festes, daß die Pisaten, nachdem sie sich etwa um das Jahr 660, unter Omphalion's Führung, von der Herrschaft der Eleer frei gemacht, unter Omphalion's Sohn Pantaleon im Jahre 644 die Leitung des olympischen Festes den Eleern mit gewaffneter Hand entrissen (ein Athener wurde als Sieger im Laufe von ihnen gekrönt); schon das folgende Opfer, im Jahre 640, ward wieder unter dem Vorstande der Eleer gefeiert (S. 504. 611.). Es war wohl dieser immer wiederkehrende Anspruch der Pisaten auf die Leitung des Opfers, weil sie dasselbe seit Alters gebracht und der Altar des olympischen Zeus auf ihrem Boden lag¹), es war eine Folge der Losreißung der Pisaten von der Oberherrschaft von Elis und der Selbständigkeit, welche sie gegen Elis behaupteten, daß auf die Befriedung des Festes ernstlicher bedacht genommen werden mußte als zuvor. Ein selbständiger, den Eleern sehr feindselig gesinnter Staat, der zugleich Theilnehmer des Opfers war, stand unmittelbar an dem Gehege der Altis²). Demgemäß wurde beschlossen, daß alle, welche sich zur Feier einfänden, auch durch feindliches Gebiet sicheres Geleit haben sollten, daß niemand während der festlichen Zeit Elis in Waffen betreten solle; daß der Frieden, welchen das Opfer allen Theilnehmern in Elis selbst auferlegte, für die Zeit, in welche das Fest fiel, über den ganzen Peloponnes ausgedehnt sein solle. Die Waffen sollten während des Festmonats im ganzen Peloponnes ruhen. Seitdem sagten die Herolde der

---

1) Oben S. 375. Xenoph. hellen. 3, 2, 31. 2) Wenn Strabon im Vorhergehen bemerkt (p. 353.), daß die Pisaten nach Olymp. 26. das Fest zu Olympia mit den Eleern gefeiert, und Africanus (bei Euseb. p. 145.) unter Olympias 30. (660) bemerkt, daß die Pisaten von hier ab zwei und zwanzig olympische Opfer allein geleitet hätten: so ist beides offenbar ein Mißverständniß, welches gegen die genaueren Angaben bei Pausanias (6, 22. vgl. 5. (S. 6, 10.) nicht bestehen kann. Es liegt den beiden Angaben nur das zu Grunde, daß die Pisaten von 660 bis 572 als selbständiger Staat zur olympischen Feier zugelassen waren d. h. diese als ein selbständiger Staat mitfeierten, bis sie Olymp. 52. (572 v. Ch.) den Eleern wieder erlagen; s. Bd. IV.

Eleer, „der Zeiten Boten, des Zeus eleische Friedensbringer", wie Pindar singt¹), zuerst in Elis, dann in allen übrigen Kantonen des Peloponnes die heilige Waffenruhe (ἐκεχειρία) an. Als Vorsteher der Opfergemeinschaft von Olympia und Bewahrer des Friedens des Festes, hatten die Eleer das Recht, jeden Staat, der sich an der Waffenruhe oder an anderen Bräuchen des Festes verfehlte, auszuschließen, bis er sein Vergehen gesühnt hatte, und ihm Bußen zum Besten des olympischen Gottes und des Gemeinwesens der Eleer aufzuerlegen. Die Eleer erlangten in solchen Fällen späterhin ziemlich hohe Geldbußen, auch gegen die mächtigsten Staaten, wie gegen Sparta und Athen, und schlossen dieselben bis zur Erlegung des Strafgeldes vom Opfer aus; die Befugniß dazu wurde ihnen niemals bestritten²).

Der heilige Bezirk des olympischen Zeus lag in der Niederung des Alpheios, welcher aus den hohen und gedrängten Felsen Arkadiens hervortretend, die Küstenebene von Elis mit seinen gelben und trüben Wellen in breiten, gewundenen Strömungen durchfließt. Zu beiden Seiten des Flusses breitet sich eine fruchtbare und kornreiche Ebene aus, welche von bewaldeten Höhen eingefaßt ist. Die Höhen, welche das nördliche Ufer begrenzen, trugen den Namen des Götterberges, des Olympos; hier stand am Einflusse des Kladeos, eines Baches, der von diesen Höhen zum Alpheios herabströmt, der heilige Hain und der alte Altar des Zeus. Olympia war ein Heiligthum des olympischen Zeus, keine Stadt. Nur die Priester und Propheten des Zeus, die Jamiden, mit dem Dienstpersonal der Opferschlächter und Holzträger, welche das erforderliche Holz zu den Opfern fällten und herbeischafften, hatten außerhalb des heiligen

---

1) Pind. Isthm. 2, 23. — 2) Thukydides 5, 31. 49. Vergl. Böckh corp. inscr. No. 11. Die Angabe des Polybios (4, 73.), daß der Wohlstand der Eleer daher rühre, weil sie Elis als ein heiliges Land unverwüstet bewahrt und keinen Feind und keinen Krieg gekannt hätten, was Strabon dann (p 358. vgl. Pausan. 4, 28, 8.) noch weiter ausführt, „daß Elis dem Zeus geweiht, und die Eleer von allen Peloponnesiern den Schwur erhalten hätten, daß jeder, der Elis in Waffen betrete, verflucht sei, und ebenso verflucht sei, wer es nicht nach Kräften beschütze", wird durch die Ereignisse, welche die Geschichte berichtet, durchaus nicht bestätigt. Elis hatte allerdings an der Heiligkeit des olympischen Altars und Festes einen Schutz, der auf das Land überging (Elis war, wie Euripides sagt, „der Nachbar des Zeus"), und die Eleer wol vor einigem, aber keines Weges vor allen Kriegen bewahrte. Wenn der Schwur bei Strabon richtig ist, so bezieht er sich nur auf die Zeit der olympischen Waffenruhe, auf den heiligen Festmonat, die ἱερομηνία.

Bezirks feste Wohnungen; die Festgenossen mußten unter Zelten
lagern. Nachdem die Feier durch die Herolde von Elis angesagt
war, zogen die Festgesandtschaften von allen Seiten aus dem Peloponnes nach den Ufern des Alpheios. Der Isthmos sah die Züge
der nördlichen Kantone, im Hafen von Kenchreae sammelten sich die
Wallfahrer aus dem aegaeischen Meer; an der Mündung des Alpheios
landeten die bekränzten Schiffe von der Westküste Griechenlands,
von den Städten Unteritaliens und Siziliens. Die Kantone und
Städte wetteiferten, die Festgesandtschaften stattlich auszurüsten. Die
Gesandten, welche die Staaten und Städte am Altar des olympischen Zeus zu vertreten hatten, die Architheoren und Theoren, wurden von den Staaten ernannt und mit einem ansehnlichen Zelt, mit
prächtigen Gewändern, mit fehllosen Opferthieren und schönen Opfer-
geräthen, Weihkesseln und Rauchfässern und zahlreicher Dienerschaft
versehen. Woran es der Staat etwa fehlen ließ, das ergänzten die
Abgeordneten aus eigenen Mitteln, um so reich und glänzend als
möglich aufzutreten. Nach dem Glanze seiner Festgesandtschaft
wurde die Macht des Staates abgemessen[1]). In feierlichem Zuge
begaben sich die Festgesandtschaften mit ihren Opferthieren, jede von
ihren anwesenden Landsleuten begleitet, auf der heiligen Straße,
welche von der Stadt Elis her in den geweihten Bezirk führte —
die Entfernung betrug mehr als sieben Meilen — an den Altar des
Zeus. Sobald der Festzug die Brücke des Kladeos wenig oberhalb
seiner Mündung in den Alpheios überschritten hatte, befand er sich
vor dem von Platanen und Oelbäumen beschatteten heiligen Raume[2]),
vor der Altis, welche gegen die beiden Flüsse hin durch eine Mauer
geschlossen war. Links vom Eingangsthor der heiligen Straße in die
Altis lag das Heiligthum des Pelops, weiterhin das der Hippodameia, welcher die Frauen von Elis jährlich eine Gedächtnißfeier
abhielten; wie dem Pelops von den Männern von Elis jährlich ein
Todtenopfer gebracht wurde. Ein wenig hinter dem Eingangsthor
stand zur Rechten der wilde Oelbaum, welcher die Siegeskränze
trug. Herakles sollte diesen Baum gepflanzt haben, wie er die Weiß-
pappel vom Acheron heraufgebracht haben sollte, mit deren Holz zu
Olympia allein geopfert werden durfte (ob. S. 536.); wie er auch

---

[1] Thukyd. 6, 16. 17; vgl. Xenoph. hellen. 6, 4, 27. — [2] Pindar. Olymp. 8, 11.

die Laufbahn nach seinem Fuße abgemessen und den Tempelbezirk abgesteckt haben sollte. Weiter nach Osten stand eine alte hölzerne Säule, welche für den letzten Ueberrest des Königshauses des Oenomaos galt. Fast in der Mitte des heiligen Haines lag der Altar des olympischen Gottes, „wo, nach Pindar's Worten, die Seher (die Jamiden) auf flammendem Herd des hellblitzenden Zeus Rathschluß ausspähen" [1]. Er erhob sich auf einem Unterbau von mehr als sechszig Schritten im Umfange mehr als zwanzig Fuß über diese Basis. Auf dem Unterbau wurden die Opferthiere geschlachtet, welche die Festgesandtschaften herbeigeführt hatten, oben auf dem Altare wurden die Opferstücke verbrannt. Die Asche des Opferfeuers, die Asche der verbrannten Schenkel, Knochen und Fettstücke erhöhte den Altar von Jahr zu Jahr, von Fest zu Fest.

Dem Opfer folgten die Wettspiele [2]. Die Leitung derselben stand wie die des Opfers den Eleern zu, und zwar den Fürsten der Eleer, den Nachkommen des Oxylos und Iphitos, so lange sich diese auf dem Thron von Elis behaupteten. Wir wissen nicht, wann das Königthum in Elis fiel, aber auch nach dem Sturz desselben, als der Adel in Elis wie in den übrigen Kantonen von Hellas gebot, wurde der Kampfrichter, der Hellanodikes d. h. der Hellenenrichter aus dem Geschlecht des Iphitos gewählt [3]. Der Hellenenrichter hatte alle die, welche an den Wettkämpfen Theil nehmen wollten, zu prüfen, ob sie hellenischen Ursprungs, ob sie freigeboren seien; alle Hellenen ohne Unterschied wurden zu den Wettkämpfen zugelassen, sofern ihre Vaterstadt nicht etwa vorübergehend ausgeschlossen war, sofern sie persönlich nicht mit Blutschuld behaftet oder eines Frevels gegen die Götter oder sonst eines Verbrechens schuldig waren. Die würdig Befundenen führte der Richter vor den Altar des Zeus Horkios, und ließ sie in Gegenwart ihrer anwesenden Sippschaft schwören, daß sie im Wettkampfe keinen unredlichen Kunstgriff anwenden, daß sie keinen Frevel bei demselben begehen wollten [4]. Ursprünglich soll kein anderer Wettkampf stattgefunden haben als der Lauf. Wenigstens blieb derselbe stets der

---

1) Pind. Olymp. 8, 1. — 2) Nach dem Jahre 470 ging ein Theil der Wettkämpfe dem Opfer voran; Schömann griech. Alterth. 2, 61. — 3) Dies Vorrecht erlosch erst im Jahre 576 und es wurden seitdem zwei Hellenenrichter aus allen Eleern erwählt; Pausan. 5, 9, 4. Harpocration Ἑλλανοδίκαι. — 4) Meier olympische Spiele Encyclop. v. Ersch 2, 311. 312.

erste und der Name des Siegers im Lauf war es, welcher aufgezeichnet, mit welchem das Fest nachmals bezeichnet wurde. Zu dem einfachen Durchlaufen des Stadions war bei der Feier des Jahres 724 der Doppellauf (δίαυλος), bei welchem die Bahn hin und zurück durchlaufen werden mußte, getreten. Der Pisate Hypenos war der erste Sieger im Doppellauf[1]). Bei der nächsten Feier im Jahre 720 wurde der Dolichos, der gewundene Lauf, bei welchem die Bahn sieben oder achtmal zurückgelegt werden mußte, zugleich mit dem Brauche, den bisher beim Laufen getragenen Schurz abzulegen, eingeführt. Diesen drei verschiedenen Wettkämpfen im Laufen wurde dann im Jahre 708 das Ringen, in welchem Eurybatos von Sparta der erste Sieger war, und das Pentathlon d. h. der Fünfkampf eingeführt[2]). Er bestand im Standspringen, im einfachen Durchlaufen des Stadion, im Diskoswerfen, bei welchem es auf die Weite des Wurfes ankam, im Speerwurf, bei welchem ein Ziel getroffen werden mußte, endlich im Ringen. Da der Sieger in allen diesen Uebungen der erste gewesen sein mußte, bot dieser Wettkampf Gelegenheit, die allseitige Durchbildung der Kraft und Gewandtheit zu zeigen[3]). Im Jahre 688 fand eine neue Erweiterung der Wettspiele durch Einführung des Faustkampfes Statt.

Nachdem das große Opfer vollbracht, die zahlreichen Opfertiere geschlachtet, die Fellstücke hoch über der Versammlung verbrannt, die Rauchwolken zum Himmel gezogen und die Choräle verhallt waren, wurden alle Wettkämpfer in die Laufbahn geführt. Sie lag im Osten des heiligen Bezirks und zog sich von den Vorhügeln des Olympos südwärts in der Richtung nach dem Alpheios. Ihre Länge betrug ein Stadion, sechshundert Fuß, die Höhen um dieselbe waren mit Zuschauern besetzt. Ein Trompetenstoß erscholl, ein Herold verkündete den Beginn des Kampfspiels, die Wettkämpfer für alle Spiele wurden sämmtlich hervorgerufen, der Hellenenrichter redete sie, etwa seit Anfang des siebenten Jahrhunderts, seitdem eine schulmäßige Uebung der Athleten verlangt wurde, in folgender Weise an: „Wenn ihr euch den Mühen unterzogen habt, wie es sich für die geziemt, welche den Kampfplatz von Olympia betreten wollen, wenn ihr keine pflichtvergessene und unehre That begangen habt, so

---

[1] Pausan. 5, 8, 5. African. ap. Euseb. p. 142. — [2] African. ap. Euseb. p. 144. Pausan. 5, 8, 3. — [3] Thukyd. 5, 50.

kommt muthig vertrauend; wer aber von euch sich nicht gebührend geübt und nicht pflichtmäßig gehalten hat, der gehe von hier wohin er will"¹). Hierauf führten die Herolde die Wettkämpfer durch die Bahn, riefen ihre Namen und die Gemeinde, welcher sie angehörten, aus, und fragten die Versammlung bei jedem Namen mit lauter Stimme, ob einer der Anwesenden diesen Wettkämpfer der unfreien Geburt, des bösen Leumunds, des Diebstahls oder irgend einer Uebelthat zeihen könne. Nur Freie und Würdige sollten der Ehre des Kampfes gewürdigt werden, und was der Prüfung des Hellenenrichters etwa entgangen, sollte durch die Kunde der Versammelten ersetzt werden. Wurde eine Anklage erhoben, so hatte der Hellenenrichter, welcher von den Stabträgern, die die Ordnung aufrecht erhielten, umgeben, auf einem erhöhten Sitze am südlichen Ende des Stadions¹), an der Zielsäule, Platz genommen, über die Zulassung des Angeschuldigten auf der Stelle zu entscheiden. Danach traten die zugelassenen Kämpfer an eine silberne Urne, welche die Loose, nach denen die Kämpfer gegeneinander gestellt werden sollten, enthielt. Jeder betete, bevor er das Loos zog. Die gleichen Buchstaben auf den Loosen bestimmten die Gruppen der Kämpfer³). Nachdem die Loosung vorüber war, riefen die Herolde: „Der Kampf beginnt. Stellt euch zur entgegenringenden Entscheidung. Des Sieges Ziel wird Zeus verleihen"⁴)!

Zum Wettlauf waren die Läufer in Abtheilungen zu vieren zusammengeloos't. Sie traten nebeneinander auf die durch eine Linie bestimmte Stelle des Ablaufs; das Ziel hinter welchem der Hellenenrichter saß, lag am anderen südlichen Ende der Bahn. Die Sieger der einzelnen Abtheilungen mußten so oft mit einander laufen, bis einer von ihnen alle Sieger besiegt hatte. War der Sieg entschieden, so rief der Herold den Namen des Siegers. Der Hellenenrichter reichte ihm einen Palmzweig und wies ihn an, sich zur Preisvertheilung einzufinden. Zum Ringen waren die Kämpfer durch das Loos gepaart; die Sieger hatten, wie beim Laufe, von Neuem mit einander zu ringen. Mit vorgebeugtem Oberleib standen die Ringer einander gegenüber, aufmerksam und begierig, den besten Griff zu gewinnen; sie hatten die Haut mit Oel eingerieben und es war schwer, den Gegner

---

1) Meier olympische Spiele a. a. O. S. 312. — 2) Curtius Peloponnes II. S. 64. 3) Meier a. a. O. S. 312. — 4) Meier a. a. O. S. 313.

Das Ringen. Der Faustkampf. Das Wettfahren.

fest zu fassen. War der Griff gelungen, so suchte der Gegner sich demselben zu entziehen; das gegenseitige Entwinden des Nackens, der Arme, der Seiten zeigte die mannichfachsten und kräftigsten Stellungen und die straffste Anspannung der Muskeln Hatte man den Gegner fest umfaßt, so kam es darauf an, ihn in die Höhe zu heben und zu Boden zu werfen, was nur der vollständigsten Ueberlegenheit gleich beim ersten Versuch gelang. Bei jeder Unregelmäßigkeit im Ringen, bei jedem unerlaubten Griff schritt der Hellenenrichter ein; er sandte die Stabträger, ließ den Fehlenden geißeln, und nahm ihn danach in Geldstrafe, welche dem Schatze des Zeustempels zu Gute kam, oder entzog ihm den Siegespreis. Zum Faustkampf umwickelten die Kämpfer die Unterarme mit ledernen Riemen, die mit metallenen Buckeln versehen waren, eine Vorrichtung, die sowohl zur Verstärkung des Gewichts der Schläge, als zum Pariren der Streiche des Gegners diente. Blieb es beim Ringen bei Schwielen, welche der gewaltige Druck der Arme hervorbrachte, so floß beim Faustkampfe häufig Blut. Es geschah, daß die Kämpfer besinnungslos hinweggetragen wurden. War der Gegner auf dem Platze geblieben, so erhielt der Sieger keinen Kranz.

Als das olympische Opfer im Jahre 680 abgehalten ward, wurden die Wettspiele durch das Rennen mit vierspännigen Wagen vermehrt[1]). Schon die Betheiligung an den athletischen Kämpfen setzte jene edelmännische Erziehung, jene lange und ausdauernde Uebung des Körpers voraus, welche weder Bauern noch Handwerker ihren Söhnen zu Theil werden lassen konnten — wenn auch zuweilen ein glücklicher Naturalist aus ihren Reihen hervorging; das Wettfahren trug einen noch schärfer ausgeprägten aristokratischen Charakter. Die Einführung des Wagenrennens ist ein Beweis für die emporgestiegene Macht, den erhöhten Wohlstand der Aristokratie in Hellas, denn nur sehr reiche Edelleute konnten ein Viergespann halten und trainiren[2]). Die Rennbahn für die Wagen, der Hippodrom, lehnte sich an den südlichen Eingang in das Stadion, aber sie streckte sich von hier nach Osten hin in gleicher Richtung mit dem Ufer des Alpheios. Sie war doppelt oder vierfach so lang als das Stadion und hatte eine Breite von etwa vierhundert Fuß; nordwärts war sie in die Hügel hineingearbeitet, im Süden war

---

1) Paus. 5, 8, 3. — 2) Vgl. Herodot 6, 35.

die Erde dammartig aufgeschüttet und so eine breite und völlig ebene Fläche hergestellt worden. Es kam darauf an, diese Bahn zwölfmal zu durchfahren¹), d. h. einen Raum von mehr als einer halben oder ganzen deutschen Meile in der stärksten Gangart der Pferde und unter den sich kreuzenden Gespannen zurückzulegen, und nach der zwölften Umfahrt zuerst bei der Zielsäule am Ostende der Bahn anzulangen. Die Besitzer der cerlirenden Gespanne wurden ebenso ausgerufen wie die übrigen Wettkämpfer; die Wagenstände am Westende wurden unter die Wettfahrer verloost. Auf das Zeichen des Hellenenrichters wurden die Seile, welche die Wagenstände von der Rennbahn schieden, weggezogen. Auf den Stoß der Trompeten erfolgte dann der Ablauf aus der rechten Hälfte der Bahn; die Wagen hatten die Zielsäule links zu umfahren. Bald war die Bahn mit schnaubenden Rossen und rasselnden Wagen, mit Staubwolken erfüllt, die Peitschen flogen, der Schaum der Rosse bedeckte Lenker und Rärer. Nun kreuzten sich zwei Wagen und zerschellten an einander, nun gingen die Rosse eines dritten durch und stürzten sich auf die anderen Gespanne; die Trümmer zerbrochener Wagen, zügellos umherjagende Rosse erfüllten die Bahn. Dieser Wagen warf beim raschen Wenden um die Zielsäule um oder brach seine Axe, der Lenker fiel vom Sitze, in den Zügeln verwickelt schleiften ihn die Rosse durch die Bahn²). Es war ein Edelmann aus dem ritterlichen Boeotien, Pagondas von Theben, welcher den Preis in dem ersten Wagenrennen zu Olympia davontrug. Späterhin wurden auch Rennen mit jungen Pferden eingeführt, welche die Bahn nur acht Mal zu durchlaufen hatten, so wie Wagenrennen mit dem Zweigespann und dem Maulthiergespann, mit Hengsten und Stuten abgehalten wurden. Und wenn der Preis im Stadion der erste blieb, bei den Edelleuten aller Kantone von Hellas war es der höchste Ruhm, mit dem Viergespann zu Olympia gesiegt zu haben. Es war der Besitzer nicht der Lenker der Rosse, welchem der Preis zufiel³).

Zweiunddreißig Jahre nach der Einführung des Wettfahrens vermehrte das Wettreiten die Zahl der ritterlichen Uebungen zu Olympia; ein thessalischer Ritter, Kraugiras von Krannon war der

---

1) Pindar. Olymp 6, 75. cf. Pyth. 6, 31. — 2) Sophocl. Electra v. 600 seqq. — 3) Pausan 6, 8. 4. Afric. ap. Euseb. p. 144.

erster Sieger im Wettreiten (648). Zugleich mit dem Wettreiten wurde das Pankration d. h. der verbundene Ring- und Faustkampf eingeführt¹). Beim Pankration fehlten den Kämpfern die Riemen um die Unterarme, weil zugleich gerungen werden mußte. War beim Ringen der Sieg entschieden, sobald der Gegner zu Boden geworfen war, so ging im Pankration der Kampf auch am Boden weiter; man schlug und rang sich wälzend, bis der eine über dem anderen liegend dem Gegner so lange zusetzte, daß sich dieser selbst durch Emporstrecken des Fingers für besiegt erklärte.

Es ist ein Zeichen der wachsenden Ausdehnung der Gymnastik, des frühzeitigen Beginns der Uebung und der schulmäßigen Gestaltung derselben, daß die Eleer im Jahre 632 Wettspiele der Knaben bei der olympischen Feier einführten; die Spartaner begingen schon seit dreiundbreißig Jahren das Fest der nackten Knaben. Die Knaben liefen im Stadion und rangen mit einander; im Laufe siegte bei diesem ersten Wettspiel ein Knabe von Elis, im Ringen ein Knabe von Sparta. Bei der nächsten Wiederkehr des olympischen Festes wurde das Pentathlon der Knaben und im Jahre 606 auch der Faustkampf der Knaben hinzugefügt; ein Knabe von Sybaris, Philetas, war der Sieger²). Seitdem schickten die Städte auch eingeübte Chöre ihrer Knaben, um beim olympischen Opfer Chorale zu singen.

Nach dieser großen Vermannichfaltigung der Wettspiele reichte ein Tag für dieselben nicht mehr aus. Das Fest wurde auf fünf, später sogar vielleicht auf sechs oder sieben Tage ausgedehnt³). Die Kämpfe begannen nach Sonnenaufgang und zogen sich bis zu den Nachmittagsstunden hin. Unbekümmert um die drückende Hitze des Julius, um die brennenden Strahlen der Sommersonne in der heißen Niederung des Alpheios, folgten die Zuschauer den Kämpfen mit lebhafter Theilnahme. Sie bedeckten die Hügel, welche das Stadion umgaben, in welchem nicht blos der Wettlauf, sondern auch die übrigen athletischen Uebungen abgehalten wurden, die Höhen um den Hippodrom. Die Mehrzahl stand, wenn auch späterhin in den Hügeln um das Stadion Stufensitze angebracht waren. Von dem Zuschauen waren auch Fremde nicht ausgeschlossen. Dagegen durfte keine verheira-

---

1) Pausan. 5, 8, 3. Africam. ap. Euseb. p. 145. — 2) Pausan. 5, 8, 3. Meier Olymp. S. 304. 306. — 3) Schömann griech. Alterth. 2, 53.

theile Frau an den Tagen der Spiele die Altis betreten, noch weniger zuschauen und zwar wie es heißt bei Todesstrafe. Jedoch war es wenigstens seit den Zeiten des sechsten Jahrhunderts den Jungfrauen unverwehrt, den Kämpfen zuzusehen[1]). Es wird der nach der Niederwerfung des messenischen Aufstandes wachsende Einfluß Sparta's auf das ihm eng verbündete Elis gewesen sein, welcher es vermochte, eine spartanische Sitte auf ein Fest der Gesammthellenen zu übertragen; wenn auch nur die Töchter begüterter Spartaner gekommen sein werden. Die dichte Menge der Zuschauer hing an jeder Bewegung der Kämpfer. Eine unerwartete Wendung entriß ihnen Zeichen der Bewunderung. Hier nahm man für den einen, dort für den andern Partei. Wol rief auch einer aus der Menge dem befreundeten Kämpfer einen guten Rath zu, was gestattet war; einen anderen ermunterte lauter Zuruf, jauchzender Beifall. Bei dem glänzendsten und gefährlichsten Schauspiel, dem Wettfahren, bei dem raschen und wechselvollen Verlauf desselben steigerte sich die Theilnahme zur größten Aufregung, bis die Stimme des Herolds den Sieger verkündete.

Die Griechen hatten in den Wettspielen der früheren Zeit um kostbare Gefäße und Waffen, welche die Könige aussetzten, gerungen. Die Dorer in Anatolien ehrten noch jetzt die Sieger bei den Wettspielen des triopischen Apollon durch eherne Dreifüße, das heilige Symbol des Apollon, welche indeß dem Gotte geweiht werden mußten (ob. S. 226.). In Olympia soll es ursprünglich nicht anders gewesen sein. Aber ein Spruch des delphischen Gottes hatte, wie es heißt, die Sitte geändert. Seitdem war der Preis nichts als ein Oelkranz. Ein eleischer Knabe, der einem edlen Geschlecht angehörte, dessen Eltern beide noch am Leben waren, schnitt die Oelzweige für die Sieger mit einem goldenen Messer von dem heiligen Oelbaum. Die Siegeskränze standen auf einem Dreifuß im Stadion, später in der Vorhalle des Tempels des Zeus zur Schau. Am Tage der Preisvertheilung traten sämmtliche Sieger, die Palmen, die Zeichen ihres Anrechts in der Hand, vor den Hellenenrichter. Die Herolde riefen den Namen jedes Siegers und seiner Heimath; der Hellenenrichter setzte im Angesicht der ganzen Versammlung den Kranz dem Sieger auf das Haupt, und „gottbeschiedene Hymnen strömten, nach Pindar's Worten, dem hernieder, welchem, des Herakles

---

1) Schömann griech. Alterth. 2, 49.

alte Satzung vollziehend, der aetolische Mann, der wahrhaftige fehllose Hellanodikes, von oben her um das Haar den blauschimmernden Schmuck des Oelzweigs legt, welchen einst Amphitryon's Sohn von den heiligen Quellen des Istros herbeitrug, der Kämpfe Olympia's schönstes Denkmal"[1]). Von den Verwandten und Freunden, den Festgesandten ihrer Stadt und den Landsleuten begleitet, zogen die bekränzten Sieger nach der „weitsichtbaren" Höhe des Kronos. Diese Höhe des Kronos, das Kronion, ist ein steil abfallender, mit Fichten bewachsener Hügel, mit welchem das olympische Gebirge nahe am Kladeos am weitesten in die Ebene hervor und in den Bezirk der Altis hineintritt[2]); zur Zeit der Tag- und Nachtgleiche des Frühlings wurden hier dem Kronos Spenden dargebracht. Hier auf der Höhe des Kronos stand ein Altar des Zeus und der übrigen Götter; hier hatte der Sieger das Dankopfer zu bringen. Aus den festlich geordneten Zügen der Landsleute, welche ihre Sieger zum Altar führten, ertönte ein auf den Sieger gedichtetes Lied, in der Regel aber die Verse, welche Archilochos auf den siegreich vom Kampfe gegen den Augeias heimkehrenden Herakles gesungen hatte. „Tenella, Tenella! Heil dir im Siegesprangen, o Herrscher Herakles, Heil dir und dem Iolaos, den beiden Kriegslanzen! Heil dir im Siegesprangen, Herakles! Heil dir im Siegprangen, Eurykleides (oder wie der bekränzte Sieger sonst hieß), Tenella, Tenella"[3])! Danach folgte ein Festmahl, an welchem die Eleer die Sieger, die begnadigten Gäste des Zeus bewirtheten, wie denn auch die Landsmannschaften ihre Sieger durch festliche Schmäuse unter den Zelten ihrer Theoren feierten. Alle Zelte und Meßbuden — sie waren außerhalb des heiligen Bezirk's der Altis aufgeschlagen — waren voll fröhlicher Lust und von jubelndem Gedränge umgeben. „Sobald der schönen Selene geliebtes Abendlicht leuchtet, so sagt Pindar, erschallt bei lieblichen Gelagen die ganze Flur von Siegesgesängen"[4]).

Den Griechen galt der Oelkranz von Olympia für den schönsten Besitz, welchen ein Sterblicher zu erringen vermöge. Mit glänzenden Ehren ward der Sieger auf der Heimreise, bei der Rückkehr in seine Vaterstadt empfangen. Jeder Staat meinte in seinem Bürger selbst gesiegt und den Preis davon getragen zu haben.

---

1) Pind. Olymp. 3, 20 seqq. — 2) Curtius Peloponnes 2, 31. —
3) Pind. Olymp. 9, l. 1, 176. Archil. Fragm. 118. ed. Bergk. —
4) Olymp. 11, 90. 9, 6.

Der Sieger wurde in festlichem Zuge eingeholt, Verwandte und Freunde zu Roß und zu Wagen umgaben ihn; unter Absingung eines vorbereiteten und eingeübten, wo möglich von dem berühmtesten Dichter gedichteten Siegesliedes wurde er in den Tempel der stadtschirmenden Gottheit geführt. „Begleitet ihr Bürger von Athen, ruft Pindar in einem solchen Liede, die ruhmreiche Heimkehr des Timodemos, welchem acht Siegeskränze im Thale des Pelops zu Theil wurden, im festlichen Zuge und stimmt den süßen Gesang an"[1])! Der stadtschirmenden Gottheit wurde ein Dankopfer für den Sieg, oder vielmehr für den Sieger dargebracht, welcher dann hier seinen Siegeskranz als Weihgeschenk niederlegte. Ein Festmahl folgte, an welchem neue Festlieder ertönten, nach dessen Schluß die jubelnde Menge den Gefeierten in sein Haus geleitete. In den meisten Staaten erhielten die olympischen Sieger dauernde Auszeichnungen; es wurde ihnen die Proëdrie d. h. das Recht, bei den öffentlichen Festen auf der vordersten Bank, auf einem Ehrenplatze zu sitzen zuerkannt. In Sparta erhielten die olympischen Sieger bei allen Opfern wie in der Schlachtreihe den Ehrenplatz; sie fochten unmittelbar neben den Königen. In Athen erhielten die Sieger seit der Gesetzgebung Solons als Anerkennung Seitens des Staats eine Geldsumme und wurden lebenslang auf Staatskosten im Prytaneion gespeist[2]). Das Glück der olympischen Sieger wurde nachmals bei den Hellenen als ein göttliches gepriesen, und Platon sagt, um die höchste Stufe der Befriedigung auszudrücken, von den Bürgern seines Idealstaats: „Sie werden ein seligeres Leben leben als das, welches den olympischen Siegern zu Theil wird"[3]).

Aus dem Opfer der Pisaten und Eleer in der Niederung des Alpheios, welchem sich zuerst die Spartaner angeschlossen hatten, war im Laufe noch nicht eines Jahrhunderts ein Gesammtopfer des ganzen Volkes erwachsen. Seine Bedeutung wurde um so größer, je weiter sich seitdem die griechische Kolonisation ausgebreitet hatte, je größere Entfernungen die Glieder des hellenischen Volkes trennten. Hier fanden sich alle Kantone und Städte der Halbinsel, alle Pflanzstädte im Osten und Westen von der Mündung des Himeras bis zur Mündung der Donau, von Selinus bis Trapezunt zusammen, um

---

[1] Nem. 11, 36. — [2] Ueber diese Einzelheiten, Meier a. a. O. In der Encyclopädie von Ersch S. 318 flgde. — [3] Platon. rep. b. p. 465.

gemeinsam dem Gotte des Himmels, dem Lenker ihrer Geschicke ein großes Opfer zu bringen. Damit war diese Feier eine Versammlung aller hellenischen Staaten, eine Versammlung des hellenischen Volkes geworden, und der heilige Bezirk der Altis die Hauptstadt von Hellas, welche in jedem vierten Jahre mit den Zelten der Festgesandten und Wallfahrer aufgebaut und wieder abgebrochen wurde. Der Handel konnte bei einem so großen Zusammenfluß von Menschen nicht fehlen. Mit dem Opfer wurde zugleich eine große Messe abgehalten. Man hörte alle Laute der hellenischen Dialekte neben einander, die Freunde und Gastfreunde begrüßten sich, alle Verbindungen wurden erneuert und neue geschlossen, die angesehensten Männer der Kantone und Pflanzstädte traten in persönlichen Verkehr. Mit Staunen und Freude wurde das hellenische Volk inne, welche Menge von Stämmen und Städten ihm angehörte. Es bewunderte den Besitz und den Glanz seiner Pflanzstädte jenseit der Meere, ihre stattlichen Rosse und ihre fremdländischen Sklaven, ihre reiche Habe, welche die des Mutterlandes — vielleicht mit der einzigen Ausnahme Korinths — bei weitem überbot. So stärkten diese Versammlungen, welche aus dem religiösen Triebe der Hellenen, an einem besonders begnadigten Altar mitzuopfern, hervorgegangen waren, nicht blos das Bewußtsein des gemeinsamen Dienstes der Götter, sondern auch das Bewußtsein der nationalen Gemeinschaft. Auch hier trafen die religiösen und politischen Elemente zu einer großen Wirkung zusammen. Der Anblick dieser Männer aus allen Landschaften von Hellas, der Anblick dieser Wettkämpfer aus allen Gauen, welche sich vor dem Angesicht des höchsten Gottes und des gesammten hellenischen Volkes gegeneinander versuchten und um den Preis mannhafter Schönheit und Tüchtigkeit rangen, erweckte den Nationalstolz der Hellenen. Zu Olympia lernten sie mit Selbstgefühl auf ihr Vaterland und ihr Volk zu blicken, und die Gnade der Götter zu preisen, die ihnen so vieles Land und so stattliche Männer verliehen hatten.

II. Die Dichtung der Hellenen.

Das Heiligthum von Delphi und das Opfer von Olympia waren nicht die einzigen gemeinsamen Besitzthümer der Hellenen. Ehe die Amphiktyonen zum Schutze des delphischen Tempels und des heiligen Rechts zusammentraten, ehe Lykurgos mit dem Iphitos übereinkam, zu Olympia gemeinsam zu opfern, hatten die Stämme des hellenischen Volkes sich bereits auf einem anderen Gebiete zusammengefunden, erfreuten sie sich bereits des gemeinsamen Eigenthums einer nationalen Dichtung.

Es war ein thatkräftiges, ein reiches politisches Leben, welches das achte und siebente Jahrhundert erfüllte. Die Kolonisation setzte die Wanderung fort, die alten Formen der Staaten brachen zusammen, neue Verfassungen wurden überall, nicht blos in den neuen Städten aufgerichtet. Der Kultus schuf sich neue Formen und die Anschauungen von den Göttern vertieften sich mit der ernsteren Auffassung der ethischen Aufgabe des edlen Mannes. Die Dichtung feierte nicht, sie stand eher an der Spitze dieser Entwicklung, als daß sie derselben gefolgt wäre. Wenn sich der Heldengesang einst dem alten Hymnos zugesellt, wenn er denselben überflügelt hatte, so ruhte auch jetzt die epische Dichtung nicht; aber der Hymnos trat in erneuter Gestalt, mit neuer Kraft neben das Epos. Die Dichtung war im Heldengesang, im homerischen Epos von den Göttern herabgestiegen zum Ruhme der Männer, der Heroen; sie erhob sich jetzt nicht blos mit neuer Kraft zur Anrufung der Götter, sie verließ den Himmel und den Ruhm der Vorzeit, um mit mahnendem Wort in das praktische Leben einzugreifen, um die Lehren der Tugend, die Pflichten des tapferen Mannes und des guten Bürgers einzuschärfen. Die Poesie der Griechen befaßt sich nun mit moralischen, politischen und kriegerischen Aufgaben, ja sie geht dazu über, der Stimmung des Individuums, seiner Empfindung, seiner Leidenschaft und seinen Geschicken Gestalt und Ausdruck zu geben. Neben der Vertiefung des religiösen, des ethischen Besitzes der Hellenen, neben der Lösung praktisch-politischer Aufgaben, neben dem energischen Ausdruck der individuellen Empfindung dehnt sich die Dichtung zugleich in die Breite, geht sie in die Lehrhaftigkeit über; sie versucht es, den Griechen eine encyclopädische Uebersicht über den gesammten Reichthum ihres Himmels an Göttern und Geistern, ihrer Vorzeit an Heroen und Heroinen zu geben.

Der Heldengesang hatte seinen Abschluß im homerischen Epos gefunden. Einer Seits die große und glänzende Zusammenfassung einer langen Periode dichterischer Arbeit und Productivität, bezeichnen die homerischen Gesänge zugleich den Anfang einer neuen Epoche der epischen Dichtung. Der Eindruck dieser Gesänge war so groß und mächtig, die Formen und Wendungen der epischen Sprache, der epische Ton waren in denselben so fest ausgeprägt, daß Versuche auch die Fülle der übrigen Sagen in gleicher Weise zu veranschaulichen und auszuführen nicht ausbleiben konnten. Aber es fehlte den Nachfolgern und Nachahmern Homers mehr als dessen Genius. Es fehlten ihnen auch die Voraussetzungen, auf welche sich dieser hatte stützen können, in deren Erfüllung seine Größe und unübertroffene Kraft liegt. Es fehlte ihnen die lebendige Vergegenwärtigung des troischen Kriegs und der troischen Fahrten, welche dem Sänger der Ilias durch die Fahrten und Kämpfe seiner Tage zu Theil geworden war; das lebendige Interesse der Fürsten und Edlen, deren Ahnherrn jene Kämpfe auf demselben Gebiete geführt, um welches immer noch gekämpft wurde; jene lange traditionelle Behandlung und Durcharbeitung derselben Stoffe, welche endlich der Anschauung des Homeros zu großen Gebilden zusammengewachsen waren. Die epische Dichtung hatte bald nach Homer der unmittelbaren Uebung des Heldengesanges, der Anschauung des Schauplatzes, jenes festen Zusammenhanges mit ihrem Stoffe, jener Theilnahme der Fürsten zu entbehren; es fehlte ihr das Leben und der Zauber dieses ganzen Hintergrundes, der naiven, unmittelbaren Poesie, deren Grenze die homerischen Gedichte bezeichnen. Das Epos wurde nach Homer sehr eifrig gepflegt; aber es war nichts mehr als eine freie, kunstmäßige Dichtung, wenn diese auch die Sprachformen Homer's beibehielt, gleichviel welchem Stamme der Dichter angehörte. Während Hesiod von Astra um das Jahr 800 den Ruhm der Helden verließ und die epische Form benutzte, um seinem Bruder moralische und praktische Lebensregeln einzuprägen, setzte der Ionier Arktinos von Milet um den Anfang der Olympiaden die Sage vom troischen Kriege von dem Punkte fort, an welchem die Ilias abbrach. In zwei Gedichten, in der Aethiopis (fünf Bücher) und der Zerstörung Ilions (zwei Bücher) besang er die Kämpfe der Achaeer gegen die Amazonen und den Aethiopen Memnon, den Fall des Achilleus und die Entrückung desselben auf die Insel Leuke, die Einnahme Ilions durch das hölzerne Pferd (S. 131. 138. 490.). Danach faßte Eumelos von Korinth, welcher den Archias im Jahre 735 nach Ortygia begleitete (ob. S. 414.), die Sagen seiner Vaterstadt, von welchen die Schicksale Jasons und der Medeia nicht ausgeschlossen waren, zu einem epischen Gedichte zusammen. Die Sage vom Zuge der argivischen Helden, des Adrastos und Amphiaraos, gegen Theben wurde noch in der ersten Hälfte des achten Jahrhunderts in der Thebais (einem Gedicht von sieben Büchern und 9000 Versen) besungen[1]). Das Schicksal des Oedipus behandelte die Oedipodeia ausführlicher als die Thebais; es war ein Gedicht von mehr als 5000 Versen; als Verfasser wird ein Lakone Kinaethon genannt, welchen die Chronologen noch in das achte Jahrhundert setzen[2]). Danach schlossen die „Epigonen" und die „Alkmaeonis" den Kreis der thebanischen Sagen, indem sie den zweiten Zug der Argiver und die Geschicke des Sohnes des Amphiaraos, des Alkmaeon, ausführlich erzählten.

In der ersten Hälfte des siebenten Jahrhunderts nahm Lesches von Lesbos die troische Sage noch einmal auf. Er dichtete eine ausführlichere Zerstörung Ilions (die kleine Ilias), indem er an die Vorgänge nach dem Tode des Achilleus anknüpfte, und die Einnahme der Stadt selbst mit einigen neuen Zügen und ausführlicher als Arktinos darstellte[3]). Umfassender behandelten in der zweiten Hälfte des siebenten Jahrhunderts die „Kyprien" in elf Büchern die troische Sage. Dies Gedicht versuchte die eigentliche Ursache des Zwistes der Griechen und Troer zu ergründen. Es stellte die Göttin Aphrodite in den Mittelpunkt des Ganzen, und erzählte zuerst von dem Wettstreit der drei Göttinnen, von dem Urtheil des Paris, von dem Opfer und der Entrückung der Iphigeneia[4]). Es wird etwa um dieselbe Zeit gewesen sein, daß Agias von Troezene die ganze

---

1) Oben S. 114. Die angegebene Zeit für die Thebais folgt daraus, daß Kallinos von Ephesos nach Pausanias' Versicherung (9, 9, 3.) Verse aus derselben citirt. — 2) Ob. S. 406. Inscript. Dory. 1, 11. Clinton fast. hell. a. 765. Pausan 9,5,5. läßt den Verfasser der Oedipodie zweifelhaft. — 3) Das Gedicht des Lesches war nachmals in vier Bücher eingetheilt, vgl. oben S. 138. — 4) Ob. S. 134. Das Urtheil des Paris ist auf dem Kasten des Kypselos dargestellt. Danach fallen die Kyprien vor das Jahr 600. Da anderer Seits die Bruchstücke einen ziemlich modernen Charakter haben, kann man das Gedicht nicht über 650 hinausrücken.

Masse der Sagen von der Heimkehr der Helden in seinem Gedichte „die Nosten" (es waren fünf Bücher) zusammenstellte.

Auch die Sagen von Herakles fanden in diesem Zeitraum ihre epische Behandlung. Die „Einnahme Oechalia's" besang die letzten Thaten des Helden, seinen Zug gegen Eurytos und seine Liebe zur Jole. Dies Gedicht wird dem Kreophylos von Samos zugeschrieben, und hat seine Entstehung wol auch einem Sänger jener samischen Dichterschule, welche sich nach dem Kreophylos nannte, zu verdanken, der etwa in der ersten Hälfte des siebenten Jahrhunderts gelebt haben wird[1]). Um das Jahr 630 brachte dann Peisandros von Rhodos die Sagen vom Herakles zum Abschluß, indem er dieselben in seiner Heraklea encyclopädisch zusammenfaßte. Er war es, der die Verschmelzung des Wolkenjägers, des Heros von Mykene und Tiryns mit dem Sonnengott Kleinasiens und dem Sonnengott Phönikiens, mit dem Melkarth von Tyros vollendete. Die Griechen Kleinasiens hatten den Herakles schon lange zuvor mit dem Gotte der anatolischen Stämme, welchem sich die jungfräuliche Kriegsgöttin ergiebt, zusammengebracht. Sie hatten ihn mit der Omphale Lydiens in Verbindung gesetzt, die ihr Wesen mit dem Sonnengotte austauscht; Herakles war es, der nach ihrer Meinung der Amazonenkönigin, d. h. der Göttin Mene den Gürtel gelöst hatte. Die Pflanzstädte Milets am Nordufer des schwarzen Meeres hatten dann den bogenschießenden Helden auch zum Stammvater der bogenschießenden Skythen gemacht, während am anderen Ende des Mittelmeeres die Samier und Phokaeer die beiden heiligen Berge des Melkarth auffanden. Peisander, in seinem Vaterlande Rhodos von phönikischen Kulten umgeben (ob. S. 225.), übertrug die Mythen des Mel'arth vollständig auf den Herakles. Er sang von den zwölf Arbeiten des Herakles, weil der Melkarth der Phöniker die zwölf Himmelszeichen, welche sich der Bahn der Sonne entgegenstellen, überwältigen muß, er ließ ihn nach dem Vorbilde des semitischen Sonngottes den wilden Löwen, die Gluthhitze, bezwingen, er kleidete den Heros in das Löwenfell und gab ihm die Keule[2]), er heiligte ihm, wie die

---

1) Oben S. 282. Die freilich spärlichen Fragmente der „Einnahme Oechalia's" zeigen eine vollständig veränderte Auffassung der Sage vom Eurytos und Herakles den Andeutungen der Odyssee gegenüber. Oechalia ist bereits von Arkadien nach Euboea verlegt. Es wird deshalb unstatthaft sein, das Gedicht über die Zeit des Kameles hinauszurücken. — 2) Strabon p. 688. Pisandri Fragm. 1. ed Dübner.

Phöniker dem Melkarth, die warmen Quellen¹), er ließ ihn die Küsten des schwarzen und des Mittelmeeres durchwandern²), den Antaeos und andere Unholde erschlagen³) und im Sonnenbecher durch den Okeanos schwimmen⁴); er ließ den Herakles endlich sich selbst verbrennen, wie Melkarth-Sandon sich selbst verbrannte, um gereinigt und neu verjüngt wieder zu erstehen.

Lange vor dem Heldengesang hatte der Hymnos die Opfer der Hellenen begleitet. Es gab noch alte Gesänge dieser Art, welche in Sängerfamilien, in edlen Geschlechtern fortlebten und bei gewissen Opfern zu Ehren der Götter gesungen wurden. Als die epische Poesie das Uebergewicht erlangt hatte, nahm auch der Hymnos das Versmaaß des Epos und den erzählenden Ton an; er erzählte, nachdem das Opfer vorüber war, die Thaten der Götter, wie der Heldengesang die Abenteuer der Fürsten. Aus dem achten, wie aus dem siebenten Jahrhundert sind uns Hymnen dieser Art, die sogenannten homerischen Hymnen, erhalten, von denen der älteste einem Sänger von Chios aus dem Geschlecht der Homeriden angehört, der um die Mitte des achten Jahrhunderts lebte (S. 301. 307.). Indeß konnten diese Erzählungen zum Preise der Götter dem Bedürfnisse des Kultus, welcher einen gedrängten Ausdruck der Andacht braucht, um so weniger genügen, als derselbe mit der idealeren und höheren Auffassung der Götter, mit der intensiveren religiösen Empfindung auch eine concentrirtere und gehobenere Darstellung, als die Erzählung gewähren konnte, verlangte, als derselbe jetzt mehr die Erhebung des Herzens, die Erhebung der Menschen zu den Göttern, als die Thaten der Götter in's Auge faßte. Diesem Bedürfniß entsprachen vielmehr Anrufungen, Gebete und Preislieder des Einzelsängers und die Choräle, welche die Männer und die Greise, die Jünglinge und die Jungfrauen bei der Prozession zum Altar, während das Opfer emporbrannte, während der Tänze um den Altar und bei den Weihegüssen sangen. Chorlieder für die Prozessionen soll bereits Eumelos von Korinth gedichtet haben (S. 307. 389.), während Archilochos im jambischen Viermaaß „den lesbischen Paean" und Gebete an den Hephaestos sang. Auf den Dionysos und die Kore, auf den Herakles dichtete Archilochos Hymnen in raschen und bewegten Metren⁵). In vollerem und schwereren

---

1) Pie. Fragm. 7 — 2) Pie. Fragm. 3. — 3) Pie. Fragm. 10. 8. — 4) Pie. Fragm. 5. — 5) Fragm. 77. 78. 118 seqq. ed. Bergk. Lb. S. 462.

Maaßen (Spondeen) sang kann Terpandros von Lesbos im Lauf des siebenten Jahrhunderts seine Hymnen an den Festen des Apollon zu Sparta, bei den großen pythischen Opfern. Terpander's neue Kithara setzte ihn in den Stand, sowol den künstlicheren Maaßen des Hymnos musikalisch zu folgen, als in den Chorgesängen zu mannichfaltigeren Strophen überzugehen. Damit wurde Terpander der eigentliche Begründer des Kirchenliedes, der Kirchenmusik bei den Hellenen. Indem die Weisen und mit ihnen die Strophen wechselten, konnte man den unterschiedenen Akten der Liturgie gerecht werden, waren die Dichter im Stande, die Momente der Anrufung, der Beschauung, des Preises durch angemessene Metra und Weisen in prägnanterer Weise als bisher auszudrücken.

Mit dem Sinken und dem Sturz des Königthums mußte das Interesse an den Abenteuern der Vorfahren der königlichen Geschlechter allmählig abnehmen, während anderer Seits die neue Ordnung des Gemeinwesens dem Adel neue und gewichtige Pflichten auflegte. Seitdem erschloß sich auch die griechische Dichtung den praktischen Aufgaben des Staates und des Lebens mehr und mehr. Neben den epischen Gedichten, neben der reineren Ausprägung der Göttergestalten im Hymnos fassen die Dichter die Gegenwart in's Auge, treten sie mit ihren Gesängen auffordernd und ermahnend mitten in den Kreis des gegenwärtigen Lebens. Am lebendigsten von dem Wesen und Willen der Götter, von dem Ideal eines harmonischen und wohlgeordneten Staatslebens, von dem Musterbilde des edlen und tüchtigen Mannes erfüllt, stellen sich die Dichter nicht blos an die Spitze des religiösen, sondern auch an die Spitze des Staatslebens. Sie treiben ihre Landsleute zu mannhafter That und tugendhaftem, den Göttern wohlgefälligem Wandel. Der epische Vers in seinem gleichmäßig fortlaufenden breiten Flusse war für den Ton eindringlicher Ermahnung und Aufforderung wenig geeignet. Ein neues, den gegenwärtigen Zwecken der Dichtung angemesseneres Versmaaß, welches einen eindringlichen Abschluß jedes Gedankens erlaubt, war der mit dem Hexameter wechselnde Pentameter, das Distichon, in welchem der Jonier Kallinos von Ephesos zum Kampfe und zum Tode für das Vaterland auffordert (ob. S. 483.), in welchem Asios von Samos, der die Pracht seiner Landsleute und den göttgleichen Pelasgos im epischen Maaße besungen, die Unverschämtheit parodirte. In

diesem elegischen Maaße war die Form gefunden, in welcher der
Dichter seine Empfindungen wie seine Rathschläge, seine Aufforderungen und seine Mahnungen in schwungvollerem oder einfacherem
Ton aussprechen und leicht abschließend darstellen konnte. Archilochos
dichtete in diesem Maaße um das Jahr 700 seine Tröstungen an
den Perikles über die Unfälle des Krieges und des Meeres. In
diesem Maaße sang dann fünfzig Jahre später wiederum ein Jonier,
Tyrtäos, seine feurigen Kriegslieder, seine Aufforderungen zu kämpfen
wie es den Nachkommen des Herakles gezieme, seine Ermahnungen
zu einem wohlgesetzlichen Leben.

Die ruhige und ernste Weise des elegischen Verses, welcher
der Träger der politischen und moralischen Poesie wurde, hatte dem
Archilochos weder in seinen Anrufungen, noch als er die Poesie von
den Aufgaben des Staates und der moralischen Ermahnung in den
Kreis des individuellen Lebens führte, genügt, um die Lebhaftigkeit
und Heftigkeit seiner Empfindung, die kurzen und scharfen Stacheln
seines Zornes und Spottes auszudrücken. Er hatte die Jamben
neben das Distichon gestellt.

Die Zahl der Götter und Geister, mit welchen die Phantasie
der Griechen den Himmel und die Erde bevölkert hatte, war seit
Alters her groß. Der Heldengesang, die epische Poesie hatte rüstig
daran gearbeitet, dieselben zu vermehren, indem sie alte und unverständlich gewordene Beinamen der Götter, vereinzelte Seiten ihrer
Auffassung zu selbständigen Gestalten erhob. Neben diesen Gestalten
standen die lokalen Mythen und Sagen, welche die unbewußte poetische Anschauung des Volkes auch ohne Hülfe der Dichter bildete,
fortpflanzte und vermehrte, stand die große Zahl der lokalen Dienste,
die ganze Breite des Kultus. Als nun im siebenten Jahrhundert
die Landschaften und Städte der Hellenen in einen lebhaften Verkehr
mit einander gekommen waren, als in Delphi ein Mittelpunkt gegeben war, in welchem sich dieses Gewirr von Göttern und Heroen
spiegelte, war die Forderung da, diesen überströmenden Reichthum, diese verwirrende Fülle einiger Maaßen zu übersehen, zusammenzufassen, zu ordnen und zu systematisiren. Diesem Bedürfniß
versuchten aeolische Dichter, Boeoter, welche in Hesiodos von Askra
den alten Meister ihrer Schule verehrten, gerecht zu werden. Ihren
Bemühungen verdanken die Theogonie und die großen Eoen, zwei
im epischen Maaße abgefaßte Gedichte, von denen indeß nur das

erste, und auch dies in sehr trümmerhafter Gestalt auf uns gekommen ist, ihre Entstehung. Die Zeit ihrer Abfassung fällt in die zweite Hälfte des siebenten Jahrhunderts; ihr Abschluß etwa um das Jahr 630[1]).

Eine Zusammenfassung der Götter, Geister und Heroen war nicht möglich, ohne die älteren den jüngeren voranzustellen. Die Systematik der Götterwelt wies mit einer gewissen Nothwendigkeit auf den Ursprung derselben zurück. Die Griechen hatten sich frühzeitig Vorstellungen über die Entstehung der Götter und der Welt gebildet (S. 329 flgde.). Die freilich nur angedeutete, noch weniger durchgeführte Anschauung des homerischen Epos hatte alles aus dem befruchtenden Wasser abgeleitet. Die alten Geister der Dunkelheit, gegen welche nach der ursprünglichen Vorstellung die lichten Götter zu kämpfen hatten, waren diesen letzteren vorangestellt worden; aus diesen dunklen Gestalten hatte man die lichten Götter geboren werden lassen. Die bösen Geister der Dunkelheit waren die Väter der guten Götter geworden; die Söhne hatten dann die finstern Väter in das ihnen gebührende Gebiet, in die unterste Tiefe und in die dunkelste Nacht hinabgestürzt. In dieser Vorstellungsreihe fortgehend, entfernt sich die Theogonie immer weiter von den ursprünglichen und gemeinsamen Anschauungen der arischen Völkerfa-

---

[1] Die Zeit der Abfassung der Theogonie (das Prooemium ist dem Gedicht ganz fremd) und der Noren bestimmt am besten deren geographische Kenntniß. Sie erwähnen den Latinos und die Tyrrhener (Theog. v. 1013—1016.), was nicht geschehen konnte, ehe die Phokaeer um 630 diese Küsten entdeckt hatten; den Eridanos mit seinen tiefen Strudeln (Theog. v. 338.); die Ligyer werden genannt (Strabon p. 300. cf. Hygin. fab. 154.). Die Theogonie versetzt ferner den Atlas in den äußersten Westen, in die Nähe der Hesperiden (v. 215. 275. 518.), welche hier zuerst namhaft gemacht werden. Im Norden werden die Hyperboreer genannt (Herod. 4, 32.). Für die Wohnsitze Homer's erscheint der Name Slythen (Strabon p. 300.). Der Istros und der Phasis (Theog. v. 339. 340.) werden genannt; an der kilikischen Küste Anchialos (Etym. magn. p. 216.) mit Byblos und Sidon. Die Noren nennen den Belos, den Baal und den Arabos (Strabon p. 42. 10.). Die Sagen endlich von der Rückfahrt der Argonauten den Phasis hinauf quer durch Libyen, die Sage von der Kyrene (Schol. Apoll. Rhod. 4, 259. 284. vgl. Hes. Fragm 79. 81. ed. Göttling.) konnten nicht eher entstehen, bis Kyrene gegründet war. Alle diese Angaben vertegen die Entstehung um das Jahr 630. Auch die Aufzählung der getödteten Freier der Hippodameia konnte doch erst in der zweiten Hälfte des siebenten Jahrhunderts gegeben werden (Pausan. 6, 21, 7. vgl. S. 107. 570.), ebenso die Erwähnung des Adonis als Sohn des Phoenix (Apollod. 3, 14, 4.) Auch die Erwähnung des Graekos, das deutlichere Hervortreten Dodona's hat wol seinen Grund in der genaueren Bekanntschaft mit diesem Gebiete, welche durch die korinthischen Kolonien, welche Kypselos und Periander seit dem Jahr 650 in diesen Gegenden anlegten, vermittelt war.

mäßig. Auch sie geht davon aus, daß die hellen Götter aus dem Dunkel geboren sind, aber das Wasser ist nicht mehr wie im Epos der Ursprung der Götter und der Menschen, sondern dieses Dunkel selbst, der Abgrund der Finsterniß, das Chaos. Chaos war zuerst, darauf entstand die Gaea (die Erde) mit breiter Brust und der Tartaros (die Finsterniß in der Tiefe¹). Die Gaea gebiert durch ihre eigene Kraft den ehernen Uranos, (den Himmel); welcher sie umhüllt, die weitgestreckten Gebirge und das unfruchtbare Salzmeer. Hierauf zeugt der Sohn der Gaea, Uranos, mit seiner Mutter, mit der Gaea selbst, die Titanen. Homer nennt nur drei Titanen, den Japetos, den Kronos und die Rheia. In der Systematisirung der Theogonie sind daraus sechs männliche und sechs weibliche Titanen geworden. Es ist zuerst der Wassergeist Okeanos, welcher beim Homer der Ursprung der Götter ist, und seine weibliche Seite Tethys. Dann folgen vier Lichtgeister, Hyperion d. h. der Hochwandelnde und Theia, Koeos und Phoebe d. i. Helle und Glanz. Die Theogonie geht hier so weit von den ursprünglichen Vorstellungen ab, daß sie unter die alten Geister der Dunkelheit Geister des Lichts einreiht. Den Forschern des Alterthums ist dies nicht entgangen. Plutarch bemerkt, daß erst die Theogonie den Hyperion, den Koeos und den Kreios eingeführt habe²). Den Titanen des Lichts folgen Kreios und Eurybia; Namen, welche nichts als große Gewalt bedeuten, endlich Japetos und Klymene, Kronos und Rheia.

Nach diesen sechs Titanen und ihren Weibern gebar die Gaea dem Uranos noch sechs andere Söhne: die drei Kyklopen, Brontes (den Donner), Steropes (den Strahl), Argos (das Leuchten), in welchem das Gewitter personificirt ist, und die drei fünfzigköpfigen, hundertarmigen Riesen, den Kottos, den Briareus und den Gyes. Beim Homer sind die Kyklopen wilde, riesige und einäugige Hirten in der Westsee; von den hundertarmigen Wesen nennt er nur den Briareus als den Sohn des Poseidon. Die Gaea erschrak über ihre eigenen Geburten, und fürchtete die Zeugungskraft des Uranos.

---

1) Wenn hinter den Tartaros gleich Eros gestellt wird (Theogon. v. 120.), so paßt das sehr wenig in den Zusammenhang, da gleich darauf die Erde ohne Eros gebiert; sonst könnte man meinen, die Theogonie wolle die Zeugungen durch den Eros motiviren. Da aber in dem ganzen Gebiet gar kein Gebrauch weiter von dem Eros gemacht wird, als daß er nachher als Begleiter der Aphrodite genannt wird (v. 201.), so scheinen jene Verse 120—121 eingeschoben, wie viele andere. — 2) Plut. de plac. phil. 1, 6.

Sie ließ das Eisen wachsen, bildete daraus eine große Sichel, und forderte ihre ersten sechs Söhne, die Titanen, auf, ihren Vater, den Uranos, mit dieser zu entmannen. Keiner von ihnen wagte es, aus Furcht vor dem Vater, bis auf den jüngsten, den Kronos. Als Uranos die Nacht heraufführend kam, die Gaea zu umarmen, vollbrachte Kronos die That. Aus den Blutstropfen des Uranos, welche die Gaea bespritzten, gebar sie den Geist unerbittlicher Verfolgung, die Erinnys, und die gewaltigen, in Waffen leuchtenden Giganten mit langen Lanzen. Um das Zeugungsglied des Uranos aber, welches Kronos in das Meer geworfen hatte, setzte sich weißer Schaum, aus welchem eine Göttin erwuchs, die von den Wogen zuerst nach Kythera, dann an die Gestade von Kypros getrieben wurde; hier stieg sie an's Land, und unter ihren weichen Füßen sproßten die Kräuter hervor.

Die alten Geister der Dunkelheit, die Titanen, sind in der Theogonie die ersten rohen, unentwickelten Erzeugungen, sie sind elementare und ungeordnete Gewalten geworden. Die Vorstellungen von der übermächtigen Zeugungskraft des Himmels, von den wüsten Geburten der Erde sind ungriechisch; weder bei den Iraniern, noch bei den Indern finden sich Anschauungen dieser Art. Die Schöpfung in der Form der Zeugung, die Entmannung, die Entstehung der Aphrodite aus dem Gliede des Uranos sind Vorstellungen, wie sie uns etwa im semitischen Orient begegnen[1]). Wol hatten die Griechen die Aphrodite dem Orient entlehnt, aber sie hatten das Wesen derselben vollkommen umgestaltet (S. 252. 327.). Es ist ein Rückfall in die rohen Bilder des Orients, wenn die Theogonie die Aphrodite, welche beim Homer die Tochter des Zeus und der Dione ist[2]), aus dem Gliede des Uranos entstehen läßt.

Von den ältesten Titanen, dem Okeanos und der Tethys, den Geistern des süßen fruchtbaren Wassers, stammen die Flüsse, welche die Erde tränken; von den Titanen des Lichts, von Hyperion und Theia, stammt die Sonne, der Mond, die Morgenröthe; vom Koeos und Phoebe stammt die Asteria, die Göttin der Sterne, und die

---

1) Die Entmannung ist den Iraniern und Indern völlig unbekannt; ihre Hofeunuchen sind vom babylonischen und assyrischen Hofe übertragen (cf. Bd. II. S. 606.). Bei den Griechen war Entmannung stets die äußerste Schmach; Herod. 8, 44. 8, 105. — 2) Die Dione, die Göttin von Dodona, versetzt die Theogonie (v. 353.) unter die Töchter des Okeanos.

Leto, die Mutter des Apollon und der Artemis. Von Kreios und Eurybia stammen Perses und Astraeos, welcher wieder die Winde erzeugt; vom Japetos und der Klymene stammen Atlas und Prometheus. Dem Kronos gebar die Rheia die Hestia, die Demeter, die Hera, den starken Hades und den Poseidon. Aber Kronos verschlang alle seine Kinder, weil ihm die Gaea und der Uranos geweissagt, einer seiner Söhne werde ihn besiegen. Als nun Rheia den Zeus gebar, reichte sie dem Kronos einen mit Windeln umwickelten Stein statt des Knäbleins, und barg dasselbe in die Höhle bei Lyktos auf Kreta¹). Nachdem Zeus hier emporgewachsen war, zwang er, von der Gaea unterstützt, durch eine List seinen Vater, seine verschlungenen Kinder wieder von sich zu geben — zuerst den Stein, welchen Kronos statt seiner verschluckt. Diesen stellte Zeus den Sterblichen zum Zeichen in den Schluchten des Parnassos, in der heiligen Pytho auf. Es war jener alte Stein, in welchem einst Apollon zu Delphi verehrt worden war (S. 544.).

Homer weiß nichts von der Verschlingung, welche Kronos an seinen Kindern verübt; bei ihm ist Zeus der älteste und nicht der jüngste der Kronossöhne. Der Ort, wohin die Theogonie den Zeus retten läßt, Kreta, zeigt sehr deutlich, woher die neuen Anschauungen der Theogonie stammen. Es ist die Verschmelzung eines kretischen Gottes, eines von der einheimischen Bevölkerung Kreta's, den Eteokretern, verehrten Gottes mit dem griechischen Himmelsgott, welcher die Theogonie den Mythos von der Geburt des Zeus verdankt. Die Eteokreter gehörten, so viel sich erkennen läßt, dem karischen Stamm an. Der dem Zeus im homerischen Epos vorangestellte Geist der Dunkelheit, Kronos, der als finsterer Geist den Beinamen des Krummsinnigen d. h. des Verderblichen führt, ist nach dem Vorbilde des Baal, dessen Dienst die Ansiedlungen der Phoeniker nach Kreta gebracht hatten, ein Gott geworden, der Kinder verschlingt. Die Rheia, welche dem Kronos schon im homerischen Epos zur Seite steht, war den anatolischen Stämmen entlehnt;

---

1) Diese Grotte des Zeus wird auch schlechtweg als die idaeische bezeichnet. Auch bei Knossos gab es eine Grotte des Zeus; Odyss. 19, 178. Platon. legg. init. Nach Apollodor (1, 6.) ist Zeus in der Grotte des Gebirges Dikte geboren; vgl. Diod. 3, 70.; Agathocl. Cycle. Fragm. 1. 2. ed. Müller. Der Tempel des diktaeischen Zeus stand im Osten der Insel bei Praesos im Gebiet der Eteokreter d. h. der alten karischen Bevölkerung; Strabon p. 578. Indeß lag auch im Nordwesten der Insel ein Vorgebirge und Gebirge Titypraeon, und bei Lyktos ein Berg Dikte; Strabon p. 478.

es war die zeugende Erde, die große Mutter¹). Wenn dem Sonnengott der Phoeniker Kinder geopfert wurden, so galt bei den Karern die Vorstellung, daß der Sonnengott durch seine Pfeile im hohen Sommer seine Kinder, die Blüthe des Ackers und der Bäume tödte. Sie sangen dann Klagelieder und feierten Trauerfeste (Bd. I. S. 249. 252.), wie sie Freudenfeste im Frühjahr begingen, wenn die Kinder des Himmelsgottes neu geboren wurden. Der Stein, welcher dem Kronos statt des Kindes gereicht wird, ist nichts anderes, als ein Götterbild; Kronos verschlingt das Götterbild statt des göttlichen Sohnes. Wir kennen die Sage von dem Tode und der Auferstehung des Baal Melkart. Die Anschauung des Sonnenlaufes lag diesen Vorstellungen zu Grunde. Aehnliche Vorstellungen, wenn auch dem Kreislauf der Vegetation entnommen, galten bei den Stämmen Kleinasiens, den Phrygiern, Mysern und Karern. So konnte neben der Stätte der Geburt das Grab des Zeus auf Kreta gezeigt werden²). Dieser kretische Zeus war im Frühjahr geboren und starb im Herbste; er war so wenig der griechische Zeus als die Göttin von Ephesos die griechische Artemis³). Die Poesie ließ es dann an der Ausmalung der Jugend des Zeus in der Höhle von Kreta nicht fehlen. Die Nymphen des Diktegebirges pflegten das Kind, welches die Milch der Ziege Amalthea saugt. Die Ziege (αἴξ) ist offenbar von der Aegis des Zeus entlehnt, und die Amalthea d. h. die Nährende, war ursprünglich eine Nymphe von Dodona, welche das Horn des Ueberflusses d. h. das Quellhorn des Acheloos besaß. Aber auch die Bienen des Ida trugen dem Knäblein Nahrung zu. Am bestimmtesten tritt der Zug hervor, daß die Kureten das Zeuskind mit Waffentänzen umgaben, daß sie ihre Schilde zusammenschlugen, damit Kronos das Schreien desselben nicht höre. Die alte karische Bevölkerung Kreta's verehrte ihren höchsten Gott mit Waffentänzen⁴). Diese Waffentänze nahmen die dorischen Kolonisten der Insel an. Thaletas, ein Dichter von Gortyn auf Kreta, verpflanzte denselben um das Jahr 620 nach Sparta (Bd. IV.). Es ist der Kriegstanz, die Pyrrhiche der Griechen, welche dieser Sitte der Kreter den Ursprung verdankt. Nachdem dem Zeus einmal ein Vater vorangestellt war, wollte man

---

1) Solon. fragm. 36. ed. Bergk. Aesch. suppl. 857. 867. Welcker griech. Götterlehre 2, 216. — 2) Diod. 5, 77. Ueber den Zeusdienst auf Kreta; Hoeck Kreta 1, 160—163. — 3) Welcker griech. Götterlehre 2, 224. 227. — 4) Straben p. 472.

folgerichtig auch eine Anschauung der Geburt und Jugend des Gottes besitzen, wie die Geburt des Apollon bereits ihre Stätte auf Delos erhalten und weiter ausgeführt worden war; man fand im kretischen Kultus, was man suchte. Die den anatolischen und syrischen Stämmen entlehnte Uebertragung des Kreislaufs der Natur auf das Leben der Götter, von welcher hier in dem neuen Mythos von der Geburt des Zeus die erste Spur vorliegt, sollte bald in weit nachdrücklicherer Weise für die agrarischen Götter der Griechen, deren Wesen dazu ungleich besser geeignet war, vollzogen werden und eine bedeutsame Wendung der religiösen Vorstellungen herbeiführen.

Nach allen diesen neuen und fremden Dingen, nach der Umbildung der alten Geister der Dunkelheit zu den ersten ursprünglichen Mächten, nach der Systematisirung derselben nach der Zwölfzahl, nach der Ausführung der Geburt des Zeus vermittelst eines Synkretismus lenkt die Theogonie zu der alten Vorstellung des Kampfes der lichten Götter gegen die Geister der Dunkelheit zurück, dessen Bedeutung nun nur noch die des Kampfes der jungen Götter gegen die alten, des Sturzes der alten durch die neuen sein konnte. Für die Schilderung dieses Kampfes besaß die Theogonie ältere Vorbilder. Es gab ein episches Gedicht, die Titanomachie, welches dem Arktinos oder dem Eumelos von Korinth zugeschrieben wird. So sind denn auch in der Darstellung der Theogonie von diesem Kampfe einige Züge erhalten, welche sehr alten arischen Anschauungen angehören. Mit seinen wiedergeborenen Brüdern beschließt Zeus, seinem Vater Kronos und den Titanen die Herrschaft zu entreißen. Zehn Jahre hindurch dauert der Kampf der Götter und der Titanen. Er bringt die ganze Natur in den wildesten Aufruhr. Die Kroniden kämpfen vom Olympos, die Titanen vom Othrys herab. Zeus stärkt seine Brüder und Kinder mit Nektar und Ambrosia (sanskrit amrita d. h. Unsterbliches), und befreit die Kyklopen (das Wetterleuchten, den Donner und den Blitz) und die Hundertarme, die Geburten des Uranos und der Gaea, welche sein Vater in den Tartaros gestoßen, wofür ihm diese dann gegen die Titanen helfen, und sie mit schmetternden Blitzen, mit den Felsmassen des Olympos überschütten. Die ununterbrochenen Blitze der Kyklopen entscheiden endlich gegen die Titanen, wie Indra die Geister der Finsterniß schlägt, indem er ihre schwarzen Leiber mit dem Blitzstrahl durchzuckt. Die Titanen werden in den Tartaros gestoßen und die Hundertarme als Wächter davor gestellt.

Danach macht ein Ungeheuer, Typhoeus, die letzte Geburt der Gaea aus der Umarmung des Tartaros — es ist die verheerende Gluth, der Hauch des Feuers — noch einen Versuch, die Kroniden zu überwältigen; doch Zeus stürzt dasselbe durch seine Blitze in den Tartaros zu den Titanen. Aber vor diesem Sturze hat Typhoeus schon mit der Echidna den Orthros, den Hund des Geryones, den Kerberos, den Hund des Hades, und die lernaeische Hydra erzeugt. Von der lernaeischen Wasserschlange stammen wieder die Chimaera, welche Bellerophontes bezwang, das Ungeheuer des phikischen Berges bei Theben (S. 116.) und der nemaeische Löwe. Dagegen stammen die Graeen und die Gorgonen (die alten dunklen Geister des Westens) und der Drache, der die Aepfel der Hesperiden hütet, vom Phorkys und der Keto, d. h. dem großen Meerfisch, welche beide die Gaea aus der Umarmung des Meeres geboren hat. So hat die Theogonie die Genugthuung, alle Ungeheuer, welche die griechische Sage kannte, auch die, welche nicht von den Göttern, sondern von den großen Helden besiegt wurden, in zwei Stammbäume zusammenzufassen. Typhoeus wird im Schiffskatalog der Ilias ein unter die Erde gebettetes Ungeheuer genannt, auf welches Zeus von Zeit zu Zeit seine Blitze niedersendet[1]); bei den spätern Dichtern sind dem Typhoeus gewaltige Bergmassen auf den Leib gewälzt, die Flammen der Vulkane Anatoliens, die Flammen des Aetna sind der glühende Hauch, welchen das Ungeheuer ausstößt[2]). Dagegen übergeht die Theogonie den Kampf der lichten Götter gegen die Giganten, die beim Homer längst überwundene Geister des dunklen Westens sind. Von diesem Kampfe liegen uns nur einige Andeutungen bei Pindar[3]), eine ausgeführtere, aber auch sehr weit umgebildete Darstellung bei Apollodor vor. Wir können nur so viel sehen, daß die Giganten als gewaltige Riesen gedacht waren.

Die jüngsten und spätesten Zeugungen, die Kroniden, haben die älteren überwältigt. Von dem Sturze der Titanen in den Tartaros ist nur Okeanos, der Geist des fruchtschaffenden Wassers,

---

1) Il. II. v. 780 — 2) Aeschyl. Prometh. 253 seqq. Pind. Olymp. 4, 8. Pyth. 1, 15. Strabon p. 626. — 3) Pind. Nem. 4, 25. und Schol. a, b. l.

und dessen weibliche Seite, die Tethys, ausgenommen, weil man diese wohlthätigen Geister nicht entbehren konnte; sie mußten auch in der Theogonie wenigstens der Ursprung der Flüsse bleiben. Auch die Söhne des Japetos, die Titanen Atlas und Prometheus, erfahren besondere Schicksale. Atlas, d. h. der Träger, war eine alte Riesengestalt bei den Griechen, den die Theogonie aus diesem Grunde unter die Titanen versetzt hatte. Nach seinem Siege zwingt Zeus den Atlas, „an dem Ende der Erde, nahe bei den hellsingenden Hesperiden, den breiten Himmel mit seinem Haupt und den unermüdeten Händen zu tragen" (S. 500.). Der alte Feuergott Prometheus Pyrphoros, welcher den Menschen vorsorgend das Feuer gebracht und sie um den Heerd des Hauses versammelt hatte, welcher durch seine Flammen den Göttern die Opfer emportrug, war einer Seits durch den Dienst der Hestia, anderer Seits durch den kunstreichen Schmied, den Hephaestos, welcher in den rauchenden Vulkanen arbeitete, durch den Waffenbereiter, zu welchem das ritterliche Epos den „Feuerbringer" gemacht hatte, verdrängt worden. Nur in lokalen Diensten bestand der Dienst des „Feuerbringers" fort (S. 323.). So konnte Prometheus als ein Gott der alten Zeit unter die Titanen versetzt werden, so konnte ein Gott, der nur noch in einigen lokalen Diensten verehrt wurde, in den Sturz der Titanen verwickelt werden, so konnte er insbesondere als ein leidender Gott, den ein besonderes Verhängniß getroffen, erscheinen. Freilich mußte Prometheus, der Geist des lichten Feuers, im Kampf der Götter des Lichts gegen die Titanen auf der Seite der Olympier gekämpft haben; aber er konnte späterhin vom Olympos ausgeschlossen und von dem Zorn des Zeus ereilt sein. Des Prometheus Sturz war durch verschiedene Gesichtspunkte zu motiviren. Indem Prometheus den Menschen, seinem Geschlecht, die Gabe des Feuers gespendet, welche sie nun nicht blos zum Opfer, sondern auch zu den niedrigen Bedürfnissen des Tages gebrauchten, hatte er indirekt selbst das heilige und reine Feuer verunreinigt. Man nahm es jetzt ernster mit dem Gottesdienst, man begnügte sich nicht mehr mit dem behaglichen Genuß des Opferbratens, und stieß sich deshalb nicht mit Unrecht an der alten Sitte, den Göttern nur Knochen und Fett und höchstens die Schenkel zu verbrennen, das übrige aber selbst zu verzehren. Hatte nicht der erste Opferbringer, Prometheus, seine Menschen so zu opfern gelehrt; hatte er nicht dadurch die

Götter betrogen? Und wenn nun Zeus deßhalb den Menschen wie billig das Feuer vorenthalten, so hatte Prometheus ihnen dasselbe wieder entwendet, um es den Menschen zurückzugeben. Hatte sich Prometheus damit nicht gegen den Herrscher der Götter aufgelehnt?[1]) In den Tartaros konnte Prometheus nicht mehr gestoßen werden, er hatte mit den Göttern gegen die Titanen gekämpft, er war eben ein Geist der Helle — so läßt denn die Theogonie Zeus den Prometheus an die hohe Säule befestigen und ihm durch seinen Adler die Leber, den Sitz der Begierden ausbacken[2]). Der Schauplatz der Leiden eines lichten Gottes konnte nur im Osten, im Lichtlande des Aeetes sein. Indeß ist in der Theogonie der Kaukasus noch nicht als der Ort der Strafe des Prometheus genannt, wol aber läßt sie bereits den Zorn des Zeus ruhen, durch Herakles den Adler erlegen und den Prometheus lösen. Ein Gott, welcher z. B. in Attika noch immer verehrt wurde (s. Bd. IV.), konnte wol einmal gestraft sein und gelitten haben, aber dies Leiden mußte bereits beendet sein.

Nach dem Siege über die Titanen wählen die Kroniden den Zeus zu ihrem Herrscher[3]) — eine Wendung, die dem veränderten Zustande der griechischen Gemeinwesen ihren Ursprung verdankt — und Zeus theilt seinen Brüdern ihre Aemter zu. Er behält den Himmel, den Aether und die Wolken, dem Poseidon giebt er das Wasser des Meeres und der Flüsse, dem Hades die Tiefe der Erde und das Reich der Todten. Mit der Demeter erzeugt Zeus die Persephone, welche Hades der Mutter raubt[4]); mit der Leto den Apollon und die Artemis; mit der Semele d. h. der ehrwürdigen Erde, welche die Theogonie zu einer Tochter des Kadmos und der Harmonia macht, den Dionysos; mit der Mäa den Hermes. Endlich nahm er seine Schwester Hera zum Weibe, welche ihm die Hebe und den Ares gebar. Die Theogonie ist es, welche zuerst die Geburt der Pallas aus dem Haupte des Zeus erzählt, indem sie jene ältere Vorstellung, welche die Göttin, die aus den Gewitter-

---

1) Die Geschichte vom Prometheus und der Pandora in der Theogonie (570—612) ist eine spätere satirische Epilese, daß alle Uebel der Welt vom ersten Weibe stammen. In einer etwas anderen Form ist dieselbe auch in die „Werke und Tage" (47—105) eingeschoben worden. — 2) Die Strafe des Ausstreckens an der Säule oben am Felsen kann von dem Namen des Titanen, von σκαίνω, ausstrecken, herrühren. Die Titanen sind ursprünglich die dunklen Geister, die sich ausstrecken, den lichten Himmel zu verhüllen. — 3) Theogon. v. 881; vgl. Il. 15, 186 seqq. — 4) Theogon. v. 913.

wollten des Himmels in ihrer klaren, gebietenden Reinheit hervortrat, aus diesen geboren werden ließ, auf den Donnerer Zeus und dessen Haupt überträgt. Es war eine weitere Ausführung jener alten Anschauung, wenn man die Gewitterwolken aus dem Oceanos, d. h. aus dem rings umgebenden Meere ableitete. Die dunklen Wolken steigen aus dem die griechische Halbinsel umgebenden Meere zum hohen Himmel empor. So kann die Theogonie der Pallas eine Tochter des Oceanos zur Mutter geben. Diese wird zugleich die weiseste der Gottheiten, Metis, genannt. Als sie auf dem Punkte war, die Pallas zu gebären, verschlingt Zeus die Metis, wie Kronos seine Kinder, und wird so zum weisesten Gott, zum Selbsterzeuger der Göttin des klugen Rathes, zum Alles wissenden Gott. Als Gegenstück gegen diese Geburt der Gewittergöttin durch Zeus, läßt die Theogonie die Hera ebenfalls allein aus ihrer Kraft den Gott des Feuers, den Hephaestos, gebären[1]), wofür andere dichteten, daß die Hera den Typhoeus, jenes Ungeheuer des aus der Erde aufsteigenden Feuers, aus Zorn über die Geburt der Pallas auf diese Weise erzeugt habe[2]).

Die Theogonie begnügt sich nicht mit der Abstammung der Götter. Auch die Zustände der Seele, die Leidenschaften, moralische Begriffe werden zum Range göttlicher Wesenheiten erhoben, und in sehr abstrakter Form personificirt, classificirt und genealogisirt. Es wird genügen, die Geburten der Nacht zu erwähnen. Die Nacht, die Tochter des Chaos, gebar durch ihre eigene Kraft die Hesperiden, die Geister des fernen Abends, den Tod, den Schlaf und den Traum, den Schmerz und die Klage, die gerechte Vergeltung, das Alter, die Täuschung und die Eris (den Streit). Die Eris erzeugt wieder die Leiden und den Hunger, die Schlacht und den Mord, die Ungesetzlichkeit und die Verblendung u. s. w. Es bedarf keines Worts, wie weit diese Dinge von alter, ursprünglicher Religion und Poesie abliegen.

Der Genealogie der Götter mußten die Genealogien der Helden folgen, welche von den Göttern ihren Ursprung hatten. Da die Götter zu den Weibern der Menschen herabgestiegen waren, um die Heroen zu zeugen, verfaßten jene boeotischen Dichter einen Katalog, ein Lexikon der Weiber, welche den Heroen den Ursprung gegeben

---

[1]) Theogon. v. 927. Ct. S. 20. — [2]) Hymn. in Apoll. v. 304 seqq.

hatten, und schlossen die Geschichten dieser Helden an ihre Mütter an. Der Name dieses Gedichts, „die großen Eoeen", rührt daher, daß dasselbe, in ebenso aphoristischer Form wie die Theogonie verfaßt, in der Einleitung etwa besagte: „Solche Weiber sieht man nicht mehr, wie jene der Vorzeit"; worauf dann jeder Name, jeder neue Stammbaum mit den Worten begann: „Oder eine solche (ἢ οἵη) — wie die unverletzte Jungfrau, welche die heiligen didymischen Hügel im böotischen Feld beim traubenreichen Anthros bewohnte, und im boebeïschen See ihren Fuß abspülte"[1]); „Oder solche, welche das böotische Hyria aufnährte, welche dem Erderschütterer Poseidon den Euphemos gebar"[2]); „Oder solche wie, Antiope, welche den Zethos und Amphion gebar"; „Oder solche wie Kyrene, welche dem Apollon den Aristaeos gebar"; „Oder solche, welche ihr Haus und die Vatererde verlassend, nach Theben kam mit dem kriegerischen Amphitryon, die Tochter des Herrschers Elektryon. Diese übertraf das Geschlecht der Weiber an Schönheit und Größe, und von ihren dunklen Brauen wehte es wie von denen der goldenen Aphrodite, und sie ehrte ihren Gatten wie niemals ein anderes Weib ihren Ehegemahl. Er aber zog gegen die Teleboer aus u. s. w."[3]).

12. Der Entwicklungsgang der Hellenen.

Von allen Zweigen der arischen Völkerfamilie war den Griechen auf ihrer Halbinsel der günstigste Boden zu Theil geworden. Ein Gebiet von mäßigem Umfange, von mannichfaltiger und prägnanter Gliederung, von festen und übersehbaren Formen, ein Gebirgsland mitten im Meere, unter einem gemäßigten Klima, mit einem Boden, welcher Arbeit verlangte, aber nicht durch das Uebermaaß derselben den Menschen verkümmerte. Diese Thäler und Berge hatten die Stämme der Griechen zuerst mit ihren Heerden durchzogen. Im Sommer hatten sie ihre Thiere auf die luftigen Höhen getrieben, im Winter die wärmeren Küstensäume aufgesucht. Die Stämme in den Ebenen der Ostküste gingen zuerst zum Ackerbau über. Durch die

---

1) Fragm. 60. — 2) Fragm. 52. 54. — 3) Scutum Herc. Init.

Einfälle, welche die Hirten von den Bergen herab machten, wurden diese Ackerbauer um schützende Höhen und Burgen zusammengedrängt; in der Abwehr gegen die Hirten wurden auch die Bauern zu Kriegern. So kamen die Griechen von der patriarchalen Herrschaft der Aeltesten zu einem Heerführerthum, zu einem kriegerischen Königthum in ihren Gauen. Die Phoeniker, welche Kreta, welche die Inseln des aegaeischen Meeres, welche Kythera kolonisirt hatten, errichteten auch an und auf der Ostküste von Hellas Stationen; ihre Kulte faßten an einigen Punkten der Ostküste Fuß, und ihre Küste kamen einem oder zwei Kantonen der Ostküste zu Gute. Doch genügte die Erhebung einzelner Kantone der Griechen, die Phoeniker von den Küsten von Hellas wieder zu verdrängen. Das kriegerische Königthum der Hellenen konnte sich nach diesem Aufschwunge in größeren Bauwerken, in größeren Beutezügen und Raubfahrten versuchen. Zugleich gelangen die ersten Schritte politischer Organisation, und wenn die Fehden und Einfälle gegen die Nachbarn häufig waren, so gewährten gemeinsame Opfer verschiedener Stämme doch auch dem friedlichen Verkehre einen gewissen Spielraum und den Schutz der Götter, welchen diese Verehrung galt.

Ein Hirtenstamm aus dem Nordwesten, welchem seine Weiden wohl zu eng geworden waren, warf sich auf das reichere Land im Osten. Dieser Einbruch der Thessalier gab den Anstoß zu einer weitgreifenden Umbildung der Besitzverhältnisse auf der Ostküste der Halbinsel und im Peloponnes. Die vor den Thessaliern weichenden Stämme vertrieben ihrer Seits andere Stämme aus ihren bisherigen Sitzen. Die Eroberung trat an die Stelle der Fehde. Zwei Gebirgsstämme, die Thessalier und Dorer trugen über die bereits civilisirteren Gebiete des Ostens — Attika ausgenommen — den Sieg davon, und ein Theil des hellenischen Volkes wurde gezwungen, auf den Inseln des aegaeischen Meeres, auf der Küste Anatoliens neue Sitze zu suchen.

Im Oriente folgt den primitiven Formen des Stammlebens, der patriarchalen Herrschaft der Aeltesten, entweder durch die Erfolge der Waffen eines Stammhauptes oder durch Reaktion gegen den Druck auswärtiger Feinde die Erhebung eines mächtigen Königthums, welches größere Gebiete zusammen erobert, die Früchte des Sieges für sich ausbeutet, und bald mit derselben Machtfülle wie über die besiegten auch über den eignen Stamm herrscht. Auf der

Halbinsel der Griechen verhinderte die Natur des Terrains einen solchen Gang der Entwickelung, Gestaltungen dieser Art.

Die Bergzüge und Thalengen der Halbinsel gaben der Vertheidigung ein sehr bedeutendes Uebergewicht über den Angriff; die Mauern der Burgen waren durch die Lanze nicht leicht zu überwältigen. So beschränkten sich die Erfolge der Thessalier und Dorer auf die Eroberung einiger Landschaften, so bewahrte das Leben der Halbinsel auch nach diesen Stürmen seinen kantonalen Charakter. Auch jene Schaaren, welche aus der Halbinsel hinausgestoßen wurden, zogen nicht in einheitlichen Massen. Die Auswanderung geschah wie der Angriff in einander folgenden Abschnitten. Es waren einzelne Schaaren, welche, jede unter ihrem besonderen Führer, diese oder jene Insel, diesen oder jenen Punkt der Küste Asiens sich erkämpften, so daß diese neuen Besitzungen den begrenzten und lokalen Charakter des griechischen Lebens fast noch schärfer hervortreten lassen als das Mutterland. Es waren keine Eroberungen, es waren vereinzelte Kolonisationen. Das Heerführerthum, das kriegerische Königthum der Griechen wird kein weithin herrschendes, despotisches Central-Königthum. Obwohl durch eine lange Zeit des Kampfes emporgehoben und befestigt, bleibt es im Mutterlande wie in den Kolonieen auf die einzelnen Landschaften beschränkt.

Diese lokalen Kämpfe und Kolonisationen, diese kantonalen Staatsbildungen, dieses auf allen Punkten selbständig und individuell pulsirende Leben waren die Bedingung und wurden die Grundlage der hellenischen Entwickelung. Die langen und schweren Kämpfe des Angriffs und der Abwehr, die Besitzergreifung und die Vertheidigung auf den fernen Küsten mußten überall selbständig und durch die eigenen Kräfte vollbracht werden. Ueberall war man genöthigt, sich in neuen Verhältnissen einzurichten, neue Ordnungen des Lebens zu finden. Die Selbstthätigkeit aller dieser kleinen Gemeinwesen war ebenso gegeben, als gefordert. Ein Staatsleben, welches nur einen Gau, eine Landschaft, eine Stadt umfaßt, welches darauf gewiesen ist, sich durch eigene Kraft gegen Jedermann zu behaupten, welches von Niemand Hülfe zu erwarten hat, als von sich selbst, muß die Thätigkeit aller in ganz anderer Weise anregen, als ein Volksleben welches über weite Gebiete ausgebreitet daliegt. Die gemeinsame Gefahr und die gemeinsamen Aufgaben hatten die Bevölkerung jedes Kantons nur noch enger zusammengeschlossen. Mehr als zuvor und länger als früherhin hatten die Gaugenossen den Schutz der Burgen und Mauern suchen müssen. Die Wohnungen drängten sich in den Mauern zusammen. Noch weniger als auf der Halbinsel vermochte man auf der Küste Asiens ohne den schützenden Mauerring zu bestehen, und wir sahen, wie auch der Angriff der Vertheidigung gegenüber den Stützpunkt der Mauern suchte.

Die vielbewegten Zeiten der Wanderung entschieden nicht nur den Gang der politischen, sondern auch den der geistigen Entwickelung bei den Hellenen, welche dann ihrer Seits wiederum bedeutsam auf das politische Leben zurückwirkte. In der Periode, welche vor dem Kriegsleben und den Wanderungen liegt, hatte die Neigung des griechischen Geistes zur Phantastik und Transcendenz nur an der Mannichfaltigkeit der landschaftlichen Formen und Lebensbedingungen ein gewisses Gegengewicht. Durch das erregte Treiben in der Zeit der Wanderung erhielt jene Richtung an der Fülle und Breite des wirklichen Lebens eine ganz andere und bei weitem stärkere Widerlage. Nun zügelte die Macht der Wirklichkeit, die Wucht der Praxis den Idealismus der Phantasie. Die Forderungen der Gegenwart waren gebieterisch, die Nöthigungen der Lagen unabweisbar. Ueberall gab es Krieg und Fehde. Dort waren Fremde eingedrungen, hier hatte man selbst einen Streifen Landes gewonnen, eine Mauer gezogen, an deren Behauptung die Existenz hing. Hier war anzubauen und zu ordnen, dort das Vordringen des Feindes zu hindern. Der Kampf für den heimischen Heerd ging durch alle diese kleinen Gemeinschaften. Die Thätigkeit und die Kräfte Aller waren in hohem Maße in Anspruch genommen. So wurde der Blick von dem Himmel auf die Erde, von der Anschauung der Götter zu den Thaten der Menschen herabgezogen. Mit seinen Seefahrten und Ueberfällen, mit seinen Kämpfen und Anspannungen erzog dies Leben ein mannhaftes und kriegerisches, ein rüstiges und thatkräftiges Geschlecht. Jedermann war auf seinen Arm und seinen Blick, auf seine Kraft und seinen Muth angewiesen, durch die er allein die Abenteuer und Drangsale des Krieges und der Seefahrt zu bestehen vermochte. So konnte es geschehen, daß die Freude an diesen Thaten und Wagnissen auch die Poesie ergriff, daß der Heldengesang den Hymnengesang, die weltliche Poesie die geistliche überholte, daß das Epos die Kämpfe der Gegenwart in den Thaten der Helden der Vorzeit idealisirte. Das menschliche Wesen und Treiben erlangte das Uebergewicht in dem Maaße, daß die Götter nach dem Bilde der Könige und Helden umgeformt wurden; baß die Anschauungsweise der Griechen zu einem sichern Gleichgewicht zwischen Phantasie und Realität gelangte.

Bar der Orient vordem auf den Schiffen der Phoeniker an die Küsten von Hellas gekommen, jetzt in den Zeiten der Wanderung hatten ihn die Griechen selbst aufgesucht. Die Kulte der Inseln, der anatolischen Küste nahmen sie auf; diese übten zum Theil tiefgreifende Rückwirkungen auf die Halbinsel. Von den phoenikischen Städten auf Kreta und Rhodos entlehnten die Griechen nun den Gebrauch der Schrift, der Münzen und Maaße, während sie im Verkehr mit den Stämmen Kleinasiens ein zweites System des Gewichts, neue technische und musikalische Künste kennen lernten.

Neben dem Königthum stand ein zahlreicher Herrenstand. Er war aus Nachkommen der Kriegsleute, welche sich neue Sitze auf der Halbinsel erkämpft und den gewonnenen Boden, die Beute des Krieges, unter sich vertheilt hatten, aus den Nachkommen der ersten Ansiedler in den Kolonieen erwachsen; er wurde in den Kantonen, welche sich der Eroberung erwehrt hatten, durch alle die verstärkt, welche Rüstungen zu halten und die Vertheidigung des bedrohten Landes zu übernehmen in der Lage waren. Bei der Getheiltheit des griechischen Staatswesens war das Königthum ohne nationale Bedeutung, bei der Kleinheit der Staaten war es ohne haltbare Stützpunkte seiner Macht, bei der Uebersehbarkeit der Interessen und Verhältnisse dieser kleinen Kantone konnte es entbehrt werden. Die gemeinsame Regierung des Adels trat an die Stelle des Königthums. Die Gemeinwesen der Hellenen waren bereits eng zusammengewachsen, als der Adel die Herrschaft übernahm. Die alte Versammlung der Gaugenossen, die öffentliche Berathung der Edlen, das öffentliche Gericht waren durch das Königthum nicht beseitigt worden. Der geringe Umfang der Kantone und Städte erleichterte den unmittelbaren Verkehr und erhielt unter den Gleichgestellten ein lebhaftes Gefühl der Gemeinschaft. Der Adel organisirte sich, um die Regierung unter gleicher Betheiligung seiner Genossen führen zu können. Den Ordnungen Lykurgs folgte im Laufe des achten, bis zur Mitte des siebenten Jahrhunderts eine Reihe von neuen Verfassungen; während anderer Seits die Kolonisation die Wanderung fortsetzte und hellenisches Leben über die Küsten des schwarzen Meeres, über die Küsten Thraciens, Sizilens und Unteritaliens ausbreitete.

Der Adel war in diesen Zeiten nicht blos der Träger des Staats, sondern auch der Träger des religiösen Lebens. Er vereinigte das Priesterthum mit dem Ritterthum. Das potenzirte menschliche Wesen, welches die epische Dichtung den Göttern beigelegt hatte, gestattete keinen ausschließenden Gegensatz zwischen der Welt der Götter und der der Menschen. Damit fehlte der Boden für die Bildung eines besonderen Priesterstandes, wenn auch die Religion durch die Gebräuche des Kultus, durch die delphische Weissagung, durch die Vorschriften der Reinheit und das Ritual, welche von Delphi aus eingeschärft und aufrecht erhalten wurden, im Stande war, ihre überirdische und sakramentale Seite zu behaupten. Die zuerst noch angeschaute Menschlichkeit der Götter wurde mit der ernsteren Auffassung des Lebens und der Pflichten des Mannes Schritt vor Schritt gereinigt, verklärt und sittlich tiefer gefaßt. Indem die Welt der Götter von den Griechen als die ethische Vollendung und Verklärung der menschlichen Welt angeschaut wurde, war der Mensch selbst d. h. das wahre Wesen desselben, das Ideal des Menschen, der Maaßstab, an welchem er sich zu messen hatte, das Ziel seines Lebens geworden. Diese Aufgabe war keine andere, als sein menschliches Leben nach dem sittlichen Zuge seiner Brust auszuleben, sich zu einem tüchtigen und edlen Mann zu machen. Die Pflichten, die der Mensch um der Götter willen zu erfüllen hat, sind nach der sittlichen Seite hin keine anderen als die, welche ihm auch die Gebote des irdischen Lebens stellten; die Gesetze des Himmels und der Erde waren dieselben. Die Ethik der Religion war von der des Staats nicht mehr verschieden; die gesammte sittliche Kraft war auf das Diesseits und den Staat vereinigt und der Patriotismus wurde zu einer religiösen Pflicht erhoben.

Von wesentlich gleichen Anlagen aus kamen die Inder und die Griechen zu den entgegengesetztesten Standpunkten. Während jene im Gangeslande nur in der Welt der Phantasie, nur für den Himmel und das Jenseits lebten; während sie die Existenz in dieser Welt über alles Maaß traurig und jammervoll fanden, und diese nicht energisch genug zu beschränken, nicht früh genug endigen zu können glaubten, während sie zwischen dem Selbstvergessen in dem Bogen des heißesten sinnlichen Genusses und dem Dasein einer unbarmherzigen Selbstvernichtung, der ascetischen Auslöschung des Körpers und des Ich umherschwankten: lebten die Griechen wie kein anderes Volk für das diesseitige Leben, für die edle Ausbildung jedes einzelnen tüchtigen Mannes an Körper und Seele, für die gegenwärtigen Aufgaben ihrer Gemeinwesen. Die reale That, das praktische, das politische Leben hatte die Griechen in dem Partikularismus ihres Landes und ihrer Gemeinden so durchgreifend erfaßt und Jahrhunderte hindurch so lebhaft beschäftigt, daß es für immer den Sieg in ihrem Geiste davon getragen hatte, daß es der Kern ihrer religiösen, ihrer sittlichen Aufgabe geworden war, für die gegenwärtige Welt zu leben. Aber ihre religiöse Grundstimmung, das Gewicht ihres staatlichen und eifrigen Kultus und der Idealismus ihrer Anlage waren stark genug, daß sie sich nicht in dem Treiben des Tages und dem Genuß des Augenblicks verloren.

So konnte es geschehen, daß Sinn und Empfindung, daß die gesammte Anschauungsweise der Griechen zu einem glücklichen Gleichgewicht zwischen Phantasie und Realität, zwischen Poesie und Prosa, zwischen Ueberirdischem und Irdischem, zwischen Spannung und Ruhe, zwischen Aktivität und Receptivität, zwischen Geistigkeit und Sinnlichkeit kam. Ihr nationales Wesen wuchs vollkommen in diesen Standpunkt hinein. Ihre Poesie kann das Uebersinnliche, das Göttliche und das Geistige nur in der Natur und in der Gestalt des Menschen erblicken. Ihre Religion kann die Götter und Geister nicht von dem Leben der Natur und dem Leben der Menschen abtrennen. Die gesammte Natur ist den Griechen eine Erscheinung, gewissermaaßen der Körper der Geisterwelt. Sie ist überall von Geistern erfüllt, belebt und bevölkert. Sie erblicken diese Geister in den Bächen und Quellen, in den Eichen und Felshöhlen, auf den Bergholden wie in den Waldschluchten; die Götter sind ihnen gegenwärtig in den Bewegungen des Meeres, wie in den Erscheinungen des Firmaments. In der Hoheit und Majestät des Himmels erblicken sie den Zeus, in dem gewaltigen Schlag der Wogen empfinden sie die Macht des Poseidon, in dem Toben des Gewittersturmes sehen sie die kämpfende, im blauen Glanz der Luft die siegreiche Athene, in dem reinen Strahl des Lichtes den fleckenlosen Gott der sittlichen Reinheit, den Apollon. In analoger Weise empfinden sie die Götter in den Schicksalen und Kämpfen der Staaten, in den Kämpfen der menschlichen Brust. Aus solcher Auffassung sind den

Dichtern die hehren Gestalten, d. h. die concentrirten Anschauungen der Götter, deren Elemente ebensosehr dem Prozeß des Naturlebens als dem ethischen Prozeß entnommen sind, erwachsen.

In derselben Weise fassen sie den Staat. Er besteht für sie nur in dieser übersehbaren Gemeinde, welche in den Versammlungen, auf dem Markte, in den Festzügen zur greifbaren Erscheinung kommt. Ueber diese anschauliche Begrenzung hinaus begreifen die Griechen den Staat nicht, sie können ihn nur in dem Umfange denken, daß ihn eine Versammlung zu umfassen vermag. Diese Vorstellung vom Staate ist noch bei den großen Philosophen des vierten Jahrhunderts ganz unerschüttert. „Der Staat, sagt Platon, muß so groß sein, daß er sich selbst genügt, d. h. daß das Land alles, was die Bürger zum Leben bedürfen, selbst hervorbringt; der kräftigste Staat sei der größte, wenn sein Heer auch nur tausend Streiter zähle"[1]). Aristoteles bemerkt, „eine zu große Volksmasse verwirrt den Staat und läßt keine Wohlgeordnetheit zu. Erst die begrenzte Größe bewirkt die Schönheit und darum auch den schönen Staat. Ein Fahrzeug von zwei Stadien Länge ist kein Schiff mehr. Mit zu wenigen Bewohnern genügt der Staat sich nicht selbst, mit zu vielen ist er ein Volk, kein Staat. Nur die Größe des Landes ist erforderlich, daß es alle Bedürfnisse für die Bewohner hervorbringt, nur die Zahl der Bürger ist erforderlich, daß diese alles, was zum Leben nothwendig ist, durch ihre Arbeit und Thätigkeit herstellen können und zugleich sich übersehen lassen. Die Bürger müssen sich kennen, um über einander richten und Beamte wählen zu können, um zu verhindern, daß sich kein Fremder in das Bürgerrecht einschleicht. Wer wollte bei einer großen Volksmasse Herold, wer wollte bei einer solchen Heerführer sein"[2])? Die Einheit dieser ihrer einzelnen Städte und Staaten können die Griechen nur fassen, indem sie dieselben von einem Stammvater ableiten; die Einheit ihrer Religion nur, indem sie in einem Heiligthum, an welchem Weissagung d. h. ein unmittelbares Eingreifen der Götter stattfindet, einen lebendigen Mittelpunkt ihres sittlichen Lebens finden.

Wie die Religion und der Staat, so kennt auch die Ethik der Hellenen keinen Gegensatz zwischen Geist und Natur, zwischen Körper und Seele. Natur und Geist, Körper und Seele sind für uns ge-

---

1) de rep. II. p. 369. IV. p. 423. — 2) Aristot. pol. VII, 4. 5.

trennt, sie waren es nicht in der Anschauung der Griechen. Es handelt sich bei ihnen weder um das Abthun des natürlichen Menschen, noch um die Versenkung in die sinnliche Natur. Es fehlte den Griechen keines Weges an sinnlichen Impulsen, ihr ganzes Wesen war und blieb von einer derben Sinnlichkeit getragen; aber sie fühlten sich von derselben weder überwältigt noch belästigt. Es war ein gesundes Gegengewicht von natürlicher Genügsamkeit und Mäßigkeit, von sittlichen und idealen Instinkten in ihnen. Der naive Humanismus des Epos, die strengere Auffassung der aristokratischen Zeit verlangt nichts, als daß der Mensch dem guten Zuge des Innern, dem Instinkt seiner Vernunft folge, daß er sein wahres Wesen in sich und an sich auslebe und entfalte. Die Aufgabe ist nur die Mäßigung, die Veredlung des natürlichen Triebes, die Herrschaft über die Heftigkeit des Gemüths und der Leidenschaften; es handelt sich um die Aufhebung der Selbstsucht, nur soweit der Eine den Andern anzuerkennen, nur soweit sich das Individuum dem Kreis der Familie, des Gemeinwesens unterzuordnen, sich mit deren Gehalt zu erfüllen, mit deren Pflichten zu durchdringen hat. Die Möglichkeit solcher Veredlung und Hingebung ist bei den Griechen niemals in Zweifel gezogen worden. Mit dieser edlen Anlage der menschlichen Natur ist ihnen auch die Gestalt des Menschen fähig und bestimmt, die Schönheit der Seele zur vollen Erscheinung zu bringen. Es ist die Aufgabe des guten Mannes, seinen natürlichen Menschen mit dem Adel jener Gesinnung und Tugend zu beherrschen oder vielmehr zu erfüllen. Die edle Gesinnung arbeitet er in seinen Körper ein; sie prägt sich in demselben aus; denn der Körper ist die sichtbare Seele selbst. Die Griechen wollen den Menschen, aber den ganzen Menschen in seiner vollen sinnlichen Gesundheit und Tüchtigkeit, in der ungehemmten Herrschaft über seine Glieder und Muskeln, in der Freude an der Fülle seines eigenen Lebens und seiner eigenen Kraft. Nur aus diesem Standpunkt ist das ungemeine Gewicht zu erklären, welches die Griechen auf die allseitige Uebung und Durcharbeitung des Körpers legen, auf die Bildung des Leibes zur Schönheit, Schnelligkeit, Muskelkraft und Gewandtheit, auf jene systematische Gymnastik, welche seit den Zeiten der Adelsherrschaft bei ihnen entwickelt worden ist. Das Ideal „des schönen und guten Mannes," welchem sie nachtrachten, die edle Gesinnung in einem kraftvollen und allseitig entwickelten Leibe war ein allgemeines: aber diese Allgemeinheit war bei den Griechen wieder dadurch gebrochen, daß es nicht darauf abgesehen war, überhaupt ein schöner und guter Mann zu sein, sondern dieses Ideal in diesen bestimmten Verhältnissen, in dieser Gemeinde, in diesem Staate zu realisiren. Das Ideal des schönen und guten Mannes ist bei ihnen vielmehr das Ideal des schönen und guten Edelmannes von Sparta oder von Athen; das Ideal des Menschen geht bei ihnen sogleich in das Ideal des Bürgers eines bestimmten Staates über.

Dieser Standpunkt der concreten Individualität, welchen die Griechen wesentlich durch den Particularismus und die praktische Durcharbeitung ihres Lebens im achten und siebenten Jahrhundert erreichten, die Erfüllung, Sättigung und Verklärung der natürlichen Seite durch die geistige, der Trieb, alles Natürliche zur Form und zum Adel des Geistes zu erheben, diese Harmonie des geistigen und sinnlichen Menschen, dieses Gleichgewicht der idealen und natürlichen Seite giebt dem Leben der Hellenen den Charakter der plastischen Schönheit. Die Schönheit ist nichts anderes, als die Durchdringung des Stoffes durch den Geist, der Gestalt durch das Wesen; die sinnliche aber geistig durchleuchtete Erscheinung des wahren Innern der Dinge. Wie sie die Götter nur in der Natur, in den hohen Gestalten ihrer Poesie, den Staat nur in seiner Erscheinung im Kanton, den Menschen nur als Glied der Gemeinde, die Seele nur im Körper erkannten, so vermochten sie auch die Einheit ihrer Nation nur in einer unmittelbaren Gemeinschaft, in einer Festversammlung, bei der Feier eines großen Opfers in jenen periodischen Zusammenkünften um den Altar des olympischen Zeus herzustellen. Dieses Schauspiel, daß alle Zweige und Stämme eines Volks von sehr entfernten Punkten herbeieilen, um mit einander um den Preis der Gewandtheit und Stärke zu ringen, ist ohne Gleichen in der Geschichte. Und dieser Preis war das Höchste, was einem Hellenen zu Theil werden konnte.

Die Entwickelung der Hellenen war ohne Störungen, aber keines Weges ohne Einwirkungen von außen her vor sich gegangen. Nicht das ist die Bedeutung des hellenischen Geistes, daß er seinen gesammten Besitz in selbsteigener Originalität allein aus dem Born seiner Anlagen geschöpft hätte; seine Kraft liegt vielmehr darin, daß die Hellenen die sehr mannichfaltigen und sehr wirksamen Anregungen, welche sie von außen her empfingen, selbständig zu verarbeiten und ihrem Wesen zu assimiliren mußten. Es gehört zu den glücklichsten Bedingungen, welche der Entwickelung der Hellenen zu Theil geworden sind, daß die Lage ihres Landes der Art war, daß sie mit den älteren Kulturen Kleinasiens, Syriens und Aegyptens der Reihe nach in Berührung kommen mußten, daß sie sich selbst an diesen emporbilden, daß sie diese aufnehmen und zusammenfassen, daß sie so bereichert zu höheren Bildungen über diese hinaus gelangen konnten. Die Phoenizier waren frühzeitig an der Küste der Halbinsel gelandet, die Griechen waren ihnen dann auf Kreta und Rhodos, auf Samothrake und Thasos, endlich auf Sizilien und an der Küste Afrika's begegnet. Die Dienste der Inseln und der anatolischen Küste hatten die Griechen aufgenommen, und von der älteren Kultur Lydien's gelernt. Von weiterer und eingreifender Bedeutung für die Religion und die Kunst der Griechen wurde dann die Oeffnung Aegyptens, welche ihre Wirkungen indeß erst im folgenden Zeitraume äußerte. Aber noch hatte kein Nachbarstaat einen Druck auf die Entwickelung der Hellenen ausgeübt, kein auswärtiger Feind hatte in den Gang ihres nationalen Lebens eingegriffen. Die Kräfte der einzelnen Kantone hatten hingereicht, die Stationen der Phoenizier von der Küste der Halbinsel zu verdrängen, — seitdem waren die Hellenen in beständigem Vordringen und Kolonisiren geblieben. Eben jetzt hatte sich ihnen auch der Westen des Mittelmeeres in vielverheißender Weise aufgethan. Die Macht der Lyder war für die ionischen Städte unbequem aber keineswegs erdrückend geworden, die der Meder stand in fernem Hintergrunde, die der Karthager glaubten die Griechen wol wenig furchtbar.

Der Standpunkt, welchen die Griechen erreicht, hatte seine scharf gezogenen Grenzen. Sie vermochten es nicht, über die einzelnen Göttergestalten hinaus zur Anschauung der Einheit und Allgemeinheit des göttlichen Wesens zu gelangen, sie vermochten es nicht, ihr Volk zu einem Staate zu gliedern; die Einigung der Nation war nicht bloß durch den thatsächlichen Partikularismus, sondern durch ihren Begriff vom Staate gehindert, welcher sich nicht über den der Gemeinde erheben konnte. Ihr Staat reichte nicht über die Landschaft, das Recht reichte nicht über den Kanton, der Schutz der Person nicht über dessen Grenzen, die Freiheit nicht über den Einfluß hinaus, welchen der Einzelne auf die Gesammtheit zu üben vermochte. Ihre Ethik hatte an der natürlichen Basis eine zu enge Schranke;

sie konnte nicht darüber hinauskommen, den Menschen als Glied dieser bestimmten Gemeinschaft, als ein Mittel und Werkzeug für den Staat anzusehen, sie konnte nicht zu jener Tiefe durchdringen, welche das Ich in der Liebe und Hingebung aufhebt, und den natürlichen Menschen aus der innersten Kraft des sittlichen Geistes zur vollen Freiheit seines Wesens wiedergeboren werden läßt. Aber innerhalb der Grenzen ihres Standpunkts haben die Hellenen das Höchste erreicht. Sie haben nicht über die Erde, nicht über den Bürger, nicht über den bestimmten Staat hinausgestrebt; aber sie haben diese Staaten zu sich selbst regierenden Gemeinschaften gemacht, welche zuvor ungeahnte Kräfte aus der Brust des Menschen hervorlockten; sie haben ihre Bürger zu mannhaften, einsichtigen, gehorsamen, frommen und sittlich wohlgeschulten Gliedern dieser Gemeinwesen erzogen, sie haben ihrer humanen Ethik einen unübertroffenen Ausdruck in ihrer Poesie gegeben. Und noch waren sie weit von dem Ziele, welches der Standpunkt, den sie gewonnen hatten, zu erreichen gestattete. Die Freiheit, zu welcher sie in diesem Zeitraum gelangt waren, die Schönheit des edlen Mannes, welcher sie eifrig nachtrachteten, die Verfassungen, welchen sie gehorchten, hatten noch eine allzubreite Unterlage der Unfreiheit an den Bürgern und Bauern, welche von jeder thätigen Theilnahme am Staate ausgeschlossen waren. Nur der Adel bildete den Staat. Konnte es den Bürgern und Bauern gelingen, gegen diese starke und stattliche Aristokratie, welche die Befugnisse und Vorzüge des Ritterthums und des Priesterthums, den Primat der Waffen und des Opfers, der Rechtskunde und der Tugend in sich vereinigte, emporzukommen?

Register.

Abanten auf Euboea 464; ziehen mit den Joniern nach Asien, 12.
Abros von Argos, 385, 413.
Abydos gegründet, 220.
Achaeer, 200; nehmen Achaja in Besitz, 200; besetzen Melos, 223; Gortyn auf Creta, 224; Verhältniß zu den Aeolern, 500; Bedeutung des Namens, 524 bis 526; mit den Joniern zusammengezählt 526.
Achaeische Kolonien, 217 ff. 470 f.
Acharne, 530 ff.
Acheloos, 16; der Flußgott vom Herakles besiegt, 93. 595.
Achaeen, 14 R.
Acherusischer See, 16.
Achilleion, 220.
Achilleus, 124. 126 ff. 131; vom Paris getödtet, 120; beim Aiaskoes nach Leuke versetzt, 132. 139. 490; Ursprung der Dichtung von ihm 261 f.; seine Charakteristik, 271.
Adel, bei den Griechen in Asien, 236 ff.; in Boeotien, 280; in Thessalien 293 ff.; veränderte Stellung desselben nach den Wanderungen, 396 f. 539. f. Aristokratie in Attika.
Admetos, 124. 534.
Adrasteia, 219.
Adrastos, 113; gegen Theben, 118; f. Nachkommen in Sikyon, 184.
Adria, Stadt, 495.
Adria, Städte an der, ihre Gründung dem Diomedes zugeschrieben, 150.
Aea, das Sonnenland, 40, 44 ff.
Aeakos, ursprünglich Beiname des Zeus, Vater des Peleus, 328.

Aeetes, Sohn des Sonnengottes, 40.
Aege gegründet, 459.
Aegeus Poseidon, 28. 69.
Aegeus, 65 f.; führt den Dienst der Aphrodite in Attika ein, 73; Bedeutung der Sage von ihm, 69.
Aegeisches Meer, Ursprung des Namens vom Poseidon, 28; die Inseln desselben in ältester Zeit karisch und phoenikisch, 55 R.
Aegialeus, S. v. Adrast, 78. 183; sein Sohn fällt vor Theben, 121.
Aegialeer (Jonier) 55; alte Bewohner Korinths, 78.
Aegilereis 170. 429. 552.
Aeginetes, S. der Dorer, 192. 194. 198.
Aegina, wird dorisch, 223; 328. 384; nachmals Mittelpunkt des dortigen Handels, 385.
Aegis, 18. 492. 595.
Aegisthos, 144. 151.
Aegos in Achaia, 378. 402.
Aegypten, Handelsverkehr mit den Griechen, 471. 493 f.
Aemaria (Ischia), 152. 411.
Aeneias, 128. 126; flüchtet aus Ilion 132; die Sage von ihm 150 f.; — nach Lesbos vom Neoptolemos nach Thessalien geführt, 134. 220. 256.
Aenianen 291. 297.
Aeoler, Pelasger der Ältern genannt, 10; ihre Kolonien 217 ff.; Entstehung und Bedeutung des Namens 311. 546.
Aeolos, 10; zum Sohn des Luthos gemacht, 550. 551.
Aepytos, 382. 514.
Aethalia (Elba), 497.

Achilleus, am oberen Peneios, 89. 189.
Aeoler unterwerfen die Pisatra 106, gründen in Elis ein Gemeinwesen, 191. 195. 541.
Agamedes, s. Trophonios.
Agamemnon, 112; — vor Ilios, 122. 135. 141 f.; sein Streit mit dem Achilleus 126; Bedeutung dieser Sage, 263; seine Heimkehr 144; bei den Tragikern, 159; von den Spartanern als Heros verehrt, 155.
Agias von Troezene, 588; seine Nosten, 148 f.
Agiden, von Sparta, 340.
Agis, Enkel des Eurysthenes 344.
Agrios, Sohn des Odysseus und der Kirke, 149.
Aias, Telamons S., 124. 127. 132; st. 130; seine Bedeutung in der Ilias, 279; Ahnherr zweier edler Geschlechter in Athen, 260.
Aias, des Oileus S., 124. 127; entwischt die Kassandra, 133. 141; kommt auf der Rückkehr von Ilios um, 143.
Aianthea gegründet, 462.
Akrä, von Syrakus gegründet, 415.
Akrisios, K. von Argos, 85. 104.
Akrokorinth, 76. 156.
Aialke (Alerka), gegr. 427.
Aletes gründet die Herrschaft der Dorier in Korinth, 201; s. Nachfolger 408.
Alesiadrs, 294 f., 424.
Altamenes, K. v. Sparta, 379. 390.
Alsisten, 331. 537.
Alpheiumene von Argos 196. 205. 225 N.
Altis bei Olympia, 571. 579.
Amazonen, 326; ihr Krieg gegen Athen, 68; Bedeutung dess., 73; — im trojischen Kriege, 138, 257; Bedeutung der Amazonenköniginn, 587; Amazonengräber in Griechenland, 587.
Ampheia, 390. 394.
Amphiaraos, 113. 118 ff.; Heiligthum dess. 122.
Amphidamas von Chalkis, 454.
Amphiktiela, 296.
Amphiktyon, K. v. Attika, 56 N. 552.
Amphiktyonen, 542. 544; Verfassung u. Wirksamkeit ihres Bundes, 541.
Amphion und Zethos, 52. 54.
Amphitryon, 90, 92. 601.
Amyklae, 342. 345 ff.; von den Doriern nach 200jährigem Widerstand erobert, 378; von den Messeniern geplündert, 515.
Amykläen auf Kreta, 227.
Andanie in Messenien, 503. 514.

Androkles, 394.
Androktiden, 397.
Androklos, Sohn des Kodros, gründet Ephesos, 210.
Andromache, 129. 133.
Anianoros, 205. 219, von den Troern genommen, 184.
Anthela, Heiligthum und Eultus der Demeter das.; 175. 297. 521. 689.
Antherlion, 314.
Antilochos, Nestors S., vor Ilios, 124. 132. 428.
Apaturien, 140.
Aphidnae in Attika, Dienst der Dioskuren das., 601.
Aphrodite, ursprünglich die große Mutter, von den Griechen umgebildet, 262 f. 326. 593; auf Delos verehrt (Ariadne), 71; ihr Dienst in Attika, 71; (Theseus bringt ihr vor seiner Abfahrt nach Kreta Opfer, 71); in Theben, 89; in Korinth, 80. 420. Aphrodite Urania in Spähera, 73. 152; (Elene) zu Kerinium, 152; — die kriegerische, am Eurotas, 342.
Apollon, 21; in Argos, 81; bei Amyklae, 378; sein Fest das. 406; auf Delos verehrt, 72. 307; der weissagende Lichtgott in Delphi 272 f. 525 f.; Ausbildung seines Begriffes, 524 ff.; seine Bedeutung als Sühnender Gott, 335 f.; als Gott des Gesetzes, 538; Verbreitung seines Dienstes 542; — in Lykien 68. 264. 328. — in Delphi von den phrygischen und lydischen Königen als ihr Sonnengott gedacht, 301; von den Griechen in Kleinasien in dem kleinphrygischen Sonnengott erkannt, 253; — Nerseus, 80. 202. 326; — Bellerophontes 87. 328; — auf dem Berg Triopion bei Knidos, 228.
Archelaos, K. v. Sparta, 378.
Archias, der Batchiade, 413.
Archilochos von Paros, 403. 464. 590.
Archonten in Athen, 431 f. 444.
Archon Basileus, 444.
Areiopag, 435. 535.
Argeia, 170. 429. 552.
Argela, 118. 844. 406.
Arges gegründet, 461.
Argonauten, 41 f.; symbolische Bedeutung des Mythos, 43 f. 490.
Argos, Wächter des Nachthimmels, der Sternhimmel, 82. 84. 592.
Argos, K. von Argos, 81. 841.
Argos pelasgisch, 10; älteste Sagen von

Argos, 81; historischer Ertrag ders. 104; Königsreiche in —, 184; — von Dorern eingenommen, 197. 193 f. Ausdehnung der Herrschaft des dorischen Argos, 201 f. 380; an der Spitze der dorischen Seefahrt u. Colonisation, 380; f. gebietende Stellung unter Pheidon 382 f.; Sparta gegen — nach dem messenischen Kriege, 401.

Ariadne, von Theseus entführt, 67; auf Kreta und Naxos verehrt, 71; mit der Lochera-Aphrodite verglichen, 71.

Aristodemos der Herakide, 195. 199; seine Söhne, 344 f.

Aristodemos der Messenier, 394 ff.

Aristokratie in Griechenland, 531. 558; in Sparta, 359; in Korinth und Megara, 407; in Thessalien, 296. 424; in den böotischen Städten, 280. 424; in Attika, 424; in Potri, 471; in Kyrene, 482; Vereinigung der Aristokratie mit der Priesterherrschaft, 553. 591.

Aristomachos, Enkel des Hyllos, 194 ff.
Aristomenes, 514 ff.

Arkadien, 10; bei der dorischen Wanderung, 197. 199. Sparta richtet sich bald nach der Gesetzgebung des Lykurgos gegen — und gewinnt Aegys 378; Herrschaft des Appelas in —, 388; die Arkadier während des ersten messenischen Krieges, 395; von den Spartanern nach Beendigung desselb. angegriffen, 409; unterstützen die Messenier im 2. Kriege 504; verlassen die Messenier, 511.

Arkesilaos v. Kyrene, 481 f.
Arktinos von Milet, 131. 586. 598.
Armacer, 278; Wanderung ders. 204. 279 f.

Arne, 190.

Artemis, 22 f.; — der kleinasiatischen Griechen, 253. 326. 74 R.; — von Ephesos, 210. 596; — Iphigeneia zu Aulis und Lemnos, 140; — Orthia, 343 f.; — Munychia, 315.

Asios von Samos, 154. 582.
Asianios, 152. 220. 258.
Astra, 280. 282. 590.
Asteralos, 123. 256.

Aphrodite Lochera, 71. 78; in Korinth 80; ihre Vermählung mit Baal Melkart, 99; die gehörnte, 83, die Athene v. Lindos, 225.

Aphos gegründet 219.
Athamas in Jolkos, 40. 206.

Athenäen, Fest, 59. 61.

Athene (Pallas), 18; ihr Kultus in Attika, 61; Athena Polias in Athen und Erythrae, 212; ihr Bild im Erechtheion, 334; ihre Bedeutung 638; in Milet, 209; in Ilion 263 R. ihr Palladion das., 182. 271 R.; ihr Cultus in Assos, 254; — von Lindos, die Aphrodite von Eidos, 225; — Heilania 375; — Phratria, 440.

Athen, älteste Sagen von Athen, 56 ff.; dem Minos tributpflichtig, 66; Ordnungen des Theseus, 68; Feste, 69 bis 74; die Thesiden 151. 274; Melanthiden, 180; spätere Erweiterung der Königsreiche, 182.

Attika, Natur des Landes, 75. 452; von Joniern bewohnt, 55 f.; Pheneikische Kulte in Attika, 74; verdrängt, 75; die Vereinigung Attika's, 75. 118. — Zufluchtsort der durch die Wanderung der Thessalier und Dorer Vertriebenen, 190. 193. 203. 426; Böoter gegen Attika, 204; — widersteht den Dorern, 193. 206; Auswanderungen aus Attika, 206; Entstehung der Aristokratie in —, 424 ff.; die drei Stände durch Theseus gestiftet, 68; der Adel Attika's, 182. 425; die vier Adelsstämme, 429; neue Organisation ders. 433; Bürger und Bauern in diese aufgenommen, 448 R.; Demokratie in Athen soll von Theseus begründet worden sein, 58; Demen in —, 447; Bezirke (Naukrarien), in —, 449.

Angelos, 95. 97. 569; ist der Sommergott, 96; f. in Enkel Aigeus von Ilion, 194. 176.

Aulis, 217. 280.

Baal Melkart zu Theben, 53; Megara, 71; auf Rhodos verehrt, 225; Baal Meloch auf Kreta, 228. 594.

Bathiadon in Korinth, 408.
Barke in Libyen, 482. 498.
Battos v. Kyrene, 46. 179. 478 ff. 481.
Bauwerke, älteste, der Griechen, 51. 160. 166. 174.

Bellerophontes, 79. 87 f. 828.
Blutrache und Sühne, 239. 532 f.
Blutrecht in Athen, 427. 435. 450.
Böotien, Städte in 280; die alte Bevölkerung, 280 f.; von den Armaern unterworfen, 281; Aristokratie in den böotischen Städten, 424.

Branchiden, 210. 264.

616 Register.

Buies, Buiaden, 57 f. 169. 428.
Buzygen, Geschlecht in Athen, 61. 428.
Byzanz gegründet, 422. 459.

Chaeroneia, die erste Stadt, welche die Krieger erobern, 204. 279.
Chalkedon, 46; von Megara gegründet, 422; 459.
Chalkidike, 206.
Chalkis auf Euboea, 453; Colonien, 412. 456; Krieg mit Eretria, 413 f.
Charilaos, K. v. Sparta, 347. 376.
Chariten, 31; ihr Heiligthum in Orchomenos, 61. 178. 269.
Charondas, 470 f. 561.
Cheiron, 124. 828.
Chersikrates der Bakchiade, führt die Kolonie nach Kerkyra, 415.
Chimaera, 87; ihre Bedeutung, 88 f. 697.
Chios, von Ioniern besetzt, 209.
Chöre und Chorlieder beim Gottesdienst, 523. 555. 579; Chori. zuerst gedichtet 582.
Cumae in Unteritalien, 150. 151. 411.

Daedala, Fest in Boeotien, 249 f.
Daedalos, 228.
Danae, 85.
Danaer im Inachosthale, 81. 82. 105.
Danaiden, 82.
Danaos in Argos, 81 f.; seine Nachkommen, 85.
Dardanen, 256.
Dardania, 255.
Dardanos, 122. 255.
Dardanos am Hellespont, von den Griechen besetzt, 220. 222.
Delos, Theseus daselbst, 75; wird Mittelpunkt des ionischen Stammes, 72. 216; Opfer das. 307 ff.
Delphi, die Stätte Pytho, 300 ff.; Entstehung der Gemeinde der Delpher, 304. 624; die Weissagung zu Delphi, 324 ff.; Bedeutung des delphischen Orakels für Griechenland und seine politische Wirksamkeit, 629. 634; Mittelpunkt der Gemeinschaft der Amphiktyonen, 614; der Mehrheit des hellenischen Volkes, 516.
Delphische Priesterschaft, 102.
Delphinion in Athen, 417.
Delphusa, Quelle am Parnaß, 299.
Demeter, pelasgische, 16; zu Argos, 10. 11. 81; Göttin des Ackerbaues, 29; zu Eleusis verehrt, 69. 157; zu Ko-

theia, 171. 297; am sicilischen Meere, 492.
Demokratie in Athen soll von Theseus begründet sein, 68.
Demos in Sparta, die Gesammtheit des Adels, 358 f.; Demen in Athen, 417.
Demiurgen in Athen, 68.
Demophon, S. des Theseus, Kg. von Athen, 69. 181. 182 N.
Derkelo, 326.
Deukalion, 9. 547 ff. 551.
Dialekte der griechischen Stämme, 312 f.
Dichtkunst der Griechen, 177; Heldengesang, 260 f. 264 f. 519 f.; Bedeutung der Dichter für die Religion, 523; für das griechische Leben, 689.
Diomedes, des Tydeus S., gegen Theben, 121; gegen Ilion, 123. 126. 130. 192; f. Helmilter, 142; soll verschiedene Städte an der Adria gegründet haben, 150; in Luceri verehrt, 150; seine Bedeutung als Schützling der Athene, 260. 271; entführt das Palladion aus Ilion, 132. 271 N.
Dione, pelasgische Gottheit, 16; zu Dodona verehrt, 20. 127.
Dionysos, 32; ob Herodots Meinung, daß — sein alter Gott der Griechen sei, richtig ist, 32 N.; spätere Vermischung des thrakisch-kleinasiatischen Cultus desf. mit dem alten, 32 N.; Hochzeit des — und der Ariadne auf Naxos, 71; zu der attischen Tetrapolis verehrt, 64; ihm sind die Anthesterien geweiht, 314.
Dioskurias, 47. 491.
Dioskuren, 24. 257 f.; unter den Argonauten, 42; unter anderem Namen, 54. 619; befreien ihre vom Theseus geraubte Schwester, 67. 70; ihre Bilder zu Sparta, 334. 404; ihr Heiligthum zu Therapne, 349; zu Aphidnae in Attika verehrt, 607.
Diulos des Iphitos, 177.
Dodona, Heiligthum zu, 9. 648; Gottesdienste zu —, 14; Verwandtschaft derf. mit denen der Arier, 16; Bedeutung des Namens, 12 N.
Dodonaeische Fluth, 548.
Dolopes, 175. 291. 297.
Dorer, 188. 519; dorische Wanderung, 188 f.; Zeit derselben, 179. 181. 182. 187; Stellung der Dorer, 305 f. 187; Gegensatz des dorischen Stammes zu den übrigen griechischen Stämmen, 312.

Doris, 191.
Dorus, 560 f.
Doribas v. Korinth, XII. 407.
Drachme, 313. 455.
Drakon, 451.
Dreiruderer, 417.
Dymanen in Sparta, 365; in Argos, 380; in Korinth, 307; in Knossos u. Kydma, 361.

Ebi, 244; unter dem Schutz der Hera, 325.
Eira, Berg in Messenien, 512. 515.
Elatela, Burg der Lapithen, 37. 282.
Elatela, der Phokier, 304.
Elser, Entstehung derf. aus den Epeern und Aetoliern, 189; verlieren durch Pheidon die Leitung des Opfers zu Olympia, 382; erhalten sie wieder, 388. 670.
Elis, 100; Name, 176; von Aetoliern gegründet, 191. 193. 670.
Eleusis, 60 f.; Sitz der Demeter, 63; Krieg mit Erechtheus, 59. 169. 170. 429.
Enna in Sicilien, gegründet, 415. 457.
Enomotien in Sparta, 347. 367.
Eoren, 288. N. 601.
Epaphos, S. des Zeus u. der Io, 82.
Speer, 170. 95. 124; von Aetoliern bezwungen, 191. 193.
Ephesos, gegründet, 210. 212. 214. 483. 485.
Ephoren in Sparta, 308.
Epidouros, 176; dorisch, 193; fällt dem Schwiegersohn des Temenos zu, 195. 201.
Epigonen vor Theben, 121. 686.
Epos, Entstehung desf. bei den Griechen, 248 f.; Neilalen u. Inhlt desf. 269.; Wirkung desf. auf die religiösen Begriffe, 519; nach Homer, 685 f.
Eretria, auf Euboea, 463; seine Macht und Colonien, 469; Krieg mit Chalkis, 468.
Erginos, K. v. Orchomenos, 51. 92.
Erichthonios, in Attika, 57; in Ilion, 122. 255.
Erythrä, 98. 99. 501.
Erythrae, in Kleinasien, gegründet, 220; am Mithareos, 280.
Eteokles, von Orchomenos, 51; von Theben, 114. 118.
Eteokreter, karischen Stammes, 247. 554. 636.
Euboea, in alter Zeit von Jonern bewohnt, 56; Krieg mit Erechtheus, 57; 433 ff.
Euboea, Berg bei Argos, 31. 264.
Euboeischer Münzfuß, 313. 455.
Eumeniden, 117. 436. 696; Heiligthum derf. zu Kolonos, 118.
Eumelos von Korinth, Dichter, 414. 586. 588.
Eumolpiden, 247. 427.
Eumolpos, K. v. Eleusis, 60. 64.
Eupatriden, 58. 503.
Euphorbos, K. v. Messenien, 351. 394 f.
Europe, 82 f.
Eurylochos von Larissa, 244. 245.
Europontiden, 346.
Euryfakes, Euryfakiden, Euryfakeion in Athen, 260 f. 427.
Eurysthenes von Sparta, 185. 346.
Eurystheus von Argos und Mykene, 90. 111 f.

Gaea, 29. 329 f.; weissagend zu Delphi, 321. 622.
Gela erbaut, 457.
Geld, 312. 313; in Sparta, 352; in Argos, 313; f. Münze.
Gemeinden in Attika, 169. 429. 552.
Gergis, Stadt der Teukrer, 220. 255; bildnisch, 221.
Geographische Kenntnisse der Griechen zu Homers Zeit, 252; Erweiterung derf. 267.
Gerusia in Sparta, 357 f.; in Korinth, 410.
Glaukos, K. von Korinth, 79; nicht von Poseidon verschieden, 78. 87.
Glaukos, K. v. Messenien, 388.
Götter der Griechen, ursprüngliche, 14 ff. Spätere Gestaltung derf. 320. 536. 691.
Gorgo, 18. 85. 86.
Gortyn auf Kreta, 227. 228.
Griechen, Einwanderung der Stammvölker derf. vom arischen Stamme, 6. Älteste Zustände, 10 ff. f. Pelasger. Einfluß der Phönikier, 11 ff. 140 ff.; Zurückdrängung besselben, 168; f. Phoenikier, Religion rc.
Griechenland, Hellas, Charakteristik des Landes, 1.; verschiedene Natur der Oft- und Westküste, 2 f.; Natur der Canäle, 104; Klima und Boden, 4.; Gegensatz des Landes zu den Culturgebieten des Orients, 5; Einfluß der Natur des Landes auf die Bewohner, 5. 17.

Gymnasien, 72. 101. 281.
Gymnastik, 281. 567.
Gyrton, Burg der Lapithen, 37. 292.

Hades, 29. 33. 321. 311. 521.
Halikarnassos gegründet, 224.
Harmonia, T. des Ares und der Aphrodite, 521. 590.
Hektor, 121. 126 ff.; Zauberer der kentaurischen Fürsten zu Elaphis, 255.
Helena, von Paris entführt, 123; in Ilion, 129 ff.; von Theseus entführt, 67. 70; von Zeus mit der Nemesis erzeugt, 134. 139; Schwester der Dioskuren, 258; ihr Heiligthum zu Therapnä, 257. 343; ihre Bedeutung, 257; über den Widerspruch der Göttin und des menschlichen Weibes, 258 A.
Helenos, S. des Priamos, 126. 131.
Helios, 22; Rinder des —, 91. 99.
Hellas, Land um Dodona, 14; Bedeutung des Namens, 15; der Name auf eine Landschaft in Thessalien übertragen, 15. 547.
Hellen, 550. 583; Grab dess. 221 A.
Hellenen, Name, im Laufe des 8. Jahrhunderts üblich, 554.
Hellespont, Bedeutung des Namens, 45.
Hellopia, Land bei Dodona, 11.
Heloten in Sparta, 343. 362. 371. 504.
Hephästos, 24; im Epos, 328. 591.
Hera, pelasgische, 10. 16; ursprüngliche Bedeutung als Erdgöttin, 301; ihre Vermählung mit Zeus, 325; Schutzgöttin von Argos, 321; ihr Heiligthum dort auf dem Berge Euböa, 81. 254; ihr Verhältniss zu Herakles, 94; auf der Insel Euböa verehrt, 31; auf Merkyra, 416; Hera Akräa zu Korinth, 60. 10. 163; warum sie die Urheberin des trojischen Krieges ist, 254; ihre Gestaltung im Epos, 325.
Herakles, die Sage von —, 90 ff.; die Bedeutung des —, 94 ff., 101; Verschmelzung des griechischen und tyrischen —, 98; — von den Griechen im Melkart von Rhodos erkannt, 225; mit dem Sandan, dem Sonnengott der Lyder und Assyrer zusammengeworfen, 180; — unter den Argonauten, 42; — und die Amazonen, 489; Gestaltung der Sage vom Herakles durch den Dichter Peisander, 100. 587; Erweiterung derselben, 520 ff.; — in die Mysterien gezogen, 103; Cultus dess. in Marathon, 104; Sagen vom — bei den Kyrenaeern, 500;

Cultus des Herakles bei den Doriern, 194. 569 ff.; seine Rechte auf Argos, 193; Vorbild des Adels in Theben, 280; epische Behandlung der Sage von ihm, 587.
Herakliden, 100 f. 192. 508. 569; Historisches in den Sagen von denselben, 194.
Hermes, Gott der Pelasger, 321.; im Epos, 323; sein Stab, 105. 321.
Hermione, 196; von Dryopern bevölkert, 193; dorisch, 203.
Hesiodos, 282 ff.; Werke und Tage, 282; Erga und Theogonie, 590 ff.; Bedeutung des —, seine Zeit, 288 A.
Heerenschlacht griechischer Sölder, 149 ff. 458 ff.
Hesperiden, 89. 326. 500.
Hestia, 25. 26. 594.
Hierobulen, 257. 420.
Himera in Sizilien, 452.
Hippotamalo, 107. 570.
Hippokrene, 98. 282.
Hippomedon, 119. 190.
Hippomenes, 422.
Homeros, 266; seine Zeit 267; Vaterland, 268 (wahrscheinlich Smyrna, 270); seine Blindheit, 266; Sängergeschlecht (Schule) der Homeriden in Smyrna, in Chios, 270; besteht noch 500 v. Chr. in Chios, 292.
Homerische Gedichte als Quelle der Kenntniss des Lebens und der Sitte der Griechen in Kleinasien, 231; über die Einheit der homerischen Gedichte, 275—278 A.; Gedanke der Ilias, 255. 269.; Bedeutung der Odyssee, 271.
Homereion in Smyrna und auf Chios, 269. 270.
Hopliten, Adelsstamm (Phyle) in Attika, 170. 429. 552.
Hyaden, zu Dodona verehrt, 15. 32.
Hyakinthien, 164. 345. 405.
Hylleer, dorischer Adels-Stamm, 198; in Sparta, 355. 357; in Argos, 380; in Korinth, 407.
Hyllos, 104. 186; Stammvater der dorischen Fürsten des Peloponnes, zum Sohn des Herakles gemacht, 193; fällt, 194.
Hymnen, 247. 588; s. Dichtkunst.
Hypermnestra, 61. 86.
Hyrnethier in Argos, 200. 380.

Jamben, 588. s. Archilochos.
Jahrrechnung, 318; Cyklen, 316.

Jamibru, 375. 518.
Japetos, 330. 592. 598.
Jason, 40 fl.; in Korinth, 49. 118.
Jaffos in Korinth, 286.
Idaeische Mutter der Teukrer, 252.
Idomeneus, 124. 142. 278 A.
Ilias, Gedanke der, 265—269; die kleine Ilias, 586.
Ilion, erbaut, 125; vom Herakles zerstört, 91; Krieg gegen —, 122 ff.; Ende —, 221 A.; das neue Ilion, 221.
Ilos, 109. 123. 255.
Imbros, von Minyern besetzt, 217.
Inachos, Fluß und König in Argos, 31. 104.
Ino, Tochter des Kadmos, 7. 40. 52.
Io, Tochter des Inachos, die Mondgöttin von Argos, 82. 122. 449.
Iolaos, 92. 93. 104.
Iolkos, 40. 50.
Ion, (56?); in die attische Königsreihe eingeschoben, 553.
Jonier, ihre alte Sitze, 65; die Jonier von den Doriern vertrieben, 201 f.; retten sich nach Attika, 200; ihre Kolonien in Kleinasien, 205 ff.; Zeit der Gründung ders., 212; gemeinsame Opfer ders., 214; Leben und Sitte ders., 229 ff.; Entstehung des Gemeinwesens, 310; Charakteristik des Stammes, 312; Ableitung von Ion und Hellen, 547 f.; ionische Geschlechter im dorischen Argos, 200. 380; in Korinth, 407.
Jonisches Meer, 55.
Iphigeneia, 135. 159; taurische, 140; mit Achilleus in Verbindung gebracht, 139. 586.
Iphitos, vom Herakles getödtet, 90. 102. 535.
Iphitos, K. v. Elis, 375. 568.
Isthmos von Korinth; dem Poseidon geweiht, 69. 75. 420.
Isthmische Opfer, 89. 75; geschichtlich betrachtet, 176.
Ithome, 333. 392.
Iton, 278 A. 289.
Ixion, K. der Lapithen, 38.

Kabeiren auf Samothrake, 47.
Kadmeia, von den Phöniziern zum Schutz ihrer Ansiedlungen erbaut, 52. 165.
Kadmeer, 52.
Kadmos, 52; Bedeutung des Namens, 52. 161 f.; mit Baal Melkart vermischt, 162. 582.

Kadmeische Zeichen, sind nicht, 317.
Kalauria, Opferfest des Poseidon das., 176. 223. 279.
Kalender, griechischer, 313 f.
Kameiros auf Rhodos, 225.
Kapaneus, 119. 120.
Karneen, 315. 406 f.
Karyae, 403. 405.
Kassandra, vom Altar der Athene gerissen, 183; von der Klytaemnestra erschlagen, 145. 152. 271.
Karer, 7; von den Kyklopen vertrieben, 208; auf Samos, 209; auf Kreta, 217. 694. 695.
Katane, von Charondas geordnet, 478.
Kebren, Stadt der Teukrer, 255.
Kekropia, 57.
Kekrops, 54 f.
Kentauren, 37. 39.
Keos, 159. 160.
Kerykos, Bergfeste von Theisprae, 280. 305.
Kerberos, 48. 115. 419.
Kerkion in Attika, 57. 427.
Kirke, Schwester des Sonnengottes, 15. 146.
Kirrha in Phokis, 292.
Kleonae in Phokis, 276.
Knidos gegründet, 224.
Knossos, 217. 303.
Kodros, 205; Nachkomm, erdichtete Söhne desselben, 212. 214; — Geschlecht der, 421.
Königthum in Griechenland, 159. 340; nach den homerischen Gedichten, 236. 277 A.; bei Hesiodos, 287; Rechte dess., 239—336; bei den Thessaliern, 292. 294; bei den Doriern, 313; in Sparta, 345. 357 f. 368; in Athen, 441; in den Kolonien Kleinasiens, 486.
Kolonien der Griechen in Asien, 243 ff.; Stellung der Kolonisten daselbst, 231; Abhängigkeit ders. an das Mutterland, 278; — der Korinther, 410 f.; der Megarer, 423; von Chalkis und Eretria, 466—469.
Kolophon, gegründet, 211 ff. 483. 488.
Kopae, Ses, 166.
Kopais, See, 166.
Korinth, älteste Sagen, 78; Könige, 79. 87. 162; Zusammenhang mit Jolkos, 50; König Sisyphos das., 50; Kultus das., 90; Einflüsse der Phönikier, 167; — von Doriern eingenommen, 193. 194. 201; — dem König Theiben von Argos unter-

thönig, 362; Zukommen der Aristokratie in —, 407 ff.; Seefahrt und Kolonien von 2., 410 f.

Korone, 387.

Koroneia, 280; Feft der Pamboeotien daf., 289. 290.

Koroniten, 39. 70. 429.

Koronos, K. der Lapithen, von Herakles getödt., 38. 194.

Kranaos, 56 N.

Kranaë, 123. 271.

Kranaër, alter Name der Athener, 96.

Kreophylos, Kreophyliden in Samos, 266. 587.

Kresphontes, 195. 887.

Kretoneer, 458.

Kreta, 70; Phoeniker daf., 225; — dorifch, 227; Einfluß von Kreta auf Griechenland, 301 351 694.

Kretheus, der Minyer, 40. 131.

Kriegsordnung in Sparta, 366. 403; in Athen, 449; Veränderung der alten Fechtart, 280 293.

Krifa, 294 302; Krieg mit den Telphern, 304.

Kronos, 320. 321 N.; ift der Moloch, 225. 692. 694.

Kroton, gegründet, 470; nimmt die Verfaffung des Jaleukos an, 476.

Ktefippos, 203 315.

Kyböuen, Kydonia, 227. 348.

Kyllaren, 208 317. 460 ff.

Kyklopifche Mauern, 160.

Kyme, in Kleinafien, 108; gegründet, 217. 411; Kolonien v. —, 218. 220; f. Cumae.

Kyprier, die, 111. 132. 586.

Kypfelos, K. v. Arkadien, 193. 388; Kaften des K., 107. 132. 134.

Kyrene, Gründung der Minyer, 46. 179. 478 492.

Kythera, Dienft der Aphrodite daf., 71. 223; Argos unterthänig, 383; von den Spartanern den Nachkoffgern des Pheidon entriffen, 101.

Kyzikos, 40. 487.

Lelos, 114. 116.

Lakedaemon, 342; f. Sparta.

Lamplates, milefifche Kolonie, 458.

Laodamas von Theben, 124 f.

Laomedon, 123. 255; vom Herakles getödtet, 91.

Lapithen, 37; vor Troja, 39. 121; vertriebene — nach Aitifa, 190. 203; Adelsgefchlechter in Athen von ihnen ftammend, 429.

Lariffa, 12; Urfprung der Lariffen, 158; drei Lariffen in Theffalien, 2. 296; — am Peneios bis auf die Verherkriege der bedeutenfte Staat in Theffalien, 252. 295; die alte Burg von Argos, 10. 158; Sitz des Apollon, 202; auf Kreta, 12. 227; in Kleinafien, 12. 206. 218.

Latmos, S. des Odyffeus und der Kirke, 148. 152. 201. 501. 591 N.

Lebadeia, 280.

Lebedos, gegründet, 209 f. 214.

Lelantifches Feld, 453. 469.

Lemnos, Niederlaffung der Minyer daf., 45. 207. 655 f.; Stätte der Herabfunft der Hephaeftos, 323; Stürze auf der Infel, 218.

Leokrates von Athen, 442.

Leontini, gegründet, 458.

Lesbos, 107; erliegt dem Achilleus, 125; von Achaern befetzt, 217.

Lesches von Lesbos, 586; fein Gedicht von der Zerftörung Jlions, 133.

Leto, 23. 25. 589.

Leuke, 130. 190.

Leuktra, 280.

Leukothea (Jno), 52.

Libyen, griech. Kolonien daf.; 180. 499.

Limbos, 226.

Linos, 247. N.

Lochos, der heilige, der Thebaner, 280.

Lokrer, 298; in der Opfergemeinfchaft von Anthela, 175. 297. 589; verftärken die nach Kleinafien gehenden Scharen, 217.

Lokri, in Unteritalien, gegründet, 471; verehrt den Aias als feinen Gründer, 150. 490; Gefetze des Zaleukos, 471. 561.

Lorbeer des Apollon, 299; reinigend, 531. 587.

Löwe, mythologifche Bedeutung deff., 94. 587.

Lyder, von den griechifchen Koloniften verdrängt, 217 f.; erheben fich zur erften Kriegsmacht Afiens, 486.

Lykaon, Sohn des Pelasgos, 12.

Lyfien, b. i. Lichtland, 87 f. 254.

Lykier, vor Jlion, 125.

Lykomedes, K. von Skyros, 69. 195.

Lykomiden in Attika, 192. 424.

Lyktos auf Kreta, 227 351.

Lykurgos, Gefetzgeber von Sparta, 347—378; Zeit deff., 377 N.

Magnefia, am Mäander gegründet, 215; 250. 484. 485 N. 486.

Magnesia, am Sipylos gegründet, 219.
Magneten, 87. 175; von den Thessaliern
unterworfen, XII. 297; in Asien, 261;
gründen die beiden Magnesia, 215.
217.
Maler, 103 f., 175; von den Thessa-
lern unterworfen, 291. 297.
Mahlzeiten, gemeinsame, in Böotien,
291; in Kreta, 351; in Sparta, 360.
Manto, 122. 148.
Marathon, zur attischen Tetrapolis ge-
hörig, 64. 562; Pylos, Sohn des
Pandion dort herrschend, 16; Weinbau das., 64; Kultus des Dionysos
das., 64; des Herakles, 104; — mit
Athen vereinigt, 68. 75. 168 f.
Massalia, gegründet, 496 f.
Medeia, 40—50; mit Achilleus in Verbindung gebracht, 189.
Medon, in Athen, 208; Nachkommen
des, 427.
Meder, in Argos, 351.
Medusa, 82. 86.
Megara, 65; dem Minos tributpflichtig,
66. 72; von den phönikischen Ein-
fluss befreit und mit Athen vereinigt,
75. 168; von den Doreern unter Althaemenes, des Temenos Enkel, ein-
genommen, 196. 205 f.; anfangs
eine korinthische Landschaft, 420;
wieder selbständig, 420; seine Kolo-
nien, 421; entreisst den Athenern
Salamis, 423.
Megara, in Sicilien, 422.
Melampus, 113.
Melanippos von Theben, 120.
Melanthos, K. von Attika, 180 201.
421 432
Melanthiden, Haus ders. in Attika, 442.
Meilereien in Korinth, 80; in Theben,
97; der phönikische Herakles, 98 f.;
s. Baal Melkart.
Melos, von Phöniziern besetzt, 162;
von Acharern, 223. 476.
Memnon, 129. 131. 546.
Memnonion in Susa, 139.
Menelaos, gegen Ilion, 122. 127. 130;
seine Heimfahrt, 142 f.; Heros der
Spartaner, 155; Bedeutung des Na-
mens, 258; Berg des Menelaos, 341.
Menestheus, 69; vor Ilion, 124; 182 R.
Messenien, 346; wird dorisch, 122. 195;
die Könige Messeniens, 389; der erste
Messenische Krieg, 389 f.; der zweite
602 f.; Zeit ders., 380. R. 512. R.
Menschenopfer, kommen aus dem phö-
nikischen Kultus, 72; in Kreta, 72. 694;

zu Jolkos und Orchomenos, 44. 163;
zu Korinth, 50. 80; am Euripos,
344; in Taurien, 140.
Methone, 387. 603. 617.
Milet, gegründet, 208; Milesier brechen
sich im Süden aus, 226; ihre Blüthe,
483. 492; das Königthum gestürzt,
489; die Kolonien —, 491—498.
Minos, 53. 161; macht Megara und
Athen tributpflichtig, 66; Vertreter
der Seeherrschaft der Phöniker im
Aegaeischen Meer, 72; des Baal-Melkart, 73 162; historische Bedeutung
d. ss., 161 f.; spätere Umbildung, 228.
Minoa, Hafen von Megara, 74.
Minoa (Herakleia), in Sicilien, 541.
Minyas, Schatzhaus des, 61. 166.
Minyer, 40 ff. 175; vertriebene —
gehen nach Attika, 207. 478; nach
Thera, 221. 478; Ansiedelung derselben auf der Küste von Pylos, 42 R.
199.; in Kyrene, 46; besetzen Lemnos,
Imbros, Samos, 207. 555 ff.; Minyi-
sche Geschlechter im späteren Theben,
281.
Mitylene, 108; gegründet, 217; Mity-
lenaeer kolonisiren Aeolmaesen, 217.
219.
Molosser, 149; nehmen das alte Ge-
biet der Thessalier ein, 189 R.
Monate der Griechen, 313 ff. 316.
Münzen und Maasse, 318; in Sparta,
352; in Argos, 384; in Euboea, 458.
Mykale, Opfer am Berge, 214.
Mykene, 104; von Perseus erbaut, 86;
von dessen Sohn Elektryon und dessen
Schwiegersohn Amphitryon, dann
vom Eurystheus beherrscht, 90; vom
Atreus 111; Sitz der Herrschaft über
Argos unter den Atriden, 146; unter
Tisamenos die Herrschaft von den
Dorern und Herakliden vernichtet,
195. Beschreibung und Bauwerke
Mykene's, 174. 161. R.

Naukrarien, in Athen, 460.
Naukratis, milesische Kolonie, 491.
Naupaktos, gegründet, 196.
Nauplia, 224. 517.
Naxos, 460. 461; Verehrung der Ariadne
das., 71.
Neleus, von Pylos, 40. 42 R. 91.
113. 208.
Neliden, in Athen, 204. 428; in den
zwölf Ionischen Städten Asiens, 247.
280. 283.
Nemeische Spiele gestiftet, 112.

Neoptolemos, 180, 134; seine Heimfahrt, 142; bei den Molossern als Heroen verehrt, 149.
Nereïden, ihre Bedeutung, 28, 262.
Nestor, 91; von Ilion, 123 f. 126; seine Heimkehr, 142; in Metapont verehrt, 150; Charakteristik dess., 272.
Nestoriden in Attika, in Kleinasien, 260, f. Neliden.
Nisippe, 110.
Niobe, 109 f. 269. 329.
Nysros, Insel, 214.
Nosten, 148; Entstehung ders., 263 f. 687 f. Aglas von Troezene.

Oben, in Sparta, 357.
Odysseus, von Ilion, 124 f.; 129 f.; 142; seine Heimkehr, 145. 264; — Urbild des ionischen Mannes, 274.
Odyssee, 145. 214. 273; Erweiterung ders., 148.
Oechalia, 93. 687.
Oedipus, die Sage von ihm im Epos, bei Pindar und den Tragikern, 114 f.
Oeneus in Attika, 64. 65; in Aetolien, 91. 113.
Oenoe (Weinland), in Attika, 64.
Oenotrer, 472.
Oetaeer, von den Thessalern unterworfen, 291. 297.
Okeanos, 27, 329. 592 f. 597.
Olen, 247. R.
Olophyxos, 459.
Olympos, 2; dem Zeus geweiht, 16 820 ff. 596; Heimath der Hymnensänger, 35.
Olympia, 106; Opfer des Lykurgos zu —, 875; die Opfergemeinschaft zu Olympia, 569; das Olympische Fest, 108 f. 568 ff.; Bedeutung dess., 683.
Omphale, 88. 489. 535. 587.
Opheltas, 204. 279; Geschlecht dess., 281.
Opfer, 177. 384; in Sparta, 369.
Opfergemeinschaft zu Anthela, 176. 297. 639; zu Koroneia, die Pamboeotien, 289; zu Kalauria, 176. 223. 279; der Föderation von Argos an der Larissa, 202. 642; zu Olympia, 375. 568; zu Delos, 216. 807; der Ionier zu Helike, 175; zu Diphysa, 214; des triopischen Apollon, 226.
Opfer, 501.
Orchomenos, 40. 51 f.; von Herakles tributpflichtig gemacht, 82; Erklärung dieser Sage, 97; Bauwerke zu —, 160. 181. R.; Ursprung des Reichthums

von —, 165; von den Minyern belegt, 140. 278; Stellung nach dieser Zeit, 279. 290.
Orchomenos in Arkadien, 504. 511.
Orestes, 108. 111. 144 f.; bei den Tragikern, 153 ff.; in Athen, 436. 536.
Oreus, Oreitai, 381.
Orpheus, 36; beim Zuge der Argonauten, 42.
Oxylos, 156. 198. 376. 674.

Paeoniden, Geschlecht in Attika, 204. 422.
Pagasae, 2. 44. 296.
Palladion, in Ilion, 132; in Athen, 421. 437.
Pallas (Athene), 14. 52. 61. 699; f. Athene.
Pallas, S. des Pandion, 65. 68. 75.
Palleue, 65. 459.
Pamboeotien, 289.
Pamphyliden in Athen, 169. 177. 247. 422.
Pamphyler, 198; in Sparta, 358.
Pan, 22. R.
Panathenaeen, 64. 76.
Pandion, 2. in Attika, 65. 75.
Pandroseos, 52. 422.
Panopeus, Burg der Phlegyer, 291.
Pantaleon, K. von Pisa, 683 f. 671.
Pantikapaeon gegründet, 491.
Parion, von Milesiern angelegt, 482.
Paris, 123. 126. 129. 271.
Parnassos, 298. 804.
Parnon, 341. 348.
Paros, 460 ff.
Parthenier, 400.
Parthenion, Niederlage der Spartaner am, 401.
Parthenopaeos, 113. 119 f.
Patara in Lykien, 800.
Patroklos, 127.
Pelethoos, 38. 67. 70.
Pelethoiden in Attika, 89. 429.
Peisander von Rhodos, 587; seine Herakleia, 100.
Peisistratiden, 204. 422.
Pelasger, Sitze der —, 9 f. 13; allgemeiner Name der griechischen Stämme in der ältesten Zeit, 11. 644. 605; Bedeutung des Namens, 11; Culturstand der —, 11 f.; Theorie des Herodot von den —, 13. R.; Religion der —, 14 ff.; ihre Götter nach der Tradition der Hellenen, 16; Auswanderung von — in Thessalien nach Attika, Kreta und Kleinasien, 206; in

Sietmaßen von den achaiischen Kolonien beschränkt, 220; — in der späteren Zeit, 170. 555. 557.
Pelasgia, Name Thessaliens, 2. 11; von Hellas, 10; Arkadiens, 10; des Peloponnes, 11.
Pelasgiotis, 10.
Pelasgos, 91.; in Argos, 10. 81; in Sikyon, 7 d.
Pelasgikon in Athen, 206. 426. 557.
Pelops, 124; Ursprung des Namens, 262.
Pellas, 40.
Peloponnesos, 2 f.; Name, 110. 570; die alten Stämme das., 176; wird dorisch, 192. 197; wie sich dort die Verhältnisse der alten Einwohner zu den Dorern gestalteten, 199. 201. 337; Argos, den ersten Rang im — einnehmend, 380. 343; Erhebung Sparta's im —, 386 ff.; Zustand des — nach dem ersten Messenischen Kriege, 502.
Pelops, 105 ff., in die Sage des Olympischen Opferns verflochten, 570.
Pelopiden, 105. 111; bei den Tragikern 163; Verschiedenheit der Sagen bei Homer, den Tragikern und Pindar, 111; historische Bedeutung ders., 108.
Penesten in Thessalien, 293.
Penthaliden, 575.
Penthesileia, 131.
Pentheilos, 217.
Peparethos, 459.
Pergamos, 255.
Perrhöber, in Thessalien, 291; in Palodarmen, 343. 371; von Argos, 343.
Perrhaeber, 176. 189; von den Thessaliern unterworfen, 291. 297.
Persephone, 85; ist Apollon, 86; zu Paros verehrt, 460; zu Seriphos, 58.
Persische Stein zu, 151 N.
Phaletiches, König der Phöniker auf Rhodos, 215.
Phalanthos, von Sparta, Gründer Tarents, 400. 471 f.
Pharlaios, 292. 295.
Pharis, die Griechen am, 468. 490.
Pheiditia, in Sparta, 367 N.
Pheidon, K. von Argos, 187. 381 ff. 569; Gewichte, Münzen und Maaße des —, 383.
Pherai, 292. 295.
Pigalia, 10. 402.
Philares, des Nios S., 261.
Philäxen in Attila, 260.

Philoxiria, 132. 149.
Philolaos von Korinth, 410. 424. 600.
Phlegyer, am Parnaß, 54. 293.
Phlios, von des Temenos Enkel erobert, 195. 201; in abhängigem Verhältniß zu Argos, 202.
Phoebos, 41. 527. f. Apollon.
Phoebe, 523 f.
Phoeniker, ihre Ansiedelungen und Culte in Griechenland und auf den griechischen Inseln, 161 ff.; Zeit ders. (seit etwa 1250 oder 1200), 175; Einbringen ihrer Culte in Theben, 63; Negara und Attila, 60. 74; Korinth, 80; ihr Einfluß auf Griechenland, 92. 317; auf Korinth, 418; wie weit ihr Einfluß reicht, 177; Verdrängung der — aus Attila, 75; aus Griechenland, 168; besuchen zur Zeit Homers (im 9. Jahrh. v. Chr.) nur noch friedlich das aegeische Meer, 233; Verdrängung der Phoeniker aus Kreta, 215; aus dem westlichen Meer, 497; ihr späterer Einfluß vermittelst der Dorer auf Kreta, 301. 317; phoenikische Schrift kommt durch diese zuerst nach Argos, 384; phoenikische Männer und Maaße, 383 f.
Pholoaea, achaiische Stadt, von Pholiern gegründet, 219; in den ionischen Bund aufgenommen, 215; ihre Einfahrten und Kolonien, 495.
Pholer, 298; in der Opfergemeinschaft zu Anthela, 175. 297; von den Thessaliern angegriffen, 304; besiegen dieselben, 306.
Phoryos, 22. 527.
Pharoneus, 184.
Phratrien, 245; in Attila, 170. 432 ff. 439. 441 N.; von Jon abgeleitet, 553; der Jonier in Kleinasien, 262.
Phrixos und Helle, 40 f.
Phrygier, ihr Verhältniß zu den Troern, 138. N.
Phthia, Phthioten, 124. 185; von den Thessaliern unterworfen, 291. 296.
Pitana in Sparta, 344.
Pitpsa (Kampsalos), von Milet angelegt, 488.
Pisa, 106.
Pisaen, 106. 176. 190; Erhebung ders. (um das Jahr 660), 503; unterstützen den Aufstand der Messenier, 504. 511; Verhältniß zu den Eleern, 571.
Platoeae, 280. 290.
Plyatrien, 61.

624

Polemarchos in Athen, 415; in Sparta, 847 N.
Polydoros, K. von Sparta, 391 894, 396, 898, 401 f.
Polyneikes, 113 f. 117 f. 122.
Poseidon, 28; sein Kultus vorzugsweise dem ionischen Stamme eigen, 60. 214; Opfer des — auf dem Isthmos, 69. 75. 176; an deren Stelle später Delos tritt, 216; zu Athen verehrt, 60 ff.; zu Korinth, 18; zu Helike, 175; zu Troezene, 68; auf Kalauria, 176; am Berge Mykale, 214; Poseidon Erechtheus, 60; — Aegeus, 28. 69; — Glaukos, 79. 87; spätere Gestaltung des Gottes, 322 f.; in der Theogonie, 568.
Prastos, 225. 401.
Priamos, 121. 129; vom Neoptolemos erschlagen, 132; Bedeutung des Namens, 255.
Priene, von Joniern aus Helike gegründet, 210. 214.
Priesterthum, bei den Hellenen (mit dem Adel zusammenfallend), 177. 340. 618. 621. 663.
Procharisterien, 61.
Proitos, 82. 87. 113.
Prolles von Sparta, 185. 846.
Prokonnesos, von den Milesiern besetzt, 487.
Prometheus, 25. 78. 100. 698.
Prytanen in Athen, 450 f.
Prytaneion in Athen, 169. 438. 450.
Psara, 207. 539.
Psagoren, 539.
Pylos, Pylier, von dem minyischen Neleus beherrscht, 91; 176; gründen Kolophon, 211; schließen sich dem Aufstand der Messenier an, 503; die Schaar von Pylos wandern aus, 617.
Pyrrhiche, 350. 595.
Pythia, 300. 306. 524.
Pythien, 527. 534.
Pythier, in Sparta, 368. 370.
Pytho, die Opferstätte, 298 f. Delphi.

Quellen, Heiligkeit ders., 27; Kraft der Weissagung die sie geben, 35. 177. 301. 626; warme Quellen, dem Herakles geheiligt, 92.
Quellnymphen, 35. 84. 177.

Reinigungen und Sühne, 530 ff.
Religion der Griechen, 14 ff.; welches die ältesten Religionsanschauungen der

Griechen sind, 16 ff.; phönikische Kulte, 21 ff. 176; wie weit deren Einfluß reiche, 177; Zurückdrängung ders., 168; Fortbildung der Religion durch das Epos, 319. 327. 521; jedoch nicht alleinig, 339; neue religiöse Tendenzen, 622 ff. 607; Priesterthum, 663; Mahne, 833. 524 ff.
Rhapsoden, 276 N. 520.
Rhegion, von Chalkidiern gegründet, 462 (Zeit der Gründung, 801 N.); nimmt Messenier auf (nach dem ersten u. zweiten messenischen Kriege), 467.612; nimmt die Gesetze des Charondas an, 478.
Rheginidas, des Temenos Enkel, erobert Phlius, 195. 201.
Rhianos, Gedicht des, 613. 616.
Rhodos, karisch, von Phönikern besetzt, 162; von Torrus kolonisirt, 224 bis 226; phönikische Geschlechter in den dorischen Gemeinden das., 229. 380. 384.

Samos; nach Vertreibung der Karer von Joniern besetzt, 209. 210; Blüthe von —, 493 f.; Samier kommen nach Tartessos, 494.
Samothrake, von Phönikern besetzt, 162; von Minyern, 207 N.; 665 f.
Sänger, heilige, 36. 177. 247; an den Fürstenhöfen, 248; Heldensänger, 251; Sängergeschlechter (Schulen), 252. 266.
Sardes, von den Treren erobert, 489; zum andern Male, 486.
Sarpedon, 125 ff.
Sarte auf Sithonia, von Chalkidiern erbaut, 458.
Schatzhaus in Orchomenos, 166; von Myken, 174; des Myron zu Olympia, 174.
Schiffbau zu Homers Zeit, 243; durch die Korinther verbessert, 416; der Samier, 494.
Schiffswesen der Athener, 449 f.
Schrift, 317; zuerst bei den Dorern von Argos, 317; beginnt erst zu Lykurgs Zeit bei den Griechen in Gebrauch zu kommen, 352.
Schwarzes Meer, bei Homer nicht genannt, 272; Kolonien an dems., 461. 482 ff.
Selene, 23. f. Helena und Artemis.
Selinus, von Megara Hyblaea gegründet, 423. 457.
Sellen, 14. f. Hellen.
Selymbria, von Megarern gegründet, 422.

Semele, die ehrwürdige Göttin der Erde, 82. Note 1. 61. 509.
Seriphos, 460; Perseus-Apollon daselbst verehrt, 86.
Serapels, auf Sithonia, von Chalkidiern erbaut, 458.
Sestos gegründet, 217. 220.
Sibyllen, bei den Teutrern, 151. 301; Ursprung derf. 151 N.; bei Cumae, 412.
Sicilien, Niederlassungen der Hellenen daf., 412—15. 421—23. 456—58. 470—73.
Sikyon, früher Mekone, älteste Sagen, 78; älteste Königsreihe, 183; — von Doriern eingenommen, 191. 196. 197. 201; in abhängigem Verhältniß von Argos, 202. 230; Adelsstämme in —, 380. 382.
Simonides, 295 N.
Sinope, von Milesiern gegründet, 486; von den Teutrern genommen, 484; verehrt den Zwiesplos, 47; gründet Trapezus, 487.
Siphnos, 460.
Sisyphos in Korinth, 50. 78; seine Nachkommen, 78.
Sithonia, von Chalkidiern besetzt, 458.
Sipsis, Stadt der Teutrer, 220 f. 255.
Skiathos von Chalkidiern unterworfen, 458.
Skione auf Pallene, 150. 151.
Skiris in Arkadien, von den Spartanern erobert, 402.
Strophorkos, 61. 315.
Sklaven, 234. 240.
Skyros, 61. 77. 130. 135.
Smintheus, f. Apollon.
Smyrna, von Achäiern gegründet, wird jonisch, 213. 219; widersteht dem Gyges 480 f.; die wahrscheinliche Vaterstadt des Homer, 270.
Soloeis, phönikische Stadt in Sicilien, 457.
Sonnenland, Kea, 40; am Phasis, 43. 45; im äußersten Westen, 45.
Sparta, Zeit des Menelaos, 129; Entstehung der dorischen Sparta, 192. 341. 365.
Sparta, dorischer Staat, Gründung deff., 192; Zeit derf., 187; Verhältniß zu den alten Clawothären, 199. 337; die Königsreihe, 194 ff.; das Königthum und der Adel in —, 338; die Lykurgische Verfassung, 347; Eroberung von Aegys, Amyklae und des

Sunter, Geschichte des Alterthums. III.

unteren Eurotasthals, 378 ff.; Unterwerfung Messeniens, 389—397; ohne die Geschichte, 397; Aenderung der Verfassung durch König Theopomp, (Ephoren) 398; — gegen Argos und Arkadien, Einnahme der Geschichte Salonikus, 401; der arkadischen Bezirke Skiris und Karyae, 402; zweiter messenischer Krieg, 602—616; Eroberung der Geschichte Messeniens, 517; Kriegswesen der Spartaner, 365 f. 402 f.; Dichtkunst, 406. 517.
Sprache und Dialekte der Griechen, 312 f.
Stadien, 385. 676. 679.
Stagira, von Andros gegründet, 461.
Steine als Götterbilder, 178. 301. 329. 544; Stein des Kronos, 594 f.
Stenyklaros, 132. 194. 386 f.; von den Spartanern genommen, 392; Sieg des Aristomenes daf. 614.
Sthenelos, S. des Kapaneus, unter den Epigonen, 121; gegen Ilios, 128.
Stimmungen, 241; an ihre Stelle tritt der Mehrbefehl, 403.
Stryme in Thrakien von Thafiern angelegt, 467.
Sühne, 239. 534.
Sybaris gegründet, 414; legt Afras und Cuma an, 415.
Syssitien, 366.

Tages, Bildnamen bei den Thessalern, 295. 304.
Taletikos, R. der Spartaner, erobert Amyklae, 378; Sitz gegen die Messenier, 390. 393.
Talent, bei Homer, 283; euboeisches u. s. w.; 384. 455.
Talos (Saal-Moloch), 228.
Tantalos, 108. 570.
Tarent gegründet, 400. 471; (Zeit der Gründung, 391 N.); verehrt den Diomedes, 150.
Tartessos, Samier daf., 495; Phokaeer, 495. 497.
Teirefias, 118. 122.
Telamon, 261. 328.
Telegonie, Epos des Eugammon, 148.
Teumeros, Anführer der Dorer, 195. 200. 330; seine Nachkommen, 331.
Teuchos, 125; von achaeischen Kolonisten besetzt, 215 f.
Tinos, von Eretria abhängig, 159.
Tios, 207 N. 210.
Termerion, Vorgebirge in Karien, 656.
Termilen, in Kleinasien, 254.

Terpandros von Lesbos, Gründer des Chorlieds, 502. 521. 589; Zeit dess.: 513. N. 618. N.; siegt bei den Karneien, 407. 605.

Telphs, 321. 592 f. 594.

Tetrapolis, attische, 64; dorische, 191.

Teukrer, 136. 256; ihre Städte, 220. 270; Sitzplen bei ihnen, 151. 301; die — von den achaeischen Kolonisten verdrängt, 212 ff.; ihr Gebiet hellenisirt, 221.

Teutros, Stammvater der Teukrer, 136.

Teukros, Stiefbruder des Aias, 124; als Gründer von Salamis auf Kypros verehrt, 150.

Thaletas von Gortyn auf Kreta, 595; nach Sparta geholt, 350.

Thamyris, 36. N.

Thasos, von Phoeniciern besetzt, 162; von Pariern, 462. 466; Stücke von — 467.

Thebais, Epos, 114. 258. 406. 588.

Theben, älteste Sagen, 51—55; dem S. Erginos von Orchomenos tributpflichtig, 51; nöthigt denselben mit Hülfe des Herakles zum Tribut, 92; Erklärung dieser Sage, 97; — von Phlegyern angefallen, 55; die Sage von Oedipus und den Kriegen gegen — 112—123; historische Bedeutung der Sage vom Kadmos, 181 f. 165; — von Amazonen besetzt, 190. 204. 278; das Königthum erlischt (in der Mitte des 8. Jahrh.) und Philolaos ordnet das Gemeinwesen, 424. 560. N.; thebanisches Adelsgeschlecht der Gephyraeer in Attika, 429; der Aegiden in Sparta, 406. 478. N.

Theben, Stadt, 52. 165. 279.

Theben, am Berge Plakos, 124.

Theogonie, 59 ff. 598 ff.

Theokles von Chalkis in Sicilien, 412. 456.

Theopompos, K. von Sparta, 392. 397.

Therapne bei Sparta, 257. 343; auf Kreta, 227.

Thera, Phoeniker das., 162; Minyer, 207. N. 223. 476; gründet Kyrene, 479.

Theras, Bruder der Argeia, der Gemahlin des Aristodemos, Vormund der Söhne desselben, 345. 478. N. 8; von Kadmos stammend, 406; führt die Minyer nach Thera, 224. 478.

Thersandros, des Polyneikes S., 121. 122.

Thersandros, Herakl., 345.

Theseion in Athen, 78.

Theseus, 65—78. 117. 121; historischer Gehalt der Sagen von —, 76; historische Bedeutung des —, 168. 171.

Thesmophorien bei den Pelasgern, 80; in Eleusis, 64; in Argos, 84; in Ephesos, 211; am Maeotis, 491.

Thesmotheten, 445.

Thespiae, 280. 279. N. 305.

Thessalien, älteste Sagen, 34 ff.; Uebersicht der Völkerschaften in —, vor der Wanderung der Thessaler, 37. 190; Hauptorte in —, 252.

Thessaler, Zweig der Thesproten, 189; erobern allmählig Thessalien, 190. 200 f.; Verhältniss zu ihren Perioeken, 292. 294; die Aleuaden, 294 f.; gegen Phokis und Boeotien, 304 ff.

Thessaliotis, 190. 291. 292.

Thestc, Quelle, Sieg der Kyrenaeer üb. die Aegyptier bei dess., 489.

Thetes, 172. 215.

Thetis, 124. 262.

Thoras von Pariäa, 294. 295. N. 296.

Thraker, Z. 31. N. 36 N.; für die Troer im troischen Kriege, 125; griechische Kolonien bei ihnen, 422 f. 458. Verhältnis der Thraker zu den, 421. 458.

Thyestes, 111.

Thymoetadern, Geschlecht in Athen, 427. 181.

Tiryns, älteste Sagen, 87. 90. 92; historische Bedeutung ders., 104. 105. 158; in der Sage vom thebanischen Kriege, 119. 120. 121; in der Sage vom Kriege gegen Ilion, 121; Verhältniss zu Argos in der späterm Zeit, 281; Beschreibung der Lage von Tiryns, 152.

Tisamenos, S. des Orestes, 195. 200.

Titanen, 331. 592 f. 595. 599. N.

Titanomachie, 591.

Tityos, 331.

Toml, 17. 491.

Torone, von Chalkidiern erbaut, 458.

Trapezus von Sinope gründet, 487. 488.

Trapezus am Alpheios, 501.

Treten (Kimmerier), 483 f. 220.

Triteen, von den Korinthern zuerst gebaut, 417.

Triopion, Vgb. 224; gemeinsame Opfer der Dorer das., 226.

Triphylien, 191.

Triptolemos. 69.
Tritogeneia. 20. 499. 600.
Tritonsee in Libyen. 20. A. 47. 499.
Troer, Stamm der Teukrer, 256.
Trojischer Krieg, 122 fl.; historische
Ergebnisse der Sage, 136 fl. 171;
Zeit des Krieges, 179. 185; warum
die Sage von denſ. der Hauptgegenstand des Gesanges bei den klein-
asiatischen Griechen ward, 249; warum
Hera, Athene und Poseidon die Grie-
chen begünstigen, 254; Bildung der
Sagen von den Helden des Krieges,
258 fl.
Trojisches Pferd, 130; Bedeutung deſſ.,
137. 260.
Tros, 91. 120.
Troezen, früher Poseidonia, 61; vom
Pittheus erbaut, 65. 176; Verwandtschaft mit Attika, 89; Kultus des Poseidon das., 61. 178; von Dorern,
dem jüngeren Sohn des Temenos,
eingenommen, 193. 201. 203. 809.
380; Dorer und Jonier von — gründen Myndos und Halikarnass, 224. 880.
Trophonios und Agamedes, mythische
Baumeister, 51. 92. 303; Höhle des
Trophonios, 51.
Tropaeus, 597. 600.
Typhon, 89. A. 98.
Tyrrhener, Tusener, sind Pelasger, 12.
207 mit A.; in Thalkidike, 458. 459;
am Athos, in Lemnos, Imbros, Sami-
thrake 555—567; behalten am Athos
ihren Namen Tyrrhener, 557; in
Italien, 411. 501.

Tyrtaeos. 590; in Sparta, 507. ff.

Uranos. 599. 592.
Unteritalien, griechische Kolonien in,
411. 470—478.

Waffentänze, 309. 396.
Wagenrennen, 677; auf den Pelops
zurückgeführt, 100. 570.
Weissagung der Höhlen, 300 f.; in der
Höhle des Trophonios, 61; zu Pytho,
300. 526. 694 ff.

Xanthos, A. der Amazer, 279; gegen
Attila, 204.
Xuthos, 550. 661.

Zaleukos, 473 ff. 661.
Zankle gegründet, 457; gründet Himera,
467.
Zarax, Argos unterthänig, 223; von
den Spartanern erobert, 401.
Zeitrechnung für die älteste Geschichte
Griechenlands, 178 ff.; Jahresrech-
nung, Monate, 313; Systeme, 316.
Zeus, zu Dodona, 15; verglichen mit
dem Himmelsgott der Inder, 17 f.;
im Epos, 320. 327. 331; Begriff
deſſ. in der späteren Zeit, 538; — in
der Theogonie, 595. 599; — und Hera
Europe, 63; — und Jo, 82; — und
Danae, 85; — und Athene, 90;
Altar des olympischen — am Al-
pheios, 375; — Hellanios, 355. 375;
— Katharsios und Meilichios, 633;
— Laphystios, 40. 44. 168. 296; —
Polieus, 10; — Tropaeos, 378.

www.ingramcontent.com/pod-product-compliance
Lightning Source LLC
Chambersburg PA
CBHW021224300426
44111CB00007B/417